Philipp Paulitschke

Ethnographie Nordostafrikas

Philipp Paulitschke

Ethnographie Nordostafrikas

ISBN/EAN: 9783744637787

Hergestellt in Europa, USA, Kanada, Australien, Japan

Cover: Foto ©Andreas Hilbeck / pixelio.de

Weitere Bücher finden Sie auf **www.hansebooks.com**

ETHNOGRAPHIE

NORDOST-AFRIKAS.

DIE MATERIELLE CULTUR

DER

DANÂKIL, GALLA UND SOMÂL.

VON

Dᴿ PHILIPP PAULITSCHKE,

KAISERLICHEM RATHE, K. K. PROFESSOR, PRIVATDOCENTEN AN DER UNIVERSITÄT IN WIEN

MIT 25 TAFELN (ÜBER 100 ABBILDUNGEN) UND 1 KARTE.

BERLIN, 1893.

GEOGRAPHISCHE VERLAGSHANDLUNG DIETRICH REIMER

INHABER: HOEFER & VOHSEN.

Druck von ADOLF HOLZHAUSEN in Wien,
K. UND K. HOF- UND UNIVERSITÄTS-BUCHDRUCKER.

Vorwort.

Die in vorliegendem Werke gegebene Darstellung der ethnographischen Verhältnisse Nordost-Afrikas beruht auf Friedrich Müller's Auffassung des Menschen als Volksindividuum, d. i. als gesellschaftlich vernünftiges Wesen, das zu einer bestimmten, auf Sitte und Herkommen beruhenden, durch gemeinsame Sprache geeinten Societät gehört, also ein ζῷον πολιτικόν ist. Die völkerkundliche Literatur der letzten Jahre zeitigte überwiegend linguistische und anthropologische Publicationen, und wenn das engere Gebiet der Ethnographie betreten wurde, so waren es zumeist nur Beschreibungen und Abbildungen von Objecten, welche Forscher und Reisende in ihrem von völkerkundlich-fachmännischer Seite belebten Sammeleifer in den Museen hinterlegt hatten, die zur Veröffentlichung gelangten. Fast das gesammte Materiale, das man in letzter Zeit über Naturvölker ergründete und erbeutete, verschwand oder verbirgt sich noch immer in der weiten Rubrik und unter dem oft schalen Schlagworte: «Sitten und Gebräuche». Es unterliegt aber keinem Zweifel, dass es ein strenges Postulat wissenschaftlicher Völkerkunde sei, nicht nur die Physis und Sprache, sondern das gesammte materielle und geistige Leben der Naturvölker systematisch und umfassend zu erforschen und zu schildern. Hierbei gilt es, den wissenschaftlich einzig richtigen Standpunkt einzunehmen und zunächst das Individuum, das bei Naturvölkern überall in den Vordergrund tritt, vom Stamme und Volke gleichsam losgelöst und separat dem Studium zu unterziehen und erst in zweiter Linie das Wirken und Weben der Individuen unter einander und in ihrer Vereinigung zum Stamme und Volke kennen zu lernen und zu erforschen. Man vermag auf diese Art mit aller Schärfe jene Punkte zu erfassen, welche die Italiener zu dem Capitel der «Psicologia applicata ai bisogni dell' individuo» und jenem der «Psicologia applicata ai bisogni della specie», die Franzosen vornehmlich zu dem Abschnitte der «Vie nutritive», der «Vie sociale» und der «Vie intellectuelle» zu rechnen pflegen. Als praktisches, wissenschaftlich begründetes Schema für Erforschung und Darstellung der einschlägigen Verhältnisse bei Naturvölkern scheint mir folgendes aufgestellt werden zu müssen:

A. Materielles Leben. I. Die materielle Cultur des Individuums:
1. Bekleidung. 2. Schmuck. 3. Waffen. 4. Siedlung und Hausbau (Obdach).
5. Hausrath und Utensilien. 6. Nahrung. 7. Physiologisches und Hygienisches.
8. Familienleben. 9. Beschäftigung und Lebenserwerb. 10. Sociales Leben.
II. Die materielle Cultur des Stammes und Volkes: 1. Production und
Verbrauch materieller Güter. 2. Austausch materieller Güter, dessen Bahnen
und Mittel. 3. Werth des Eigenthums und der Arbeitskraft.
B. Geistiges Leben. I. Die geistige Cultur des Individuums: 1. Die
Psyche und deren Bethätigung im Allgemeinen. 2. Die geistige Anlage des
Individuums und deren Aeusserungen. 3. Charaktereigenschaften, Philosophie
und Moral. 4. Die Religion und deren Formen. 5. Die Sprache und deren Be-
sonderheiten. II. Die geistige Cultur des Stammes und Volkes: 1. Staatliche Schöpfungen und staatliches Leben. 2. Kunst und Wissenschaft. 3. Geschichte. 4. Einfluss europäischer Ideen auf die geistige Cultur des Volkes und
Modification dessen geistigen Wesens.

Ich hatte im Jahre 1885 das Glück, auf einem unvergleichlich günstigen
Punkte zu Harar in Nordost-Afrika ethnographischen Forschungen über die
Völker des afrikanischen Osthornes in dem vorstehend angeführten Sinne ob-
liegen zu können. In dem auf meine erste Afrikareise im Jahre 1880 gefolgten
Quinquennium und in der Zeit, welche seit der zweiten Reise bis zum heutigen
Tage verstrich, hatte ich Gelegenheit, das gesammte auf die Völkerschaften
Nordost-Afrikas bezügliche Materiale der Weltliteratur zu durchdringen und
mit den Ergebnissen meiner Forschungen sorgsam zu vergleichen. Ich that
dies in der richtigen Erkenntniss, dass die wissenschaftliche Verwerthung
ethnographischen Materiales einer längere Zeit dauernden Abklärung be-
dürfe. Dieser widmete ich Zeit in reichlichem Masse, muss aber gestehen, dass
die in den letzten Jahren bis zwanzig wöchentliche Lehrstunden gesteigerten
Verpflichtungen in meiner amtlichen Stellung als Gymnasiallehrer und die
damit verbundene Consumtion meiner physischen und geistigen Kräfte das
Erscheinen dieses Bandes etwas verzögerten.

Geographische und ethnographische Erforschung der Continente gehen
häufig nicht Hand in Hand. In Nordost-Afrika ist die rein geographische Erforschung der Landmassen hinter der Erforschung der diese bewohnenden
Menschheit etwas zurückgeblieben. Die eigenartigen Verkehrsverhältnisse auf
dem afrikanischen Osthorne, das jährlich sich wiederholende Zuströmen der
Bevölkerung aus dem Innern des Somâl-Landes an die Küste, das verhältnis-
mässig leichte und oft wiederholte Eindringen von Forschern über Schoa in
das Herz der Galla-Länder, die langjährige Missionsthätigkeit daselbst, die
Codification und grammatikalische Bearbeitung der Sprachen der Somâl, Galla
und 'Afar, die unablässig sich wiederholenden Durchquerungen des südlichen
Danâkil-Landes und der seit der Eroberung Harars durch die Aethiopier rege
Verkehr mit den Landschaften am oberen Erer, wobei man stets nur auf die
Unterstützung der Landeskinder angewiesen ist und daher mit ihnen in inni-

gen Contact tritt, haben ein reichhaltiges völkerkundliches Materiale geliefert, so dass man berechtigt ist, an eine Gesammtdarstellung der Ethnographie Nordost-Afrikas zu schreiten. Gleichwohl fliessen systematische Bearbeitungen des ethnographischen Materiales über die 'Afar, Oromó und Somâl nur sehr dürftig und sind klein an Umfang. Scaramucci's und Giglioli's «Notizie sui Danakil e piu specialmente su quelli d'Assab» (1884), Faurot's Aufsatz «Sur les Danakils du golfe de Tadjoura» (1887), Licata's «Assab e i Danachili» (1885), d'Abbadie's Arbeit «Sur les Oromo grande nation africaine désignée souvent sous le nom de ,Galla'» (1880), Haggenmacher's Excurs «Ethnographie und Ethnologie» in seiner «Reise im Somali-Lande» (1876), meine «Beiträge zur Ethnographie und Anthropologie der Somâl, Galla und Harari» (1886), Krapf's, Wakefield's, Burton's, v. d. Decken's und Hunter's Capitel, das ist Alles, was auf diesem Felde bisher erschien. Orazio Antinori verkündete 1883, er wolle eine Schrift: «Sulle origini e sui costumi dei Gallas» publiciren, doch kam es nicht dazu. So liegen denn die Materialien zur Ethnographie Nordost-Afrikas zumeist in den Forschungsberichten der Reisenden, aus welchen sie gehoben werden müssen.

Bei der Aufnahme der ethnographischen Materialien in Afrika selbst war ich darauf bedacht, die Originalbezeichnungen der Gegenstände und Thätigkeiten in der Sprache der 'Afar, Somâl und Oromo aufzugreifen, und füge sie in dem Texte bei. Sie sind wissenschaftlichen ethnographischen Publicationen unentbehrlich, weil sie über Originalität und Entlehnung oft einzig und allein Aufschluss bieten. In Bezug auf die materielle Cultur der Danâkil ward ich durch Leo Reinisch's Arbeit: «Die 'Afar-Sprache» (Wien 1885—1887), die eine grosse Fülle unvergleichlich richtiger und zutreffender Bezeichnungen für alle Dinge des materiellen Lebens der Eingebornen enthält, gefördert. Die Schreibung der Namen richtete ich entgegen der vielseitigen Uebung, in dem Falle, wenn das Lepsius'sche Standart-Alphabet nicht angewendet wird, slavische, spanische und griechische Consonantenzeichen zu gebrauchen, nach Möglichkeit für die deutsche Zunge ein, die der Wiedergabe hamitischer Laute sich anzubequemen vermag. Nicht selten mussten auch arabische und äthiopische Bezeichnungen beigefügt werden. Hinsichtlich der Betonung gilt, dass mit ' eine kurze und betonte, mit ˆ eine lange und betonte, mit – eine lange unbetonte Silbe bezeichnet wird. Bei Worten, wo kein Quantitätszeichen angegeben ist, ruht der Ton auf der Paenultima.

Viel Mühe und Opfer kostete die Beschaffung eines brauchbaren Bildermateriales. In der wissenschaftlichen Ethnographie haben eigentlich nur jene Bilder Berechtigung, welche bei der Reproduction den photographischen Character bewahren. Ich wählte sie derartig aus, dass sie die Beschreibung wirksam illustriren. Besonderen Werth legte ich auf die Wiedergabe der Gesammterscheinung bei Object und Thätigkeit. Solche Bilder müssen auch in unsere nach wissenschaftlichen Principien geordneten Museen immer mehr Eingang finden, sollen die Schränke nicht mit blossen Curiosis angefüllt bleiben. Vielen Dank schulde ich für Unterstützung in dieser Hinsicht dem Ingenieur des

Kaisers Menilek II. von Aethiopien, Herrn Alfred Ilg in Antotto, der mir seine
Collection von Bildern zur Benützung überliess, dem Mitgliede des Institutes
von Frankreich, Dr. E. T. Hamy in Paris, der mir in seiner Eigenschaft als
Conservator der Sammlungen des Trocadéro die Benützung der Bildersamm-
lung dieser Anstalt erlaubte, Professor Giuseppe Dalla Vedova in Rom, welcher mir die Materialien der Società geografica Italiana zu benützen bewilligte,
Ernesto Farina in Neapel, Sotiros Konstantinu in Zejla, Captain H. G.
C. Swayne, R. I., in Aden, Custos Franz Heger in Wien, dem Secretär des
verstorbenen Cardinals Massaja, P. Giacinto da Troina in Rom, welche Herren
mir entweder bei der Beschaffung von Bildern behilflich waren oder mir die
Benützung von Clichés (so Herr Custos Heger jener der von ihm in den Mittheilungen der anthropologischen Gesellschaft in Wien, Band XIV, S. 33 f., veröffentlichten Bilder dreier Somâl-Gefässe, P. da Troina der Bilderclichés des
Cardinals Massaja) gestatteten. Die beigegebene Karte konnte bis April 1893
in Evidenz gehalten werden.

Für anderweitige Förderung bei der Abfassung des Werkes habe ich
wärmstens zu danken Charles Maunoir und Charles Gauthiot in Paris, E. G.
Ravenstein in London, Major J. Stuart King in Quetta (Beludschistan), General Luchino Conte Dal Verme in Rom, Dr. N. Bolognini und Pippo Vigoni
in Mailand, A. W. Schleicher in Berlin und weiland Cardinal Guglielmo
Massaja.

Belegstücke für die in dem vorliegenden Werke beschriebenen Objecte
der materiellen Cultur der Danâkil, Galla und Somâl enthält die in der anthropo-
logisch-ethnographischen Abtheilung des k. k. naturhistorischen Hofmuseums
in Wien von mir und meinem Freunde Dr. Kammel von Hardegger begrün-
dete reichhaltige Sammlung ethnographischer Objecte, die zu erweitern und
zu vertiefen mein wissenschaftlicher und patriotischer Stolz ist. Glücklich wäre
ich, wenn es mir gegönnt wäre, auch die geistige Cultur der drei grossen Völker Nordost-Afrikas bearbeiten zu können, zu welchem Zwecke ich umfassen-
des Material gesammelt habe.

Wien, am 1. Mai 1893.

Ph. Paulitschke.

Inhaltsverzeichniss.

Einleitung.

I. Die materielle Cultur des Individuums.

II. Die materielle Cultur des Stammes und Volkes.

. . .

Verzeichniss der Abbildungen.

— —

Corrigenda et addenda.

Seite 8, 17. Zeile von oben schreibe: Bricchetti statt: Brichetti.

« 13, 16. «   « unten lies: *Hyphaene* statt: *Hyphaena*.

« 23, 12. «   « oben lies: Midgan statt: Midgân.

« 26, 12. und 13. Zeile von unten lies: Worra statt: Wara.

« 27, 19. Zeile von unten lies: Babille statt: Bâbille.

« 30, 12. «   «   « schalte ein nach som. «Einhand»: plur. Midgo. Die Midgan der Habr Auâl heissen Mûssa Dérie.

« 48, 16. Zeile von unten lies: Osmân statt: Esmân.

« 54, 17. «   « oben füge zu Rêr Ali hinzu: zerfallen in Ba-Dolbohanta (bei Milmil, Falfal, Hto Gododo und zwischen Dehualo und Gora Uisa Bulale) und Ba-Habaskûl (bei dem Wasserplatze von Daga Bur), welch letztere wieder in die Rêr 'Ali Guled, Haudûn Gulla und Bahabr Eli sich gliedern.

« 57, 3. Zeile von unten lies: Daffarât statt: Dafarat.

« 73, zu Anm. 35 füge hinzu: *ilma orma (ilmorma)* bedeutet in Galla «Söhne des Volkes».

« 76, «   « 145 «   « Vgl. auch Bandi di Vesme im Bolletino della Società geografica Italiana, 1893, S. 201 f., wo eine von der früheren Eintheilung Bandi's abweichende Gliederung der Melengôr-Stämme gegeben wird.

« 85, 14. Zeile von unten nach *dscharre* füge ein: wenn von rother Farbe *melkáma* genannt.

« 87, 21. «   « oben lies: *marekân* statt: *marekân*.

Seite 98, 3. Zeile von unten nach «Cylinder» schalte ein: *ghori degút*, die 8—10 Centimeter lang und mit Pferdehaar eingesäumt sind.

» 99, 11. Zeile von unten nach *schami* füge ein: som. *gelba*.

« 104, 20. » » » oben nach *bindschiri* schalte ein: *nakßó*.

» 107, 14. » » » » » «Netschignon berge» schalte ein: Somál-Kinder tragen das Haupthaar kranzförmig zugeschnitten nach Art der Mönchstonsur.

» 118, 9. Zeile von unten nach «gelegt» füge hinzu: Bei den Galla tragen Kinder aus Aloëbast und Stäbchen geflochtene, mit Gummi bestrichene Schilde, die keinen besonderen Namen führen.

» 152, 18. Zeile von unten schreibe: Rakkó statt: Rakó.

» 132, 13. Zeile von unten nach «rahdna» schalte ein: *adr* -- Cisterne, *diduchán* -- Bottich.

» 183, 7. » » oben lies: *zimbira* statt *tschimbira*.

» 192, Ende des Absatzes nach «Natur» merke an: Ganz kleine Kinder nennen die Galla *mutscha*, grössere *elmán* (offenbar von *ilma*, plur. *ilmán*, Kind) und *gurba* noch nicht beschnittene und solche Knaben, welche anfangen mitzukämpfen, *qondala*, *kalala* die Kämpfer, *qero* alle unverheirateten Männer unter 25 Jahren. Diese Daten danke ich A. W. Schleicher, welcher sie einem aus dem Jahre 1608 n. Chr. stammenden äthiopischen Manuscripte über die Galla-Wanderung entnahm. Die Ausdrücke *elmán*, *qero* und *gurba* sind allgemein gebräuchlich. Für die mir noch weiter von Herrn Schleicher mitgetheilten Ausdrücke *adjertu* -- Hausbauer, *wadjo* -- Fleischtheiler, *hubabdo* -- Kuhmelker, *tschehito* -- Milchvertheiler, *barbado* -- Viehzucher, *qorqo* -- Männerstrafer, *tautu* -- Viehtreiber, habe ich hinsichtlich ihrer heutigen Geltung keine Belege. Dagegen nennen die Galla Verheiratete auch heute noch *dscheliba* und Greise *melgudo*, welche Ausdrücke auch bereits in dem Manuscripte A. W. Schleicher's, dessen Bedeutung eine grosse ist, vorkommen.

» 192, 11. Zeile von unten lies: Somál statt: Somil.

» 264, 17. » » » » » dem statt: ihrem.

Einleitung.

1. Geographische Skizze des afrikanischen Osthornes.

Das afrikanische Osthorn als geographische Individualität und Wohnplatz dreier der grössten Völker Afrikas reicht im Westen bis an den Abfall
der abessinischen Berge, der zwischen dem 8.°--16.° nördlicher Breite und fast
genau unter dem 40.° östlicher Länge von Greenwich liegt. Vom 8.° nördlicher
Breite bis zum Aequator mag als Grenze desselben jener Theil des ostafrikanischen «Grabens» angesehen werden,[1]) der durch den Lauf des Gibié und
Omo, das Becken des Rudolf- und Stephanie-Sees und des ersteren grossen
südwestlichen Zufluss, den Trrguéll, repräsentirt wird. Der Lauf des Tana
bildet den natürlichen Abschluss der mächtigen Halbinsel gegen Südwesten.
Im Allgemeinen kann man sagen, dass der grösste Theil der langen von Nord
nach Süd streichenden Vulcanlinie Ostafrikas das Horn Afrikas vom übrigen
Continente trenne.

Die Gestalt des grössten Theiles der Landmasse, etwa vom 11.° nördlicher
Breite ab, ist die einer von Nordwest nach Südost geneigten schiefen Ebene.
Der nördliche, kleinere Theil des Landes, so recht der nordwestliche Ansatz
des Hornes, ebenfalls einer schiefen Ebene vergleichbar, fällt im Grossen und
Ganzen von West gegen Ost ab. Das Areale in seiner Gesammtheit bildet
zwei ungeheure, vielfach gegliederte Hochebenen, welche von Randgebirgen
eingefasst sind. Die kleinere, in circa 800- 900 Meter durchschnittlicher Seehöhe, das Land der 'Afar oder Danâkil, weist mehrere trichterförmige Senken
auf, eine im Norden am Alale-bâd, die zweite, bedeutendere im Süden am
Abhe-bad. In der Nähe des Golfes von Tadschura findet sich im Bahr assâl eine
Depression von 174 Metern. Die grössere bildet das Somâl- und Galla-Land
in einer wahrscheinlichen Höhe von 2800- 1900 Metern, auf der äthiopischen
Seite (zwischen Schoa und Kafa 2000—3000 Meter) von 1600- 1000 Metern, im
eigentlichen Lande der Oromó und Somâl. Die Wasserscheide zwischen der
grossen und kleineren Hochebene verläuft von den Seenbecken in Guragé (8°
nördlicher Breite und 40° östlicher Länge von Greenwich) von Südsüdwest

gegen Nordnordost als Gugu-Gebirge, als Bergkette der Itu und als Dschebel Ahmar nach dem Kondéla-Stock von Harar zu und von hier in nördlicher Richtung nach dem Golf von Tadschura. Die höchsten Erhebungen des ganzen Gebietes liegen in der langen Kette von Bergen, Bergketten und Berggruppen, welche vom Ostrande des abessinischen Hochlandes von 9° nördlicher Breite und 39° östlicher Länge von Greenwich in fast gerader Richtung von Westwestsüd nach Nordnordost gegen den Südrand des Golfes von Aden verlaufen und diesen dann bis zum Cap Guardafui begleiten. Hiebei ist von jenen Erhebungen abgesehen, welche das vom 8.° nördlicher Breite ab gegen Süden immer schmäler werdende äthiopische Hochland krönen und der grossen ostafrikanischen Spalte bis zum Kenia und Kilima-Ndscharo folgen.

Die Bodenbildung im Einzelnen und genau zu verfolgen, gestattet die mangelhafte Kenntniss des in Rede stehenden Terrains nicht. Nichtsdestoweniger lässt sich doch ein Blick auf die Bodenbildung jener Theile des afrikanischen Osthornes werfen, die von Forschungsreisenden durchquert worden sind. Die Hochebene des 'Afar-Landes begrenzen im Osten die steil abfallenden Berge von Okule Kusai, Doka, Enderta, Wogerat, Doba, Lasta, Utschale und des Wollo-Galla-Gebietes bis gegen Djedem, Ifât und Fâtigar hinab. Als Vorlage dieses steilen Grenzwalles, dessen Theile im Sowaira (3182 Meter), Saghe (3200 Meter), Saregsa (3658 Meter) und Suquala (3000 Meter) culminiren, kann das fast 2000 Meter hohe Bergland von Zabul aufgefasst werden, das sich im Norden in kleinere Bergzüge aufzulösen scheint. Die Hochebene des Danâkil-Landes bedecken nur einzelne Bergkuppen vulcanischer Natur (Dschebel Didik, Erteali, D. Lalule, Kusar, Allé Bogo, Dethali, Dubbi, das Alahêta- und Askal-Gebirge, Abidu, Jungudi, Ajalo, Mari, Add'Allé u. A. m.). Gegen die Meeresküste zu haben sie immer dichter werdend eine dieser parallele Anreihung und erreichen in der Nähe des Meeresstrandes eine Höhe von kaum mehr als 600—900 Metern. Das Centrum des 'Afar-Landes bildet das Plateau von Gamari und Sijâro im Norden der Abhe-bad-Senke. Der Abfall der Hochebene gegen das Meer ist terrassenförmig, am Nordwest- und Südrande des Golfes von Tadschura aber sehr jäh. Die heute mit dem Namen Dschebel Ahmar bezeichnete Bergkette — ehemals «Kette der Galla-Berge» genannt — gibt dem Danâkil-Lande gegen das Galla-Land im Süden einen natürlichen Abschluss, und sie hat zweifellos mit ihrer sehr bedeutenden mittleren Kammhöhe einerseits die Ausbreitung der 'Afar nach dem Süden verhindert, anderseits der Wanderung der Oromó nach dem Nordosten die Richtung gewiesen.[*]

Dem Nordrande des Somâl-Gebietes ist bis an den Fuss der das Meeresufer begleitenden Bergketten eine Ebene, das Gobân (vom som. *gubo* – brennen, wegen der hohen Temperatur, die daselbst herrscht, so benannt), vorgelagert, offenbar ehemals Meeresgrund, wie die Madreporenkalkbarren und die dort gefundenen Muscheln solcher Thiere beweisen, welche im angrenzenden Meere leben (*Porites*, *Musca*, *Tubifora* u. A. m.). Diese Ebene wird östlich vom 46.° östlicher Länge von Greenwich immer schmäler, verschwindet am 47.° östlicher Länge von Greenwich gänzlich, so dass fortab mit nur geringen Unterbrechungen die Kettengebirge steil zum Meere abfallen und über das Cap Guardafui hinaus sich unter dem Meere als scharfe Klippen fortsetzen. Die Bergketten des Nordrandes des Somâl-Landes zweigen gegen Nordost von Kondéla-Stock bei Harar ab und ziehen als Dájer-Gebirge, Elmâs, Gán Libah, Ankor, Ahl, Bur Kandara, Aisêma und Dschebel Godab bis zum Cap Asîr. Gegen Osten nehmen sie an Höhe zu (Elmâs 700 Meter, Ankor 1130 Meter, Godab 1500 Meter) und verzweigen sich nach dem Inneren der afrikanischen Ostspitze. Einzelne Kegel ragen namentlich östlich von Berbera hart an der Küste aus dem Gobán hervor. Ziemlich hoch gelegene Pässe führen aus dem Gobán nach der Hochfläche (som. *ugúb*, d. i. «oben»), die als Tafelland mit all-mäligen Senkungen gegen Nordost dem Auge sich darstellt. Die von den Randgebirgen nach dem Inneren zu abgezweigten, meist die Ufer der Was-serläufe begleitenden Bergketten lösen sich nach und nach in eine wellige Hügellandschaft auf, aus welcher nur hier und da ein grösserer Kegel oder eine Gruppe von Hügeln, von den Somâl stets mit dem Vornamen *bur* (d. i. Berg) bezeichnet, emporragt (Bur Arnot, Bur Dalo, Bur Dap).[*] Der Steilab-fall der Küste vom Cap Asîr setzt sich bis zur Neger-Bai (8° nördlicher Breite) fort. Der Anblick der Ketten und Gruppen, welche das Meer erreichen, ist ein unfreundlicher, das Land seiner Natur nach steinig-wüste. Es wird von den Bewohnern bezeichnend genug Nogál, d. i. Quellenaufsauger, genannt. Die wellige Landschaft des mittleren Theiles des Somâl-Landes scheint in der Landschaft Ogadén sich am meisten zu senken und einen kolossalen Thal-kessel zu bilden (som. *okú*), in welchem die Wassermassen des Tug Fafán ver-siegen. Kleinere Bergzüge, die das Wêbi Schabêli-Thal begleiten, scheiden Ogadén von dem Thale dieses Stromes.

Die Grenze gegen das Galla-Land bilden vom Kondéla-Stock (Konkuda 3500 Meter) am linken Ufer des Erer gegen Südsüdost hinziehende Ketten, welche im Guráis- und Timaássa-Berglande die höchsten Erhebungen er-reichen und sich bis zum Wêbi-Thal zu erstrecken scheinen. Das rechte Ufer des Erer begleiten gleichfalls mehrere Gebirgsketten, die, vom Gâra Mulâta (3000 Meter) abzweigend, als Mutjemâru, Sâua, Fig, Dadálla und Katjamsâre das Wêbi-Thal erreichen. Der gewaltige Strich zwischen dem Wêbi Schabêli, dem sogenannten Wêbi der Sidáma und dem Wêbi Dau, also das Flussgebiet des oberen und mittleren Tana ist uns nach seiner Gestaltung gänzlich unbe-kannt, ebenso wie das Land der Borána. Die Landflächen am unteren Wêbi Schabêli, Tana und Sábaki sind meist ganz eben. Nur einzelne kleine Berg- oder Hügelgruppen (Lugûm ass, Dut narrê, Dannâwa, Bur Maddou [d. i. schwarzer Hügel], Bur góbo u. A. m.) tauchen da aus dem welligen Plan auf. In Folge reichlicher Bewässerung ist die Hochebene fruchtbar (Liwin).

Die Galla-Gebiete von Schoa und südlich vom Abáj bis zum 5.° nörd-licher Breite bilden die südliche Hälfte des äthiopischen Hochlandes und participiren an den Zonengrenzen desselben.[4]) Die Höhen der Bergländer sind in Schoa am grössten, wo sogar die bedeutendsten menschlichen Ansiedlungen in sehr beträchtlichen Höhen angelegt sind (Ankober in 2757 Metern Seehöhe, Debra Berhân 2800 Meter, Neu Antoto 2890 Meter, Roggié 2651 Meter), und wo die höchsten Spitzen (Warra Sahai 3976 Meter, Kollo 4300 Meter, Moger 3650 Meter) nur um Weniges an Höhe den Riesen von Tigré und Amhara nachstehen. Auch die Godschâm tributären Berglandschaften am linken Ufer des Abâj und Omo und deren Zuflüssen weisen grosse Erhebungen auf (Goro Tschen 3370 Meter, Djibati 3070 Meter, Hotta 3680 Meter, Kado 3150 Meter), allein die menschlichen Siedelstätten sind in geringerer Höhe angelegt als in den Galla-Gebieten von Schoa (Kobbo 2340 Meter, Modjer [Kabiena] 2165 Meter, Saka 1800 Meter, Bonga in Kafa 1880 Meter, Djirén 2150 Meter), etwa so hoch wie die Ansiedlungen am Erer (Harar 1856 Meter). Daraus ergibt sich, dass der südliche Theil des äthiopischen Hochlandes, wo er von Galla bewohnt wird, gegen Südwesten und Westen zu sich allmälig abdacht.[5])

Was die hydrographischen Verhältnisse des afrikanischen Osthornes anbelangt, so sind die wasserlosesten Gebiete desselben das nördliche und innere Danâkil- und das östliche und innere Somâl-Land, während die Oromó-Länder südlich von Schoa und jene von Harar als die wasserreichsten gelten können. Die Gewässer des nördlichen Danâkil-Landes sammelt der Alale-bâd, die des mittleren 'Afar-Gebietes, die aus den im Zabul entspringenden Farali und Gualima zu einer Ader sich vereinigen, versiegen im Centrum des Landes — nach Einigen sollen sie als Mara in besonders regenreichen Jahren in einem Chôr bei Margableh die Küste erreichen — die des südlichen 'Afar-Landes nimmt der erweiterte Abhe-bâd, Gârgori- und Affamba-bâd auf. Zu dem erstgenannten grossen Wasserbecken trägt der Hawâsch seine Fluthen, welche zahlreiche linksseitige, von der Wasserscheide zwischen dem Abâj und Hawâsch kommende Zuflüsse (Addifuha, Mille, Kerreidara, Borkenna, Airara u. A. m.) verstärken. Ebendahin trägt ein ansehnlicher Theil von Cherân aus dem Dschebel ahmar und vom Osten her die Wässer (Herhali, Garasslej, Tschelledibo, Gobhad).

Die Flüsse des Somâl-Landes haben sämmtlich ihre Quellen in der vorhin beschriebenen, vom äthiopischen Hochlande abzweigenden Kette, welche unter 44° östlicher Länge von Greenwich und 11° nördlicher Breite das Meer erreicht und dann bis zum Cap Asir den Südrand des Golfes von Aden begleitet. Nur sehr wenige Wasserläufe strömen von dieser Bergkette dem Golfe von Aden zu, und sie führen fast alle nur in der Regenzeit Wasser, so die zahlreichen Cherân des Ejssa- und Gadaburssi-Landes, deren Hauptader beim Chôr Kulangarit ausmündet, die Cherân-Gruppe, die als Erer und Bâba zwischen Bulhâr und Berbera das Meer erreicht, der Selia und Sabe bei Las Gori, der Dadaan bei Bender Qâsim und der bei Butiala mündende Tokwejna sammt dem Chôr von Allula. Unter den Flussläufen, welche gegen Südosten in der Regenzeit ihre Wässer wälzen, ragen der Tug Djail im Gebiete der Mahmud

Osmân, der aus dem Rhat Tug, Gebi und Aror Dahât entstehende, dem Ahl-Gebirge entquellende Tug Darror, der in der Nähe des Râs Haffûn die Küste erreicht, hervor. Das Gebiet des Gân Libah und der Hada Flamo-Berge entwässert vornehmlich gegen das Ende der Regenzeit das Wâdi Nogâl und der Tug Dêr (»langer Fluss»), im Unterlaufe beide vereinigt und an der Neger-Bai in den indischen Ocean mündend. Der Fluss von Ogadén ist der aus den Harar-Bergen kommende, zahlreiche Zuflüsse (Djerâd, Djerdis) aufnehmende Tug Fâf oder Fafân, der in den Marschen von Süd-Ogadén sich verliert, ohne die Küste zu erreichen.

Das östliche Oromó-Land und die Hinterlandschaften der Benâdir-Küste[6] gehören dem Stromgebiete des Wébi Schabêli (Som. »Leopardenfluss») an, den die Somâl auch Wébi wejna, d. i. den grossen Strom, nennen. Er entspringt nach dem heutigen Stande des Wissens als Wébi Sidâma[7] in Guragé, sammelt die Gewässer vom Gugu-Gebirge, den Itu-Bergen und empfängt in dem Erer (Zuflüsse: Gobelé-Ramis, Burka, Irna, Magna) oder Wébi von Harar die mächtigsten Nebenflüsse an seinem linken Ufer, wird von Ime an schiffbar, jedoch nicht häufig befahren, und mündet unter 1° 30' nördlicher Breite in der Nähe der Meeresküste, kaum 50 Meter breit, in zwei Wasserbecken, den balli jéra und balli wejn, zwei von 1½ Meter hohem Schilfe eingefasste Sumpfseen. Eine grosse Zahl kleiner Cherân mündet an der Küste des indischen Oceans, zwischen dem Râs Hafûn und der Neger-Bai aus, weiter südlich nur ein einziger, der Durdûr Doâra.

Vom Stromsysteme des Dschubb, den die Somâl Gowinda nennen, sind der Wissenschaft nur die allergröbsten Rudimente bekannt. Der Fluss entsteht aus Quellflüssen, die vom südäthiopischen Hochlande herabrinnen, von welchen der Wébi Ganâna, der Wébi Dau, der Kontoma und der Galâna Liwin die bedeutendsten sein sollen. Leider sind nicht einmal ihre Namen, geschweige denn ihr Lauf mit Sicherheit ergründet. Auch der Dschubb scheint nur im Unterlaufe schiffbar zu sein und bei der Abneigung der Somâl wie der Oromó gegen die Schifffahrt nur in geringem Masse befahren zu werden. Die das südliche Galla-Land bewässernden Flüsse Tana und Sâbaki sind ebensowenig erforscht wie der obere und mittlere Dschubb. So viel ist sicher, dass der Tana die Wässer aus dem Kenia-Gebiete sammelt und eine wichtige Wasserstrasse nach dem Inneren der südlichen Oromó-Landschaften (Borâna-Gebiet) bildet.[8]

Der einzige grosse Strom des afrikanischen Osthornes, der fast seinem ganzen Laufe nach bereits aufgenommen worden ist, ist der Hawâsch (bei den 'Afar: Héthari Faghé und Wehajto), der die Gewässer der Galla-Länder von Süd-Schoa nach dem Norden führt, um, wie der Wébi Schabêli, ebenfalls in einen Binnensee zu münden und wie fast alle Ströme Nordost-Afrikas für die Communicationsverhältnisse und den Völkerverkehr dieses Theiles des Continentes völlig werthlos zu sein. Ein sumpfiger Bach an seinem Ursprunge am Fusse des Ilfâta ist der Hawâsch südlich von Antoto, ein schmutziger, kothiger Canal von 10—12 Metern Breite, der zwischen 7—8 Meter hohen Ufern in einem grabenähnlichen Flussbette seine Wässer trägt, in der Regenzeit ein bösartiger Torrent wird, der mit 50 Centimetern Schnelligkeit in der Secunde daherbraust, dabei nur geringe Tiefe (3 Meter) und eine Breite von 50 Metern hat, an beiden Ufern von herrlicher tropischer Vegetation bedeckt ist. Nahe der Mündung wird dies Gewässer schmäler (35 Meter), in felsigem Bette ganz seicht (65 Centimeter), und macht den Eindruck, als hätte es niemals jene reiche Fülle von Zuflüssen erhalten, wie sie ihm thatsächlich am linken Ufer zu Theil geworden (Logia, Tekarto, Bakkari, Alullê Faró, Mille, Gaiderru, Gauis u. A. m.).[*] Der Strom theilt sich in drei Arme, deren wichtigster Gorháj Dalê heisst und sich zunächst in ein Seebecken, Gargori, und aus diesem in ein zweites, Gammarri, ergiesst. Das letztere hat einen viel grösseren Umfang als das erste und soll den Wässern gegen Südsüdosten durch eine subterrane Bresche, die durch den Hügel Dhamali führt, Eingang in den Abhe-bád gewähren. Die beiden anderen Arme des Hawásch heissen Ghurmudchi und Farradê. Ihre Wässer verlieren sich in Sümpfen beim Berge Dhamali, nachdem sie sich zuvor noch reichlich verästelt hatten.

Die Oromó-Gebiete von Schoa bewässern die zahllosen Adern, die nach Westen zum Abáj niederrinnen und sich zum Beschiló, Djemma, Sega Wodem, Muger und Fadschi Melole entwickeln oder verbinden. Wo der Abáj (Galla-Gebiet durchströmt, also in einer fast kreisrunden Biegung, ist er in der Trockenzeit etwa 25—20 Meter breit und nicht mehr als 2 Meter tief, in der Regenzeit dagegen 80 Meter breit und 15 Meter tief[10]) und wird, wie der Euphrat in Mesopotamien, mittelst Fellblasen übersetzt. Den nordwestlichen Theil der Galla-Länder durchströmen die Tributären des Jabus (Orgéssa, Gabara, Gaba, Wama, Didéssa). Der Hauptfluss der südlichen Länder der Oromó ist der Gibiê, der nach der Vereinigung mit dem Godscheb oder Mantscho den Namen Omo führt, im Mittellaufe etwa 110 Meter breit ist und in den Rudolf-See münden soll. Im Unterlaufe nimmt er offenbar das Wassergeäder von Kafa auf. Die Wasserläufe des Walega-Landes scheinen, soweit sie nicht zum Jabus eilen, dem Stromgebiete des Sobat anzugehören. Keiner von diesen nicht unbedeutenden Strömen ist der Träger eines auch nur einigermassen beträchtlichen Verkehres der Eingebornen.

Die Seen des afrikanischen Osthornes liegen fast ausnahmslos in der Richtung der Eingangs erwähnten ostafrikanischen Spalte und am Abfall des östlichen Grenzwalles des äthiopischen Hochlandes (Alále-bád, Abhe-bád, Assál, Hakl, Addá, Wontschi, Gefersa, Tschoinen, Dambel Suwáj, Hega, Lamina, Gamo, Abbala, Basso Naebor, Basso Narók). Im Danákil- und Somál-Lande sind sie Salzseen, deren Wasserspiegel nach der Jahreszeit verschiedene Ausdehnung hat, und deren einiger Wasser mineralisch scharf reagirt, so dass z. B. im Wasser des Abhe-bád und jenem der Addá-Seen Wäsche ohne Benützung der Seife und anderer Ingredienzien vollkommen rein gewaschen werden kann. Salzseen der vorerwähnten Art finden sich auch an einzelnen

Punkten des inneren Osthornes; es sind dies die Seen im Nordwesten von Harar (Jábata, Haramaja), und die bereits fast ganz ausgetrockneten Sumpfseen, Strandseen u. A. m., wie der Garbaar, Hirán, Aschaka (?) Waju, Deschek Ria Ghâta, Deschek Wâma, Bisan Humunân, Nabama, Schechagabu, Kilowejna, Gambi, Balliwejn u. A. m. Nur auf dem Suwâj-See hat sich ein Wasserverkehr auf Fischerboten entwickelt.

Geologisch betrachtet erscheint das ganze afrikanische Osthorn als eine ungeheure vulcanische Decke, die von den grossen vulcanischen Herden des Nordwestens aus sich ausgebreitet hat. An wenigen Stellen treten Theile des krystallinischen Untergrundes hervor. In Schoa und in den Galla-Ländern ist krystallinisches Gestein, nach Aubry's Versicherung, [1]) nirgends anzutreffen. Im südlichen Galla-Land besteht der Boden aus rothem Lehm mit Mergel- und Kalkuntergrund. In den Somâl-Gebieten erscheinen diese bei Harar und südlich von Berbera. In den Thälern der Abbâj-Zuflüsse und in jenen des Gibié und wahrscheinlich auch in den Thälern des Wébi Schabéli und Dschubb sind jurassische Kalke zu finden. Tertiär ist der Südrand des Golfes von Aden. Alt- und jungvulcanische Bildungen mit allen ihren äusseren charakteristischen Formen, erloschenen Kratern, Thermen (so zu Fellwa bei Antoto 80° C., Bilén im 'Afar-Lande 65° C., Artu im Somâl-Lande 85° C. und anderwärts) prägen der Physis der Landschaften den Stempel auf. Im Süd-Galla-Lande folgt von der Küste aus zum Berge Kenia Gneis, Hornblende und Basalt. Bemerkt muss werden, dass die geologische Erforschung Nordost-Afrikas am weitesten hinter jener aller übrigen Theile des Continentes zurückgeblieben ist.

In meteorologischer Beziehung sind wir über Afrikas Osthorn gleichfalls wenig gründlich unterrichtet. Ueber längere Zeiträume ausgedehnte Beobachtungen einiger meteorologischen Elemente wurden nur an der Küste des Nordens, in Schoa und Harar angestellt. Darum muss Manches in dieser Beziehung nur nach den Erzählungen der Eingebornen dargestellt und den temporären Wahrnehmungen weiter gereister Forscher entnommen werden. Was zunächst die Vertheilung der Temperatur betrifft, so mag hervorgehoben werden, dass die Januar-Isotherme von 26° C. den Nordrand des afrikanischen Hornes bestreicht und das 'Afar-Land mitten durchläuft, die Juli-Isotherme von 26° C. dagegen dem Südostrande der Halbinsel entlang dem Cap Guardafui zustrebt, und jene von 28° C. die Richtung der Januar-Isotherme angenommen hat, die Jahres-Isotherme von 28° C. aber ein gut Theil des nordwestlichen Theiles desselben einschliesst. Im Einzelnen sind an vielen Punkten interessante Temperaturen beobachtet worden. Im Hawásch-Thale beobachtete Bianchi Temperaturen bis 45° C., und dabei prangte die Natur im herrlichsten Grün, [2]) Cecchi im Juli im Süd-'Afar-Gebiete solche von 41° C. im Schatten, [3]) Traversi zu Djirén in Géra (2150 Meter Seehöhe) im November und December Minima von 12° C. und Maxima von 22° C. im Schatten, [4]) Révoil solche zu Bender Felek an der Midjertin-Küste von 25° C. am Morgen und 22—23° C. in der Nacht, im September im Lande der War-Singheli in 1650 Metern Seehöhe Minima von 11° C.

Maxima bis 15° C. in der Sonne.[15]) Thomas Wakefield registrirte im Süd-Galla-Lande im October folgende Wärmezunahme und -Abnahme im Schatten: 8ʰ 15′: 25·5″ C., 9ʰ 30′: 37·7° C., 12ʰ: 31·1° C.[16]) Brenner notirte die mittlere Temperatur im Jahre 1867 Morgens, Mittags und Abends zu 29·5° C., die höchste Temperatur im Januar in Witu zu 33·5° C., die niedrigste im Mai während einer Regenböe aus Süden zu 23° C. Die grösste Differenz betrug, wie er schreibt, 10·5° C. Im Danâkil-Lande scheinen die grössten Schwankungen in der Temperatur auf dem ganzen afrikanischen Osthorn vorzukommen. Hier steht das Thermometer um 8ʰ Früh oft nur auf 7° C. und im Juni zeigen sich Schwankungen von 16° C. in der Nacht bis 45° C. bei Tage, im Mai an der Küste solche von 27—36° C. Capitän Bottego hatte zweimal zwischen Zula und Aráfali im Mai Mittags Temperaturen von 50° C. im Schatten, Antonelli in Tokoscha solche im Juli von 46 und 48° C., im August von 36—47° C. Im September war daselbst z. B. der Gang folgender: 6ʰ: 32° C.; 12ʰ: 45° C.; 4ʰ: 44° C.; 7ʰ: 32° C. Indess fällt die Thermometersäule auch in Schoa in der Nacht im Juni bis auf 8°, was seine besonderen Gründe hat. In Ogadén beobachtete Professor Keller im Juli in der Nacht eine Temperatur bis 15° C., in Obbia Brichetti-Robecchi[17]) im April Temperaturen von 27·5—34·5° C., im Mai solche von 23·5—31·2° C. (Durchschnitt 27° C. im Mai, 28″ C. im April).

Die von mir veranlassten Jahresbeobachtungen der Temperatur von Zejla ergaben folgende Mittel: Januar: 9ʰ: 25·7ⁿ C.; 3ʰ: 26·6° C.; 9ʰ: 26° C.; August: 9ʰ: 32·4° C.; 3ʰ: 35·2° C.; 9ʰ: 33·7° C. Jahresmittel: 9ʰ: 29·2° C.; 3ʰ: 30·7° C; 9ʰ: 29·7° C. In der Stadt Harar ergaben durch drei Monate systematisch und genau angestellte Beobachtungen, die ich ebenfalls veranlasste:

	6ʰ	1ʰ	8ʰ	Max.	Min.
März	18·2	20·9	19·8	24·0	16·3
April	19·8	22·2	21·1	24·0	18·3
Mai . . .	19·9	21·0	20·4	22·5	17·5

Für die Temperatur von Berbera fand Zöppritz und Schmidt aus Menges' Beobachtungen: November: 25·3; December: 24·7; Januar: 24·9; Februar: 25·8; März: 26·8; April: 28·9; Mai: 30·5° C. als Mittel. In Assab beobachtete man von italienischer Seite als Temperaturmittel von April, Mai und September: 32·8° C., als Mittel von Juni, Juli und August: 34·8° C. In Schoa (Antoto 2840 Meter Seehöhe) schwanken die Julitemperaturen von 7—13° C., die Augusttemperaturen von 8·2—12° C., jene vom September von 8·6—15·5° C.[18])

Die Januar-Isobare von 760 Millimeter geht mitten durch das afrikanische Osthorn, wonach hier also die Grenze des Gebietes hohen und niederen Luftdruckes im Januar zusammentrifft, während die Juli-Isobare von dem gleichen Luftdrucke südlich vom Osthorn Afrikas dahinläuft, somit Nordostafrika in dieser Zeit im Gebiete des niederen Luftdruckes sich befindet, die Jahresisobare jedoch für den grössten Theil des Osthornes 758 Millimeter, also ein Gebiet sehr niederen Druckes bezeichnet.

Ganz Nordost-Afrika liegt im Bereiche der Monsune, die freilich das ge-
sammte Gebiet nicht mit gleicher Intensität bestreichen. Typisch bleibt ihre
Wirkung nur an der Nord- und Süd-Somâl-Küste, wo blos die verschiedene
Höhe der Randgebirge unbedeutende Abweichungen von dem Typischen her-
vorrufen kann, während im 'Afar- und Oromó-Lande diese letzteren schon
sehr bedeutend sind. Die jährliche mittlere Regenmenge des östlichen Theiles
Nordost-Afrikas beträgt 60—130 Centimeter, jene des westlichen 130—200
Centimeter. Für die Somâl-Gebiete lässt sich ungefähr folgendes Schema der
Monsunzeiten aufstellen: [19]

Regenzeit: December bis Mai. Herrschaft des Nordost-Monsuns.

Vom 20. November bis 20. December: Nordost-Monsun; warm (som. *daira bad
furân*);
vom 20. December bis 15. März: kalte Zeit (som. *kuléscha* auch *fitâl*);
vom 15. März bis 1. April: leichte Wärme (som. *chalil*);
vom 1. April bis 1. Juni: Einsetzen des Südwest-Monsuns; warm (som. *gûgi,
bad hedân, gû*).

Trockenzeit: Juni bis November. Herrschaft des Südwest-Monsuns.

Vom 1. Juli bis 1. September: regenlos und sehr heiss (som. *ihâga*);
Anfangs September: leichter Regen (som. *daira duff hâga*);
Ende September: starker Regen (som. *charûn hâga, tich, majâj, rûb*);
während des Monats October: aufhörender Regen (som. *keren*);
vom 1. bis 20. November: regenlos und grosse Hitze (som. *hâga charif*).

Jenseits der Randgebirge kommt die Vielstufigkeit in Wegfall. Die Herr-
schaft der Monsune äussert sich in der Art, dass die Regen an der Nord- und
Ost-Somâl-Küste meist Ende März bereits beginnen und vom April bis Juli in
Intervallen von ein bis zwei Tagen heftig andauern, bis Anfang October an
Intensität aber vollständig nachlassen und mit kurzen Platzregen endigen.
Von Mitte October bis Anfang Januar fällt nur hier und da, und zwar wenig
Regen. Die Zeit von Mitte Januar bis Mitte März ist meist regenlos. Bei
dem Monsun im December ist nach der grossen Hitze im Süd-Somâl-Lande
die Luft ganz mit Staub erfüllt, so dass Augenkrankheiten grassiren. Das
Nordost-Somâl-Land ist also ein Uebergangsgebiet mit Regen im Sommer
und Winter.

An der Küste (im Gobän) oder wenige Kilometer im Binnenlande walten
folgende eigenthümliche Ausnahmsverhältnisse vor. Es pflegt vom December
bis Mai Regen zu fallen, aber ohne alle Heftigkeit, mit langsamem Anheben,
kurzer Intensität, Blitz und Donner, langsamem Aufhören und stets darauf-
folgender Ausheiterung des Himmels. [20] Diese Regen dauern drei bis vier
Tage und pflegen sich in Intervallen von zwei bis drei Wochen einzustellen,
und meist in den Abendstunden einzutreten, wohingegen die Regen der eigentlichen Regenperiode meist in der Nacht währen. Der aus dem Lande auf das
Meer wehende Monsun (*dabâil*, d. i. »Wind«) wirkt erfrischend, zumal in der

Nacht. Im Wébi Schabéli-Thale, ungefähr in der Mitte des Osthornes, ist nur
mehr eine Zweistufigkeit der Jahreszeiten zu gewahren. Dort beginnen die
Regen im März und dauern mit kleinen Unterbrechungen von zwei bis drei
Tagen continuirlich fünf Monate, eine sehr reichliche Wassermenge nieder-
sendend und die Regionen im Wébi Schabéli-Thale in dieser Zeit zu ungesun-
den gestaltend. Gewitterstürme und Regenstürze kündigen im ganzen Somál-
Lande den Beginn der Regenzeit an.

Im 'Afar-Lande setzt eine kleine Regenzeit ('afar. *rôb, dadá*, die trockene
Zeit heisst *hagáj*) während der Monate August und September ein. Die Regen
bestehen aus Schauern in der Dauer von $\frac{3}{4}$—1 Stunde, deren Wasser zum
Theile verdunstet, zum Theile von den Cherán hastig fortgeführt wird, so dass
es den Boden wenig befruchtet, und folgen eigenartigen Sturm- und Wirbel-
winden ('afar. *habubalé*) in den Nachmittagsstunden bei einer Temperatur
von 40–45° C. und unter merklichem Fallen des Barometers.[1]) Im Juni herrschen im ganzen Lande ähnliche starke Luftbewegungen, die die trockene
Schichte des Bodens aufwirbeln und die Atmosphäre mit dickem Staube er-
füllen.

In den Galla-Gebieten von Schoa und jenen im Süden von diesem Lande
richtet sich die Jahreszeit und damit die Beschäftigung der Menschen einzig
nach dem Eintritte und der Dauer der Regenzeiten, des Krempt und des Belgh.
Die Zeit der ersten sind die Monate Juni bis September (die grosse Regenzeit
orom. *gannâ*, 15. Juni bis 15. September), jene des letzteren die Monate März,
April und Mai (kleine Regenzeit, Regenzeit mit Unterbrechungen, orom.
arfasâ, 15. März bis 15. Juni). Vom October bis März ist die trockene Zeit, bis
Mitte December *birrâ* oder *murrâ*, im letzten Theile, also auf dem Höhepunkte,
bonnâ genannt. Dr. Traversi hat den Krempt «un diluvio in miniatura» genannt,[2]) die Zeit der Betrachtungen und des Tafelgenusses der Einwohner.
In vielen Theilen Aethiopiens ist der Krempt die Zeit fragoroser Stürme. Der
Regen (orom. *rôba, bokka*) fällt nicht vom Morgen bis Abend, aber einmal am
grauenden Morgen, dann wieder Nachmittags oder in der Nacht, ohne die be-
kannte tropische Regelmässigkeit. Der Regenfall ist stets heftig, begleitet
vom Nordostwind und Kälte. Manche äthiopische und Galla-Gebiete (so das
Wollo-Land) haben einen kleinen Krempt, der dem grossen nach kurzer
Trockenzeit folgt und leichter ist (Regentage im December und Januar).[3])
Man hat auch in einzelnen Krempt-Perioden die Wahrnehmung gemacht, dass
der Regen z. B. nur während der Nacht fiel oder niemals bei Vollmond. Im
Allgemeinen beginnt in den Galla-Ländern die Regenzeit früher als in Schoa
und Harar, und der Regen fällt sechs Monate mit Unterbrechungen und verbindet so gleichsam den Krempt und Belgh.[4]) Die ersten Regen fallen schon
im Mai, werden heftig und voll im Juli und August, lassen im September bedeutend nach und hören im October auf. Die östlichen Galla-Gebiete haben
aber noch im December und Jänner jene Nachregenzeit, welche dem kleinen
Krempt vollkommen entspricht.[5]) In Kafa, Kullo, Kuontáb und den Nachbar-

gebieten dieser Landschaften beginnt die Regenzeit bereits im März und dauert bis zum October. Dasselbe ist im ganzen Arussi- und dem grössten Theile des Nord-Boràna-Gebietes der Fall, wo die Regenzeit niemals später als im April sich einstellt, nach und nach an Stärke zunehmend und im Juni und Juli den Höhepunkt erreichend.

Was das südliche Galla- und Somàl-Land, also die Landstriche am Sabàk, Tana und Dschubb, anbelangt, so beginnt daselbst die Regenzeit im April und hält bis Ende Juni an. Während dieser Zeit findet nach Brenner[16]) gewöhnlich eine drei- bis vierstündliche tägliche Unterbrechung des Regens gegen Mittag statt. Längere Pausen sind selten, und selbst dann bleibt der Himmel stets mit schweren, dunklen Regenwolken bedeckt. Der Nordost-Monsun, dessen Wirkung weit in das flache Galla- und Somàl-Land hineingeht, trifft regelmässig in den ersten Tagen des November ein. Von diesem Zeitpunkte, bemerkt Brenner, erscheint der Himmel bis zur Mitte des künftigen März Tag für Tag im wolkenlosen glänzenden Blau, nur einige langgestreckte weisse Wolkenstreifen ziehen sich in der gleichen Richtung des Monsunwindes (orom. *didén*, d. i. «Wind») am östlichen Horizonte hin. Regen ist während dieser Zeit durchaus undenkbar.

In den Landschaften von Harar, wo ein überaus angenehmes, gleichmässiges Klima herrscht, ist die Regenzeit von der trockenen scharf abgegrenzt, und es gibt daselbst keine sogenannte Nachregenzeit, wie sie in den Galla-Gebieten von Schoa oder an der Nord-Somàl-Küste vorkommt. Mitte April, spätestens Anfangs Mai, stellen sich die tropischen Regen mit langsam sich steigernder Intensität ein, fallen auf ihrer Höhe im Juni und Juli zumeist in den ersten Nachmittagsstunden unter heftigen elektrischen Entladungen und hören zu Anfang September, oft schon Ende August auf. Die trockene Zeit weist nicht selten, aber stets nur äusserst leichten, angenehmen und belebenden Regenfall auf. Die Temperatur der Luft behält bei diesen Verhältnissen das ganze Jahr über eine merkwürdige Gleichmässigkeit bei; niemals soll sie unter 10° C. sinken und sehr selten, selbst in der trockenen Periode, 22° C. übersteigen, niemals aber in Extremen sich bewegen. Die Luft ist dabei stets von seltener Reinheit und die Vegetation von unablässig sich verjüngender, zauberhafter Frische. Der ausgiebige Niederschlag verdunstet in einem Grade und in einer Zeitabfolge, dass die Atmosphäre das ganze Jahr über etwas feucht bleibt.

Die angeführten übereinstimmenden Factoren ergeben für das afrikanische Osthorn im Ganzen ein angenehmes Klima, in dem sich der Mensch gut entwickelt, und in welchem er gedeiht. Zu den gesündesten Strichen kann die Hochfläche des Nord-Somàl-Landes und das Gebiet von Harar gerechnet werden. Weniger zuträglich der Gesundheit des Menschen ist das innere Somàl-Gebiet, namentlich das sumpfige Süd-Ogadén-Land, die Landstriche am unteren Wèbi Schabèli, die tief eingeschnittenen Thäler der oromonischen Gebiete im Süden und Südwesten von Schoa, die sterilen Gegenden am Rudolf-See und Stephanie-See, die tiefen und feuchten Ränder am Golf von Aden.

Die vegetative Decke des afrikanischen Osthornes hängt von der Bewässerung des Landes und dem Regenfall ab. Ein Blick auf die Karte belehrt darüber, dass es in Nordost-Afrika zwei Regionen gebe: eine wüste, kahle, das 'Afar-Land und den grössten Theil des Somál-Gebietes umfassend, und eine mit reichlicher Vegetation bedeckte, das Galla-Gebiet und den Süden des Somál-Landes in sich begreifend. Die Regionen des gesammten afrikanischen Osthornes gehören pflanzengeographisch zu dem indischen Monsungebiet.[2]) Im Lande der 'Afar und Somál überwiegt aus dem oben angegebenen Grunde die Wüsten- und Savanen-Vegetation nebst niederem Busch und vornehmlich von Stauden mässiger Höhe, im Galla-Lande dagegen hochstämmiger Wald. Niedrige Buschvegetation und artenarmes Gras (som. *sirmán* oder *auss, dauadauer, sodjér;* 'afar. *dúbu*) bedeckt ⁵/₆ des gesammten Areals des Somál- und 'Afar-Landes, fast ebensoviel lichter und dichter Wald (orom. *tchâka, buosonnâ*) von dem Galla-Lande. Im Somál-Gebiete wie in den felsigen Landschaften der Danákil-Region findet man schmale Waldbestände nur an den Ufern der Cherán und im Gebirge. Dem Somáli ist der Begriff eines Waldes nach unseren Vorstellungen fremd; er kennt nur kleine Gruppen von Bäumen, die er *géd* oder *gédo* nennt. In dem Oromó-Lande wechseln Waldbestände mit herrlichen Wiesenmatten (orom. *tschafé* oder *adje fiddo*), wie sie das Auge schöner und saftiger wohl nirgends mehr erschauen kann, während die Weideplätze der Somál und 'Afar selbst dort, wo die Grassavane in den schönsten Formen sich entfaltet, nach kurzer Zeit das Aussehen der mageren, ausgebrannten Steppe erhält.

Die Quolla-Thäler der Galla sind von bezaubernder Schönheit. Tamarinden (som. *humár*), Sykomoren (*wodanábe, worka, alerú, habrú*), Mimosen, Cassia (som. *jellélu*), Erica, Brayera, Calotropis, Gardenia, *Cuphea arabica*, Acazien (*girdr, adad*), Palmen, Guizotien (*nûgi*), Lorbeer, riesige Oliven (*woira*), hohe Wachholder (*gatira*), Podocarpus (*zegbá*), Dracaena, *Juniperus procera* (*tzid* oder *tôd*), Sparrmannia, Euphorbien, Boswellia, Balsamodendron, Salix, *Rhynchopetalum montanum* (*dschebera*), Cesalpinien, Bambus (*lemán*), Sterculien, Dodonaea, Kusso, *Pinus abessinica* (*birbirssa*) formen da den herrlichen, lianendurchschlungenen Wald. Cissus und Elymus bilden da gleichsam Leitern bis zu den Wipfeln der höchsten Bäume, in deren Krone der Oromó nicht selten seine Habe so schlau zu bergen weiss, dass sie hoch in den Wipfeln verlockend schaukelt, aber vom raublustigen Feinde nicht erreicht werden kann.[3]) Das Unterholz verdichten Flechten, Urticeen, Moose, Solanaceen, grossblättrige Farne, Asclepiadeen, Dornpflanzen, Jasmin; der Wiesenplan ist mit blühenden Liliaceen besät und bildet mit dem strotzenden Durra-Felde einen eigenthümlichen Contrast zu dem schattigen Hain. Im Boróna-Lande existiren grossartige Waldcomplexe, wohin sich die Galla mit ihren Heerden zurückzuziehen pflegen. Der Kaffeebaum wächst daselbst wild und bleibt ohne jede Cultur. Die Baumgruppen der Somál bedecken die Rücken der Randgebirge und folgen den Betten der Auádi. *Asclepias gigantea* (som. *úschr, bú*), *Anthia Revoilii*, Capparis, Cheilantes, *Zizyphus spina Christi* (som. *gúb*), Cactus (som. *guráto*), Acazien (som. *kúra, soffár*) wechseln ab mit Kronleuchter-Euphorbien (som. *golgál;* orom. *hadámi*), *Calotropis procera* ('afar. *gála*), Salvadora ('afar. *dadahú*), Ficus ('afar. *alái*), *Mimosa nilotica* ('afar. *afulú*), Dompalmen ('afar. *hungá;* som. *bár*), Hyphaenen ('afar. *tafí;* som. *au*), Tamarisken ('afar. *krùm*), Cynanchum (som. *máro*), Aloë (som. *dér*), Jujuben (som. *gúb*), Combrataceen (som. *damas*), Aloë, Gummi (som. *ankokib*), Weihrauch (som. *lubán*) und Myrrhe (som. *malmal*). Nur vereinzelt steht im Süd-Somál-Lande die Adansonia (som. *ják*). Der Arten- wie der Individuenreichthum verblüfft den Reisenden, und eine botanische Umschau in einer Waldung des Galla-Landes zählt zu dem Interessantesten, was man erleben kann. Namentlich fällt die ungeheure Menge nützlicher Bäume auf, die z. B. der Oromó weniger nach ihrem Fruchtertrag, der in vieler Beziehung ein ungeheurer sein könnte, als vielmehr nach der Holznutzung kennt. Er weiss Hunderte von Bäumen zu nennen, die man kaum zu identificiren vermag, die grossen Kelto- oder Kiltu-Sykomoren, die rothholzigen, milchsaftigen Oddas, die pappelartigen *Hudu =farda,* die das Bartschuma-Holz (Materiale für die Nackenstütze) liefernden Woddéjssa, die vierkantigen Stämme der Kunni, die Botta-Arbuste, die Bururi-Sträucher u. A. m., dabei mit merkwürdigem Scharfblick die Species unterscheidend.

Die nützlichsten Bäume für den Nordost-Afrikaner sowohl wegen ihres massenhaften Vorkommens als auch der vielseitigen Verwendung bleiben die das starke Holz liefernden Combrataceen, *Juniperus excelsa,* von welcher es hundertjährige Stämme im Galla-Lande gibt, *Juniperus procera, Juniperus giganti,* die als einzige Conifere im Galla-Lande in drei Varietäten vorkommt, die Sycomore, die *Hyphaena Thebaica,* die an der Küste zwar selten ist, im Danákil-Lande aber überall gedeiht, die Gummi- und Mimosenformen, Weihrauch und Myrrhe, *Asclepias gigantea,* die Aloë-Arten, holzliefernde Gummibäume, der vortrefflichen, volkernährenden *Musa Ensete* und *Cophea,* der heilwirkenden Kusso und des schmackhaften Celastrus gar nicht zu gedenken. Nur in geringem Masse im Verhältniss zur Cultur anderer Bäume wird der Kaffeebaum veredelt, der Olive, Tamarinde, dem Mandelbaum und dem Weinstock wird gar keine Beachtung geschenkt. Die Dattelpalme (orom. *nagal;* 'afar. *náheli,* vom arab. خنل kommt zwar bis nach Kafa hinab fort, allein sie bringt keine Früchte zur Reife. Nach flüchtiger Schätzung manches Waldbestandes wage ich die Behauptung, der Nordost-Afrikaner nütze von der herrlichen vegetativen Decke seines Landes kaum 15⁰/₀ für seine materielle Cultur aus. Ein nicht unbeträchtlicher Theil des Bodens ist bei den Oromó mit *Musa Ensete*-Gärten und Fruchtfeldern von Durra, Eleusine, Tief, Mais und Baumwolle bedeckt, während sie bei den 'Afar fast nur im Aussa-Thale anzutreffen, im Somál-Lande aber eine Seltenheit sind. Ueber die

Pflege derselben folgen weiter unten nähere Angaben. Den werthvollen Kusso-Baum mit seinen vielen Varietäten lässt die Natur überall in übergrossen Mengen aus dem Boden spriessen, so dass er keiner Cultur weiter zu bedürfen scheint; er liebt kalte Nord- und Nordostwinde und kommt daher namentlich in der Dega vor. Der *Celastrus edulis* (orom. *garbåbo*), als Schmuck der Hütten in Harar so allgemein, ist nach den Anschauungen der Oromó wegen der berauschenden Wirkung seiner Blätter von Geistern erfüllt.[19]) Die Buschvegetation des Somål- und 'Afar-Landes, bestehend aus Acazien, Mimosen, Zizyphus u. A. m., verwächst an vielen Stellen mit dem dicken und hohen Grase zu einer undurchdringlichen Schicht, durch welche Thier und Mensch sich mit Gewalt den Weg zu bahnen haben. Die Holznutzung, die sie dem Menschen bietet, ist eine äusserst geringe, kaum nennenswerthe.

Die Thierwelt Nordost-Afrikas ist eine mannigfaltige und weist fast alle Arten der äthiopischen Subregion auf.[20]) Der Umstand, dass die Eingebornen des afrikanischen Osthornes die Jagd nicht pflegen und sich nur für jene Thiere interessiren, die nützen und die Neugier erregen, erhöht den Individuenreichthum der jagdbaren Thiere. Die höhere Thierwelt der Somål-Halbinsel zieht sich in der trockenen Zeit in grossen Massen mit dem Menschen von der Küste nach dem kühleren Hochlande des Inneren des Landes zurück und geht erst in der Regenzeit wieder an seine alten Standplätze. Zu den Charakterthieren zählen unter den Mammalien der *Canis pictus* seu *venaticus* und die Hyäne (som. *waraba* [aus *maraba* von *rab* = beissen], d. i. «die Zerbeissende», auch *durwa* oder *dedör*; 'afar. *jangúla*; orom. *madschá, warabésa*), die von den Somål als Hermaphrodit betrachtet und im Femininum angesprochen wird, der Löwe (som. *libah*; 'afar. *lubåk*; orom. *léntscha* oder *ambådja*), der auf dem afrikanischen Osthorn in einer vom mähnenreichen zum mähnenlosen Thiere übergehenden Varietät nirgends fehlt, der Leopard (som. *schabél* oder *jabél*, auch *hermad*; 'afar. *gåbcha*; orom. *kerensa* oder *haddi*), im Westen in der schwarzen Abart (orom. *gisilla*) zahlreich und allgemein viel gefährlicher und gefürchteter als der Löwe, der Elephant (som. *mårodi*, d. i. «der Entwurzelnde», von *rodi* = ausrupfen; 'afar. *dakåno*; orom. *arba*), das Nashorn (som. *wijil* oder *ujél*, auch *wejscha*; orom. *worsisa*), das Flusspferd im Süd-Somål-Lande (som. *ghier*; gall. *gómari*), im 'Afar- und Somål-Lande seltener als im Galla-Gebiete, das Warzenschwein (som. *ischadéttu*), in riesigen und sehr zahlreichen Exemplaren vorkommend, der Schakal (som. *djo*, auch *duwdo*, d. i. «der Heulende», orom. *wongó*), die Giraffe (som. *halgéri*, d. i. Kameelstrauss), auf den Süden beschränkt, eine grosse Zahl von Antilopen und Gazellen (orom. *worabó*; som. *déra*; 'afar. *sarajtu* und *wojlolé*), so *Nanotragus Hemprichiana* (som. *dig-dig, sagáro*), *Strepsiceros Kudu*, im Somali-Land selten (som. ? ; orom. *agariu*; 'afar. *saråjtu*), *Oryx Beisa* (som. *beid* oder *bejsa*), *Gazella Walleri* (som. *gerenük*), Gazellen der Art *Apholophus* (som. *alakúd, midagna* und *dankúla*), deren Fleisch die Somål-Beduinen geniessen und deren Fell zu Butterschläuchen verarbeitet wird, ferner alle Arten der mit den Schoaner Bezeichnungen belegten Gazellen des Tieflandes *(medafél),* der Gebirgswälder *(dukola)* und der Hochplateaux *(bukór),* der *Equus asinus Somalicus,* das Zebra (som. *fardo;* 'afar. *daáni),* der *Lepus desertorum* (orom. *tintschél),* eine ungeheure Menge von Affen, von dem schönen, in den Galla-Gebieten häufig anzutreffenden *Colobus guereça* (orom., 'afar. und som. *oreça* aus dem amhar. ፖፗᎴ) bis zu den kleinsten Aeffchen, vornehmlich aber der *Cynocephalus hamadryas* (som. *dájer* [aus *dale-jer* - - kleiner Pavian]; orom. *zindschero),* der in Rudeln von vielen hundert Stücken die Felsen der Somál- und 'Afar-Berge belebt und das beliebteste Futter für Löwen und Leoparde abgibt, der *Cercopitaecus griseoviridis* (som. und orom. *túta;* 'afar. *tschuól),* der Baumaffe (orom. *kamalé),* die Zibetkatze (orom. *tirini),* das Stachelschwein (som. *hiddik* oder *annkúb),* die Fischotter (som. *hoór;* orom. *bisani-olá),* im Galla-Lande zahlreich, weil die Eingebornen die Fische verschmähen, der *Hyrax abessinicus* (orom. *aschkoku),* der merkwürdige *Heterocephalus glaber* (orom. *kafkaftschú;* som. *fónku* oder *faranfed;* har. *antút tschidán),* der wie ein Maulwurf lebt und von dem auf Seite der Nordost-Afrikaner allgemein behauptet wird, dass er Menschen die Geschlechtstheile abfresse, viele Nagethiere (orom. *túta;* som. *baraduby)* u. A. m.

Unter den Vögeln (som. *schimbirú;* 'afar. *kimbirú;* orom. *simbira alldtti)* sind verschiedene Geierarten (som. *gurgur;* 'afar. *dikó)* im Danákil- und Somál-Lande am verbreitetsten, hier namentlich die stetigen Gefährten des Menschen, die seine Siedelstätten von Weitem verrathen und nicht mit Unrecht beschuldigt werden, Schlafende zu überfallen und Kinder zu rauben, dann Raben und Krähen (som. *túka;* 'afar. *kako;* orom. *aragéssa),* denen man nachstellt, unter den ersteren sehr häufig im Galla-Lande der *Corvus scapulatus* (orom. *orkúm)* und *Bucorvus abessinicus,* dann *Corvus crassirostris,* langschwänzige Habichte, an welche sich Kindermärchen knüpfen (orom. *alatin,* a. *bakija),* Dohlen (som. *gobian* oder *fát),* der Honigvogel (orom. *tschitschiri)* und der Adjutantvogel (orom. *babolúná),* besonders häufig im südlichen Galla-Lande Eulen (som. *schimbir-libah,* d. i. Löwenvogel), Meropes, Buphagae, Charadrius, Gallinago, Taubenarten (som. *elál-tschók,* d. i. Verweilerin am Brunnen; orom. *bulalén),* Staare, besonders Lamprotornis, Hühnervögel, so Pharao- und Perlhühner (orom. *doró,* *çigara* oder *kanga,* *kók),* von welchen das erstere nur am unteren Dschubb und Wébi Schabéli wohnt, das letztere onomatopoetisch nach seinem Rufe von den Somál auch *hurded* genannt, *Numida vulturina* (som. *digarín),* Trappen, der gewaltige Strauss (som. und 'afar. *góriò;* orom. *dogón,* *gutschi),* zwei Arten Spechte (som. *dudulaj)* ebenfalls in den Idiomen der Eingebornen nach dem dumpfen Geräusch, das sie verursachen, benannt, an den Küsten Komorane, *Ibis religiosa* und alle Gattungen Seevögel. Von Reptilien ist das Krokodil (som. *jehás;* 'afar. ? ; orom. *nátscha)* in den meisten Flüssen südlich vom Wébi Schabéli anzutreffen, dann überall giftige und giftlose Schlangen (som. *mas,* *anésche,* *obésso;* 'afar. *obesá;* orom. *bófa,* *gáwi,* *maráta),* darunter namentlich schwarze Varietäten im Galla-Lande (orom. *ebáb guratscha),* Scorpione (som. *dibkallo,* d. i. Krummschwanz) mit rasch tödtendem Gifte — beide

von mohammedanischen Eingebornen arg verfolgte Geschöpfe, die zu vernichten arabischer Brauch ist, wie die Chamäleone, farbenverändernde Eidechsen
u. s. w., von Insecten Heuschrecken (som. *marengin*, orom. *korobisa*) in grossen
Schaaren, besonders im 'Afar-Lande häufig vorkommende weisse Ameisen,
die nach dem Regen eine Landplage bilden und übelriechende Substanzen absondern, schwarze Repräsentanten dieser Gattung im Galla-Lande (orom. *miti*,
die weissen orom. *rirmi* oder *gondám*), ungeheure Mengen von Termiten[21]) (som.
kantúr oder *kuránschu*; 'afar. *dunè*; orom. *rirme*), welche weite Strecken der
Somál- und 'Afar-Hochebenen mit ihren pittoresken Bauten (som. *dumdumade*)
bedecken, die Tsetze (som. *géndi*) im Mündungsgebiete des Wébi Schabéli zu
erwähnen, viele Varietäten von Bienen (orom. *kenjisa*), Blattläusen (orom. *andji-
rán*) und Grasflöhen (orom. *tafki*) u. s. w.

Will man sich von der äusseren Beschaffenheit der Landschaften Nordost-Afrikas eine Vorstellung machen, so muss zunächst daran festgehalten
werden, dass das 'Afar-Land im Norden eine von der Küste des rothen Meeres
langsam ansteigende Hochebene ist. Wenn ein felsiger, von dichtem Gebüsche
von Salzpflanzen bestandener Saum überwunden ist, nähert sich der Wanderer kleinen Hügeln, die inmitten kleiner Baumgruppen stehen und grasbedeckt
sind. Einzeln tauchen breitästige Bäume auf dem Horizonte auf, welchen
Karawanenzüge zustreben. Den Horizont umsäumen in weiter Ferne die Contouren wildzerklüfteter, kahler Berge. Sie bilden eine grössere Terrasse, über
welche man zu einem gegen Westen an Höhe zunehmenden Hochplateau mit
bald savanenartigem, bald steppenartigem Charakter, durchfurcht von scharf-
geschnittenen, wasserleeren Flussbetten, gelangt. Auf der Steppe und in der
Savane herrscht reiches Thierleben. Wo sich das Terrain zum Trichter senkt,
wie am Alale-bad oder Abhe-bad, deuten weissliche, sumpfige oder mit Salzkrusten überzogene Strecken dies an. Aus der Ebene ragen einzelne vulcanische
Kegel auf. Hat man den letzten Theil der Hochfläche durchmessen, so erscheinen dem Auge wie ein Riesenwall, der eine emporstarrende Burg zu umsäumen
scheint, die Umrisse der Hochgebirge von Tigré und Amhára. Beginnt man
die Wanderschaft von dem Bahr el-banátin[22]) (Golf von Tadschura), so hat
man sofort einen mächtigen vulcanischen, das «Jungfrauenwasser» umsäu-
menden Gebirgszug zu übersteigen, von dessen westlichen Abhängen man zur
Senke des Mel el-assal niederblickt. Der Anblick des Süd-'Afar-Landes von
den Höhen des Gubet el-cheráb («Becken der Falschheit», wie der Golf von
Tadschura auch genannt wird) ist der eines nackten, grauen, vulcanischen
Felsengewirres, indem das Auge da und dort bald deutlich angereihte Ketten
zu erkennen vermag, die nach Osten und Südosten laufen, bald Kessel ein-
schliessende Berggruppen oder zackige Grate. Weiter gegen Südwesten vordringend, kann man, etwa der zum Abhe-bad führenden Cherán folgend,
eine von Termitenbauten besäete Ebene, die zu grasreicher Savane sich erweitert und nach Osten in die Agaré-Jeldabál- und Bun-Prärie bis nach Ogadén reicht. Im Süden derselben streichen, einer Riesenmauer vergleichbar,

die von kleineren Vorlagen flankirten bewaldeten Ahmar- und Harar-Berge, von deren hohen Gipfeln der Blick sich in einer gegen Südosten abfallenden, mit herrlichen Culturen, Gärten und Wiesen bedeckten Hochfläche verliert, die die Silberadern krystallheller Bäche, zu breiten, wasserreichen Strömen rasch sich erweiternd, berieseln.

Nimmt man Zejla oder Berbera zum Ausgangspunkte der Wanderschaft, so hat man zunächst eine schmale, grasreiche Ebene, das an süssem Wasser arme Gobán, zu übersetzen, steigt auf die Höhen der die Küste des Golfes von Aden begleitenden vulcanischen Ketten, die stellenweise mit niedrigem Buschwald bedeckt sind, und lässt das Auge sodann gegen Süden und Südosten über eine wellige Landschaft schweifen, die mit ihrem röthlichen, wenig compacten Boden die Busch- und Grasdecke einer Steppe trägt und, weiter nach Süden reichend, bei Fáf aus Busch und Steppe eine schöne Wiese wird. In der Gegend, wo der Tug Fafán verrinnt, zaubert das nasse Element schöne Vegetation hervor, aber weiter gegen Südosten und Süden, im Gebiete der Hawija, wird die Landschaft desolat trocken. Dieser wüste Strich verliert sich im Gebiete, das der Wébi Schabéli von Ogadén scheidet. Weiter zum Thale des Wébi und in diesem selbst ändert sich die Physiognomie der Gegend; weisser Kalk erscheint, damit grosse grüne Weide und viel schönes Culturland von Durra und Mais, das bis zum Süd-Galla-Lande anhält. Den Flusslauf begleiten langgedehnte Linien von Dum- und Fächerpalmen und Ficus. Weiter gegen Westen, im Arussi-Lande, wechseln Getreidefelder mit Waldpartien und immergrünen Wiesen. Im Osten reihen sich an der Peripherie von Ogadén mit Acazien und Mimosen bedeckte, nach Ostsüdosten geöffnete Thäler bis zur äussersten Spitze des Osthornes. Die Flussläufe in denselben sind nur 2—3 Monate im Jahre absolut wasserlos und weisen ersterbende Vegetation an ihren Ufern auf; die übrige Zeit im Jahre bedeckt ihre Ufer der Nordostmonsun mit Grün und gestaltet ihr Wasserquantum zu jenem reissender Torrente. Gummi-, Weihrauch- und Myrrhenwälder bedecken meistens die hügelige Landschaft, durch welche die Rinnsale ihre Gewässer dem Meere zuführen. Würziger Duft erfüllt weit und breit die Gegend, die «Regio cinnamomifera».

In den Landschaften der Oromó, südlich von Schua und Godschám, empfängt eine romantische Alpenlandschaft den Wanderer. Sie kann nach den Erhebungsstufen vollkommen der abessinischen Quolla, Waina Dagá und Dagá angereiht werden. Was von dem Antlitze der Landschaft über 3000 Meter hoch ragt, nennt der Galla nach Godschámer Vorgang tjoké, den öden Fels, die Regionen, die höher als 2400 Meter reichen, baddá (die abessinische Dagá), jene nicht über 1800 Meter gamódji (die abessinische Quolla). Die Schicht zwischen 1800 und 2400 Meter Seehöhe trägt den Namen wajna dagá und fällt mit der abessinischen Region, in welcher der Wein ehemals wuchs, vollständig zusammen. Die Gamódji ist dem Winde ausgesetzt, hat kühleres Klima, aber üppige Vegetation und grosse Fruchtbarkeit, so z. B. in Djimma (2000 Meter).

Limmu, bei den Sidâma, wo man zweimal erntet und wo Alles prachtvoll gedeiht. Eine Enttäuschung und Abkühlung bereitet dem Wanderer das Betreten jenes Wüstenringes, mit welchem die Oromó-Stämme ihr Gebiet zu umgeben pflegen, um vor feindlichem Ueberfalle geschützt zu sein (orom. *moggá*, die ብረ፣ der Abessinier), oder jene Strecken, die man seit Menschengedenken brach und unbenützt liegen liess (orom. *widma*), offenbar weil sie menschlichen Siedelstätten entlegen waren. Tolles Treiben wilder Thiere und verstossener Menschen, sowie ein permanentes Schlachtfeld kennzeichnet diese Territorien, die stets an Feindes Seite erweitert, an des Siegers Seite aber schmäler gemacht werden. Im Südosten scheint das Galla-Alpenland in die mit herrlichen Waldungen bedeckte Hochebene der Borâna überzugehen, wohingegen es an den beiden Wasserbecken, dem Rudolf- und Stephanie-See, jeder ansehnlicheren Vegetation baren, von recenten vulcanischen Bildungen überzogenen Flächen Platz zu machen scheint. Im südlichen Galla- und Somâl-Lande fehlen vegetationslose Steppen, wie sie das Nord-Somâl-Land zeigt, gänzlich, die Fluss- oder Urwälder des Inneren gehen in Gestrüppwälder und grosse Grasebenen, endlich in Mangrovewälder am Meeressaume über. Der rothe Lehm ist dem südlichen Galla-Lande so eigenthümlich, dass man sich nach Brenner's Versicherung keine Landschaft versinnlichen kann, ohne die hellleuchtenden Streifen rothen Lehmes und der aus demselben Materiale erbauten Termitenhaufen zwischen dem Gebüsche hervorblicken zu sehen — ein Merkmal, das auch jedem Reisenden im Nord-Somâl-Lande und im Lande der Danâkil auffällt, woraus wieder auf die gleichen Verhältnisse der Flora und Fauna geschlossen werden darf.[33])

2. Die Völkerlagerung, die Völkerbewegungen und Völkermischungen auf dem afrikanischen Osthorn.

Den nördlichen Theil des im Vorhergehenden beschriebenen Gebietes Nordost-Afrikas zwischen dem Ostabhange der abessinischen Berge einerseits, den Galla-Bergen, die in fortlaufend gegen Nordosten aneinander gereihten Ketten (Gugu-Gebirge, Kette der Itu, Dschebel Ahmar, Berge von Harar bis zum Kondéla-System, vulcanische Ketten zwischen Harar und dem Golfe von Tadschura) zum Quellgebiete des Erer laufen und in weiteren, nach Norden strebenden Ausläufern den Golf von Aden erreichen, und der Meeresküste andererseits bewohnen die 'Afar ('Afâra) oder Danâkil,[34]) während die Oromó oder Galla[35]) das ungeheure Gebiet besetzt halten, welches sich vom linken Ufer des Beschiló und Abâj und von der Mündung des Jabus gegen Südosten bis an den Erer, den mittleren Wébi Schabéli und Dschubb erstreckt, im Westen und Südwesten von den Zuflüssen des Rudolf-Sees, dem Ostrande dieses Wasserbeckens, dem Unterlaufe des Guasso Njiro, dem Mittel-

laufe des Tana und Sábaki, im Süden vom indischen Ocean begrenzt wird.
Das afrikanische Horn im Osten des 42.° östlicher Länge von Greenwich,
in einen südwestlichen, zungenförmigen Ausläufer zwischen dem Unterlaufe
des Dschubb und Tana unnatürlich gegen Westen und Südwesten erweitert,
ist der Wohn- und Tummelplatz der Somál.[*]) Diese drei grossen hamitischen
Völkerstämme bilden in den Hauptzügen materieller und geistiger Cultur ein
vielgegliedertes farben- und nuancenreiches ethnisches Ganzes, das aber ganz
besonders im westlichen und südlichen Theile eine bunte Menge ethnologisch
verschiedener, numerisch zum Theile sehr mächtiger Elemente mit umfasst
oder in sich schliesst, welchen namentlich das historische Schicksal dieses
Theiles Afrikas und weniger der natürliche Gang der Besiedlung in diesem
Theile des Continentes die Sitze anwies.[37])

Den grösseren Theil des heute von den Oromó besetzten Gebietes hatten
ehemals Semiten und echte Neger inne, während den ganzen Süden des Osthornes Repräsentanten der Bantu-Rasse besassen. Es war dies offenbar zu
einer Zeit, als die Vorfahren von Semiten, Hamiten und Bantus in Nordost-
Afrika von den Vorposten der neuen Ankömmlinge vollständig verdrängt, ja
fast vernichtet worden sind, während der Kern des hamitischen Elementes
von seinem damaligen Hauptstandquartiere am Südwestrande des rothen
Meeres und am Südrande des Golfes von Aden nach dem Inneren des afrikanischen Osthornes in einem anfänglich anscheinend nach Südosten ge-
richteten Zuge sich erst auszubreiten begann. Unter den drei grossen hamitischen Stämmen scheinen die Oromó der bedeutendste, wahrscheinlich auch
der zahlreichste gewesen zu sein, und gerade sie waren es, die auch später
die ausgedehntesten Wanderungen auf dem afrikanischen Osthorne durchzumachen hatten. So standen sie an der Spitze der Hamiten des afrikanischen Osthornes zur Zeit der in die ersten Jahrhunderte der christlichen
Aera fallenden grösseren Völkerbewegungen und lagerten am Südrande
des Golfes von Aden noch in vorislamitischer Zeit. Ein rasches Tempo
gaben ihrer Expansion von Osten gegen Westen erst die Kriegszüge des
Muhammed Ahmed Granj zu Beginn des 16. Jahrhunderts n. Chr., jener die
Völkerkarte Ost-Afrikas völlig umgestaltende Vernichtungskampf der Muselmanen gegen Abessinien, auf welchen die heutige Völkerschichtung auf dem
von uns ins Auge gefassten Theile des Continentes zurückzuführen ist. Mit
dem Vorrücken der Oromó in das abessinische Bergland erhielten die Somál
Spielraum zur Ausbreitung vom Golfe von Aden nach dem Süden und in der
Folgezeit, wo die Oromó, wenn man so sagen darf, an ethnischer Virulenz und
Triebkraft gewaltige Einbusse erlitten, wurden die Somál an Expansionskraft
das zweite Volk Nordost-Afrikas, während die 'Afar hierin entschieden zurückgeblieben sind, wahre Nachzügler in dem Völkersturme Ost-Afrikas, die
kaum jemals noch eine grosse Rolle spielen werden, weil ihnen die Naturverhältnisse und die gewaltigen physischen Grenzen ihres heutigen Wohn-
platzes alle ethnische Kraft nach Intension und Extension unterbinden.

2*

Die erwähnten Völkerbewegungen bedingten, ganz besonders seitdem die Züge Muhammed Granj's ein beschleunigtes Tempo bewirkten, vielfache Völkerverschiebungen, oftmals Uebereinanderschichtung und Vermengung der hamitischen Elemente mit den nachbarlichen Semiten, Negern und Bantus und hatten Völkervermischungen zur Folge, deren Verfolgung vieles Interesse bietet. Hiezu kommt die Möglichkeit, das Detail der Expansion namentlich der Somál verfolgen zu können oder doch wenigstens zu registriren, so wie es sich in der Gegenwart bietet und bislang erforscht werden konnte. Eine höchst wichtige Frage afrikanischer Völkerkunde tritt bei diesen Untersuchungen in den Vordergrund, nämlich die Verbreitung und den Zug der Hamiten vom afrikanischen Osthorne aus [38]) nach der Region der Nilseen zu verfolgen, wo uns in den Massai, Kawirondo, Wa-Hinda, Baima oder Wa-Hûma, Elgumi und Wa-Insi Stämme mit hamitischer Physis entgegentreten, die Neger- oder Bantu-Sprachen sprechen. Diese Aufgabe fällt jedoch ausserhalb des Rahmens dieser Arbeit, ist wohl auch wissenschaftlicher Lösung aus Mangel an verlässigem Materiale noch nicht zuführbar. Die ethnographisch-vergleichende Methode scheint gerade hier einsetzen zu müssen, wenngleich auch rein historische Untersuchungen zum Ziele führen werden.

Die Oromó hatten ehemals das gesammte Areale des afrikanischen Osthornes im Besitze gehalten und scheinen der erste hamitische Stamm gewesen zu sein, der in Nordost-Afrika erschien, und zwar offenbar als Avantgarde aller hamitischen Elemente im Osten des afrikanischen Continentes. Die Ausbreitung der Semiten in Abessinien, an dessen Abhängen einst echte Neger, Bantu und Hamiten zusammengetroffen sein müssen, woher das Völkergemenge auch den bezeichnenden Namen خبش erhielt, hat sie bis zum Râs Asîr gedrängt und vielleicht auch zum Abbiegen nach dem Süden längs der Küste des indischen Oceans genöthigt. Ob sie sich zur Zeit (vor oder um Christi Geburt), als sie am Südrande des Golfes von Aden lagerten, schon die 'Afar und Somál zu Nachbarn gehabt, lässt sich nicht ergründen, ist aber auch nicht wahrscheinlich. Alle Anzeichen deuten vielmehr darauf hin, dass die 'Afar später wahrscheinlich über die Meerenge von Báb el-mandeb eingewandert, die Somál aber sich erst in Ost-Afrika gebildet oder auch später auf dem Seewege eingewandert sind, wie ihre Traditionen so vielfach und so lebhaft bezeugen. Die 'Afar haben mit dem Zurückweichen der Galla nach Osten und Südosten Spielraum zur Expansion erhalten auf jenem Territorium, wo sie noch heute lagern und auf dem sie sich ihrer Tradition gemäss aus der Gegend der Meerenge strahlenförmig verbreitet haben sollen.

Als die Oromó noch am Golfe von Aden lagerten, sollen sie Keime des Christenthumes empfangen haben, welche Missionäre und Theologen aus ihrer heutigen Glaubenslehre erweisen zu können vermeinen, ein Gegenstand, der uns bei der Betrachtung der geistigen Cultur der Nordost-Afrikaner beschäftigen wird. Zahlreiche, zum Theile grossartige Ruinen im heutigen Somál-Lande weisen auf die Anwesenheit und dauernde Niederlassung der Oromó in den Landschaften zwischen dem Wébi Schabéli, dem Golfe von Aden und dem indischen Ocean bis zur äussersten Spitze des Osthornes. Solche finden sich bei Fáf in Ogadén, ferner bei Goldo Hammed an der Ogadén-Grenze, bei Gorlogubi, wo grossartige Brunnenanlagen von Gallas construirt wurden, bei Tokoscha im Ejssa- und bei Darbija Kôla (d. i. «Veste der gallanischen Königin Kola») im Gadaburssi-Lande, vieler kleinerer archäologischer Reste im Habr Auál-, Midjertin- und Hawija-Gebiete nicht zu gedenken,²⁰) wo die Somál uralte Gräber oder Darbljas und Dartis (Befestigungen) zeigen. Diese Thatsachen stützt die lebhafte Tradition der Arussi und Borâna, dass ihre Vorfahren in alten Zeiten zwischen Harar und dem Cap Asir die Wohnsitze gehabt hätten. Die Sango von Aussa sollen angeblich die Galla aus dem heutigen 'Afar- und Somâl-Lande vertrieben haben,⁴⁰) wo früher auch Parsi (Perser) und Kafern wohnten.

Viel später als die Oromó treten in der Völkergeschichte Nordost-Afrikas die Somál auf. Mögen sie nun auf welche Art immer nach dem afrikanischen Osthorne gekommen oder dort entstanden und zu einem mächtigen Volke gediehen sein, ihre Wiege bleibt der Norden des Gebietes, und zwar die Landstriche an der Küste des Golfes von Aden,⁴¹) von wo sie sich gegen Westen und Süden verbreiteten und auch heute noch immer verbreiten. Neben der inneren geographisch-physikalischen Nothwendigkeit sprechen auch historische Gründe dafür und die übereinstimmende Tradition aller Somâl, dass ihre Brüder des Südens von Norden gegen Süden gezogen seien. Die Bewohner der fruchtbaren Regionen am unteren Wébi, wie die Biêmâl, die Somâl östlich von Harar u. A. danken ihren Ursprung einer Auswanderung ihrer Vorfahren aus den weniger ergiebigen Landstrichen des Nordens, und auch heute noch findet die Auswanderung aus der Gegend von Râs Haffûn in die fruchtbaren Gebiete am Wébi Schabéli und Dschubb unablässig statt.⁴²) Schon Idrîsî, der niemals die Landstriche an der Ostküste Afrikas bereist hat, erwähnt Dörfer bei dem Râs Haffûn, also im Norden, mit Namen el-hauljja,⁴³) welchen Namen heute ein grosser Somâl-Stamm trägt. Dieser Somâl-Stamm ist nun offenbar nach und nach vom Norden her nach dem Süden gedrungen, und um die Mitte des 13. Jahrhundertes berichtet bereits Ibn Sa'îd von demselben,⁴⁴) er habe schon mehr als 50 Flecken mit der Hauptstadt Merka besessen.

In rascheren Fluss und Schwung kam die Ausbreitung der Somâl nach dem Westen und Süden in Folge der Kriegszüge des «Attila Ost-Afrikas», Muhammed Ahmed Granj. Dieser unterwarf 1526—1544 n. Chr. eine Reihe von Somâl-Stämmen, so die Girri, Marihán, Midjertin, Jabarre, Habermagadli, Mattan, Harla,⁴⁵) die damals wahrscheinlich an der Grenze von Ogadén oder in dieser Landschaft lagerten, und zwang sie zur Heeresfolge im Kampfe gegen das äthiopische Reich. Die einzelnen Somâl-Stämme hatten noch keine grosse Individuenzahl, denn sie stellten ein verhältnissmässig sehr kleines Contingent zum Heere des Granj. Freilich muss auch berücksichtigt werden, dass man eben nur die entbehrlichen waffenfähigen Männer ins Feld schickte.

Mit der Eroberung der Westhälfte des äthiopischen Reiches durch Granj scheinen viele Somál-Stämme ihre Wohn- und Weideplätze vom Norden her nach dem Westen, Südwesten und Süden des Osthornes vorgeschoben zu haben, so vor allen Anderen die eigentlichen heutigen Ogadén-Stämme, denen die aus Ogadén nach dem Westen abgerückten Oromó Platz gemacht hatten. Diese Ogadén-Stämme kamen aus dem westlichen Theile des heutigen Midjertin-Landes. Die Aulihan, welche am linken Ufer des Wébi Schabéli zunächst sich ansiedelten, überschritten in der Folge nach und nach den Strom und schlugen ihre Wohnsitze am rechten Ufer auf, wo sie prächtig gedeihen. Ihr Vordringen dauerte bis in die neuere Zeit.[16] Sie wurden früher und werden auch jetzt noch von den Nachbarn lebhaft befehdet. Ebenso zogen die Habr Auál angeblich von Mite beim Rás Haffûn, wo sich noch heute Elemente der Habr Jûnis-Tribe der Habr Auál finden, nach dem Westen ab. Auch die Gadaburssi, welche noch vor etwa 350 Jahren bei Bulhâr wohnten, machten einen Vorstoss nach Westen, und zwar längs der Meeresküste, die sie erst viel später gänzlich verlassen zu haben scheinen, weil sie noch vor 40 Jahren, wahrscheinlich mit ihrer Nachhut, vor Zejla lagerten und erst dann endgiltig nach ihrer heutigen bergigen Heimat sich wandten.[17] Einzelne Somál-Triben durchmassen auf solchen Zügen die ganze Breite der heute von Somál bewohnten Landstriche, und gegenwärtig trifft man z. B. zu Ime am Wébi Schabéli ansässige Midjertin und War-Sangéli, deren Brüder in geschlossenen Massen die äusserste Spitze des afrikanischen Osthornes bewohnen.

Die natürliche Folge der Somál-Expansion war das rasche Weichen der Galla, zunächst wohl längs der Meeresküste und im Thale des Wébi Schabéli nach Süden und dann der Zug derselben in das Thal des Dschubb und der Zuflüsse desselben aufwärts nach dem Nordwesten. Die Oromó hatten auf dem hastigen Marsche ihre Vordermänner. die Bantu, denn auf diese mussten sie am Mittellaufe und im Mündungsgebiete des Wébi und Dschubb gestossen sein, arg bedrängt, und ihnen selbst scheint wieder von den nachrückenden Somál hart mitgespielt worden zu sein. Die Galla unterwarfen ohne Zweifel ein gut Theil der aboriginen Nicht-Hamiten und überliessen sie bei dem Abzuge gegen Süden und Nordwesten dann wieder den Somál. Auch scheinen manche Galla-Elemente dem allgemeinen Zuge des Oromó-Volkes nicht gefolgt zu sein, sondern sich den Somál ergeben zu haben. Jedesfalls entstand auf dem Terrain zwischen Wébi, Dschubb und Tana ein grosses Völkergedränge und eine Völkerstauung, die sich nur im Ausweichen mancher Elemente nach allen Weltrichtungen, vornehmlich nach Süden und Nordwesten, in Unterjochung und in nothgedrungener Vermischung der Elemente gelöst haben können. Der Gegensatz zwischen Oromó und Somál verschärfte sich in mancher Hinsicht und blieb bis in unsere Zeiten aufrecht. Die Oromó selbst begannen den Zug gegen Süden und Westen nicht ohne Hindernisse, denn sie sollen auch einmal von den Völkerschaften, welche sie bis in die Gegend des Aequators vor sich her trieben, nach dem Norden zurückgeschlagen worden sein, welcher unangenehme Vorfall sie wahrscheinlich zu einer beschleunigten Wendung gegen Westen und Nordwesten veranlasste. [46])

In Folge der erwähnten Völkerstauung scheinen die Tuni, Degál und andere Stämme des unteren Wébi Schabéli aus dem Inneren nach der Küste gezogen zu sein. Thatsache ist, dass sie Brawa's sich bemächtigten. [47]) Die Odjurán hingegen flohen nach dem Nord-Wébi. Was sich den gegen Süden stürmenden Somál unterwarf, wurde in ein Helotenverhältniss gebracht (Midgán, Jebir, Andóne, Tomál), und zwar nicht allein im Süden, sondern überall auf dem von Somál und auch auf dem von 'Afar besetzten Gebiete. So soll, wie die Eingeborenen versichern, im heutigen Hawija-Lande Bantu- und Oromó-Population in Massen zu Parias gemacht worden sein. Fáf in Ogadén war z. B. lange Zeit von den Midgán bewohnt, welche als Sclaven von vier Stämmen, den Kunli, Badbadán, Bajimál und Dátschi, ihren ersten Herren, dahingebracht worden sind. Ansehnlich war aber die Zahl der Parias auch im Norden bei den Habr Auál, wie mir von den Somál betheuert wurde. Die Woêma-'Afar sollen über 100 «Somál-Schützen», offenbar Midgán, zu sich aufgenommen haben, die ihre eigene Sprache redeten und sich mit den 'Afar durch Heirat nicht vermischten. [48]) Leider ist das wissenschaftlich über die Somál-Parias erhobene Material noch ganz unzulänglich, als dass sich auf ihren Ursprung nach Physis und Sprache genau eingehen liesse.

Vermischung mit den Eroberern, seien sie nun Galla oder Somál, war für die Unterliegenden ein Grund, die politische Selbstständigkeit zu erhalten, in manchen Fällen vielleicht sogar die Existenz überhaupt zu retten. Von Mischlingen wird uns denn nun auf dem ganzen Osthorne Afrikas berichtet, und zwar zunächst längs des Thales des Wébi von Elementen negroider Physis (nach James «strongly marked negroid features», breiter Kopf, stumpfe Nase, krauses, langes Haar, starke Muskulatur), die am Mittellaufe des Wébi Schabéli bei der grossen Furth von Bari am rechten Ufer beginnen (Rêr Hamer). Angaben über Humbéni, Arussija und Esamadou, sowie Guratscha, wie sie Smee [51]) macht, sind indess nur ganz allgemeiner Natur, dem Kenner der Sprachen des Osthornes als Bezeichnungen für die Negroiden-Elemente auf den ersten Blick verständlich (orom. guratscha schwarz; som. madou dunkel); sie sollen wohl weiter nichts bedeuten, als dass es Mischlinge gibt an Punkten des Osthornes, die bis heute von Forschungsreisenden unbetreten blieben. Humbéni und Arussija erklärte zudem Smee selbst als Mischlinge. Als ausserordentlich stark gemischt mit Oromó-Elementen erklärt Wakefield die Rahanwin oder Sáb, von denen Kinzelbach und von der Decken behaupten, sie stammten von Somál-Vätern und Sclavenmüttern ab, [52]) ähnlich wie der Zweig der heutigen Gogowin-Somál (der Name bedeutet «grosse Vereinigung» und lautet auch gobowejn), von denen Révoil behauptet, [53]) sie seien Nachkommen von Freigelassenen der herrschenden Somál und Ganjané-Sclaven. In den beiden Elementen sind deutlich von Somál bei ihrem Zuge nach Süden Unterworfene zu erkennen. Auch die Giuré, ihrer Angehörigkeit nach Galla, deren Name so-

viel wie «Linke, Unechte» bedeutet. sind ein friedliebender Stamm. der sein
Dasein einer Kreuzung zwischen Galla und Somál verdankt, wie Wakefield
festgestellt hat. Wo immer auf dem afrikanischen Osthorne die Namen Garra
(Garra) und Suwro oder Schuwro, auch Schánkalla begegnen, sind unter dem
ersten freie Menschen reiner Abkunft, unter den letzteren Unfreie, Unechte,
vornehmlich Neger, zu verstehen. Die Reschiát nennt v. Höhnel einmal Galla
mit Negern gemischt, während er sie ein andermal als zweifellose Galla bezeichnet, eine Schwankung, die jedesfalls die Mischung andeutet.⁵⁴)

Während der Kern der Oromó nach dem Norden und Nordwesten in die
von Granj verwüsteten südäthiopischen Landschaften vorgedrungen war, verblieb die Nachhut in den Landschaften am Unterlaufe des Dschubb, am Tana
und Sábaki. Einzelne Zweige derselben scheinen an der Küste bis auf die
Breite von Zanzibar gelangt zu sein.⁵⁵) ohne hier indessen bleibende Wohnsitze zu erlangen. Die Heimat der Oromó an der Meeresseite blieb eine bis
auf unsere Tage vielumstrittene. Bantu-Stämme konnten hier zwar, zumal
im Flussthale des Tana und Sábaki, ruhig neben den neuen Herren bestehen,
allein bald begannen Verfolgungen derselben von zwei Seiten. von Norden
her von Seite der nach Süden drängenden Somál. von Süden her von den
Wa-Kamba und Massai. Die Oromó am Tana und Sábaki sind denn auch
buchstäblich dem Untergange preisgegeben. Zunächst drangen die Somál, in
neuerer Zeit erst seit Beginn dieses Jahrhunderts, über den Dschubb. Noch zur
Zeit von Guillain's Anwesenheit in Ost-Afrika wohnten am rechten Ufer des
unteren Dschubb Galla bis Ganjáne hin.⁵⁶) So war noch bis 1860 die Gegend
von Bardera im Besitze der Kokába-Galla, die dann von den Kabjála oder
Kawlallaba vertrieben wurden. Die Somál vertrieben von hier die Galla, ein
Blutbad nach dem anderen unter denselben anrichtend und die verheerenden
Züge bis in die Nähe des Rudolf-Sees ausdehnend. Thatsächlich hat v. Höhnel
bei seinen Forschungen über die Völkerlagerung am Basso Narók erkundet,
dass die Somál in jüngster Zeit bis zu dem Zusammenflusse des Guasso Njiro
und Guasso Nagút sich vorgewagt hatten,⁵⁷) eine unglaubliche Leistung, wenn
man bedenkt, dass sie ihre Kriegszüge ohne alle Organisation und Plan-
mässigkeit betreiben. Am unteren Tana bei Golbanti wohnen Galla und Wa-
Pokomo, die von Somál und Massai bedroht sind und in Folge dessen die
Viehzucht haben aufgeben müssen, ebenso die Galla bei Korokoro (Boraruwa),
wo sie nur von Jagd leben, sich damit selbst auf den sicheren Untergang vor-
bereitend. Ebenso sind die Oromó zwischen dem Masa, Tana und Sábaki und
der Meeresküste von den beiden grimmigen Gegnern fast vernichtet worden.
Wa-Pokomo treiben hier nur mehr dem Namen nach etwas Ackerbau. Das
Land zwischen dem Sábaki und der Stadt Mombás ist auch bereits fast
ganz frei von Oromó-Elementen und wird nur von entronnenen Sclaven und
Wa-Girijáma bewohnt.⁵⁸) Am Mittellaufe des Tana wiederum reichen sich
Somál und Wa-Kamba auf dem Oromó-Gebiete bereits die Hände, so dass in
wenigen Decennien das Süd-Galla-Land seiner oromonischen Bevölkerung be-

raubt sein wird. Die Kosikâwa-Galla traf bereits dieses Schicksal; nur ein kleiner Theil derselben rettete sich vom Osi und Tana zu den Borâna westlich von Ganjâne.[39])

Muhammed Ahmed Granj hatte bei seinem Einbrucho in das äthiopische Reich keineswegs mehr ein ausschliesslich von Semiten und von solchen in geschlossenen Massen bewohntes Gebiet betreten. Allerdings wohnten vom Jabus bis über Harar hinaus und von Mussawa bis Kafa vorwiegend Semiten, doch hatten nicht nur diese verschiedene Umzüge auf dem von ihnen occupirten Terrain vollzogen, sondern sie hatten auch mancherlei Kämpfe mit jenen Elementen zu bestehen gehabt, welche sie seinerzeit bei ihrer Einwanderung aus Arabien hatten unterwerfen müssen. Zunächst wanderten Amhariner- und Tigriner-Stämme aus Abessinien nach Inarja aus, die sich dann später vor den Galla nach Géra flüchten mussten, um in der Folge neuerdings sich nach Süden zu wenden, wie das Massaja zu ergründen vermochte. Etwa um das Jahr 1420 n. Chr. lagen am linken Ufer des Abâj die Mantschó oder Wâta (Woïto bei Gondar), gegen welche schon die abessinischen Kaiser von Antoto aus gezogen waren und wo diese eine Colonie von christlichen Aethiopiern angelegt hatten. Der Einbruch Muhammed Granj's veränderte nun völlig die äthiopische Völkerlagerung. Granj's Schaaren betraten zunächst das alte Bali (südwestlich von Harar) und drängten die Semiten nach Guragé und Inarja zusammen, wo ein neuer Kampf mit den Mantschó sich entspann, von denen man sich Platz verschaffen musste. Als nun Granj nach Nord-Abessinien sich wandte. durchbrach er den Zusammenhang der Semiten des Südens mit ihren Brüdern im Norden und machte das Gebiet zwischen Kafa und Schoa zu einer menschenleeren Oede. Die Oromó überschritten 1542 den Wêbi Ganâna oder Dau und konnten nun nach Granj's Tode zunächst in die Länder von Inarja und Géra einen Einfall machen (1545 n. Chr.) und dann die verlassenen Gebiete am Abâj besetzen. Das Gros der Bevölkerung von Inarja und Géra floh nach Godschâm, Kafa und Afilô. Die Wâta wurden an den Abâj und Tana-See versprengt, erhielten sich aber auch im Süden noch zahlreich. Die Semiten bildeten fortab in Süd-Aethiopien Sprachinseln, deren bedeutendste Kafa, Guragé und Harar gewesen sind.[40]) Schon im Jahre 1537 n. Chr. aber zog ein mächtiger Schwarm der Galla, die sogenannten Barántuma nach Bali und in die Gegend von Harar, wo er sich am Gâra Mulâta niederliess und, um Auswanderer gleichen Stammes aus Schoa verstärkt (Tulóma), sich ausserordentlich vermehrte. Zuzüge erhielten die Oromó übrigens noch einigemale aus dem Süden. so durch die Worra Dâj,[41]) und keine Macht war im Stande, ihren weiteren Wanderzug nach Norden aufzuhalten (1567 und 1572—73 Belagerung von Harar).

Die Oromó waren aus einer verhältnissmässig ebenen Landschaft auf dem grossen nordwestlichen Zuge in ein Alpenland eingerückt und hatten sich den physischen Verhältnissen desselben anzubequemen, was ihnen vollkommen gelang. Nur die westlichen feuchten Abfälle der abessinischen Alpen am Jabus erwiesen sich als ihnen nicht zusagend. In Schoa und Harar entfalteten sie sich prächtig und machten häufige Incursionen über den Abáj und dessen Zuflüsse nach Norden und Nordosten. Am Hawásch bereits trafen sie mit den 'Afar zusammen und scheinen sich mit ihnen an der Grenze von Min-djar vermengt zu haben, denn der Oromó-Zweig der Itu hat in seinem Aeussern ganz die Facies der 'Afar, und in der heutigen Moggá zwischen den Itu und Mindjar finden wir wirkliche Mischlinge von Oromó und Danákil, die in ethno-graphischer Beziehung an Danákil-Sitten festhalten.[6]) Einen Vorstoss gegen Norden über den Beschiló unternahmen 1590 und 1598 die Wollo, Rája und As-sábo, wo sie gleichfalls von Granj devastirtes Gebiet fanden und sich ansiedeln konnten. Der Abáj konnte nicht lange als Grenze gegen die muthigen Oromó-Schaaren aufrecht erhalten bleiben. Sie incurrirten unablässig in die Gegend des Tana-Sees. Negúsa Neghest Jasús (1682--1706 n. Chr.) sah sich daher ver-anlasst, einer Fraction von Metscha im Süden des Tana-Sees Wohnsitze an-zuweisen in einer Gegend, die sie auf ihren Beutezügen verheert hatten. Heute sind sie in diesem Theile Aethiopiens in den Nachbarn völlig aufgegangen, so dass man sie höchstens noch an ihrer Physis, keineswegs aber mehr an ethnographischen Merkmalen zu erkennen vermöchte.[6]) Auch von Süden her blieb das 'Afar-Land von den Galla nicht verschont, denn bis in die jüngsten Tage machten z. B. die Arussi verheerende Incursionen zu Pferde in das Danákil-Land, längs des rechten Hawásch-Ufers nach Goro vordringend. Ihre Expansionslust wird begreiflich, wenn man bedenkt, dass die 'Afar nur all-mälig nach Süden zogen und ihre Grenze keine stabile war, so dass sie die weit mächtigeren Oromó leicht bezwangen und sich mit ihnen auch vermisch-ten, z. B. bei Tschertscher, wo die Galla mit 'Afar-Blut gemischt sind. Nur die semitischen Sprachinseln auf südäthiopischem Gebiete widerstanden dem Ungestüm der Oromó zumeist mit Erfolg, so im Osten von Schoa, in Dané und Gierfa (nordöstlich, bei den Danákil), wo sie auch aus den Bergen in die Ebene kamen und neben den Abessiniern unvermischt existiren. In Lagamára (orom. laga = Fluss, amára = abessinisch) ist ein kleiner Theil echter Aethiopier zu Galla geworden, der aus Tibié, einer abessinischen Landschaft, gekommen war. Die Lagamára bestehen aus drei Triben: Wara Dschibbu, Wara Godé und Wara Badésso, welche den Namen von drei Brüdern führen sollen. In Kafa gestalteten sich hingegen die Verhältnisse etwas ungünstiger. Dort haben wir neben Anderen in den Gimirra (Ost-Kafa) eine Galla- und Aethio-pier-Mélange vor uns, während an manchen Punkten des heutigen Arussi-Landes und selbst zwischen Tuca und Kabiéna, auf der grossen Strasse nach Süden, nicht einmal die feste Ansiedlung der Oromó gelingen wollte, so dass wir dort noch heute nomadische Oromó gewahren.[6])

Wie oben schon angedeutet, sind die 'Afar in Nordost-Afrika trotz be-deutenden kriegerischen Muthes ein mehr passiver Zweig der Hamiten ge-blieben. Auch ihnen gegenüber verhielt sich der Semite zurückhaltend, und so kommt es vor, dass sie z. B. in Argobba Ost-Schoas neben der Amharínja-Be-völkerung vollkommen unvermischt sich erhielten. Vom Osten her erfuhren und

erfahren sie noch heute die grösste Unbill, ohne hier bezwungen und zu einer
Vermischung gezwungen werden zu können. Räuberbanden von Somäl-Ejssa
ziehen hier gewöhnlich brandschatzend bis in die Nähe von Aussa, ja bis zu den
Haroita und Aramēla. An der Nordseite ihres Verbreitungsbezirkes waren die
'Afar leichter zugänglich als an der Südseite. Dort leiten z. B. die Hirto (nörd-
lich von Aussa) ihren Ursprung von arabischen Eindringlingen, die im 17. Jahr-
hundert ins Land gekommen sein sollen, ab,[*]) welcher Umstand die passive
Rolle der Danákil gleichfalls zu bezeugen vermag, von der wir sprachen.[**])

In der geschilderten Weise vollzog sich die Occupation des afrikanischen
Osthornes durch die drei grossen hamitischen Stämme. Ein Uebergreifen des
oromonischen Elementes aus seinem eigentlichen Verbreitungsbezirke gegen
Westen bis an die Aequatorialseen lässt sich mit aller Wahrscheinlichkeit
vermuthen, wenn auch nicht beweisen. Gerade an dem Rudolf-See scheint
eine Ausbruchstelle der Galla-Fluth gegen Westen vermuthet werden zu
können, weil dort die Bevölkerung noch nicht jene Stabilität erlangt hat wie
anderwärts auf dem afrikanischen Osthorn. Von den Burkenedschi erzählt
v. Höhnel,[*]) dass sie vor wenigen Decennien noch im Westen des Basso Narók
gewohnt hätten, im heutigen Lande der Turkana. Von dort wurden sie nach
dem Samburu-Lande vertrieben. Die Lango zählte Emin Pascha geradezu zu
den Galla aus linguistischen Motiven. Es ist nun immerhin möglich, dass vom
Rudolf-See aus oromonische Scharen nach dem Westen sich ergossen, wenn
hier eben die Völker noch im Rollen sich befanden. An Transplantation oder
Immigration ist nicht im Entferntesten zu denken. Solche fanden aber nachweislich auf dem Osthorne Afrikas statt. Eine Somáli-Immigration geschah in
das Gebiet der Bábile und Ala und ist in Harar unter der Bezeichnung Kallu-
Immigration bekannt. Die Kallu siedelten sich als aus dem Osten kommende
Somál südöstlich von Harar an, zählen 30 Ahnen, sprechen heute die Oromó-
Sprache, zu Hause unter sich aber noch immer das Somáli. Sie sind Muselmanen und werden von den Girri-Somál, ihren Nachbarn, Arêle[**]) genannt.
Eine zweite Immigration in das Land am Erer betraf Amhariner aus Schoa,
die in dem schönen Argobba bei Harar sich niederliessen, wo noch die Gräber
ihrer Chefs zu sehen sind. Sie sollen, als Bruce in Abessinien weilte, von Ifát
an den Erer ausgewandert sein.

Kleinerer Umzüge von Völkersippen gab es auf dem in Rede stehenden
Terrain im Laufe der Zeiten noch eine Menge, ohne dass sie indess für den
Zweck dieser Darlegungen in Betracht kämen. Im Grossen und Ganzen war
aber zu Beginn des 19. Jahrhunderts die Völkerkarte Nordost-Afrikas consti-
tuirt, wie sie sich heute präsentirt, und auch jener Fleck im Süden des Osthornes, wo die Somál den Vernichtungskampf gegen die Galla aufnahmen, in
der ersten Hälfte des 19. Jahrhundertes angedeutet worden. Die Besiedlung
des Bodens im Sinne einer vollkommenen Anpassung an die physischen Verhältnisse der Landschaft, namentlich an die materiellen Hilfsquellen derselben
setzte rasch ein. Am merkwürdigsten ist, dass ein ungeheuer grosses Terrain

dem Nomadismus verblieb, ein Zeichen, welch grosser Spielraum den drei
mächtigen Völkern Nordost-Afrikas zur Ansiedlung gegönnt war. Die Dichte
der Bevölkerung ward indess auf dem weiten Plane eine ungleiche. Naturgemäss war die Population im Westen, wo der Boden es erlaubte, sofort sesshaft zu werden, am dichtesten. In Djimma Káka z. B. wohnen nach Massaja [69]
allein an 150.000 sesshafte Galla, in Kafa deren 400.000. Die grösseren Galla-
Plätze haben fast alle im Durchschnitte 2000—3000 sesshafter Bewohner. Man
wird daher kaum fehlgehen, die Zahl der Oromó zusammen mit ihren Mischlingen auf acht Millionen zu veranschlagen, soweit eben heute ein Urtheil
über die Zahl der Galla erlaubt ist. Die Zahl der 'Afar und jene der Somál zu
bestimmen bietet viele Schwierigkeiten. Ich veranschlage die Zahl der 'Afar
auf ungefähr 0·8, [70] jene der Somál auf circa 2·1 Millionen. Von Magdischu bis
Rás Haffûn wurden Christopher allein eine Million Bewohner angegeben, er
aber schätzte die dortigen Somál nur auf 250.000 Seelen. Burton schätzte die
Ejssa auf 100.000, ich blos auf 70.000 Schilde, Muchtár gar auf 130.000. Dass
die Somál ein sehr grosses Areale inne haben, darf nicht zu Täuschungen Anlass geben; denn ebenso gross als das Areale sind die Circulationscurven der
Nomaden. Freilich gibt es einzelne Punkte im Somál-Lande, wo die sesshaften
Bewohner auch zahlreich sind, wie zu Dschaldéssa, Oduén und Hahe südlich
von Berbera, Fáf, Ime, Gelidi u. s. w. Hahe z. B. birgt allein 2000 fanatische
Muhammedaner vom Somál-Stamme, die an dem kleinen Oertchen Durrabau
und Straussenzucht betreiben, [71] allein die Küstenplätze des Nordens, wo z. B.
in Berbera zur Zeit der grossen Handelsgeschäfte 20.000 25.000 Menschen zu
gleicher Zeit wohnen, sind im Sommer fast ganz verlassen, Berbera selbst ein
Lager für Hyänen und sogar für Löwen. Ja das ganze Gobán und der nördliche Küstensaum ist beim Eintritte der Trockenzeit bar alles Unterhaltes für
Menschen, da auch das Vieh mit auf die Hochfläche zieht, weil es an der
Küste weder Cerealien noch Früchte gibt. [72] Hingegen sind die Somál in den
Thalfurchen der vielen Cherán und Tug, wie in der des Tug Dér, wo Baudi di
Vesme 4000—5000 Menschen an einzelnen Punkten, wie zu Bér, antraf, ausserordentlich dicht gedrängt. [73] Auf die Aufzählungen der Population von Seite
der Eingebornen kann man keinerlei Gewicht legen, denn diese verweisen,
nach der Seelenzahl einzelner Stämme befragt, einmal auf eine Menge, die so
gross sein soll, wie der Sand des Meeres, das andere Mal geben sie nur die
Anzahl der Männer des Stammes an, so dass eine verlässige Schätzung nach
ihren Angaben ganz unmöglich ist. Selbst bei den 'Afar findet man ab und zu
im Inneren grössere Siedelstätten. So fand Cecchi bei Karaba am Hawásch
ein 'Afar-Dorf von über 2000 Bewohnern. Auch die oromonischen Bezirke ver-
ändern und wechseln beständig ihre Grenzen, obgleich dies bei den Galla nicht
so leicht durchführbar zu sein scheint. Einmal sind solche bei einem Stamme
breit, der Wohnplatz und die Weidegründe umfangreich, ein andermal eng
und klein. Die Stämme trennen sich im ersten Falle gerne von einander, und
ein jeder trachtet sein Gebiet zu arrondiren, womit selbst Wechsel in den Be-

sitzverhältnissen einzelner Individuen verbunden ist.[74]) Im Somâl- wie im
Galla-Gebiete des Südens und Nordens gibt es Dörfer, deren Bewohnerschaft
aus entlaufenen Sclaven besteht, die an Zahl unablässig wechselt (Libawebbi
in Ogadên, die Dörfer im Goscha-Bezirke der Sâb).[75]) Diese Umstände erschweren alle das Urtheil über die Zahl der Nomaden Nordost-Afrikas.

Die Völkerlagerung Nordost-Afrikas würde unverständlich bleiben,
wollte man sich nicht in die Terminologie der verschiedenen Stämme und
deren Mischungen, wie sie die Eingebornen im ethnographischen Sinne gebrauchen, des Näheren vertiefen. Wir machen hier den Versuch, die wichtigsten Bezeichnungen für jene Elemente, die unter den 'Afar, Somâl und Oromó
leben, anzuführen und zu erklären, und bedienen uns dabei der alphabetischen
Reihenfolge bei der Anführung der Namen.

Abôsch. Im Süd-Somâl-Lande freie Nachkommen der Sclaven, zwei Drittel der
    Bevölkerung in den Städten bildend.

Adali ('afar. *Oda-'Ali* = «Oda, Sohn Alis»). Arabische Bezeichnung der 'Afar.
    Abgekürzt: Adal.

Adji (Adschi) werden von den südlichen Somâl alle ihre Brüder genannt, die
    vom Bahr el-banátin ab bis zur Ostspitze Afrikas die Meeresküste be-
    wohnen.[76])

Adjâm (Adschâm) heissen bei den Somâl alle Nichtaraber.[77])

Adône (som. *adôn* = Sclave, plur. *adóno*), auch Schabéli, am Wébi Schabéli
    lebendes, von den Somâl unterworfenes Volk, das Ackerbau und beson-
    ders Baumwollenbau treibt. Sie sprechen das Somâli, aber ihre eigent-
    liche Sprache soll das Swâhili sein, was neben der negroiden Physis auf
    ihren Bantu-Ursprung hindeutet. Ihre Herren sind die Hawija-Somâl,
    welche von ihnen verabscheut und gehasst werden. Die Adône wohnten
    in Fâf, als die Hawîja sich des Gebietes bemächtigten. Sie trieben, da sie
    sich als Aboriginer des Landes betrachteten, das Gros der Hawîja weiter
    gegen Osten zurück.[78])

Amârá (Amhâra, Amârâ, amh. ለማራ), Leute aus Amhara. So werden bei den
    Galla alle Abessinier genannt, mögen sie Christen oder Nichtchristen sein.

Amôsi. Name der Galla von Inarja.

Argatta. In Harar Bezeichnung der ackerbautreibenden Galla.

Bôn. Siehe Wa-Bôni.

Borâna (Bworâna, orom. = «die Reinen»). Bezeichnungen der ältesten und
    reinsten und zugleich der grössten Oromó-Stämme im Süden des Galla-
    Landes wohnenden Fraction derselben. «Sorte de nobles chez les oromós»
    nach d'Abbadie.

Borená (orom. «Reine»). Name der Bewohner von Gêra.[79])

Dauarro. Siehe Warrata.

Eltschutschú. Mit diesem Namen werden die Somâl von den Massai be-
    zeichnet.[80])

Gimirra (Gimira). Galla-Bezeichnung einer Gruppe von zehn Stämmen, die aus einer Verbindung von Semiten und Negern entstanden sind, so der Nahó, Kuischó, Scheró, Ischenó, Kabó, Jajnó, Sakó, Benéso, Dukó, Eschó.[81]) Sie nennen sich selbst Schē und liefern Sclaven nach Kafa.

Godjám (Godschám). Mit diesem Namen wird bei den Galla jeder bezeichnet, der von Norden kommt, also alle Abessinier, Araber, selbst Europäer, wofern sie aus dem Norden kommen. Geographisch genommen, ist dies bei den Galla der Name aller Gebiete jenseits des Abáj und ethnographisch der aller diese Landschaften bewohnenden Völker, die nach Massaja in Gesammtheit für den Galla sind eine «razza nemica e sospetta».[82])

Giubba, Name der Galla bei den Negern am Nil, so in Fassoql.

Guragé, auch Gurági. Aus dem orom. gúra — links und dem griech. γῆ, also das Land und Volk zur Linken des von Norden nach Süden in Aethiopien Reisenden. Semitisches Volk mit oromonischer Cultur — eine grosse Ausnahme in Aethiopien.[83])

Guratscha. Orom. so viel wie die Schwarzen, Neger.

Harari. Bewohner von Harar, semitischen Ursprungs.

Jamma. Nationaler Name der Zindschero, mit welchem sie übrigens auch von den Galla und Kafanern benannt werden.

Jebír (Ebir oder Jibér), die Duschän der Araber. Pariavolk unter den Somál, besonders im Osten (Nogál) sehr verbreitet. Ziehen als Possenreisser, Wahrsager, aber auch als Gerber, Sattler, Gebetteppichmacher und Talismantäschchenmacher von einem Stamm zum anderen. Interveniren bei Beschneidungsfeierlichkeiten, Hochzeiten u. dgl. und fallen da als proterve Bettler sehr zur Last. Sie sind indess in starker Abnahme begriffen.[84])

Kafitschó (Kaffatschó). Die ältesten Bewohner der Landschaft Kafa, den Zindschero sehr verwandt, von den Sidáma verschieden.[85])

Korre. Galla-Name der Massai.

Mantschó. Siehe Wáta.

Metscha (Metja). Orom. die Illegitimen, Unechten.

Midgân (som. «Einhand»), von den Arabern Râmi (Rahîni, Schützen) oder Achdâm, Hutajanis, Chadîm (vom arab. خدم), auch Hikari genannt, Pariavolk der Somál, weitverbreitet namentlich in Ogadén und bei Harar, am zahlreichsten bei der Mikahel-Tribe der Habr Auál. Sacconi führt auch im West-Ogadén eine Unterabtheilung derselben Arbab («lancieri») genannt, an. Im Osten selbst in Felsenwohnungen hausend. Jäger, Chirurgen, Wasenmeister, Soldaten.[86]) Verhasst und gemieden.

Schankallá (Schangalla). Mit diesem Namen bezeichnen die Oromó alle Negervölker des Westens. (Orom. Schankallá náma guratscha — ein Schankallá ist ein schwarzer Mann.

Sidáma (Sôdáma). Unter diesem Namen versteht man in Nordost-Afrika eine ganze Menge von Völkern, die jedoch alle das Gemeinsame haben, dass

sie sich in oder um Kafa angesiedelt haben. Fast alle stammen sie aus
dem Norden (Tigré, Godjäm, Amhára, Inarja) und sind degenerirte Semiten, der Sprache wie der Physis nach. Vor etwa 380 Jahren wohnten
sie noch im Contacte mit den reinen äthiopischen Semiten, südlich vom
Abáj und Hawásch, deren südlichen Zweig sie bildeten, ebenso wie die
Harari offenbar der östliche Zweig derselben gewesen sind. Ihnen galt
vorwiegend der erste Anprall Muhammed Granj's, und seit dessen Kriegszügen sind sie ausser Zusammenhang mit ihren Connationalen des Nordens, mit Gallas stark vermischt, in Sprache und Sitte den Bewohnern
des äthiopischen Nordens entfremdet. Ihr ehemaliges Gebiet verloren
sie grösstentheils an die Oromó. Heute wohnen sie in Tabo, Kafa, Garo,
Gonga, Kullo, Kuontáb, Gobo, Sinikó, Wallámo, Gofa, Gamo, Malo, Ku-
téjo, Golda u. s. w., und ihr Name soll so viel wie Gefangene bedeuten und
verächtlich sein. Die Oromó nennen Jeden, der aus diesen Landschaften
kommt, einfach Sidáma. Zur Charakteristik eines Sidáma gehört auch,
dass er nicht koptisch-amharinisches Bekenntnisses sei und auch nicht
Muselman, aber auch nicht Oromó den Bräuchen nach, und dass er die
Galla-Sprache nicht spreche. So kann ein Sidáma niemals mit einem
echten äthiopischen Semiten (Amhariner oder Tigriner) verwechselt
werden. Indessen pflegen die Galla im Süden von Schoa kurzweg auch
alle Nichtoromó Sidáma zu nennen, weil sie ohnedies mit echten äthiopischen Semiten im gewöhnlichen Leben zu verkehren nicht in die Lage
kommen. «Christen ohne Priester», wie sie sagen, solche Nichtneger,
welche vor den Galla in Süd-Aethiopien lagen und Reste des Christen-
thums bewahrt haben.[87]) Die Galla von Harar benennen die Somál mit
dem Namen Sidáma, wie sie denn alle Elemente unter diesem Namen zusammenfassen, welche sie bei ihrem Erscheinen am Erer dort angetroffen hatten, selbstverständlich also auch die dort ansässigen semitischen Elemente.

Suwro. Mischlinge von Negern.

Tomál, auch Tomalod (som. tom-ali = der Hämmernde), und Handád, vom
arab. خداد, Parias unter den Somál, besonders das Schmiedehandwerk
betreibend und darum verachtet, aber über das ganze Somál-Land verbreitet und als Arbeiter gesucht. Im Süd-Somál-Lande sind sie besonders
in Dörfern am unteren Wébi angesiedelt.[88]) Im Allgemeinen etwas höher
stehend als die Midgán, wie sich das bei ihrem nützlichen Handwerke von
selbst versteht.

Wa-Bóni (Bón). Gallaartiges zahlreiches Volk, «dark-coloured, wiry-looking
race ... presumably of galla origin», wie Dundas schreibt,[89]) am unteren
Tana, Wébi-Schabéli und Dschubb wohnhaft, wo sie als Elephantenjäger
geschätzt sind, Bogen und Pfeile gebrauchen, aber daneben auch der
Viehzucht obliegen. Nach von der Decken sollen sie eine lichtere Hautfarbe haben als die Somál.[90]) Ferrandi nennt sie «una razza Galla e

ai Galla quello che a noi i Zingari». Harris beobachtete Bóni auch unter
den Ejssa-Somál, wo sie gleichfalls als Jäger beschäftigt sind und zudem Sänger abgeben. Ich habe unter den Ejssa niemals von ihrem
Vorhandensein vernommen und bin geneigt, eine Verwechslung bei
Harris anzunehmen, wenn nicht etwa die Reste des Volkes bei den Ejssa
in dem Zeitraume von 44 Jahren, der zwischen meiner und Harris' Anwesenheit in Ost-Afrika liegt, ausgestorben sind.[21]) Jene Bón, welche
unter den Sáb am mittleren Wébi Schabéli wohnen, aber auch unter den
Boràna-Galla vorkommen und hier Bón-warámli, d. i. «Bón mit den
Speeren», oder Bón-gawanî, «Bón mit den grossen Köchern», auch Idóle
oder Kóscho heissen, sind gleichfalls Hörige im nomalischen Verhältnisse, wie Wakefield erkundete.

Wa-Digo, Bantu-Stämme, siehe Wa-Njika.

Wa-Doé. Ein früher an der Sansibar-Küste angesiedeltes Volk, das 1866
(nach Brenner's Angabe) in das Gebiet der südlichen Galla gewandert
ist. Fischer erklärte 1877, dass er sie im südlichen Galla-Lande nicht
habe nachweisen können.

Wa-Galla. Bantu-Bezeichnung der Oromó, mit der früher in Ost-Afrika auch
die Massai, Wa-Kwafi u. A., überhaupt alle Barbaren und Ungläubigen
belegt wurden.[22])

Wa-Kamba (Wakamba). Bantu-Stamm, der an der südwestlichen Grenze der
Oromó zahlreiche Incursionen macht und namentlich am Zusammenflusse
des Tana und Guasso Njiro die Existenz der Galla gefährdet.

Wa-Kwafi (Wakuafi), echtes Negervolk der nilotischen Sprachgruppe, Nomaden, westliche Nachbarn der Wa-Kamba, die ein Jägerleben führen,
von Norden nach Süden sich verbreiten, auf Oromó- oder Somál-Gebiet
jedoch noch nirgends erschienen sind.

Wa-Langúlo, bei den Oromó Wáta, bei den Wanika Ariangúlo genannt.
Swáhili-Bezeichnung eines Jägervolkes, dessen Repräsentanten Wakefield «the gipsies of East Africa» nennt,[23]) etwas kleiner an Statur als die
Galla (Wakefield gibt an, nie einen schlanken Mann bei ihnen gesehen zu
haben), «wandering hunters» der Beschäftigung nach. Sie verhalten sich
zu den Galla, wie die Wa-Ndórobbo zu den Massai, sind tüchtige Jäger,
«characterised by the wildest habits of life», erscheinen auf der anderen
Seite wieder als «a very quiet, modest and harmless people». Bewohnen
die Landschaften zwischen dem unteren Sábaki und Tana, «held in a kind
of vassallage by the Gála nation» (Wakefield).

Wa-Ndorobbo (Wandorobo, d. i. «arme Teufel»), ein Pariavolk unter den
Massai und südlichen Galla, der Physis nach Hamiten, jedoch kleiner als
die Massai und mit echter Negersprache, die sie unter einander gebrau-
chen, während sie sonst das Massai sprechen. Jäger, die ursprünglich im
Westen des Baringo gewohnt haben sollen. Durch den Einbruch der
Massai vom Nordwesten geriethen die Ndorobbo in Abhängigkeit. Unter

den Oromó leben sie ebenfalls in derselben Weise, und zwar am unteren Guasso Njiro. [94])

Wa-Njíka, auch Wadigo (Wanika). Völkerschaft, aus zwölf Stämmen bestehend, das Hinterland von Mombás bewohnend und angeblich vor 3oo Jahren von Norden eingewandert, 1866: 50.000 Seelen stark, den Bantu-Stämmen der Wa-Dígo und Wa-Bondéj völlig gleichend, von Baumann die Väter der Wa-Dígo genannt. [95])

Wa-Pokomo. Völkerschaft (höchstens 10.000—15.000 Männer) im Thale des unteren Tana von Tscharra bis Korkoro, den Swahili und Oromó unterthan, «a people of a light brown colour», wie Dundas bemerkt, Ackerbauer, vortreffliche Ruderer, Elephanten- und Krokodiljäger (Jagdsclaven der Wabere). Unter 40° 1′ 57″ östlicher Länge von Greenwich und 1° 57′ 5″ südlicher Breite sind sie viel dunkler gefärbt, als die südlicher wohnenden und führen Bogen und Pfeile. Die Pokomo mit ihren Heerden geben so recht den Gegenstand für die Sclaven- und Viehraubzüge der Somál ab, gegen die sie sich durch Anlage fester Siedelstätten in Wäldern zu wehren wissen. [96]) Fischer nennt die Pokomo ein Negervolk, «bäuerisch plump, grosse, äusserst kräftige Gestalten, chocoladebraun mit einem Stich ins Kupferfarbene», und ist der Ansicht, dass sie, deren Wohnsitze früher bis an die Küste reichten, zum Theile den Swáhili und deren Sprache den Ursprung gegeben haben. [97])

Warabúse. Völkerschaft am oberen Jabus mit vollständig gallanischer Physis. Angeblich von Schmieden seine Herkunft ableitend; Magier, welche den echten Oromó Frohndienste leisten. [98])

Warrata, auch Dauárro oder Dáwro (Worrata). Bei den Galla nur ein Zweig der Sidáma (richtiger ein Dialekt oder Idiom der Sidáma-Sprachen), der vornehmlich in Kuontáb, Hadia, Kullo zu Hause ist. Die Bewohner von Hadia heissen auch Gudella, jene von Kullo Omát, da sie im Osten des Omo wohnen. Gewöhnlich fasst man unter den Warrata alle Elemente in dem Godscheb-Gebiete zusammen, die eine von Sidáma und Oromó verschiedene Sprache sprechen. [99])

Wa-Ssanie (Wasánia). Der Physis und auch der Sprache nach wie die Watúa Galla, «so dass sie ein Fremder von den Galla nicht unterscheiden kann», wie Fischer berichtet, nach Dundas «a trip akin to the Wa-Bóni», wohnen vorzugsweise zwischen Sábaki und Tana, und treiben stellenweise auch Ackerbau. Sie gliedern sich in Bereitto und Llarussi. Ihre Hautfarbe ist meist ein tiefes Schwarz und dessen Uebergang in Kaffeebraun. Vermischen sich niemals mit den Oromó durch Heirat. [100])

Wáta, auch Watta, Wanni oder Wátö, Wajto, Kósiko (orom. *wáto* = Flusspferdjäger, Zigeuner; 'afar. *watá* = Barde, Musikant). Parias unter den Galla, die wie unsere Zigeuner nomadisiren und schmarotzen. Ehemals Bewohner des mittleren Aethiopien, in Kafa Mantschó genannt. [101]) Hörige und Sclaven in den Sidáma-Reichen, die aber nicht verkauft werden.

Abbadie sagt von ihnen: «Les traits de leur visage sont ceux des nègres,» was vielleicht auf unterworfene Negerelemente deutet. Ueber Aethiopien und die Galla-Gebiete weit zerstreut. Wakefield glaubt, die Wáta, die auch im südlichen Galla-Lande vorkommen, seien mit den Wa-Ssania und Wa-Langúlo identisch, was nicht unwahrscheinlich ist. [101])

Wa-Túa (Wa-Dahalo), Watwa. Verwandte der Wa-Bóni, gleichfalls am unteren Tana und Sábaki wohnhaft, vom Osi bis nach Túla hin über ganz Ost-Afrika bis zum Cap zerstreut, ein Jägerleben führend: Besitzer einer Sprache, welche von jener der Bóni verschieden ist. [102])

Wombari. Bewohner von Géra, die aus dem Süden von Kafa ins Land eingewandert sein sollen. [104])

Zindscheró (Zandschiró) vom amhar. ጀንጀሮ — der Affe). Name eines Volkes und einer Landschaft östlich von Kafa und Djimma Káka, dessen Bewohner Menschenopfer vollbringen und weder mit den Amhára noch mit den Galla etwas gemein haben. Sie sollen uralte Bewohner ihres Gebietes sein und eine isolirte Sprache sprechen. Eine Tradition lässt sie von Sidáma abstammen. [105])

Aus den vorstehend verzeichneten Darlegungen geht hervor, dass das Heloten- oder Pariaelement in Nordost-Afrika eine grosse Rolle spielt. Vom Golfe von Tadschura an bis nach Mombás, und von Walagga bis zum Cap Asir finden wir niedrig stehende, von Somál, 'Afar und Oromó unterworfene Völker, die ganz besonders im südlichen Galla-Lande, also in jener Gegend, wo wir die vorhin erwähnte Völkerstauung anzunehmen genöthigt sind, die freien Elemente fast überwuchern. Wáta, Bóni, Jebir und Midgán sind die am afrikanischen Osthorne am weitesten verbreiteten Heloten, typische Erscheinungen in Nordost-Afrika, wo immer man mit der breiten Schichte der Bevölkerung zusammentrifft. Häufig stehen diesen Parias die zahlreichen Mischlinge social und politisch sehr nahe, so dass z. B. Kinzelbach sich veranlasst finden konnte, die Sáb, Túni und Kudám den Parias unter den Somál zuzuzählen. [106]) Im Allgemeinen sind die Parias der Physis nach kleiner und schwächer als die Hamiten, werden bei den Somál nur unter den grössten Stämmen angetroffen, sind durchaus nomadische Jäger, mit Pfeil und Bogen bewaffnet und sprechen oder sprachen von dem Hamitischen verschiedene Sprachen, obgleich gegenwärtig die zugehörigen hamitischen Idiome ihre Vernacula zu sein scheint. Im Süden haben sie fast alle die wichtigsten und charakteristischesten Züge der Hamiten, aber eine dunklere Hautfarbe und vermuthlich sind sie sämmtlich Ueberreste der Vorgänger der Hamiten auf dem Terrain Nordost-Afrikas, der nach dem Süden abgerückten Bantus. [107])

Seit die wissenschaftliche Erforschung des afrikanischen Osthornes begann, ist die Frage nach dem Vorhandensein einer Zwergrasse im Inneren der Oromó-Länder vielfach ventilirt worden. Sowohl die Somál wie die Galla erzählen von Zwergen, die man in Zanzibar mit dem Namen Wa-barikimo bezeichnete, und erstere versetzen sie südlich von einem See Boó. Unter den Sidáma von Kóscha sind nachweislich Repräsentanten einer kleinen Menschenvarietät vorhanden, Maze malea von den Sidáma, Doko oder auch Sinbirra von den Oromó genannt.[106] Nach Léon des Avanchers soll es südlich von Kambát ein Zwergvolk mit Namen Tschíntschalle (d. h. »welches Wunder«) geben.[107] Die Oromó erzählen von diesen Zwergen gerne und nennen sie Gababá, Keperra oder kurz Náma dinki, d. i. »wunderbare Menschen«. Ich selbst vernahm südlich von Harar von der Existenz dieser Zwerge aus dem Munde weitgereister Oromó und bin in Uebereinstimmung mit Antoine d'Abbadie der Meinung, dass es in dem noch unerforschten Südosten von Kafa und Zindschero Repräsentanten einer Pygmäenrasse gebe, die rasch dem Untergange zueilen, so dass sie heute bereits, wenn sie unter den Galla erscheinen, ein Gegenstand der Bewunderung sind. Einzelne Exemplare verlassen ab und zu ihre angeblich unzugänglichen, bergreichen Sitze. Bei der Schwierigkeit, von Kafa aus südlich zu dringen, ist es unsicher, ob diese interessanten Reste nicht völlig verschwinden, wie etwa die Pygmäen Madagascars, bevor man sie zu studiren in die Lage kommt. Aber das Wort Léon des Avanchers hat Geltung, der 1866 schrieb: »La présence de pygmées est un fait certain.«[110] Bemerkt sei noch, dass unter den Somál zwerghaft kleine Individuen häufig vorkommen, wie ich zu beobachten Gelegenheit hatte.

Von asiatischen Elementen sind an den Küsten Nordost-Afrikas die Araber, Perser und Inder zahlreich vertreten. Omán hat die meisten Vertreter entsendet, die sich um das Cap Asir angesiedelt haben, während Jemener vorwiegend in Zejla und Berbera sich aufhalten. Die Südostküste hat fast lauter Ománer Araber (in Brawa z. B. Bidda und Chattenijja) aufzuweisen gehabt, die in letzter Zeit dort stark abnehmen. In der Regel sind an den festen Plätzen der Somál-Küste eigene arabische Quartiere angelegt, so dass die Bevölkerung eines Platzes in zwei Lager, ein Somál-Lager und ein arabisches, zerfällt. Perser und Inder haben sich niemals dauernd an der Somál-Küste oder an Plätzen des Inneren des afrikanischen Osthornes niedergelassen. Sie erscheinen in Nordost-Afrika nur, um ihren Handelsgeschäften für die bessere Zeit des Jahres zu obliegen. Europäer sind in Nordost-Afrika äusserst wenige angesiedelt.

3. Die Gliederung und die Wohnsitze der 'Afar, Somál und Oromó.

Ueber die Gliederung und die Wohnsitze der Völkerstämme Nordost-Afrikas liegt der Wissenschaft ein völlig ungleichartiges Materiale vor, das auch einer kritischen Zusammenfassung des Ganzen wie der einzelnen Theile bisher entbehrte. Die Forschungsreisenden begnügten sich grösstentheils mit blosser Angabe der Namen der Unterabtheilungen, und nur bei einzelnen derselben wurden die Standquartiere genauer verzeichnet, freilich häufig genug nur nach unvollkommenen Angaben der Eingebornen, selten nach vorhergegangener kritischer Befragung derselben und unter Festhaltung geographischer Gesichtspunkte, namentlich nach genauerer Ermittlung der Localitäten.

Eine verlässige, kritische Aufnahme der Stammesgliederung der Nordost-Afrikaner erschwert der Umstand, dass Fractionen der von uns ins Auge gefassten Hamiten eben noch in Bildung begriffen sind, d. h. dass sich eine weitverzweigte Ramification bei der überwiegend grossen Zahl der Stämme erst vollzieht. Dies ist namentlich der Fall an jenen Punkten des afrikanischen Osthornes, wo eine intensive Besiedlung entweder in Folge der Physis der Landschaft oder der gezwungenen oder spontanen Bewegungen der Stämme und Familien, wohl auch der Züge des Nomadismus in manchen Jahren bisher noch nicht hatte platzgreifen können. Die im Folgenden gegebene Darstellung der Gliederung der 'Afar, Oromó und Somâl gründet sich auf meine eigenen in Harar ermittelten Daten und die Durchdringung der gesammten einschlägigen wissenschaftlichen Materialien, die ich, soweit sie vor meiner Reise schon veröffentlicht waren, mit weitgereisten, mir von dem Statthalter des Chedivs zu Harar seinerzeit zur Verfügung gestellten Eingebornen, deren einzelne mit grossen Kosten und Mühen gewonnen werden mussten, genau examinirte und vervollständigte. Manch werthvolle Angabe über die 'Afar und Somâl erlangte ich auf dem Wege ausgebreiteter und schwieriger Correspondenz mit Händlern und anderen Gewährsmännern in Nordost-Afrika. Der diesem Abschnitte beigegebene kartographische Entwurf (siehe Schluss des Bandes) soll über die Wohnplätze der Stämme im Allgemeinen orientiren, deren nähere Bezeichnung im nachfolgenden Texte angegeben ist, weil ethnographische Karten an Uebersichtlichkeit und Klarheit verlieren, wenn sie mit topographischen Details überladen werden.

I. Die 'Afar.

Was die Gliederung und die Wohnsitze der 'Afar betrifft, so muss daran festgehalten werden, dass sich Angehörige dieses Volkes in einer Reihe von Sippen zunächst an der Meeresküste niedergelassen zu haben scheinen, welche in der weiteren Entwickelung nicht in strenger natürlicher Unterordnung oder Dependenz von den Muttertriben verharrten, sondern sich als gleichberechtigt und gleichbedeutend mit der Stamm-Qabîle betrachteten. Daher erstarkte weder das ethnische Bewusstsein der Muttertriben, noch ihre physische Zahl und Macht so sehr wie bei den Somâl, und so kam es auch, dass es bei den Danâkil eigentlich keine Namen für Stamm und Familie gibt, sondern dass es für diese zumeist nur den Namen der Sippenvorsteher, die gewählt werden (nach Isenberg *dárdar, sultán* entsprechend dem sahuischen *redánto*, dem arab. *schéch*) gibt. So besteht das ganze Volk, richtiger der kolossale Stamm, aus einer grossen Zahl von Fractionen, für die nach arabischem Muster die Bezeichnung قَبِيلَة (plur. قَبَايِل) aufkommt, und die in der Sprache des Volkes *ejál* heissen. Diese vereinigen sich zu grossen Gruppen (Adâïl, Assóba, Mádima, Mudajto, Dankalá, Dahiméla u. A. m.), stehen aber, wie erwähnt, in keiner weiteren Unterordnung zu einander. Unter der Bezeichnung méla (plur. melil) ist zunächst nur der Stammort (ursprüngliche Standplatz) der Sippen, deren erste Ansiedlung zu verstehen,[111] die später erst zum Namen einer Fraction geworden ist.

Die 'Afar selbst nennen sich, obgleich fast alle Nomaden, nach den Wohnplätzen unterscheidend *dudúb mára*, d. i. Bewohner der Ebene, und *badaú* oder *badú*, d. i. Beduinen. Die ersteren haben nur einen kleinen Oscillations-Spielraum für die nomadischen Züge, weil ihre Heerden und sie selbst in der fruchtbaren Ebene müheloser das Fortkommen finden, die letzteren sind Bewohner der minder ertragreichen gebirgigen und wüsten Striche. Bei den Habáb heissen die 'Afar Bowza, bei den abessinischen Christen Taltal (Tantal), bei den Somál 'Afar nimûn («'Afar-Leute»), bei den Oromó Adál. In jeder Fraction gibt es zwei Stände, einen Adeligen- und einen Hörigenstand.[112] Die Angehörigen des ersteren, die aber social keine weiteren Vorrechte besitzen, heissen *asá-mára, asá yan mára*, d. i. «die Rothen» (Assaimara der Karten), die letzteren *'adú yan mára*, d. i. «die Weissen» (Adojmara der Land-karten). Licata, Colizza und Heuglin haben *'adú yan mára* mit «gente di le-vante» und *asá yan mára* mit «gente di ponente» übersetzt[113] und damit offen-bar eine Handhabe zur Erkenntniss der geographischen Vertheilung der Sippen geben wollen. Diese Deutung beruht auf Irrthum und kann nicht auf-recht erhalten werden. Sie verdankt ihren Ursprung einem kartographischen Fehlgriff. Cecchi hinwider unterschied zwei Gruppen von Danákil: Deveneke-mena (von Schoa bis zum Torrent Laliballá) und Assaimará (vom abessinischen Hochlande bis Assab längs des 11° 30′ nördlicher Breite),[114] was aus dem oben angeführten Grunde ebenfalls nicht richtig ist.

Nicht weniger als elf Reisende und Forscher, die das Gebiet der Danákil mit eigenem Fusse betreten, ja selbst weite Strecken desselben durchwandert hatten, haben eine Eintheilung der 'Afar aufgestellt.[115] Die Zahl der ange-führten Fractionen oder Triben schwankt zwischen 7 und 103. Leo Reinisch hat zwei Listen der 'Afar-Sippen veröffentlicht, dazu noch zwei umfang-reiche Listen von 'Afar-Localitäten, bedauert aber, die geographische Lage der Localitäten nicht bestimmen zu können. Dies bedeutet in der That einen argen Verlust für die Wissenschaft, weil Reinisch's Schreibweise der Namen eine verbürgt verlässige ist, wohingegen bei fast allen übrigen For-schern viele Verwirrung und Ungenauigkeit in dieser Beziehung herrscht,[116] und namentlich Namen von Localitäten mit solchen von Familien verwechselt werden.

Will man ethnographische wie geographische Interessen gewahrt sehen, so kann man die 'Afar in folgende Gruppen zusammenfassen:

    I. Die Küsten-'Afar (von der Zula-Bai bis zur Strasse von Báb el-mandeb);

    II. Die 'Afar von Aussa (an der Hawásch-Mündung und am Abhe-bad);

III. Die 'Afar nördlich von Aussa (im Binnenlande);

IV. Die 'Afar südlich von Aussa (an den rechtsseitigen Zuflüssen des Hawásch und jenen des Abhe-bad);

V. Die 'Afar am Golfe von Tadschura.

1. Die Küsten-'Afar

zerfallen in folgende Sippen:

1. Adóla (mit Saho gemischt), an der Zula-Bai, am Dschebel Abú 'Ali. 2. Hertó (Hirtó, Hertá), grosse Sippe zwischen Zula- und Hamfila-Bai; sollen über 1000 Familien besitzen. 3. Amule (Amole) und 4. Schejka, bei der Hamfila-Bai am Berge Kamuú. 5. Hadó und 6. Hadamó (Hadarem), zwischen der Hamfila-Bai und Ed, am Falloló- und Mogoó-Berge. 7. Damhoita, mächtige Tribe an der Küste zwischen der Hamfila-Bai und Ed, beim Berge Mussélāli. 8. Nagartó, südöstlich von Ed, am Hauákil-Golfe. 9. Dulûm, nordwestlich von Bailûl. 10. Barasúli, südöstlich von dem vorigen. 11. Ankalá (zwischen Bailûl und Raheita) und 12. Dankalá (zwischen Raheita und Obók), unter einem Oberhaupte stehend.

2. Die 'Afar von Aussa

umfassen folgende Sippen:

1. Modajtó (Mudajta, Mudeito, früher Hassên Marras), eine der bedeutendsten Triben, die das ganze Thal von Aussa einnimmt und in eine Menge von Familien zerfällt (Daê, Issé-Heirába). 2. Wuemá (Buema, Wuhûma, Veêma, Woêma), südliche Nachbarn der Ersteren bis zum Airolof-Sumpf ihre Heerden treibend, an der nördlichen Strasse von Tadschura nach Schoa. Sie sind mit einer Fraction der 3. Debeni verbündet und dann gewöhnlich Debeni k Wuemá, d. i. Debeni und Wuemá genannt, was so viel wie «weisses Haus» bedeuten soll. Die Debeni und Wuémá wohnen im Adóéta und von Waramili bis gegen Mullú. Der erste Häuptling residirt zu Hamusa Dúmi oder Sultelli. Ihr Name soll vom äthiop. *dabbawjan* («nördlich») abgeleitet werden, den sie von den Schoanern erhielten. Ihre Familien sind: Abli oder Dinserra, Adenejto, Nakr, Dondametta, Dettagora u. A. m. 4. Haraméla (Araméla), bei Gahutlo auf der Hochebene von Saué stehend. 5. Fantoita, sehr räuberisch, zwischen Logia und Milte. 6. Arfoló, nördlich von Aussa. 7. Mogaintó, am Plateau von Gamari, von Aussa abhängig. 8. Aisaméla (Aisamáli oder Assaimáli, Asáméla, d. i. «die Rothen»), nördlich von Aussa. 9. Harak (Arak) Boduitó, südwestlich von Aussa, an der Karawanenstrasse nach Dané, an die Hartuma-Galla grenzend. 10. Subakumó, nordöstlich von Aussa, bei Hillhaullú. 11. Bairró, nördlich von den Aisaméla. 12. Halóma, an den Seen von Aussa. 13. Gutubla, bei Gafú wohnend.

3. Die 'Afar des Binnenlandes nördlich von Aussa

haben folgende Sippen:

1. Mandejtó (Modejto, Modajto?), am Berge Bailó und Mullabú, südöstlich von der Zula-Bai. 2. Balusuá (Belesuhá), grössere Tribe am Endeli und Gabbala, östlich von Adigerat und Adúa. 3. Wadó, in rothe und weisse (Asá-Wadó und Dat-Wadó) unterschieden, und Mochto; die Ersteren südlich und östlich vom Alel-bad, die Letzteren bei Ed (?). 4. Dahiméla, volkreiche Tribe südlich von der Hamfíla-Bai bei Falule, vom Didik-Gebirge bis zum Dubbi-Vulcan. 5. Asaintó (Aschantó, Asmumintó), nordöstlich von Zabul. (Die als Taltal oder Tantal [abessinischer Name der 'Afar] auf der Karte bezeichneten Danákil sind die in der Gegend Adáli genannten Familien). 6. Bubá, zwischen dem 'Ali Bogo-Vulcan und Waldidda (?). 7. Wiaitá (Weaitó, Wajta), nordöstlich vom Alale-bad. 8. Ainaméla, grosse Tribe, östlich vom Killa-Torrent zum 'Ali Bogo. 9. Kedimtó, südlich vom Vulcan Dubbi. 10. Saroita, nordwestlich von Bailúl. 11. Nessartó, westlich von Bailúl. 12. Daka Adam Hánfari; 13. Akitú; 14. Gaartú, am unteren Gualima (Mará), die wildesten und räuberischesten unter allen Danákil. 15. Mákuda, am mittleren Gualima. 16. Adermó, Nachbarn der Vorigen; 17. Dúna; 18. Halajta; 19. Bubátta; 20. Semufti. (16.—20. Triben im Binnenlande südöstlich vom Alel-bad.)

4. Stamme, welche südlich von den 'Afar von Aussa wohnen.

1. Alóma Siéka, bei Dithelik-Habdi, Nachbarn der Haraméla. 2. Mádima, am linken Ufer des Makulé-Flusses. 3. Messára (Mohassará), am Lefofoleh-Torrent, bei Janghúdi und am Dúme-Berge. 4. Gindósa, bei Harsó in waldreichem Gebiete am Unterlaufe des Róbi und bei Hajuktó, von Schoa oft bekriegt. 5. Badó (Badú), Gemisch von vielen Familien, in weidereichem Terrain östlich von Efráta. 6. Galejla, zwischen Aussa und Tadschura, namentlich südlich am See von Aussa. 7. Habura (Sidi Haburú), im Thale des Hawásch, nördlich von Bilén. 8. Takajil (Takajél), nördlich von Mullú, von Iur Eráin Marú bis Ilao wohnend. 9. Herer (Erer), Fraction der Debenet, umfasst eine Gruppe von Familien, deren bedeutendste die Rukba, Derméla, Hablé, Gerár, Daba méla und Auadó sind. 10. Debenet (Debeni des Südens), in zahlreichen Fractionen vom Hawásch bis nach Tadschura verbreitet und besonders aus zwei grossen Familien, Kovikati und Rughkeia soghájer, bestehend. 11. Assóba (Hessóba, Assúba), bei Fafaré, Dankalá und Azuoló, in der Nähe von Bonta am Hawásch hausend, volkreich. 12. Agáju-ber-Uais, bei Tul-Harré und Erer. 13. Aliguri Hoëmbó, bei Amésa. 14. Abaharibará, Hantúta, bei dem Chór Rugdeia und Soghejra. 15. Aliguribará-Hoëmbó, bei Karába. 16. Jaho 'Ali, in Dankáka, östlich von Bonta. 17. Baaréta, in Garssa und Aleideg, Nachbarn der Assóba. 18. Addejtu, in Bilén, südliche Nachbarn der Sidi Habura. 19. Alifaró Detílu, am Hawásch bei Bonta. 20. Oëul Ahmed, vom Hawásch bis Dettará, auf dem Wege nach Ankober. 21. Madoó, wohnen bei Amohissa. 22. Kardjú Algafadia, Nachbarn der Mischtribe Muffá an der Ostgrenze Fatigars, die Erste-

ren gegen die Itu-Galla zu. 23. Arkaméla, bei Bonta und Mullú, volkreich,
räuberische Tribe. 24. Daróma (Darhûma), bei Bilén, unweit von Bonta am
Hawásch. 25. Mullú, Fraction von 'Afar aus vielen Familien, die bei Amohissa dicht beisammen wohnen. 26. Herni; Auija; Auáli, Mischtriben an der
Grenze der Nóle-Galla. 27. Adáli, bei Bonta, Nachbarn der Sidi Habura, bei
Batulla und Saballu. 28. Uluaitó (Ulutó) und Ajrolassó, am Fantali-Berge
beim Ajrolaf.

5. Die 'Afar am Golfe von Tadschura.

1. Asmila (Aschmâli, Assakamali), bei Batella und Killalu, zerfallend in
die Aat-Asmila (Dat-Asmila? = «die Weissen») und As-Asmilla («die Rothen»);
2. Assóba (Assûba), bei Mabla am Nordufer des Golfes und bei Ambâbo,
umfassend Amaralitó, Badrischiktó, Katûha, Omarguaba, Omartu,
Odijasara, Schéch Arbahintó und Jakubtó. 3. Madima, bei Guarda-
rasso, umfassend die Aas Alitó (Dat-Alitó), 'Ali Watál und Mognamaléj.
4. Takijil (Takajél), Tribe von Obok, in sich begreifend die Godili-Takijil,
Hajû-Takijil, Gibábi, Mondó-Takijil und Schimsára. 5. Ab-Ammila
(Abaméla), bei Angar, dazu zählend die Hamadó und Kamiltó. 6. Adén-Sarra,
bei Guattaré, in Ashalé und Hobojta zerfallend. 7. Beduitamlla (Bedojtaméla),
umfassend die Familien der Afáda (bei Adegéno), Aitûra und Ederkaltó (die
Wohéma oder Wéma des Nordens an der Somál-Grenze), Ali-Sarra, Har-
miltó, Ursanina, Gaassêra, Gedelê (bei Guémi), Assalbura, Bedui-
tabura, Haissó (bei Mulhulâj), Kurha (bei Aéta), Ulid (bei Urirasso), Jâs
Odóm (bei Gunta) und Jokos (bei Sonyali). 8. Adáli (Adájel), bei Tadschura
und Sagallo, umfassend die Aéro Hassó, Abli (Ablêj), Adlitó (Alojta),
Schika, Debenet, Daba-Adáli, Deniserra, Garaisso, Guarómi, 'Abd
er-rassul und Togori.[117])

Die angeführten 80 grösseren Sippen der Danákil umfassen den Kern
des ganzen Volkes in seinen wichtigsten Zweigen. Ein Vergleich der Namen
mit den von Reinisch, Antoine d'Abbadie, Cecchi und Graf v. Zichy gesammel-
ten ergibt noch eine bedeutende Reihe von solchen, deren Träger sich nach
dem heutigen Stande des Wissens von der Existenz und Ramification der
Danákil-Sippen nicht localisiren lassen, die aber als in der Zeit von 1844
bis 1887 zweifellos bestehend angeführt zu werden verdienen. Es sind dies
folgende:[118])

Gobahadó, Balaó, Owu (Ow), Henoná. Gahasó, Ashâker, Balahâ, Ganintó,
Alulutó (Halayta), Digibód, Asala, Aboná (Abuonah), Pronaba («die mit dem
grossen Rücken»), Alakradó («die vom Kameel Gefallenen»), Aratá, Assubura,
Asanatô, Geuintó, Hadaru, Lokéna, Bubajtó, Bedal, Hadu, Bosali, Arkab,
Datgalah, Okumal, Ronnaba (Ironabó), Girhintó, Misgide, Anabó, Damméla
(Beduitaméla?), Barayla, Atgala, Bakolulemah, Gurartó, Dulumó, Sabuwrah,
Adola, Bitaytu, Nasarsarrah, Guwdar, 'Au'a, Gudel, Am'asa, Ma'andita, Eyyita,

Ma'antó, Rubleharak, Magumelab, Ebirtó, Iskukumedi, Harallah, 'Eysa, Sala-
tin, Muhalle, Ilita, Ab'ali, Gusagusah, Ga'aso, Fardan, Mayabbi, Dabriméla,
Kuwiwale, Ragaytó, Indug'ili, Liddo, Bukurre, Af'asusa, 'Ayam'e-i, Dar'adu,
Asabakri, Doda, Desamo, Matannah, Bidarto, Sa'ani, Gatagala, Urerto, Asbi,
Wambarta, Hedaro, Helultó, Wayrar, Almisó, 'Imartó, Kulaya, Désa, Amasa,
Auadó, Haraissa, Ueletó-Dabittó, Amagurté, Messara, Missir, Jemaradi, Ge-
raitá, Gameri, Area-Altú, Asakamali, Undá, Sandé, Assedahar, Berri, Afke-
heserra, Ugbarrah, Eukeb, Gesata und Detegutublá.

II. Die Somál.

Die Somál leiten ihren Ursprung [117] von einer Reihe von Erzvätern ab,
welche grossen Gruppen derselben den Namen gaben. Die berühmtesten unter
ihnen sind Ishák (Scherif Ishák bin Ahmed), Dér (Dir), Idúr (Dúr, d. h. «vom
Meere gekommen») und Daród (Tarúd, Daród Dschabarti bin Ismail). Von Dér
leiten alle Somál der Nordküste ihren Ursprung ab und nennen sich nach ihm
gerne Dér oder Idúr. Auch die Rahanwin oder Sáb an der Süd-Somál-Küste
nennen sich Idúr, was leicht als ein Beweis ihrer Abkunft aus Norden gelten
könnte. [118] Daróds Nachkommen wohnen weiter im Binnenlande und nennen
sich mit Vorliebe Harti. Eine besondere Nobilität nehmen unter den Süd-
Somál die Hawlja in Anspruch, ohne dass sie indess von den anderen Somál
hinsichtlich ihres Ursprunges wirklich irgendwie verschieden wären. Von den
genannten Erzvätern stammten wackere Söhne ab, wie die Tradition sagt,
und unter diesen werden Adschi, Harti, Ogadén, Azúl, Kablalá, Maríhán,
Habrauál, Dedbés, Salhorsón, Gerhádji, Arrab u. A. m. genannt, die theils
Väter grosser Stämme wurden, theils grossen Triben blos die Namen gaben.
Man zeigt die Gräber einiger dieser Männer im Somál-Lande, und fromme
Eingeborne äussern gerne als letzten Wunsch, an der Seite dieser Erzväter
oder ihrer Söhne begraben zu werden.

Mit den Namen solcher Helden belegt erscheint heute unter den Somál
eine Anzahl grosser, alter, wohlorganisirter und reichgegliederter Stämme
(som. *tôl* = arab. قَبِيلَة), die von einander vollkommen unabhängig sind und
einander unablässig befehden. Von diesen Stämmen zerfällt jeder in eine
Reihe von Unterabtheilungen. «Häuser» (som. *rér tolkáj* oder kurz *rér*, was
auch, local genommen, so viel bedeutet wie Kraal, arab. *karijah*), deren jede
volkreich ist und sich in eine grössere oder kleinere Menge von Clans, die
man *kóla* oder *dschilib* nennt und die mit dem arabischen Begriffe *fakida* vollkommen zusammenfallen. Sie führen zumeist Namen alter Fürsten (som. *ugás*).
Diese Clans gliedern sich dann in die eigentlichen Hausstände oder Familien,
deren jede einen *oddáj* oder Aeltesten hat, dessen Namen sie führt. Merkwürdig ist, dass die Benennung der Unterabtheilungen bei den Somál häufig
nach der weiblichen Descendenz geschieht. Uralte Triben, gewissermassen
die Stammmütter der anderen, führen das Prädicat *habr* (Mutter, Ahnfrau)

oder *ba (baha)*, auch *ber*. Neue, recente Fakiden erhielten das Prädicat *ajâl* (Söhne der Stiefmütter, Kinder von *aja*, som., orom. und harar. = die Stiefmutter) oder *wár* («Neue»). Das Prädicat *habr* kann auch durch *ba* verstärkt werden, um ein Erzhaus zu bezeichnen, und lautet dann *bahabr* («Söhne der Grossmütter»).[121]

Diese Gliederung gilt nur für die echten, einem und demselben Stamme angehörigen Somâl. Die unter diesen lebenden Parias (som. *id gabôj*, «Menschen unreiner Rasse») werden niemals den genannten Unterabtheilungen zugezählt, sondern bilden als *gum* alle zusammen, seien sie nun Midgân oder Jebir u. s. w., ein separates, untergeordnetes Ganzes, das zu den «Echten» (som. *gôb*) in einem sehr grossen Gegensatze steht. Gôb und Gum sprechen nur die Somâl-Sprache. Guillain unterscheidet[122] auch Somâl-Dialekte, doch sind diese wohl nur auf Eigenheiten der Somâl-Sprache im Süden und Norden zurückzuführen. Die Parias bedienen sich unter einander auch anderer, noch nicht erforschter Idiome. Ein Somâli von fremdem Stamme kann bei Nachbarn nicht dauernd verbleiben, woferne er sich nicht in eine Kôla aufnehmen lässt, es sei denn, dass er Paria werden will. In dem Falle, dass einzelne Familien sehr volkreich werden, erlangen sie die Bedeutung, die Macht und das Ansehen eines Rêr. Sterben dagegen einzelne Familien bis auf Wenige aus oder stirbt blos ihr Häuptling, so vereinigen sich die übriggebliebenen Angehörigen derselben mit einer florenten Familie, ja selbst kleinere Rêr haben sich auf solche Weise vermischt oder sind zusammengelegt worden (Osmân Dirrin mit Toldschalêj),[123] damit die stramme, bei den 'Afar nicht einmal in Rudimenten vorhandene sociale Organisation eines Stammes nicht gefährdet werde. Solcherart ist der Ausbau der Somâl-Stämme ein festgefügter, die Ramification derselben eine gesunde. Bezeichnungen der Somâl als Galbed (vom som. *galab* = der Abend, also «Westliche») oder Dabir (arab. بار) und Bari (som. *bari* = Morgenstern, also «die Oestlichen») oder Makhar (arab. مخر) sind nur geographisch-topographische und haben mit der Organisation und Gliederung des Volkes oder der Stämme nichts zu thun.

Der Uebersicht halber lassen sich folgende vier Gruppen von Somâl-Stämmen unterscheiden:

I. Die Somâl der Nordküste;
II. Die Somâl von Harar;
III. Die Somâl von Ogadên oder die centralen Somâl;
IV. Die Somâl der Südost- oder Benâdir-Küste.

Zu den Somâl der ersten Gruppe zählen die Ejssa, Gadaburssi, Habr Auâl, Habr Toldschalêj, Habr Gerhâdji, War-Sangêli, Dolbohanta, Marihân und Midschurtin.

1. Die Somâl der Nordküste.

Die **Ejssa**[124]) sind der am weitesten nach Westen vorgedrungene Zweig der Somâl, wohl auch der an materiellen Mitteln ärmste, und bewohnen ein Gebiet, das sich im Norden vom Gubet Kharâb bis nach Dschaldéssa an der

Nôle-Galla-Grenze erstreckt, im Westen vom Erer-Torrent und im Osten von
einer Geraden begrenzt wird, welche man vom Berge Dembél (einen Tagemarsch östlich von Dschaldéssa) bis zum Ejlo-Gebirge in der Nähe der
Meeresküste gezogen und bis Kulangârit an dem Littorale des Golfes von
Aden verlängert denkt. In dem Hügellande und der Ebene zwischen Samowanák und Kulangârit treffen die drei Stämme der Ejssa, Gadaburssi und Habr
Auál zusammen. Die Ejssa zerfallen in die Unterabtheilungen der Dallôl,
welche vornehmlich das Gebiet zwischen dem Ejlo und Gubet Kharáb besetzt
halten, der Abgál im Centrum und der Wardig im Süden des Verbreitungsbezirkes und diese wieder in nachfolgende Fakiden:

Abgál: 1. Rêr 'abd er-Rahmán; 2. Rêr 'Abdalláh Jadid Khájreh
Auál, zwischen Samowanák und Kulangârit. 3. Rêr Galán (Fam. Ba Hilu
|Ulu] und Ba 'Abeskûl), mächtige Familie zwischen Kulangârit und Zejla, ver-
setzt und in Gemeinschaft lebend mit zahlreichen Gadaburssi. 4. Gurgura, bei
Henssa und Hambós. 5. Harla, im Westwestsüden von Dadâb. 6. Rêr Kul-
kúl (Kul), bei Bia Kabóba, Lasmaân und Soumadou. 7. Rêr Hassan 'Abdalláh und Rêr Jûnis Mûssa, an der Hararstrasse bei Bia Kabóba. 8. Rêr
Gôdi, zwischen Arowejna, Henssa und Bia Kabóba. 9. Rêr 'Ali Gurân, zwischen Koh, Bia Kabóba und Marmár. 10. Mamássan (Mumássan), von Henssa
bis Zejla (Fam. Rêr Ali 'Addah, Rêr Aul, Rêr Hassan). 11. Rêr Asker, zwischen
Bia Kabóba und Dabâs. 12. Rêr Dschilâl, bei Biabahâj und Arabi im Südosten von Wordschi. 13. Rêr Hubla, gegen das Galla-Land von Harar zu (?).
14. Guguri, im Wâdi Dambâl bei Kotto. 15. Rêr Urâbu, bei Hore, gegen
das Danâkil-Land, westlich von Soumadou bis Erer. 16. Rêr Ahmed, Nachbarn der Vorgenannten im Süden, im Lande Jib. 17. Mûssa 'Abdilláh, von
Erer an durch Dlâ, Habogo bis Dallajmaléj. 18. Dabâ, gegen die Danâkil zu
bei Achtimuri.

Dallôl: 19. Furlâba, an der Küste, westlich von Zejla. 20. Horóna (Rêr
Juróna), zehn grosse Zweige umfassend, wovon der grösste der der Wilaldón,
nordwestlich von Zejla, an der Grenze gegen die 'Afar, von Salzindustrie
lebend und alle Striche, wo Salz zu erlangen ist, durchziehend. 21. Rêr
Mûssa, der grösste und volkreichste Zweig der Ejssa, an der Grenze gegen
die 'Afar zu. 22. Salb, bei Salála in der Prärie, in der Nähe von Bussa (Fam.
Hinable, Gillowalál, Habr Walál, Kál, Habr Kál). 23. Urwejna, im Norden,
gegen Tadschura zu. 24. Amhadléj, gegen die Danâkil, im Bura 'Ali-Gebirge.
25. 'Ali Gedid, bei Hadagalla, gegen die 'Afar zu. 26. Hajil, zu 'Ali Hajil bei
Dschallélo, nordwestlich von Henssa.

Wardig: 27. Taladúk, bei Ad, gegen die Debenet und Galla zu. 28. Sa-
lebân (Salibân), im Südwesten, gegen die Galla zu. 29. Rêr Barre, in der
Mitte der Südgrenze, gegen die Oromó zu. 30. Rêr Hassan, grosse Fakide
(Fam. Hassan Sulejmán und Karkóf), bei Gundábi und Garassléj. 31. Rêr Jês-
sif, am Goba-Gebirge und im Nordwesten von Wordschi. 32. Rêr Hassan
Jûssuf Samanne, im äussersten Südosten des Verbreitungsbezirkes (fürstliche

Tribe). 33. Rêr Salân, gegen Harauah und die Gadaburssi zu. 34. Rêr Solimân, an der Südwestgrenze gegen die Danâkil zu.

Zu diesen 34 grossen Triben kommen noch die Rêr Gulêni (nach Burton und Harris), Rêr Gadischa (nach Burton eine Unterabtheilung der Rêr Mûssa), Rêr Dubbah, Hêi (nach Harris) und 'Ali Gada (nach Burton), deren Standplätze nicht mit Sicherheit ermittelt werden konnten.

Die **Gadaburssi**[19]) (Gudabirsi, Derbussi, vom som. *bur* — der Berg, *gada* — Leute, also «Bewohner der Berge») sind in der gebirgigen Landschaft angesiedelt, welche im Osten vom Lande der Ejssa und der grossen Harar-Strasse vom Plateau von Wordschi bis zum Ejlo-Gebirge reicht. Enge, sumpfige Thäler wechseln auf diesem Terrain mit wildzerklüfteten vulcanischen Massen und erschweren das Eindringen in das Centrum des Landes, das so recht als ein Refugium der als Bastarde und Ignoble (Söhne eines gewissen Samaron, Sohnes des Gerhâdjî) von den übrigen Somâl angesehenen Gadaburssi gilt. Die Qabilen der Gadabûrssi sind folgende:

Habr Afân oder Mahatassa: 1. Rêr Mûssa Fajihîn (Mûssa Fîn), am Libahalêj-Gebirge. 2. Rêr Hamid; 3. Rêr Farolê; 4. Rêr Hassâna Sa'âd; 5. Rêr Ejssa; 6. Rêr Haîb Ijra; 7. Rêr Mâkahil; 8. Rêr Gôbe; 9. Rêr Dschebrâ'in; 10. Rêr 'Ali Ganûn; 11. Rêr Habr Jûssuf, wohnen sämmtlich in dem mittleren Theile des Landes, und zwar vom Dâjer angefangen bis zum Enfurlâba einerseits und vom El Armo über Dschijâf, Halêmalah, das Abbaso-Thal bis in das Thal von Ajlonda.

Habr Makâdur: *Rêr Mâkahil:* 12. Rêr Dschibrîl Jûnis, am Libahalêj, nördlich von Dallejmalah. 13. Rêr Nûr, im Thale von Harauah (Fam. Rêr Fârich, am Ejlo-Gebirge). 14. Rêr Adên Jûnis, an der Ostgrenze gegen die Habr Auâl. 15. Rêr 'Ali Jûnis, an der Ostgrenze gegen die Habr Auâl. 16. Rêr Mâkahil Dêra (fürstliche Tribe, darum auch Rêr Ugâs genannt), im Thale von Harauah. 17. Rêr Harli; 18. Bahabr Sanîr; 19. Bahabr 'Abdallâh, im Inneren des Gadaburssi-Landes vom Ejlo bis Garasslêj; 20. Bahabr Hassan, an der Meeresküste, Nachbarn der Ejssa. 21. Rêr Eija, wie die Vorigen.

Rêr Muhammed Ejssa: 22. Bahabr Mûssa, im Wâdi Gabri und bei Barregid. 23. Rêr Muhammed Asá mit Rêr 'Abdallâh Muhammed, in den Thalschluchten von Hoswejna und von Adschi-Oxi bis zum Ejlo-Gebirge. 24. Rêr Ibrahîn, im Wâdi Gabri. 25. Bahabr Abûqr, im Südwesten gegen das Ejssa-Gebiet. 26. Bahabr Eli, am Bahr Gabri. 27. Bahabr Adân, am Bahr Gabri. 28. Rêr 'Abdallâh, im Südwesten Nachbarn der Hubla und Dschilâl. 29. Habr Arfân, am Libahalêj-Gebirge. 30. Rêr Bassânah, auf der Höhe von Dschaldêssa. 31. Rêr 'Ali Adda, bei Garîsa. 32. Rêr Mahmud, in Rêr Halas und Rêr Gabâl zerfallend, im Südosten gegen die Habr Auâl hin. 33. Hassan Waràba, südlich vom Ejlo-Gebirge.

Neben den zwei grossen Unterabtheilungen der Habr Afân und Habr Makâdur existirte bei den Gadaburssi vor Jahren eine dritte, die 'Ali Sûla, deren Zweige aber entweder ausstarben oder mit denen der erstgenannten zwei Unterabtheilungen zusammengelegt worden sind, so dass sie heute als selbstständige Unterabtheilung nicht mehr angesehen werden. Bemerkenswerth ist noch die enorme Differenz in der Schätzung der Zahl der Individuen dieses Stammes. Während Burton die Stärke der Gadaburssi auf 3000 bis 10.000 Seelen veranschlagte, gab der ägyptische Brigadegeneral Muhammed Muchtár Pascha[116]) deren Zahl auf 87.000 an, gewiss nicht ohne vorher Informationen eingezogen zu haben. Muchtár's hohe Ziffer wird erklärlich, wenn man vernimmt, dass die Gadaburssi an der Nordostgrenze mit den Habr Auál stark melirt, dazu im Nordwesten ihres Bezirkes vielfach mit Elementen fast aller Somál-Stämme des Westens versetzt sind und alle diese Verbündeten oder Verwandten als zu ihrem Stamme gehörig angeben. Keineswegs ist ihre Seelenzahl grösser als etwa 25.000.

Das an die Gadaburssi im Osten grenzende Glied der Somál-Dér-Kette sind die **Habr Auál.**[117]) Diese uralte Tribe, welche schon der arabische Name ﺍﻭﺍﻝ als eine der vornehmsten bezeichnet, bewohnt das Küstengebiet vom Chór Kulangárit an bis über Berbera hinaus und das Hinterland von Berbera und Bulhár bis zu den Somál von Harar (Girri, Bertirri, Habeskúl) einerseits und bis über Marar-Prärie und an die Ogadén-Grenze anderseits. Die Habr Auál führen ihren Ursprung auf zwei Erzväter, Sa'ád (Sa'åd Müssa) und Müssa (Ejssa Müssa), zurück und gliedern sich in folgende sehr volkreiche Fakiden, deren Repräsentanten überaus wanderlustig sind, wie denn die Lust an ausgedehnten Zügen selbst bei dem einfachen Nomadenleben des Volkes ein Charakterzug desselben ist:

Sa'åd: 1. Sa'åd Ahmed, auch Ajál Ahmed, in der Nähe (südöstlich) von Berbera; grosse Tribe. 2. Sa'åd Júnis, auch Habr Júnis oder Ajál Júnis, in der Nähe von Bulhár, im Südwesten dieses Platzes, namentlich in Khansa, grosse Tribe mit vielen Familien, darunter besonders die Rér Soghulli oder Saguilla, Bahabr Hajnásche, Sultán, Rér Núr (fürstliche Tribe) u. A. m. 3. Bahagóbo, nordwestlich von Bulhár. 4. Urgas; 5. Gráat; 6. Lúge, an der Küste westlich und nordwestlich von Bulhár. 7. Samátar (Fam. Dscháma Samátar, Fárah Samátar 'Abdalláh), bei Erer es-saghir. 8. Abuqr Dschibril, südlich von den Sa'åd Júnis. 9. Ajál 'Abdalláh und Ajál Geraáto, bei Adschi Oxi und beim Grabe Schéch Malek's. 10. Mákahel (Mikahal), in der Marar-Prärie, östlich von der Bertirri-Ogadén-Strasse; bei diesen gibt es viele Midgán. 11. Abuqr Ejssa, Nachbarn der Vorgenannten gegen Norden.

Müssa: 12. Adén Ejssa (kurz Ejssa Müssa genannt), südlich von Berbera zum Gialiбah bis Dho Gamát. 13. Muhammed Ejssa, westlich von den Vorigen. 14. Muhammed Buré; 15. Rér Wajss; 16. Adén Buré; 17. Ajúb Auál, (vormals grosse Tribe), sämmtlich an der Südostgrenze gegen die Habr Gerhádji. 18. Rér Schirdón, am Chór Adád, Nachbarn der Ejssa- und Gadaburssi-Somál. 19. Rér Dalál; 20. Rér Hareid, Nachbarn der Vorigen im Nordwesten des Bezirkes. 21. Ajál Noh Ismaíl, südlich von Berbera.

In keinem der Somâl-Stämme scheint eine solch grosse Bewegung in der Absonderung und Blüthe, so wie auch in dem Verfalle der Zweige stattgefunden zu haben wie bei den Habr Auál, was ja durch das hohe Alter dieses Stammes, von dem behauptet wird, dass ihn schon die Griechen und Römer gekannt hatten, erklärlich wird. [18])

Oestliche Nachbarn der Habr Auál sind die **Toldschaléj** (Tadschaléj, «Stamm oder Nachkommen Dschaléjs»), ein Stamm, dessen Gebiet bei Sijârah, in der Nähe von Berbera beginnt und an der Küste bis Maid reicht, während dessen Fakiden im Binnenlande die Heerden nur ganz kurze Strecken von der Küste entfernt zu weiden pflegen. [19]) Die Toldschaléj sind im Besitze der Häfen von Sijára, Karam, Enterad, Ankor, Rukuda und Hais und beanspruchen gegen Südosten das Land bis Dagah ghalôl («Stein im Loch»), wo sie mit den Midschurtin zusammengrenzen. Ihre Ahnfrau war angeblich Habr Tadschaléj, eine Frau Isháks aus Habesch, und sie gliedern sich unter dem Namen Mûssa, den sie auch führen, in folgende Fakiden:

1. Muhammed Abûqr Mûssa, eine wackere Fakide, zwischen Karam und Andarek wohnhaft, Seeleute, die sich gerne als Heizer auf europäischen Schiffen verdingen, gegliedert in die Noë Muhammed, Jissif Muhammed und Adén Muhammed. Die Letztgenannten legen sich auch das Prädicat Madoba («die Schwarzen») bei. Die Jissif Muhammed zerfallen weiter in die Ibráhim Jissif, Hássan Jissif und 'Abd er-Rahmán Jissif (zusammen Ahl Jissif genannt) und Rér Dodd. 2. Mûssa Aboqr [130]) Mûssa; 3. Samaneh Aboqr Mûssa, bei Ankor und Hais, ein stolzes Hirtenvolk, ehemals eine grosse Tribe, die noch heute in Somâl-Liedern besungen wird. 4. Sambúr, herabgekommene Fakide, verachtet, bei Rugada zerstreut, nur 100 Personen. 5. Habr Tadschaléj Ishák, im Inneren des Landes, vier Tagereisen von der Küste, mit Habr Auál gemischt. 6. Adén, an der Küste bei Karam. 7. Rér 'Abdilli, bei Burao an den Quellen des Tug Dér im Inneren des Landes. 8. 'Abd er-Rahmán; 9. Noh Muhammed, grosse, 7000—8000 Seelen starke Tribe im Inneren.

Die Toldschaléj werden von den Somâl nach ihrer abessinischen Stammmutter auch Habr Abaschiét genannt. Toldschalla oder Mûssa hatte zwei Söhne: Oman Aboqr und Dschibrail Aboqr, von welchen gleichfalls Fakiden abstammten, deren Repräsentanten heute bei den Mûssa Aboqr wohnen. Von Dschibrail Aboqr fristet auch eine Nachkommenschaft unter dem Namen 'Abd er-Rahmîn (700 Personen), Edráis (100 Köpfe), Adén Muhammed (600 Köpfe) in der Nähe von Eldorad an der Küste und in der Landschaft Karrin ein kümmerliches Dasein.

Das Land der Habr Toldschaléj im Süden umsäumen die **Habr Gerhádji** oder **Gádji** (vormals Gailah genannt) in einer krummen Curve, welche bei Maid das Meer erreicht, dann auf die kurze Strecke bis Gaduejda (Aschu bei Wakderia) im Besitze des Stammes sich befindet. Im Süden reicht das Gebiet des Stammes vom Ganlibah bis zur Grenze von Ogadén (8 1/2,° nördlicher Breite). Ihre Väter waren Daúd und Sa'íd und des Letzteren Söhne 'Alî

Sa'id und Arré (Arrah) Sa'id. Viele Fakiden dieses Stammes verfielen, so die
Kul, Gambah und Dardân, während die noch heute blühenden folgende sind:
1. Arab Garâdji; 2. Sa'âd Garâdji, südlich von den Habr Auâl.
3. Daúd Garâdji (Ajâl Daúd), auch Idagallah (»Erdwühler»), im Süden der
Toldschaléj in 11—12 Familien zerfallend. 4. Mûssa Arré, zwischen Gulais
und der Midjertín-Grenze. 5. Ismail Arré (fürstliche Tribe), von der Küste
bis Gulais. 6. Ishaak Arré, im Gulais-Gebirge. 7. Barkatt Sa'âd Jûnis;
8. Idris Sa'âd Jûnis, an der Seeküste. 9. Rêr Amaturûa (die Hamturwa
Burton's), richtig Ahmed Turroâ, an den Abhängen des Ahl-Gebirges. 10. 'Ali
Sa'id, an der Seeküste. 11. Urûs Sugâj; 12. Rêr Gumaron; 13. Sulergu-
lûb; 14. 'Abdul-Ismaíl Mûssa-'Abdullâh, im Inneren des Landes.

Die Stämme der Habr Auâl, Habr Gerhâdji und Toldschaléj heissen auch
bei den Eingebornen Habr Magadle (som. *gadle* bärtig).

Der Stamm der **War Sangêli** (War Sengâli, d. i. «Bringer guter Botschaft»,
vom som. *war* Botschaft, *san* gut, nach Bardey[131] »nouveaux hommes
d'Ali») bewohnt das Küstengebiet von Guducjda bis Bender Zijjâda und im
Inneren das Quellgebiet des Wâdi Nogâl und Tug Darror, ein gegen Norden
steil, nach Süden allmälig abfallendes, bewaldetes Land. Die Ebene zwischen
dem steilen Nordabhange des Ahl-Gebirges und der Seeküste bedecken einzelne Hügel und dichte Buschvegetation. Im Osten trennt die War Sangêli
die Lagune von Bender Zijjâda und ein Torrent von den Medschurtin. Der
Stamm, dessen Hauptort an der Küste Durdûr, im Inneren eine Niederlassung
Ghât ist, setzt sich aus folgenden Fakiden zusammen:[131])

Dubês: 1. Toldscha Omar; 2. Nûr Omar; 3. Muhammed Omar;
4. Jûssuf Omar (Gerâd Jûssuf); 5. Hanil; 6. Ugariën; 7. Jûssuf Arro,
sämmtlich gegen Bender Zijjâda zu wohnend.

War Labé: 8. 'Ali Ismail; 9. Libân (Gerâd Libân); 10. Haladilé;
11. Indschiéh, im Westen. 12. Gerâd 'Abdullâh, auch Rêr Gerâd genannt
(fürstliche Tribe), bei Ejransid. 13. Ugâs Lubba (War Labba), bei Râs Kori.
14. Nuh Omar, bei Bender Jadid. 15. Adên Sa'id, beim Orte Galm. 16. Ma-
jed, bei Durdûr. 17. Rêr Fatih; 18. Rêr Bihidúr; 19. Buhogâj Salabâj;
20. Adên Jaqûb; 21. Wdajabarhâj; 22. Rêr Jéssif, alle im Osten gegen
Zijjâda zu. 23. Hindudúb; 24. Rêr Garwejna; 25. Boguslabé; 26. Bridûr;
27. Ba-Medschurtin, im Osten gegen Zijjâda zu.

Bemerkenswerth ist bei diesem Stamme, dass die zur Dubês-Gruppe gehörigen Familien desselben als Waffe ausschliesslich den Bogen gebrauchen,
während die War Labé die Lanze führen, woraus leicht bei den Ersteren der
Schluss auf Unreinheit des Blutes gemacht werden könnte, wenn dieses ethnographische Moment noch andere Gründe stützen würden. Cruttenden rühmt an
den Repräsentanten dieses Volkes den Abscheu vor Diebstahl, eine wahrhafte
Ausnahme unter den Somâl.

Einer der grössten und bedeutendsten Somâl-Stämme sind die **Dolbohanta**
(Dulbohanta, Tôl Bohanta, Dulbarhanti, welcher Name »Unzählige», »Vortreff-

liche» bedeuten soll). Dies Reitervolk bewohnt die ausgedehnten Ländereien zwischen dem Tug Dér und Tug Darror im Osten und Süden der Habr Gerhâdji, im Süden der War Sangêli und im Westen der Midschurtin, im Norden der Marihân, und nach Cruttenden's Erkundigungen «a leved country, abounding in gras, water and timber, and without a stone». Martialische, am Kinn bärtige Gestalten, die sich zu Pferde imposant ausnehmen, sind die Dolbohanta stolz, aber doch höflich und gastfreundlich und leben vorwiegend von Fleisch und Milch. Sie gliedern sich [132] in folgende grosse Fakiden:

1. Arakâma (bei Bardey Arassama), gegen die Bohotle wohnend, im Süden von Burao. 2. Ajâk; 3. Barkâtt; 4. Barar Sâma; 5. Gajâtt, wohnhaft in der Haut genannten Gegend. 6. Mahmud Garâd, grosse Tribe im Tug Dér-Thale, ausserordentlich reich verzweigt und zerfallend in: Nun Hamed, Mahmud Ugarién, Adén Ugarién, Hassén Ugâs, Bahessedére, Nalîja Hamed, Dschama Siôd. 7. Garâd Fârah, südlich von Bur Dap an im Hajn, grosse Tribe im Wâdi Nogâl (Fam. Ahmed Garâd, Barkâtt Garâd, 'Abdi Garâd, Fârah Garâd). 8. Rêr 'Ali Naleh (Naléja Hamed), bei Laba Korân. 9. 'Ali Geri Ahmed, in Bohotle, Nachbarn der Arakâma, gefürchtete Tribe südlich von Burao.

An den Repräsentanten dieses Stammes fällt lichtes Colorit der Haut, ein deformirter Schädel, grosse Augen und grosse fleischige Lippen auf. Sie sind im hohen Grade kriegliebend und erscheinen sehr selten an den Marktplätzen der Somâlküste. Zwei Fürsten sollen sie beherrschen, aber unangesehen und vollständig machtlos sein.

Die südlichen Nachbarn der Dolbohanta sind die **Marihân**[133] (Marehân, Merrihân, d. i. «Prahler», vormals Sadda Daród geheissen), zwischen den Ogadén und Midschurtin angesiedelt, wenig bekannt, fleissige Gummi- und Weihrauchsammler. Sie bestehen aus zwei grossen Fakiden, den Jûssuf und Tenâde, Nachkommen zweier gleichnamiger Väter, welche Brüder Marihân's gewesen sein sollen. Sie gliedern sich in die Hês, Rêr Esmân und Urmiddie.

Einer der grössten, vielleicht der grösste und volkreichste, aber auch der in der Cultur vorgeschrittenste aller Somâl-Stämme sind die **Midschurtin** (Midjertin, Medschurtin, Medscharten), deren Name nach Cruttenden «the beloved one», nach Guillain «die Furchtsamen, Verschämten» bedeuten soll.[134]

Viele halten[135] diesen Stamm für die Ἀπάχται der Alten und nehmen an, dass die Angehörigen desselben vom Westen aus der Gegend von Zejla und Berbera nach den heutigen Wohnsitzen des Stammes (von Bender Zijjâda, 49° 8' östlicher Länge von Greenwich an der Nordküste bis Saïf Tawîl und Râs el-Kaïl, 190 englische Meilen südlich vom Râs Haffûn, 6° 30' nördlicher Breite und 48° 40' östlicher Länge an der Benâdir-Küste) gedrängt worden seien, was im Grossen und Ganzen den thatsächlichen Verhältnissen entspricht. Die Zahl der Midschurtin schätzte man nur auf 30.000 Köpfe, allein ihre Zahl dürfte in Wahrheit viel grösser sein (80.000), weil sich nachweislich im Laufe der Zeit manche kleinere Sippen, wie z. B. die Deschischi oder Nûr Hassén der Nordküste (zerfallend in Hugâr, Rêr Hadschi und Mogador) u. A., mit denselben vereinigt haben,[137]) und die Masse verstärkten. Hauptorte des Landes der Midschurtin sind: Bender Qâsim, Bender Meräja und Bender Allula. In materieller Beziehung scheint dieser Stamm der reichste, wenigstens unter allen Küsten-Somâl zu sein. Die Fürsten desselben nennen sich nach arabischer Art *sultân (islân, bogór)* und nicht wie bei den übrigen Somâl *ugâs.*

Die Fakiden des Midschurtin-Stammes sind sehr zahlreich. Sämmtliche führen wie die Dolbohanta, War Sangêli und Deschischi ihren Ursprung auf Harti, den Sohn Kombá Kablálas, den Enkel Daróds, zurück und sind folgende:

I. **Hauwa-Amanlé: a)** *Ejssa Mahmud* vermischt mit Sofasse (Beduinen): 1. Samanter Bejdjahân, 1000 Personen; 2. Dscharafle Bejdjahân, 6000; 3. Rêr Samankab, 400; 4. Rêr Mûssa, 300; 5. Bá Aortable, 700; 6. Bá Marehân, 400; 7. Rêr Addî, 800; 8. Rêr Hussên, 3000; 9. Rêr Adél, 300; 10. Balell Kasse, 1000; 11. Bá Warsangêli, 500, im Inneren. 12. Bahadir, 300; 13. Jûnis 'Idrís, 2000; 14. Hassan 'Idrís, 1000; 15. Ahmed Kéri Ogar, 1400. Sie wohnen sämmtlich am Unterlaufe des Wâdi Nogâl und an der Neger-Bai, vornehmlich aber am linken Ufer des Wâdi Nogâl, ein Theil auch im Norden am Ahl Maskât.

b) *Omar Mahmud* vermischt mit Gelwuangle (Beduinen): 16. Rêr Hussên, 1500 - 2000; 17. Rêr 'Alî Geddi, 1000; 18. 'Abdî Kerîm Muhammed Omar; 19. Isâk Muhammed Omar; 20. Fâki Muhammed Omar; 21. 'Alî Geddi Muhammed Omar; 22. Muhammed Muhammed Omar; 23. 'Abdalläh Muhammed Omar, nur 5—6 Leute; 24. Rêr Egaleh oder Bahadir, 7 Zweige; 25. Jûssuf Mahad, 6000; 26. Fârah Mahad, 8000; 27. Nûr Mahad, 300; 28. Bá Iná Kére, 600; 29. Bá Iná Libán oder 'Abdi Issa. Alle sind im südlichen Theile des Verbreitungsbezirkes angesiedelt.

II. **Hauwa Noléjs: a)** *Hassan Tallabler:* 30. Noh, 800 Personen, mit Omar Mahmud vermischt. 31. 'Alî, 1200, bei Bosasso. 32. 'Abd er-rahîm, 900, im Wâdi Nogâl. 33. Mahmud Salibân (fürstliche Tribe), südlich vom Tug wejn; 34. 'Alî Salibân, 5000, von Botiala bis Gandala. 35. Ugad Salibân, bei Botiala bis Darror, circa 500. 36. 'Abd er-rahîm Salibân, 300, bei Dschiâjel, Wuadajmo und Adua. 37. Ismail Salibân, 3000, bei Maglal, Kaud und Sehau. 38. Adén Salibân, 100 Krieger, unter den Osmân Mahmud. 39. Sa'id Salibân, 100; 40. Bihidián Salibân, nordwestlich vom Râs Haffûn. 41. Bahadir, an der Marehân-Seite bei Mudúg, unter den Rêr Egale. 42. Bá Gefér, grösser als die Bahadir, ebendaselbst. 43. 'Abd Alláh 'abd er-rahîm; 44. Muhamed 'abd er-rahîm, führen nur Bogen und Pfeile und wohnen unter den Dolbohanta und War Sangêli. 45. Ismail Muhammed, bei Nobir, Mudulla und Haffûn. 46. Omar Muhammed, deren sechs Familien den Beinamen Sultan führen, südwestlich von Râs Haffûn.

b) *Hussên Tallabler:* 47. Suakrón (Suakarûm, d. i. «Fänger der Robben») Mûssa, zwischen Allula und Cap Asîr. 48. Hussên Noh, wenige Repräsentanten; 49. Jûssuf Auljehân (Fam. Egale Jûnis, Daúd Jûnis, Mahmud

Jûnis); 50. Ejssa Auljehân (Fam. Isák Jûnis, Mahmud Jûnis, 'Ali Hadde Jûnis); 51. Haschim Auljehân (Fam. 'Ali Haschim, Sa'ld Haschim); 52. Dschibríl Auljehân (Fam. Mummin Ibráhim, Geddi Mummin, Ibráhim Mummin, Hussén Mummin); 53. Rér Libân; 54. Bá Wuágris; 55. Ibráhim 'Abdu Sammat; 56. Rér Jûnis; 57. Oda Marka, sämmtlich wohnhaft im Innern des Landes, südlich vom Tug Darror.

c) *Osmân Mahmud* (sesshaft): 58. Badír Roble, an der Küste des Nordens, von Merája bis Guardafui. 59. Bajarúb, ebendaselbst, südlich von den Suakrón. 60. Ismaíl Solimân, am Cap Binna.

III. **Wabenâja** (Benâja): 61. 'Ali Oduareh, bei Bender Zijjáda. 62. Hamed Oduareh, bei Bender Zijjáda.

Eine Anzahl von Fakiden ist hier noch anzuführen, deren Localisation auch nicht annäherungsweise gelingen mag; dieselben sind: Salih Dschibrâil, 'Ali Dschibrâil, 'Ali Sulejmân, Kaska Kabe, Aur Tablah, Wadal Muge, Gese Guled, Rér baid Zahán, Amarti Wâk, Taballa, Gumasur, Arab (Makhari aus Sokotra (?), Seehundfischer am Rás Asir), Wubajnîja, Warmak Sama, Libân Kasche, Ismáil Jûnis, Idik Falíh, 'Abdi Ejssa.

2. *Die Somál von Harar.*

Vor Zeiten besassen die Somál in den Landschaften am Erer ein weit grösseres Gebiet als heutzutage. Nach dem Einrücken der Galla von der Sippe Barántuma wurden sie jedoch nur auf den Osten beschränkt, behielten aber das Land an den Südost- und Ostabhängen des Gára Kondéla, obgleich sie sich daselbst mit den Oromó vielfach vermischten und auch zum Theile die Oromósprache und die Beschäftigung mit dem Ackerbau von den Galla annahmen. Diese Verhältnisse zwangen sie, in vielen Punkten der Politik mit ihren mächtigen Nachbarn gemeinsame Sache zu machen, was natürlich auch auf ihre nationale Entwicklung, ihre materielle und geistige Cultur nicht ohne Einfluss blieb. Eigene politische Vereinigungen zu gemeinsamer Abwehr der Tyrannei der Umára von Harar (Hewáj) begegnen uns da in der Geschichte beider Völker, die eine schwierige Rolle zu spielen hatten. Die bedeutendsten Somálstämme von Harar sind die Girri mit den Isbejhân, die Bertirri, Bersúb, Babilli, Habeskûl und War 'Ali, kleinere Sippen die Worra Hebbân und die Worra Kallu.

Das tapfere Bergvolk der **Girrí** (Gerri, Arréle) ist der unmittelbare Nachbar der Djarsso-Galla, des ältesten Zweiges der Galla von Harar, und bewohnt die Ostabhänge des Kondéla-Systems, namentlich das Garadiléj-Gebirge und die Fiambiro- oder Funjantéra-Berge. Es zerfällt in folgende Fakiden:[139])
    1. Bá Haulja (Bahawíja), im Norden an die Dowân grenzend (fürstliche Tribe). 2. Ad, im Süden, gegen die Bersúb zu. 3. Bá Hargufli (Bahrgaíle), im Westen, gegen die Bertirri zu. 4. Bá Dia (Badia), im Süden gegen die Bersúb und Bertirri zu. 5. Abû Jûnis, in zehn Familien zerfallend. 6. Rér Ibráhim, in zehn Familien gegliedert. 7. Dschibríl; 8. Bá Kassíljja (Bá Kassía):

9. Rêr Mahmud; 10. Mûssa Dâr; 11. Rêr Auro; 12. Rêr Walembo; 13. Rêr Khalid, die Mitte des Bezirkes bewohnend. 14. Isbejhân (Usbajhân), circa 1000 Mann (Fam. Rêr Jûssuf, Rêr Sa'îd, Rêr Aboqr, Jûssuf Lijo), im Centrum des Landes. 15. Girri-Girri (Fam. Jabâroh, Bâ Abejân).

Die Girri sollen von der Makhar-Küste nach und nach westwärts gewandert sein, gleichen ethnographisch vollkommen den Galla und stehen mit den Habr Auâl auf gutem Fusse.

An den Abhängen der Gurâis-Kette haust das wackere Volk der **Bertirri** (Bartirre) in gebirgiger Landschaft als Nachbar der Bersûb, Girri und Gadaburssi und hält auch einen kleinen Theil der Bun-Prärie zu beiden Seiten des Quellarmes des Zigziga besetzt. Die fürstliche Familie lieferte mehrere Jahrhunderte hindurch den Umâra von Harar die Frauen, und viele Hararfürsten glichen ihrer Physis nach in Folge dieser Verbindungen vollkommen den Somâl dieses Stammes, fanden bei ihnen Zuflucht in trüben Tagen und unternahmen häufig Reisen in ihr Land. Die Fakiden der Bertirri sind:[139])

1. Ambâro, im Norden bei Garabâsa, wo die Berbera-Strasse läuft. 2. Schêch Aschéd, im Süden, südwestlich von den Rêr Sa'îd und Dulbejt. 3. Dojo, Nachbarn der Manahija. 4. Gurgura, im Westen, an der Grenze gegen die Oromó.

Südlich von den Girri und Bertirri wohnen die **Bersûb**[140]) (Burzúk, Barsûb, von *bur*, der Berg, also «Bergbewohner») im Quellgebiete des Tug Fafân, am Bethi, Sânthala, Elmoke und Gobbi, ein der Pferdezucht sehr lebhaft huldigender Stamm in der Stärke von etwa 5000 Schilden. Er zerfällt in:

1. Die Worra Hûmi, den nördlichen Theil des Gebietes bewohnend. 2. Die Worra 'Ali, am Goddu und Mulogo. 3. Die Bethi, im Westen der Gebirgslandschaft. 4. Die Sejjân; 5. die Berdjeh, in der Mitte der Landschaft.

Durch das Thal des Dokta (Dakâto) und Sulûl von den Ennija-Galla getrennt, wohnen südöstlich von Harar und an der grossen Strasse von letztgenannter Veste nach Ogadén die **Babilli** (Bajâbili, Babillo, Babulli), der zahlreichste Stamm der Somâl von Harar, mit Galla stark vermischt, berühmt durch seine Schafzucht und nicht geringen Wohlstand, daher das Ziel vieler räuberischer Incursionen mächtiger Nachbarn. Ihre Fakiden sind:[141])

1. Die Mâja, in die Duburra und Worra Mije und noch zwei weitere Familien zerfallend und den Südwesten des Bischumân-Gebirges bewohnend. 2. Die Kâralle, in der Mitte des Landes (Fam. Ija, Worra Eli, Schóm, Schurbûl). 3. Die Gundâbi, Nachbarn der Bersûb und Habeskûl im Südosten (Fam. Adde, Djilli, Galdjéll).

Von den Oromó werden die Babilli oft als zu den Galla gehörig reclamirt und von Pietro Sacconi geradezu als Galla bezeichnet.

Unter den vier genannten Stämmen zerstreut leben von Schoa bis an die äussersten östlichen Ausläufer des Kondéla, den Leviten vergleichbar, die Schejkâsch («die Verehrlichen»), ein Priestervolk, das seinen Ursprung auf

den Khalifen Abû Baqr zurückführt und jeden Zusammenhang mit Dér und
Daród zurückweist. Seine vorzüglichsten Zweige sind die Ao Omar und Bâ
Dumma. Sie setzen sich zur Aufgabe, die Tradition der Somâl an ihre Ab-
stammung von korejschitischen Grossen warmzuhalten, spielen aber als Nation
keinerlei Rolle. Besässen sie nicht ein heiliges Amt, sie wären schon lange zu
Parias herabgesunken. [119])

Eine besondere Stellung unter den Somâl von Harar haben die **Habeekûl**
und die **Wor 'Alî.** Die Erstgenannten sind ein Stamm aus Ogadén, der zur Zeit
der ägyptischen Herrschaft in Harar auf einem nomadischen Zuge nach Norden
an den Grenzen der Babilli und Bertirri erschienen war und die Erlaubniss
vom Statthalter des Chedive erhalten hatte, sich unter den Aegypten damals
tributpflichtigen Somâl niederzulassen, wo bereits seit alten Zeiten ein Zweig
ihrer Vorfahren in drei Fakîden (Rér Jûssuf, Dschibrâjla, Worra Dig) angesiedelt war. Sie nahmen Ackerbau an und gliedern sich heute in die Dschûma,
Sa'îd, Bareh, Gédi und Gulétt, und sind im Begriffe, sich zu einem grossen
Stamme zu entwickeln, da ihnen Klima wie Lebens- und Raumverhältnisse
mässige Expansion erlauben. Die Angehörigen der Wor 'Alî («Neue 'Alis»,
Rér 'Alî) sind vorwiegend aus Galla-Elementen gewordene Somâl, Träger
des Islâm im Südosten von Harar, von den Bergen der Burzûk aus bis tief
nach Ogadén, und theilen sich in die Itu Wor 'Alî und Dulata Wor 'Alî.

Zu den Somâl von Harar können auch die Worra Hebân, ein Bindeglied
zwischen den Somâl von Harar und jenen von Ogadén, gerechnet werden,
ferner die an der Grenze von Ala-Galla und Somâl im Südosten von Harar
angesiedelten Kallu-Somâl (Worra Kallu). Sie wurden von den Fürsten von
Harar an ihren heutigen Platz (15 Kilometer von Harar auf dem Wege nach
Süden) angesiedelt und zählen dreissig Ahnen. Von den Ala-Galla bedrückt,
nahmen sie äusserlich die Sprache der lästigen Nachbarn an, sprechen aber
unter einander noch das Somâli. Ihre neue Heimat liegt in der Nähe von Argobba, jener Emigration aus Schoa, die zur Stärkung des hamitischen Elementes nach den Bergen von Harar geleitet wurde und einen paradiesisch
schönen Strich in der Nähe der Stadt Harar, Argobba, in Besitz genommen
hat. Nur dem Umstande, dass hier zwei fremdartige Reiser neben einander
grünten, haben die Kallu ihre Existenz zu danken. [120])

3. Die Somâl von Ogadén.

Unter dem Begriffe Ogadén (Wogadin, Ugadin) verstand man lange Zeit
hindurch das Centrum des afrikanischen Osthornes lediglich in landschaft-
licher Beziehung, ohne zugleich auch eine bestimmte Gruppe von Somâl-
Stämmen damit zu verbinden. Neuere Forschungen haben ergeben, dass man
unter Ogadén einen grossen Stock von Eingebornenstämmen zusammenzu-
fassen habe, welche sämmtlich ihren Ursprung auf den Erzvater Ogadén, den
Sohn Daróds, Bruders des Ishâk, zurückführen, und die der Landschaft zwi-

schen dem Erer, Wébi Schabéli und den Ausläufern der Küstengebirge im
Norden und Osten den Namen gaben, dem sogenannten «Paradies der Somáli»,
wie es die Somál wahrscheinlich im Hinblicke auf die Isolirtheit des Landstriches und Ungebundenheit der Eingebornen daselbst benannten. Die Landschaft Ogadén, als Wohnplatz der Nachkommen des Vaters Ogadén, ist begrenzt im Norden von einer Linie, die von 8° 30′ bis 9° nördlicher Breite vom
Lande der Dolbohanta aus gegen Osten über Libahéli, den Tug Dér berührend
und an seinem Mittellaufe nach Süden abgebogen bis zu jenem Punkte des
Wébi Schabéli lauft, wo der Strom den Lauf nach Süden nimmt, dann dem
Flusslaufe am rechten Ufer gegen Nordwesten bis Karanle folgt und von hier
parallel mit dem Thale des Sulúl von Imé über die Rér Amáden und Melengúr
(den Sulúl-Fluss und die Tschogo-Berge streifend) in der Nähe von Milmil
wieder nach der Landschaft Libahéli zurückkehrt.[141]) Da sich in neuerer Zeit
ein Vordringen der Somál über den Wébi Schabéli zeigt — die grosse Tribe
der Aulihan ist bereits ganz auf das rechte Ufer des Wébi übersiedelt — so
erweitert sich der beschriebene Bogen über den Wébi hinaus nach Süden, und
die Fakíde der Rér Hamer begrenzt kaum mehr den Südrand der Ogadén-
Landschaft. Die grossen Fakiden der Ogadén-Somál sind folgende:[142])

I. **Mirauawál** (Miyrwalál): 1. Rér Ambák; 2. Rér Abû Dauárk; 3. Rér
Muhammed; 4. Mallonga; kleine Familien des Centrums, die mit den Baha-
Wadli verbunden sind. 5. Medellûke (Fam. Rér Ider, Rér Ahmed, Rér Ma-
kadúr); 6. Rér Aba Jûnis, Priester-Fakíde (Fam. Schéch El-Dín, Schéch
Elmi), an der Ostseite gegen die Midschurtin. 7. Mahatrobe (Fam. 'Alí
Wenák, Rér 'Alí Jûssuf, Rér Hegis, Rér 'Alí Nusórr), im Norden und Nordwesten des Bezirkes. 8. Ugás Elmi (Fam. Rér Hirsi, Rér Fárah, Rér Born),
am Unterlaufe des Tug Fafán, westlich von den Garrari-Bergen. 9. Rér Sa'íd
(Fam. Rér Hassan, Rér Gomtschéle, drei kleinere Familien), im Norden gegen
die Gerhádji. 10. Rér Ugás Guled, zum Theil Melengúr oder Malinjûr ge-
nannt. Sie zerfallen in die Familien: Guled Samátar, Handul Ugás Guled, am
mittleren Tug Fafán, Koschén Timá Ada (Ugás Koschén), Nachbarn des Ennía-
Galla, fleissige Ackerbauer, Rér Dolól Ugás Guled, Rér Schiróa Ugás Guled,
Rér Schiróa Schánguli, westlich vom Tug Fafán, Rér Hirssi Samátar (Ugás
Hérssi oder Hérssi Endschirif), grosse Familie am Sulúl-Flusse, 'Alí Wenák,
Fárah Ugás Guled, Hirssi Ugás Guled, am oberen Tug Fafán, gegen die Girri.
11. Boho (Fam. Rér Baha Timaássa, Rér Baha Medullûke, Rér Schiróa Ugás),
im gebirgigen Lande, von den Amáden bedroht, Rér Ibráhim, Nachbarn der
Midschurtin im Osten. 12. Baha Wadly (Bahadwale), auch Magán genannt
(Fam. Rér Dolól. wichtigste Tribe, Nachbarn der Ugás Elmi, Rér Ugás, Rér
Wajss, Rér Handullâh, Rér Libán Aigalla (klein), östlich vom Tug Fafán an
der grossen Berbera-Strasse, nördlich von Gerlogubi, bei Fáf und Gorra-
háj. 13. Rér Hammer, bei Bari auch Bariah, Barru oder Barra genannt
(Fam. Bá Hallii, Omar Derér, Rér Jûssuf), wohnen nördlich vom mittleren
Wébi und sollen sogar bis zu den Marehán reichen (?), Bá 'Abdulláh,

grenzen an die Karanle, Rêr Mahad Adên, mit Hawîja gemischt, an der Südostseite.

II. Mekabûl: 14. Ibrâhîm. im Osten gegen die Midschurtin. 15. Habr
Eli, volkreichste Tribe von Ogadên im Osten gegen die Midschurtin. 16. 'Ali
Harûn, am oberen und mittleren Tug Fafân, südlich von den Bertirri. 17. Rêr
Amâr, südlich von den 'Ali Harûn. 18. Ada chêr (Adên Chêr, Adên Jêr),
Nachbarn und Hörige der Rêr Amâden. 19. Mullû, südöstlich von Bubassa,
Grenznachbarn der Ennia-Galla. 20. Rêr Gielemis, südlich vom Nogobba-
Flusse, Nachbarn der Arussi-Galla. 21. Karanle oder Dûba und Obó (ehe-
mals Christen?). am Zusammenflusse des Erer und Wêbi Schabêli, mit Hawîja
und Adóno gemischt. 22. Rêr Amâden (Fam. Arsâle Amâden, Buvia Amâden,
Gêdi Amâden), von Galadurra an über das Bergland von Timaássa, das sie
unterwarfen, bis zum Tschogo-Berge. 23. Habeskûl, am mittleren Fafân, von
denen eine Tribe nach Norden ausgewandert ist. 24. Aulihan (Auljehân),[146])
am rechten Ufer des Wêbi Schabêli, Nachbarn der Arussi-Galla, eines Stammes mit den Rêr Abdalláh, Rêr Maroh und Abû Duák. 25. Mûssa Gumadle; 26. Ismail Gumadle, von den Habr Eli abgezweigt, im sumpfigen Gebiete des Ostens. 27. Rêr oder War 'Ali, Nachbarn der Girri und Bersûb von
Harar. 28. Ba Madli, bei Lovelli, Nachbarn der Dolbohanta. 29. Worra Hebbân, im Nordwesten. 30. Ajâl 'Abdulláh; 31. Ajâl Worfa; 32. Mahmud
Nûr Worfa, im Inneren (Südwesten) des Bezirkes.

Die grosse Mannigfaltigkeit der Ogadên-Fakiden lässt den Gedanken
aufkommen, dass bei der Besiedlung des afrikanischen Osthornes das heutige
Gebiet von Ogadên der Berührungspunkt und das Grenzland mannigfacher
Sippen geworden ist. Einer der grossen Stämme, eben die Ogadên, erlangte
daselbst das ausgedehnteste Terrain und wurde der mächtigste und verzweig-
teste. Ebenso naheliegend war es aber auch, dass sich nach Ogadên, als dem
Centrum des afrikanischen Osthornes, alle von den Somäl unterworfenen Elemente drängten, oder solche, welche ihre Unabhängigkeit zu erhalten noch
hoffen durften. Daher im Süden des Landes gegen die Flussseite hin die
grosse Menge der Adóno. Anderseits gibt es Somäl, welche in Kriegen unter
einander und in Folge von Kriegsnöthen überhaupt auf dem Gebiete von Ogadên Schutz suchten, häufig genug aber daselbst keine Aufnahme finden konnten und daher an den Grenzen der Landschaft in der Nähe jener wüsten
Striche lagern, welche die Ogadên gegen Norden, Westen und Osten von den
übrigen Somäl trennen. Solche Somäl sind z. B. die Gawêle, Rêr Ille u. A.[147])

4. Die Somâl der Südost- oder Benâdir-Küste.

Unter dem Schlagworte: die Somâl der Südost- oder Benâdir-Küste
darf man mit Recht jene Somâl-Stämme zusammenfassen, welche mit ihrem
Verkehre nach der Südostseite des afrikanischen Osthornes gravitiren und
als deren Verbreitungsbezirk die Landschaften an beiden Ufern des unteren
Wêbi Schabêli und jene des Dschubb-Unterlaufes angesehen werden können.

Diese Gruppe von Stämmen ist in dem Gebiete an den Mündungen des Dschubb und Wêbi Schabêli seit mehreren Decennien in eine Bewegung gegen Südwesten gerathen, in Folge deren Repräsentanten einzelner Fakiden auf räuberischen Incursionen das südliche Galla-Land überschwemmten und nicht nur das Thal des Tana, sondern in jüngster Zeit auch das des Guasso Njiro erreichten, die Galla vor sich hertreibend und viele Stämme derselben vernichtend. Leider fehlen der Wissenschaft genaue Daten über die gegenwärtige Stellung der Vorposten dieser kampf- und mordlustigen Schaaren; allein es hat den Anschein, als hätten sie ihre Züge in letzter Zeit mehr gegen den Westen ausgedehnt, also nach der Richtung des Rudolf-Sees zu, wo die Eingebornen von ihnen in Furcht versetzt wurden, und wo den Beutemachern nur die Massai und Wa-Kamba Halt zu gebieten vermöchten. Auch nach den grossen Hafenplätzen scheinen sich bei diesem Sturme der Somál gegen Süden und Westen viele Elemente derselben vom Hinterlande begeben und dort angesiedelt zu haben.

Die zwei bedeutendsten Stämme der südöstlichen Somál sind die Hawîja und die Rahanwîn oder Sâb.

Der Stamm der **Hawîja** (Aujja),[14*]) dessen Angehörige sich gerne für die reinsten, sozusagen für die Crême der Somál ausgeben, ist über das ganze gewaltige Terrain vom mittleren Erer-Thale von Harar und Karanle ab längs des linken Ufers des Wêbi Schabêli bis zur Küste des indischen Oceans zwischen Cap Sif Tawîl und Maqdischu und Merka verbreitet. Sie treten freilich erst etwa von Bari ab als geschlossene grosse Masse von schönen, allerdings mit Adóno-Elementen stark versetzten Individuen auf und besitzen im Ogadén-Gebiete Sprachinseln, wenn dieser Ausdruck auf Verhältnisse in Nordost-Afrika Anwendung finden darf. P. Sacconi hat von den am Erer hausenden Hawîja berichtet, sie seien in Zeribas angesiedelt, guria genannt, deren jede 35—40 Hütten enthalte und eine Bevölkerung von 230—250 Köpfen zähle. Ihr Land soll 1400 Meter Seehöhe im Durchschnitte besitzen und mit Acazien, Spina Christi und Mimosen bedeckt sein. Die Fakiden der Hawîja sind folgende:

1. Rêr Ibrâhim; 2. Amár Gedid (Golid nach Sacconi, wahrscheinlich Ogadén); 3. Ishâk (Issahaq nach Sacconi), im Südosten von Harar bei Baolih und Bhomba, jede in eine Zahl von Gioria zerfallend. 4. Rêr Mûssa; 5. Rêr Aboqr Hulûs; 6. Rêr Fárale; 7. Rêr Lugadjére, nördlich von Athala gegen Obbia hin und in dessen westlicher Nachbarschaft. 8. Habr Châtir (Châtir, meist Gâder ausgesprochen), grösste Binnenland-Fakide bei Obbia. 9. Rêr Nehmâla (Neh'mali, d. i. »die Erbarmungslosen«), grosse Tribe bei Obbia. 10. Gurgate, südwestlich von Obbia im Binnenlande. 11. Rêr Ajanle, Nachbarn der Gurgate im Südosten. 12. Muru Sâthe (Emor Zaidi der Geschichte), im Nordosten von Athala. 13. Ahl Jaqûb, fürstliche Tribe im Südosten des grossen Wêbi Schabêli-Knies. 14. Herti (Erti, Herte, Arti), im Nordwesten von Athala. 15. Wa Ezle und Ahl Erli (d. i. »Topfbäuche«), östlich vom Knie des Schabêli. 16. Jússuf, grosse Tribe am Unterlaufe des Scha-

béli. 17. Kablalä (d. i. «die Schuhlosen»), grosse Tribe (1867: 3000 Köpfe),
deren Repräsentanten bis an den Tana vordrangen, bei Athala und War
Schéch heimisch, jetzt auch bei Kismajo. 18. Habr Inthéra (Habarintera,
Hintêre), grosse Tribe bei War Schéch. 19. Mentáne, Quelbî Jaqûb und
'Alî, kleine Triben in der Nähe von War Schéch, die ersteren im Binnenlande,
die letzteren am Meere; haben sich von den Habr Inthéra abgezweigt.
20. Galmaha, im Nordwesten von War Schéch. 21. Abgál, grösste Fakîde,
zum Theile noch heidnisch, Ackerbauer, ehemals sehr gefürchtet, in der Geschichte Nordost-Afrikas eine Rolle spielend. Von ihnen haben sich die Habr
Inthéra, Jûssuf, Kablalä u. A. abgezweigt; am unteren Schabéli. 22. Wadán;
23. Bićmál, an der Karawanenstrasse und an der Küste von Maqdischu nach
Berbera bei Danana. 24. Schidli (Schidle, d. i. «ohne Steine», oder Dschital
Moqi, d. i. «sie kennen keine Trockenzeit»). 25. Badi Addi (Badadi), am mittleren Wébi Schabéli. 26. Ugundabé oder Gogondobé, am mittleren Schabéli, rechtes Ufer. 27. Degöl (Gelgel, Gél Jál), zwischen Wébi Schabéli und
Dschubb, Nachbarn der Odschurán.

Die Sprache der Hawîja weicht in manchen Punkten von der Sprache
der nördlichen Somäl ab, so zwar, dass die Individuen Mancherlei aus den
beiderseitigen Sprachkreisen nicht zu verstehen vermögen, wenn sie sich ver-
ständigen wollen,[149]) wie dies thatsächlich z. B. zwischen Medschurtín und
Rahanwîn der Fall ist.

Die Landschaften zwischen dem Unterlaufe des Dschubb, Wébi Schabéli
und Tana bewohnen die **Rahanwîn** oder **Sâb** (Sabb), ein mit fremden Elementen
(Arabern, Galla, selbst Indern) vielfach gemischter Stamm, der von Guillain,
Kinzelbach, von der Decken, Révoil und Ferrandi erforscht worden ist, dessen
Gliederung, namentlich was die im Norden seines Verbreitungsbezirkes ange-
siedelten Fakîden betrifft, noch sehr wenig bekannt ist. Von der Decken fielen
die aus der Völkervermengung resultirenden Kastenunterschiede auf. Er stellt
die Sabb, Tunne und Kudamm (offenbar die weitverbreiteten Achdám oder
Rámi) den eigentlichen Somäl entgegen und berichtet, ein Somäl gebe in der
Regel einem Sabb (der Name soll Lüge, List bedeuten) seine Tochter nicht
zur Frau. Die Tunne nennt er Nachkommen eines Habeschi-Sclaven u. A. m.[150])
Hugo Ferrandi, der eine Skizze der Gliederung der Rahanwîn entwarf, bemerkt nichts von Alledem[151]) und führt nur an, Rahanwîn nenne man die süd-
lichsten aller Somäl, die ihren Ursprung auf einen 'Afar, Namens Sab, zurückführen, nach dem sich die Rahanwîn «Söhne des Sab» nennen. Die Söhne
dieses Sab seien Dinsamme und Dinsamme Digil gewesen, von welchen die
Rahanwîn ihren Ursprung ableiten. Mad Digil, Dinsamme Digil's Sohn, hatte
zwei Söhne, Marefle Mad und Alema Mad. Marefle's Söhne nannten sich Siét
(d. i. «acht»), Alema's Nachkommen Sagál (d. i. «neun»), und nach diesen zerfallen heute die Rahanwîn in Siét und Sagál. Ferrandi behauptet, unter den
Rahanwîn Elai Leute gesehen zu haben, deren Ahnen vor vier Generationen
aus dem Lande der Habr Auál am Golfe von Aden in das Land über Harar

gekommen seien. Doch wären die Sáb auch Nachkommen des Dér, als welche sie sich offen bekennen.[159]) Die Fakiden der Rahanwín sind:

1. Eláj, Siét (Alai, Ailahé, Erláj, aus *ela-li*, d. i. «Quellenbesitzer»), grosse Tribe, 1867: 15.000 Köpfe (Buarat [Bari 4 Familien, Lele 4 Familien], Nassia [Alema 3 Familien, Maduina 4 Familien], Gedifadi [Dscherri 5 Familien, Dscherawa 2 Familien]). 2. Adama; 3. Lavai; 4. Dschilibli, sämmtlich Sagál, im Innern des Landes. 5. Eile, Siét, ebendaselbst. 9. Dschidu-Molve, Digil, grosse Tribe am unteren Wébi Schabéli (1867: 25.000 Köpfe). 7. Davarri, 2 Familien; 8. Ivale, beide Digil; 9. Ober, 4 Familien; 10. Fantar, im Innern des Landes. 11. Gasargudda (Desargutta, Gasára Gúde), Sagál, grosse Tribe, bei Bardera und Genali, ehemals in Maqdischu wohnhaft. 12. Geledli, Siét, 2 Familien; 13. Elleda, Siét, im Innern des Verbreitungsbezirkes. 14. Goboin (Gobián, Gogowín), Sagál, 5 Familien, bei Gellidi. 15. Lisan, 2 Familien; 16. Mallinéna, 3 Familien; 17. Givon; 18. Rér Dumál; 19. Raráne; 20. Wandschér; 21. Dissoó; 22. Omál; 23. Falalle, sämmtlich Siét; 24. Mudún, Sagál; 25. Emit, Siét; 26. Randide, Sagál, 2 Familien; 27. Dagei; 28. Badschimál; 29. Irdah, Sagál, 4 Familien; 30. Dschembelúl, Sagál, 5 Familien; 31. Ifmagi, Sagál; 32. Barbara, Sagál, im Innern des Verbreitungsbezirkes. 33. Geledi (Wadán?), Sagál (Fam. Abdikero, Mamasóbe), am unteren Schabéli. 34. Gobrón, Sagál, grosse Tribe, Nachbarn der Eláj, 6000 Köpfe. 35. Gerri; 36. Begedi, im Innern des Landes. 37. Túni, Sagál (Fam. Daffarát, 4 Familien, 6000 Köpfe, Agina 4 Familien, Wárile, 4 Familien, 250 Köpfe, Daktira, 4 Familien, 500 Köpfe, Gógale, 4 Familien, 250 Köpfe), grosse Tribe, ehemals bei Maqdischu, jetzt weit nach Süden bis an den Tana gerückt. 38. Adschurán (Odschurán), Sagál, 7 Familien angeblich arabischen Ursprunges, im Norden mit den Degöl verbrüdert. 39. Harien, am unteren Schabéli. 40. Kerah; 41. Erreda; 42. Wor Rib, auf dem Wege von der Stadt Maqdischu gegen Logh. 43. Garrés, bei Warmán, in der Nähe von Gelidi. 44. Gonou, am unteren Schabéli, Hauptort Anoéle. 45. Daflt, Nachbarn der Eláj. 46. Kabbrá, Nachbarn der Kololdu-Galla. 47. Mombelln (Mubilehin, Mubelin), im Innern. 48. Rahuln, zwischen Gelidi und den Eláj. 49. Kilio, Nachbarn der Garra. 50. Schidle (Schidli), grosse Tribe (Fam. Wellamóje, Wakhiju, Barraissa). 51. Fíbu (?), grosse Tribe im Innern, angeblich 10.000 Köpfe. 52. Mosgéla (?), an der Dschubb-Mündung. 53. Bére, in der Nähe des Tana. 54. Rakáku, Nachbarn der Eláj. 55. Gara (Garra), ehemals Verbündete der Biëmál.

In den grossen Hafenstädten, z. B. in Maqdischu, haben sich Somál der Fakiden Abgál, Jaqûb und Gurgata, in Merka solche der Fakiden Sa'át, Sulejmán, Esmín, Daúd und Dobrura («Feuerfresser»), die nur mehr in dieser Veste zu existiren scheinen, in Barawa Dafarat, Ivril, Amár, Wárile, Hadschûa, Daktira und Goigal, also wesentlich Túni, niedergelassen, welche von eigenen Schéchs nach arabischem Muster regiert werden. In Maqdischu allein ist die

bedeutendste arabische Niederlassung der ganzen afrikanischen Ostküste. Hier
leben nicht weniger als zwölf arabische Triben, zumeist aus Omán stammend,
einige darunter vollständig decimirt und in offenbarem Niedergange begriffen.[153])

III. Die Oromó oder Galla.

Bei der Uebersicht der Gliederung der Oromó oder Galla muss man sich
vor Allem gegenwärtig halten, dass das Volk nach dem heute von seinen Repräsentanten besetzten Gebiete in mehreren nach einander aufgebrochenen
Schwärmen eingerückt ist, von welchen ganz besonders zwei von Wichtigkeit
sind: der Metja (Matja-) oder Tuláma- (Tulóma-) Schwarm und der Barán-
tuma-Schwarm, welche beiden von Erzvätern gleichen Namens ihre Herkunft
ableiteten und aus einem Lande Wollál gegen Norden aufgebrochen waren.
An der Spitze der Tuláma-Sippe standen Führer wie Sapera, Rája, Amurru,
Libán, Nonno, Dschemma Hurú, Gudru, Allelu, Karaju, Akáko, Sirba,
Duiso, Dschawi, Kura und Leka, die sich am Hawásch niederliessen und das
Land zu beiden Seiten des Stromes und am linken Ufer des Abáj in Besitz
nahmen. Sie wurden die Väter der heutigen Galla von Schoa und seiner südlichen Dependenzen, sowie aller Godjám tributären Oromó. Die Galla dieser
Gruppe rückten um die Mitte des 16. Jahrhundertes (1537 – 1566) unmittelbar
nach den Kriegszügen Granj's an den Hawásch und Abáj ab. Die Barántuma-
Sippe schlug aus dem Lande Amor oder Armor eine wahrscheinlich östlich
vom Wege der Tuláma gelegene Richtung nach Norden ein, folgte dem Erer-,
Nokob- und Sulúl-Thale und liess sich etwas später (1567—1574) zur Zeit des
berühmten Herrschers von Harar, Nûr, im Lande Harar, zunächst im Gebiete
der heutigen Bersúb und Girri, nieder und scheint später aus Schoa eine nam-
hafte Verstärkung erhalten zu haben, die aus Schwärmen bestand, welche
am Hawásch, Godscheb und Abáj keinen Platz mehr gefunden hatten, nachdem sie der Tuláma-Sippe auf dem westlichen Wege nach Norden gefolgt
waren. Sie liessen sich vornehmlich in den schönen Gefilden am Gára Muláta
(orom. «Berg der Aussicht») nieder und verschmolzen völlig mit den Barántuma zu einem Ganzen.[154])

Aus den genannten zwei grossen Gruppen entwickelten sich nun die
zahlreichen Oromó-Stämme des Nordens, welche Namen einzelner Erzväter
annahmen, die sie bis auf den heutigen Tag führen, wie Rája, Metja, Kallo,
Ala, Ennia u. A. m. Selbstverständlich verblieb der Kern der Oromó in jenen
Gebieten, welche südlich von den Landschaften Dauaro, Ifát und Báli des
alten äthiopischen Reiches gelegen waren, dort wo das Land Wolál und der
Sitz des Abba Mudá, des gallanischen «Papstes», wenn man so sagen darf
(Quellgebiet und Oberlauf des Dschubb), zu suchen ist. Die Elemente, die von
hier nicht auswanderten, nannten sich Borána (Boréna, orom. «die Reinen»)
und Aroósa (wohl zu unterscheiden von Arussi). Die heutigen Aroósa wollen

als die Väter aller Oromó und die vornehmsten Galla gelten. Ihnen sind die
zahlreichen kleinen Oromó-Stämme zuzuzählen, welche südlich von den Borâna
in der Nachbarschaft der Bantu und der aus der Seenregion Inner-Afrikas
nach der Küste des indischen Oceans drängenden nilotischen Negersippen
(Massai, Kamba u. A.) zu verbleiben genöthigt waren.[125]) Ueber die Misch-
völker siehe S. 29—34.

So ergeben sich denn dem Ursprunge und den Wanderzügen nach im
Ganzen drei grosse Gruppen der Oromó: I. Die Oromó von Schoa und
seiner südlichen und südwestlichen Nachbarländer (Tulâma); II. Die
Oromó von Harar (Barántuma), beides im Norden gelegene Gruppen, daher
auch kurz die nördlichen Galla genannt, und III. die Oromó des Südens
(Borâna), am besten wohl zum Unterschiede von den nördlichen Galla die
südlichen Galla geheissen.

Wie die Ramification in diesen drei grossen Gruppen vor sich ging, entzieht sich im Einzelnen und Besonderen noch der Beurtheilung und bleibt eine
Aufgabe der wissenschaftlichen Ethnologie der Zukunft. So viel lässt sich festhalten, dass die Absonderung der Stämme von den grossen Körpern in ähnlicher Weise vor sich gehen musste wie bei den 'Afar und Somâl. Doch hat
der Umstand, dass die Oromó sesshaft wurden und dichtgedrängt waren, eher
einer Expansion der numerischen Stärke (Kopfzahl) nach, als der ethnischen
oder politischen Seite nach Raum gegeben. Jene Theile, welche sich auf
diesem Wege von einem grossen Körper losgemacht hatten, gewannen nach
und nach die Bedeutung von Stämmen und erhielten die Bezeichnung *worra*
(*warra*, Familie) und den Namen eines Ahnen. An den Mutterstamm banden
«aufstrebende Häuser» nicht lange gemeinsame Interessen. Doch waren im
Laufe der Zeiten viele grosse Stämme, gewöhnlich deren sieben, politisch mit
einander verbunden, so die Torba Gudru, ein Bund von sieben grossen Stämmen eines Landstriches (von orom. *torba* — sieben), die Djemma oder Djimma,
welche die Tibié-Lagamâra, ein grosses und kriegerisches Staatswesen, bildeten, Torban Obo in Schoa u. A. m. Gerne blieben zwei verwandte Stämme,
die vielleicht gemeinsames Geschick betraf, mit einander vereinigt und bildeten
einen Zwillingsstamm, *worra dánka* oder *tullú dánka* (orom. «zwei Berge»), und
das Verhältniss erhielt sich bis in die Gegenwart. Bemerkenswerth ist, dass
sich schwache oder noch unentwickelte Stämme im Nothfalle gerne als Ab-
leger grosser und mächtiger betrachten, von keinem Gegner bedrängt aber
die Verbindung und Gemeinsamkeit mit Anderen zurückweisen. Der Process
der Ramification dauert in der Gegenwart noch an, zumal in jenen Gebieten, die durch die Schoaner Zemetschá's (kriegerische Incursionen) entvölkert
sind. Bei den südlichen Galla nennt man die Gesammtheit der Individuen oder
Familien einer Tribe, die sich als Ganzes fühlen und an den Beschlüssen
eines Stammes theilnehmen, *ghâba*. Bezeichnungen wie *metja*, d. i. «die Illegitimen», *gantú*, d. i. «Verräther», *jábbata*, d. i. «Bastarde, uneheliche Söhne»,
deuten an, dass einzelne Stämme zurückgedrängt oder als mit fremden Ele-

menten verfärbt angesehen wurden. Unterabtheilungen der Stämme führen
mit Vorliebe das Prädicat *manna* (orom. «Haus») und stehen zu den Muttertriben in demselben Verhältnisse wie bei den Somâl die Rêr zu den Tôl.

1. Die Oromó von Schoa und dessen südlichen und südwestlichen Nachbarländern.

Unter dieser Gruppe können alle jene Galla zusammengefasst werden,
die von den Quellflüssen des das 'Afar-Land durchziehenden Gualima (Golima), also vom 13.° nördlicher Breite bis zum Basso Narók und vom Jabus und
Abâj bis zum Mittellaufe des Hawâsch und in das Quellgebiet des Wêbi der
Sidâma, also über den Zuáj- und Abbala-See hinaus verbreitet sind. Die einzelnen Stämme derselben sind folgende:[150]

a) Stämme im Flussgebiete des Hawâsch, des oberen Abâj und Beschiló:
1. Asâbo (Asêbo), auch Dobâ genannt, östlich von Dobâ, im Nordwesten von
Zabul, der nördlichste Zweig der Galla. 2. Maizella, südöstlich vom Aschangi-
See. 3. Ala, am Golima (orom. *ala* = draussen, weit entfernt). 4. Jedschu, im
Südwesten von Zabul, südlich von Angot. 5. Gafra; 6. Dschirana, Nachbarn
der 'Afar vom mittleren Gualima. 7. Worra Kallu (Kallo), südlich vom Haik-
See. 8. Rajâ, zwischen Lasta und Zabul, bei Kobbo und Gura. 9. Worra
Hillu (Jêlu, Hailu); 10. Herike, nordöstlich vom Ardibbo-See, Nachbarn der
Danâkil. 11. Dugugúr, östlich von Dané, gegen die 'Afar zu. 12. Worra
Haimanót (Himâno), nordwestlich vom Haik-See. 13. Gatsche; 14. Lega-
gura, westlich vom Ardibbo-See. 15. Hártuma (Antomá), am Borkenna-
Flusse. 16. Udschale (Wódschale, auch Tschuladére), Nachbarn der Asâbo
und Rajá. 17. Tumugá, im Tieflande von Efrat und Gedem, kriegerischer
Stamm. 18. Subâ, südlich von den Vorgenannten. 19. Wollo, grosser Stamm,
vormals am Wontschit wohnhaft und gegen Norden bis zum Takazzié verbreitet, neben den von diesem Stamme losgelösten Jedschu, Wollo Haulu,
Wollo Haimanót und Wollo Kallu, zerfallend in Jakulá-Darre (Derra),
Wollo Babbó, Tscheretschá, Kolló Alibiét, Kolló Abajbiét, Laga
Ambó, Laga Iddâ, Ambassel, Dschâma, Borâna, Laga Gorâ. 20. Girru,
nördlich von Angolala. 21. Saggo Mogér (Mugér, Jája Moger), Nachbarn
der Djarsso im Süden. 22. Auberi, im Nordwesten von Angolala, bei Galân, Mullú, Falláda und Salueta. 23. Laga hida, nordwestlich von Ankober. 24. Wallisó; 25. Tuláma und Borâna; 26. Soma und Dêra; 27. Be-
renta, an der Beschiló-Mündung, zu beiden Seiten des Abâj. 28. Gurba
(Garbi), zwischen Dschamma und Modjér. 29. Djarsso, d. i. «die Alten», am
Abâj, westlich von der Dschamma-Mündung. 30. Ideva und Gora; 31. Gúl-
lale; 32. Jaka und Wája; 33. Bositscha; 34. Ekka, in Lume bis zum
Hawâsch, dann nördlich, nordwestlich und südlich von Antoto. 35. Tégulet;
36. Koât, in Ifât. 37. Salalé, südlich vom Dschamma oder Adabâj. 38. Bet-
schó (Aureppe, Batjú) und Abbadó (Abbadú), westlich vom Antoto, am

Zusammenflusse des Hawásch und Borgáj. 39. Abitschu, nördlich und östlich von Antoto. 40. Gombitschu (Gombatschu), nordöstlich von Antoto.
41. Galén (Galán); 42. Fini-Fini, südöstlich von Antoto. 43. Abú und
Adda, nördlich vom Ziquala, gegen Antoto. 44. Karajú, südlich vom Kas-
sam und dem Berge Fantali. 45. Germamán; 46. Hiérére, Nachbarn der
Galén. 47. Mullú Falláda; 48. Adaberga (Adscháber), südwestlich von
Angolala. 49. Metta Hatta (Hadaha, Bargáj) und Tikúr, südlich vom Ku-
mate. 50. Metta Wotschatscha; 51. Metta Kutahía (Kuttáj), nordwestlich
von Antoto. 52. Metta Robié und Metta Olóta; 53. Metta Wokidi und
Ababe, nordwestlich von Antoto. 54. Ketschu und Malsa; 55. Dschidda
und Abbadó, südwestlich von Antoto. 56. Osarbí, Nachbarn der Gombitschu.

Die Oromó-Stämme im nördlichen Schoa führen ihren Ursprung auf
Arussi-Väter zurück. Die Hadaha, Gombitschu, Golale, Jakka, Mullú, Galán
und die Libén sind Schwesterstämme und bilden die Torban Obo («die sieben
Obo»).

*b) Stämme im Flussgebiete des mittleren Abáj, des Godscheb, Gibié, Omo
und am Zuwáj-See:* 1. Libén (Libán) und Tscháwo; die Libén, ein grosser
Stamm zu beiden Seiten des Guder, zerfallen in Libén Tokié und Libén
Kutáj; die Tscháwo im Quellgebiete des Guder. 2. Worra Kumbí; 3. Worra
Dschibbu; 4. Worra Godé, südliche Nachbarn des mit gemischten Elementen bevölkerten Gudru-Landes. 5. Mavil, am rechten Ufer des mittleren Abáj,
Nachbarn der Libén. 6. Horro, nordwestlich von Gudru, Nachbarn der Mavil.
7. Amuru, am Abáj, Nachbarn der Horro. 8. Gumús, im äussersten Nordwesten des Verbreitungsbezirkes am rechten Ufer des Abáj. 9. Wasa; 10. Wat-
schatti; 11. Dschidda, zwischen Abáj und Orgéssa; das Dschidda-Land wird
von den Eingebornen als das «nördlichste Oromó-Gebiet» angesehen. 12. Séjo;
13. Ala und Tscheliha; 14. Hebantu (Iba); 15. Sibú (Oromó Schangilla),
stark mit Negern gemischte Triben am oberen Jabus, nördlich vom Gavara.
16. Worra Bedésso (Badésso), südlich von Gudru an der Strasse zum
Godscheb. 17. Metja (auch Metscha, d. i. «die Illegitimen»), grosser Stamm
nördlich vom Godscheb-Knie, von den Soddo bis zu den Legga verbreitet.
18. Nonnu (Nóno), am Einflusse des Gibié in den Omo. 19. Botor, südliche
Nachbarn der Nonnu. 20. Limmú-Stämme oder solche von Inarja, bis zu den
Ländern der Sidáma, besonders bis Garo. 21. Obó, Tadallié, Algé, Agaló,
Tschahá und Tschora, wovon die Obó der grösste Stamm; am Godscheb.
22. Agabscha (Agabja), Kúra und Gindscho, am grossen Knie des Godscheb und gegen die Soddu hin. 23. Djimma (Dschimma), grosser Stamm,
ehemals bestehend aus den Zweigen der Habati, Hadia, Jada, Baddi-Folla,
Hirmáta, Baddi und Saderó, sprechen zwar die reinste Galla-Sprache, ohne
indess die reinsten Galla zu sein. 24. Soddu (Soddo), südlich vom Hawásch,
grosser Stamm. 25. Dschilli (Dschile), südlich von Schoa auf dem Wege zum
Zuwáj-See. 26. Absó (Albáso?); 27. Fúga und Lenné, am Abbala-See. Unter
den Stämmen an der Grenze von Guragé rechnen sich zu den Oromó die

Azemet und Niëmú. 28. Wajitu und Garjéda, erstere nach Aussagen der
Galla «auf dem Wege zum Abba Mudá». 29. Sirka; 30. Boréja; 31. Anika,
grenzen angeblich an Sugámo und die Aroósa. 32. Arboré, südliche und süd-
westliche Nachbarn der Lega, grenzen an die Schuli- und Irenga-Neger.
33. Marle und Arro oder Arra; 34. Batschada und Murdu; 35. Amárr und
Reschiát oder Rissiát, nördlich und nordöstlich vom Rudolf- und am Stephanie-See. 36. Lega (Wallega, d. i. «Bewohner des Thales»), grosser Stamm,
bewohnt das Land im Südwesten vom Jabus, grenzt an die Dinka. 37. Guma
und Goma, Amósi und Denta, östliche Nachbarn der Lega am oberen Didéssa. 38. Géra oder Motscha und Siajámi, an der Grenze gegen Kafa.
39. Alga und Hillu, nördliche Nachbarn der Lega. 40. Hillu Alga; 41. Hillu
Gába; 42. Hillu Babór, nördliche Nachbarn der Lega. 43. Niger Amâm,
stark mit Negern vermischt, von gigantischem Körperbau, von Manchen zu
den Oromó nicht gezählt, am Jabus, Nachbarn der Lega; im Norden. 44. Ganti
(Gantú, d. i. «Verräther»), am unteren Jabus, Nachbarn der Berta. 45. Haró,
am Didéssa, arge Sclavenhändler.

Wollte man blos nach dem Kriterium der Sprache diese Stämme ein-
theilen, so müsste man denselben auch zahllose Elemente aus den sogenannten
Sidâma-Ländern zuzählen, wo auch allgemein die Oromó-Sprache herrscht
oder doch verstanden wird. Die wichtigsten Sidâma-Landschaften sind:[137]
Kafa, Garo oder Boscha, Zindscheró, Kullo oder Dauro, Kontâb (Kuontâb),
Koscha, Golda, Urbarag, Korbo, Denta, Muhur, Marakko, Mens, Hadia, Aji-
mellel, Tambaro, Wallámo oder Walaitza, Masmassa, Kutscha, Gofa, Be-
nescha, Malo, Doko, Suwro, Dimé, Jája, Gurage, Ennemór, Seltit, Gomaro,
Kambata, Amazulla, Arroro, Borodda, Etschebrit, Otschollo, Bonké, Gamo,
Gergedda, Zalla, Barbare, Lemoso, Uba, Donga, Otollo, Ganassa, Dorzé,
Katscharo, Dimé, Arra oder Arro, Schella und Mallé. In einigen dieser Land-
schaften prävalirt das Galla-Element derart, dass deren Bewohner von den
Galla selbst als Oromó betrachtet werden. Desgleichen ist das Amhara-Gebiet
in Ost-Schoa mit oromonischen Elementen versetzt, die sich in Efrata, Gedem,
Marabetié, Schoa-Meda, Argobba, Ifât, Fátigar u. s. w. finden, ohne dass in-
dess ihre Zahl eine sehr grosse wäre.

2. Die Oromó von Harar.

Alle jene Oromó-Stämme, welche mit ihrem Verkehre nach der grossen
Centrale Harar gravitiren, bilden ein Ganzes und gehören der Barántuma-
Sippe an.[138] Es sind die Nóle, die Ala (orom. «draussen», «weit entfernt»),
bei den Somâl Debéle («Schwanzträger») genannt, die Djarsso (d. i. «die
Alten», «Artvordere»), die Ennia, welche von den Somâl Loschu genannt
werden, die Itu und die Arussi. Der Stamm der Garúra (Garire) trennt die
Barántuma-Galla von den mit ihrem Verkehre nach der Südostküste gerich-
teten Aroósa. Unter den Oromó von Harar hat der Islâm die grössten Fort-

schritte gemacht, allein es gibt noch viele heidnische Fakiden, selbst in der
Nähe der Hauptstadt. Diejenigen Oromó, welche Ackerbau treiben — bei
Weitem die grösste Zahl der Galla von Harar — nennen sich Kottu oder
Koson (orom. *qôt* - = pflügen), ihre Sprache Afan Kottu, angeblich das reinste
oromonische Idiom, wie es im Lande des Abba Mudá gesprochen wird; diejenigen aber, die sich in der Stadt Harar zu Handlanger- und Werktagsarbei-
ten verdingen, und solcher absorbirt eine Handelsstadt wie Harar eine grosse
Masse, bezeichnen sich als Argetta und ihre Sprache, die mit Arabismen
versetzte Vernacula der Stadt und Umgebung, als Afan Argetta.

Die **Nôle-Galla** (Nôli) bewohnen die gebirgige Landschaft im Nordwesten
von Harar und grenzen an die Ejssa-Somál und Danákil, im Süden die Ala-
Galla, im Osten an die Djarsso-Galla. Ihre exponirte Lage verursachte diesen
Oromó schwere Heimsuchung in den Kämpfen der Fürsten von Harar gegen
ihre Nebenbuhler oder Aufständische in Aussa oder Zejla (1559 n. Chr.). Doch
ist ihr Land strategisch sehr gut zu halten, so gut zu vertheidigen wie keines
mehr im ganzen Galla-Lande. Ihre Unterabtheilungen sind folgende:

1. Gurgura, im Nordwesten von Belaua, im Gebirgslande, reich an
Elephanten. 2. Manna Oromó, in den Thälern zwischen der Manna Abú und
der Ebene der Ejssa-Somál. 3. Mutja, Nachbarn der Gurgura im Nordwesten,
Nomaden. 4. Aléla (Haléle, Léle), westlich von der Karawanenstrasse nach
Harar. 5. Manna Abú (gewöhnlich Mannabú oder Mannábu genannt), im Südwesten von Belaua. 6. Jagára, im äussersten Nordwesten gegen die Danákil.
7. Worra Muhammed, im Centrum des Gebietes. 8. Worra Ali Abúa;
9. Manna Búdde; 10. Manna Gariri; 11. Manna Gátu; 12. Múgi (Mógi, d. i.
«die Letzten»), im Centrum des Gebietes in der Nachbarschaft der Ruinen von
Mite, im Nordwesten von Harar.

Das Gebiet der **Djarsso** (Djarssa) umfasst die Ausläufer des Kondéla-
Systemes, besonders die Ostabhänge des Konkuda, sowie auch die beiden
Ufer des Oberlaufes des Erer. Sie sind Nachbarn der Ejssa- und Gadaburssi-
Somál und durch ihr Land ziehen die wichtigen Wege nach Bulhár und Ber-
bera. Sie zerfallen in nachfolgende grosse Zweige:

1. Worra Djarsso, Stammtribe aller anderen, in zahlreiche Fakiden
zerfallend und das Centrum des Gebietes einnehmend, nördlich von Fiambiro.
2. Wallábu, in der Richtung gegen Dschaldéssa und die Nôle. 3. Worra
Dánka (d. i. «Zwillingstribe»), westlich von Dármi, durch grosse Tapferkeit
ausgezeichnet. 4. Worra Dauaru (Dúru, Dúro), östlich von der Stadt Harar.
5. Mannahajú (Manna Hijo), südlich gegen die Babilli. 6. Worra Oga, im
Süden und Südwesten von den Worra Dánka. 7. Worra Ali, im Centrum des
Landes. 8. Worra Húma (Húmi Hjúmjarja), im Westen, Nachbarn der Girri.
9. Dowán, im Nordosten des Verbreitungsbezirkes. 10. Worra Sájo, im
Nordosten, Nachbarn der Gadaburssi; grosse Tribe. 11. Bádo (Bádi), im
Centrum des Gebietes. 12. Worra Omar, Mischtribe im Süden des Konkuda bei Madiria. 13. Manna Abdalláh; 14. Manna Fárah; 15. Worra

Ugêdo, im Centrum des Landes; kleinere Fractionen, die sich rüstig entwickeln.

Die **Ala-Galla** lagern um die Stadt Harar und um das grosse Centrum des Stammes, den Gâra Mulâta. Ihr Gebiet erstreckt sich namentlich im Westen, Süden und Südwesten der Stadt. Sie grenzen im Norden an die Nôle und Danâkil, im Westen an die Itu, im Süden an die Ennîa, im Osten an die Babilli und Djarsso. Im Osten wird Funjân Dallati im Erer-Thale gegen die Babilli gemeinhin als Grenzpunkt angesehen. Ihr Gebiet war das ehemalige «kleine Dawaro», das aus der Kriegsgeschichte der Feldzüge Granj's bekannt ist und von dessen Vesten Bio Kamôna, Bio Worâba und Bio Ibrâhim Fissa die Ruinen dieser Posten noch heute Zeugniss geben. Sie gliedern sich in: 1. Kâko, an der Ennîa-Grenze, am Madscho und Dennâba. 2. Abâj, am Madscho Torrent, im Südwesten von Harar. 3. Abâdo, grosse Tribe am See Haramâja und Adelê, in drei Familien zerfallend, deren bedeutendste die Sirba und Tulâma sind, die ersteren am Torrent Gobe, die letzteren schöne Hirtengestalten mit langem Haarwuchs, in der Ebene von Adelê. 4. Nònnu (Nonnu, Worra Nûn), eine der bedeutendsten Fakiden am Südwestabhange des Gâra Mulâta, mit einer grossen Zahl von Unterabtheilungen. 5. Worra Erer (Irir, auch Ari oder Arbi), im Südwesten von Harar, im Thale des Erer. 6. Mêta (Mât, auch Mita und Metta), zahlreiche Tribe mit vielen Unterabtheilungen, westlich von Worrabilli. 7. Bûbu, südwestlich von den Vorigen, an der Grenze gegen die Itu. 8. Gutâju (Giutidschu), südlich von den Vorigen. 9. Dirâmo (Dîrmu) am Südabhange des Gâra Mulâta. 10. Aródji oder Qôdje, aus drei Familien bestehend, an der Südwestgrenze gegen das Gebiet der Ennîa zu. 11. Gôllo, an der südlichen Peripherie des Verbreitungsbezirkes. 12. Galân (Dschilân), südlich von den Nûnnu und Kâko. 13. Bubassa (Bassadimo), an der Ostgrenze gegen das Erer-Thal zu. 14. Fidîs (Fadîs) im fruchtbaren Thale zwischen Mulâta und Hâqim am Gobelê. 15. Argobba, Mischtribe im Süden der Stadt Harar, auf sehr fruchtbarem Gebiete.

Die Nachbarn der 'Afar im Süden sind die der Kaffeecultur am fleissigsten unter allen Galla obliegenden **Itu** (Êtu, Ittu), die noch vor Kurzem von einem mächtigen Häuptling beherrscht wurden, aber seit der Eroberung Harars durch die Truppen Menilek's II. von Aethiopien (1886) unter Schoas Botmässigkeit gelangten. Wiewohl durch einen hohen Gebirgswall von den Danâkil geschieden, liegen sie mit denselben in Fehde; der Hawâsch trennt sie von den Völkerschaften Schoas. Im Süden sind die Arûssi und Ennîa ihre Nachbarn. Die Itu theilen sich in folgende Glieder: 1. Gadulla, im Nordwesten an der Grenze gegen die Danâkil. 2. Manna Bâbo, im Norden gegen die Nôle zu. 3. Oborra (Obôra), westliche Nachbarn der Mêta, eine sehr grosse Tribe, die den Ala und Ennîa an die Seite gesetzt wird und die drei Unterabtheilungen umfasst. 4. Kodellê, an der Ostgrenze, südlich von den Vorgenannten. 5. Worra Kallu (Kâlaho), am Kûme-Flusse, Nachbarn der Mêta und Bûbu. 6. Mûgi (Môgi, d. h. «die Letzten»), die Süd-

ostgrenze bildend. 7. Djédo, im Westen gegen den Hawásch. Nachbarn der
'Afar. 8. Alga (Halga), südlich von den Vorigen. 9. Tschertschêr, grosse
Tribe an der Karawanenstrasse nach Harar, von Amhara Malka am Hawásch
bis nach Bâdu sich erstreckend. 10. Schadeschia, im Süden, Nachbarn der
Ennia.

Südlich von den Ala hat am Ramis und den zahlreichen Abflüssen des
westlichen Gebietes von Harar der Galla-Stamm der **Ennia** (Annijje, Ania)
seinen Wohnsitz. Durch eine breite Moggá ist er von den Ala und Itu durch
den Erer und Sulûl von den Stämmen der Ogadén-Somâl getrennt. Die Ennia,
sowie ihre südlichen Nachbarn, die Arussi, waren die einzigen Galla im Gebiete von Harar, welche weder die Emire, noch die Aegypter zu unterwerfen
wagten und bei welchen eine Reihe sehr mächtiger Häuptlinge ein strenges
Regiment führen. Nur zwei Familien zahlten seinerzeit dem Statthalter des
Chedivs den Tribut, und das mehr gutwillig als gezwungen. Die Triben der
Ennia sind folgende:

1. Bâbo; 2. Dembi; 3. Sádatja, bewohnen den Süden der Landschaften
Mídaga (orom. «schön») und Lóla (orom. «Krieg»), 2—3 Stunden westlich vom
Erer-Flusse. 4. Abûno, im Südosten, gegen Ogadén zu. 5. Nûra, in der
waldigen Landschaft des Nordens. 6. Auboráju, im Centrum des Landes.
7. Malkattu, grosse und fürstliche Tribe im Centrum und im Osten des Gebietes. 8. Mukra, im Südwesten des Ennia-Gebietes. 9. Kodelê, im Norden
unweit von Bío Worâba. 10. Ramis, an der Vereinigung der Abflüsse des
Gâra Muláta. 11. Illmâne (d. i. «Söhne»), im Südosten gegen Ogadén zu.
12. Wötschale, Nachbarn der Itu, an der Strasse, die nach Südwesten von
Harar zieht. 13. Kurkurru (orom. soviel wie die «Metallreichen»), im äussersten Nordwesten.

Neben den Ala und Ennia waren die **Arussi**- (Arusi) **Galla** [139]) die bedeutendste und volkreichste Sippe der gegen Norden gewanderten Oromó, die
bis nach Nord-Schoa und zu den südlichen Galla Sprossen entsandte. Sie besitzen heute das Land von Guragé an bis an den mittleren Wébi Schabéli und
nach Ogadén. Nach Henon und Traversi durchströmt ihren grossen Verbreitungsbezirk (das ehemalige äthiopische Bâli) der sogenannte Wébi Sidâma. Die Südgrenze gegen die Aroósa bilden angeblich die Stämme von
Wallâmo, Djandjam und Garri. Im Norden wohnen die Itu und Ennia-Galla.
Einzelne Unterabtheilungen der Arussi sollen so gross sein wie alle Ala oder
Ennia zusammengenommen. Die Arussi gliedern sich in folgende Unterabtheilungen:

1. Djidda, am Wébi, an die Bâdo im Nordwesten grenzend. 2. Saga-
gutta (Sgagutta); 3. Oatschittu, an der Strasse von den Ennia zum Abba
Mudâ. 4. Djamdjamtu, in der Landschaft Djamdjam. 5. Rabá, an der
Strasse von den Ennia zum Abba Mudâ. 6. Dâj, grosse Quabile im Nord-
westen des Verbreitungsbezirkes. 7. Sabro, im Nordwesten gegen das Itu-
Land zu, an dem Dadalla und Katjamsare, an beiden Ufern des Ainaganji.

8. Jebsána Kakulla, am Kemid-Flusse. 9. Jebsána Worra Kulla, am
linken Ufer des Wébi und am Nûr Battu und Sandábo. 10. Sikissa (Sakassé
Guillain's), am rechten Ufer des Wébi. 11. Walaschi, gegen Guragé zu, weit
im Westen. 12. Dauadín, im äussersten Südwesten, an Chûlu grenzend.
13. Mandu (Mandûja Guillain's); 14. Hamida, im Süden des Verbreitungsbezirkes. 15. Garura (Garíre), am Berge Bargano. 16. Silté; 17. Urâbi und
Urbarág; 18. Lenné, Triben an der Grenze gegen die Sidáma am Zuwáj-
See und gegen die Marakkó und Maskân; räuberisch, wahrscheinlich mit semitischen Elementen sehr vermischt.[160]) 19. Ajmaru, Nachbarn der Ogadén.
20. Biddu; 21. Aminja; 22. Balla Kassa; 23. Ajûb, im Osten des Gebietes
wohnend und an die Ogadén-Stämme grenzend. 24. Súde; 25. Héd Ossa, im
Südwesten wohnend, Nachbarn der Garri und Djamdjamtu. 26. Gâwelle;
27. Kâbo; 28. Schaka; 29. Geri Kombe, im Südosten des Gebietes. 30. Gure
oder Garra (gemischt), im Süden Nachbarn der Rahanwín. 31. Dúda, westlich von Karanle.

Der numerischen Stärke nach gab man von ägyptisch-officieller Seite
seinerzeit die Zahl der Nóle auf etwa 132.000 Köpfe, jene der Abádo auf 68.000,
die der Nonnu auf circa 58.000, die Itu auf 50.000, die der Djarsso auf 70.000
Köpfe an, was eine sehr grosse Zahl repräsentirt, die man über meine seiner-
zeitigen Vorstellungen an massgebender Stelle etwas herabgemässigt hat.
Immerhin glaube ich, dass die Oromó von Harar, die Arussi ausgeschlossen,
1·3 Millionen Seelen umfassen, die Arussi allein aber sicherlich eine Million
Köpfe erreichen möchten, wofern die Landstriche am Wébi ebenso dicht bevölkert sind wie jene um Harar und am Gâra Muláta.

3. Die Oromó des Südens.

Wie es Somál des Südens gibt, so können auch jene Oromó-Stämme zu
den Galla des Südens gerechnet werden, deren Verkehr gegen Süden und
Südosten gerichtet ist und sich demgemäss im Thale des Dschubb und
Tana nach der Meeresküste bewegt. In der That lagern fast alle Stämme
dieser Gruppe von Oromó im Stromgebiete der eben genannten zwei Flüsse.
Jener Theil der Oromó, der von Kismajo bis Mombás an der Meeresküste
wohnt, ist mit Bantu-Elementen stark versetzt, in ethnischer Beziehung, wenn
nicht sogar schon in physischer dem Untergange geweiht. Hier vollziehen
sich die gewaltigsten Aenderungen in der Völkerlagerung, so zwar, dass z. B.
von zwölf Stämmen, welche R. Brenner 1866 und 1867 im südlichen Galla-
Lande als angesiedelt und vorhanden constatirte, G. A. Fischer ein Decennium später nur noch einen einzigen vorfand.[161]) Freilich bemerkt Fischer,
weder er, noch Wakefield hätten je die Namen von Stämmen gehört, die Brenner anführt, ja der Reisende hebt hervor, es sei nicht gerechtfertigt, von verschiedenen Galla-Stämmen im südlichen Galla-Lande zu sprechen, vielmehr
dürfte es, meint Fischer, mehr für sich haben, nur von einem Stamme, dem
südlichen Galla-Stamme, zu sprechen, dessen Land sich in eine grosse Anzahl

von Districten theilt, nach welchen sich die einzelnen Galla benennen, ein
Vorschlag, der Beachtung verdient und den man auch vom wissenschaftlichen
Standpunkte annehmen kann. Da über die Genealogie und die Loslösung kleine-
rer Stämme von grossen Körpern im südlichen Galla-Lande wenig bekannt ist,
so kann Fischer's Vorschlag auch auf die Oromó in der unmittelbaren nordöst-
lichen Nachbarschaft des Tana angewendet werden. Das Centrum der Dschubb-
Landschaften ist bis heute nur nach Erkundigungen bekannt, daher das Mate-
riale über die Lagerung und Gliederung der zwei bedeutendsten südlichen
Oromó-Stämme, der Aroósa und Boróna, sehr unzuverlässig ist. Auch ist der
Verlauf der Grenze gegen die Somál von Karanle nach Logh nur beiläufig
festzustellen. Zu den südlichen Oromó können demnach heute nachfolgende
Gruppen gerechnet werden:[143])

1. Garura (Gerire), Grenztribe zwischen Arussi und Aroósa, westlich
von Ime. 2. Sugámo; 3. Odo; 4. Bargámo; 5. Busámo, eigentlich Namen
von Landschaften, welche eine Oromó-Bevölkerung beherbergen, deren specielle Namen nicht bekannt sind. Sie liegen im Osten und Südosten des
Abbala-Sees. 6. Godschán, westlich von Karanle. 7. Dedbán (Dedbáne, d. i.
«Bewohner der Ebene»), im Innern des Landes (Norden?). 8. Pánigál (bei den
Somál Páni), westlich von den Kér Ille, nördlich der Aroósa. 9. Aroósa (Aru-
sia), grosser Stamm am Zusammenflusse der Dschubb-Quellarme, zerfallen in
Káko, Karizu, Surihi, Luggo Badda und Urija. 10. Altu, in der Ebene, gegen
den Wébi Schabéli zu. 11. Janti, Nachbarn der Arussi und Pánigál. 12. Bal-
búl, am rechten Wébi-Ufer, Nachbarn der Ogadén. 13. Boróna (orom. «die
Reinen», nach anderer Version «Besitzer des Landes»), grösster der südlichen
Galla-Stämme, bewohnen die waldreiche Landschaft Ard oder Did el-livén
(Liwin), und sind vom mittleren Dschubb bis nach Kanso (südöstlich von Kafa),
im Westen bis nahe an den Rudolf-See verbreitet: Ackerbauer und Baum-
wollweber. Im Westen sind sie durch eine Moggá, hier Sera oder Serto genannt, von den unruhigen Nachbarn geschieden. Ihr Name kommt schon bei
Lobo vor. 14. Rándile, auch Kore áddi, d. i. «grösste», auch «weisse Männer», bewohnen die Samburu-Landschaft im Südosten des Rudolf-Sees.
15. Mbéle, auch Mbergete oder Mbe, südöstlich von den Vorigen, am
Athi und Jiwa-Flusse. 16. Dsere, östlich vom Guasso Njiro-Knie, Nachbarn
der Vorigen. 17. Mimidi, am Guasso Njiro, von den Wa-Kamba bedroht.
18. Júl oder Júb, in der Landschaft Liwín. 19. Karrar (Errar), Nachbarn der
Aroósa. 20. Karrigo, im Innern des Districtes zwischen Boróna und Aroósa.
21. Biltu, nördlich von den Vorgenannten. 22. Die Gruppe der Issa madou,
Watoro, Dauáha, Humbáni, Ganjané (d. i. «die an der Gabelung befindlichen»), Gogowín, Idóle, Kilio, Kabbra, gemischter Stämme an der
Grenze zwischen den Rahanwin-Somál und Oromó im Westen von Bardera
und Logh. 23. Mandógu, am Wabuschi, östlich von Bardera; zerstreut durch
Somál-Incursionen. 24. Die Gruppe der Maanthinle, Kololdu, Háni, Ko-
kába oder Kokábdu, Aurowa, welch' letztere vom Süden von Bardera bis

in die Nähe von Kismajo gedrängt worden sind, zu beiden Seiten des Somâli-Incursionsgebietes im Norden und Südosten. 25. Bararetta, auch Kobâba, Wajole (Baôle), oder von den Somâl Worra Dâj genannt, angeblich Arussi-Sprösslinge, nördlich vom Tana, Nachbarn der Borâna, aus deren Gebiete sie auswanderten: ein Zweig bis am unteren Tana. 26. Wâma, östlich von der Dschubb-Mündung, von den Kablalâ fast aufgerieben und zersprengt. 27. Maniôle oder Anôle, östlich vom oberen Tana. 28. Worra Mûle oder Worâmle, südlich von Oda Bararuwa, Nachbarn der Tajta. 29. Die Stämme am Tana, Sâbaki und Scheri, und zwar die Dakai, Ripa, Kokani, Adel, Rigu. Hiramân, Masa, Hami, Kokâwe, Badêsa, Malau, Komôle, Kofira, Berrejto, Ribe, Kukatta, Wera oder Juwano, Tschafa, Omara Adabli u. A. m. Diese Stämme sind vielfach mit fremden Elementen der Bantu- und der echten Neger-Rasse versetzt.

Anmerkungen.

1. Vgl. Suess, »Beiträge zur geologischen Kenntniss des östlichen Afrika« in den Denkschriften der mathem.-naturwissenschaftl. Classe der kaiserl. Akademie der Wissenschaften zu Wien, Bd. LVIII, 1891, S. 563 ff.

2. Ueber die Physis des 'Afar-Landes vgl. Cecchi, Da Zeila alle frontiere del Kaffa (Roma 1886 ff.). I, S. 134 ff.; Harris, Gesandtschaftsreise nach Schoa, übersetzt von Killinger (Stuttgart 1845), I, Anhang; Bolletino della Società Africana d'Italia (Sede centrale), V (1886), S. 270 ff. Zum Verständniss der Terminologie der Wohn- und Siedelplätze auf den Landkarten sei hier Folgendes angeführt: alé (fälschlich ali oder alli) heisst in der 'Afar-Sprache Berg; bohál oder da'ár ⌐ kleiner Fluss; bád ⌐ grosser Fluss, See; láj (oft gesprochen lé) = Wasser; dúbn = Wald, Dickicht, Wüste; dá = Stein; gudúr = Insel; gúbá ⌐ Niederung; baharâ = Flussthal, Niederung; samhár = Niederung, Thal; búré = Staub; husá = Staub; badú = grosses Wasser; méla = Ansiedlung, Volk; herti alé = Vulcan; tatáb = Bergwand; olét amú = Berggipfel; hiáb ⌐ Dorngebüsch; ará = Ebene; wáh oder dho = Torrent; undá alé = Hügel; badí dá = Klippe; badí áf = Meeresufer; rahand = Quelle; báha = Tiefland; daféna = Wohnort; bárre = Wüste; scháb ⌐ Korallenbank; daga ⌐ Hochfläche.

3. Die gebräuchlichsten Bezeichnungen der für die Siedelstätten wichtigen physikalisch-geographischen Verhältnisse in der Somâl-Sprache sind folgende: gúf = trockenes Flussbett; tog oder tug = Flussthal; durdúr = fliessendes Gewässer; gúl, plur. golál = Wald; ged, plur. gedád = Gehölze, Bäume; míji = Ebene; míyi, míji = Wüste; haga = Ortschaft; dagáh = Felsen, Stein; gumbúr = Hügel; bur = Berg, Hügel; mél = Ortschaft; sarír = Wald; balli = See, besonders Sumpfsee; hédu = Dickicht; banán = Ebene; el, plur. elál ⌐ Quelle; ghaur ⌐ Felsengebirge; bán = hohe Grasprärie ohne Bäume; dir = junger Dschungel; kdin = dichter Busch, Wald; dschar ⌐ Felsenabfall; gebi = Schlammbank eines Flusses; idla = unbewohnte Wüste; íds = Quelle; kório = Holz, Gehölz; sígo = Sandpfeiler von weisser Farbe; ţanţál = waldiger Platz; kantúr = mit Termitenbauten besetzter Platz; dik = arab. Wadi; wébi oder wébi = breiter Strom; bíu kulála ⌐ warme Quellen; bíu = Wasser; bér = grasiger Platz; hedd = eingeschlossener Platz; schilmaléj ⌐ dichte Hügel; wajla, waráb = kleine Milchkuh, also »kleiner Wasserplatz«. Vgl. darüber: Burton, First footsteps in East Africa (London 1855), S. 158.

4. Vgl. Dove, »Culturzonen von Nord-Abessinien«, Ergänzungsheft Nr. 97 zu Petermann's Mittheilungen, S. 2 ff.

5. Aus der für menschliche Siedelstätten wichtigen Terminologie der Galla-Sprache sind nachfolgende Begriffe und Bezeichnungen die wichtigsten: bia = bewohntes Land; ganda = Dorf, Ansiedlung; kolki ⌐ Niederlassung; laga = Strom; ídfa ⌐ Feld, bebauter Grund; dambél = See; ídfa taó = fruchtbarer Grund; harro oder arro = See; dololo = Bach; tullú = Gebirge, waldige Trift; búrka = Quelle; gára = hoher Berg; dagá = Stein, Fels; holéja = Abgrund; bijé = Sandmasse; dla = Feld, Gebiet; dída ⌐ besiedelter Grund; tjoke ⌐ Felsengebirge; tschúka ⌐ Wald, Gehölze; dagalá = dichter Wald, hohes Gras; moggá oder widma = Wüste; hurd = Therme; gáfo = bebauter Grund; bádfa = der abess. Daga, gamódji = abess. Quolla; goja = trockene Prärie; tschaffé = bewässerte Wiese; wanika (suahel.?) = uncultivirtes Land.

6. Die Somâl und Araber nennen die Küste des Somâl-Landes am Indischen Ocean etwa vom 4.° nördlicher bis 5.° südlicher Breite barr el-benádir ⌐ Küste der Häfen. Die Araber nennen das

Somâl-Land *barr el-adschâm* oder *hadschêm* (das «unbekannte»), die Somâl selbst ihre Heimat *barr es-somâl*; das äthiopische Land nennen die Somâl *burran* («das fette»).

7. Der Name Sidâma bezeichnet Aethiopier. In der That gab es vor den Verheerungszügen Granj's in den Landstrichen, nach welchen sich der Wêbi aus Guragê gegen Osten wendet, ehemals die blühenden äthiopischen Provinzen Dawâro (d. i. «Mark»), Bali und einen grossen Theil von Fatigar, welche später von den Arussi-Galla in Besitz genommen wurden. Der Dschubb oder Tana könnte darum nicht mit vollem Rechte Wêbi Sidâma heissen.

8. Ueber die Physis des südlichen Galla-Landes vgl. Petermann's Mittheilungen, 1868, S. 364 ff.

9. Cicognani im Bolletino della Società Africana d'Italia (Sede centrale), 1886, S. 275 ff.; Antonelli, Bolletino della Società geografica Italiana, 1889, S. 526 ff.

10. Vgl. Burton bei Fritzsche in Petermann's Mittheilungen, 1891, S. 233.

11. Vgl. Burton, First footsteps in Eastern Africa, S. 422 ff.; Bolletino della Società Africana d'Italia (Sede centrale), 1886, S. 270 ff.; Proceedings of the R. G. S., 1892, S. 529; Aubry, Observations géologiques sur les pays Danakils, Somalis, le royaume du Choa et les pays Gallas in den Schriften der französischen geologischen Gesellschaft, 1886, S. 221, dann Stecker bei Fritzsche, a. a. O., S. 233; Brenner, a. a. O., S. 364; Paulitschke in den Mittheilungen der k. k. geograph. Gesellschaft zu Wien, 1887, wo auch die geologische Literatur angegeben ist.

12. Alla terra dei Galla (Milano 1884), S. 251.

13. Cecchi, a. a. O., I, S. 76.

14. Bolletino della Società geografica Italiana, 1888, S. 908.

15. La vallée du Darror (Paris 1882), S. 323.

16. Footprints in Eastern Africa (London 1866), S. 9 und 13, und Brenner in Petermann's Mittheilungen, 1868, S. 457.

17. Borelli, Ethiopie méridionale (Paris 1890), S. 130; Bolletino della Società geografica Italiana, 1890, S. 1000 ff.; 1892, S. 494.

18. Vgl. Hann, Metrorologische Zeitschrift, 1890, S. 60 ff.; Licata, Assab e i Danachili (Milano 1885), S. 149 ff., 167 ff.; Marangoni im Bolletino della Società Africana d'Italia (Sezione Fiorent.), 1887, S. 164 ff.

19. Von mir zum ersten Male in Petermann's Mittheilungen, 1886, S. 324, beschrieben.

20. Vgl. Haggenmacher's «Reise im Somali-Lande», Ergänzungsheft Nr. 97 zu Petermann's Mittheilungen, S. 187.

21. Cecchi, Da Zeila etc., I, S. 107 ff.

22. Bolletino della Società Africana d'Italia (Sezione Fiorent.), 1887, S. 164; Cecchi, a. a. O., II, S. 291; III, S. 383.

23. Bianchi, Alla terra dei Galla, S. 444, Anm., und S. 750.

24. Traversi, Bolletino della Società geografica Italiana, 1888, S. 908.

25. Massaja, I miei 35 anni di missione nell' Alta Etiopia (Roma 1888), V, S. 78.

26. Petermann's Mittheilungen, 1868, S. 456 f.

27. Ueber die Flora des Somâl-Landes vgl. James, The unknown horn of Africa (London 1888), S. 317 ff.; Haggenmacher, a. a. O., S. 19 f.; Guillain, Documents etc., (Paris 1856), I, S. 23 ff.; Journal of the R. G. S., 1871, S. 61 ff. (viele Namen in der Sprache der Somâl enthaltend). Ueber die Flora des 'Afar-Landes Licata, a. a. O., S. 196 ff., 215 ff., und Rochet d'Héricourt, Voyage sur la côte orientale de la mer Rouge dans le pays d'Adel et le royaume de Choa, II (Paris 1846), S. 339 ff. Ueber die Flora der Galla-Gebiete Cecchi, a. a. O., II, S. 366 ff., und passim im gesammten Werke; Stecker bei Fritzsche, a. a. O., S. 238; Paulitschke, Harar (Leipzig 1888), S. 450 ff.; Bolletino della Società geografica Italiana, 1892, Jännerheft; Harris, Gesandtschaftsreise, übersetzt von Killinger, a. a. O., II, Anh., S. 18 ff., u. A. m.; Hildebrandt's Berichte in der Zeitschrift der Berliner geograph. Gesellschaft.

28. Vgl. die Schilderung bei Stecker in Petermann's Mittheilungen, 1891, S. 238, dann Cecchi, Da Zeila etc., II, S. 366; Bianchi, a. a. O., S. 346.

29. Cecchi, a. a. O., II, S. 241; Dillmann, Thaten des Königs Amda Zion (Berlin 1884), S. 7.

30. Ueber die Fauna Nordost-Afrikas vgl. James, The unknown horn of Africa, S. 229 ff., 261 ff., 276 ff.; Harris-Killinger, a. a. O., S. 37 ff.; Memorie della Società geografica Italiana, 1878, S. 176 ff.; Licata, a. a. O., Sp. 225 ff.; Bolletino della Società Africana d'Italia (Sede centrale), 1886, S. 280 ff.; Révoil, Voyage au cap des aromates (Paris 1880), S. 256 i.; Fischer, Das Massai-Land (Hamburg 1885), S. 14 ff.; Bolletino della Società geografica Italiana, 1892, S. 422 ff., 491 ff.; Petermann's Mittheilungen, 1871, S. 51; Massaja, I miei 35 anni di missione etc., IV, S. 97 ff.

31. Ueber die Termitenbauten des ostafrikanischen Hornes siehe Ragazzi, Da Antoto ad Harar, Bulletino della Società geografica Italiana, 1888, Sep., S. 20; Cecchi, Da Zeila etc., I, S. 76, 78, 80 (Bilder).

32. Faurot L., Voyage au golfe de Tadjoura (Obne—Tadjoura—Goubet—Kharab) (Paris 1886), S. 14.

33. Schilderungen der Landschaft am Osthorn von Afrika siehe bei Guillain, a. a. O., I, S. 400 bis 410; in den Transactions of the Bombay Geographical Society, vol. XII (1856), S. 112; Burton, First footsteps etc., S. 462; Ragazzi, Da Antoto ad Harar, a. a. O., S. 17 (den Sep.); Cecchi, Da Zeila etc., I, S. 190 ff.; Brenner in Petermann's Mittheilungen, 1868, Sp. 361 ff.; James, The unknown horn etc. passim; Paulitschke, Harar, passim.

34. Der Name 'Afar, plur. 'Afâra, wird, ethnologisch genommen, wohl am besten vom arab. سمر = wandern, abzuleiten sein, was zu dem Nomadenthume sehr wohl passt. In das Idiom des Volkes adoptirt, soll der Name so viel wie die «Irrenden» bedeuten. Mit dem arab. اصفر, das auf die Hautfarbe bezogen werden könnte, hat der Name wohl nichts zu thun. Vgl. Reinisch, Die 'Afar-Sprache (Wien 1887), II, S. 287. Dankali hat man vom Tigré donak (das Schiff) abzuleiten versucht. Colizza, Lingua 'Afar (Vienna 1887), S. VII. Von dem Stammesnamen Ankali, der vielleicht dem ganzen Volke beigelegt ward, ist die Ableitung eine sehr wahrscheinliche. Vom arab. djangali (stupid) oder vom amhar. dongoro (schwach, hinfällig) kann der Name nicht derivirt sein (vgl. Borelli, Ethiopie méridionale, S. 32). 'Afar leiten Einige auch von 'afar, afr = Staub, Anka oder Enka ist eine Localität an der Küste.

35. Oromó ist wahrscheinlich vom oromonischen uma = erschaffen, und uru = Frucht, abzuleiten und bedeutet dann «Menschen», was sehr gut stimmt zu der bei Naturvölkern üblichen Bezeichnung ihrer selbst. Leo Reinisch erklärt Oromó aus dem geez ኦሮሞ mit «den sacratus», was zu der Auffassung «Geschöpf», «Mensch» führt und somit mit der eben angeführten Erklärung sehr gut übereinstimmt (Die Kafa-Sprache, I, S. 17, Anm. 3). Cecchi, Da Zeila etc., II, S. 472, meint, horma (maschio, forte) werde dabei verwechselt mit orma (gente). Galla nennen sich heute nach arabischem Vorgang nur die Oromó von Harar; alle übrigen weisen den Namen zurück. Ein Anonymus (Les colonies françaises, Paris 1890), VI, S. 253, Anm., meint, die Jesuiten, die in Abessinien wirkten, hätten den Oromó wegen ihrer lichten Farbe nach dem griech. γάλα = Milch, den Namen gegeben (also ähnlich wie Gura-ḡē).

36. Bekanntlich erklärte den Namen Burton (First footsteps, S. 101, Anm.) vom arab. سنبل = he thrust out (his brother's eye). Da nun der Name 'Alis eines alten Stammeshelden, bei der Stammesbenennung in Nordost-Afrika eine so grosse Rolle spielt (leitet man ja auch den Namen Adâl von oda-'ali = Oda, Sohn des Ali, ab), so hat Bardey die Vermuthung ausgesprochen, Somâli käme von som-'ali = le pays d'Ali oa la postérité d'Ali (Abbadie, Géographie de l'Ethiopie, S. 356). Indess hat Bricchetti-Robecchi (Bolletino della Società geografica Italiana, 1891, S. 276 f.) die neue Angabe verzeichnet: «che la voce ,Somali' voglia significare paese dei monti». Zurückzuweisen ist aber entschieden desselben Forschers a. a. O. ausgesprochene Vermuthung, der Name komme von tumal = der Schmied (lavoratore del ferro).

37. Vgl. Paulitschke, «Die Wanderungen der Oromó oder Galla Ost-Afrikas» (Mittheilungen der anthropolog. Gesellschaft zu Wien, 1889, Sep. ebendaselbst, 1889); Nerazzini, La conquista musulmana dell' Etiopia nel XVI secolo (Roma 1891).

38. Interesse beansprucht Jephsons, des Begleiters H. Stanley's, Nachricht, der zufolge Emin Pascha der Meinung sei, die Oromó stammten von den Wa-Hûma ab, was auf eine andere Richtung der Galla-Migration als auf eine ostwestliche deuten würde und Heinrich Barth's und Spekes' bekannte Hypothese von der Herkunft der Oromó stützte. Emin Pascha hat Gründe für seine Ansicht nicht ausgesprochen, und so bleibt sie wohl gleichfalls eine Hypothese, der vorderhand alle bisher über die Galla-Wanderungen gemachten thatsächlichen Wahrnehmungen entgegenstehen. Vgl. Jephson's Werk, deutsche Ausgabe (Leipzig 1890), S. 61; Fischer, Das Massai-Land, S. 113.

39. Vgl. Burton, First footsteps, S. 209 f.; James, The unknown horn, S. 57, und Révoil in allen seinen Somâl-Publicationen, passim; Cruttenden in den Berichten der Bombay Geographical Society, 1849, S. 207.

40. Borelli, Ethiopie méridionale, S. 44; Révoil, La vallée du Darror, S. 41.

41. A. W. Schleicher, ein Kenner der Somâl-Sprache, hat in der Einleitung zu seinem Werke: «Die Somâli-Sprache», I (Berlin 1892), S. IX ff., die Hypothese aufgestellt, die Hawîja seien der älteste Somâl-Stamm und hätten sich, nachdem sie den Namen Somali angenommen, von Südost nach Nord-

west verbreitet. Er stützt sich hierbei auf Stellen aus 'Idrisi und 'Ibn Sa'id, beziehungsweise Abûl-
fedâ. Ich möchte hier nur bemerken, dass 'Idrisi die Hadiya (Schreibart Jaubert's, die Maroniten
schreiben Hawiya und erklären: «id est praecipitium») am Râs Haffûn placirt (ihr heutiger Verbreitungsbezirk beginnt am Râs Châil, d. i. «Pferdekopf») und 'Ibn Sa'id, Abûl-fedâ sie schon nach Merka
herabgerückt sein lässt, ferner dass Abûl-fedâ bemerkt, sie besässen mehr als 50 Dörfer, nicht
Stämme, wie Schleicher übersetzt, wobei noch unsicher bleibt, ob diese 50 Flecken nicht als Zugehör
zur Stadt Merka zu betrachten seien. Alles spricht demnach dafür, dass schon die Araber die
Ausbreitung der Somâl von Nord nach Süd lehrten, nachdem sie offenbar von dem richtigen Sachverhalte Kenntniss erlangt hatten. Ein Hawîja mag immerhin Burton gegenüber sein Volk als das
erste der Somâl hingestellt haben. Die Mehrheit der Somâl hält die Hawîja für nicht reinen Somâl-
Blutes. Vgl. indess auch Abbadie, Géographie de l'Ethiopie, S. 346 ff.

42. Vgl. Révoil im «Globus», 1885, S. 311.

43. Mit den oben (Anm. 41) erwähnten Discrepanzen in der Schreibung sollte auch gerechnet
werden, denn der Name Hadija (Hadea) kommt in Abessinien wiederholt vor, doch kann nicht unerwähnt bleiben, dass hier wirklich eine falsche Schreibung des Namens existirt. Vgl. über die Sache
auch Devic, Le pays des Zendjs (Paris 1883), S. 59 und 66.

44. Abûl-fedâ, arab. Text von Reinaud und de Slane (Paris 1848), S. 163.

45. Nerazzini, La conquista musulmana dell' Etiopia, S. 9, 15, 24.

46. Vgl. Baudi di Vesme in Cora's Cosmos, X, S. 290.

47. Vgl. auch Isenberg, Abessinien und die evangelische Mission (Bonn 1844), I, S. 106.

48. Léon des Avanchers im Bulletin de la Société de géographie de Paris, 1859, S. 160. Hierbei
erscheint nur die Meldung unwahrscheinlich, dass es Wakwafi und Massai gewesen sind, welche die
Oromó temporär zurückschlugen; vielmehr waren das, wie ich glaube, die Vorfahren, beziehungsweise
Väter dieser Völker, echte Neger aus der Nilgegend.

49. Guillain, Voyage etc., III, S. 169.

50. Harris, Gesandtschaftsreise, I, S. 159.

51. Transactions of the Bombay Geographical Society, VI, S. 57.

52. Wakefield bei Ravenstein, Proceedings of the R. G. S., 1884, S. 17; v. d. Decken's Reisen
in Ost-Afrika (Leipzig und Heidelberg 1871), II, S. 320.

53. Révoil im «Globus», 1886, S. 166.

54. v. Höhnel, Zum Rudolph-See und Stephanie-See, Forschungsreise des Grafen S. v. Teleki
in Ostäquatorial-Afrika (Wien 1892), S. 624 und 651 ff.

55. Smee, a. a. O., S. 58.

56. Guillain, Voyage etc., III, S. 180.

57. Siehe v. Höhnel's Karte des Forschungsgebietes der Graf S. v. Teleki'schen Expedition in Ost-
Afrika 1887—1888 (Höhnel's Reisewerk, S. 176, Carton). Lieutenant v. Höhnel hat an die Stelle der letzten
Somâl-Incursion den Namen Somâl selbst gesetzt, der so zu verstehen ist, als würden die Somâl hier bereits
Wohnsitze haben, was ich für ganz unmöglich halte. Vgl. indess auch Fischer, Das Massai-Land, S. 98.

58. Pigott in den Proceedings of the R. G. S., 1890, S. 130 ff.

59. Fischer, Ueber die jetzigen Verhältnisse im südlichen Galla-Lande und Wito, Separatabdruck aus den Mittheilungen der geograph. Gesellschaft in Hamburg, 1876—1877, S. 1.

60. Vgl. Massaja, I miei 35 anni di missione etc., V, S. 56 ff. 60; Cecchi, Da Zeila etc., I,
S. 236, 509, und Massaja, Lectiones grammaticales pro missionariis etc. (Paris 1867), S. 249 ff.

61. Vgl. meine «Wanderungen der Oromó», S. 14. Einiges brieflich von A. W. Schleicher in Berlin.

62. Vgl. Borelli, Ethiopie méridionale, S. 224.

63. Abbadie, Sur les Oromo, grande nation africaine désignée souvent sous le nom de «Galla»
(Annales de la Société scientifique de Bruxelles, 1880, S. 26, Anm.).

64. Vgl. Cecchi, Da Zeila etc., II, S. 32.

65. Vgl. Harris' Gesandtschaftsreise, I, S. 125.

66. Ueber die Incursionen in das Danâkil-Land vgl. Licata, Assab etc., S. 239 f.; vgl. indess
auch die interessanten Anschauungen Chiarini's in den Memorie della Società geografica Italiana, I,
1878, S. 208.

67. v. Höhnel, a. a. O., S. 673.

68. Der Name Aréle erscheint auf alten Karten als der Beiname von Aussa, was vielleicht auf
die Heimat der Kallu hinführen kann, wenn Aréle nicht verderbt ist aus Gurele, dem öfter gebrauchten,
aber ebenso wenig erklärbaren Beinamen von Aussa.

69. I miei 35 anni di missione etc., VI, S. 6.

70. Licata hat für die Küsten-'Afar von Massaua bis Tadschura 80.000—10.000 Seelen angenommen, ebenso viel für die im inneren Lande befindlichen, doch ist dabei der ganze Süden unbe-
rücksichtigt geblieben. Vgl. dessen »Assab«, S. 242.

71. Transactions of the Bombay Geographical Society, II, S. 407; Bulletin de la Société Khédiviale de géographie, 1876, S. 353 ff.; Prinz Ruspoli im Bolletino della Società geografica Italiana,
1891, S. 740.

72. Vgl. auch Révoil, La vallée du Darror, S. 94.

73. Cora's Cosmos, X, S. 226.

74. Vgl. Bianchi, Alla terra dei Galla, S. 253.

75. Vgl. auch James, The unknown horn of Africa, S. 178.

76. Vgl. auch v. d. Decken's Reisen in Ost-Afrika, II. S. 319.

77. Burton, First footsteps etc., S. 12.

78. James, The unknown horn of Africa, S. 167, 171, 182.

79. Cecchi, Da Zeila etc., II, S. 266.

80. v. Höhnel, Zum Rudolph-See etc., S. 31.

81. Cecchi, Da Zeila etc., II. S. 484; Abbadie, Géographie de l'Ethiopie (Paris 1890), S. 136 ff.

82. Vgl. Massaja, Lectiones grammaticales etc., S. 333, und desselben, I miei 35 anni di missione
etc., III, S. 52.

83. Ueber die Stämme und Bräuche, sowie die physische Beschreibung der merkwürdigen
Guragé siehe Bianchi, Alla terra dei Galla, S. 293, 309; Cecchi (nach Chiarini), Da Zeila etc., II,
S. 56 ff., 104 ff.; Traversi im Bolletino della Società geografica Italiana, 1887, S. 279, 284; Bolletino
della Società Africana d'Italia (Sezione Fiorent.), 1887, S. 154 ff.

84. Bolletino della Società geografica Italiana, 1891, S. 273; Burton, a. a. O., S. 33; Haggenmacher, a. a. O., S. 26; James, The unknown horn of Africa, S. 70.

85. Reinisch, Die Kafa-Sprache in Nordost-Afrika, I (Wien 1888); Abbadie, Géographie de
l'Ethiopie, S. 266 ff.; Cecchi, Da Zeila etc., II, S. 483 ff.

86. Vgl. Burton, First footsteps, S. 33 f., Anm.; Sacconi, Esploratore, 1884, S. 42.

87. Vgl. über die Sidáma: Massaja, Lectiones grammaticales etc., S. X; Harris, Gesandtschaftsreise, II, S. 242, Anm.; Abbadie, Géographie de l'Ethiopie, S. 267; Cecchi im Bolletino della Società
geografica Italiana, 1882, S. 418 f.; derselbe, Da Zeila etc., II, S. 266; über die Sprachen der Sudáma
Borelli, Ethiopie méridionale, S. 297 und Karte, und Abbadie, Notice sur les langues de kam
(Paris 1872).

88. Haggenmacher, a. a. O., S. 25 f.

89. Proceedings of the R. G. S., 1892, S. 518; Fischer, Das Massai-Land, S. 10 f., 113; derselbe, Ueber die jetzigen Verhältnisse im südlichen Galla-Lande, S. 7; Brenner in Petermann's Mittheilungen, 1867, S. 309; 1868, S. 460; Ferrandi im Bolletino der Mailänder Afrikan. Gesellschaft,
1892, S. 137.

90. v. d. Decken's Reisen in Ost-Afrika, II, S. 304 f.

91. Harris' Gesandtschaftsreise, I, S. 159.

92. v. d. Decken's Reisen in Ost-Afrika, II, S. 374; Petermann's Mittheilungen, 1868, S. 459,
Anm.; Fischer, Ueber die jetzigen Verhältnisse im südlichen Galla-Lande, S. 11.

93. Wakefield, Footprins etc., S. 76 ff.

94. Baumann, Usambara und seine Nachbargebiete (Berlin 1891), S. 11, 361 ff.

95. Baumann, Usambara und seine Nachbargebiete, S. 144.

96. Dundas in den Proceedings of the R. G. S., 1892, S. 514 ff.

97. Fischer, Ueber die jetzigen Verhältnisse im südlichen Galla-Lande, S. 9 ff.

98. Abbadie, Géographie de l'Ethiopie, S. 151.

99. Abbadie, Géographie de l'Ethiopie, S. 255 (nach Léon des Avanchers); Cecchi, Da Zeila etc.,
II, S. 461 f.

100. Fischer, a. a. O., S. 67; Dundas in den Proceedings of the R. G. S., 1892, S. 519, 521;
Fischer, Das Wapokomo-Land, Hamburger geograph. Gesellschaft, 1878—1879, S. 5.

101. Vgl. Massaja, I miei 35 anni di missione etc., VII, S. 8; Cecchi, Da Zeila etc., II, S. 382 f.;
Abbadie, Géographie de l'Ethiopie, S. 266; Isenberg, Abessinien, I, S. 41; Rüppell, Reise in Abessinien (Frankfurt a. M. 1840), II, S. 205 ff.

102. Wakefield bei Ravenstein, Proceedings of the R. G. S., 1884, Sept. S. 11.

103. Fischer, Ueber die jetzigen Verhältnisse im südlichen Galla-Lande, S. 9; vgl. Le Roy in dem Compte rendu der Sitzungen der Pariser geograph. Gesellschaft, 1892, S. 279 f., wo der Missionär hervorhebt, dass sie mit den Wa-Ssanie und Wa-Böni identisch seien. Er sagt von ihnen: «Ces sauvages vivent comme des singes, mais parlent comme des philosophes».

104. Cecchi, Da Zeila etc., II, S. 266.

105. Massaja, Lectiones grammaticales etc., S. 351; Cecchi, Da Zeila etc., S. 354 ff.; Bianchi, Alla terra dei Galla, S. 328; Harris, Gesandtschaftsreise, II, Anh., S. 170 f.

106. v. d. Decken's Reisen in Ost-Afrika, II, S. 320.

107. Ueber die Parias vgl. Burton, First footsteps, S. 33 ff.; Haggenmacher, a. a. O., S. 25 ff.; Transactions of the Bombay Geographical Society, VIII, S. 196.

108. Harris in den Transactions der Bombay Geographical Society, VI, S. 62, wo sie der Officier «a pigmy and perfectly wild race not exceeding four feet in hight» nennt. Vgl. Abbadie, Géographie de l'Ethiopie, S. 181.

109. Abbadie, Géographie de l'Ethiopie, S. 234, 262 (Briefe Léon des Avanchers').

110. Bulletin de la Société de Géographie de Paris, 1866, S. 163 ff., wieder abgedruckt bei Abbadie, Géographie de l'Ethiopie, S. 257 ff.

111. Vgl. Reinisch, Die 'Afar-Sprache, II, S. 89.

112. Reinisch, a. a. O., S. 29.

113. Assab e i Danachili S. 242; v. Heuglin, Reise in Nordost-Afrika (Braunschweig 1877), II, S. 295 ff.; Colizza, La lingua 'Afar, S. VII.

114. Cecchi, Da Zeila etc., I, S. 97 ff. Der Forscher giebt dort auch einzelne Unterabtheilungen der zwei Classen (Gruppen) an.

115. Harris in seinem Werke: «Gesandtschaftsreise nach Schoa», I, S. 125 (vgl. dazu auch II, S. 153 ff., 187); Rochet d'Héricourt, Voyage sur la côte orientale de la mer Rouge, I, S. 111; R. Kirk in den Transactions of the Bombay Geographical Society, VI, S. 368; Antoine d'Abbadie in seiner Géographie de l'Ethiopie, S. 10 und 316 ff.; Graf Wilmos v. Zichy in Petermann's Mittheilungen, 1880, S. 134 ff.; Theodor v. Heuglin unter Mithenützung brieflicher Daten des Grafen Zichy in seinem Werke: «Reise in Nordost-Afrika», II, S. 295 ff.; Graf Antonelli im Bolletino della Società geografica Italiana, 1889, S. 331 ff., 527 (nur den centralen Theil betreffend); Cecchi, Da Zeila etc., I, S. 97 ff., 125; Chiarini in den Memorie della Società geografica Italiana, I, S. 205; ein französischer Anonymus in dem Werke: «Les colonies françaises», VI, S. 248, und Leo Reinisch in seiner «'Afar-Sprache», III, S. 78 ff. Von den gelegentlichen Angaben Sapeto's, Hildebrandt's, Isenberg's u. A. kann hier abgesehen werden.

116. Vgl. «Die 'Afar-Sprache», III, S. 78 ff. Schon v. Heuglin veröffentlichte 1877 in seinem Werke: «Reise in Nordost-Afrika», S. 299, wahrscheinlich nach Reinisch's brieflicher Mittheilung, diese beiden Listen, jedoch in anderer Aufeinanderfolge der Ejâl und zum Theile mit anderer, ungenauerer Schreibung. Heuglin hat übrigens auch einige Daten Graf v. Zichy's publicirt und commentirt.

117. Die Darstellung der 'Afar vom Golf von Tadschora ist fast anschliesslich dem officiellen Verzeichniss der 'Afar-Stämme des französischen Colonialamtes für Obok (Les colonies françaises, VI, S. 247 f.) angepasst, weil dieses wohl dermalen das verlässlichste ist, obgleich die Richtigkeit der Namenschreibung Manches zu wünschen lässt.

118. Die Schreibweise ist bei Abbadie's Namenformen im Grossen zu belassen, wie sie der Forscher selbst gewöhnlich nach seiner eigenen Methode anwendet, was Beachtung verdient.

119. Die Angaben über den Ursprung der Somâl siehe: Hunter, A grammar of the Somali language (Bombay 1880), S. XIV ff.; Révoil, La vallée du Darror, S. 36, 164; v. d. Decken's Reisen in Ost-Afrika, II, S. 319 f.; Cruttenden in den Transactions of the Bombay Geographical Society, VIII, S. 178 ff., 197; IX, S. 133; Burton, First footsteps, S. 103, 644; Bolletino della Società geografica Italiana, 1891, S. 2767; Cecchi, Da Zeila etc., I, S. 36 ff.; Guillain, Voyage etc., II, S. 399 ff.; James, Proceedings of the R. G. S., 1885, S. 640; Bricchetti-Robecchi, Tradizioni storiche raccolte in Obbia (Roma 1891), S. 3 ff.

120. Ferrandi in der Esplorazione commerciale (Milano 1892), S. 11.

121. Abbadie, Géographie de l'Ethiopie, S. 347.

122. Voyage, II, S. 421.

123. Baudi di Vesme in Cora's Cosmos, X, S. 225.

124. Vgl. Burton, First footsteps, S. 174; Cecchi, Da Zeila etc., I, S. 39 (falsche, unvollkommene und verworrene Eintheilung der Ejssa); Bricchetti-Robecchi im Bolletino della Società Africana d'Italia

(Sede centrale), 1890, S. 16 f.; Paulitschke, Beiträge zur Ethnographie und Anthropologie der Somâl, Galla und Harari (Leipzig 1886), S. 9 und Karte.

125. Vgl. Burton, First footsteps, S. 242 ff.; Paulitschke, Beiträge etc., S. 20. Die Eintheilung wurde nach jenem Materialien gegeben, welche mir Major J. Stuart King, der langjährige britische Resident in Zejla, zur Verfügung gestellt hat und die er am Ejlo-Gebirge im Lande der Gadabursi persönlich erhob. Ein Theil davon wurde in den Gouvernementsberichten gedruckt, welche die indo-britische Regierung seit Jahren über die Verhältnisse an der Somâl-Küste publicirt und die schwer zugänglich sind. Daraus hat Bricchetti-Robecchi seine Eintheilung der Gadaburan (Bolletino della Società Africana d'Italia [Sede centrale], 1890, S. 17) wörtlich abdrucken lassen, ohne die Quelle an-gegeben zu haben.

126. Vgl. das Bolletin de la Société Khédiviale de Géographie, 1876, S. 377 ff.

127. Vgl. Burton, First footsteps, S. 379 ff.; Paulitschke, Beiträge etc., S. 21; Bricchetti-Robecchi, Tradizioni storiche raccolte in Obbia, S. 6 f.; Abbadie, Géographie de l'Ethiopie, S. 348 ff. (die Informationen Bardey's über die Habr Anâl sind verworren); Bandi di Vesme in Cora's Cosmos, X, S. 201, und im Bolletino della Società geografica Italiana, 1893, S. 7 ff.; Transactions of the Bombay Geograph. Soc., VIII, S. 184 ff.

128. Die Behauptung (neuerdings Bardey bei Abbadie, Géographie de l'Ethiopie, S. 348), dass von dieser Somâl-Tribe die griechischen und römischen Geographen sprechen, ist, wie mir scheint, doch zu gewagt; denn unter den 'Ασᾱλῖται ἢ Ἀσᾱλῖται des Ptolemäus (Geogr., IV, S. 7, 27) kann jedes Volk am Golf von Aden verstanden werden, wie ja Ptolemäus selbst erklärend sagt, dass die Asalîten wohnten παρὰ τὸς ὀρεινόρους πόλεως. Den Namen Anâl halte ich entschieden für eine arabische Be-zeichnung, die in die griechische Namensform des Ptolemäus übergegangen ist. Jedenfalls lagern die Habr Anâl aber in der Nähe von Berbera, also an einem Punkte, den die Griechen eifrig besucht hatten.

129. Burton, First footsteps, S. 402, 403, 411, 437, 502; Transactions of the Bombay Geogra-phical Society, VIII, S. 196 f.; Bandi di Vesme in Cora's Cosmos, X, S. 181; Abbadie, Géographie de l'Ethiopie, S. 351; Bricchetti-Robecchi, Tradizioni storiche raccolte in Obbia, S. 8 f.

130. Aboqr = Aboqr aus 'Abû Baqr.

131. Bei Abbadie, Géographie de l'Ethiopie, S. 351.

132. Vgl. Révoil, La vallée du Darror, S. 167 und Karte; derselbe, Voyage au cap des aro-mates, S. 109 ff.; Cruttenden in den Transactions of the Bombay Geographical Society, VIII, S. 205 ff.; Abbadie, Géographie de l'Ethiopie, S. 351, 353 ff.; Burton, First footsteps, S. 500 f. Die Eintheilung dieses Stammes in die vielen von Burton angeführten Faktden ist recht unsicher.

133. Vgl. Transactions of the Bombay Geographical Society, VIII, S. 200; Bandi di Vesme in Cora's Cosmos, X, 1891, S. 227 f.; Burton, First footsteps, S. 502; Abbadie, Géographie de l'Ethiopie, S. 353 ff.; Bolletino della Società Africana d'Italia (Sede centrale), 1890, S. 130 ff.; Cruttenden in den Transactions der Bombay Geographical Society, VIII, S. 200 ff.

134. Burton, First footsteps, S. 280; Cruttenden, a. a. O., S. 199; v. d. Decken's Reisen in Ost-Afrika, II, S. 320.

135. Vgl. die Abhandlungen von Cruttenden in den Transactions of the Bombay Geographical Society, VII, S. 111—125, und Bricchetti-Robecchi, Tradizioni storiche dei Somali Migiurtini raccolte in Obbia (Roma 1891), S. 10 ff.; Guillain, Voyage etc., III, S. 399 ff., und Abbadie, Géographie de l'Ethiopie, S. 352 f. Die Eintheilung der Midschurtin muss darum zunächst nach den in Form einer Genealogie entwickelten Angaben Bricchetti-Robecchi's gegeben werden, weil sie die neueste, wenn auch nicht gerade die verlässlichste ist, denn der italienische Ingenieur war derjenige Forscher, der sich bis heute am längsten im Lande der Midschurtin aufgehalten hat. Der Aufsatz Col. Charles G. Grave's vom ägyptischen Generalstab im Bulletin de la Société Khédiviale de Géographie, 1879, S. 23—36, hat in ethnographischer und ethnologischer Beziehung wenig Bedeutung. Von grösserem Belang ist die Arbeit J. Stuart King's in der indischen Zeitschrift «The Orient», 1884, S. 539—544, in welcher auch eine Gliederung der Midschurtin nach den Angaben eines Eingeborenen von Allula ge-geben ist, die alle Beachtung verdient. Zur Sache gehört noch die Arbeit Capt. S. B. Miles' im Journal of the R. G. S., 1872.

136. Vgl. Abbadie, Géographie de l'Ethiopie, S. 352.

137. Vgl. Révoil, La vallée du Darror, S. 157.

138. Burton, First footsteps, S. 277, bemerkt, der Name Girri bedeute «giraffe» und gibt zehn Faktden des Stammes an, von welchen ich seinerzeit in Harar nur vier, allerdings sehr grosse, wieder-zufinden vermochte.

139. Paulitschke, Beiträge etc., S. 22; Burton, First footsteps, S. 278; Abbadie, Géographie de l'Ethiopie, S. 355.

140. Burton, First footsteps, S. 279; Abbadie, Géographie de l'Ethiopie, S. 351.

141. Paulitschke, Beiträge etc., S. 22.

142. Burton, First footsteps, S. 279 f.

143. Vgl. Abbadie, Géographie de l'Ethiopie, S. 303. In der Stadt Harar selbst gibt es eine starke Somâl-Ansiedlung, die 7000 Seelen wohl schon übersteigen mag. Sie besteht aus Elementen fast aller Somâl-Stämme, besonders aber aus Habr Anâl.

144. Vgl. die etwas verworrene Umgrenzung bei Bandi di Vesme in Cora's Cosmos, X, S. 289 f., und James' Karte: «Central part of Somali country province Ogadayn» in den Proceedings of the R. G. S., 1885, S. 704.

145 Vgl. James in den Proceedings of the R. G. S., 1885, S. 640. Diese Uebersicht ist die vollständigste und wohl auch genaueste über die Ogadên-Fakiden. Sie ergibt eine gute Uebereinstimmung mit den Materialien, die ich im Süden von Harar zu erlangen vermochte (Paulitschke, Beiträge etc., S. 227). Bandi publicirte bisher Noten und Dalla Vedova dessen Karte über die Völkervertheilung in Ogadên, und diese ergeben eine gute Uebereinstimmung mit meinen Materialien, welche die ersten waren, die über die Fakiden-Gliederung in Ogadên gegeben worden. Vgl. Bollettino della Società geografica Italiana, 1891, S. 553 ff.; 1893, S. 7 ff., und das Bollettino della Società Africana d'Italia (Sede centrale), 1891, S. 183 ff. Abbadie's Angaben, die Bardey gesammelt hat, stammen auch aus dem Jahre 1885 (Géographie de l'Ethiopie, S. 354 f.). Andere Daten von Abbadie, a. a. O., S. 301, 347.

146. Wenn Bandi von diesem Stamme sagt (Cora's Cosmos, X, S. 290) «il loro paese è grande come circa la metà dell'Ogadên», so finde ich das sehr übertrieben und nur mit Rücksicht auf den Umstand, dass die Aulihan nach Süden vorschwellen in jenes Gebiet, das durch das immerwährende Herabrücken der Somâl nach Süden frei wird, gerechtfertigt, wobei die Ursache hätte bemerkt werden sollen. Mir wurden die Aulihan als Fakide mässiger Grösse geschildert.

147. Ravenstein, Proceedings of the R. G. S., 1884, Sep., S. 9.

148. Vgl. die allerdings sehr vagen ethnologischen Angaben von Pietro Sacconi im Esploratore, 1884, S. 42 ff., die zwar die Ueberschrift: «Thol o tribù Abnia Somali» führen, aber nur Daten über das Land und dessen Beschaffenheit enthalten, durch Druckfehler entsetzlich entstellt. Ravenstein in den Proceedings of the R. G. S., 1884, Sep. S. 5 f.; Guillain, Voyage etc., III, S. 1 f.; Ferrandi, Bollettino der Mailänder Afrikan. Gesellschaft, 1892, S. 192 f.; Bollettino della Società geografica Italiana, 1891, S. 824; Révoil, Voyage etc., S. 56 ff.

149. Vgl. Abbadie, Géographie de l'Ethiopie, S. 346 f.

150. v. d. Decken's Reisen in Ost-Afrika, II, S. 320.

151. Esplorazione commerciale, 1891, S. 192; 1892, S. 18 ff.

152. Vgl. Guillain, Voyage etc., III, S. 43, 55, 75, 160, 318; Révoil im «Globus», 1885, S. 374; 1886, S. 119, 151, 163, 298, 466; Petermann's Mittheilungen, 1867, S. 305; Wakefield im Journal of the Manchester Geographical Society, IV, S. 3 (Karte).

153. Vgl. Guillain, Voyage etc., S. 520—550; Petermann's Mittheilungen, 1867, S. 298.

154. Vgl. die Ansichten Abbadie's in seiner Arbeit: «Sur les Oromo etc.», S. 4 f., und jene des gelehrten Missionsbischofs und apostolischen Vicars der Galla-Gebiete Taurin Cahagne bei Abbadie, Géographie de l'Ethiopie, S. 306 ff., wo l'. Taurin's Briefe abgedruckt sind. Wichtige Belehrung über die Sache erhielt ich selbst aus dem Munde des verehrungswürdigen Mannes während meines Umganges mit ihm zu Harar. Auffällig erscheint mir nun, dass Cahagne bei Abbadie die Zeit der Barántuma-Immigration auf 1555—1559 ansetzt, während er mir das Jahr 1537 für dieselbe angab, so dass sie demnach früher als jene der Tulâma stattgefunden haben müsste. Ein Irrthum meinerseits ist ganz ausgeschlossen. Wahrscheinlich blieben die Schwärme lange Zeit vereint beisammen.

155 Einschlägiges bei Cecchi, Da Zeila etc., II, S. 469 ff., wo der Excurs: «Origine dei Galla» Interesse beansprucht; Chiarini's Ansichten über die Einwanderung der Galla in den Memorie della Società geografica Italiana, S. 206 f. Die Namen Tulâma und Sapera können ersterer von dem orom. tullú = Berg, oder tula = aufschichten, letzterer vom äthiop. sáqirae = Herrscher, abgeleitet werden, wofern man einer geographisch-ethnographischen Auffassung derselben huldigen will. Vergleiche über den Ursprung der Galla, wie ihn die südlichen Repräsentanten des Volkes erzählen, führt an Wakefield, Footprints, S. 75 ff. Siehe indess auch Massaja, Lectiones grammaticales, S. 239 ff.

156. Vgl. über die Galla-Gliederung: Cecchi, Da Zeila etc., I, S. 99, 510 ff.; Krapf, Travels, S. 82 ff.; Rochet d'Héricourt, Voyage, I, S. 172, 234, 238, 242, 253, 265; Cecchi, Da Zeila etc., II,

S. 540; Massaja, Lectiones grammaticales, S. 251 f.; Abbadie, Géographie de l'Ethiopie, S. 33, 67, 68, 270; Traversi im Bolletino della Società Africana d'Italia (Sezione Fiorent.), 1887, S. 26 f.; Bianchi, Alla terra dei Galla, S. 254 ff.; Aubry, «Royaume de Choa et pays Galla» im Bulletin de la Société de Géographie de Paris, 1887, S. 439 ff. sammt Karte; Schuver, a. a. O., S. 9 ff.

157. Vgl. Borelli, Ethiopie méridionale, S. 434 ff.

158. Vgl. Paulitschke, Beiträge etc., S. 47 ff.; Abbadie, Géographie de l'Ethiopie, S. 354.

159. Für die Eintheilung dieses Stammes muss bis heute noch immer das Material massgebend sein, das ich zu Harar erfragte, weil trotz der Kriegszüge gegen die Arussi, welche die Aethiopier in denselben Jahren unternahmen, keinerlei ansehuliche Vermehrung des erkundeten Materials zu verzeichnen ist. Vgl. Traversi im Bolletino della Società Africana d'Italia (Sezione Fiorent.), 1887, S. 154 ff.

160. Die Uräbi, Urharáj und Silté zähle ich nach Traversi zu den Arussi, denn er sagt im Bolletino della Società Africana d'Italia (Sezione Fiorent.), 1887, S. 154, wörtlich: Gli Arussi, quei di Silté, di Uräbi, di Urharáj.

161. Vgl. Mittheilungen der geograph. Gesellschaft in Hamburg, 1876—1877, Sep., S. 5.

162. Vgl. die vortreffliche Bearbeitung der Wakefield'schen Erkundigungen bei Ravenstein, Proceedings of the R. G. S., 1884, Sep., S. 9 ff., nebst der Karte: Map of Eastern Africa (London 1884) und de Lannoy de Bissy's grosse Afrika-Karte, Blatt Nr. 37; Brenner in Petermann's Mittheilungen, 1868, S. 178; v. d. Decken's Reisen in Ost-Afrika, II, S. 369 ff., 372 ff.; v. Höhnel im Ergänzungshefte Nr. 99 zu Petermann's Mittheilungen, S. 20 ff., 38 ff.

I.

Die materielle Cultur des Individuums.

Capitel 1: Bekleidung.

Die Eingebornen auf dem afrikanischen Osthorn tragen eine Kleidung, welche entsprechend der Höhenlage des von ihnen bewohnten Gebietes und dessen klimatischen Verhältnissen das Hauptkriterium des Gewandes, vor der Unbill der Witterung zu schützen, voll und ganz besitzt. Schon der Umstand, dass der Nordost-Afrikaner inmitten einer im Grossen und Ganzen kargen Natur zu wirken hat und die Fristung seines physischen Lebens mit der Entwicklung und Consumtion ziemlich intensiver Muskelkraft verbunden ist, liess eine an blossen Schmuck gemahnende, nur dem ästhetischen Momente dienende Bekleidung nicht zu, die ja auch das moralische Kriterium, die Blössen zu decken, enthält. Nur bei den Danâkil der Küste[1]) und einigen südlichen Oromó-Stämmen spielt das Kleid die Rolle des Schmuckes, weil die Naturverhältnisse dies gestatten oder die besonderen Lebensverhältnisse der Eingebornen dies eingebürgert hatten.

Die Kleidung ist entsprechend den Naturverhältnissen in den feuchten und kühlen Galla-Ländern eine warme, dauerhafte und feste (Leder, Rinde), in den Somâl- und 'Afar-Gebieten eine leichtere (Gewebe, zartere Felle). Dies gilt vornehmlich für jene Gebiete, die von der Küste entfernt liegen oder von Handelsstrassen nicht durchzogen werden. Wo Verkehr pulsirt, findet man eine grosse Menge von Geweben, und Fell- und Rindenkleidung tritt selbst dort zurück, wo einzelne Reisende hinkommen. Hiebei zeigt sich ganz besonders, dass das Weib der besseren, namentlich feineren Kleidung zu entrathen vermag und z. B. in Landschaften, wo keine Gewebe verbreitet sind, oft nur eine Joppe aus Ziegen- oder Schaffell trägt, bei den Danâkil aber oft nur mit einem Hemde bekleidet ist.

Die Stoffe, aus denen die Bekleidung der Nordost-Afrikaner besteht, sind einheimische und fremde. Zu den ersteren zählen Leder in Form beiderseitig oder nur einseitig gegerbter Felle von Ziegen, Schafen und Antilopen, Baumrinde oder getrocknete Blätter, sehr gut gewobene und dauerhafte

Baumwollengewebe, zu den letzteren aus Amerika, Ost-Indien und England importirte Cotonade. Zur Verarbeitung der Schafwolle oder des Ziegenhaares für Kleidung im grösseren Style sind die Völker des afrikanischen Osthornes mit Ausnahme der Galla noch nicht gelangt; nur hie und da findet man Decken aus Kameelhaar, die zu Bekleidungszwecken dienen, und diese sind von Arabern im Lande oder ausser Landes erzeugt. Der Oromó verfertigt aus Schafwolle nur die Kopfbedeckung.

Das Weib ist bei den Danákil, Galla und bei den Somâl des Binnenlandes die Trägerin der Fellgewandung ('afar. *wollû*; som. *dar*; orom. *uwa*) par excellence. Fellgewand zu tragen gilt jetzt bei allen drei Völkern als niedrig und gemein, und dies entspricht der zurückgesetzten Stellung der Frau, die freilich keine so arge ist wie bei anderen Afrikanern. Bei den 'Afar des Inneren und bei einigen Stämmen der südlichen Galla hüllen sich auch die Männer ganz in Felle, so die ersteren in Ziegenfelle, welche die Ersteren von den Oromó beziehen ('afar. *béras*, *naûri*) und die am Saume charakteristisch mit Fransen verziert und mit weissen und grünen Stoffen gefüttert sind;[2]) bei den Somâl trugen ehemals auch die Männer das Fellkleid, aus zwei Häuten bestehend, doch gegenwärtig trägt nur die Frau der armen Ejssa im Inneren des Landes ein Ziegen- oder Gazellenfellkleid; sie bietet darin einen Contrast zu ihrer Genossin in einer der Städte der Benádir-Küste, die, den strengen muhammedanischen Kleidungsgesetzen entsprechend, sogar Gamaschen trägt[3]) und überhaupt bei den Somâl und Galla im Allgemeinen gut bekleidet geht.[4]) Die Frauen der westlichen Galla hüllen sich in Fellkleider mit Quasten, verziert mit Perlen. Um die Schultern werfen sie ausserdem blaue Baumwollenzeuge, jedoch augenscheinlich ohne die Absicht, den Oberkörper damit verhüllen zu wollen.[5]) So entsteht eine Combination von Fell- und Baumwollengewand, wie sie sonst in Ost-Afrika sehr selten beobachtet wird. Ebenso besteht das Gewand der Frau des südlichen Galla aus Ziegenfell, ist decent, dauerhaft, dem weiblichen Körper vorzüglich angepasst. Es lässt beide Arme frei, indem es kittelartig an der rechten Schulter geknüpft ist und unter dem linken Arme durchgeht. Eingesäumt ist es mit Lederriemen und reicht bis an die Knöchel.[6]) Bei den Hawija-Somâl tragen die Frauen Ziegenfelle, die Männer aber sind alle in Baumwollenstoffe gehüllt, welche im Lande erzeugt werden.[7]) Bei den südlichen und westlichen Galla besteht das Kriegerkleid (*gavi*), das den Rücken des Mannes halbnackt lässt, aus Fellstücken, die um die Lenden geworfen werden und nicht selten aus einem Schaffellmantel oder Leopardenfelle (orom. *gisilla* und *kerenssa*) die Stelle des abessinischen Lemd vertritt.

In den viehreichen Galla-Gebieten und in den wildreichen Savannen und Steppen der 'Afar und Somâl treten aus Bast und Baumblättern gefertigte Kleider völlig in den Hintergrund. Man gewahrt sie gegenwärtig nirgends mehr. Ich hörte nur von Basthüten aus dem Süden von Kafa und Guragé sprechen, die aber nicht mehr getragen werden. Dagegen nimmt die Herstellung und Verwendung von Baumwollengeweben bei den Galla eine

hervorragende Stellung ein. Sie hängt innig zusammen mit der Cultur der
Baumwolle, hat aber gegen früher ungemein abgenommen, ja sie befindet sich
in jähem Sturze und wird in kurzer Zeit völlig verschwinden. Einst muss die
Baumwollencultur der Somál und Oromó eine grosse Menge nach der Benádir-
Küste geschafften und in den grossen Städten derselben verwebten Productes
ergeben haben, und diese Blüthezeit dauerte bis in die Fünfzigerjahre dieses
Säculums, bis sie durch den Massenimport amerikanischer, indischer und eng-
lischer Cotonade ihr Ende fand oder doch wenigstens, wie in den Galla-Ländern, jählings hinabstürzte. Die von den Oromó gewobenen Wollstoffe, *maáki*
oder *dschu* genannt, sind von ausgezeichneter Beschaffenheit, mit Ausdauer
und Geschicklichkeit von eingebornen Webern (*irás*) angefertigt, zeigen stets
Rhomboidmuster mit blauem, rothem, gelbem oder schwarzem Spinnfaden in
der Textur.[*]) Repräsentiren sie ein grobes, verschieden gefärbtes Wollgewebe,
so werden sie *simaló* genannt. In den Galla-Dörfern trifft man überall im
Schatten der Bäume Weber mit langsamer Anfertigung derselben auf Hand-
webestühlen beschäftigt, allein die Industrie geht rapid zurück, und südlich
von Bubassa trugen mir über gemachte Nachfrage viele dieser Handwerks-
leute ihre Apparate mit Vergnügen zum Kaufe an. Die Stoffe, in Stücken von
2—3 Meter Länge und 1—1½ Meter Breite gewoben, haben ein grobes, mas-
sives Gefüge und die natürliche gelbliche Farbe, da sie nicht gebleicht werden.
Naturgemäss hält sich die Erzeugung dieser schönen Gewebe in gebirgigen
und feuchten Landschaften trotz aller Einflüsse von Aussen mit grosser Zähigkeit fest, weil das europäische Kaliko dort für die Eingebornen wenig ver-
wendbar ist. Bei den 'Afar und Somál gelten die Galla-Gewebe als wahre
Kostbarkeiten und werden auch in Schoa, Abessinien, Harar, ja selbst an der
Nord- und Ost-Somál-Küste gut bezahlt. Muster, die ich in verschiedenen
Qualitäten aus den Oromó-Gebieten des Nordens, Westens und Südens nach
Europa brachte und die im k. k. naturhistorischen Hofmuseum zu Wien depo-
nirt sind, wurden von Kennern als die besten Baumwollengewebe bezeichnet,
die überhaupt existiren, sowohl hinsichtlich der Vortrefflichkeit der Fasern,
wie der Baumwollfäden, als auch der Sorgfalt der Arbeit nach.

Eine grossartige Rolle spielt bei allen Bewohnern des afrikanischen Osthornes das Baumwollenzeug amerikanischer, ostindischer und eng-
lischer Provenienz. Man kann behaupten, dass durch den seit etwa
50 Jahren mit demselben nach Ost-Afrika getriebenen Grossimport, ganz besonders seit der Eröffnung des Suez-Canals, fast alle Zweige des materiellen,
namentlich des Handelslebens und der Production, dort verändert worden
sind. Auf die Eingebornen machte der neue Massenhandel die Wirkung der
Steigerung des Bekleidungsbedürfnisses, verursacht durch die leichte Möglichkeit, der Eitelkeit zu fröhnen. Der Fellexport sank, damit auch z. B. bei
den Somál die Viehzucht und Jagd. Die Manirirtheit der Gewandung nahm
zu. Während der Somáli vor einem halben Säculum eigentlich nur das am
Leibe zu tragen pflegte, was wir unter dem Begriffe «Wäsche» zusammen-

fassen, macht sich gegenwärtig eine starke Bekleidungssucht und in der Masse der Aufwendung des Materiales für die Umhüllung des Körpers ein sich fortwährend steigernder Luxus geltend. Das Streben der meisten Somál geht auf den Besitz der Cotonade hinaus, in welcher sie eine Quelle des Reichthums und rasch begebbare Handelsmittel erblicken. Das reich gefaltete Gewand des Küstenländers dünkt dem Beduinen ein Capital seines Trägers. Wie schon oben bemerkt, ward die Webeindustrie der Somál und zum grössten Theile auch jene der Oromó infolge der Baumwolleninvasion lahmgelegt. Sie erhielt sich an jener commerciellen Grenzmark, wenn man so sagen darf, wo infolge der grösseren Entfernung von der Küste die fremde Cotonade mit der von den Eingebornen selbst erzeugten auf gleichem Preissatze bleiben könnte. Von dieser Linie, die man genau auf einer Landkarte einzeichnen könnte, ziehen strahlenförmig Linien von Nordosten, Südosten und Osten in das Galla-Land, welche die meistbeschrittenen Wege der Shirtinghändler repräsentiren und längs deren dieses Product noch immer billiger zu stehen kommt als die Erzeugnisse der Eingebornen.

Im Allgemeinen ist der amerikanische Baumwollenstoff bei den Somál, 'Afar und Oromó viel beliebter als der anglo-indische (die Eingebornen bezahlen dafür gerne höhere Preise), und vermuthlich gehört ihm auch die Zukunft.[*]) Alles, was man in England «Gray shirtings» heisst, nennen die Somál, wenn es aus Amerika kommt, was sie sehr genau zu erkennen vermögen, nach Vorgang der Araber, die diese Stoffe zu ihnen brachten, khámi, häufig oft merikani (marekán) oder mardúf. Ist der Stoff indischer Provenienz, so heisst er bei den Somál khámi el-hindi oder duára, wohingegen Baumwollenzeug unbekannten (richtiger nicht erkannten) Fabricates kurzweg wolajti genannt wird, bei den Ejssa-Somál und wohl an der ganzen Küste des Golfes von Aden abú ghedid, an der Benádir-Küste ari seghir und ari khebri[10]) (kubdr), auch mardúf, unter welchen Namen ihn die Galla begehren, in Harar und bei den Galla wolajéti. Auch die Oromó nennen indisches Zeug kurzweg hindi, welchen Namen die Araber verbreiteten. Diese Namen gelten für das naturfarbene, unbedruckte Baumwollenzeug. In der grössten Handelsmetropole des afrikanischen Osthornes, zu Harar, hat sich eine besondere Terminologie für die Waaren in der dort gesprochenen Sprache entwickelt; man nennt bafta (afar. — Kaliko) den Madopolan, mabradi den Toill, laboharúd und melmalli andere Shirtingarten.[11]) Shirting für Frauengewänder heisst in Harar scheder. Man verkauft dort die Baumwollengewebe in takas und draks (Stücken). Bedruckte und blaue Stoffe, die bei 'Afar und Somál sehr gebräuchlich sind und namentlich von Frauen getragen werden, heissen bei den Somál und Danákil einfach tób, bei den Galla gifára. Im eigenen wohlverstandenen Interesse verkaufen arabische und Somál-Händler, welche in die Galla-Gebiete ziehen, schon abgeschnittene Stücke des Baumwollenzeuges in dem Ausmasse für je ein Kleid eines Erwachsenen. Man nennt solche Stücke kurzweg auch tób. In Harar sind die abú schams genannten die begehrtesten. Eine beliebte bunte Quer-

leiste in solchen Stücken heisst im Somáli *mahaús*. Für die Bekleidung der
Füsse liefert Rinds- und Büffelleder, dann Rhinoceroshaut reichen Stoff.

Hinsichtlich des Zuschnittes der Kleidung und der Bekleidungsgegen-
stände fällt an den Nordost-Afrikanern ohne Ausnahme die grosse Uniformität
im Norden wie im Süden bei den Galla, um das Cap Guardafui, wie am Abáj
und Godscheb auf.[11]) Diese ist zweifellos durch die Gleichartigkeit der Arbeitsverrichtung bei den Stämmen, den Mangel an bedeutenderen, d. i. vielfältigeren
äusseren Einflüssen und die unter ein- und demselben Himmelsstriche gemachten gleichen Erfahrungen bedingt. Nur arabischer und abessinischer, in
gewisser Hinsicht muhammedanischer und christlicher Typus konnte diesen
Völkern zum Muster dienen. Sie haben weder von dem einen, noch von dem
anderen entlehnt, sondern die Tracht derselben ist eine originale. Entlehnungen
von Kleiderzuschnitt, dessen Charakter das Flottante ist, geschehen erst in
neuerer Zeit; doch zeigt sich das Bestreben, ein fertiges Costüm bei den Galla
aus dem abessinischen Culturkreise, bei den 'Afar und Somál aus dem arabischen Culturkreise zu borgen. So tragen Reiche im Somál-Lande gerne die
arabische *dschellabijje*, d. i. das lange, lichte Hemd der Araber, die gewissen-
haften Muslimin naturgemäss auch die Kopfbedeckung des Propheten. Die
Oromó-Chefs vergönnen sich mit Vorliebe abessinische Costüme und gefallen
sich überhaupt gerne im Mergef (der feinen abessinischen Toga mit einge-
webtem Seidendessin), in der Dschano (dem Festkleide der äthiopischen Höf-
linge) oder der Kuta (der feinen Toga mit Seiden- oder Baumwollenbordüren),
ärmere von ihnen begnügen sich mit dem *gawi* oder *belessi*, und die Kriegerischen unter ihnen oder unter ihren Söhnen prunken häufig in Kriegermänteln
aus Ochsenhaut oder Fischotterfell. Doch lässt sich sagen, dass abessinische
Kleidung oder Kleidungsstücke nur dort zahlreicher gebraucht werden, wo
äthiopischer Einfluss herrscht und wo Galla-Häuptlinge vom Kaiser Menilek II.
zu Schúms erhoben wurden. Ebenso sporadisch trifft man aus der Zeit des
ägyptischen Dominiums an der Danákil- und Somál-Küste und zu Harar stammende rothe 'Amir-Gewänder an, welche die Ugáse der Somál z. B., wie ich
mich mehrfach überzeugt habe, ebenso wie die Galla-Garáde mit grosser Pietät
und grossem Selbstgefallen aufbewahren, gegenwärtig aber nicht mehr anzulegen sich getrauen. Hohe Somál an der Benádir-Küste erscheinen da oder
dort in Ehrenkaftanen Ománer Façon, Geschenken des Sultans von Zanzibar.

So gibt es denn eigentlich hinsichtlich des Materiales wie des Zuschnittes
in der Kleidung keine sogenannten «Provinzen», es sei denn, man dächte an
die Landschaften von Kafa und dessen südlichen und westlichen Nachbar-
gebieten, wo sich, wie ich erkundete, Variationen der rein äthiopischen Gewandung mit phantastischen Zusätzen erhalten haben, freilich nur an den
Höfen und nicht unter der grossen Masse des Volkes, die nur Oromó-Kleider
trägt.[12])

An dem Kleide des Mannes, der Frau und der Kinder beiderlei Geschlechtes, dann dem des Bewohners der Stadt und jenem des Landes gewahrt

das Auge in dem Schnitte und der Ausstattung des Kleides einen durch-
greifenden Unterschied bei allen drei Stämmen der Somâl-Halbinsel. Auch trägt
der freie Mann und der Sclave, die freie Frau und die Sclavin unter den Oromó,
besonders jenen von Schoa, ein anderes Kleid sowohl bei Tag und bei Nacht,
bei der Arbeit, zu Hause, beim Besuche, am Marsche, im Kriege als auch an
Festtagen. Stets aber ist das Kleid des Ost-Afrikaners ohne separaten Auf-
putz, vom Schmucke als solchem, der nicht selten an das Kleid befestigt wird,
abgesehen. Auch habe ich constatiren können, dass beide Geschlechter aller
drei Stämme mit Vorliebe bekleidet gehen, d. h. gerne Kleider tragen (som.
huw; orom. *owifatschu*), sie selten ablegen und selbst wohlbekleidet die Arbeit
verrichten und auch mit der am Tage getragenen Kleidung zur Nachtruhe
sich begeben. Ja, die Somâl-, wie die 'Afar- und Oromó-Frau legt nicht einmal
den reichen Schmuck bei der häuslichen Arbeit ab und zeigt sich gerne urbi et
orbi in ihrer vollen Kleiderpracht, wofern von einer solchen die Rede sein kann.

Was die Farben an den Gewändern der Bewohner der Somâl-Halbinsel
betrifft, so lässt sich beobachten, dass der Nord-Somâli das Weiss (*éro, ad*)
und Roth (*ass*), der Süd-Somâli das Blau (*madou*) und der 'Afar das Blau (*dato*)
bevorzugt, der Oromó dagegen ein buntes Farbenspiel ohne prävalirende
Grundfarbe oder Lieblingsfarbe vorzieht. Selbstverständlich sind die Baum-
wollenkleider licht (weiss, gelblich, bräunlich, röthlich), die Fellgewandung
braun oder isabellengrau. Man lässt dem Kleide die natürliche Farbe, und sie
fällt überall unserem Auge auf, wo sie nicht durch Schweiss, der sich im Vereine mit Fett nicht mehr entfernen liess, oder durch absichtliche Tünche mit
Fett (so bei den Galla, wo man die Kleider dreimal vor dem Tragen in Butter
taucht), die gerne geübt wird, und zwar durch eine Art von choc en retour
vom reichlich gefetteten Körper aus, dem Kleide eine andere — besonders
schmutzigbraune — Farbe lieh. Die weissen Gewänder der Somâl erhalten
über kurz oder lang einen Stich ins Röthliche, von dem fetten ockerrothen
Thone des Hochlandes, in dessen Gewässern sie gewaschen werden müssen.
In Harar z. B. erkennt man sofort den Somâl-Ankömmling aus dem Südosten
an der röthlichen Marro, aus dem Gobân (Nordosten), dessen Erde schwarz ist,
an der dunkleren Farbennuance, den Oromó des Westen an dem verhältnissmässig reinen Weiss seiner Kleider. Die röthliche Lederfarbe rührt von *Law-
sonia (Henna)* her.

Europäische Kleider machen auf den Somâli wie auf den Galla den
Eindruck des im höchsten Grade Unpraktischen, in der Farbenwahl Ge-
schmacklosen. Wenn er in den Besitz derselben gelangt, zerzupft er sie darum
bis auf die Fäden und fügt aus diesen ein Gewebe nach seinem Geschmacke
zusammen, dem er dann in der Regel keine praktische Form zu geben weiss.
Ich habe diese Gewohnheit unter den Galla von Harar oft beobachtet und
auch Traversi verzeichnet sie.[14])

Hier bietet sich Gelegenheit, auf die Hypothese Georges Révoil's einzugehen, welcher behauptete, die Tracht des Somâli — und diese dominirt auf

dem grössten Theile des afrikanischen Osthornes — sei der griechisch-römischen nachgebildet, ja der Faltenwurf der Somâl-Maro sei geradezu der des latinev oder der römischen Toga.[12]) Dieser Behauptung möchte ich die Thatsache entgegenhalten, dass ein Volk auf einem Schauplatze mit verhältnissmässig kühlem Klima, das auch der Einwirkung des Nordost-Monsuns während einer langen Zeit im Jahre unterworfen ist, eines den ganzen Stamm und die Extremitäten schützenden Kleides bedurfte, das, wenn es ganz brauchbar sein sollte, die Mantelform erhalten musste. Die Erfahrung in dem Gebrauche eines solchen Kleidungsstückes, zumal in einem Theile der Tropen, wo mit Feuchtigkeit, kühlendem Regen brennende Sonnenhitze in nicht gar zu langen Intervallen abwechselt, lehrte aber den heute gebräuchlichen Faltenwurf wahrscheinlich als das Ergebniss zielbewusster Experimente, wenn wir gelten lassen wollen, dass Völker sich Kleider anzupassen wissen. So entstand der Maro-Faltenwurf, als die idealste, beste und praktischeste Knüpfung eines Mantelgewandes, zweifellos auf natürliche Weise bei einem klugen Volke ebenso, wie anderwärts in Afrika andere praktische Kleidung nachweislich auf natürliche Art geworden ist. Afrikanische Völker, wie Naturvölker überhaupt, das hat mich das Studium ihrer Psyche gelehrt, erschöpfen früher den ganzen Born ihrer Klugheit und erproben die ganze Kette gesammelter Erfahrungen immer wieder aufs Neue, bevor sie den psychischen Sprung zu einer Entlehnung machen, in diesem Falle zur Assumirung einer Tracht, die in einem ganz anderen Klimate, in einer völlig verschiedenen Natur und Welt entstand und doch unmöglich nur wegen der gefälligen Form angenommen, noch weniger aber Afrikanern etwa aufoctroyirt worden sein konnte.

Es entsteht auch die Frage, ob die Repräsentanten der Völker der Somâl-Halbinsel das Gewand mit Coquetterie tragen oder nicht. Prunkloses Gewand, und dies ist für den Nordost-Afrikaner charakteristisch, das ohne auffällige Zier Nutzzwecken dient, ist zum Staatmachen wenig geeignet. Allein es lässt sich doch behaupten, dass es zumal unter den Somâl gar viele Spadone gibt, die mit Grandezza ihre Kleidung zur Schau tragen. Unter diesem Volke gibt es überhaupt sehr hochmüthige Individuen. Der 'Afar tritt ganz bescheiden auf, und selbst die schönsten Galla-Mädchen pflegen sich nichts auf ihre Toilette einzubilden, ein paar Coquetten, die überall zu finden sind, abgerechnet.

Bei aller Einfachheit der Lebensweise und der Cultur der Nordost-Afrikaner sind doch die Kleidungsartikel der Individuen von ziemlicher Mannigfaltigkeit. Vor Allem lässt sich constatiren, dass das Weib bei diesen Afrikanern viel mehr Kleider trägt als der Mann. Wollte man dies Verhältniss durch Zahlen ausdrücken, so müsste hervorgehoben werden, dass das Weib etwa 80°/₀, der Mann nur 60°/₀ der Körperoberfläche mit Gewand bedeckt. Beide Geschlechter tragen keine Wäsche, richtiger gesagt, tragen die Wäsche als Kleidung. Nur die vornehmsten Galla-Frauen tragen *kamis* oder *wandâbo* genannte Hemden. Dies gilt schon von der reiferen Jugend über das sechste Lebensjahr hinaus, denn nur Kinder unter fünf Jahren gehen unbekleidet. Knabe und Mädchen haben als Basis der Bekleidung blos ein Gewand zur Bedeckung des Stammes. Die Extremitäten zu hüllen, scheint eine Prärogative der Erwachsenen zu sein, besonders beim weiblichen Geschlechte. Bei den Oromó vom Stamme der Ennia und Arussi trägt indess auch die reife Jungfrau den Oberkörper, zumal Brust und Rücken, unbedeckt, so namentlich bei häuslichen Verrichtungen und wenn sie Fremde bei der Mahlzeit bedient. Der Greis hinwider legt von Kleidungsstücken das ab, was an blossen Körperschmuck gemahnt.

Das Haupt trägt Mann wie Frau, mit Ausnahme der Oromó, in der Regel unbedeckt. Eine buschige dichte Frisur des Haares ersetzt jegliche Kopfbedeckung, woferne sie nur des Kopfes Zier bedeuten sollte. Diese aber gewinnt Bedeutung bei dem Krieger der Oromó, die, zum Zemetschá ausziehend, blauseidene Kopftücher tragen, welche bei den Somâl als unterscheidendes Merkmal für die verheiratete Frau und für die Witwe dienen. Zum Zeichen, dass sie in den Ehestand getreten, hüllt die Somâl- und Danâkil-Frau das Haupt, jede nach anderer Façon, mit einem blauen Kopfnetze oder Tuche (som. *mesuân* oder *danga*, auch *kambû* bei Somâl und Afar), das nach Art eines Turbans den Kopf umschliessen soll, und wie mir bei der laxen Einhaltung der islamitischen Vorschriften bei diesen Völkern bedünken will, wohl aus ästhetischen Rücksichten angenommen ward, weil die Hausfrau und Mutter nicht mehr in der Lage ist, dem Haarputz jene Sorgfalt zuzuwenden wie die Jungfrau. Ich halte an dieser Anschauung aus Ueberzeugung fest, die ich bei dem Verkehre mit den Eingebornen gewonnen. Dieser Kopfschutz, richtiger die Kopfhaarhülle hat meist ein kapuzenartiges, oft chignonartiges Aussehen. Zum Zeichen der Witwenschaft breitet die Somâl-Frau über das blaue Kopftuch noch ein weisses, das sie ein volles Jahr hindurch am Haupte behält.[16] Junge Mädchen bei Somâl schlingen hie und da ein breites Band ins Haar, häufiger wohl auch um die Stirne (*dscharre*), das aus Wolle oder Leder besteht und in eine auf den Nacken oder die Schulter fallende Quaste endigt. Ein solches Band fiele in die Rubrik des Schmuckes, wenn es nicht selten sehr breit wäre und der Stirne und dem Kopfe Schutz verleihen würde.[17]

Südliche wie nördliche Oromó tragen besonders in der Regenzeit eine Kopfbedeckung in Form einer 20—40 Centimeter hohen Mütze oder eines Hutes und einer Binde (*debbesá*, *ribensa*, Frauenhauben aus Perlen, aber nur im Festschmucke *gonfó bokolú*). Wollene Mützen von der Form des abessinischen *kuob* werden bei den nördlichen und westlichen Galla von Hirten aus Ziegenfell bereitet und heissen *gonfó reti*, in Kambât *gonfûta*, in Guragê in Kafa *uko ohembó*. Sie haben eine konische Form und sind, grossen Zuckerhutdüten nicht unähnlich, mit Perlenbehang verziert.[18] Bei Kriegern werden sie *gonfó lolati* genannt. Bei den südlichen Galla arten diese Hüte oder Mützen in einen turbanartigen Kopfschmuck aus, *gûtu* genannt, der aus Haar verfertigt wird, das vom Hinterkopfe rechteckig und steif wegsteht und mit Troddeln verziert ist,[19]) deren Vornehme vier, Leute aus dem Volke nur zwei tragen.

Die bei den Galla des Westen und von Schoa getragene meist lederne oder wollene Kopfbinde, *gurda* oder *kukutá* genannt, mag wohl einem Bedürfnisse in den feuchten und kühlen Landstrichen entsprechen, wo es gilt, Rheumatismen hintanzuhalten, wo aber den grössten Theil des Jahres der warme Hut oder die Fellmütze unverwendbar bleibt; sie ist aber zweifellos ein abessinisches Stück. In Kullo und Kuontáb, wo diese Binde *kátscha* genannt wird, besteht sie aus einem $1\frac{1}{2}$ Meter langen, 25 Centimeter breiten Baumwollenbande, das turbanartig um den Kopf geschlungen wird.

In den Städten der 'Afar- und Somálküste findet man auf dem Haupte der bemittelteren männlichen Bewohner überall das weisse oder bunte arabische Käppi, das in Harar und Schoa als *knfát* (auch die 'Afar gebrauchen diesen Namen) eine beträchtliche Höhe erhält und, aus Bändern zusammengesetzt, zu jeder Jahreszeit getragen wird, ferner auch den Tarbusch. Im Uebrigen lässt sich sagen, dass sich die Eingebornen in Nordost-Afrika nicht bemühen, dem Kopfhaare eine Form zu geben, die eine Kopfbedeckung von bestimmter Form ersetzte. Die reichliche Fettung, besonders die stets erneute Fettkruste am Haare müsste denn als solche aufgefasst werden. Nach muhammedanischem Brauche bedienen sich Somál, falls sie strenge Rechtgläubige sind oder als solche erscheinen wollen, der blossen Turbanbinde als Kopfbedeckung (*mandel, isám*, auch kurz mit dem Galla-Ausdrucke *sabbata* Binde), die sie indess ohne Weiteres um Schläfe und Hinterhaupt und nicht erst um einen Tarbusch winden.

Das Gesicht tragen Bekennerinnen des Propheten in Nordost-Afrika, mögen sie welchem Stamme immer angehören, stets unverhüllt. Dagegen findet man unter den Somál-Frauen eine Art Schleier oder Tuch für das Gesicht (*schamakád gambo*) verbreitet, die man, ähnlich wie das reiche Schoanerinnen thun, mehr aus Coquetterie vors Gesicht hängt, denn dass sie seinen Zweck erfüllten. Eine besondere Bekleidung des Halses findet man nur bei den Oromó-Frauen der äthiopischen Lande, *maskalla* genannt und aus einem Kragen vom Zuschnitte des Palliums aus rothem Tuche oder aus Seide bestehend. Im Allgemeinen ersetzt der reiche, oft in breiten Formen gehaltene Halsschmuck jedes Kleid für Hals und Nacken.

Zur Bekleidung des Stammes dient bei Mann und Weib aller Nordost-Afrikaner ein mantelartiges langes Gewand nach Art der alten Toga (des Peplos) oder des modernen Plaid, zum Schutze der Unterextremitäten ein tunicaartiger Lederschurz von der ausgesprochenen Form einer Binde, der bald einem Unterrocke gleicht (auch bei Männern), bald wieder, und dies nur bei den Galla Schoas, die Façon einer Hose (*sorri, haritikál*) erhält.

Das mantelartige Gewand für den Mann, bei den Somál *maro*, bei den 'Afar *saró*, bei den südlichen Somál *tób* (in den Städten der Ostküste *lumún hall*), bei den Oromó *wája* (von *uw* ankleiden) genannt, gleicht der abessinischen *schammá* oder *kwarri*. Es besteht aus Baumwollenstoff, ist etwa 2½—3½ Meter (8 *dudún* oder Ellen) lang und 1⅓ Meter breit und aus zwei ziemlich gleich gross geschnittenen Stücken zusammengesetzt, mit grobem Stiche zusammengenäht und eingesäumt. Man schlingt es um den Leib und über die rechte Schulter, so dass der rechte Arm frei bleibt, der linke bedeckt ist und etwas straffer an den Körper angezogen erscheint. Beim Ausschreiten lockert sich die Faltung etwas, so dass in der Regel das eine Ende der *maro* leicht von der Achsel herabflattert, den rechten Oberarm bald bedeckend, bald wieder freilassend, je nach den mehr oder weniger lebhaften Bewegungen des Individuums.[*) Zu Zeiten begnügen sich die Somál und 'Afar nur mit der einen Hälfte der *maro*, die die Somál *schukka* nennen, und dies gibt dem Gewande ein unzureichendes, knappes Aussehen. Die *wája* des Oromó hat keinen ausgesprochen oder streng togaartigen Faltenwurf, sondern wird gerne bequem nach Art unserer Reitermäntel angelegt. Bei den 'Afar und Somál hat die *maro* einen schmalen rothen Saum (*mahaus*), der an Breite in einigen Gegenden wechselt, niemals aber so breit wird wie jener der abessinischen *schammá*, *belessié* oder *dschano*, besonders der schönen *telesám schammá* (15—20 Centimeter), die ja im Allgemeinen gegen die *maro* viel bedeutendere Dimensionen hat (*schamá* circa 5 Meter Länge, *belessié* gar bis 10 Meter Länge und 3 Meter Breite). Nach dem Stoffe, aus welchem sie gefertigt ist, nennt man die *maro*, *tôb* und *wája* häufig einfach nur *marekán*. Der Charakter dieses Kleidungsstückes ist das Flottirende, Volante, besonders bei den Oromó, da dies vornehmlich abessinischer Geschmack ist, und es ist sehr geeignet, gravitätischen Gang zu unterstützen, dem gesetzten Träger in Ruhe und Bewegung Würde zu verleihen, aber auch je nach Wuchs und Temperament des Trägers, z. B. den Anflug des Kecken, Herausfordernden zu geben. Auch kleine Mäntel aus Kalbsfellen (*kalle*) werden von Galla getragen.

Der Ersatz des mantelartigen Obergewandes ist besonders in den Küstengebieten bei den Somál und 'Afar nicht selten durch eine ärmellose Jacke (Unterhemd, Weste), meist aus buntem Stoffe, angedeutet (som. *gundata*; 'afar. *sartim* · «Werktagsanzug»). Sie hat oft den Charakter einer blossen Binde und lässt einen Theil des Oberkörpers frei. Mich bedünkt, dass dies Kleidungsstück angelegt wird, um bei physischer Arbeitsleistung, wenn Schweiss auf Brust und Rücken sich entwickelt, diesen aufzusaugen und den Brustkasten vor Erkältungen zu schützen. Schottische Muster sind bei demselben besonders beliebt.[*)

Während die Oberextremitäten, wenn sie die Tobe nicht hüllt, völlig unbedeckt bleiben, hüllt der Somáli und Dankali die Unterextremitäten in ein kittelähnliches baumwollenes Gewand, das auch von Frauen getragen wird (som. und 'afar. *kheilimanderi*, *marto*; orom. *geldem*), das stets färbig ist und von der abessinischen *schammá*, die zumeist alle Bordurefarben aufweist, wohl unterschieden werden muss. Manche Galla und 'Afar tragen an Stelle dieses Unterkleides einfach die abessinische Hose (*koffo*, 'afar. *walé*). Das *kheilimanderi* ist vornehmlich zum Schutze der Bauchhöhle bestimmt und reicht

einige Centimeter unter die Kniescheibe. Um die Lenden festgehalten wird
dies Kleidungsstück, das bei den Somál meist die blutrothe Farbe hat, durch
eine Schnur, oft nur durch feste Knüpfung, bei Vornehmen aber durch eine
2¹/₂ –3 Meter lange und 60 Centimeter bis 1 Meter breite Leibbinde (som.,
orom. *fúta*, auch *kumála*, 'afar. *búru* oder *mahabada*), die, wie vorhin erwähnt,
mit der Gundata-Juppe bei den Somál zusammenfällt und auch als Turban-
gewinde dienen kann, dann aber nur *fúta* genannt wird und 2 Meter lang und
60 Centimeter breit ist, eine schöne Bordure trägt, nicht selten aber blos aus
einem Stücke Shirting besteht. Die Oromó Schoas fertigen die abessinische
sorri auch aus Leder an, bedienen sich derselben aber niemals auf kriegerischen Expeditionen,[¹⁷]) vermuthlich, weil sie beim Reiten im Felde hinderlich
ist. In Bottor (südlich von Schoa) verschwindet aber die abessinische Hose,
und beide Geschlechter tragen nur Juppen oder die *fúta*.

Wie der *tób*, die *wája* oder *maro*, so ist auch diese Leibbinde, die man sehr
gut einen Lendenschurz nennen kann, ein charakteristisches Kleid Ost-Aequa-
torial-Afrikas, soweit es im Monsungebiete liegt, also ganz besonders des afrikanischen Osthornes. Wenn man bedenkt, dass in mässig feuchten und kühleren Landstrichen, wie es namentlich die Oromó-Gebiete im Süden Schoas
sind, wesentlich der Brustkasten und die Bauchhöhle ausgiebigen Schutzes
bedürfen, so leuchtet die Wichtigkeit des Lendenschurzes von selbst ein.
Darum sind aber auch die Kumálas bei den Galla in hohem Masse ausgebildet
und repräsentiren wahre Leibgewinde, die bis 15 Meter lang werden, und sogar
zum Bergen von Geld und Waffen (Messern) dienen. Eine solche Binde bildet
unter dem simplen Namen *wolajti* das Geschenk der Braut an den Bräutigam,
womit das Mädchen seine Fertigkeit im Weben und in der Kleidermacherei
nachweist. Nach Länge und Breite und Qualität verschieden, hat die *fúta* die
Bedeutung einer Tauschwertheinheit angenommen und gilt in den Oromó-
Gebieten unbestritten als solche. Man näht z. B. die Kumála (schmälere weisse
Binden mit farbig gewebten Rändern) zu plaidartigen Hüllen zusammen, die
Reiche drei- bis vierfach um den Leib schlingen. Manchmal ist die Kumála
einer Schammá der Abessinier vollständig vergleichbar und heisst dann *diriwi*.
Die allerfeinsten werden in Gumma erzeugt und heissen *bullukkó*.[¹⁸]) Des armen
Galla ganzes «Um und Auf» in der Toilette bildet nicht selten solch ein Len-
denschurz, dem blossen *mahaus* vergleichbar und auch so genannt. Er ist sein
Stolz und wird paradirend über Felllappen getragen. Der Dankali legt die
Binde sogar um die Schultern, während sie bei den südlichen Somál selten ist.
Auch bei den südlichen Galla am Tana und Sábaki reicht dieser Lenden-
schurz (*dororióñ*), der zu einem doppelten Schurztuch gefaltet wird, aus grober
Baumwolle von der Küste besteht, die im Urin des Rindes vierzehn Tage lang
gebeizt und dadurch dicht, weich und haltbar gemacht wurde, den Oromó bis
an die Kniee und bildet einen der wichtigsten Kleidungsartikel.[¹⁹])

Neben Toga, Unterleibshülle und Binde tragen die reichen Somál und
'Afar gerne den arabischen, braun- und weissgestreiften Wollmantel (*ebáje*

oder *ebaah*), die Galla aber nach abessinischen Mustern allerlei Mäntel (*won-dabit, wája simaló, fitála*), Oberröcke (*bernus, kafán*), so den äthiopischen Kriegermantel aus rothem Tuche oder Seide (*dschuó* oder *kallé woranati* genannt [abess. ᎯᎹᎪ·]), auch den für Vornehme bestimmten, mit grünen Perlen gezierten weissen Mantel (*gavi*), solche, die wegen Waffenthaten belohnt wurden, den Kriegermantel aus Löwenmähne und Pantherfell mit Silbergarnitur. Die südlichen Galla besitzen einfache Mäntel, die sie an Stelle der Wajá führen und welche, weil man sich in dieselben ganz einhüllen kann, während die Mäntel der nördlichen Oromó als Ehrenkleider mehr Schmuckgewand ausmachen, besonders beim Liegen Wärme spenden und Insectenbiss verhindern sollen. Waffen (Messer) schnallt man gewöhnlich über dieselben an. Diese an Stücken reiche Gewandung reducirt sich bei dem gewöhnlichen Manne aller drei Stämme, besonders den Oromó, auf ein weisses Oberkleid, das durch Schweiss und Strapazen gewöhnlich schwarzbraun geworden ist, bei den westlichen Galla (Legga-Galla) auf eine Toga von dichtem abessinischen Baumwollenstoffe, der gestreift und mit blauen und rothen Rauten geziert wird und, einer warmen wollenen Decke gleichend, sehr beliebt ist. Diese Einfachheit erklärt wohl leicht den Umstand, dass die Oromó am Jabus auf den Erforscher derselben, Schuver, den Eindruck machten, als lebten sie auf einem ungünstigen Terrain, in einem ihnen nicht zusagenden Klima.[15]) Sowie die Ueppigkeit unter den Oromó von Schoa sogar das Tragen von unförmigen Talaren (*kollo*) bewirkte, so schränkt hier Kärglichkeit und Noth die Kleidung auf die unentbehrlichste und einfachste Bedeckung des Leibes ein.

Sehr beliebt ist bei den Oromó das Tragen seidener Schoaner Hemden für Krieger und ganz besonders das des äthiopischen Lembd oder Thierfelles für die Schulter. Es ist das Zeichen des zur Schlacht gerüsteten, überhaupt schlagfertigen oder in Parade erscheinenden Kriegers. Man verwendet am liebsten Leopardenfelle dazu (das gewöhnliche orom. *gissilla*, das schwarze *kerenssa*), die in Limmu um 20—40 Salze (15—20 Francs) leicht beschafft werden können. Ganz besonders bevorzugt ist das Fell des schwarzen Leoparden (*kallé kerenssa*), dessen Schwanz, Tatzen und Krallen nicht entfernt werden und den Krieger bei allen Bewegungen im Dickicht unablässig behindern.[16]) Die Thierfelle spenden dem Körper wohl Wärme, allein sie haben als Kleider betrachtet lediglich den Anstrich des Schmuckes, der dem Träger, besonders dem Reiter ein martialisches Aussehen verleiht.[17]) Den Somál und Danákil sind solche Schulterfelle ganz unbekannt.

Die Stammbekleidung der weiblichen Individuen der Bewohnerschaft des afrikanischen Osthornes gleicht in vielen Punkten jener der männlichen. Vor Allem trägt die Somál- und 'Afar-Frau eine der des Mannes ähnliche baumwollene, seltener lederne Maro, *dáu* genannt, in welche sie den ganzen Körper nach Art eines Peplos hüllt und um die Hüften mit einem Gürtel (*bogor*) befestigt. Bei den Oromó heisst dies Kleid *wallú*[18]) oder *dabba*, besteht aus weichem Kalbs- oder Ziegenfell von grauer oder brauner Farbe,

wird an der linken Schulter zusammengeknüpft, so dass es beide Arme frei
lässt, besitzt ferner an der rechten Seite einen von unten ziemlich hoch hinauf
reichenden Schlitz, damit es beim Gehen nicht hindere, und ist unten gefranst.
Um die Taille wird es manchmal eng angezogen, doch ist dies nicht immer
der Fall. Reichere tragen dies Kleid auch doppelt (*wája sóboka*) und nur aus
Baumwolle und wissen das schmiegsame dann gefällig um den Stamm zu
winden.[27]) Bei den Danákil-Frauen herrscht an diesem Kleidungsstücke (*kis-
wat*, arabisches Wort), die blaue Farbe vor. Unter diesem peplosartigen Gewande deckt den weiblichen Körper der Somál und 'Afar ein Kheilimandéri
in lebhaften Farben, der an der linken Schulter geknöpft wird, die Brust ver-
hüllt und bis an die Kniee fällt. Dazu kommt ein Baumwollenstück als Joppe,
das rückwärts zu einer Tournure herabwallt und von Verheirateten auch aus
Leder getragen wird, während Ledige es stets nur aus Wollstoff tragen. Das
Oromó-Weib, wenn noch Jungfrau, legt dafür eine Tunica mit ausgezackten
Lederärmeln an (*díbbikkó*) und darüber oft noch Binden aus blauem Stoffe.
Reiche Galla-Damen tragen auch bis an die Lenden reichende Seidenhemden
mit reicher Stickerei (*wondabú simaló* oder *tabbakó*) und Binden aus blauem
Gewebe mit weissen und rothen Federn (*dschifarr*),[30]) an Festtagen auch die
wája des Mannes. Die Toilette vervollständigen bei den Somál Sacktücher für
Frauen (*boghorro, wája funjáni*, im Süden *schás* genannt) in allen Farben und
Grössen zum Bedecken des Kopfes. Zu bemerken ist, dass die Tunica-Gewän-
der der südlichen Somál Aermel besitzen. Die Frauenkleider der Hararí und
jene der weiblichen Bevölkerung der Landschaft Farré haben eigenen Schnitt
und Farbe.[31])

Kinder tragen vom fünften bis sechsten Lebensjahre an die Kleider, die in
Schnitt und Farbe mit denen der Erwachsenen identisch sind, und nehmen sich
darin äusserst neckisch aus. Neugeborenen legen die Oromó eine Gurda
(Lederbinde) an, die die Kinder dann als Talisman behalten. Die Somál und
'Afar hüllen die Kinder in kleine Baumwollentücher (som. *maro derífa*), die
Galla des Westens in Felle, deren Haare nach Innen gekehrt sind, während
die Aussenseite schwarz bemalt wird.[32])

Der Sclave bei den Galla trägt keine *wája*, sondern ein Mantelet aus
Rindsleder zur Bedeckung des Oberkörpers (*bersó*) und ein Stück Leder als
Hülle für die Unterextremitäten,[33]) bei den 'Afar trägt er ein Fellkleid.

In Landschaften mit scharfkantigem vulcanischen Gesteine, wie es die
Somál- und Danákil-Länder sind, muss der Beschuhung grosse Sorgfalt gewidmet werden. Die Bewohner Nordost-Afrikas tragen gleichwohl nur bei
Mann und Frau in der Form nicht verschiedene Sandalen (som. *kabo*; 'afar.
kabelá oder *karáfe*; orom. *kobé, aschin, fána*), freilich solche von guter Beschaffenheit, die Somál leichte aus Giraffenhaut, die Galla aus Rindsleder, und
zwar solche für trockene und feuchte Witterung. In der trockenen Zeit gehen
selbst Vornehme meist unbeschuht. Leute aus dem Volke tragen die Sandalen
meist in der Hand und bilden damit typische Figuren. Häuptlinge haben

besonders schön ausgestattete Sandalen, die man gerne breit schneidet und bemalt. Indessen hat die Sandale der Ost-Afrikaner die gewöhnliche orientalische Form und Ausstattung. aber keine oder nur kleine Absätze. Bei den südlichen Galla trägt das weibliche Geschlecht, offenbar um in der Grassteppe und im Dorndickicht die Schienbeine und den Fussrist nicht zu verletzen, eine Art Baumwollen-Caligen (Gamaschen) ohne Sohle, die unter dem Knie angebunden werden und nur den Obertheil des Fusses bedecken. Solche Beschuhung sieht man auch bei den Somál-Weibern in Schéch Osmán bei Aden. Vornehme Galla-Damen tragen in Schoa bereits Lederstiefletten (*naka*).

In mancher Hinsicht kann man auch Schirme (orom. *dátu, kadissa*; som. *dalajád, hossa*) zur Bekleidung des Nordost-Afrikaners rechnen, da sie von der Toilette unzertrennlich, aber nur zu solcher der Vornehmen gehören. Somál und 'Afar tragen sie selten, dagegen häufig vornehme Oromó von Schoa, die sich einen Schirm von blauer oder grüner Seide nachtragen lassen. Uebrigens darf der Oromó in Schoa Hut und blauen Schirm nur über Autorisation von Seite des Herrschers tragen.

Kleidung (orom. *lagó, varo*; som. *garbagala*) ist in Nordost-Afrika eine theuere Sache, da sie sich Jeder eigenhändig und mühevoll verfertigen muss. Bei den Somál und 'Afar gibt es wohl berufsmässige Schneider (som. *dártol*; 'afar. *ribati*), die Kleidung jeder Art (som. *máraha*; 'afar. *sára* oder *saråna*) verfertigen. Auch in Schoa und Harar gibt es solche, allein gemeinhin verfertigt und flickt sich Mann und Weib selbst das Gewand. Farbstoffe werden von Aussen bezogen, d. i. durch arabische und Somál-Händler zugeführt. Bessere Kleider, natürlich stets nach den Begriffen der Eingebornen, also solche für Festtage, kommen auf bescheidene Summen zu stehen. In Schoa kostet eine grobe *schammá* oder *wája* einen Maria Theresien-Thaler, ein Paar *sorri* 3 Salze (à 35 Centimes), ein *belessié* 3 Thaler und 3 Salze. In Harar sind die Kleider etwas theurer. Ein *takka* (Stück) *merikani* kostet in Harar 12 Piaster. Aehnlich sind die Preise in Tadschura, Obock, Zejla, Berbera und an der Benádir-Küste. Nichtsdestoweniger besitzen, ganz besonders unter den in Folge des Bodenreichthums wohlhabenderen Oromó und unter den Küsten-Somál, die Meisten auch Feierkleider, die sie sorgsam hüten. Die Feierkleider der Danákil sind an den lebhaften Farben kenntlich. Man hält sie gerne rein und nett und wäscht sie oft (bei den Oromó im Urin der Kühe) und verwahrt sie in grossen Körben.

Der begehrenswertheste Zustand, in dem Jeder seine Kleidung zu sehen wünscht, ist das blendende Weiss, das sogar am Todtenkleide oder Leichentuche (dem arab. ـكﻓ) in krystallheller Schönheit ersehnt wird. Man reinigt die Kleider durch Waschen (Treten mit den Füssen auf reinen Kieselsteinen) unter Zuhilfenahme von Mineralseife (zersetzten vulcanischen Gesteinsbestandtheilen vom Assal-See), in Schoa unter Verwendung von Kuhurin. Wenn die Galla die *wája* zwei- bis dreimal vor dem Tragen in zerlassene Butter tauchen, so ist das auch ein Reinigungs-, richtiger Conservirungsprocess, der unserem

Waschen noch ungebrauchter Wäsche gleichkommt. Jedenfalls erblickt der Nordost-Afrikaner in dem schneeweissen Kleide das Moment besonderer Eleganz und Schönheit, ebenso wie er in dem opulenten Masse dieselben Eigenschaften gewahrt. Zumal der Oromó hat von dem Abessinier die Gewohnheit angenommen, mit der reichlich bemessenen *wája* den grössten Theil des Gesichtes, ganz besonders den Mund, zu bedecken und beim Sitzen aus einer gegen den Scheitel pyramidal zulaufenden Kleiderkuppe nur mit den Augen hervorzugucken. Dies dünkt ihm der Ausfluss vornehmen Wesens, unübertroffener Distinguirtheit, eleganten Auftretens. Ich habe auch beobachtet, dass Somál und Oromó auf ihre Kleider recht heikel sind, besonders unwillig werden, wenn man sie ihnen unwillkürlich beschmutzt, und trostlos werden können, wenn ihnen etwas von Kleidern verloren geht oder abhanden kommt. Es liegt dies in der Werthschätzung alles mit Aufwand von Kunstfleiss Gefertigten auf Seite der Eingebornen, welche selbst zu dem beachtenswerthen ethischen Zuge geführt hat, von Kleidung oder Proprietäten welcher Art immer nichts zu veräussern, ohne dem Gespötte und der Verachtung zu verfallen, ein Moment, bei dem religiöse Motive immerhin mitspielen können, aber entschieden ethische überwiegen.

Capitel 2: Schmuck.

Schmuck und Körperzier jeglicher Art (som. *aláď;* 'afar. *ambou,* d. i. Fuss- oder Armringe; orom. *tschámu)* spielen bei den Bewohnern des afrikanischen Osthornes eine sehr grosse Rolle, ja sie erreichen fast die Bedeutung der Bekleidung und werden in so ausgedehntem Masse angewendet, dass es wohl kaum ein Individuum auf der Somál-Halbinsel geben mag, welches damit nicht förmlich überladen wäre. Nichtsdestoweniger bleibt dem Schmucke ein begrenzter Spielraum zugewiesen, und selten wird seine Natur dadurch verwischt, dass ihm etwa wie in anderen Theilen Afrikas der Ersatz der Kleidung beschieden wäre, wenn auch bei manchen Objecten des Vestimentes und des Ornamentes die Grenze schwer zu ziehen ist und beide Arten der Körperbedeckung einander oftmals eng berühren. Die klimatischen Verhältnisse bedingen Natur und Aufwand des Körperschmuckes, und es lässt sich mit Recht behaupten, dass bloss getragene Körpertheile von Naturvölkern mit Vorliebe mit Schmuck bedeckt werden, während bedeckt getragene desselben nur in geringerem Masse theilhaftig werden. d. h. dass Schmuck über dem Kleide seltener angebracht wird. Dies gilt von den Nordost-Afrikanern, die wohl eine unauffällige, einfache Verzierung der Kleider lieben, aber Schmuck an bedeckten Körpertheilen nicht anzubringen pflegen, wohl aber auch Waffen, Reit- und Tragthiere zieren.

Bei dem Dankali, Somáli und Galla gibt sich eine dreifache Auffassung dessen, was Schmuck und Zier und wann diese anzulegen sei, kund. Im Vorder-

grunde steht die Vorliebe für das Reine, Klare, Glänzende, das das Auge stets
oder doch häufig in der Nähe zu beschauen begehrt und womit es den Körper
in enge Verbindung bringt, um auch diesem die vorgenannten Eigenschaften
mitzutheilen — das alte innate Schmuckbedürfniss des Menschen, mitunter
wohl auch das Product der Erziehung und Cultur. Gegenstände dieser ersten
Kategorie des Schmuckes sind Metall, Glas, Federn, polirtes Holz, Bernstein,
Bein, Horn, Conchylien, Fischknochen, glänzendes Leder, buntes Tuch u. s. w.
Den zweiten Rang nehmen Dinge ein, welche höheren göttlichen oder ausser-
ordentlichen Zwecken zu dienen bestimmt sind. Wenn der Oromó-Priester im
ganzen Galla-Lande die Gedärme der getödteten Rinder, den Pansen, oder
Fettnetze (mord), aus welchen er haruspicirte, sich an den Nacken hängt und
damit unter der Menge prunkt, sie so lange am Halse behält, bis sie vertrock-
nen und abfallen, so mag er damit allerdings auch den Zweck verbinden, einen
Talisman zu tragen, allein es hat dies darin seinen Grund, dass er einen Gegenstand, an welchem der Wille der Gottheit erprobt wurde und der dadurch geheiligt ist, für werthvoll und ausgezeichnet, für einen Schmuckgegenstand
hält, der durchaus nichts mit dem Trophäenthum zu schaffen hat, wie man
leicht glauben könnte. Ebenso werden die dem Feinde abgeschnittenen Genitalien (orom. misd), welche der Galla sich an die Stirne, seiner Gattin an den
Hals bindet und welche er an die Thüre seiner Behausung oder an einen bevorzugten Platz in dieser selbst befestigt und dort verdorren lässt, bis sie abfallen, darum ein Gegenstand des Schmuckes, weil sie das wichtige, geheimnissvolle und wunderbare Geschäft der Fortpflanzung des Menschen zu üben
bestimmt waren. Auch hier kann an den Trophäencult deshalb nicht gedacht
werden, weil die schönen Waffen oder Kleider des bezwungenen Gegners
oder Feindes als Trophäen mitgenommen werden, und weil Trophäe und
Beute nach der Auffassung der Naturvölker einen wesentlich anderen Charakter haben.

Der dritte Beweggrund, Schmuck anzulegen, beruht bei diesen Völkern
in dem Bestreben, durch Schmuckabzeichen das gehobene Selbstgefühl zum
Ausdrucke zu bringen und dies Anderen erkennen zu lassen. Es erinnert dies
an unseren Gebrauch der Decorationen, ist vielmehr mit demselben identisch.
Bei den Eingebornen Nordost-Afrikas wird diese Gattung des Schmuckes angelegt, wenn ein Feind oder ein grosses wildes Thier getödtet worden ist.
Manche Somâl-Stämme verschmähen indessen solchen Schmuck. Da der
Schmuckgegenstand von dem Getödteten nicht herrührt, ja mit ihm in gar
keinem Zusammenhange steht, so kann hier an eine Coincidenz mit dem Trophäenthum gar nicht gedacht werden.

Was an dem Schmucke des Nordost-Afrikaners auffällt, ist die Massenhaftigkeit wie die Massivität desselben. Es wird reichlicher Schmuck getragen. Manche Galla-Frau trägt auf einmal Schmucksachen in dem Gewichte von
2—3 Kilogramm. Namentlich ist es eine enorme Last von Spangen, welche die
Arme der oromonischen Weiber bedecken. Im Westen, wo über Abessinien,

Schoa und Harar Metalle leicht zu beschaffen sind, trägt man viel mehr Schmucksachen als im Osten. Dabei zeigt sich die Erscheinung, dass die Männer vornehmlich Hornschmuck wählen.[34]) Schuver sah[35]) bei den Legga-Galla Frauen,
die 6 Ringe aus Elfenbein und 42 aus Messing an den Armen trugen, die Brust
mit grossen Massen Perlen und das Haar mit einem grossen Hornkamme beschwert hatten. Um Metallschmuck zu erzeugen, wird das gemünzte Silber
dem Verkehre entzogen und zu Luxusartikeln verarbeitet.

　　Die Schmucksachen sind in der Regel von massiver Beschaffenheit und
ziemlich grober, wenig sorgfältiger Ausführung. Das Gewicht eines einzigen
Danâkil-Bracelets wiegt mitunter 1 Kilogramm 12 Gramm bis 1 Kilogramm
15 Gramm. Es gibt Gruppenschmuck (Garnituren) und Gelegenheitsschmuck
wie bei uns, ja dieser letztere ist ausserordentlich ausgebildet. So ist bei den
'Afar die Anlegung eines ganzen, aus vielen Stücken bestehenden Schmuck-
apparates üblich, wenn man einen Menschen getödtet hat, und die Oromó-
Braut empfängt Schmucksachen in den einzelnen Stadien ihrer Brautschaft,
ja sogar in denen der Verlobungsfeier, so zumal bei der Gelegenheit, wenn sie
ihr Jawort gegeben, dann ferner wenn sie den Verlobungstanz schön getanzt
u. s. w. Gelegenheitsschmuck kann auch jene besondere Zier genannt werden,
welche der Bittende bei den Oromó anlegt, wenn er seinen Wunsch zu erlangen strebt, der eigene Schmuck des in den Kampf ziehenden Kriegers, des
Betenden, des amtirenden Häuptlings und Priesters u. A. m.

　　Die Anordnung der vielen Schmuckobjecte am Körper ist keine sehr
geschmackvolle, obzwar die Eingebornen des afrikanischen Osthornes schon
durch die Auswahl der für Schmuck prädilecten Körpertheile vortheilhaft von
anderen Afrikanern abstechen. Sichtlich sind z. B. die Somâl und Galla bestrebt, Metallschmuck hervorzukehren, diesem Seltenes, namentlich Dinge
europäischer Provenienz (Münzen, Patronenbeschlag, Instrumentenfragmente),
einzuverleiben, überhaupt Raritäten zu acquiriren. Sie haschen nach Fremdem und sind bereit, es um jeden Preis zu erkaufen. Nasenschmuck gehört zu
den grossen Seltenheiten (Nasenringe, die arabischen خزام. kommen nur bei
Somâl und da selten vor, bei 'Afar niemals): Lippenschmuck ist ungebräuchlich. Selbst die Ausschmückung der Fussknöchel ist nur bei einigen 'Afar-
Stämmen üblich. Dagegen ist die Ohrmuschel, der Hals und der Ober- und
Unterarm stets mit Schmuck bedeckt, und zwar jeder dieser Körpertheile mit
einer ziemlich gleich grossen Last.

　　Von den Materialien der Schmuckartikel ist das Metall wegen seiner
Dauerhaftigkeit und Solidität am bevorzugtesten. Gold, Silber, Kupfer, ja
selbst das Eisen spielen keine solche Rolle wie das Messing. Die Somâl-Halbinsel, die Danâkil- und Galla-Gebiete können das Land des Messingschmuckes
par excellence genannt werden. Das Kupfer, selbst in der Gestalt des Drahtes,
kommt nur in geringen Mengen beim Schmucke in Verwendung. Es hat auf
mich stets den Eindruck gemacht, als wenn die schlauen Araber und Abessinier die in Rede stehenden Gebiete von dem nützlichen Metalle evacuirt

hätten und solches an sich zu ziehen bestrebt wären. Die zweite Stelle nimmt unter den Schmuckstoffen das Glas ein in Form der Perle und Koralle, dann folgen massive Bestandtheile aus dem Thier- und Pflanzenreiche. Blumenschmuck ist nur bei den Galla beliebt, und merkwürdiger Weise werden in der Anfertigung der Schmuckartikel auch niemals Blumen, überhaupt keine Naturobjecte nachgeahmt.

Schmucksachen haben bei den Nordost-Afrikanern keine besonderen Typen; ihre Formen sind zweifellos von neuer und alter semitischer Kunst in Anlage und Decoration beeinflusst. Die Basis der stets wiederkehrenden künstlichen Ornamentirung aller Schmuckstücke der Somál, Danákil und Galla ist die Figur des Rhombus oder rhomboide Formen überhaupt, deren Vorhandensein schier unentbehrlich ist. Ich möchte behaupten, dass die unter scharfem Winkel zugespitzten Contouren der vulcanischen Gebirgsmassen, die in Pyramiden- und Dreiecksformen emporstarren und den Horizont begrenzen, zur Aufnahme dieser geometrischen Zierformen den Anlass gegeben haben. Die Mehrzahl der Schmuckgegenstände hat die Form des Behanges, daher die zahlreichen Ketten- und Plattenformen. Lärmender, sowohl geräuschvoller wie auffälliger Schmuck ist unbeliebt.

Die Artikel, mit welchen der Mann den Körper ziert, sind mit nur geringen Ausnahmen dieselben wie die des Weibes, und dies bildet ein Charakteristikon nordostafrikanischen Schmuckes. Was die Originalität anbelangt, so kann man dem Somálschmucke den Vorzug geben, der ohne Zweifel eine solche besitzt, während der 'Afar und Oromó, der Erstere arabischen, der Letztere abessinischen Geschmack angenommen haben. Das Land der Danákil liegt übrigens tief im Banne arabischen Wesens überhaupt.

Bemerkenswerth ist, dass namentlich die weiblichen Bewohner der Somál-Halbinsel und deren Kinder entgegen europäischer und auch sonstiger afrikanischer Uebung, angethan mit der gesammten Masse des Schmuckes, ihre Geschäfte und selbst die penibelsten häuslichen Arbeiten verrichten, ja selbst mit solchen Schmuckgegenständen, die sich leicht vom Körper entfernen lassen, sogar zur Nachtruhe sich begeben, und dies ist ganz besonders bei den Somál und Danákil der Fall. Es ist dies nicht etwa ein Ausfluss unsorgfältiger Körperpflege, denn diese ist, wie später gezeigt werden soll, eine sehr intensive, als vielmehr dem Umstande zuzuschreiben, dass diese nomadischen Völker jederzeit marsch- und reisebereit sein müssen. Darum fällt es auch auf, dass man die Reit- und Tragthiere, die steten Begleiter des Menschen, sehr häufig mit sinnigem Schmucke behangen findet. In ihren tüchtigen, werthvollen Thieren erblicken diese Nomaden, ebenso die reitenden Galla-Stämme ein Stück ihrer eigenen Kraft, schmücken sie daher mit Vorliebe und halten auch ihren Schmuck blank und rein.

Die bei den muhammedanischen, seltener bei den heidnischen Bewohnern Nordost-Afrikas als Hals-, Arm und Lendenschmuck verwendeten zahlreichen Amulete und Talismane (arab. ﻭﺭﺝ; som. *ghertás, gadún*), sowie andere Gegenstände des Aberglaubens — und solche dienen überall als Schmuck, wie ihre schönen und kostbaren Formen häufig andeuten — finden in der Ansicht der Eingebornen ihre Erklärung, das Geweihte, Heilige verkläre als solches schon, selbst unansehnlich an Gestalt, Form oder Farbe. Bei den Somâl hat sich in der Amuletbehälter-Industrie schon eine schwungvolle Mode entwickelt. Es gibt Doppeltäschchen und solche, in welche täglich ein anderer Talisman eingefügt werden kann, um selbst bei verschiedenen Verrichtungen gewechselt werden zu können.

Schmuck ist in Nordost-Afrika der Mode viel mehr unterworfen als Kleidung, welche typische Formen in Schnitt und Farbe behält. Doch bezieht sich die Variabilität mehr auf die Bestandtheile der Schmuckartikel, wofern sie aus Glas sind, also auf das grosse Reich der Perlen und Korallen. Gleichwohl kann nicht unerwähnt bleiben, dass die Mode im Grossen und Ganzen ein langsames Tempo einhält, obgleich in Folge des mächtigen Pulsirens des Handelsverkehres bessere Bedingungen und Voraussetzung für ihr Gedeihen bestehen.

Hier ist Gelegenheit, die Tatuirung (wohl zu unterscheiden von blossen Brandnarben, arab. زج ; äthiop. ንገወ፡), welche bei den Nordost-Afrikanern gleichfalls geübt wird, in ihrem Verhältnisse zum Schmucke zu besprechen. Ich kann derselben, weil sie keine grosse Rolle spielt, an Körperstellen applicirt wird, welche bedeckt getragen werden, und weil ihrer Ausführung die Eingebornen wenig Aufmerksamkeit schenken, mit Körperschmuck nicht identificiren, und weil ihre Zeichen aber auch nicht ausschliesslich den Zweck haben, Stammes- oder Familienmarken zu sein, scheint mir eine andere Erklärung geboten, nämlich die, dass sie physiologischen Zwecken diene, eine Ansicht, die weiter unten in dem Capitel »Physiologisches« begründet werden soll. Dagegen muss zugestanden werden, dass mit künstlicher Aufkämmung des Haupthaares (Ausrasirung von Glatzen bei Galla-Mädchen), ganz besonders bei den Galla-Frauen Schmuckzwecke verfolgt werden, ebenso dass der Gebrauch der Haar- und Bartfärbung (Haarbleichung bei den Somâl) und jener der Schminke allerdings auch physiologisch-sanitär begründet werden könne, aber dessen Hauptmotive doch auf dem Gebiete der Putz- und Schmucksucht zu suchen sind.

An dem Haupte des Nordost-Afrikaners ist es hauptsächlich die Stirn und das Ohr, welche mit Schmuck versehen werden. Dass Lippen und Nase von Schmuckbehang frei bleiben, gibt dem Antlitze etwas Offenes, ein gefälliges Aussehen und trägt mit dazu bei, dem Schmucke, der das Gesichtsoval flankirt, jene Wirkung zu belassen, welche Körperzier im Allgemeinen hervorbringt. Mit Recht kann diesen Völkern die Unterlassung eigentlicher Verunstaltungen der Gesichtstheile als eine Annäherung an unser Schönheitsideal, ja sogar als ein Zug von Kunstverständniss angerechnet werden. Mit zur Zier des Kopfes gehören bei den männlichen Somâl und 'Afar die langen Haarnadeln, 20—30 Centimeter lange hölzerne Stäbchen (som. *fidin;* orom. *fila;* 'afar. *lifana*)

mit geschnitztem, meist gabelförmigem und mit einem rothen Wollbündchen
geziertem Ende, bei den Frauen derselben, sowie bei jenen der westlichen Galla
mit rautenförmigen Zeichnungen und Sculpturen bedeckte, 10—15 Centimeter
hohe Holz- und Hornkämme (som. *sakafa;* 'afar. *midgó;* orom. *fáver, midáo*).
Die Eingebornen wissen sie so geschickt im Haare zu befestigen, dass sie einen
stutzerhaften und koketten Eindruck machen, zumal die Männer, welche damit indess auch «genial» zu spielen wissen. Eine lange Holzhaarnadel bleibt
übrigens ein Gegenstand jedes Mannes, ohne den er den Kopf den Blicken
niemals preisgibt. Von der Frisur des Haares wird am Ende dieses Abschnittes
die Rede sein.

Stirnschmuck ist besonders bei den Oromo beliebt. Tutschek hat von
seinen Gewährsmännern, die keine Galla waren, erfahren, der aus dem Kampfe
heimkehrende Sieger bei den Boróna-Galla schlinge um die Stirne eine Dornen-
krone, welche das Abrinnen der reichen Fettschichte der Haare verhindern
soll. Indessen hat auch Révoil[³⁶] berichtet, die Galla des Südens bedienten
sich des Stirndiadems aus Federn von weisser und schwarzer Farbe. Ich habe
selbst solchen Federnschmuck bei Galla aus dem Südwesten von Kafa beobachtet, wo Federnschmuck beliebt zu sein scheint, und nicht selten tragen ihn
auch Waffenträger abessinischer Grosser. Das aber muss ich hier betonen,
dass bei dem Mangel an guten Schiesswaffen bei diesen Völkern schöne Federn zu Schmuckzwecken, mit Ausnahme jener des Strausses, den man züchtet
oder mit der Lanze erlegt, selten erlangt werden und auch wirklich selten sind.
Galla-Jünglinge behelfen sich daher mit den von den Feld-, Turtel- und Wild-
tauben verlorenen Schwung- oder Schwanzfedern, die sie dem in dunkler Nacht
überraschten Thiere auch auszureissen pflegen.[³⁷]

Die Straussenfeder, welche bei den alten Aegyptern als das Zeichen der
Treue und Wahrheit angesehen wurde, in Altengland als Zeichen der Feigheit
galt, dient unter dem Namen *bál* (arab. بر) als Signatur des vollbrachten Mor-
des oder richtiger des Sieges bei einer Mordthat. Jeder Somáli, der, sei es in
offenem Kampfe, einen Menschen getödtet, sei es hinterlistig aus dem Leben
geschafft hat, ziert damit das Haupt und prunkt damit unter seinen Stammes-
genossen. Gewöhnlich ist der *bál* von weisser Farbe und besteht manchmal
aus einem Strauss von Federn, je nach dem Geschmacke desjenigen, der ihn
erworben. Manche Ejssa stecken auch eine schwarze Straussenfeder in das
buschige Haupthaar am Hinterkopfe, die sich dann weniger schön von dem
dunklen Haare abhebt. Es geschieht dies, wenn es an Federn weisser Farbe
augenblicklich mangelt.[³⁸] Bei den Habr Auál-Somál haben einige Fakiden
eine Aversion gegen diesen Kopfschmuck und nennen die Träger desselben
rohe und unbescheidene Leute. Bei den Danákil legen die Mörder neben dem
weissen *bál* (*tágor*) eine ganze Garnitur weissen Schmuckes an, gleichsam als
verstärktes Zeichen der Mordthat, nämlich einen Elfenbeinring auf den rechten
Arm ('afar. *sunúd*), Elfenbeinstifte in die Ohrläppchen und fügen dazu ein
Büschel weisser Pferdehaare in den Schild.[³⁹]

Beliebter als der einfache Federnschmuck ist zur Verzierung der Stirne
bei den Danâkil der *tschimbil*, ein Streifen rother Seide, mit welchem man
die Schläfen umwindet, wieder nur dann, wenn man einen Menschen getödtet
hat, der von der einfachen *margâ* der Galla oder einem kleinen, oft an die
Stirne gebundenen Grasbusche oder dem *ʒaritti*, d. i. einem Strauss von *Aspa-
ragus retrofractus*, recht sonderbar absticht. Die Somâl binden häufig an eine
Schnur befestigte Bernsteinstücke (*makâwi*) auch an die Stirne. Unter den
Oromó Schoas sind natürlich auch die Artikel verbreitet, mit welchen der Amhâra Haupt und Stirne schmückt, also der *anfarró* (ein Streifen von Löwenhaut
mit langem Haare und Silberbelag für Krieger), diĕ *akodama* (silberner Ehren-
schmuck für tapfere Führung), die *kufita*, der *jeraswork* u. A. m. Galla-Priester
legen auch Kupferreifen, Schellen und andere Metallkörper an einer Schnur
um und auf Haupt und Stirne, fürstliche Personen bei den westlichen Oromó
tragen zierliche Kupferdiademe und Kupferblättchen von 10—15 Centimeter
Länge und 1 Centimeter Breite, welche man am Hinterkopfe senkrecht in die
dichten Locken steckt.[40] All dieser Schmuck wird an dem reichgefetteten,
glänzenden Haupthaare angebracht und gewinnt dadurch an Wirkung.

Unter den Artikeln des Kopfschmuckes nimmt das O h r g e h ä n g e zweifellos die hervorragendste Stelle ein. Es wird von beiden Geschlechtern getragen, war aber bei den Somâl ursprünglich nur dem Weibe eigen. Bei
den 'Afar ist sein Gepräge ein massiges, gewichtvolles, bei den Oromó ein zier-
liches, aber mannigfaltiges, wenn man die Galla-Gebiete südlich von Djimma
ausnimmt, wo Borelli Ohrgehänge sah,[41] die Kalabassen glichen und bis an
die Schultern der Träger herabreichten, bei den Somâl ein dem des übrigen
Schmuckes wohlproportionirtes. Gleichwohl gibt es nur wenige Arten der
Ohrgehänge bei allen drei Stämmen des Osthornes. Bei den Somâl und 'Afar
gibt es einen cirkelförmigen (18 Centimeter) und einen cylinderförmigen
(11 Centimeter) Typus, der erstere *kured*, der letztere *selânsil*, bei den 'Afar
aiti und *marsá* genannt.[42] Die runden Formen sind bei den Somâl zumeist
klein (*elgât*), von Zinn, Zink oder Eisen, mit Legirung ciselirt, bei den Danâkil
gross und schwer, so dass sie, um die Ohrmuschel durch das Gewicht nicht zu
verunstalten, mittelst Fäden und Schnüren mit an das Haar befestigt werden
müssen. Ein Typus derselben besteht aus blossem schwachen Ringe, der mit
Drahtgewinde umzogen ist oder einen hohlen Buckel in Form eines Knopfes
an der Schliesse trägt, der andere aus einer kreisrunden Metallplatte, welche
nur an einer Stelle, wo das Ohrgehänge befestigt wird, in Form eines Seg-
mentes oder Ringes ausgeschlagen ist, während das übrige Kreisfeld massiv
verbleibt und mit Rhombusornamentik verziert wird. Der Begriff der *marsá*
und des *selânsil* involvirt auch die Verzierung des Oberrandes der Ohrmuschel,
welche an einer Stelle durchbrochen ist, um schlüssel- oder hakenförmige Cylinder, oft nur Schnürchen mit angehängten Korallen und kleinen Ringelchen
aufzunehmen, so dass das Ohr an zwei Stellen mit Schmuck beschwert ist,
ohne gerade überladen zu scheinen.[43]

Eine auffällige, nicht ungefällige Form haben die bei den 'Afar *utti firéj* genannten trichterförmigen Frauenohrgehänge. Es sind dies aus Metall getriebene konische Röhrchen von circa 16 Centimeter Länge, die paarweise zusammenhängen, ein glockenartiges Aussehen haben und an das Ohrläppchen befestigt werden, so dass jedes Individuum vier dieser Zapfen, zwei an jeder Seite, trägt. Somâl und Danâkil pflegen die Ohrgehänge mittelst einer Schnur (bei den Arussi-Galla ist sie mit Glöckchen besetzt), die unter dem Kinne oder an der Haargrenze über die Stirne läuft, zu verbinden. Bei der Mehrzahl der Oromó gibt es nur Ohrenschmuck von kreisrunder Form und einfacher Beschaffenheit *(amarti gura, ballaki, lôti)*. Die Galla-Frauen von Harar, besonders solche, welche sich zur »besseren Classe« der Menschen zu rechnen belieben, tragen gewöhnlich gar keine Ohrgehänge. Eine ganz fremdartige, weiter nicht beschriebene Art der Ohrgehänge signalisirt Borelli[44]) aus Kullo, *danijro* (französische Schreibung) genannt. Das Materiale des Kopfschmuckes ist sehr selten Gold, häufig genug Silber (bei Galla *birri*). Nasenringe (som. und 'afar. *dumâm*) haben runde Form und sind eigentlich nur Drahtreifen. Männliche Galla in der Umgebung von Harar haben selten Ohrschmuck und dann nur einfache Reifen, wie denn der Mann bei den Oromó auf Ohrbehang verzichtet. Die Mörder bei den 'Afar ziehen die für das Ohr bestimmten 2—3 Centimeter langen Elfenbeinstiftchen in das Ohrläppchen, hie und da auch in die Ohrmuschel ein.

Es ist erwähnt worden, dass Nasen- oder Lippenringe (orom. *birmadié*) bei den Nordost-Afrikanern eine Seltenheit und etwas Negerhaftes seien. Schiffslieutenant v. Höhnel hat Lippenschmuck (eingetriebenen Hornkeil in die Unterlippe) bei den Murle beobachtet. Bei den 'Afar nun ist der Gebrauch von runden Nasenstiften an dem linken Nasenflügel *(firantá)* bei den Frauen allgemein. Sie sind aus Silber oder Gold in Form eines Blumenkelches, und die Löcher für dieselben werden den Mädchen, wie in Arabien oder am Nil, schon in frühester Jugend gebohrt und mittelst eingefügter Holzstäbchen weit und klaffend erhalten.

Der Typus des Halsschmuckes der Bewohner der Somâl-Halbinsel ist die Collane, jener des Brustschmuckes die Platte. Die Collane (orom. *tschallié, schaschard, maranga deri, schami*) erscheint in allen Formen, von dem einfachen Perlenschnürchen bis zum breiten, reichbesetzten Halsbande, und ist sowie die Platte vorwiegend ein Schmuckstück der Frauen. Der Mann begnügt sich, den Halsschmuck gewissermassen nur anzuzeigen, indem er eine einfache Schnur oder Darmsaite, an welcher ein oder das andere Anhängsel sich befindet, um den Hals spannt. Beliebt sind Anhängsel von länglicher Gestalt, die an der Brust herabzuhängen bestimmt sind. Mir ist aufgefallen, dass Oromó-Frauen den Collanen eine ziemliche Breite zu geben pflegen, wahrscheinlich um auch Schutz des Halses damit zu erzielen. Zu den Collanen müssen Bernstein- und Glas- oder Porzellanperlenbänder, Rosenkränze, Schellenschnüre, Conchylienstränge u. A. m. gerechnet werden. Dazu kommen die

7*

collanenartig getragenen Amulet- und Talismanbehänge. Die Collane besteht
bei den Völkern des Südens vorwiegend aus Metall (Drahtgefüge), bei denen
des Westens aus Leder, bei denen des Nordens und Westens aus Perlenschnüren und hat meist die Gestalt des aufgestülpten oder flach die Claviculae
bedeckenden Halsbandes (som. *audulli*; orom. *albú, tschante; 'afar. shabléh, uûa;*
arab. كوي, in Kettenform طوق, aus Perlen عقد). Ein Nationalschmuck der
Somál-Männer und -Frauen ist ein Halsband aus Bernsteinkugeln (som. *mak-
kdui, ambor*; arab. عنبر; orom. *gadísa*). In der Regel hängen zwei grosse polirte
Bernsteinstücke an einem Riemen unter dem Kinne ganz allein oder im Vereine mit Porzellankorallen. Wenngleich in neuerer Zeit Bernstein auch aus
Europa an die Somál-Küste eingeführt wird, so ist die Ost-Somál-Küste, wo
er vom Meere ausgeworfen wird, die wichtigste Fundgrube desselben. Er
bildet ein Regale der Fürsten und ist im Lande in grossen Mengen und schönen, oft kolossalen Exemplaren vorhanden. Kameele sollen seine Fundorte
riechen. Polirt wird er durch Abschaben mittelst poröser Stoffe und Leder-
streifen. Die beliebteste Form der Korallen ist die elliptische, und in der
Richtung der kleinen Achse werden die Oeffnungen zum Befestigen angebracht. Die Stücke haben die Länge von 3 — 10 Centimeter. Die Somál-Frau
hinwieder lässt die Halskette in eine polirte Muschel oder einen geglätteten
Fischknochen (bei den Midjertin) auslaufen, der dann von der dunklen Haut
schön absticht.[45]) Die weiblichen Angehörigen des grossen Galla-Stammes
der Arussi tragen Collanen aus Nilpferdhaut, an welche sie allerhand Metall-
anhängsel (orom. *amarti gura;* kafa. *namé etamito;* gurag. *inzirkar*) anbringen.[46])

Kunstvoll sind die Collanen der südlichen Galla, welche Wakefield beschrieben hat und von denen ein vermuthlich aus dem Besitze Brenner's stammendes, in München befindliches Stück Ratzel abgebildet hat.[47]) Sie sind vornehmlich aus Metall, da Glas- oder Porzellanperlenschmuck bei den südlichen
Galla minder beliebt ist. Männer tragen sie ebensowohl wie Frauen. Wakefield hat mehrere Arten dieser Collanen, deren oft zwei neben- oder aufein-
ander gelegt werden, beschrieben. Die einfachste ist ein metallener Halsring,
schmal und eng, das Collum umschliessend. Unter demselben läuft ein mit allerlei Metallstückchen von 6 7 Zoll Länge überladener Ring halbspiral oder
hohl in Form von Perlen, deren Imitation er darstellt und dessen Anhängsel
vorne und rückwärts auf Brust und Rücken niederfallen. Daneben können
noch Ringe mit rothen Perlen sich befinden, an welchen zwischen je zwei
rothen Perlen ein kurzes Eisen- oder Kupferkettchen hängt, einer Metallfranse
vergleichbar. Eine andere Gestalt hat ein Halsband, an dem Perlen von Eisen
und Messing, rothe mit weissen abwechselnd, in vier breiten Reihen befestigt,
den Hals umschliessen. Eine dritte Species ist die Collane aus Kupfer- und
Porzellanstücken, *same-same* genannt.

Das wichtigste Materiale der Collane, das das Metall an Masse, Farbe,
Formenreichthum weit übertrifft, ist die Perle oder Koralle aus Glas oder Por-
zellan[48]) (som. *endulé, dschoharád;* 'afar. *undulda;* orom. *agúlulé, burána, madda*

guratscha; arab. مرجان). Ihr Import nach Nordost-Afrika muss schon in alten Zeiten ein ungeheuer grosser gewesen sein und ist heute noch ein bedeutender. Die Venetianer scheinen zur Erzeugung des rentablen Artikels an der Benâdir-Küste eigene Glasschmelzen errichtet zu haben, offenbar um die hohen Zölle in Aegypten zu ersparen, denn der italienische Consul Filonardi in Zanzibar fand die Reste solcher an der Somál-Küste auf.[47]) Mit den vorstehend verzeichneten Namen werden bei den einzelnen Völkern schon bestimmte Sorten belegt, doch gelten sie auch im Allgemeinen als Schlagworte für das Materiale selbst. Die Perle unterliegt an der nordostafrikanischen Halbinsel durchaus nicht jenen Modeschwankungen wie etwa im Inneren des Continentes. Sie ist vielmehr ein fixer, in Form und Farbe feststehender Bestandtheil des Schmuckes nach dem Geschmacke der Eingebornen, wie ich glaube, keiner Vervollkommnung mehr fähig. Bildet sie doch in den Galla-Ländern Schoas und Harars z. B. nicht selten eine Münzeinheit, und diese kann unmöglich durch launische Mode eliminirt oder umgeändert werden. Also aus dem Gebrauche und der Werthschätzung kommen die vorhandenen Perlensorten in Nordost-Afrika nie, dagegen gibt es Varietäten, die sich zeitweise einer steigenden Beliebtheit erfreuen.

Unter den jetzt bei den 'Afar und Somál verwendeten Perlensorten ist die *endolé* genannte die beliebteste. Es ist dies eine grosse, grüne, türkisblaue und weisse Varietät mit rothen Punkten. Eine zweite Sorte, *binnúr* genannt, weisse, grosse Porzellankorallen, nimmt die zweite Stelle ein. Die Oromó ziehen die blaue und schwarze, dann auch rothe Varietät vor, von der sie die letztere, *gheneto* genannt (in der Grösse der Kirschen), zu langen Schnüren *(tschante)*, freilich ohne Farbenstyl, ebenso wie die Somál und 'Afar, anzureihen pflegen. Sie wird über Massaua importirt, wo auch die meisten Metalle für die Galla-Länder ihren Einzug halten, und muss nicht gerade ausschliesslich die blaue Farbe haben, sondern kann auch weiss sein *(kabbii)*. Ihr Charakteristikon sind kleine Tupfen in verschiedenen Farben, und als solche gilt sie als Geldeinheit. Besonders schöne himmelblaue, eckige Exemplare trifft man an, die von den Frauen gesucht sind. Die rothe Sorte kann auch grobkörnig sein, ist dann aber nicht so geschätzt wie die feinkörnige *(akaschié)*, von welcher nach Cecchi 230 Körner in Saka 1 Salz kosten, während von den *ghenetos* Schuver bei den Legga-Galla 40—45 Stück mit 1¹₂ Francs bezahlen musste.[50])

Halsschmuck aus blanken Conchylien ist besonders bei den Arussi-Galla beliebt, wie denn die vom Amharinerthume wenig beleckten Oromó-Stämme wenig künstliche Schmuckartikel, als welche die Perlen immerhin erscheinen, besitzen, sondern das Naheliegende, von der Natur Gebotene ergreifen. Messingschellen-Collanen hat Harris bei den Danâkil beobachtet,[51]) während sie mir niemals begegneten. Dagegen ist von den südlichen Somál sicher,[52]) dass sie die *misba* (Rosenkranz, arab. سبحة oder وردية), bestehend aus 99 die Lobesworte Allâhs andeutenden schwarzen Holzperlen oder den Zähnen der Halicore ('afar. *masbahdt,* ebenso arab.), häufig in Form der Collane am Halse zu

tragen pflegen. Bei vielen Galla der schoanischen Lande, welche sich, freilich nur sporadisch, zum monophytischen Christenthume bekennen, prangt
über den Collanen der *mateb* aus schwarzer oder blauer Seide, das Abzeichen
der abessinischen Christen, auch Silberschnüre mit Kreuzchen, dann Silberringe, an blauseidener Schnur nach abessinischer Art am Halse getragen,
u. A. m.

Pectoralschmuck zu tragen ist nur bei den Somâl und Oromó gewöhnlich,
bei den 'Afar aber selten üblich, und zwar nur bei weiblichen Personen. Er besteht aus oval geschnittenen, birnenförmigen, mit Rautenzeichnungen bedeckten Zinn- oder Messingmetallplatten (som. und 'afar. *balâdsch*)[53]) von 10 bis
11 Centimeter Längen- und 3—5 Centimeter Breitendurchmesser, die an Perlenschnüren, Lederriemen oder Drahtgewinden befestigt werden und von diesen
rings umgeben sind. Man verfertigt sie vornehmlich in Zejla und Berbera.
Der *balâdsch* erreicht mitunter eine bedeutende Grösse (15 Centimeter Länge
und 10 Centimeter Breite) und ist stets mit Ornamenten versehen, die in wenig
kunstvoller Art eingravirt sind. Häufig findet man bei kleineren Stücken die
Form eines Kreisausschnittes bei diesem Schmuckgegenstande, zumal bei den
Somâl. Die Frauen dieser letzteren zieren indess noch mit einem zweiten
Brustlatze die Vorderseite des Körpers mit der sogenannten *dschilbah* (gewöhnlich fälschlich *dschilbêt* oder auch *kartassia somaliêt* genannt). Es ist dies
eine sehr pompöse und kunstvoll ausgeführte Metall- (meist Silber-) Platte
oder ein mit plattirtem Silber geziertes Lederstück von halbmondförmigem
Zuschnitte, das an einer Perlenschnur hängt und auf der Frauenbrust in
der Magengrube ruht. Ueber und über mit kleinerem Zierat bedeckt, stets
blank geputzt und als kostbarster Schmuck treu gehütet, ziert die *dschilbah*
in Wahrheit den weiblichen Körper und verleiht der Trägerin Würde und
Majestät.

Bei den südlichen Oromó treten an die Stelle des *balâdsch* und der
dschilbah aus Metallperlen und langen dünnen Metallblättchen schön ausgeführte Brustplatten von ziemlicher Breite, ovaler oder runder Form, von
15 Centimeter Grösse, von denen jede den Collanenschmuck überstrahlt und
nach Wakefield's Worten »like a queen upon a throne of jewels« auf der Brust
liegt.[54]) Ein solch kostbares Stück kann sich natürlich nicht jedes Weib vergönnen, weshalb diese Platten auf die wohlhabenden Kreise beschränkt sind,
während bei den Somâl jedes Weib, selbst die ärmste Holzsammlerin der
Karawane eine *kartassia* zu ihrem Eigenthume zählt.

Während die im Vorhergehenden beschriebenen Schmuckstücke ihren
bestimmten Platz am Körper und ihre bestimmte Anordnung besitzen, wird
das Amulet und der Talisman verschiedener Form regellos am Körper als
Schmuckstück gebraucht, d. h. seine Verwendung als Schmuckgegenstand,
und ein solcher ist er ohne Zweifel, weil man ihm eine schöne Façon zu geben
allüberall bemüht ist, ist an keinen bestimmten Platz gebunden. Am bequem-
sten tragen sich die bei den Somâl *hersse*, bei den Oromó *hirsi* genannten

Amulettäschchen (worin das Zeichen des Gänsefusses) wohl am Halse, allein Gegenstände des Aberglaubens kann man auch an den Kopf, die Arme, Finger oder Lenden anbringen, so die gallanischen *médanit* oder Medicinbehälter, die oft aus Silber bestehen (auch Burton spricht von solchen Silverboxes bei den Somål). Der *ghörtás* des Somål, die *kidúba* des 'Afar (gewöhnlich rothes Ledertäschchen) hängt stets am Halse des Individuums, der *qadón* am Unter- oder Oberarme, wo ja z. B. Horngegenstände (som. *gés;* 'afar. *gajsa;* orom. *gafa*) so bequemen Platz finden können. Amulete aus Muscheln,[63]) wie sie die Somål lieben, bleiben stets am Halse, dem sie ein vortheilhaftes Relief verleihen, mögen sie nun eine auch noch so wenig geschmackvolle Anordnung in ihren Details besitzen. Galla-Weiber verzieren die Amuletschnüre in der Regel mit schönen Korallensträngen.[64]) Des sonderbaren Hals- und Brustschmuckes, bestehend aus den Theilen des Pansens, mit welchen die Galla-Priester nach vorgenommenem Haruspicat sich den Vorderkörper behängen *(murá edáta)*, ist bereits gedacht worden. Es möge noch bemerkt werden, dass man die beiden Enden des Fettnetzes der Stiere zusammenknüpft und so eine Art Kragen schafft. Nicht selten zeigen sich die Oromó-Priester erst befriedigt, wenn fast eine Hekatombe von Rindern ihrem Wissensdurste gedient hat, und dann soll der Pansen keines der Thiere unbenützt bleiben, so dass die Priesterschaft wie mit Fett gepolstert unter dem Volke sich bewegt. Die Zahnbürste des Somål und die Löffelchen zum Putzen der Ohren, wie die Instrumente zum Dornausziehen bei den Oromó, die man fast bei allen Individuen am Halse gewahrt, zählen nicht zum Schmucke. Sie können eben sonst nirgends bequemer verwahrt werden.

Während Kopf-, Brust- und Halsschmuck der Nordost-Afrikaner nach Form, Farbe und Anordnung allgemeinen ästhetischen Gesetzen weniger entspricht, vielleicht bei den Oromó noch am meisten dem subjectiven ästhetischen Gefühle der Individuen, das dann objectiv mit unseren Begriffen von Schönheit zusammenfällt, am ehesten Ausdruck geben mag, so kann mit Recht behauptet werden, dass der Armschmuck, wenn man in einzelnen Fällen von dem Fehler der Ueberladung absieht, bei Somål, Galla und 'Afar auch unseren Schönheits- und Kunstgesetzen genügen kann. Die Formen des Oberextremitätenschmuckes sind edel, der Platz desselben ein ausgesuchter, die Anordnung eine geschmackvolle, das Materiale des Schmuckes meist ein feines, vornehmes, in der Vervollkommnung begriffenes. Die Verwendung blosser Ziegenhautspangen zur Verzierung des Oberarmes, sowie solcher aus Elephantenhaut in rohem Zustande, ist in Abnahme begriffen, und nur bei ganz armen Stämmen (z. B. den Ganti-Galla, einigen Stämmen der südlichen Oromó) noch aufrecht, letztere Zier in fein polirtem Zustande auch noch unter den Oromó von Schoa und Harar anzutreffen. Die Oromó-Stämme des Süden beschränken dabei die Zahl der Schmuckartikel an den Armen gegenüber den nördlichen um ein Bedeutendes, tragen ganz besonders weniger ringförmigen Schmuck.

Die Finger der Frauen zieren nach arabischer Sitte Ringe mit und ohne Stein (رُوَل, 'afar. *miduwára, kátu*), jene der Männer Siegelringe (خَاتِم). und zwar ohne Wahl alle Finger, bei den Somâl aber namentlich den kleinen Finger. Bei den Ejssa haben Krieger als Kennzeichen ihrer Eigenschaft kleine Scheiben von weissem Steine, wie Ringe hergestellt, an dem kleinen Finger der linken Hand.[37] Ueber Zejla und Massaua werden ungeheuere Mengen des Chatim-Schmuckes nach den Somâl- und Galla-Gebieten aus Arabien importirt, und keinen Somâl-Spadone wird man ohne ein ausgesuchtes Stück dieses in europäischen Augen werthlosen, oft verbrecherisch schlechten Schmuckes gewahren, den die Eingebornen erst selbst häufig genug verbessern und adaptiren. Die »Steine« an den Zinkringen sind rother oder türkisblauer Färbung und ganz von der Façon unserer Kleinfingerringe. Massive Silberringe (*amérti edúti*) abessinischer Provenienz werden von vornehmen Galla nach äthiopischer Mode je drei an den Daumen und den kleinen Finger gesteckt, silberne Frauenringe bis zu zwölf an der Zahl am Mittelgliede vom Zeige- und Ringfinger getragen. Sonstiger Phalangenschmuck ist nicht üblich. Von Schlagringen der südlichen Galla, die als Waffen dienen, wird später die Rede sein. Einfache Zinnringe werden gemeinhin für silberne ausgegeben.

Den Metacarpus und Unterarm umschlingen Armspangen aus Holz, Metall, Horn und Glas (som. *bindschiri;* 'afar. *difo, dúda, maldája, bila* oder *mila;* orom. *ambár, dima, gume, laqaú, naqá, gergia sibilla, ilkáni, korkoro, birri*). Viele Galla-Weiber tragen auch blos den linken Unterarm mit einem Drahtgewinde bedeckt. Ganz besonders die Frauen der südlichen Galla aber zieren die linke Hand vom Gelenke bis zum Ellbogen und darüber hinaus mit Messing- und Eisenringen von schöner Anordnung, wohingegen sie die rechte Hand ohne Sorgfalt und in ungeordneter Reihenfolge der Ringe mit Metall belegen,[38] was einen eigenthümlichen Contrast bietet und wohl darum geschehen mag, weil die linke Hand bei der Hausarbeit nicht in so hohem Masse beschäftigt ist als die rechte. Die Spangen sind gravirt, nicht schwer und liegen am Unterarme fest an, so dass keinerlei Geräusch damit verursacht wird. Am Feste des Butta tragen die Galla-Hausfrauen eine Art Unterarmbinde (*tscháda*) aus Perlen und Conchylien mit einem blauen Steine (*borena*), dem Abzeichen ihrer mütterlichen Würde.[39]

Der eigentliche Brachialschmuck wird am Oberarme unmittelbar ober dem Ellbogen angefangen bis an die Schultern in gewählter Reihenfolge gleichsam aufgespeichert, denn er besteht gewöhnlich aus wahren pièces de résistance von Artikeln, namentlich bei den Oromó von Schoa. Die Formen desselben sind aber stets nur Bracelets (som. *sunúd*, wenn aus Elfenbein, Metall oder Glas, *wáqfi, haimbaro, dugádad, elborá;* afar. *girda, ambár* [offenbar abessinisch von ᎃᎄᎅ] und *garanná;* orom. *bitoar, gumi*), sei es nun aus Metall geformt oder aus Leder mit Perlenbesatz hergestellt. In Schoa finden sich auch Drechslerarbeiten aus Elephantenknochen als Bracelets in Verwendung oder solche aus Büffelhorn. Goldreifen sind selten, dagegen bei den Galla

häufig solche aus Silber und Kupfer. Die *girda* und *garanná* des Dankali sitzt
unmittelbar über dem Ellbogen, ist von ausserordentlichem Gewichte und
spiralförmiger Form, während sonst die Bracelets der Somâl und Galla einfache Spangenform besitzen,[46]) in Djimma aber auch länglich, tubenförmig
hergestellt werden. Elfenbeinerne, schmale Spangen an der Hand der 'Afar
und Somâl-Männer (*fúl* oder *ádsch* genannt) haben ihren Platz stets nur am
Oberarme. Es sind dies jene ominösen Kennzeichen der Mörder, die mit den
messingenen Kriegerbracelets der Schoaner übereinstimmen, und deren jeder
so viele trägt, als er Krieger erschlagen zu haben glaubt. Bei dem Somâl-
Manne bedeutet das Tragen einer Oberarmspange stets Ruhm oder Sieg über
den Feind, denn nur, wenn er im Kampfe die Oberhand behalten, legt er eine
solche an. 'Afar verschmähen Kupferbracelets. Gerne legt man weisses, dann
geschwärztes Elfenbein und Horn bei den Galla unmittelbar nebeneinander,
was einen schönen Uebergang der lichten Färbung in die dunkle zum Ausdrucke bringt und von dem röthlichen Hintergrunde der Körperfarbe wir-
kungsvoll sich abhebt. Elfenbein- und Hornarmschmuck trägt bei den Oromó
indess nur der Mann, denn sie bedeuten Decorationen.[47]) Bei den südlichen
Galla bedeutet dagegen ein Elfenbeinring am rechten Arme über dem Ellbogen die Aufnahme des Jünglings unter die Männer; der Ari darf ihn nur
anlegen, wenn er *ghába* geworden ist. Häuptlinge (*thoibs*) und hohe Leute sind
bei den südlichen Oromó ausserdem an besonderem Armschmucke kenntlich.
Sie führen über dem Schmucke des gewöhnlichen Mannes noch einen besonderen Lederring, aus zwei Streifen bestehend, mittelbreit, konisch nach rückwärts (gegen die Schulter) zu laufend, der mit Kupferdraht umsponnen ist und
eigens angeschnallt wird, wenn man seiner bedarf.[48]) Natürlich vergönnen
sich Persönlichkeiten von so hoher Stellung manches schöne Stück an Brachialschmuck, namentlich schöne, reine, polirte Spangen, deren man in unseren
Museen selten eine zu sehen bekommt.[49])

Da die Somâl-, 'Afar- und Oromó-Frauenkleidung das Tragen von Gürteln
ausschliesst oder doch wenigstens ungemein einschränkt, so ist auch die
passende Anbringung einer Lendenzier erschwert. Gleichwohl tragen Frauen
eine solche bei den Galla, *gurda* genannt, aus Perlenschnüren bestehend, die
man einfach um die Taille schlingt. Die gar nicht oder nur leicht bekleideten
Kinder werden dagegen häufig damit geschmückt, was sie reizend und aller-
liebst erscheinen lässt. Manche Galla spannen auch einen Amuletengürtel
(*entschiftschif*) um die Lenden.

Dort, wo unterhalb des langen Obergewandes die Blösse des Unter-
schenkels erscheint, bietet sich dem Nordost-Afrikaner wieder Spielraum zur
Verwendung von Schmuck. Derselbe erscheint in der Form von Knöchel-
spangen nur bei den 'Afar (*girda*) und südlichen Galla (*sakajú*), bei den letzteren in beschränktem Masse, bei Ersteren dagegen äusserst häufig. Es sind,
wie der Originalname schon andeutet, einfache Spangen im Gewichte bis zu
500 Gramm, aus Messing, seltener aus Kupfer. Auf Cecchi machten sie den

Eindruck wie die Schmucksachen aus den Pfahlbauten von Neuchatel.[44]) Man
trägt sie, eine an jedem Fusse, unmittelbar über dem Knöchel. Auch die Fussknöchel der südlichen Galla sind mit Ringen eingefasst. Beim Gehen wird
durch diese einfache Zier keinerlei Lärm gemacht, wohingegen bei den afrikanischen Schönen in der Regel auf ein von den Knöchelringen ausgehendes,
den Schritt begleitendes Klirren viel gehalten wird.

Der Schmuck der Ober- und Unterextremitäten ist derart am Körper angebracht, dass er nicht leicht herabgenommen werden kann und, einmal befestigt, am Leibe der Individuen während ihres ganzen Lebenslaufes verbleibt.
Nur die schwere 'Afar-Fussknöchel-Girda ist zum Auf- und Abstülpen eingerichtet. Man legt daher den Arm- und Beinschmuck an, wenn der Körper nach
Eintritt der Pubertät bei Mann und Weib das Wachsthum beendet und eine
gewisse Fülle der Formen erlangt hat.

Kinderschmuck weicht von dem der erwachsenen Leute in nichts ab. Er
ist naturgemäss viel einfacher nach Form, Farbe und Inhalt, aber ebenso
mannigfaltig wie der der Erwachsenen. Eigenthümlich ist den in Rede stehenden Völkern die Zier der Thiere und Waffen, wohl keine Besonderheit, sondern eine echt afrikanische Gepflogenheit. Von dem herrlichen *Je work meta-
ber koritscha*, der mit vergoldetem Silberschmucke versehenen Pferdeaus-
rüstung der Abessinier (gall. *sakura*), oder von der *tülfeka*, der Galla-Maul-
thierausrüstung, dem *bahridschau* (orom. *fulô, angetô, hrajá, gubbé*) und anderem Reit- und Tragthierschmucke kann hier nicht die Rede sein. Er kommt
unter den Oromó nur dann vor, wenn er angesehenen Häuptlingen von dem
Negûsa Neghest als Auszeichnung verliehen wird. Von der Schildverzierung
der 'Afar-Mörder ist bereits gesprochen worden. Zu bemerken bliebe, dass
auch der abessinische Schildzierat aus Löwenmähne mit Silbergarnitur *(kerta-
mussa)* Galla-Kriegern nur für besondere Thaten der Tapferkeit verliehen
werden kann. Die Adóno unter den Hawîja-Somâl machen einen rothen
Buckel im Centrum ihres Schildes, wenn sie einen Feind erschlagen haben.
Der Somâli schmückt seine Lanzenspitze mit einem rothen Wollbändchen, den
Schaft mit glänzendem Drahtgewinde *(hassou)*. Andere Zier der Waffe beruht
in künstlerischer Ausführung derselben, von welcher bei Besprechung der
Kunst gehandelt werden wird.[45])

Mit zum Schmucke des Körpers gehört bei den Nordost-Afrikanern unbestritten auch die Frisur des Haares, die Färbung der glatten wie verwach-
senen Gesichtstheile mittelst Schminke oder Blut, und in entfernterer Beziehung auch die Tatuirung, aber nur wenn nämlich bei der letztgenannten schöne
Formen gelingen.

Auf schmuckvolles Aufkämmen des Haupthaares (som. *fil(?)*; orom. *kôbi,
gonfá, gutu;* 'afar. *ál, gaás, gumbô*) halten am afrikanischen Osthorne vornehmlich nur die Frauen, obgleich bei beiden Geschlechtern das Gefühl vor-
zuwalten scheint, die Frisur diene dem Körperschmucke. Kinder lässt man un-
gekämmt oder formt aus deren Haar nur einen nach oben wegstehenden

Schopf (som. und 'afar. *bukúr*). Ausgebildete modische Haartrachten gibt es nur bei den Galla im Süden und Südwesten von Schoa, wo sie Personen beiderlei Geschlechtes tragen. Die Frauen bei den centralen Galla lassen das Haar lang wachsen, ohne es zu flechten. Die 'Afar-Männer scheiteln das Haar vertical zur Stirne, bei den Somál nicht Alle, nur die Nördlichen; die südlichen Galla tragen kurzes Haar, und selbst ihre Frauen wenden demselben wenig Sorgfalt zu. Wakefield sagt,[66]) sie trügen keine Frisur, und von ihrem Haare: «it grows in all its native wildness». Dies gilt indess auch von dem Haare aller jungen Galla-Mädchen von Harar, die das Haar nur aus der Stirne kämmen und mit Schnürchen und Kettchen dessen Zurückfallen ins Gesicht zu verhindern wissen. Wo muhammedanischer Brauch das Rasiren des Kopfes gebietet (orom. *matd karé*), kann von einer Verwendung des Haupthaares zu Schmuckzwecken selbstverständlich nicht die Rede sein. Von der Somál-Frau ist bereits erwähnt worden, dass sie das Haar in einem Netzchignon berge.

Die 'Afar- und Galla-Frau ist es, die das Haar stets festlich frisirt hat. Die erstere flicht das Haar in Zöpfe mit Fäden in der Mitte, die auf den Nacken hinabwallen und an den Enden mit Bändchen, Maschen oder kleinen Muscheln geziert sind.[67]) Die Arbeit, einen solchen Kopf voll von Hunderten von Zöpfchen herzustellen, ist mühevoll, und es wird daher mit Aengstlichkeit darauf gesehen, dass die Frisur nicht zerstört werde. Die Galla-Jungfrauen pudern nicht selten das Haar nach abessinischem Muster mit gelbem Sande ein (*borongi*) und geben demselben mannigfache, oft phantastische Formen. Die beliebtesten sind jene nach Art einer Mitra (von der Seite besehen, genau diesem Kopfschmucke unserer Prälaten gleichend) oder die eines Spiralgewindes um den Scheitel, eines Zweispitzes, eines kolossalen Turbans u. s. w. Selbstverständlich ist es unmöglich, ein solches Haargebäude, das $^1/_5$—$^1/_3$ Meter hoch werden kann und 25—30 Centimeter breit ist, unbeschädigt aus blossem Haare und Cosmetique zu formen. Darum baut man ganze Gehäuse oder Gerippe aus Holzstäbchen oder Blattstielen, auf die hinauf das Haar dann aufgekämmt wird, so dass es die gewünschte Form behalten kann. Daneben ist der Scheitel glatt ausrasirt, denn die Galla-Mädchen in den Oromó-Gebieten von Schoa und auch in Harar tragen zum Zeichen, dass sie noch keine Nachkommenschaft gehabt, künstliche Glatzen.[68]) Falsche Haare zu tragen, ist dabei ebenso nothwendig wie bei der Herstellung europäischer Chignons.[69])

Das Haar zu röthen ist Somáli-Sitte. Dies geschieht mit Kalk, Urin u. A. Die Operation des Einfettens des Haares geschieht durch Ausdrücken (auch durch Aussaugen) des Fettschwanzes der *Ovis steatopyga*, Zerreiben des so gewonnenen Fettes mit den flachen Händen und Aufstreichen der zu einer angemessenen Festigkeit gebrachten Masse auf das Haar.[70]) Somál-Frisuren, die das Gesicht kranzartig umgeben und bei Hochzeitsgelagen getragen werden, hat Révoil an den südlichen Somál beobachtet, beschrieben und abgebildet.[71]) Er berichtet von dem Gebrauche einer Pomade aus Ulbokörnern, die mit Krapp und anderen Farbstoffen versetzt wird und dem Haare dann eine

beliebige Farbe verleiht. Von Prunkfrisuren der Häuptlinge bei den westlichen
Galla berichtete Schuver.[12]) Er beschreibt sie als aus drei übereinander gereihten Lagen von Locken bestehend, welche nach der Mitte des Kopfes auf-
gethürmt werden und dem Träger einen ganz weibischen Ausdruck verleihen.
Auch diese Frisuren werden auf ein Modell geformt und unterscheiden sich
wesentlich von der Haartracht der Schoaner. Im Grossen und Ganzen stimmt
die Männer-Haartracht bei den zahlreichen Stämmen der Bewohner des afrikanischen Osthornes überein. Ein Unterschied besteht nur darin, dass Somâl
und 'Afar das Haar vom Scheitel abwärts, die Oromó zum Scheitel aufwärts
kämmen. Der Somâl kürzt das Haar auf der Höhe des Ohrläppchens und lässt
es straff wegstehen, es nur an der Stirne scheitelnd. Der Galla knüpft es zur
kürbisförmigen Perrücke, die das Gesicht mächtig überragt.[13]) Bei den Adóno
sahen die Gebrüder James grosse, glatte, abgerundete Chignons.[14])

Den Bart zu färben und das Gesicht zu schminken entspricht dem Eitel-
keitsgefühl und Schmuckbedürfnisse. Von Einreibungen mit Fett und Wars
wird später die Rede sein, weil sie sanitären Zwecken dienen. Die Somâl
schminken das Gesicht mit Khôl (Bleisilberpulver) und nennen die Augen-
brauenschminke enda koscha. Ennch ist eine Farbpflanze der Somâl, mit deren
Saft sich Greise den weissen Bart zu färben pflegen. Sie gibt die Farbe der
gebrannten Siena.[15]) In rohen Zügen pflegen die Oromó das Gesicht und die
Stirne mit dem Blute jedes im Hause getödteten Thieres zu bestreichen; allein
in neuerer Zeit griff unter den Galla-Damen von Schoa die geheimnissvolle
Schminkerei der abessinischen Damen um sich, deren Mittel darzulegen zu
weit führen würde. Bemerkt mag werden, dass der Somâl und Dankali die
Oberlippe mit seinem Säbelmesser glatt abrasirt. Die Ejssa tragen Ziegen-
bärte, die Dolbohanta und Midjertin Vollbärte. Der Galla geht bartlos. Manche
Oromó-Stämme des Westens tragen indess auch stattliche Vollbärte.

Die Tatuirung ('afar. dadr und salâba) anlangend, möge noch erwähnt
werden, dass sie den südlichen Galla unbekannt ist.[16]) Bei den Somâl und
'Afar wird sie sehr gerne auch an den Schultern, wo man sie bemerken kann,
aber ohne Einfügung von Farbstoffen vorgenommen, hat immer parallelo-
grammartige, selten rechteckige Form.[17]) An besonderen Kennzeichen der
Reinheit der Rasse, die noch Erwähnung verdienen und auf die sich die Borána-Galla («die Reinen») nach Abbadie[18]) etwas einzubilden pflegen, möge
eine Furche auf der flachen Hand bezeichnet werden, die bekannte chiro-
mantische Linie, welche Abbadie bei Aethiopiern nicht bemerkt haben will,
die ihm aber Eingeborne der Oromó als Echtheitsmarke mit Stolz aufwiesen.
Die Sache scheint auf irgend einer Verwechslung zu beruhen; wenigstens hat
sie keine wissenschaftlich irgendwie constatirbare Berechtigung. Von einem
besonderen Halsschmucke spricht Cecchi;[19]) es ist dies ein Eisenstückchen,
kallitscha genannt, welches Repräsentanten vornehmer Familien bei Natio-
nalfesten bei sich zu tragen und das sie als margá oder Bittzeichen den Unter-
gebenen zuzusenden pflegen. Inwieweit dies als Schmuckgegenstand eine

Rolle spielt, lässt sich aus den kargen Worten der Cecchi'schen Note nicht entnehmen. Ich vernahm nie etwas von derlei Echtheitsmarken.

Wollen wir uns, am Ende dieses Abschnittes angelangt, eine prächtige, mit Schmuck bedeckte Erscheinung eines Nordost-Afrikaners vergegenwärtigen, so wählen wir am besten dazu eine Oromó-Dame aus Gudru oder Limmu. Eine buntschillernde Perlenhaube bedeckt das schöne Haupt der stattlichen, üppigen Gestalt, von deren Stirne und aus deren Haarbusch am Hinterkopfe glänzende Reife und Kettchen niederblitzen. Die Ohrmuschel ist von der Last des Silberschmuckes etwas nach abwärts gebogen, was dem hoch erhobenen Kopfe ein zwar störendes, aber stutzerhaftes Aussehen verleiht. Die schwellende Brust und die vollen Schultern erglänzen in dem Schmucke vielfarbiger Collanen, welchen die rasche Athembewegung des Mädchens ein feines, kaum vernehmbares Klirren entlockt. Die üppigen Arme erstrahlen im glänzenden, schillernden, verzierten Elfenbein- oder metallischen Spangenschmucke, der dem Weibe etwas Heldenhaftes verleiht. 6—12 silberne Fingerringe an jedem der Phalangen versenden während der unruhigen Handbewegungen blitzendes Licht. Wahren Zauber giesst um die vornehm gekleidete Gestalt die in 50—80 Windungen angebrachte Lendenzier aus grossen Korallen, die aus der *wája* hervorguckt und ein Gewicht von mehreren Kilogrammen hat. Eine einfache Fussspange thront über dem auf hoher Sandale ruhenden kleinen Fusse. Ein junonischer Wuchs und Körperbau bringt den vielfältigen Schmuck zur vollen Geltung. Wenn Schmuck als Product der Kunst überhaupt Schönheit verleihen kann, so kann man auch in unserem Sinne ein solches Wesen schön nennen.

Capitel 3: Waffen.

Wohl in keinem Theile Afrikas ist das Tragen und der Gebrauch der Waffen (orom. *miá-lóla*) ein so allgemeiner als auf der Somál-Halbinsel. Seine Völker starren in Waffen, und mit Recht konnte Georges Révoil z. B. vom eigentlichen Somâl-Lande sagen: «Le seul champ que l'on cultive est le champ des morts.»[20]) Das Leben des 'Afar und des Somáli, es ist ein permanenter Waffengang, auf dem nur der Sieger bleibt, der die Waffen (som. *hub*) prompt und geschickt zu führen versteht. Weder die Entwicklung geistiger, noch physischer Kraft garantirt das Leben: nur der besitzt es, dem die Lanze zum Stab, zum Karst und Spaten der Dolch geworden. Das Bild bewaffneter Kinder und Frauen, das der Reisende überall zu schauen bekommt, drückt den Landschaften am afrikanischen Osthorne ein charakteristisches Gepräge auf. Selbst die Beschaffenheit der Waffen, deren Mehrzahl für den Nahekampf bestimmt ist, deutet auf nie aufhörende blutige Fehde unter den Völkern selbst, auf eine Welt in Waffen. Unbewaffnet zu sein *(hubla)* gilt dem Somáli und 'Afar so viel wie nackt sein.

Thut man einen Blick in diese Welt, wo die Natur keinen geraden Ast
wachsen lassen darf, ohne dass er zum Lanzenschaft geformt würde, so fällt
vorerst auf, dass die herrschenden und die Pariavölker verschiedene Waffen
führen. Mit Bogen und Pfeil wehrt und nährt sich fast nur der Helote. Lanze
und Dolch sind in der Hand des Freien, des Starken. Ihrer Natur nach sind
alle Waffen mehr für die Defensive als für die Offensive bestimmt. Wer diese,
wer jene üben soll, warum überhaupt die Völker so hart aneinander zu gerathen brauchen, ganz besonders in dem kargen östlichen Theile der fraglichen
Landschaften, wo ein Somáli den anderen jederzeit zu tödten bestrebt ist, wo
Einer dem Anderen einen Fleck nahrungsprossender Erde nicht streitig zu
machen brauchte, weil sie beide gleich wenig besitzen und bedürfen, das ist
mir stets ein Geheimniss geblieben. Der Umstand ist erklärlich, dass im Norden und Nordwesten gegen das rothe Meer, Arabien und Abessinien zu, von
wo mancher Völkeransturm erfolgte, die Waffen des Eingebornen viel solider
und stärker sind als im Süden und Osten. Als die Bewohner der Landschaft
Kullo im Kampfe mit dem Herrn von Schoa sahen, dass ihre Waffen der Wirkung der Feuergewehre nicht widerstehen können, überzogen sie die Schilde
mit Eisen. Seither fabriciren die nördlichen Galla viel festere Schilde. Auch
in Harar habe ich dies beobachtet.

Als Deckwaffe dient den Nordost-Afrikanern einzig und allein der stets
kreisrunde, niemals längliche oder ovale Schild, und dieser ist von kleinen
Dimensionen, ja er hat bei den meisten Somál blos den Charakter eines Parir-
werkzeuges. Dieser Umstand liesse darauf schliessen, dass das Volk entweder
in der Führung der Waffen weit überlegen sei oder neben friedliebenden Nachbarn wohne. Keines von beiden ist der Fall, und es ist nur anzunehmen, dass
die Somál meist Kämpfe unter einander auszufechten haben und dabei die
volle grausame Kampfeswuth gegeneinander nicht kehren. Doch dies freilich
trifft nicht überall zu, mag aber wohl anfänglich das Hauptmotiv gewesen sein.
Zweifellos hat die natürliche Grenzmark des Oceans im Norden, Südosten und
Osten, welcher feindliche Incursionen verhinderte, wenn nicht ausschloss, die
Geringfügigkeit der Deckwaffen erzeugt. So liegt denn der Gedanke nahe,
dass die Waffen der Somál eher gegen die wilden Thiere des Landes, denn
gegen grausame menschliche Gegner construirt wurden. Reiter und Fuss-
gänger führen dieselben Waffen, ein Zeichen, dass die Somál und Danákil das
Pferd zu Kriegs- und Vertheidigungszwecken nicht verwendet haben werden,
als sie auf dem afrikanischen Osthorne sich ansiedelten, und dass sie sich desselben erst später beim Kampfe lediglich zu dem Zwecke bedient haben mögen,
wie heute, nämlich rasch von einem Platze zum anderen zu kommen, nicht aber
besser angreifen oder verfolgen zu können, zu welchem Behufe ja das Pferd
erzogen und geübt werden muss.

Auf der grossen, von 'Afar, Somál und Oromó bewohnten Fläche fällt
uns neben der Uniformität der Kleidung und des Schmuckes auch eine grosse
Gleichheit und Uniformität der Waffen auf. Natur- und Culturverhältnisse

haben sie erzeugt und erhalten. Dabei aber existirt eine ungeheure Variabilität in der Ausstattung derselben; es gibt z. B. bei den Galla Säbel für
Bauern und Städter, bei den Somâl Lanzen für Beduinen und Angesiedelte.
Die Massenhaftigkeit der Zahl übertrifft aber allen Formenreichthum. Jede
Menschenansammlung ist mit Lanzen gespickt, mit Messern besäet. Die Lanze
ist die Stütze des Ost-Afrikaners am Marsche, bei der Arbeit und auch in
ihrer Rolle als Krücke. So kommt es auch, dass man Waffen mit Leichtigkeit
trägt, wie sie die Gewöhnung an dieselben mit sich bringt, mit ihnen spielt,
tändelt und kokettirt. Das allgemeine ostentative Tragen der Waffen hat etwas Abstossendes, Furchterregendes an sich. An dem Aeusseren der 'Afar-
Waffe springt der Charakter des Rohen, Breiten, Wuchtigen in die Augen, an
jenem des Somâli das Zierliche, Elegante, an dem der Oromó das Praktische
mit Hintansetzung des Schönen.

Zu den Charakterwaffen der nordostafrikanischen Völker zählt die Lanze
und das Dolchmesser. Ohne diese beiden ist kein männliches Individuum vom
Knabenalter an bei welcher Verrichtung des Lebens immer anzutreffen. Ganz
besonders aber ist es das nationale Dolchmesser, von dem sich kein 'Afar und
Somâl trennen wird, während den Galla der Säbel stets begleitet. Die Waffen
des südlichen Galla sind nur Schild und Speer. Bei den Oromó im Süden von
Schoa haben abessinische Waffen (Prunkwaffen), bei den 'Afar und Somâl
auch solche von Arabien, namentlich arabische Hiebwaffen, Eingang gefunden.
In der Führung der Waffen erscheinen die Eingebornen geschickt; doch verstehen sie sich häufig nur auf Gaukelkünste mit denselben, die rein blos auf
Blendung des Fremden berechnet sind, wie z. B. bei den Somâl, und denen
nicht einmal ein künstlerisches oder ästhetisches Moment innewohnt. Die
tüchtigsten Schützen sind naturgemäss die Paria, weil sie ausschliesslich den
Bogen handhaben, und es kommt vor, dass ein Somâli nicht im Stande ist,
einen Pfeil correct abzusenden, während sein Midgân einen Tellschuss nach
dem anderen damit macht. Auch die Oromó sind häufig genug unsicher in der
Lanzenführung und erringen Waffenerfolge meist blos aus dem Hinterhalte,
zumal beim Hochstande der Durra. Daneben gibt es aber bei allen drei Völkern ausgezeichnete Lanzenschwinger, zumal unter den reitenden Somâl und
Galla. Das Dolchmesser, eine so gefährliche und brauchbare Waffe es auch
ist, dient eher bei friedlichen Geschäften, beim Häuserbaue, in der Küche, bei
der Anfertigung der Kleidung u. s. w.

Die Fabrication der Waffen geschieht für die 'Afar zu Tadschura und
Aussa, für die Somâl vornehmlich zu Zejla, Berbera, Bulhâr und Maqdischu,
für die Oromó zu Ankober, Harar, Saka, Bonga. Die Eisenbestandtheile werden übrigens auch von weiter her, so von Zanzibar, Aden, Massaua, Kassala
und Chartum importirt. Lanzenspitzen bilden hie und da Werthmesseinheiten,
besonders im Süden. Im Allgemeinen kann man in Folge der ungeheuren
Verbreitung der Waffen diese verhältnissmässig billig nennen. Theuer werden
sie nur, wenn Menschen damit getödtet worden sind oder als Andenken. Dem

Fremden sind die Eingebornen in der Regel nicht bereit die Waffen zu verkaufen oder auch nur zu borgen.

Gross ist auf Seiten der Eingebornen die Furcht vor der europäischen
Waffe, namentlich vor dem Feuerrohre.[1]) Die Rolle, welche europäische Gewehre auf der Somâl-Halbinsel spielen, ist gegenwärtig eine hochbedeutende.
Noch vor 50 Jahren waren unter den Somâl, 'Afar und Oromó so wenige europäische Feuerrohre verbreitet, dass man sie leicht hätte zählen können. Oft
beruhte die Furcht vor einem Somâl- oder Galla-Stamme nur auf dem Rufe,
es sei ein Gewehr im Besitze desselben. Dieses konnte nun selbst ungeladen
sein, der Schrecken blieb derselbe. Vor dem Anschlage mit einem Feuerrohre
ergreift die Somâl z. B. ein panischer Schrecken. Ich habe die Erfahrung gemacht, dass Repräsentanten räuberischer berittener Somâl fast aller grösseren
Stämme nicht einmal ein entladenes Gewehr zu berühren wagten, Männer von
grösster Verwegenheit, denen es nicht an Muth und Kühnheit, aber auch
nicht an Einsicht in die europäische Waffentechnik, besonders jene von Vorder-
ladern, gebrach. Schon der Knall der Büchse hält auch die Galla, die die Wirkung des Feuerrohres kennen, in tiefem Respect vor dem Träger desselben.

Schiessgewehre sind nach dem afrikanischen Osthorne auf zwei Wegen
gelangt, einmal längs des Nil, wo sie die Schaaren Muhammed 'Alis über das
neubegründete Chartum und dann den blauen Nil entlang zu den westlichen
Galla brachten. Es waren dies arabische Feuersteinschlossgewehre, deren
eines oder das andere Galla-Häuptlinge erlangt haben mögen, die aber bald
aus dem Verkehre verschwanden. Eine grosse Menge von Schiessgewehren
brachten die Türken ins Land, welche 1526 ff. Muhammed Ahmed Granj gegen
die äthiopischen Kaiser unterstützten und die in den Somâl-Gebieten sogar
mit Geschützen operirten. Was die Portugiesen an Feuerrohren in Abessinien
zurückgelassen, konnte nicht nennenswerth sein, und es ist sicher, dass aus
ihrem Nachlasse weder die Oromó, noch die Somâl Gewehre erhielten. Auch
hüteten die Aethiopier, wie die reisenden arabischen Kaufleute die furchtbaren
europäischen Waffen mit ängstlicher Sorgfalt. In Schoa bezahlte man die
ersten Gewehre im Jahre 1868 mit 50 Maria Theresia-Thalern das Stück, später
mit 20 Thalern, welcher Preis stehend blieb.[2]) Die erste Waffenmasseninva-
sion geschah in Folge der ägyptischen Niederlagen in Tigré und in Aussa.
Doch wussten 'Afar und Somâl mit Gewehren nichts anzufangen. Es waren das
Remington-Büchsen, dann Lefaucheux-Gewehre, die man bei einigen Häuptlingen der Somâl, meist ohne Munition (som. rasás; orom. tijti), noch antrifft.
Die Bewohner der Landschaften südlich vom Hawásch und Abáj besitzen noch
keine Feuerrohre. Als Schuver bei den Legga-Galla weilte, waren auch dort
noch keine Feuergewehre verbreitet.[3]) Ich selbst fand sie südlich von Harar
nirgends bei den Galla oder Somâl. Die Karawanen, zumal solche, die durch
das Danâkil-Land nach Schoa ziehen, führen indess Vorderladergewehre (meist
französischen Ursprunges) bei sich und Zündhütchen für dieselben (burnela, arab.
· Hüte) sind hie und da auch im Binnenlande erhältlich. Engländer und Italiener

steuern kräftig der Einfuhr und dem Verkaufe von Gewehren unter den Eingebornen, und im Interesse Kaiser Menileks II. von Aethiopien ist es ebenfalls gelegen, dass seine Gegner am Wêbi, Amo, Erer und Hawásch keine Feuerrohre erlangen und so für ihn besiegbar, beziehungsweise dominirbar bleiben. Nichtsdestoweniger gibt es schon Gewehre (afar. *mandúk*, Revolver = *tabanja*; som. *bundúk* [vom arab. بُنْدُق = das Gewehr]; orom. *kané* oder *káwi* — Explosion, *kané tinna* kleines Gewehr oder Revolver), namentlich Remington-Büchsen (weil dazu die Patronen [som. *dabar kharúb*] am leichtesten zu haben sind), die aus den Plünderungen der französischen Karawanen im Dunákil-Lande vom Jahre 1887 und 1888 stammen, in ziemlicher Menge bei den 'Afar und Somál, denen freilich durch strenge Ueberwachung des Munitionshandels von Aden aus die Adern unterbunden sind.

Zu den Waffen für den Fernkampf zählt bei den Eingebornen des afrikanischen Osthornes der Bogen und die Schleuder.

Das Gebiet des Bogens (som. *qanso;* orom. *bunno*) ist das Innere der nordöstlichen afrikanischen Halbinsel von Guragé bis nach Ogadén, wo ihn bei den Somál die Parias führen. Bei den Ennía-Galla südlich von Harar kommt er nicht mehr vor; dagegen reicht er bis an den oberen Tana und Sábaki. Die Woéma-'Afar z. B. betrachten ihn heute als gegen alles Gesetz und die Schicklichkeit des Waffentragens gerichtet. Er wird zusehends vom Feuerrohre verdrängt. Bevor die Herrscher von Harar sich Flintenträger hielten, ja selbst vor der ägyptischen Occupation des Landes, gebrauchten ihn noch die Galla-Stämme am unteren Erer und auch die nördlichen Arussi. Im Westen ist er noch eine beliebte Waffe bei den Fuga-Galla, die nach Bianchi's Versicherung bis 100 Meter weit mit grosser Treffsicherheit Pfeile zu versenden verstehen.[84]) Wie ich von Galla vom grossen Stamme Dáj-Arussi zu Harar erfuhr, gebrauchen ihn auch die Völker von Wallámo und jene Oromó, die in der Richtung des von Teleki und Höhnel entdeckten Stephanie- und Rudolf-Sees wohnen. Er hat dann zweifellos mannigfache Formen; doch besteht bei den Somál eine grössere, bei den Galla eine kleinere Varietät. Der Somál-Bogen ist schön geformt, schwungvoll abgebogen und nicht selten verziert. Der Galla-Bogen gleicht einem einfach kreisrund ohne Kunstaufwand abgebogenen Holze und ist plump. Die gewöhnliche Länge beträgt 1·2—2 Meter, und die Sehne, von der Stärke dicken Spagats (Zuckerhutspagats) aus Thierdarm, ist an den Bogenenden mittelst Schlinge befestigt, die Enden derselben mit feinem Zwirn oder mit schwachem Drahte umwickelt.[85]) Das Holz der Bogen wird den Straucharten des *dibi (debi)*, *diktáb* und *mákari (makaraj)*, meist Wachholderarten, entnommen, über dem Feuer gekrümmt und geglättet. Die Pfeile (som. *falládi nischáb*) sind 20—25 Centimeter lang, von der Dicke eines Bleistiftes und aus *Mimosa*-Holz mit widerhakiger Eisenspitze und schwarzem Flugquirl aus Guinea-Huhnfedern versehen. Sie werden in einem Lederköcher (som. *gubájo*) verwahrt, der wohlverschlossen ist und cylindrische, häufig sanduhrartige Form hat und mit massiven Lederquasten an der Stelle, wo das

Tragband befestigt ist, geziert wird. Somâl-Köcher sind auch mit einem
Löwenschwanz geschmückt, der Bogen der Midgan mit je zwei weissen
Straussenfedern an jedem Ende.[46]) Der Mann hat selten mehr als ein Dutzend
Pfeile bei sich. Er fertigt sie selber an und vergiftet deren Spitzen, indem
er sie unterhalb des Eisentheiles mit einem *wabâjo* (aus som. *mabajo* — tödten-
des Gift, auch *geduldjo*) genannten Pflanzenstoffe des Wabâ-Baumes *(karâro),*
eines Arbustums, *Carissa Schimperi, Akokanthera,* bestreicht.[47]) Man hat früher
allgemein geglaubt, dieses Pfeilgift sei dem Safte der Euphorbie entnommen.
Dr. F. S. Arnott hat dies schon 1853 widerlegt (vergl. Burton's Reisewerk,
S. 199, wo der Befund abgedruckt ist). Ich hatte leider keine Gelegenheit, der
Bereitung des *wabâjo* beizuwohnen, liess mir aber zu Harar die Materialien
beschaffen, die mir Girri-Somâl überbrachten, und besitze auch des Giftstoffes
zu einer chemischen Analyse in hinreichender Menge. Révoil hat indess den
Process der Giftbereitung genau beschrieben, ebenso Guillain.[48]) Der dort geschilderte Vorgang stimmt mit meinen Erkundigungen vollkommen überein.
Wichtig ist, dass die Wurzel des immergrünen Strauches in Wasser und
etwas Gummi mit Sand gekocht wird und eine schwärzliche Masse ergibt,
welche, in Wunden eingeführt, in etwa $1^{1}/_{2}-2$ Stunden zu tödten vermag.
Der Tod tritt in Folge von Blutzersetzung ein und die Eingebornen glauben
denjenigen Vergifteten verloren, dem nach etwa einer Stunde die Haare leicht
ausgezupft werden können.[49]) Indess ist die Wirkung je nach sorgfältiger Bereitungsweise des Giftes eine verschiedene und scheint von einem scharfen
Alkaloïde auszugehen.[50]) Alt, d. i. längere Zeit bewahrt, scheint es seine
tödtende Kraft zu verlieren. Die vergifteten Pfeile erkennt man an den
schwarzen Klümpchen, die unmittelbar unter der eisernen Spitze sitzen, und
häufig ist die innere Seite des Köchers gleichfalls mit dem *wabâjo* bestrichen.
Indessen kennen die Somâl noch ein stärkeres Gift, das *dúnkale* heisst und aus
den Beeren eines anderen Arbusts *(Adenium Somalense)* bereitet wird.

Der Bogen wird zusammt mit dem Köcher von dem Midgan auf dem
Rücken getragen, im Bedarfsfalle sehr rasch herabgenommen und flink gehandhabt. Die Midgan führen auch Scheinattaquen mit dem Bogen aus und
schiessen dann schnell und treffen sicher. Im Kampfe mit Menschen würde
sich diese im Ganzen vernachlässigte, richtiger antiquirte Waffe kaum mehr bewähren. Desto nützlicher ist sie aber auf der Straussenjagd oder bei der Verfolgung wilder Thiere. Auch von den oromonischen Bogenschützen wurde
mir erzählt, dass sie gegen Menschen wenig Erfolge erzielen. Indessen bedarf
es noch genauerer und umfassenderer wissenschaftlicher Materialien, um über
den Galla-Bogen und dessen Verwendung ein sicheres Urtheil abgeben zu
können.

Die Schleuder (som. *waráf*) ist eine Waffe des Somâl und des westlichen
Galla. Bei den centralen östlichen und südlichen Galla kommt sie nur vereinzelt vor, mehr als Spielzeug denn als Waffe, trotz ihrer Gefährlichkeit und
der Leichtigkeit, sie zu beschaffen und zu handhaben. Am häufigsten findet

man sie bei den Midgan, die Galla-Krieger (orom. *ganja*) scheinen sie zu verschmähen. Sie besteht aus einem quadratischen Lederstücke von 8—10 Centimeter Breite und zwei Wurfstriemen (10—60 Centimeter lang) — ein ebenso einfaches als furchtbares Mordwerkzeug. Man schleudert damit Kieselsteine und Basaltstücke, die nicht selten zugespitzt worden sind. Die Treffsicherheit ist z. B. bei den Midgan eine grosse, und selbst der Thorax wird mittelst derselben ungeschützten Individuen gewöhnlich durchgeschlagen, von Fracturen der Schädeldecke gar nicht zu sprechen. Mit der Schleuder schiesst man zumeist nach einem ruhenden Ziele, doch auch auf Wild.

An die Waffen des Fernkampfes reiht sich in erster Linie die Lanze oder der Speer (som. *warám*, pl. *warmo*, d. h. »die Durchbohrende«, vom Verbum *warama* — durchbohren, *teri, dagaláj, bejdi, ardjub*; 'afar. *mahalu, maharie*; orom. *ebbó, bodé, halaló tschokó, warána*). In der Art ihrer Verwendung, insoferne sie nämlich auch geschleudert wird, steht sie an der Grenze zwischen den Waffen des Fern- und Nahkampfes. Dies ist sehr häufig bei den Somál und Danákil der Fall, und in der 'Afar-Sprache besteht sogar ein eigener Ausdruck für die Wurflanze, *dágali*. Es muss nämlich daran festgehalten werden, dass ein Mann, der feindlichen Angriff erwartet oder sich vertheidigen zu müssen bedacht ist, stets zwei Lanzen trägt, mitunter deren wohl auch mehr, allein in der Regel nur zwei, die *doane* ('Afar) für den Nahkampf und die *dágali*, welche er absendet, wenn der Gegner in Wurfweite gekommen ist. Wenn sie ihr Ziel nicht erreicht hat, wird sie vom Gegner in der Regel aufgelesen und zurückgeschleudert. Die Lanze hat in dieser Verwendung so recht die Eigenschaft des Wurfspeeres, aber keineswegs die Gestalt desselben, es sei denn, dass man sie individuell etwas leichter und kürzer schneidet, was aber auch nicht immer der Fall ist, da sich ja schwere Gegenstände länglicher Form besser schleudern lassen als leichtere. Der südliche Galla schleudert nie seine Lanze ab, selbst wenn er zwei oder mehrere in Reserve hat. Er gebraucht sie überhaupt nur vor dem beginnenden Handgemenge.

Der Schaft der Lanze (orom. *horddn*; 'afar. *dab*; som. ?) ist bei allen Stämmen des afrikanischen Osthornes etwa 1½—3 Meter lang, aus Debi, Digtáb oder Mákaraj und ähnlichem Holze gerade so dick, dass man ihn bequem mit der Hand umfassen kann. Den Schaft krönt die Spitze aus Eisen in der Länge von 30—60 Centimetern, von meist herzförmiger, doch auch spiess- (stilet-) artiger und oft mit Widerhaken versehener Form. Die Lanzenspitze des 'Afar ist breit, wuchtig, jene des Somál kleiner, feiner. Die Farbe des Holzes wird durch Fett- *(ghij)* Einlass braun, die Spitze durch Putzen und Fettung mit Ghij oder Sesam-Oel metallisch glänzend gemacht und erhalten. Wo sich das Holz mit dem Eisen vereinigt (das Eisen ist auf das Holz aufgesetzt), wird auch ein Verband aus behaarter Antilopenhaut angelegt, meist aber ein schmales Gewinde aus gelbem Drahte angefügt. Viele Lanzen sieht man auch ohne dieses Ligament. Die Eisenspitze ('afar. *mahal áf*) wird vom Schmiede *(tomál)* mit primären Werkzeugen geschweisst, ist ziemlich weich,

8*

nicht gerade scharf. Vom Roste putzen sie die Somâl durch häufiges Stossen
in trockenes Erdreich. Die grausamen Formen der Galla-Lanzenspitzen — es
gibt auch solche mit 8—10 Widerhaken oder mit scharfer Zahnung wie der
Stosszahn des Sägefisches — müssen natürlich durch sorgsames Putzen rein
erhalten werden, und 'Afar wie Somâl und Galla verbringen viel Zeit mit dem
Blankputzen der Lanzen. Dass die Lanze handsam sei, d. h. die metallene
Spitze kein Uebergewicht gebe, wird durch Ansatz einer Eisenspirale (som.
giféta) am entgegengesetzten Ende bewirkt, das nicht geputzt wird, sondern
stets rostig ist. Des Hassou- und anderen Waffenschmuckes ist bereits gedacht
worden.

Beim Gebrauche wird die Lanze in horizontale Lage gebracht und in
dieser der Stoss mit der rechten Hand ausgeführt, nachdem man einige Male
ausgeholt, wenn sie geschleudert werden soll, eine drehende Bewegung gemacht, dass sie nach Art der Projectile bohrend fliege, wobei sie ein sausen-
des Geräusch entwickelt. Auf 20—30 Meter treffen die meisten Somâl ganz
gut mit der Lanze selbst kleinere Thiere, wie den Leopard u. A. m. In Ruhe
trägt man die Lanze, sich auf dieselbe wie auf einen Stab stützend, beim
Stande stösst man sie gerne aufrecht in die Erde. Reiter legen sie zu Pferde
auf die rechte Schulter und halten sie mit der rechten Hand unmittelbar am
unteren Ende oberhalb der Eisenspirale. Treffen einander unbekannte Personen zusammen, so kreuzen sie wohl auch die Lanzenspitzen vor dem ge-
murmelten Grusse. Vornehmen Galla-Chefs wird Schild und Lanze nach abessinischer Art von Dienern nachgetragen.

Die Nationalwaffe der 'Afar und Somâl ist das Dolchmesser ('afar. gilé;
som. belâwa; orom. hadû, kutschini, schotalá, abliè) in den verschiedensten Varietäten, namentlich aber zwei Species, wovon die eine (gerade) den Somâl,
die andere (an der Spitze gekrümmte) den Danâkil eigenthümlich ist. Beide
bestehen aus einer Eisen- oder Stahlklinge von durchschnittlich 30 Centimeter
Länge und 8—10 Centimeter Breite, sind spitzig und haben eine Doppel-
schneide. Beide stecken in einer Scheide aus Schafleder, die bei den 'Afar mit
Messingornamenten in Röhrchen- oder Ringelchenform verziert ist; beide
haben einen geschweiften, in eine Metallspitze (Somâl) oder einen Messing-
knauf endigenden Rhinoceroshorngriff von 10—12 Centimeter Länge. Der
'Afar-Dolch hat die Form der Jemener dschembijje und ist wahrscheinlich auch
von Jemen aus eingeführt worden. Die Somâl gebrauchen auch besonders grosse
Messer, die bis 0.8 Meter Länge erhalten können und dann einem Säbel gleichen. Kurze Messervarietäten nennt der Somâli: mindi oder gombó, auch gom-
bét, der Oromó: schotar, der 'Afar: golhád und tadschuri gili, wenn letztere zu
Tadschura erzeugt wurden, wo man deren das Stück zu 5 Maria Theresia-
Thalern stets neue ankaufen kann und die eine besondere, gesuchte Specialität
bilden. Der Somâli nennt sie dann billû adár gili. In den Galla-Gebieten werden
vorzügliche Messer in Abbá-Dschifâr erzeugt, welche auch die Abessinier
gerne unter dem Namen dullá, die Guragé unter dem Namen gergi erwerben.[1])

Auch in dieser Waffengattung fällt bei den 'Afar eine breite wuchtige Form auf. Man trägt das Messer an einem Lederriemen um den blossen Leib herum, um es auch bei häuslichen Verrichtungen sofort zur Hand zu haben, und lässt es mit Fett ein. Die Klingen der Tadschuriner Messer, deren ich einige im k. k. naturhistorischen Hofmuseum in Wien deponirte, stehen an Vortrefflichkeit den besten europäischen nicht nach. Im Kampfe gilt es dem Gegner mit dem Dolchmesser den Unterleib aufzuschlitzen ('Afar) oder die Brust zu durchbohren (Somâl).[**]

Die Stelle des Dolchmessers vertritt bei den meisten Oromó der lange gekrümmte Säbel (sif, vom arab. ‏سيف‎ oder habale, godo, guradi, fatschè), eine auch bei Somâl (séf) und 'Afar (sajfi) gebrauchte Waffe. Sie besteht aus einer mässig gekrümmten eisernen, nur auf einer Seite geschärften Klinge von etwa o·8 Meter Länge, die in einer mit Schafleder überzogenen Holzscheide steckt. Ein Holzgriff mit einfachem Eisenkorbe bildet den Ansatz dazu, und an einem Ledergehänge ist das Ganze befestigt. Merkwürdiger Weise wird der Säbel nicht an der Seite, sondern an der linken Schulter getragen und macht überall, wenigstens wo ich ihn beobachtet habe, den Eindruck einer Galanteriewaffe, die Geleitsmänner, Abbâne, Dolmetsche u. s. w. gerne tragen. Schöne Horngriffe dazu werden in Schoa verarbeitet.

Der nordost-afrikanische Schild ('afar. gôb oder gôbo; som. gaschân; orom. gatschéna, méti, wanta) ist nach dem Muster des amharinischen ‏ጋሻ‎ gearbeitet und gleichfalls sehr variabel in den Formen. Während er bei den Somâl eine kleine kreisrunde, konisch geformte Scheibe repräsentirt, die höchstens 30—40 Centimeter Durchmesser hat und mit mennigrother Farbe innen und aussen bemalt ist, häufig aber ganz weiss (licht) bleibt, hat er bei den 'Afar und mehreren Galla- und selbst bei einigen Somâl-Stämmen (namentlich des Binnenlandes) einen grossen Umfang, oft ein Meter Durchmesser und darüber. Charakteristisch ist seine kreisrunde Form; längliche oder ovale Schilde gibt es in Nordost-Afrika nicht. Das Materiale ist die Haut der Beisa-Antilope (Oryx), des Elephanten und Rhinoceros. Aus Nilpferdhaut werden bei den Galla, wo der Hippopotamus doch zahlreich vorkommt, niemals Schilde geschnitten, sondern aus Büffelhaut, im Nothfalle auch aus Ochsenhaut,[**] besonders wenn es auf Billigkeit ankommen soll. Bemerkenswerth ist, dass alle Galla, auch die südlichen, grosse, schwere Schilde gebrauchen, während z. B. die Massai auch dort, wo sie mit den Oromó unter völlig gleichartigen Naturverhältnissen wohnen, stets leichter, handlicher Schilde sich bedienen. Ich erkläre diesen Umstand in der Weise, dass ich wohl mit Recht annehme, diese Deckwaffe habe der Galla im Norden an der See angenommen oder geformt, während der Massai zweifellos einen Schild trägt, der vom Nil stammt. Mit Sicherheit könnte man, wenn ethnographische Gegenstände eben so alt sind, wie die Sprachen der Völker, auch ohne die Kenntniss des Negeridioms der Massai, auf deren Herkunft vom Nil schliessen. Die südlichen Galla färben ihre Schilde von 20—50, selten mehr Centimeter Durchmesser ebenfalls roth, wie

die Somâl.[84]) Den Danâkil-Schild beschattet nicht selten ein in der Mitte an-
gebrachter Haarbusch — offenbar schoanischer Brauch[85]) — selten anzutreffen,
wenn es sich nicht, wie schon früher erwähnt, um das Kennzeichen eines
Mörders handelt, dem er gehört. Die Verzierung der Schildoberfläche ist sonst
eine ganz einfache: kreisrunde und rhombische Figuren laufen um den Nabel des
Schildes, im Haut-Relief aus dem Leder selbst geschnitten, richtiger heraus-
gekratzt. Metallbesatz, wie bei den herrlichen abessinischen *work dafa gâscha*
mit vergoldeter Silberoberfläche oder dem *ber dafa gâscha* mit plattirtem
Metallbelag, kommt niemals vor, und so präsentiren sich die Schilde in
schönem Braun oder von Fettung herrührendem Schwarzbraun elegant. Man-
chetten, wie in Abessinien, sind ungebräuchlich. Die charakteristische konische Gestalt erhält man in der Weise, dass man ein Stück Kernhaut in
frischem Zustande zunächst rund zustutzt, im Centrum auf einen Pflock stülpt
und dann nach allen Richtungen kreisrund spannt und die Enden an Stäben
befestigt. Das Stück wird wiederholt befeuchtet und endlich bis zur Härte
austrocknen gelassen und herabgenommen.[86]) Die rothen Somâl-Schilde,
(*faki*), die bemalt keine Ornamentik zeigen, machen allerdings diesen Eindruck nicht. Die Handhaben an den Schilden sind weit und fest, so dass man
die Waffe bis auf den Oberarm in der Nähe der Achsel hinaufschieben kann.
Zwei Handhaben ('afar. *katâm, manata*) findet man selten, sondern stets nur
eine, die ungefähr in der Mitte angebracht ist. Der Schild wird gewöhnlich
am linken Arme, am Marsche auch am Rücken getragen. Die Somâl und 'Afar
lieben es, mit dem schildbewaffneten Arme lebhaft zu gesticuliren. Beim
Wurfe der Lanze wird der Schild hoch emporgehoben, bei der Deckung eng
an den Unterleib oder die Brust gepresst. Galla- und 'Afar-Schilde haben
nicht selten, wenn das Materiale von häufiger Fettung und durch den Gebrauch alt geworden ist, eigene, nach aussen gebogene Krämpen und gewinnen dadurch von Weitem das Aussehen von alten Hüten. Schildüberzüge
aus rothem Tuche gibt es nur bei den kostbaren abessinischen Schilden,
welche wie die Lanzen vornehmer Galla, wenn sie ihnen vom Negûsa Neghest
verliehen wurden, von Knappen (orom. *alanga*) nachgetragen werden. Wie die
Lanze und das Messer gehört auch der Schild zu dem gewöhnlichen Waffen-
anzuge des 'Afar und Somâli. Ihn zu besitzen gilt als ehrenvoll, ihn zu verlieren oder gar zu verkaufen als schändlich. Dem Verstorbenen wird der
Schild aufs Grab gelegt.[87])

An Waffen für den Nahkampf werden in Nordost-Afrika noch K e u l e n,
H a c k e n, Handmesser, Stöcke und Schlagringe benützt.

Die Keule (som. *bôd*; orom. *girma*) kommt bei den Somâl und den südlichen Galla vor, wo sie Wakefield beobachtete. Sie ist aus hartem Holz geschnitzt, 20—50 Centimeter lang und besteht aus einem Stücke, das so gearbeitet ist, dass entweder ein kugelrunder oder mit Buckeln besetzter (in solche
ausgehender) Kopf an einem mässig dicken Stiele hängt. Nägeln oder Haken
werden in den Keulenkopf niemals eingefügt, wohl aber enthält dieser natür-

liche Spitzen und Höcker, oft Zähne wie an einer Säge, und damit hat die
Keule oft ein mörderisches Aussehen. So ist auch die Ansicht wohl zulässig,
dass die Keule Kriegszwecken nicht gedient haben mag und gegenwärtig
wohl auch nicht dient. Ich sah sie stets nur ruhig neben der *beldwa* an einem
Riemen hängen und im Hause verwendet werden. Bei Weitem ist aber auch
nicht an die Rolle des *búmerang* bei diesen Keulen zu denken. Die Eingebornen im Norden verstehen sie heute nicht einmal ordentlich zu schwingen. Dagegen bildet sie bei den Nordanwohnern des Rudolf-Sees noch eine oft gebrauchte Waffe.[97] Höchst wahrscheinlich wird die Keule ihre Rolle bereits
ausgespielt haben und nunmehr mit dem Auftreten der Feuerwaffen bald ganz
verschwinden. Auch die Hacke (som. *fass*) würde heute von dem Somál, der
sie besitzt, nur im Zustande der grässlichsten und drückendsten Nothwehr als
Streitwerkzeug benützt werden. Auch mit dieser Waffe ist's vorbei. Sie besteht aus einem Metallstücke von der Form eines Kreisausschnittes, das in
einen Holz- oder Hornstiel eingefügt und mit Draht festgehalten wird. Révoil
hat Bilder davon geliefert.[98] Dass die Hacke eine uralte Waffe ist, kann nicht
bezweifelt werden, zu einer Zeit im Schwunge, wo es noch in Nordost-Afrika
keine specialisirten Waffen gegeben hat. Stiletmesser (Handmesser, 'afar.
galoda) gebrauchen eigentlich nur mehr Galla, nach abessinischem Vorgange,
wenn sie die Geschlechtstheile des getödteten Feindes abtrennen. Es gibt da
ein eigenes Kneipmesser (Rebmesser), *tschuvie* genannt, zu dem grausamen
Geschäfte. Ich habe sie nie zu sehen bekommen. Traversi führt sie an.[99]
v. Höhnel beobachtete bei den Reschiát runde Kampfmesser, die an einem
oder auch an beiden Handgelenken getragen werden und 20—25 Centimeter
Durchmesser haben. Diese scharfgeschliffenen Mordwerkzeuge nehmen sich
nach Höhnel's Abbildung wie Bracelets aus und dienen wohl als Hiebwaffen
im Handgemenge. Stöcke ('afar. *ilò*; som. *ule* oder *uscha*, *tib*, *héul* oder *ôl*) sind
beliebte Prügelwerkzeuge bei den Somáli; sie verdienen den Namen von
Waffen kaum. Dagegen führen die südlichen Galla am kleinen Finger der
rechten Hand, oft am Daumen, zwei starke eiserne Streitringe mit einen Centimeter langen Stacheln. Jeder Faustschlag damit ist tödtlich.[100] Sie sind von
Wakefield, Dundas und Brenner beobachtet aber nicht weiter beschrieben
worden. Den übrigen Nordost-Afrikanern sind sie unbekannt.[101]

Capitel 4: Siedlung und Hausbau.

Die Siedlung und Siedelweise ostafrikanischer Völker hängt gänzlich von
der Natur der Landschaft und der Menge der von dieser producirten Hilfs-
mittel materieller Cultur ab. Die Wahl des Siedelplatzes im Grossen war allerdings gerade in diesem Theile Afrikas für den Haupttheil der Bevölkerung
durch historische Ereignisse bedingt, die nicht gar so weit in die Vergangen-
heit zurückreichen. Die Geschicke des äthiopischen Reiches bedingten und

bestimmten z. B. die Expansion der Oromó nach Norden zu, die Wanderungen
dieser wiederum die Ausbreitung der Somàl in südlicher Richtung. Die 'Afar
allein scheinen von der umgestaltenden Kraft geschichtlicher Ereignisse nicht
berührt worden zu sein, weil ihre Siedelbezirke gegen Norden, Osten und
Süden natürliche Grenzen haben.

Die Naturverhältnisse am afrikanischen Osthorne nun sind, was Bodenbau und Bewässerung, ferner die im Allgemeinen geringere ausschlaggebende
horizontale Gliederung des Landes betrifft, im Süden und Osten entschieden
ungünstiger als im Nordwesten und Westen, und dieser Sachlage entspricht
die im Osten und Süden kärgliche, im Westen und Nordwesten intensive Besiedlung der Landschaft durch Menschen. Die verticale Gliederung bereitet
auf dem grösseren Theile des Schauplatzes der Siedelfähigkeit desselben keinerlei Hindernisse, weil die Bodenerhebungen nicht so gross sind, es sei denn,
dass die Alpengebiete Schoas, welche Oromó besetzten, naturgemäss nur bis
zu der indess auf dem afrikanischen Continente normalen Höhe besiedelbar
bleiben.

Die Siedelweise der Menschen in Nordost-Afrika ist eine im Grossen
und Ganzen der Physis der Landschaft überall genau und gut angepasste. Nur
im nordwestlichen Theile der von den Oromó besetzten Bezirke fand Schuver,
dass die Galla in einem, was Accommodation an den Boden betrifft, pathologi-
schen Zustande sich befinden, wenn man so sagen darf, dass ihnen die Wohn-
gebiete nicht zusagen, sie noch immer in fremder Welt sich befinden. Erklärlich wird diese Erscheinung durch die Annahme, dass sich hier die Oromó im
Vorrücken auf Negergebiet befinden. Im Südwesten lässt einerseits die trost-
lose Landschaft am Rudolf- und Stephanie-See angemessene Ansiedlung nicht
zu, andererseits behindert dieselbe die Vehemenz der incurrirenden Massai.

Zwei Typen der Siedelweise sind es vornehmlich, denen wir auf dem afrikanischen Osthorne begegnen: der Nomadismus im Norden, Süden und Osten,
die Ansässigkeit der Menschen im Westen und Nordwesten. Der erstere folgt
im Allgemeinen dem Zuge des Monsuns. So wie dieser die Pflanzendecke der
Landschaft regulirt, bedingt er auch die Bewegung der Nomaden. Am deut-
lichsten ist dies im Somàl-Lande am Golfe von Aden kenntlich. Die lange
Küstenstrecke von Zejla bis zum Cap Asir wird menschenleer und öde, wenn
der Südwest-Monsun einsetzt, die Vegetation verdorrt, die Cheràn versiegen;
sie ist überfüllt und wimmelt von Repräsentanten aller Somàl-Stämme nördlich vom Wèbi Schabéli, wenn der Nordost-Monsun zu wehen beginnt und so
lange er das afrikanische Osthorn bestreicht. Die Stadt Berbera, welche bei
der Hochfluth des Nordost-Monsuns an 50.000 Bewohner hat, zählt deren nach
dem Weichen desselben kaum einige Hunderte. Die Menschenmasse zieht
sich mit ihrem Vieh nach dem Inneren des Landes zurück, wo Feuchtigkeit
und frische Aesung verblieben. So kommt es auch, dass, wenn ein Stamm sich
in das Gebirge zurückzieht, ein anderer sein Gebiet occupirt; dies thun z. B.
die Ejssa-Somàl zwischen Zejla und Elmàs, die das Habr Auàl-Land bis nach

Bulhâr im Sommer durchziehen. Dies der grobe Zug der Nomaden des afrikanischen Osthornes, dessen Details darzustellen die Wissenschaft heute noch
nicht vermag, weil die topographische Erforschung der in Frage stehenden
Landschaften eine noch sehr unvollkommene ist. An der Süd-Somâl-Küste
liegen die Verhältnisse ähnlich, nur geben dort die Wasseradern des Wébi
Schabéli und Dschubb den Landschaften im Inneren ein etwas verändertes
Gepräge. Im 'Afar-Lande bildet der Hawâsch und dessen Mündung in Binnen-
seebecken eine grossartige Oase (Aussa), mit deren Vegetations- und Boden-
verhältnissen das Nomadenleben der meisten Danâkil innig verknüpft ist.
Auch ist der Landstrich von dem Monsun unabhängig.

Die Bewohner der nordwestlichen Galla-Länder participiren an den Vor-
und Nachtheilen der abessinischen Alpenlandschaft. Der grösste Theil der
Oromô-Gebiete besteht indess aus wohlbewässerten, viehreichen, gesegneten
Gebieten, in welchen menschliche Ansiedlungen mit Leichtigkeit bewirkt und
wo der Boden und das Pflanzenreich mit Nutzen ausgebeutet wird. Der grösste
Theil derselben ist daher der Schauplatz von Ansässigen und nur an einzelnen
minderbegünstigten Punkten hat sich der Nomadismus (som. Nomade - djingal)
erhalten. Untereinander verglichen können wieder die Territorien im Süden
des oberen Abâj, am Godscheb und oberen Omo, den Wébis, dem Dschubb,
Erer, Tana und Sábaki als von der Natur bevorzugtere Striche gelten, denn die
Gebiete am Jabus und Didessa. Im Süden von Schoa, dann in Harar lebt der
Mensch stets sogar in Ueppigkeit und Reichthum, der an jenen der gesegnet-
sten Theile der Erde erinnert, so dass z. B. der französische Forscher Borelli
das reiche biblische Ophir in oder um Harar gesucht wissen will.

Es braucht nicht besonders dargethan zu werden, wo auf diesem in groben
Umrissen geschilderten Terrain der Mensch seine Wohnsitze aufzuschlagen
hatte. An den Wasserwegen entstanden überall die ersten menschlichen Siedelstätten (orom. edensa — der Uferanwohner). Am Meeresrande findet man in
Nordost-Afrika auch in nomadischem Gebiete die einzigen festen Wohnsitze
(som. hamer, magalo). Im Binnenlande bezeichnen die Wasserbetten, die mit
Vegetation bestanden sind, führen sie nun permanent das feuchte Element
oder nicht, jene Stätten, wo die Eingebornen wenigstens mit Vorliebe verweilen, und wo sie ihre Rêr oder Gur (Gruppen von Hütten) für längere Zeit
zu errichten pflegen. Hier sind auch ihre Getreidebauplätze, die man durch
Niederbrennen des Grases zur Verscheuchung wilder Thiere isolirt. Längs
solcher Wasserbetten ziehen sich im Somâl-Lande, z. B. im Westen am Darror,
Nogâl, Tug Dér, Tug Fâfan, viele Meilen weit die Gruppen von Clans der einzelnen Familien, werden aber unablässig von einem Orte auf den anderen
verlegt, je nachdem nach jeder Regenzeit günstige Plätzchen geschaffen wurden. Wo natürlich stets dieselben günstigen Bedingungen für eine Ansiedlung,
besonders für Hüttenbau, aufrechtbleiben, erhält sich auch eine Gruppe menschlicher Wohnungen oder wird dort nach kurzen Unterbrechungen immer wieder
aufs Neue errichtet. Aehnlich ist dies im Danâkil-Lande. Auch hier sind an

der Peripherie von Aussa und in dem weitverzweigten Mündungsgebiete des
Hawásch Wohnstätten ('afar. *dis bulá* — eine Hütte bauen), die etwa 5—6 Kilometer von einander entfernt liegen, so dass sich das Land wie mit Hütten besäet aus der Ferne ansieht. Jene Wege nun, die von Aussa gegen Abessinien
oder die Galla-Gebiete zu, auch nach der Meeresküste führen und durch Wasserscharrplätze oder Brunnen markirt sind, weisen gewissermassen wie auslau-
fende Adern Siedelstätten ('afar. *méla*) auf, die den Naturverhältnissen entsprechend verlegt werden können.[109] Sonst ist das Somál- und Danákil-Land
von den Bewohnern in genau umgrenzte Zonen getheilt worden, deren jede
ein Stamm besitzt und nur zur Zeit quälendster Trockenheit überschreitet. In
Ogadén sind solche Zonen (Weideplätze) auch besonders dadurch kenntlich
gemacht, dass man grosse Steine an Bäume befestigte, um anzuzeigen, wie
weit die Heerden einer Fakíde getrieben werden dürfen. Mit ziemlicher
Sicherheit kann man auch an Wasserscharrplätzen — eine Antilopenhaut auf
Gesträuch oder Bäumen aufgehängt ist das Zeichen, dass in einer Gegend
überhaupt Wasser zu finden sei — in fast ganz wüstem Gebiete, wo sonst
nur der Bedâwi haust, vorübergehend die Hütten der einzelnen Familien aufgeschlagen finden (som. *dúl* — Platz, wo man lagert). Gar oft entbrennt da
mörderischer Kampf um das Leben spendende Nass, und die Einen werden
von den Anderen aus ihrer Position vertrieben. Namen wie Derlogubi (som.
wörtlich «sie sind tief gegraben»), El. Eláj (wohl aus *el-léj*, d. i. «viele Quellen»)
u. A. bezeichnen solche Siedelplätze, die den grössten Theil des Jahres, aber
fast von Woche zu Woche andere Bewohner haben. Die gebirgige Grenze,
welche abessinisches und 'Afar-Gebiet scheidet, lockt aus dem letzteren bis in
die nächste Nähe der mit Vegetation bestandenen Berge Ansiedler an. Reste
von fortificatorischen Anlagen im Somál-Lande (*darbíja* oder *darti* genannt)
rühren, wie schon erwähnt, von den Oromó her und sind heute unbenutzt.

Die Oromonen sind nach dem äthiopischen Principe der Kuolanjá (Thal-
bewohner) und der Daganjá (Höhenbewohner) angesiedelt und sesshaft. Vor
Allem muss aber daran erinnert werden, dass die zahlreichen Stämme ihre
Siedelbezirke in der Weise isoliren, dass sie rings um das Gebiet, das ein
Stamm bewohnt, einen 10—15 Kilometer breiten Streifen Landes ganz unbewohnt, wüst und brach liegen lassen; sie schaffen die sogenannte *moggá* oder
udemmá, äthiop. ᎨᎬᎤ-Ꭵ, oder abess. oft kurz *báraha*. Es ist selbstverständlich,
dass dort, wo die Rodung unterbleibt, die Abfuhr überschüssigen Wassers
nicht bewirkt wird, die Natur bald undurchdringliche Vegetation hervorzu-
bert, bald versumpfte Einöden oder magere Grasplätze schafft — einen Tummelplatz wilder Thiere, den Niemand zu betreten wagt, und wo man nur Fehden
mit den Feinden auszutragen oder wohlbewachte Heerden zu weiden pflegt.
Solche *moggás* finden sich überall, wo Oromó wohnen, sie sind die Wahrzeichen
ihrer Siedelplätze, nur an jenen Stellen passirbar, wo die Wege nach dem Gebiete eines Stammes führen. Elephanten und Rhinoceronte treiben in der *moggá*
ihr Unwesen, und nur solch ein Mensch schlägt dort seine Wohnung auf, der

die Wohnsitze der Menschen aus irgend einem Grunde meiden muss.[103]) Indess die Einrichtung der *moggá* besteht auch im Danâkil-Gebiete, so z. B. bei den Adâl- und Wollo-Galla zwischen Garfa und Aussa, an der nordöstlichen Peripherie der Galla von Harar gegen das Ogadên-Gebiet zu, wo sie auch aus völlig baum- und wasserloser Steppe besteht, in Ogadên selbst am Rudolf-See (Norden), wo ganze Flussuferstrecken unbewohnt sind. u. s. w.[104])

Die Galla unterscheiden mehrere Specialitäten solcher um oder in ihren Gebieten befindlicher Wüstenstrecken (bei den Borâna *sera* oder *sero*, d. i. «verbotenes Land» genannt) und nennen *moggá* oder *berra* (schoan. *udemmá*, nicht selten gesprochen *widmá*) Wüste oder Busch, *daggald* Flecke mit blosser Grasvegetation, *tschakka* hohen, dichten Wald, Gehölze, *udemmá* überhaupt verlassenes, so weit man sich erinnert, herrenloses Gebiet.[105]) Auch die Somâl in Ogadên kennen mehrere Specialitäten dieser wüsten, die Stämme trennenden Gebiete und unterscheiden ein *ghûl madhube* («schwarze Erde»), ein *gunde libah* («stets Löwen vorhanden»). und wenn die Wüstenei eine sehr grosse Ausdehnung hat, nennen sie dieselbe *sibi*. Eine der grössten solcher Wüsten breitet sich im Norden und Nordosten von Ogadên aus und bildet, wie Baudi di Vesme a. a. O. berichtet, das Haut. Im Nordwesten ist eine solche *sibi* als Schutz des Landes der Melengúr gegen Harar geschaffen worden. Sieger im Kampfe machen auf feindlicher Seite die *moggá* grösser, an der ihrem eigenen Gebiete zugewendeten schmäler. In Kriegszeiten wickelt man hier Verhandlungen ab. Aus dem Umstande, dass in der *moggá* jedermann frei sein Vieh auf die Weide treiben kann (innerhalb der Dorfanlagen gibt es sehr wenige Weideplätze), entwickeln sich in Kriegszeiten Händel, und diese gehen eben nicht selten von den Wächtern der Heerden aus.[106])

Dasjenige Land, welches höher über dem Meeresspiegel liegt als 2400 Meter, also die abessinische *dagá*, nennen die Galla *baddá*, das nicht über 1800 Meter gelegene, von frischen Winden bestrichene Gebiet *gamôdji*, welches wieder mit der äthiopischen *kuolá* zusammenfällt. Dementsprechend nennen sich die Bewohner der bergigen, hochgelegenen Landschaften *djarri* (Pluralform von *nama* = der Mann) *baddá* («Leute der Berge»), jene der tiefer gelegenen Gebiete, namentlich der Flussthäler *djarri gamôdji* («Leute des Tieflandes»). Wo immer aber der Galla hause, er wählt zu seiner Niederlassung einen solchen Platz inmitten von Ackerland, das ihn ernähren soll, der eine bleibende Wohnstätte aufzunehmen geeignet ist, und zwar nur für ein einzelnes Individuum oder nur eine einzelne Familie (die Worte im engsten Sinne gefasst) und nur selten für eine Gruppe von Familien. So entsteht an Punkten, wo Wasser leicht erreichbar ist, eine Dorfanlage (*massallá*, dieses ist ein Somâl-Wort) oder eine *amba*, in Harar *ganda*, inmitten eines Rasenplatzes in der Regel in der Nähe einer Baumgruppe und umgeben von Getreidefeldern. Den Somâli oder Dankali können in seinem Nomadenthume lange nicht so wichtige Kriterien. deren Coincidenz ja selten ist, bei der Wahl seines Aufenthaltsortes bestimmen. Der Oromó sichert dann auch die Dorfanlage sofort durch ein Gehege oder eine Mauer, bestehe sie nun auch blos aus 10 20 Häusern. In der Entfernung von 1—3 Kilometern reiht sich, in dichtbewohnten Gegenden oft schon nach ½—1 Kilometern eine andere *amba* oder *massallá* an, und in dieser Weise sind ganze Landstriche besiedelt. Sind die Dörfer grösser, wie z. B. südlich von Schoa, Harar, in den Gebieten im Kafa, so schlängeln sich durch die Ansiedlung 2—4 Meter breite Strassen, gewöhnlich von Euphorbien umsäumt, die ganze schattige, dunkle Alleen bilden[107]) und gewöhnlich sehr kothig sind.[108])

Eine solche Dorfanlage — auch am Wébi findet man sie bei den Flussanwohnern vom Somáli-Stamme — braucht indessen nicht immer, d. h. während des ganzen Jahres bewohnt zu sein. Sie ist dies meist nur während des *krempt*, in der grossen Hitze aber verlassen und öde. Da suchen die Galla gerne zu vorübergehendem Aufenthalte mit dem Vieh kühlere Plätzchen auf, kehren aber immer wieder nach der *massallá* zurück, wenn die Regen einsetzen. Die Umzäunungen der Dörfer bestehen aus Dornengestrüppe, in Schoa aus Steinmauern oder Pallisaden aus dem Stamme des *wallense* genannten Baumes, der langes, hartes und dorniges Holz hat. Die Stämme stellt man gerne dreieckig nebeneinander. Ist natürlich eine Dorfanlage häufig selbst strategisch gut gewählt (an Abgründen gelegen) und fortificirt, so muss es an bestimmten Punkten Einlässe geben, die *kella* (Thore). Sie sind einfache Thüren, die stets ein eigener Wächter (*abba kella*) in seiner Obhut hat.[109]) Im Süden von Schoa in den ehemaligen kleinen Reichen, die das Metja-Galla-Gebiet umsäumten, wo es sehr dicht bevölkerte Landstriche gibt, waren auf die geschilderte Weise fast alle zu einem Staate gehörigen Ansiedlungen von Hecken umgeben, so dass die Reiche wie umzäunt oder ummauert aussahen, und wo an jeder *kella* die Erlaubniss des Herrschers zum Betreten des Landes eingeholt werden musste, der dem Fremdling ein *lammi* oder ein Erkennungszeichen entgegensandte. Hier an der *kella* wurde auch der Tribut entrichtet. Seit die Galla im Süden von Schoa bis über Kafa hinaus und auch die Arussi Kaiser Menilek II. gehorchen, fällt der Zweck solcher Separation weg, und die Pallisadenmauern verfallen. Zieht ein Wasserlauf an irgend einer Seite die natürliche Grenze um das Gebiet oder die Ansiedlung der Oromó, so stellen primitive Holzbrücken (*rikitscha*) die Communication her. Den Somâl und 'Afar sind Brücken unbekannt.

Denselben Grundsätzen, wie ihre nördlichen und westlichen Stammesbrüder huldigen bezüglich der Siedlung auch die Galla am Tana und Sábaki.[110]) In diesem Theile des oromonischen Verbreitungsbezirkes sind übrigens gegen die einstürmenden Nachbarn viel schärfere Vertheidigungsmassregeln der Siedelstätten zu ergreifen. Sie finden in besser gedeckter Anlage der Dörfer ihren Ausdruck. Pigott berichtet,[111]) die Dörfer der Galla lägen hier hart am Flusse und seien auf Sandbänken derart errichtet, dass sie nach allen Seiten hin befestigt und abgeschlossen erscheinen und nur vom Flusse her einen Zugang besitzen — wahre Wasserburgen, die einzunehmen nicht so leicht wird.

Seit die Schoaner Fürsten den grössten Theil der Galla-Gebiete unterwarfen, hier die oromonischen Häuptlinge grausam bezwingend, dort durch diplomatische Kunst die Fürsten gewinnend, griff selbst unter den Galla abessinische Siedelkunst platz. Zunächst errichtete man gewöhnlich auf Bergrücken ausgebreitete Zwingburgen *(katama)* mit dem Charakter von Gehöften, an deren Bannkreis sich urbar gemachter Boden schloss, ganz nach Art riesiger *ambas*. Darin hausen die Vögte in der *masserá*, ihrem besonderen Quartiere. Diese *katamás* sind dem *gebí* des Kaisers nachgebildet, und die Galla bezeichnen mit dem Worte *masserá* geradezu eine königliche oder fürstliche Residenz. Die zahllosen *ambas* in den Galla-Ländern, wo die geringeren Machthaber Menileks ihren Wohnsitz haben, sind in der Regel auch befestigt oder wenigstens zu einer raschen Befestigung geeignet, wenn sie in turbulenten Zeiten gerade nöthig werden sollte. Sonst bietet die *amba* ein idyllisches Bild. Einen Complex von mehreren Dörfern, weitläufigen Wohnungsanlagen mit lebhaftem Verkehre bezeichnen die Oromó mit dem Ausdrucke *garrá* (Stadt). Die Begriffe von *garrá* und dem som. *hamer* decken sich so ziemlich.

Reisende Kaufleute, die ein Waarenlager mit sich führen, siedeln sich in den Galla-Ländern ausserhalb der Dörfer an, weil sie Raum zum Auspacken der Waaren brauchen und ihre Transactionen auch in Ruhe vollführen wollen. So entstehen eigene Kaufmannsstädte *(mandero, manderá)*, wo arabische oder abessinische Bräuche herrschen. Solcher Manderas finden sich viele auf dem Wege von Schoa nach Kafa und gegen den Nil zu. Auch im Süden von Harar sind mehrere, und sie reichen bis in das Gebiet der Boránna-Galla hinein. Zu unterscheiden sind diese Kaufmannsstädte strenge von den einfachen Marktplätzen der Galla, die keine Wohnungsanlagen besitzen, sondern nur mit Rücksicht auf Entfernungen, Familienlager, Transportwege gut gewählte, an Wahrzeichen (Felsen, Bäumen) kenntliche Oertlichkeiten repräsentiren, und wo man mit Händlern regelmässig zusammenkommt.

Wenden wir uns nun dem Hausbau der Somâl, 'Afar und Oromó zu, so muss zunächst hervorgehoben werden, dass die nomadischen Völker in Nordost-Afrika eigentlich kein Wohnungsbedürfniss — in unserem Sinne gemeint — besitzen. Sie erinnerten mich stets lebhaft an die Fellahin Aegyptens, die doch Ackerbauer par excellence sind, und bei denen auch nur ein sehr geringes Wohnungsbedürfniss besteht, dem sie durch das Hausen in Erdlöchern genügen, so dass es ganz gefehlt ist, anzunehmen, die Noth oder der Druck gestatte ihnen keine besseren Häuser zu bauen. Gelte es dem Somâli oder Dankali nicht, Eigenthum zu bergen, er würde selbst der Unbill der Witterung trotzen und keine Wohnung beziehen. Sein Haus (som. *gurgi* oder *gurbi*; 'afar. *dás* oder *ari*, auch *jés*, Plur. *jesás*; abessinisch *godscho*) ist denn auch das primitivste der Welt: Matten oder Felle über einem Holzgestelle. Nicht verwechseln darf man einigen civilisirten Somâl oder 'Afar gehörige Steinbauten *(aghal)* in Beilûl, Assab, Oboc, Tadschura, Zejla, Berbera, Bender Zijjáda, Râs Allula, Maqdischu, Mörka und Brawa.

An anderen Punkten existiren im Somâl- und Danâkil-Lande keine
Steinbauten (som. *min;* 'afar. *nachsâ* und *bura*) überhaupt, die wenigen sind
von arabischen Baumeistern errichtet worden auf ägyptische oder englische
Rechnung oder auch auf jene des Sultans von Zanzibar.

Menschliche Wohnungen deutet im Somâl- und Danâkil-Lande untrüg-
lich die Anwesenheit des *Percnopterus* und anderer Geierarten (som. *hunscho*)
schon von Weitem an. Die Hütten der 'Afar sind im Grundrisse semiellipsoi-
disch, jene der Somâl dagegen hemisphärisch, die der Somâl des Südens (gewöhnlich *min* genannt) aber auch länglich, rechteckig, mit rund abgebogenen
Ecken. Der senkrecht aufragende Theil entspricht diesem Grundrisse und ist
bei den 'Afar und Somâl von der Gestalt einer Calotte, bei den Somâl des
Südens und jenen am Wébi Schabéli die eines Conus.[112]) In der Regel sind die
Hütten der 'Afar geräumiger als jene der Somâl und haben 4—5 Meter Länge
bei 3—4 Meter Breite, während jene der Somâl etwa um ein Drittel kleiner
gebaut werden. Die Höhe beträgt 1·8—2·5 Meter, so dass man unter den
höchsten Theilen der Calotte oder des Conus eben bequem aufrecht stehen
kann. Die gewöhnliche typische Grösse der Hütten beträgt aber auch bei den
Danâkil nur 1¹/₂ Meter Höhe und 3—4 Meter Länge. Jede Hütte hat stets nur
eine Pièce ohne Rücksicht auf Angehörige beider Geschlechter. Ist der Platz
für die Hütte abgesteckt, so wird aus Acazien- und Phönix- und Dum-
palmenholz *(gub),* bei den Somâl aus der *debbe, golâl* oder *kalkol (Euphorbia)*
genannten Holzart ein Gerüste, dessen Bestandtheile mit Stricken aus dem
Baste der Aloë *(lif)* zusammengebunden wurden, aufgestellt und darüber
Matten (som. *dirmo;* 'afar. *gôli*), Thierhäute, Palmblätter (som. *darbi* oder *gebbi*)
gebreitet. In der Mitte steht ein gerader Pfahl als Stütze des Gerüstes (som.
adûb; 'afar. *nafirât*), dessen Enden in den Boden eingetrieben werden.[113]) Die
Thür wird viereckig und so klein gemacht, dass man nur auf allen Vieren
kriechend solch' eine Hütte betreten kann. Ein bewegliches Mattenstück
schliesst automatisch diese Oeffnung *(dah, afâf, bâb).* Das Holzmateriale für
dieses Gerüst (som. *kôrio*) wird sorgsam ausgewählt, da es den häufigen Transport auszuhalten hat. Die Sparren, stets nur paarweise verbunden, mit Baststricken fest umwickelt, werden mit Steinen beschwert und so niedergebogen
und über dem Feuer gekrümmt. Der Fussboden (som. *dûl*) ward vor der Bedeckung mit Fellen und Matten gestampft und ragt etwa 20—30 Centimeter
über die Basis der Hütte empor, damit er keine Feuchtigkeit behalte. Ein
Schlagbaum hält von aussen die Matten- und Fellbedachung (som. *durbe*)
gegen Windstösse nieder. Das Ganze ist eben so einfach als fest und leicht,
die Art und Weise der Sparrenbefestigung und Fellbelegung eine so praktische, dass die Hütte ebenso rasch aufgestellt wie zerlegt und auf dem
Kameelrücken verladen werden kann. Man baut die Hütten in der Regel ganz
nahe nebeneinander und belässt nur kleine Plätze als Feuerstellen, Kinder-
Spielplätze, Thierlager *(arda)* dazwischen. Die Feuersgefahr ist, weil vor der
Hütte gekocht wird (bei den 'Afar auch hie und da in der geräumigeren Hütte)

stets eine imminente. Eine grosse Niederlassung für 20.000 – 50.000 Menschen, wie sie zur Marktzeit z. B. in Berbera zu sehen ist, kann in längstens zwei Stunden abgebrochen und mittelst Kameelen expedirt werden.

Wegen der Leichtigkeit des Materiales ist die Hütte, die stets nur ein Gelass repräsentirt, wiewohl völlig fensterlos, dennoch zumeist mit frischer Luft erfüllt, die ja überall durch die Matten und Felle frei hindurchziehen kann. Uebrigens bleibt die *gurgi* an der Somâl-Küste z. B. das Muster einer gesunden Behausung, und wenn die Engländer oder Aegypter Baulichkeiten für militärische Zwecke aufzuführen haben, wählen sie das Gurgi-System. Indessen wissen die Eingebornen in den Städten selbst Gurgis mit einer Art von Stockwerken zu versehen, die als Schlaf- und Aufenthaltsräume benützt werden.[114] In den festen Plätzen der 'Afar-Küste wiederum verwendet man auch bei dem Baue von Hütten die Madreporen-Kalkbarren zur Construction der Wände. Man formt daraus Stücke (Ziegel), die rasch zusammengelegt und auseinandergenommen werden können, so dass die Hütte ihren Charakter der Beweglichkeit nicht verliert. Mit Faurot[115] daran zu glauben, dass die 'Afar der Küste «seraient donc accidentellement troglodytes», liegt aber wahrhaft kein Grund vor. Troglodyt wird man nicht, wenn man in einem Steinhause sein Lager aufschlägt. Es muss die Culturstufe solchem Beginnen entsprechen, und die 'Afar des Bahr el-banâtin stehen schon ziemlich hoch, um noch jemals Troglodyten werden zu können. Zu den Zeiten der Gewährsmänner des Strabo mag dies hier allerdings anders gewesen sein. In Assab kostete nach Licata 1885 eine Tonne Madreporen-Kalkbarren der geschilderten Art 13 Francs.

Mit Rücksicht auf die Wohnung bleiben die 'Afar und Somâl, welche ihr Leben lang in Karawanen umherziehen, und dies ist zwischen Assab, Oboc, Zejla, Berbera und den Binnengebieten der 'Afar und Somâl der Fall, ein interessantes, erfinderisches Völkchen. Die Tragkraft und den Belagraum ihrer Lastthiere brauchen sie vollständig für die Zwecke des Waarentransportes. Es bleibt daher kein Platz für die Fortschaffung einer Hütte. Eine solche wird daher aus den Waarenballen und den Reiseutensilien gemacht. Die Stäbe des Kameelsattels *(hério)* dienen als Sparren, die Paquets und Kisten als Wände, die Kameeldecken *(balha)* als Bedachung einer Gurgi, die unseren Feldhüterzelten an Aussehen gleicht und ihren Zweck, Körper und Eigenthum vor Regen zu schützen und die Leute zur Nachtzeit aufzunehmen, in jeder Beziehung erfüllt. An dem grossen Wêbi Schabêli bietet die Natur billigeres Materiale zur Herstellung, namentlich Bedachung der Hütte, das Schilf, so dass die Hütten daraus geformt und damit ausgestattet werden können.[116] Ebenso berichtet Traversi von den Hütten der Dschilli-Galla am Suwâj, die an den sumpfigen Ufern des Wasserbeckens ein Seeleben zu führen genöthigt sind; sie verfertigten ihre Hütten ganz im Stile jener der Danâkil, doch ausschliesslich aus Schilf.[117]

Unter den Oromó lebt ebenso wie in Abessinien nur der Verarmte oder ein verachteter Fremdling in einer simplen Hütte (*godschó* oder *godo*, wenn aus

Bambus *lemân*).[119]) Dagegen sind die Behausungen der südlichen Galla nach
Wakefield[119]) auch nichts weiter wie nomadische Hütten, »hastily built to be
as quickly abandoned«. Wakefield betont ausdrücklich, sie seien »neither
tents, tabernacles, nor huts«. Es darf aus diesem Umstande nicht der Schluss
gezogen werden, als lebten die Galla am Tana und Sábaki im Zustande des
Nomadenthums. Wenn man die heutigen, d. h. seit etwa zwei Decennien bestehenden Verhältnisse ins Auge fasst, wird der Charakter dieser Galla-
behausungen erklärlich. Die Oromó leben hier in einem Zustande fortdauernden Krieges mit den Somál und den Wakamba und Massai und müssen sich
vor ihren grimmigen Feinden, mit völliger Vernichtung bedroht, immer weiter
gegen Norden zurückziehen. Da sind nun Behausungen, die man nach Art
der Nomaden leicht mit sich führen kann, weder Zelthütten noch Häuser aus
Holz, die allein brauchbaren Wohngebäude.

Die Behausung des ansässigen Oromó (orom. *manna*, Chiarini und Cecchi
schreiben stets *mana* oder *mâna*) unterscheidet sich von jener der nomadischen
'Afar und Somál durch Form und Geräumigkeit. Beide Factoren tragen den
Charakter des Immobilen, also den wahren Charakter eines Hauses. Indess ist
die Form aller Galla-Häuser die des afrikanischen Tokûls (arab. لطم), wie er
überall in der tropischen Zone auf dem Continente angetroffen wird. Die
Araber in Nordost-Afrika haben für das Galla-Haus die Bezeichnung *kinissa*
(offenbar aus dem italienischen *chiesa*), sonst wohl das gewöhnliche كوخ oder
جمع, doch hat der Islam auch bei den muhammedanischen Galla, 'Afar und
Somál keine separate Siedlung von Mann und Weib zu bewirken vermocht.
Wohnen Frauen getrennt, so nennen die Somál ihr Haus *dumâr*. Der Hausbau
(orom. *manna djarra* oder *djarna*) geschieht bei ihnen gemeinschaftlich, das ist
unter Mitwirkung aller Nachbarn (die Hausbauer heissen orom. *dschatâria*), ja
selbst zugereister Fremder. So Vieler Kräfte liefern denn auch in der Regel
ein Product, das weit solider und gediegener ist als abessinische, namentlich
Schoaner Bauten. Es wird stets in einem Tage vollendet, so dass auch während des Baues eingetretenes Unwetter das Materiale (das Bauholz heisst
orom. *mûka*) nicht beschädigen oder den Plan inundiren kann. Man steckt
einen gutgewählten quadratischen Platz von etwa 10 Metern Breite für eine
grössere Behausung (orom. *batschó*, gleich dem abessin. *aderásch*) ab, in der
Regel an einer Pflanzung von *Musa Ensete* oder *Ficus indica* oder in der Nähe
von Brustbeerbäumen, und nun theilen sich die Geschlechter in die Arbeit.
Die Männer bauen die Wände, die Frauen unterstützt von Männern gleichzeitig
ganz separat das Dach.

Zunächst wird auf dem abgesteckten Platze nach dem Augenscheine ungefähr die Mitte bestimmt und von hier aus mit einem Riemen oder Stricke
als Halbmesser (2—4 Meter, bei grösseren Gebäuden 5—7 Meter) ein Kreis
gezogen, dessen Form eben das Haus erhalten soll. Hierauf wird im Centrum
ein starker Pfahl eingerammt, der das konische Dach des Hauses tragen soll.
Sodann werden genau in der Linie des Kreises meist aus dem Holze der Acazie

(orom. *tscheka*, ihre Rinde *kontsche*) die Wandpflöcke eingetrieben, eng aneinander und mit Mörtel (Thon oder Kuhmist mit Stroh vermengt) angeworfen. Sie heissen dann *duppó* oder *káa*. Wenn die Häuser sehr geräumig werden sollen, wird innerhalb dieser ersten (äusseren) Pfahlreihen concentrisch noch eine zweite mit etwas höheren aber proportional zu dem beabsichtigten Dachabfalle laufenden Säulen errichtet, so dass eine Art Vorhalle entsteht und der innere Raum (*dallalli*) gänzlich abgeschlossen wird. Als Thoreinlass (*tschúfa, balballa*) bleibt in der Pallisadenreihe eine Oeffnung stehen, die mit Rücksicht auf die in der Gegend vorherrschenden Winde mit richtiger Erkenntniss des Vortheilhaften erwählt ist. Ragazzi sagt.[110] an der Thür der Galla könne man erkennen, was für Winde in der Gegend die häufigsten sind. Die Arussi-Galla haben die Thüren stets an der Westseite ihrer *manna*, woraus folgt, dass in ihrem Lande Ostwinde vorherrschen. An der der Thür entgegengesetzten Seite findet sich bei den Galla-Häusern nicht selten im Hintergrunde ein Porticus (*guada, gardafa*), wo sich auch ein Theil des Lebens der Familie abspielt.

Die Pallisaden für die Aussenwand werden bei den Galla nicht wie in Abessinien vollständig abgestockt, sondern man belässt einen Astkranz, der gegen das Innere des Hauses gekehrt ist, daran und verbindet ihn mit dem Mittelpfahle, dem Träger des Daches. Um die Thüre wird ausserdem zu beiden Seiten eine Art Veranda auf ähnliche Weise mittelst Pfählen hergestellt (*golgé*), wo Reitthiere und anderes Vieh seinen Platz hat. In den Häusern der Galla von Schoa findet man auch im Inneren stets durch Holzwände und Pfähle (*tschitscha*) abgetheilte Räume, welche für den Hausvater bestimmt sind und die der Fremde nicht betreten darf. Bei den Galla von Harar ist dies nicht der Fall. An Stelle dieser Räumlichkeit findet sich eine Estrade für den Hausvater und vornehme Fremde. Links vor der Thür ist ein besonderer Raum für die Kälber, rechts einer für das Mobilar der Familie und die Frauen. Einen geheiligten separirten Raum findet man in den Galla-Mannas von Harar nirgends, dagegen oft die bei allen Oromó gebräuchlichen Häuser für Fremde (*godó kessumát*). In Schoa wie in Harar werden gerne Nischen für einen *alga* aus Bambus reservirt, neben der dann gerne Blöcke oder Bänke zum Sitzen aufgestellt werden.[121] In der südlichen Nachbarschaft Harars ist mir aufgefallen, dass man das Innere der *manna* in drei Theile theilt, deren grösster, wenn kein Fremdenhaus existirt, dem Ankömmlinge zugewiesen wird, während im zweiten die Familie, im dritten das Kleinvieh haust.

Auf alle diese Räumlichkeiten wird nun gleich beim Einrammen der Wandpallisaden Rücksicht genommen, weil sie später nur mit Schwierigkeiten eingefügt werden könnten. Die Höhe der Seitenwände ragt ganz wenig über Manneshöhe. Diese enthalten keine Fensteröffnungen und das Licht empfangen alle Gelasse lediglich durch die flügellose Thüre (*charra*). Es ist gesagt worden, dass Acazienholz zur Herstellung der Hauswände (*irkissa*) gebraucht wird. Die Galla von Kafa benützen dazu, wie Massaja berichtet,[122] ein *simbakó* genanntes, von 10 Centimeter bis zur Baumstärke dickes Palmrohr,

das mit Mörtel bestrichen so fest und stark wird, wie eine Mauer, besonders
wenn man die Stöcke mit den Schnittflächen passend aneinander reiht. Naturgemäss wird der Boden des Inneren des Hauses hart gestampft (äthiop. *midri-
béta*) und etwas erhaben aufgeführt.

Während die Arbeit des Wandpfahleinrammens und Anwerfens der
Pallisaden vor sich geht, wird auch das Dach (*chatúba, buúsa*) seiner Vollen-
dung entgegengeführt.[111]) Das Gerüste zu demselben bilden 15—20 Acazien-
stangen, die man mit den schwächeren (spitzigeren) Enden nach einem
Centrum weisend zunächst blos zusammenlegt, um sie sodann sorgfältig in
gleiche Entfernungen von einander zu bringen und zu behauen. Ihre Länge ist
um ein Beträchtliches grösser als der Parameter des Grundrisses des Hauses,
und sie stehen strahlenförmig von einem kleinen Kreise, dem centralen, für
die Dachspitze bestimmten Raume, ab. Man beginnt sie nun aus der Mitte
heraus sorgsam zu verbinden, mit den Baststricken von *Musa Ensete*, *Lif* und
Lederriemen schöne gleiche Kreise formend, und belegt sie 20—30 Centimeter
hoch mit dem Dach- (*durra-*) stroh und Heu (*tschafé harrá* oder *tschafé kaká*,
auch *adschará, idschú*). Ist diese Arbeit gethan, so tritt das gesammte bei dem
Bau beschäftigte Personale zusammen und man hebt das Dach unter Aufwand
vieler Kraft, es oft auf Gabeln stützend, in die Höhe und setzt es auf den
Träger, den man ¹/₂—1 Meter über das Dach hat hervorragen lassen. An der
Oeffnung, wo der Pfahl hindurch dringt, wird eine Strohschicht, ein Ast-
strahlenkranz, den man durch das spitze Ende des Daches durchgetrieben,
angebracht und ein grober Mörtelverputz mitunter angewendet. An der Peripherie des konischen Daches werden die Enden der Dachsparren mit den
Pallisaden in der Weise gut verbunden, dass ein von dem Heu freigebliebener,
etwa 10 Centimeter breiter Kranz über die Mauer herausragt. Im Ganzen
steht das Dach 0·2—0·6 Meter über die Wand hervor und leitet prächtig zur
Regenzeit das Wasser von Dach und Wand ab. Die senkrechte Höhe bis zur
Dachspitze beträgt in der gewöhnlichen *manna* 8 Meter. Ruht das Dach sicher
und fest auf den Pallisaden, so wird der über dasselbe aufragende Theil unmittelbar über der Strohschicht kugelförmig ausgeschnitzt und dann spitzig
(nadelförmig) nach oben zulaufend gemacht. Allein es gehört zu dem National-
schmucke der gallanischen Bauten, einen pompösen Dachknauf (*gulelát, turò*)
zu verfertigen, den man über dem ausgeschnitzten Pfahl (oft in der Höhe
von 60—150 Centimetern) ansetzt. Die Verstopfung der Oeffnung an dem
Dache gelingt indess selten gut, so dass die Oromó in der Regel noch einen
Knopf aus gebrannter Erde (*palta*) oben auf das Dach setzen, damit kein
Wasser durchdringen könne. Gesuchte Specialitäten in Dachknäufen sind bei
den Galla Straussenei er, europäische Cognacflaschen u. dergl. m.

So entsteht die Behausung des einfachen Mannes unter den Oromó. Personen von fürstlichem Range bauen sich natürlich Häuser in viel grossartige-
rem Stile (von 80—100 Meter Durchmesser), doch stets von dem Typus
der Manna, wie er hier beschrieben wurde. Besonders grossartig mit vielen

concentrischen Porticus ausgestattet und elegant mit Flechtwerk geziert, sind die *batschó* genannten Säle, wie z. B. jene in Gera[124]) und anderwärts. Ein fürstliches Quartier verlangt auch Unterkunft für Dienerschaft, Sklaven und eine grössere Menge Viehes, daher die Baulichkeiten eines Häuptlings *(masserá mûti)* oft den Umfang einer ganzen Dorf-Anlage besitzen. Um sie jedoch nicht übergross werden zu lassen — denn die Galla südlich vom Abáj bis über Kafa hinaus haben nur kleine Ansiedlungen von Häusercomplexen für höchstens 10—15 Familien[125]) — legt man lieber zwei oder drei Gehöfte an, die dann, mit einer Pallisadenmauer umgeben, einen imposanten Eindruck machen. Um die einzelnen Häuseranlagen vor den Leoparden und Hyänen zu schützen, werden sie mit Dornenhecken oder Doppelpallisaden von Bambus von genügender Höhe umgeben. Der Thoreinlass wird jeden Abend, wenn sich die Insassen zur Nachtruhe zurückgezogen haben, mit Dornengestrüpp angefüllt und so verlegt. Das Material zu diesem Verschlusse liegt tagsüber an der Seite beim Thore angehäuft. Bei einer besonders umfangreichen Wirthschaft, wo etwa auch viele Sclaven internirt sind, werden die einzelnen Hütten durch grosse Bambusrohre in der Weise abgesperrt, dass man die Thüren zweier gegenüberliegender Hütten verlegt und durch die dazwischen gelegten Bambusstangen versperrt, so dass bei eventuellem Aufruhr die Inwohner einander nicht zu Hilfe eilen können.[126]) Eine Einplankung des gesammten Grundes, auf welchem die Anlage erbaut ist, kennzeichnet solche Gehöfte schon von Weitem.[127]) Zelte und Pavillons *(dunkán, khemád, garedá, dais)*, wie sie Cecchi und Reinisch zur Aufnahme der Galla-Braut erwähnen, um sie den Blicken zu entziehen,[128]) bauen die Oromó nur gelegentlich und ausnahmsweise. Aborte (som. *sagaro;* orom. *sagara)* kennt der Galla selbst nicht. Vornehme graben in dem Porticus ihrer Häuser tiefe Röhren in den Boden, die, angefüllt, zugeschüttet werden.

Den Hauptreichthum der Nordost-Afrikaner bilden Viehheerden. In der Pflege des Fettschwanzschafes *(Ovis steatopyga)*, des Kameeles, Pferdes und der Ziege geht der Dankali und Somál, in der Pflege des Buckelochsen *(Bos Zebu* oder *indicus)* der Galla auf. So kommt es, dass der Bergung des Viehes besondere Aufmerksamkeit zugewendet wird. Diese erstreckt sich eigentlich nur auf das Grossvieh, für das eigene Stallungen hergestellt werden, während Geflügel, Zibethkatzen u. A. keine besonderen Stallungen haben. Viehhürden der Dankali- und Somál-Beduinen ('afar, *dagé;* som. *moôr),* wo auch die Rinder gemolken werden, sind, roh aus Stein ausgeführt, überall im Binnenlande, aber höchst unscheinliche Gebäude, deren zerfallende Ruinen man auch allenthalben im Lande gewahrt. Auf der Wanderschaft bedarf es der Verwahrung des Viehes, zumal in der Nacht. Der Somáli baut daher auch mit Pallisaden *(angol)* eingezäunte Hürden *(çeriba)* für 300 Kameele, seltener für mehr als diese Zahl von Thieren. Für Schafe bestehen kleinere Seribas. Oft schliessen sich aber drei bis vier solcher Seribas aneinander, und man treibt vier bis sechs Wochen das Vieh nach denselben, so lange als man eben in einer Gegend verweilt.

Man errichtet diese Hürden gern auf salzigem Grunde, brennt sie aber niemals nieder, wie oft behauptet wird. Die südlichen Somál bauen längliche Hütten, in Hufeisenform angeordnet und durch Dornenzäune ('afar. und som. *dagé*) mit einander verbunden, zur Verwahrung des Viehes. In der Mitte des Parkes lagert in der Nacht das Vieh.[119]) Der Galla, bei dem die Werthschätzung des Rindes einen sehr hohen Grad erreicht, haust, wie schon angedeutet ward, mit dem Jungvieh gemeinsam und gewährt ihm in seiner eigenen Behausung Obdach. Natürlich müssen für grössere Heerden eigene Stallungen *(fuôna, idschára)* gebaut werden, die aus einfachen Pfahlverhauen bestehen und kein Dach erhalten. Kolossale Heerden, wie sie nicht selten anzutreffen sind, lagern unter Bewachung an der Moggá oder sonstigen freien Plätzen in der Flur, und werden auch hier gemolken.

In der Nähe der menschlichen Wohnungen sind auch die Vorrathskammern gelegen. Es sind dies meist nur Kornspeicher in Form von Scheunen und Kellern (som. und 'afar. *silos* oder *öfra;* orom. *gotera).* Die Hauptkornfrucht, das Sorghum, die Eleusine, Tief u. A. m., wird am besten in Erdhöhlungen von runder, birnförmiger Gestalt verwahrt und ist darin wohl auch den Angriffen der Räuber und Feinde am besten entzogen. Sonst verwahren die Galla gerne das Eigenthum auch in den Wipfeln der Bäume.[130]) Die Küsten-Somál errichten Holzbaracken und speichern darin Vorräthe an Brotfrucht auf.[131]) Der Nomade par excellence sammelt in der Regel keine Vorräthe an und bedarf daher keiner solchen Baulichkeiten. Quantitäten von Brotfrüchten, für kurze Zeiträume berechnet, wandern auf dem Kameelrücken mit. Im ganzen Somál- und 'Afar-Lande wird z. B. nicht soviel Brotfrucht producirt, dass sie in eigenen Räumen verwahrt werden müsste. Die Kammern für Korn an der Küste, die meist Importwaare enthalten, und die Speicher der Galla liefern vollkommen ausreichend und — Jahre des Misswachses ausgenommen, die eine Störung in dem Getreidebezuge aus den Galla-Gebieten verursachen — regelmässig den Bedarf.

Von grösster Wichtigkeit für die menschlichen Siedelplätze ist das Vorhandensein und die Nähe von Brunnen und Wasserplätzen (som. *él;* 'afar. *éla dûri* und *rahâna).* In wüsten Gebieten, die von Nomaden durchzogen werden, hängt oft die Existenz mancher Karawane von dem richtigen und pünktlichen Eintreffen derselben bei einem Wasserplatze ab. Im 'Afar- und Somál-Lande finden sich Wasserscharrplätze in den Betten oder am Rande der Betten der Cherân. Man wühlt hier den weichen Sand mit den Händen auf, bis man das Sickerwasser getroffen, und schöpft davon die benöthigte Menge aus. Viel Sorge und Mühe ist erspart, wenn man grössere Tümpel kennt, die durch Steinblöcke vor Sonnenbrand geschützt, trinkbares Wasser enthalten. Eigentliche, sprudelnde Quellen gibt es im Somál- und Galla-Lande wenige. Mit aller Aengstlichkeit wahren die Danâkil das Geheimniss eines Brunnens und decken denselben für die Nacht stets sorgsam zu, damit er von Concurrenten nicht entdeckt, von Feinden nicht vernichtet werden könne.

Neben diesen primitiven Wasserscharrplätzen existiren aber, namentlich im Somâl-Lande, eigentliche tiefe, künstliche Brunnen (som. *derlogubi* = «die Tiefgegrabenen»; 'afar. *dér éla*). Diese sind durch die vulcanische Schicht und den Felsengrund oft 7—10 Meter, einige selbst bis 20 Meter tief gegraben, und zwar in der Form einer vierseitigen Pyramide, an deren Spitze sich die ½—1 Meter breite, runde Oeffnung befindet, während die Oberfläche des Wasserspiegels oft 4—6 Quadratmeter beträgt. Ein Holzgerüst schützt die Wände vor dem Zusammensturze, dient aber auch den Eingebornen als Leiter zum Hinabsteigen. Die Somâli klettern in einen solchen Brunnen auf dem Holzgerüste hinab. Einer stellt sich auf die Schultern des Andern und reicht ihm das werthvolle Nass in einem von Hand zu Hand nach oben gehenden Sechter aus Bast (som. *gurûf* oder *daulis*; 'afar. *delô*) so geschickt, dass kein Tropfen verloren geht. Haben diese Brunnen keine wasserführende Schicht, so wird die Oeffnung trichterförmig zugeformt, und sie dienen dann als Cisternen, in denen sich in der Regenzeit viel Wasser ansammelt,[132] das von einer Regenzeit zur anderen sich darin hält. Diese künstlichen Brunnen sollen die Galla, als sie noch das heutige Somâl-Land innehatten, gegraben haben, und sie bilden eine wahre Wohlthat für das Land. Die Eigenthümer oder eigene Pächter beuten die im Sommer stets belagerten aus und verkaufen das Wasser mitunter zu hohen Preisen. Das Vieh wird an denselben in der Nacht getränkt. Auch im südlichen Galla-Lande existiren solche tiefe Brunnen, so zu El Wâk[133] im Borâna-Lande. Im Galla-Lande gibt es eine reiche Fülle von Quellen *(burka* oder *hunde)*. Die Oromó wissen sie zu schätzen, zäunen sie ein, schaffen schöne Rasenplätze *(drata)* um dieselben. Daneben unterhalten die Oromó eigene Wassertümpel mit salzigem Wasser, das von der Lösung vulcanischer Stoffe in Regen- oder Flusswasser herrührt, *ambo* genannt, wo das Vieh getränkt wird.[134]

Die Opulenz des Raumes gestattet besonders den in Thälern angesiedelten Eingebornen eine gewisse Expansion mit ihren Wohnräumen und Baulichkeiten. Kleine Höfe (som. *arda;* orom. *árdaga)* schliessen sich da aneinander. Bei den Oromó sind auch in den beliebten *Musa Ensete*-Pflanzungen die Begräbnissplätze *(awâla, lâfa awâla* = «Platz der Grabhügel») in nächster Nähe der Hütten und Häuser. Die heidnischen Galla kennen keine gemeinsamen Begräbnissstätten; diese besitzen nur zu Muhammedanern gewordenen Oromó, namentlich in den Argobha genannten Gebieten von Harar und Schoa. Man bestattet die Todten vor der Thüre der Manna oder in dem kleinen Gehölze, das an die Ansiedlung stösst und das man recht gut mit einem Garten vergleichen könnte, wenn es mehr Pflege erfahren und dadurch den Charakter eines Gartens erhalten würde. Gärten in unserem Sinne ('afar. und som. *dari)* existiren am afrikanischen Osthorne nur in der Nähe der Hafenstädte, dann Harars, Entottos, Ankobers u. s. w. Man zieht in denselben spärliche Zukost. Man kennt eben nur Felder und Pflanzungen im Grossen, wo *Musa*, Kaffee u. A. gedeiht. Eine Specialität sind in den Galla-Gebieten, namentlich in jenen um Harar, die

Druschplätze für die Durra. Sie sind fast immer vor der *ganda* gelegen, am
Hauptzugange zu derselben, und hier versammeln sich die Bewohner eines
Dorfes, um gemeinsam unter Absingung von melodischen, zum Druschtacte
passenden Liedern die Durrarispen auszudreschen und das Getreide zu reutern.
Gegen Sonnenuntergang findet man da in der Trockenzeit in der Regel die
ganze Dorfbewohnerschaft versammelt, und von Weitem vernimmt man den
Tactschlag und den Choralgesang der Arbeitenden. Werkstätten, wie die der
Schmiede, Weber, Töpfer, sind vor die Ansiedlungen verwiesen, weil sie
Feuersgefahr heraufbeschwören und die Handwerker Ruhe oder Platz bedürfen. Da die erwachsene Bewohnerschaft der Oromó auf den benachbarten
Feldern arbeitet, so sind die Wohnungen über den Tag nur von Kindern oder
den die Nahrung bereitenden Frauen belebt. Weil aber die Felder jeder Familie
unfern des Wohnhauses liegen, so bieten die oromonischen Siedelstätten einen
freundlichen, idyllischen Anblick. Ueberall gewahrt man Menschen, nirgends
jedoch deren beängstigendes Gedränge.

Seine Wohnung in Ordnung und Stand zu halten, ist des Eingebornen
Stolz. Unreinlichkeit und Verseuchung im wahren Sinne des Wortes ist z. B.
bei dem Nomaden nicht möglich, weil er sein luftiges Haus zu oft abbrechen,
zerlegen und dabei auch dessen Bestandtheile putzen muss. Dagegen sind die
Mannas der Oromó in der Regel rauchgeschwärzt, wenn das Herdfeuer brennt
auch raucherfüllt und von Wanzen, Ameisen und Fliegen (*boké, fitisa*) verunreinigt. Ganz besonders ist es eine von den Galla *méti* genannte, schwarze
Ameise (die abessin. *gundán*), welche in der Nacht in den Mannas eine Plage
bildet.[135] Von den Wanzen sagt Bianchi u. A.: «La gente di quei paesi le
tollera con indifferenza». Die in und vor den Galla-Behausungen meist paarweise angetroffenen Schlangen können nicht zum Ungeziefer gezählt werden;
sie sind vielmehr Schutzgeister der Familie.

Ueberblickt man die Eigenart der Siedelung der Bewohner des afrikanischen Osthornes, so werden so recht die beiden Stufen des Nomadismus und
der Sesshaftigkeit in ihren Vor- und Nachtheilen in die Augen springen. Man
gewahrt auch den Uebergang von einer Stufe zur anderen z. B. bei den Girri-
Somál, östlich von Harar, den Aussanern unter den 'Afar u. A. m., die bereits
auf dem besten Wege sind, tüchtige Ackerbauer zu werden. Namentlich muss
aber die praktische, in ethischer und moralischer Beziehung schätzbare Siedelweise der Oromó hervorgehoben werden. Der beste Kenner der Oromó, Cardinal Massaja, konnte mit Recht hervorheben,[136] die Ansiedlung in der Mitte
des zur Wohnung gehörigen Ackerfeldes erlaube, diesen bequem zu bearbeiten, gewöhne die Jugend an Feldarbeit und flösse ihr Liebe zu dem Flecken
Erde ein, der ihr die Nahrung bietet. «Riguardano,» sagt der erfahrene
Mann, «quella terra come la sorgente delle loro ricchezze ed il centro del loro
lieto vivere.» Sie fördere Moralität und häuslichen Frieden, bewahre vor dem
schändlichen Treiben und den Gefahren grosser Plätze, begründe die Einfachheit der Sitten, verhindere die Verbreitung epidemischer Krankheiten, ver-

schliesse das Herz fremden Leidenschaften, begründe Eltern-, Geschwister-
liebe und Familienglück. Sie wäre das Ideal menschlicher Siedelungsart,
berge sie nicht in sich die Gefahr, durch Ausschluss gegenseitiger Berührung
eigentlichen und wahren Fortschritt, dessen alle Naturvölker bedürfen, hintanzuhalten.

Capitel 5: Hausrath und Utensilien.

Die eigenartige Siedelweise der nordorst-afrikanischen Völker bringt es
mit sich, dass man unter dem Begriffe ·Hausrath· eine grössere Gruppe von
Gegenständen (Utensilien, Proprietäten, Werkzeug aller Art) zusammenfassen
muss, als dies sonst erlaubt oder gerathen wäre. Der grösste Theil alles dessen,
was zur Führung der Hauswirthschaft, zur Fristung des physischen Lebens im
Hause oder in der Hütte benöthigt wird, schliesst sich so eng an die *gurgi*
oder *manna* an, wird in oder bei derselben gebraucht, verwendet oder verwahrt, dass man den Kreis der Beschreibung ziemlich weit spannen kann,
ohne befürchten zu müssen, bei der Beschreibung die Grenzen des Begriffes
·Hausrath· zu überschreiten. In der Unzähligkeit dieser Dinge prägt sich der
Grad der materiellen Cultur der Völker des afrikanischen Osthornes recht
deutlich aus, aber auch der philosophische Zug, sich das materielle Leben so
bequem und erträglich als möglich zu machen. Hierbei treten zwei Typen besonders hervor, wie sie die Natur des von den Eingebornen bewohnten Landes
erzeugt, nämlich der des bedürfnisslosen 'Afar und Somáli und jener des
manierirten, in mancher Beziehung verfeinerten Oromó. Der Dankali und
Somáli scheint zu leben und zu weben, lediglich um das nackte Leben zu
fristen, der Galla, um es auch gründlich zu geniessen. Darnach ist beider Hausrath nach Inhalt, Form und Verwendung verschieden angethan.

Vorerst entsteht die Frage, was von dem Hausrathe der Eingebornen
Original, was Nachahmung oder Entlehntes sei. Somáli und Oromó haben entschieden auf diesem Gebiete zumeist selbst erfunden und erzeugt, der 'Afar
das Meiste von äthiopischen und arabischen Nachbarn geborgt. So haben fast
alle Objecte der Haushaltung bei den Danákil semitische Namen, oder es lassen
sich deren Namen auf semitische Wurzeln zurückführen. Die materielle Cultur
Aethiopiens aber war schon frühzeitig eine hochentwickelte und manche Züge
lassen sich hievon auch bei den Entlehnern feststellen und leicht erkennen.

Mag man nun in die Wirthschaft des Nomaden oder Ansässigen einen
Blick thun, überall gewahrt man einen Reichthum an Objecten des Hausrathes,
der mitunter verblüffen kann, aber erklärlich wird, wenn man bedenkt, dass
das, was der reiche Boden und die herrliche Natur in Fülle und Mannigfaltigkeit dem Oromó bot, dem Nomaden die Nähe des arabischen und äthiopischen
Culturkreises und der mächtig pulsirende Verkehr verschaffte. Der Charakter
dieser Objecte ist der der nackten Utilität. Sie tragen durchaus den Stempel
der Bequemlichkeit, sind plump an Formen und ermangeln des Kunstsinnes.

Bei all dem Reichthume an Objecten, bietet der Hausrath des 'Afar und Somâli nirgends das Bild des Luxus, wohl aber jener des Oromó. Die Galla neigen überhaupt zu Luxus — ein Zug, den sie offenbar von der sie umgebenden grossartigen Natur genommen haben. Bei dem Mangel eines Handwerkerstandes, der Noth an brauchbarem Werkzeuge werden Gegenstände des Hausrathes jeglicher Art geschont. Man sieht uralte Stücke, die mit Pietät verwahrt werden. Dabei ist Hausrath ziemlich theuer und z. B. für den Fremden die Schwierigkeit sehr gross, solchen zu erlangen. Wie mit dem Verkaufe von Kleidung, Schmuck und Waffen, steht es auch mit dem des Hausrathes; Schmach und Verachtung trifft den Veräusserer, ja selbst den Verschenker desselben.

Da auf dem afrikanischen Osthorne alle Metalle importirt werden, folglich kostspielig sind, ist die Verwendung metallenen Hausrathes eine sehr seltene. Nur die Häuptlinge besitzen das eine oder andere metallene Stück und haben es mit hohen Summen bezahlen müssen. Daher die Vorliebe für Holzgegenstände. Der Somâli und Dankali gebraucht fast ausschliesslich Hausrath, der aus Holz und Bast gemacht ist. Allgemein sieht man bei diesen beiden Völkern nur den Kochkessel aus Metall, obgleich sich an der Küste z. B. und in den Städten Arabiens namentlich irdene Gefässe u. A. billig beschaffen liessen. Arabische Händler geben sich mit dem Vertriebe derselben gar nicht ab, weil auf keinen Absatz zu rechnen ist, bei Nomaden allerdings eine begreifliche Sache, weil diese auf unzerbrechliche, solide Gegenstände reflectiren müssen. Der Transport durch das 'Afar- und Somâl-Land hinwieder vertheuert derart den Preis z. B. europäischer Gläser bei den Oromó, dass sie sehr selten und sehr theuer sind. Hervorhebung verdient der Umstand, dass sich jedermann Hausrath selbst erzeugt und darum in der Herstellung desselben in gewissem Grade bewandert ist. Es gibt zwar Leute, die einzelne Gegenstände erzeugen, allein von einem eigentlichen geschulten Handwerkerstande, bei dessen Angehörigen sich die Gewerbe forterben würden, kann höchstens bei den Galla hinsichtlich der Weber, Tischler (*tumtu mukâ*), Schmiede (*tumtu*) und Flechter die Rede sein. In manuellen Fertigkeiten sind also alle Nordost-Afrikaner auf einer ziemlich hohen Stufe sowohl was Vielseitigkeit als auch Leistungsfähigkeit betrifft und theilen wohl diese Eigenschaft mit anderen Naturvölkern. Allerdings kann auch behauptet werden, dass der bei Weitem grösste Theil des Hausrathes aller Art für die Binnengebiete des 'Afar-, Somâl- und des südlichen Galla-Landes von Eingebornen, zumeist aber arabischen Handwerkern in den Hafenstädten der Nord-Somâl- und der Benâdir-Küste erzeugt wird, wo sich locale Industrien entwickelt haben, ebenso für das ganze Galla-Land in Harar und Schoa.

Fasst man Wesen und Formen des Hausrathes ins Auge, so fällt Grösse, Solidität, ample Stoffverwendung und Geräumigkeit bei Gefässen auf. Jegliche Filigranarbeit tritt in den Hintergrund. Da jedes Stück eigens durch Handarbeit angefertigt wird, fällt die Gleichheit nach Proportion der Theile, beim

Geschirr nach Fassungsraum, wie sie unseren Hausrath auszeichnet, weg. An Behältern sind Sackformen nach Art des arab. كس ganz besonders bei den Nomaden, dann kugelförmige und cylindrische Formen bemerkbar. Manche Stücke erreichen oft einen Umfang, der das Utilitätsprincip und jenes der Transportabilität zu verneinen scheint. Proprietäten und Utensilien von Personen werden gerne prunkhaft getragen, sonstige Gegenstände des Hausrathes aber bescheiden hinterlegt, rein und nett erhalten.

Um die Bestandtheile des Hausrathes (som. *gurgurka*) genau kennen zu lernen, ist es erforderlich, alle Plätzchen der *gurgi* und *manna* und deren Umgebung in Augenschein zu nehmen, sowie auch sich über alle Verrichtungen der Eingeborenen, die mit der Fristung des physischen Lebens zusammenhängen oder diese ausmachen, im Klaren zu sein. Es kommt darauf an, die Siedelstätten zu betreten, die Wohnungsräume abzusuchen, die Nachtruhe, Nahrungsbereitung und Nahrungsaufnahme, Reinigung, Bekleidung, die tägliche Arbeitsverrichtung beim Vieh und am Acker, das Treiben und Thun zu den einzelnen Tages- und Nachtzeiten in- und ausserhalb des Wohnraumes zu beobachten, dem Spiele und der geistigen Beschäftigung der Eingebornen zuzuschen, ja selbst den Menschen zum Grabe zu geleiten.

Betritt man die Wohnung des Eingebornen, so fällt vor Allem die Schlafstätte (som. *sarir*; orom. *dinka*, *siré*) auf. Der Boden der Behausung ist mit Fellen, Decken und Matten bedeckt. Die ersteren sind gewöhnlich gegerbte Ochsenhäute (som. *kibani*; 'afar. *galabú*; orom. *itillé* oder *etillé*), die letzteren Strohmatten (som. *áu*, aus *aroú* = Stroh, *dirmo*, *kogél*; 'afar. *gúli*, *ferás*, *senán*; orom. *dadú*, *gúla*, *méti*, *jebú*), oder solche aus Dumpalmblättern. Die Thierhäute werden bei den Galla roth oder weiss bemalt, müssen aber stets gegerbt sein, um als Schlafunterlage zu dienen. Die besten Matten liefern unter den 'Afar die Tadschuriner. Auf diese Decken und Matten lagert sich der Eingeborne zur Nachtruhe hin. Die Somáli und Galla schlafen gerne auf der blossen Erde, die 'Afar aber auf erhabener feststehender Mattenunterlage (*nasda*). Die vornehmen Galla bedienen sich des aus Heupolstern bestehenden, aus Stämmen von *Avicennia* gezimmerten, 50 Centimeter hohen, *alga* genannten abessinischen Ruhebettes, die Küsten-Somál des arabischen Riemenbettes *angareb* ('afar *ardi*). Gleich hier muss bemerkt werden, dass der Oromó, blos um auszuruhen, niemals auf eine Haut sich lagert, sondern sich stets kleiner Holzsessel bedient. Der gallanische *alga* ist gewöhnlich erhaben und in einer Nische aufgestellt. Man kauert gerne auf dem weichen Mattenbelag, wenn man sich aber zum Schlafe ausgestreckt, bedient man sich der Nackenstütze (orom. *bartschúma*, *borati*; som. *bartschinga*, auch kurz *barki*; 'afar. *fiddena*, *barkutana*, vollständig gleichend dem abessin. *barkumma*).[137] die an Schönheit und Ausstattung nach dem Geschmacke und den Verhältnissen des Besitzers wechselt. Niemals fehlen derselben, wenn sie verziert ist, Rautenornamente. Die beliebteste Farbe dieses Möbelstückes ist roth oder braun. Merkwürdigerweise bedient sich der Dankali sehr häufig eines blossen Steines als Kopfkissen, selbst wenn er in

besseren Verhältnissen lebt. Die *bartschûma* wird aber auch als Sedile, namentlich bei den Somâl benützt, bei denen es als Luxus gilt, sich auf einem Holz-
schemmel niederzulassen. Die *bartschinga* des Somâl und 'Afar kann so recht
als das Bettgestelle dieser Nomaden aufgefasst werden, zumal der eigentlichen
beddwí, die sie stets bei sich an den Hals gebunden führen.

Die Oromó südlich von Schoa gestatten sich manchen Luxus in der so
wichtigen Nackenstütze. Die Galla von Abba Dschifâr verfertigen sie z. B. aus
Horn, legen sie mit Metall aus, bedecken sie mit vielem Zierat. Die Oromó bedienen sich als vielgebrauchter Möbelstücke in der *manna* noch niedriger,
vierfüssiger Stühle (som. *gambád*; orom. *wamber*, plur. *wamberûtsch, tesûma*),
deren man in einer Wirthschaft oft 20—30 antrifft. Sie sind roh aus einem
Stücke geschnitzt und gleichen aufs Haar unseren Schusterschemmeln. Sie
werden gerne roth bemalt. Damit aber auch, wenn man behaglich beim
Feuer sitzt, die Füsse, besonders die Fusssohlen angenehm durchwärmt werden, und man sich keine Brandwunden zufüge, legen die Oromó die Fussballen
auf kleine Schemmel, *gulanta* genannt, und rücken diese hart an das Feuer.
An sonstigen Möbelstücken enthält die *manna* hier und da nach abessinischer
Sitte einen *ankassi* (Stock zum Aufhängen von Kleidern und Waffen) und die
gawéta (lematá) oder den Speisetisch (amhar. *massaúb*), der an irgend einem
Wandpfahle hängt oder lehnt und beim Gebrauche hervorgeholt wird. Diese
gawéta (die Galla sprechen *gabáta* oder *gabeta*) ist aus Meerrohr oder Stroh mit
Bast geflochten, 0·5 Meter hoch und gleicht einer grossen Brotschüssel mit
breitem Piedestal. Die Farben des Materials sind stets schwarz und gelb, was
einen nicht unschönen Anblick bietet. Kleinere Tischchen aus Binsen heissen
sanka (arab. *ṣadeka*), bei den Somâl *wel*. In seiner Nähe liegen stets runde oder
eckige Holztafeln zum Auflegen der Speisen *(hedó)*, die auch in Somâl-Wirth-
schaften sich finden und als Unterlage beim Zerlegen des Fleisches benützt
werden. Kleine Holztischchen, arabischen Ursprunges, die man oft in Danâkil-
Hütten antrifft, führen den Namen *sadaká*. Ein wichtiges Einrichtungsstück der
manna ist der Leuchtstock; Somâl- und Danâkil-Hütten sah ich nie anders als
durch das vor der Eingangsthür angefachte Herdfeuer beleuchtet werden, es sei
denn, dass arabische Lampen *(schámalé, gandil)* vorhanden waren, wobei die
Thürmatten ganz leicht ein wenig zurückgebogen werden, damit der Lichtschein eindringen könne. Reiche Galla haben Leuchtstöcke *(mia ipsa)* zum Brennen von Fett, Wachs und Oel. Sonst kennt man nur Wachslichter auf Metall
aufgesteckt, obgleich die Oromó das Wachs, das sie im Wasser auszukochen
verstehen, weiter nicht schätzen, sondern wegwerfen. [138]) In der *gurgi* des
reichen Somâl verbreitet manchmal ein Rauchfass (Rauchständer, *daberád*), in
welchem riechendes Holz, Weihrauch oder Kräuter verbrannt werden, einen
matten Lichtschein. Die Bewohner von Gurage bedienen sich zur Beleuchtung
ihrer Hütten nach Cecchi [139]) einer Heusorte, die sehr hell und leicht brennt.
Die östlichen Somâl beleuchten an der Küste mit Vorliebe mittelst des landläufigen Weihrauches, der mit helllodernder Flamme verbrennt, die Gelasse,

wie das Guillain bei den Midjertin beobachtete.[140]) Die beliebteste Art die
Wohnung zu beleuchten besteht indessen bei den Galla durch Anwendung
von Fackeln und Kerzen verschiedener Stärke aus Wachs und Fett (som.
schamá; orom. *ipsa, maorat;* abessin. *fana*).

Die im Vorstehenden genannten Einrichtungs- und Gebrauchsobjecte
sind in den Hütten und Häusern der Eingebornen unentbehrlich.[141]) Sie haben
jedes einen charakteristischen, wohlgewählten Platz in der Behausung selbst.
Es reihen sich ihnen an: Behälter für Kleider, korbartige und flaschenartige
Koffer und Truhen (orom. *gudetscha, mudáj;* 'afar. und som. *sanduq*), Säcke und
Taschen zu gleichem Zwecke ('afar. *jimmi;* orom. *kalkalló* oder *binnó, kortscho*),
Metallspiegel (orom. *davi* oder *daiti;* som. *bila-daja* = «Gleichesseher»),
Schlüssel und Schlüsselbehälter (orom. *dángara;* som. *hedo*). Die amharinische
gembitscha (Kästchen für Wolle) fehlt nirgends in den *mannas* der schoanischen
Oromó, dann Fliegenwedel und Peitschen aus Leder oder Pferdehaar (som.
bankád), Vorrathssäcke (som. *kis,* plur. *kisás, sár, girib, sakán, safét;* 'afar. *afflita;*
orom. *selitscha*). Die Danákil verwenden grosse sackartige Körbe, *dambil,* genannt, mit gut verschliessbarem Deckel, die Küsten-Somál zur Kleiderver-
wahrung mit Muscheln reich besetzte rechteckige Taschen *(harág simbil),* dann
Schreine für Geld *(oka),* Besen *(minfik),* Bürsten ('afar. *madargi*) u. v. A. m. In
den Somál- und 'Afar-Hütten sind diese Gegenstände an den sphärischen
Wänden der *gurgi* rund herum angebracht, bei den Oromó sind sie an dem
grossen Pfahl, der die Mitte der *manna* bezeichnet, in der Regel befestigt
oder aufgehängt.

Der Apparat, dessen Objecte bei der Speisen- und Getränkebereitung und
Speisen- und Getränkeverwahrung, dann bei der Nahrungsaufnahme, also
für die Küche (orom. *kodá*) verwendet werden,[142]) kann bei den Nordost-Afrikanern ein wahrhaft grossartiger genannt werden. Die Mannigfaltigkeit und
strenge Beobachtung der Verwendung der einzelnen Objecte für die Zwecke,
denen sie gewidmet sind, entspricht vollkommen der allgemeinen orientalischen Uebung. Nie würde man z. B. mit einem Milchgefässe Wasser schöpfen
oder einen Wasserzuber zur Verwahrung des Fettes benützen. Der Hausrath
dieser Art weist auch eine grosse Vollkommenheit der Technik auf. Aus dem
Baste der Aloë geflochtene Fettgefässe der Somál gehören zu dem Besten und
Dauerhaftesten, was man sich denken kann. Pflanzenstoffe als Material für
diese Classe des Hausrathes stehen in erster Linie, dann folgt Horn, Leder und
endlich Thon. Der Oromone mit seinen am besten ausgebildeten Speise-
formen, wenn man so sagen darf, besitzt natürlich den Löwenantheil des hiezu
erforderlichen Hausrathes, und dieser ist von Abessinien aus in allen Schatti-
rungen der Herstellung, der Formen, in den Farben und dem Gebrauche beeinflusst worden. Der 'Afar und Somáli prahlt gerne mit einer grossen Zahl
gleicher, der Oromó mit einer grossen Menge in den Formen variirender
Objecte des Hausrathes. Einen wichtigen Behelf zum Fassen und Aufheben
von Flüssigkeiten hat den in Rede stehenden Gebieten die Natur in der Frucht

der *Cucurbita lagenaria* ('afar. *hamhâm*) gegeben. Sie hat eine grossartige Verwendung. Man zwängt die reifenden Früchte *(abbubi, bukká)* bei den Oromó in
beliebige Formen und führt die Kürbisflaschen stets mit sich, da sie leicht
und im getrockneten Zustande sehr haltbar sind.

Was nun zunächst den Hausrath zur Beschaffung und Conservirung des
Wasservorrathes anbelangt, so muss hervorgehoben werden, dass der Nomade
darauf vorzüglich bedacht sein müsse, seinen Bedarf an Flüssigkeiten (Wasser,
Milch, Fett) auch rasch, bequem und zweckmässig transportiren zu können.
Er wählt daher zu diesem Behufe die schmiegsame Form des Schlauches, und
so finden wir den Schlauch in allen Grössen und Formen in dem Hauswesen
des Nomaden eine bedeutende Rolle spielend. An den Scharrplätzen und
Brunnen im Somál- und Danákil-Lande finden wir daher Schläuche (som. *gir-
bás)* zum Füllen und Transporte verwendet. Der Galla formte aus dem Leder-
schlauche ein Gefäss mit Schnabel und Henkel *(orkot, irkota)*. Das Wasser
wird in grosse, in den Boden versenkte Wasserkrüge aus rother Erde *(gahal-
ladi* oder *han)*, die die locale Industrie der Benâdir-Küste in grosser Menge
liefert, geleert. Die Schöpfgefässe (som. *katila* oder *gurráf*, vom arab. غرف;
orom. *folie;* 'afar. *gán katâla*), deren eines *(dêlo)*, bei den Cisternen verwendet,
schon erwähnt ward, haben praktische, bauchige Form. Eine geschnitzte Holz-
flasche oder ein strohumflochtener Kürbis. welche der Nomaden eisernen
Wasservorrath birgt und dem strenggläubigen Moslem gleichzeitig zu Ablui-
tionszwecken ('afar. *abriʒ*, vom arab. ابريق; som. *kararát, úbo, wésa*) dient,
führt jedes Individuum mit sich. Die südlichen Somâl tragen dieses Gefäss in
einem kleinen Baumwollsacke bei sich, während der nördliche Somâl die
Flasche meist am Halse hängend trägt. Um mit kleinen Quantitäten Wassers
manipuliren zu können, bedarf man einer Mittelgrösse von Gefässen in der
Form von Krügen (som. *zeitûn* oder *jawáj*), meist Import-Gegenstände arabischer Industrie aus Fayence. Viele Wassergefässe aus Thon und Holz sind
mit vergoldeten Silberornamenten bedeckt.

In den wasserreichen Oromó-Gebieten bereitet die Wasserherbeischaffung
keinerlei Schwierigkeiten. Man verwendet daher anscheinlich geringere Sorgfalt auf die Wassergefässe. Zur Mitnahme des flüssigen Elementes auf Reisen
oder aufs Feld dienen die Kürbisflaschen *(abubbi, bokkie)*, die häufig mit Fell
überzogen sind *(sabaró)*, um nicht so leicht gebrochen zu werden, und in die
man in der Noth auch Bier, Milch und Fett einfüllen darf *(roó)*. Der Oromone
schafft sich riesig grosse Wasservorrathsgefässe an *(tschungo)*, die gegen den
Boden zu eine spitze Form haben und die man dann in die Erde bequem ein-
fügen kann.[14]) Die gewöhnliche Form ist die der grossen Kufe mit Henkel
(gombó, gembo, gumbi, auch *rukút)*. Der grosse Fassungsraum macht dieses
Gefäss auch zur Aufbewahrung von Getreide geeignet. Indess haben die
Galla auch solide Metallgefässe zum Verwahren des Wassers. Es sind dies
Henkelgefässe aus Kupfer oder Messing, *koda* oder *disti* genannt, deren
Werth die Eingebornen hoch anschlagen und die sie stets blank geputzt hal-

ten. Holz- oder Bastkalabassen *(sororó)* erzeugen bei den südlichen Galla zumeist die Frauen.[144]

Eine eigene Classe von Gefässen sind solche, die über Feuer gestellt werden, also eigentliches Kochgeschirr. Der nomadische 'Afar und Somáli besitzt nur ein einziges Metallgefäss aus Kupfer, das er, mit Reis oder Fleisch gefüllt, über das Herdfeuer stellt, den *dil* oder *dûl* (som.) oder *bûti* ('afar.).[142] Es ist dies ein kesselförmiger, doppelhenkeliger Topf mit kleinem Schlund und breitem Rand, der etwa 5—6 Liter fassen kann, gerade so viel, als eine Familie für ein Mahl an Reiskost und Fleischbrühe bedarf. Wohl gibt es auch bei den Somál irdene Gefässe, die man über Feuer stellt, die *adhár*, und dann die arabische Kaffeekanne mit Tassen (بكرج وفنجان). Der Galla hat einen grossen Kochtopf, den er auf den Ofen stellt *(gavarsi)*, eigene Töpfe zum Fleischkochen *(masseró, okte sibilta)*. Diese haben auch als Casserole und in Pfannenform bei den 'Afar Eingang gefunden und werden von diesen *sanchi* oder *diste* genannt. Der Somáli bezeichnet kleinere irdene Kochgeschirre, die er auch mitunter verwendet, mit dem Namen *fijájin*. Irdene oder porzellanene Kaffeeschälchen, welche arabische Händler nach den Galla-Ländern gebracht haben, und die dort bei den reichen Leuten allgemein im Gebrauche stehen, nennt man *findscha* oder *findschál*. Die Eingebornen kaufen Metall- und irdene Gefässe an der Somál-Küste billig ein.

Entsprechend der Bedeutung, welche Milch und Fett für die Bewohner des afrikanischen Osthornes haben, sind auch die Gefässe für diese beiden Stoffe werthvoll bei den Eingebornen. Sie sind in grosser Auswahl vorhanden und repräsentiren das Praktischeste, was für die Zwecke der Milchwirthschaft erdacht werden konnte in Form von Schläuchen, Kübeln, Zubern und Näpfen.

Der Nomade fängt die Milch in einen Napf auf und verwahrt sie dann in mit *Cypraea moneta* schön verzierten Calebassen aus Leder und Holz, welche ganz die Form der römischen Amphora haben (som. *hano*, *gurára* oder *oláj*; 'afar. *dagude*). Er befestigt sie an den Wänden der Hütte, und eine imposante Zahl derselben zu besitzen, bleibt sein Stolz. Haben dieselben konische Form und grossen Umfang und sind sie aus Platanenfasern *(rég)* hergestellt und gleichfalls mit Kaurimuscheln oftmals an ihrer ganzen Oberfläche bedeckt, so nennt man sie *doëscha*. Diese letztere Art, die auch Tragriemen besitzt, kommt jedoch nur bei den nördlichen Somál vor, und scheint den Erer in ihrem Vorkommen nicht zu überschreiten.[146] Der Deckel dazu hat die Kappe nach oben aufgestülpt und heisst *habúb*. Der 'Afar und Somál verwahrt die Milch wohl auch in einfachem Lederschlauch ('afar. *girio*; som. *gai* oder *kumba*, *kombé*). Der konisch geformte, einem grossen Trichter nicht unähnliche Milchrecipient der Oromó *(elemtú, migira)* ist aus Pflanzenfasern mit gut schliessendem Deckel *(iffa)* gefertigt, dessen Innenseite mit einem aus dem Miste junger Kühe mit Ochsenblut gemengten Stoffe ausgepicht ist. Man räuchert diese Gefässe zwar gut aus, allein sie behalten doch stets einen widerlichen Geruch, der von dem Kuhmiste herzurühren scheint, wie ich mich häufig beim Ein-

nehmen des Friedenstrunkes an der Grenze von Galla-Dorfschaften südlich
von Harar, überzeugt habe. Die Vermuthung, dass man etwa Kuhurin der
Milch beimenge, wie anderwärts in Afrika, erwies sich als unrichtig.

Den einfachen *sár*, *ogát*, *girib* oder den Doppelschlauch der *kumba* von
der Form des beliebten Doppelconus benutzen naturgemäss die 'Afar und
Somál auch zum Buttern. Die Schläuche werden zu diesem Zwecke entweder
mit beiden Händen geschwungen oder an einem Ende an einen Pfahl gebunden
und dann so lange gedreht und geschwungen, bis man die Butter erhalten hat.
Dieses Verfahren wird überall bei den Somál eingehalten, auch bei denen der
Benádir-Küste, nur bedient man sich hier dazu kleinerer Schläuche, die aus
der Kopfhaut des Kameels geschnitten werden und in denen man dann auch
die Butter verwahrt.[147])

Die Galla schlagen die Butter in einfachen Kürbisflaschen, was viel
praktischer ist, als Schläuche dazu zu verwenden, wie dies die Somál thun, ab
und zu auch in der abessinischen *towa*. Fett wird bei den Oromó in wasser-
dichten Gefässen aufbewahrt. Hiezu eignen sich besonders solche aus der
Cucurbita lagenaria und aus Holz oder Horn geschnitzte mit beweglichem
Deckel (orom. *kuri*; kafan. *scháto*). Eine besondere Vase, wo Rauchbutter
hinterlegt wird, heisst *sabaró*.[148]) In Dschimma verzieren die Galla die Butter-
gefässe mit importirten Perlen und deuten damit an, welcher Werthschätzung
sich das Fett bei ihnen erfreut. Auch die *tschotscho*, *wotschit*, *bert*, *mascheró* und
kabé genannten Fetttöpfe der Galla weisen eine bessere Ornamentik auf.

Zur Bereitung und Verwahrung der Getränke besteht bei den Nordost-
Afrikanern ein ungleich zahlreicher Hausrath. Die Nomaden kennen neben
Wasser, Milch und Fett nur den Genuss des Kaffees. Sie bereiten und geniessen Kaffee in dem arabischen Geschirr, das hier nicht weiter beschrieben
zu werden braucht. Ein massiver Kaffeekochtopf, eine Art Kaffeekessel, *jimiláד*
genannt, ist bei Somál-Kaffeegesellschaften häufig anzutreffen. Bei den Galla
ist die Kanne aus Thon edel geformt, oft ganz nach Art unserer Kaffeemaschi-
nen, d. i. schmal, aber gewöhnlich ist sie ein bauchiges Henkelgefäss, wohl
verschlossen und mit einem Ansatz-, respective Ausflussrohre (*givéna*; kafan.
schato-bunno) versehen. Die Kaffeeschalen haben die Form unserer Tassen, die
ja arabischen Ursprunges sind, und werden, wenn sie nicht aus Thon gebrannt
wurden, auch aus Holz geschnitzt (*tschinni*). Der 'Afar hat zur Bezeichnung der
oft niedlichen Tässchen den aus dem arab. فْجَان verderbten Namen *filján*.

Die Fabrication des oromonischen Nationalgetränkes, des Hydromels
oder Honigbieres, ferner des Tedschtrankes und anderer Getränke mehr bedarf
dagegen sozusagen eines eigenen Kellereiapparates. Die Hydromele scheint
mir durchaus kein Originaltrank der Galla zu sein. Sie lernten dieselbe offenbar erst kennen, als sie in das Bergland von Süd-Schoa eingerückt waren, in
dessen Alpentriften Honig in wahrhaft kolossalen Mengen erzeugt wird, während in dem heutigen Somál-Lande die Production eine unbedeutende ist. So
kam es natürlich, dass die Galla auch den gesammten Apparat der Honigbier-

bereitung von den Abessiniern annahmen, ihn aber selbstständig ausgebildet zu haben scheinen. Die Bereitung der Hydromele geschieht selbst in der Wirthschaft einer kleinen Familie in einem gewissermassen opulenten Massstabe. Das Getränke wird nämlich besser, wenn es in grösserer Quantität ausgähren kann. Man setzt daher die Stoffe und Ingredienzien in grossen irdenen Henkelgefässen an, welche unseren Eimerfässern nicht unähnlich sind. Es sind dies die riesigen *gumbó, tschungo* und *gaan*, die nicht selten 150 Liter fassen, dann die Ganetöpfe der Abessinier (orom. *obbu*). Wenn das Getränke in kleinere Behälter abgezapft werden muss, so giesst man es über eigene Biersiebe mit Deckeln, *giugiltscha* genannt, die in der Regel nichts anderes sind als die amharinischen Wonfit-Schleier. Eingekellert wird die Hydromele sodann in Ochsenhörner (*guantscha*), welche in Futteralen aus Ochsenhaut (*buét*) stecken oder mit Draht (abess. *kant*) umwunden sind und oft riesige Dimensionen haben.[148] In den Vorrathskammern werden sie in eigenen Stellagen (*maskametscha*) in langen Reihen aufgestellt oder an die Wände gehängt. Ein jedes Horn hat ein eigenes Tragband, und es gibt Exemplare, die paarweise ein Träger kaum fortzuschaffen vermag. Sie sind häufig schön verziert und an der Oeffnung mit einem Stoppel und Leinwand und Leder reinlich und sauber verbunden. Leere Gähreimer hängen die Galla sehr gerne in die Wipfel der Bäume und läuten sie entweder um Signale zu geben oder Schrecken zu verbreiten. Nicht selten geben die Galla-Fürsten durch Schläge an diese tönenden Gefässe ihren Befehlen Ausdruck.[149] Hier kann sogleich erwähnt werden, dass auch ausgehöhlte Baumstämme, die ebenfalls zum Hausrathe der Galla zählen, die sogenannten *biderú*, diesem akustischen Signaldienste gewidmet sind und neben den Hydromele-Eimern aufgehängt werden. Kleinere Thierhörner sind zur Aufnahme von Gewürzen und des Zibeths bei den Oromó bestimmt, wie bekannt eine abessinische (Schoaner) Sitte.

Zum Gebrauche bei den Mahlzeiten sind kleinere Krüge von circa 15 Litern (*gambó*) und Becher bestimmt. Man fertigt sie aus Büffelhorn oder Holz an und fasst sie in Leder (orom. *wintschá, tofo* oder *duwa*; 'afar. *banór*; abess. ꉭꀺ und ꉫꊀ); bei den 'Afar haben die *tánaka* genannten Metallbecher cylindrische Form und sind zweifellos arabischer Provenienz. Die Galla trinken die Hydromele und das Tedschbier aus kleinen Hornbechern,[150] man könnte sie kleine Trinkhörner nennen, die einen an Riemen befestigten Deckel besitzen. Weisse und rothe Glasgefässe (*birillé* oder *brillé*) von der Form unserer birnenförmigen Weingläschen mit langem, schmalem Hals werden von den Galla sehr gerne benützt, sind aber selten und werden theuer bezahlt, wie durchsichtiges Glas (orom. *bartschikke*) überhaupt, das die Galla zu den Kostbarkeiten zählen, namentlich das von färbiger Beschaffenheit, das offenbar aus arabischem Besitze den Weg in die gallanischen Berge gefunden hat.[151] Auf den Tisch kommen noch Behälter für Gewürze und Salz (orom. *mereki* und *kokél*, dann *soghída*) u. A. m.

Am Eingange in die *manna* oder in die Nomadenhütte ist der Platz für die Instrumente zur Bereitung des Mehles, während das im Vorstehenden beschriebene Geschirr an den Wänden der *manna* oder *gurgi* befestigt wird, wohl auch gewöhnlich von aussen an der Hütten- oder Hauswand lehnt, vor der Einwirkung des Regens und Sonnenbrandes sorgsam geschützt. Das Getreide wird in einem Holzmörser gestampft (orom. *mojé;* som. *mója;* amhar. *mukátscha;* der Stössel heisst *túma;* arab. *fundúk* oder حرن, auch مدّة), bei welcher Arbeit sich viele Personen betheiligen, oder zwischen zwei Steinen (arab. *murhaka;* 'afar. *ehéja* oder *héja* [gross], *modúd* [klein]; som. *dagah-ridig*) zerrieben. Es ist dies jene odiose Arbeit der Eingebornen, welche viel Kraft, Zeit und Geduld erfordert und der namentlich das Weib viele Nächte opfern muss. Ist die Kornfrucht zerrieben, so muss sie mittelst des äthiopischen *maráf* (Siebes) fein gesiebt und dann das Mehl in Ledersäcken aufbewahrt werden. Der Ersatz dieser schwerfälligen Apparate, die der Nomade z. B. oft gar nicht mit sich führen kann, weil sie ein zu grosses Gewicht haben, weshalb man sie im Somâl-Binnenlande seltener findet, da die Eingebornen lieber das fertige Mehl an der Küste eintauschen, wäre ein wahrer Segen für die Nordost-Afrikaner. Kaiser Menilek II. von Aethiopien hat in Schoa europäische Mühlen construiren lassen. Diesem Zweige der Werkzeugverbesserung der Eingebornen muss wohl in Zukunft von den Colonialmächten der 'Afar- und Somâl-Küste das Augenmerk zugewendet werden.

Milch, Fleisch und Reis trägt der Eingeborne auf Holz-, Thon- oder Strohschüsseln zum Genusse auf, Brot in flachen Körben (som. *koláj,* den Massob work der Abessinier) zu verwahren. Bei dem Somáli spielt die Fleischschüssel *(hedo helibe)* und die Reisschüssel *(hedo barisa)* die wichtigste Rolle. Die gekochten Nahrungsmittel werden in dieselben aus dem Kochtopfe geschüttet und dann im Kreise der Hungerigen, gewöhnlich ein paar Schritte abseits von der Kochstelle, aufgetragen. Der 'Afar bedient sich zu diesem Zwecke breiter Holzschüsseln (*korá* oder *saháu*). Die Milchschüssel des Somáli *(hadúb)* dient dazu, die Milch aufzunehmen, in die dann einfach Durramehl hineingethan wird, um den beliebten Brei zu bekommen, den die Völker des afrikanischen Osthornes mit Vorliebe geniessen. Der Oromó hat neben Schüsseln zu demselben Behufe auch schon Teller *(batte, wotschíti,* mit dem abessinischen Tellerdeckel *woskambai),* die man übrigens unter den Somâl der Küste als *sahari* oder *safi* antrifft. Die Beduinen bedienen sich derselben nur ausnahmsweise. Schüssel, Brotkorb (Schwingen aus Röhricht [abess. *mosséo;* orom. *liemái* genannt]) und Teller haben grossen Umfang (Diameter der Schüsseln bis 0·5 und 0·7 Meter), konische Form mit einem Fassungsraume von 3o bis 4o Litern. Zum Esszeuge der Somâl gehört nur ein grosser Misch- oder Theilelöffel *(fallad);* sie führen die Speisen mit den Fingern zum Munde und bedienen sich höchstens beim Fleischessen eines Stäbchens *(mud)* als Gabel. Unsere Gabel nennt der Somáli *fandál faróle,* d. h. «Fingerlöffel», weiss sich deren nicht zu bedienen oder bedient sich deren nur ungern, während der 'Afar die arabische شوكة, شوك ('afar. *schóka)* verwendet. Als Messer dient dem Somáli der Dolch (*minji* von *dil* = tödten). Die Oromó erzeugen besonders schöne und praktische Hornlöffel (orom. *fallána manka;* kafan. *ofato*) und Messer (orom. *billá;* kafan. *schiko*).[152]) Verfeinerte Galla besitzen auch die abessinischen Servirplatten.

Alle Aufmerksamkeit zieht im Hausrathe der Bewohner des afrikanischen Osthornes die Feuerstelle oder der Herd auf sich. Bei den Nomaden hat er seine Stelle vor der Hütte, bei den Oromó in der *manna* selbst, die sein Feuer zu Zeiten derart mit Rauch erfüllt, dass es nur dadurch möglich wird, sich in derselben aufzuhalten, dass man sich flach auf den Boden niederstreckt. Das Feuer ('afar. *girrá;* som. *deri* oder *dáb;* orom. *ibidda* oder *afféla*) wird bei den Somâl und 'Afar durch Drehen (Quirlen) eines harten Hölzchens in einem weichen, trockenen Holzscheit, oder durch Streichen zweier Holzscheiben aneinander erhalten (som. *mudúg;* orom. *ibidka absisu*) und erfordert viele Mühe. Europäische Zündhölzchen sind weit verbreitet, haben aber den Wêbi noch nicht weit überschritten, sind wohl an dieser Flussmarke so theuer, dass sich dieselben nur Wohlhabende und das nur in sehr beschränkten Quantitäten verschaffen können. Das Feuer wird häufig mit dem Handblasebalg (som. und orom. *buffa*) angefacht. Feuerungsmateriale (som. *kório;* orom. *koráni*) ist im 'Afar- und Somâl-Lande theuer; man brennt daher wie in Aegypten und in der Sahara Kameelmist. Die Wollo-Galla formen aus dem Kuhmiste Scheiben *(kure),* die an der Sonne getrocknet werden und ein gutes Feuerungsmittel sind.[154]) Sonst wird allgemein Klaubholz verwendet, das die 'Afar mit der *baháti-* oder *gaduma-*Axt, die Somâl mit der *messar-*Hacke zerkleinern und mit einer Feuerzange (som. *birgáb,* d. i. Eisengreifer) oder einfach mittelst Holzklötzen aufschüren. Feuersgefahr entsteht häufiger nur unter den Somâl-Hütten, zumal in den Marktplätzen der Küste zur Zeit des Winters, wenn die Menschenmassen an der Küste lagern, und ist sehr zu fürchten. Feuer stets zu unterhalten, und zwar gleichgiltig ob an der eigentlichen Feuerstelle oder sonst an einem Platze, ist bei den Galla sehr beliebt, selbst wenn es gar keinen Zweck hat. Es gilt dann als Ausdruck vornehmen Wesens, einer Art Grandezza, die die Häuptlinge und abessinischen Schûms gerne zur Schau tragen. Indess ist es auch eine uralte und geheiligte gallanische Sitte, alle wichtigen Verrichtungen des Hauses bei dem Herdfeuer zu machen, und diese Sitte hängt vielleicht mit der Feueranbetung der Oromó in grauer Vorzeit zusammen.[155])

Ein Ofen als solcher, d. i. als Spender der Wärme, ist in Nordost-Afrika unbekannt. Diesen Zweck erfüllt das offene Herdfeuer vollkommen. Darum ist denn auch der Ofenherd ('afar. *dikaugig;* orom. *gulitscha;* som. *absi*) wesentlich dazu bestimmt, zum Backen des Brotes zu dienen (orom. *dámfu;* som. *abso*). Sein Urbild ist die erhitzte Stein- oder Thonplatte (abess. *metád, mogdenja;* gallan. *elé, gomóji*), die natürlich bereits eine praktische Form in der Art angenommen hat, dass sie heute bei den Oromó aus zwei Platten, einer flachen und einer concaven Deckelplatte *(kaddada)* besteht, welche auf einen primitiven, aus drei Steinen bestehenden Dreifuss *(gulitscha)* gelegt werden und um welche herum, sowohl unten als oben, Feuer gemacht wird. Zwischen die beiden

Platten wird der ausgewalkte Teig gelegt[146]) oder Körner zum Rösten gestreut. Um den Zweck zu erreichen, bedarf es nur der intensiven Erhitzung der Platten über dem Feuer und nachher erst des eigentlichen Backens auf den erhitzten Steinen, die man vom Feuer entfernte. Die Stelle des Herdes ist auch dem Oromó geheiligt, ganz besonders der Sitz des Dreifusses. Massaja berichtet, einer der Steine des Dreifusses werde nie von seiner Stelle verrückt und gelte gewissermassen als Genius des Hauses. Wurde er aber durch Zufall von seinem Platze dennoch entfernt, dann bedarf es einer Einweihung und neuerlichen Einfügung durch einen Priester.[147]) Fleisch röstet man auf Spiessen über dem Feuer oder brät es wohl auch auf erhitzten Steinen. Die 'Afar und Somál nun beobachten eine eigene Methode, die Steine bis auf die äussersten Hitzegrade warm zu machen. Sie errichten eine vierseitige Pyramide, die abwechselnd aus flachen Steinen und Holz besteht, und schüren beständig Holz an jenen Stellen nach, wo es zwischen den Steinen auszubrennen droht. Glaubt man die Steinplatten hinreichend stark erhitzt zu haben, so entfernt man rasch die Holzklötze, Brand und Asche und legt Fleischstücke schnell auf die heissen Steine und brät sie. Das Fleisch erhält dadurch einen vorzüglichen Geschmack und Geruch und ist in kürzester Zeit gebraten.[148]) So ist denn auch dieses wichtige Stück des Hausrathes der ostafrikanischen Eingebornen ebenso einfach als praktisch in Bau und Verwendung. An dieser Stelle möge erwähnt werden, dass der flüssige Teig in Krügen aufbewahrt wird, die die Abessinier bukó eka nennen, und dass man auch eigene Teigknetmulden (mascha) besitzt, die um die manna oder in einem Winkel derselben ihren Platz haben.

Wie zu der Bereitung der Nahrungsmittel, so hat auch zur Conservirung derselben der Eingeborne, namentlich der Galla, verschiedene Gegenstände des Hausrathes. Wir nennen da vor Allem die gebräuchlichen abessinischen agilgil, d. i. Körbe aus Strohgeflechte zur Aufbewahrung der Brotfladen und Aufnahme von Reiseproviant, grosse Fellsäcke zum Transporte und zur Aufbewahrung des Kaffees und Reises (harar. dabole), die aus Zweigen geflochtene charakteristische Somál-Schwinge zum Transporte von gebrechlichem Geschirr mit Fettinhalt (som. agán), die kossara oder den Dattelsack der Omaner, der ganz besonders bei Somál und 'Afar nie fehlen darf, endlich Pakets mit Thierfellen, Decken zum Zudecken von Waaren (orom. krilla), die als Kleidungsvorrath oder zum Export bestimmt sind (harar. mandáb), allerlei kleinere und grössere Säcke und Beutel aus Ziegenfell zur Aufnahme von Mehl, Korn, Salz (afar. ankabó; som. oli), Kostbarkeiten (orom. kálkallo) und Hörner und Bambusröhren für Zibeth (orom. kori, dscherebunda). In jeder Galla-Haushaltung sind ferner Tabakspeicher vorhanden, denn Tabak gedeiht in den Oromó-Gebieten, besonders in Gudru und anderwärts. Auch ist bei den Oromó sowohl wie bei den Somál und Danákil manch schönes Stück von Handwerkzeug anzutreffen. Hieher gehören vor Allem schöne Hämmer (orom. madóscha, buritscha; som. dubba), Holzstellen, Hacken (som. messár; orom. hokó, von hok = kratzen), Wurfschaufeln für Getreide nach Art der abessinischen laida, Strohschneidemesser und Sicheln (orom. *rukuttá*), Spaten (orom. *qoté*, von *qôt* — pflügen), Beile ('afar. *gadumá*), Wagen ('afar. *midán*) u. A. m.

Bei dem höheren Stande der Cultur des Oromó ist es natürlich, dass die Individuen beider Geschlechter dieses Volkes eine grosse Menge von Proprietäten entweder im Hause verwahren oder mit sich zu tragen gewohnt sind. Bei dem bedürfnisslosen 'Afar sinken diese auf ein Minimum herab. Dahin kann man vor Allem ein Rasirmesser zählen ('afar. *mósa*; som. *mindil*; orom. *baltschú*), meist die abessinische *sufajé* oder einen scharf geschliffenen Stein zum Schaben des Kopfes (gallan. *balkit*), der ganz besonders bei den Muselmanen beliebt ist. Viel benützt, fast bei jedem Individuum zu finden, sind die mannigfachen Formen der Instrumente zum Ausziehen von Dornen und Splittern (orom. *woranto*, *gáraba*), wahrhaft nützliche und nothwendige Sachen, deren der Eingeborne — Barfüssler im Mimosengebüsche und auf Lavagrund — gar nicht entrathen könnte und die meist aus einem Metallstiftchen und Scheere (orom. *hadú*) bestehen, die auf einer Schnur am Halse hängen, ferner Löffelchen zum Ausputzen der Ohren. Eine starke Kupfernadel (orom. *lilmo*) und Zwirn (orom. *girbi*) trägt man in der Regel hinter dem Ohre, um sie im Bedarfsfalle sofort zur Hand zu haben.

Ein Utensil, vom Somáli und 'Afar so oft im Leben gebraucht wie kein anderer Gegenstand der Proprietäten des Mannes, ist die Zahnbürste, bestehend aus einem Stäbchen von *Capparis sodata* oder *Salvadora persica*. Der Nomade hat dieses bei den Nord-Somál *ad*, *adáj* oder *addu*, auch *arát*, bei den Somál der Benâdir-Küste *rumo* oder *rumáj*, auch *msuak* (Suahiliwurzel?),[158] gewöhnlich auch *iráki* (von der arabischen Holzart *eråk*) genannte Stäbchen zum Abreiben der Zähne entweder (selbst beim Sprechen) im Munde (Mundwinkel) stecken, oder er trägt es hinter dem Ohre. Wie das Wort *eråk* besagt, stammt das Materiale dazu aus Jemen und ist auch der häufige Gebrauch desselben auf arabische Sitten zurückzuführen. Je weiter südlich vom rothen Meere oder Golf von Aden man vordringt in der Richtung gegen Kafa und Rudolf-See zu, desto mehr nimmt scheinbar der Gebrauch der Zahnbürsten ab. Zu den Proprietäten jedes Weibes zählen Räucherplatten (nach Art der arabischen مبخرة), die von den Frauen unter die Kleider genommen werden, zu jenen jedes Mannes die Tabakspfeife (orom. *gaja*, *matadscha* [das Rohr heisst orom. *tiedschö*; gurag. *tschiefát*]; 'afar. *tamba*, *maaba*, auch *massaraba*; som. *tút* [?]) von der Form und Beschaffenheit der arabischen (richtiger persischen) نارگیل, bei vornehmen Oromó oft schön ausgestattet. An Medicinalapparaten besitzen besonders die Oromó Schröpfhörner, Täschchen für Schnupftabak (*muschúk*), der aus einem Gemengsel von Tabak und Asche besteht, kleine Näpfchen zur Verwahrung des für die Körperabreibungen bestimmten Fettes (orom. *koré*). In der Hand schwingen Müssiggänger Stöcke (orom. *danika*; som. *ól*) und Fliegenwedel aus Leder oder Pferdehaar, auch concav-convex geflochtene Schirme (som. *hussa*, *dalajád*; orom. *gaddisö*), deren die besten die Metscha-Galla fabriciren,[159] dann die Alengapeitsche u. A. m.

Die mit dem Hausrathe zusammenhängenden Gegenstände und Werkzeuge, welche bei der Wartung des Viehes und beim Ackerbau, sowie bei der Schifffahrt verwendet werden, werden in dem Capitel 9 besprochen. Hier möge nur noch einiges Wenige erwähnt werden, nämlich Objecte, deren einzelne in jedem Hausstande sich finden und die in mancher Beziehung das geistige Leben anlangen: Musikinstrumente, Schreibmaterialien, Bücher, Cultusgegenstände, Marterwerkzeuge, Spielzeug.

Die Nordost-Afrikaner sind zwar sangreich, allein sie pflegen keine Instrumentalmusik. Darum die geringe Zahl von Musikinstrumenten, deren wichtigste sie von den Arabern und Abessiniern empfangen haben. Das Nationalinstrument aller drei Stämme ist die Flöte (som. *gobais*, d. h. «die Singende», von *gabai* — singen; orom. *ululé*, aus Bambus *lemâna*). Der Midgan bedient sich derselben, um durch die klagenden Töne den Strauss herbeizulocken. Der westliche Galla erfreut sich an den langgezogenen Tönen der Rohrflöte. [161]) Das Horn (som. *gés;* orom. *gáfa*) ist bei den Galla allgemein, die auf Antilopenhörnern zum Tanze aufblasen. [162]) Eine bedeutende Rolle spielt natürlich die Pauke, welche die Nordost-Afrikaner selbstständig erfunden haben, wie andere Völker Afrikas, deren Verbesserung nach Gestalt und Klang sie aber zweifellos den Arabern verdanken. Sie kommt als grosse abessinische *nagarit* (Kesselpauke) vor und bildet dann das Zeichen der Herrschermacht und Befehlshabergewalt, oder als die Schoaner Rassel oder Trommelklingel *(tsnasin).* [163]) Wird die *nagarit* nicht blos bei Aufzügen weltlichen oder geistlichen Charakters, sondern auch beim Tanze verwendet, um damit den Tact zu schlagen, so nennen sie die Galla, die sie zu diesem Zwecke gebrauchen, *kabaró.* [164]) Auch der Somáli pflegt zu trommeln, [165]) natürlich nur bei rauschenden Festlichkeiten, und nicht selten sieht man in den Somál-Städten der Nord- wie der Benádir-Küste nach arabischem Brauche muslimische Grosse am Freitage zur Moschee unter dem Schalle der Trommeln geleitet werden, die mit der Hand geschlagen werden. Ueberhaupt geht Trommelschlag in Nordost-Afrika stets der Verkündigung des Willens eines Grossen oder Mächtigen voraus oder begleitet sein Erscheinen — eine alte orientalische Sitte. Die Pauke der 'Afar ist klein und deutet durch ihren Namen *(kabaró)* an, dass sie in ihrer heutigen Vervollkommnung aus Abessinien gekommen sein mag. Die Saiteninstrumente der Schoaner, die *massengó* und der arabische *kerar,* [164]) haben auch bei den Galla Eingang gefunden *(timbó),* ferner mit Ziegenfell überzogene Posaunen, Trompeten, Rohrflöten *(embilta),* einsaitige Violinen, lange Pfeifen *(maleket),* Guitarren, [165]) Harfen, Alles Variationen der *massengó* und des *kerar.* Der Hohlgefässe und *biderü* - Stämme (Röhren) zum Zeichengeben, das mitunter in Musik (Glockenmusik [Glocke som. und orom. *bilbilla*]) ausklingt, ist bereits gedacht worden. Eigenthümliche Somál-Pfeifen *(forimó)* aus Holz sind in Schoa und unter den Gallas verbreitet, auch bei den Ejssa und Gadaburssi, kommen aber bei den Benádir-Somál nicht vor. [168])

Von Schreibmaterialien findet sich das Nothdürftigste nur in den Behausungen der Reichen vor oder Solcher, die sich berufsmässig mit Schreibgeschäften befassen. Das Schreiben lehrten offenbar in Nordost-Afrika die Araber und Aethioper. Die Benennungen der meisten Utensilien sind von dem arabischen كتب hergeleitet, wie die des Buches und Papieres selbst ('afar. *katáb*), der Tinte (orom. *katabáti;* 'afar. *midad;* som. *khad,* sonst *madad* = «die Schwärzende») u. A. m. Europäisches Papier ist selten und theuer. Die Galla bereiten Papier aus den Kotscho-Blättern *(Musa Ensete),* die sie an der Sonne trocknen und glätten. Indessen verstehen sie auch Holz und Felle zu Schreibzwecken zu präpariren.[169] Sonst ist im Allgemeinen das arabische Schreibmateriale und Schreibzeug, sowie arabische Bücher und solche aus Abessinien verbreitet. Reiche Grosse vergönnen sich wohl auch einen abessinischen *atranos* (Lesezeichen oder Büchergestell mit Kugeln zum Offenhalten des Buches).

Von den für den muhammedanischen Cultus erforderlichen Objecten sind schon die Abluitionsflaschen (som. und 'afar *abriq* oder *wésa)* erwähnt worden. Zu diesen tritt noch die سجّاده oder der Gebetteppich (som. *sutscháda* oder *masalla)* in ihren mannigfaltigen Grössen und Ausstattungsweisen, am häufigsten aus einem gegerbten Antilopen- oder Kalbsfell bestehend. Koransprüche schreiben Oromó, 'Afar und Somál-Muslimin auf längliche gehobelte Tafeln, die arabischen لوح und nennen sie auch *lôh.* Sie hängen an der Hütten- oder Hausthür und dienen Kindern als arabische Fiebeln. In Kambát soll es zur Bezeichnung von Opferstellen eigene Altarsteine geben *(tabot).* Die Abzeichen der Würde eines gallanischen Priesters, die ja eigentlich nur Schmuckgegenstände oder Kleider sind, sowie das Metall- oder Holzscepter des Hauptes der Gadda *(boku),* die Fähnlein der Fürsten der Sidáma u. A., mögen hier nur dem Namen nach erwähnt werden.

Gefängnisse und Kerker aller Art ersparen sich die gallanischen Grossen vollständig; sie verwenden an deren Stelle die abessinischen Marterhölzer, und zwar gewöhnlich den *ghindo,* der aus einem schweren Holzblocke besteht — häufig ist dies eine Art Halsgabel — in welchen entweder der Hals oder Hände und Füsse oder nur ein Fuss und eine Hand des Unglücklichen eingespannt werden, den man dann einfach auf der ersten besten Stelle im Walde oder der *moggá,* damit seine Klagen das menschliche Ohr nicht erreichen, liegen lässt. Eine andere beliebte Art ist der *mankôr* oder die Halsscheibe, bestehend aus einer massiven schweren Holzscheibe von dem härtesten Holze. Dieselbe hat ovale Form, lässt sich in zwei Halbscheiben auseinanderlegen und enthält in der Mitte die Oeffnung für den Kopf des Verbrechers.[170] Dies letztere Mordwerkzeug, denn ein solches ist es, weil der dazu Verurtheilte durch Bruch oder Vereiterung der Wirbelsäule bald zu Grunde gehen muss, ist viel schrecklicher als der *ghindo,* in welchem Verbrecher lange Zeit ihr Leben erhalten, wenn sie an einen verhältnissmässig günstigen Platz gebannt, der wilden Thiere in der Nacht sich zu erwehren vermögen. Auch Ketten für Verbrecher (orom. *sansellét)* und zur Fesselung des *kurrenja* (Haftgenossen vornehmer Abessinier) ganz nach äthiopischer Weise sind im Gebrauche.

Langeweile, die im tropischen Klima doppelt empfindlich ist, verlangt Kürzung durch Spiel. Während die Somál mit Leidenschaft dem Kartenspiele huldigen, vergnügen sich die Galla gerne an der abessinischen *gabata* (*geweta*), suchen mit allem Eifer die dazu erforderlichen Basaltkugeln unter dem abgeschliffenen Gerölle der Flussbetten oder bedienen sich bei dem Spiele auch der Zinkkugeln. Tanzende Kinder hängen bei den südlichen Somál sogenannte *scheleu-scheleu* um, das sind Ringe von kleinen hohlen, mit Steinchen gefüllten Kürbisen, mitunter nur die trockenen und rasselnden Früchte der *Datura Stramonium* und spielen wohl auch damit.[171] Sonst sieht man wenig Spielzeug bei Kindern und Erwachsenen, es seien denn Ballen, Würfel (orom. *lafaú*, d. i. «die vom Knochen»), Glöckchen und Aehnliches mehr.

Maschinelle Instrumente, die mechanische Arbeit verrichten, findet man bei Nordost-Afrikanern selten. 'Afar und Nord-Somál besitzen nichts dergleichen; dagegen haben die Süd-Somál wahrscheinlich unter Beihilfe von Omaner Arabern Handmühlen zum Mahlen des Maises und Sesammühlen erfunden, welche in den Benádir-Küstenstädten von Révoil beobachtet worden sind.[172]

6. Capitel: Nahrung.

Die günstigen Naturverhältnisse Nordost-Afrikas bieten dem Menschen überall ausreichenden Nahrungsstoff, den er bei mässiger Anspannung seiner Kräfte in mancher Gegend sogar in reichem Masse zu gewinnen vermag. Den Somál- und 'Afar-Ländern fehlen zwar grössere Strecken, die dem Anbau von Brotfrüchten gewidmet werden könnten; allein dafür gibt es ausgedehntes Weideland, und dies lässt die Viehzucht gedeihen, so dass dort, wo die Natur dem Menschen vegetabilische Nahrung versagte, animalische Kost diese ersetzt. Ja, die edlen Nahrungsstoffe, welche dem Thierreiche entnommen werden können, überwiegen überall so sehr, dass man das afrikanische Osthorn mit Recht das Land der Milch und des Fettes nennen darf. Dieser Umstand nun regulirt die gesammten Ernährungsverhältnisse in den Landschaften östlich und südlich von Abessinien und gestaltet sie dann zu fortdauernd günstigen, wenn nicht Krieg oder Krankheit und die damit verbundene Vernachlässigung des Bodenbaues und der Viehzucht Störungen verursachen.

Die Basis der Ernährung ist für die nomadischen und ansässigen Völker eine verschiedene. Bei den Somáli und Dankáli besteht sie in der Milchkost, bei den Oromó in dem Genusse der Brotfrüchte. Sehr verständig und vorsorglich wissen Nomaden wie Ansässige, namentlich aber die Ersteren, durch Einschränkung des Fleischgenusses den Viehstand ungeschmälert vermehrungs- und leistungsfähig zu erhalten, und da der Export des Viehes im Ganzen nur ein unbedeutender ist, so entsteht auch in wenig ertragfähigen Landstrichen nur selten ein Mangel an Nahrungsmitteln. Die nahrhafte Milch, deren erhaltende und stärkende Kraft erkannt und geschätzt wird, macht den nomadischen und viehzüchtenden Nordost-Afrikaner von selbst zum Breiesser, wie es der Araber ist, denn der Stärke und Gesundheit verleihende Milchstoff macht die umfassendere Verwendung von Nahrungsstoffen fester Beschaffenheit, besonders der Brotfrüchte, überflüssig. Etwas Mehl mit Fett in Milch gethan, liefert rasch eine ausgiebige, leicht verdauliche Kost, und mit dieser begnügt sich die breite Schichte der Bevölkerung, die sich zu der Höhe verfeinerten Nahrungsbedürfnisses nicht aufgeschwungen hat. Fleischkost bildet bei den Somáli des Binnenlandes geradezu eine Ausnahme, und selbst die Angehörigen der viehreichsten Quabilen unter den Somál vergönnen sich dieselbe nicht häufiger als ein- oder zweimal in der Woche.

Was die Nahrungsmittel anbelangt, so sind sie der überwiegenden Masse nach von den Eingebornen Selbstproducirtes, denn nur der Reis und die Dattel sind importirt. Die speisenreiche arabische und die äthiopische Küche haben ausserdem an Speisezubereitung Mancherlei geliefert. Die Eingebornen unterscheiden sehr wohl die Kost des Freien und die des Fürsten von der des Sclaven. Allgemein erfolgt auch der Ausdruck des Wohlwollens und der Gastfreundschaft durch Zusendung von Nahrungsmitteln (der äthiopische *dúrgho*). Für den Culturgrad der Galla auffällig bleibt der Genuss rohen Blutes und Fleisches. Die Oromonen schwelgen zu Zeiten geradezu darin, und viele abergläubische Züge schliessen sich daran. So verzehren manche Stämme das rohe Herz des Löwen oder Leoparden, um, wie sie glauben, Muth und Stärke dieser Thiere zu erlangen. Im Allgemeinen geniesst man Fleisch- wie Brotkost in halbgekochtem, beziehungsweise halbgebratenem und halbgebackenem Zustande. In der Conservirung des Fleisches und Brotes besitzen die 'Afar und Somál keine bedeutende Fertigkeit. Beliebt ist die Trocknung des Fleisches und die Räucherung des Fettes. Wiewohl das afrikanische Osthorn reich an wilden Thieren ist, wird Wildpret verschmäht oder nur im Nothfalle genossen. Dies hat seinen Grund einerseits in dem Viehreichthum des Landes und in den Schlachtungs- und Speisevorschriften des Islâm, dann aber wohl auch darin, dass man wahrhaft schmackhaftes Wild sich in Folge mangelhafter Schusswaffen nur sehr selten zu verschaffen im Stande ist, ja wildes Geflügel eigentlich nie erlangt, um das Fleisch desselben schätzen zu lernen. Die allzu manierirte Zubereitung mancher Speisen deutet auf Einflüsse der arabischen Küche. Das Geschäft der Zubereitung der Speisen (Koch som. *bisláj*) liegt zumeist auf den Schultern des Weibes. Eine grosse Sorgfalt und Vorsorglichkeit bekunden Nomaden naturgemäss bei der Vorbereitung der Reisevorräthe. Die Theuerung und Knappheit des Salzes gebietet die Herstellung der meisten Gerichte ohne Salz. Sehr beliebt sind Süssigkeiten und das Leckwerk aus der arabischen Küche. Gar manche Gebräuche bei der Speisezubereitung stehen scheinbar ohne Erklärung da, so sehr widersprechen sie der europäischen Auffassung von der Nahrhaftigkeit und dem Geschmacke der Speisen. So pflegen z. B. die

Galla den Speisen den Saft aus den Eingeweiden des Rindes beizumengen, in
der Meinung, dieselben dadurch schmackhafter und zauberhaft kräftigend zu
machen,[173]) gekaute Bissen und reichgefettete Brotfladen dem Gaste zuzu-
werfen oder ihm in den Mund zu stopfen, flüssige Butter zu trinken, in die
Töpfe und Näpfe vor dem Trinken zu spucken u. dergl. m.

Die Nahrungsaufnahme ist nach Qualität und Quantität des Genossenen
eine gute und ausgiebige. Auffällig sind Züge rohen Frasses und arger Völle-
rei, wie z. B. der oromonische *tschotscho*, bei welchem man zu gewissen Zeiten,
besonders nach grösseren physischen Anstrengungen, im Walde durch zwei
bis drei Tage übermässigem Fleischgenusse sich hingibt und Rinder mit Haut
und Haaren verzehrt, so dass die Theilnehmer am Mahle alle gewöhnlich erkranken. Eigenthümlich ist die Auffassung von der stärkenden, ja heiligenden
Eigenschaft des Thierblutes als des werthvollsten Saftes des thierischen Körpers. Die Galla bestreichen sich damit mit dem Wunsche, stark und gesund zu
bleiben, nicht nur das Gesicht, bespritzen damit Haus und Gesinde, benetzen
mit Blut beim Schwure die Hände, kosten von dem Blute gigantischer Thiere,
z. B. des erlegten Elephanten, sondern begiessen damit auch die Wurzeln ge-
heiligter Bäume, um sie vor dem Verdorren zu schützen, färben damit die
Pfeiler der Manna und bieten es den Göttern beim Opfer an, um Reichthum
dafür zu erbitten, bestreichen damit das Kinn des Häuptlings, um ihn mächtiger und unüberwindlicher zu machen, begiessen mit Blut das Gesicht der in
das Grab gebetteten Leiche zum Zeichen, dass ihre Ruhe eine tiefe sei und
dass sie Niemand zu stören vermöchte. Der fürstliche Bräutigam bestreicht
sich vor der Hochzeit Stirn, Nase und Wangenbeine mit Blut, um die Ehe
glückverheissend zu machen. Bei dem Einzuge der Braut wird während der
Rakô-Ceremonie ein Stier geopfert. Braut und Bräutigam tauchen die Finger
in das Blut und färben sich wechselseitig auf Brust und Geschlechtstheilen,
um Kraft und Segen für die zu erzeugende Nachkommenschaft zu erhalten.
Verwandte der Braut salben den ganzen Körper der Braut mit Blut, um ihr
Kraft in der Zeit der Schwangerschaft zu verleihen, und der Gatte giesst Blut
in die Halsgrube der Frau, in der Hoffnung, ihre Liebe dadurch niemals zum
Erkalten zu bringen, u. dergl. m. Alles deutet darauf hin, dass man dem Thier-
blute eine magische Gewalt zuschreibt, die dann ganz besonders dem Individuum zu Theil wird, wenn es durch Genuss das Blut in sich aufgenommen hat.

Der Sclave erhält eine von der des Freien völlig verschiedene Kost. Es
ist dies begreiflich, allein man wirft mit schmaler Kost des Sclaven oder
Arbeiters z. B. bei den 'Afar auch ein Streiflicht auf den niedrigen Stand desselben. Es kann davon nicht die Rede sein, den Arbeiter oder Sclaven verpflegen zu wollen, wenn wir sehen, dass der Danâkil demselben eine Hand-
voll gemischten Kornes (Durra, Mais, Hirse, Bohnen) hinwirft. Charakteristisch
ist auch die Gepflogenheit, die wir bei den Somâl finden, nämlich das «In
Compagnie Zehren» und «In Compagnie Hungern», wie es besonders die Somâl
von Aden zu halten pflegen.[174]) Sonderbar erscheint das allgemeine Blut-

trinken bei den südlichen Galla, während bei ihnen das Essen rohen Fleisches, wie es ihre nördlichen Brüder lieben, nicht vorkommt. [115]) Eben so sehr mag man sich über die Ansicht der Oromó verwundern, der Sitz der Sinne sei im Bauche zu suchen. [116]) Wir führen diese ungereimten und widerspruchsvollen Züge an, um darauf hinzuweisen, welche Auffassung von der eigenen Ernährung und der Ernährung des Nächsten der Nordost-Afrikaner hat, und wie wenig sich manchmal bei ihm Begriff und Wesen der Ernährung decken.

Wir wenden uns nun der Betrachtung der Speisen, Getränke und Narkotica der Eingebornen zu.

Obenan steht bei dieser Betrachtung naturgemäss die Fleischkost. Fleisch zu essen (essen: som. ón, sor; 'afar. kám. Fleisch: som. ad, heliba [genet. partitivus]; orom. tschóma, kutió, fón; 'afar. hadó) bleibt das Ideal des hungrigen Nomaden. Nur selten, wie erwähnt, kann er dem Fleischgenusse sich hingeben, und wenn er sich Fleisch nicht versagt, so ist es gewöhnlich Hammel- oder Ziegenfleisch (som. wan), das er sich vergönnt. Ein Rind wird äusserst selten geschlachtet und sein Fleisch (som. helib loäd) gilt als besonderer Leckerbissen. Man zerlegt das geschlachtete Thier mit Verständniss und Zweckmässigkeit und brät die Stücke am Feuer. In der Regel wird die Haut abgezogen und an der Sonne getrocknet, um verkauft zu werden, dies ganz besonders bei den Oromó, aus deren Gebieten zahllose Felle von Schlacht- thieren (gogá, maschallá) an die Nordküste gelangen. Allein häufig wird auch die Haut (som. hub) mit zertheilt und gebraten. Die Eingeweide werden gleich- falls geschnitten, gekocht ('afar. aláj; orom. afél) und verzehrt. Bleiben Stücke vom Mahle übrig, was selten der Fall ist, es sei denn, man wolle Fleisch auf eine Reise oder Wanderschaft mitnehmen, so pflegen es die 'Afar in lange, dünne Streifen ('afar. kwanta, wohl vom Abessinischen genommen) zu schneiden und an der Sonne zu trocknen, nicht aber zu räuchern. Man sieht auf der Reise gewöhnlich die Eingebornen an diesen oft kaum fingerdicken, wurstähnlichen Streifen (qunti) saugen und, wie das Volk sagt, «zutzeln». Die Somál hinwieder kochen die einzelnen Stücke, trocknen diese und brechen das getrocknete Fleisch in kleine Klümpchen, die dann in Ghij-Fett getaucht und aufbewahrt werden (som. kawurmeh). [117]) Seltener kommt es vor, dass man eine Art Fleischbrühe herstellt (som. fúd) und mit Reis (som. barisa) geniesst. Auch die Galla conserviren durch Trocknen das Fleisch und verwahren es in den Mannas an den Dachsparren. Die gebratenen Fleischstücke nennt der 'Afar kebábe oder kebáh, und er ist es, der halbgares Fleisch am ehesten ver- schmäht. Nur die Leber wird bei den Somál und 'Afar von der Gesammt- fleischmasse eines Schlachtthieres roh verzehrt, alles übrige Fleisch im Topfe gekocht oder am Stein, auch am Spiesse gebraten. Während dem Somáli jedes Wildpret, selbst Vogelfleisch, neben allem Anderen, was dem Moslem versagt ist, zu essen verboten ist, entschliesst sich der Dankali am allerersten zu dem Genusse gebratenen Vogelfleisches. [118]) Ein Somáli würde aber niemals z. B. das Fleisch eines Hyrax abessinicus berühren. Es kostete uns stets viele Mühe,

die Somâli zu bewegen, ein Stück Gazellenfleisch zu essen. Sie behaupteten
stets, es mache üblen Geschmack, und wenn die Noth sehr gross war, stand
ein muhammedanischer Somâli stets neben dem Schützen, um an dem ge-
schossenen Wilde rasch die rituellen Schnitte auszuführen, worauf die Somâl
sich herbeiliessen, von dem Fleische des Thieres zu essen.

Anders steht es mit dem Fleischgenusse bei den Oromó. Die merkwürdig
gleichmässige Schichtung des Eigenthumes bei den Galla gestattet selbst dem
armen Manne, sich von Rindfleisch *(sanga)* zu nähren. Darum verschmähen
sie in der Regel das Geflügel, selbst Eier.[170] Schaffleisch wird mehrere Male
in der Woche von jedem Oromó gegessen, wohingegen zur Schlachtung eines
Rindes irgend ein willkommener Anlass sein muss, der indessen in jeder
Niederlassung periodisch sich einzustellen scheint, so dass es an gutem Rind-
fleische niemals mangelt. Bei Festen oder am Hofe fürstlicher Persönlichkeiten
berührt es eigenthümlich unangenehm und ist sicherlich roh, den Bullen im
Hofe noch wohlgemuth spazieren sehen zu müssen, dessen Fleisch kurze Zeit
darauf den Gästen vorgesetzt wird. Das Fleisch wird kunstgerecht zertheilt,
die Haut conservirt, vom Gehörne befreit, und nun werden die edleren Fleischstücke, und zwar das magere Muskelfleisch, ausgelesen und zu dem sogenannten *brondó* (äthiop. ብርንዶ: bei den Galla heisst diese Fleischgattung auch
uláta)[180] aufgehoben, während man die minder werthvollen Fleischtheile kocht
(fön biltschata) oder einfach am Feuer brät (orom. *fön wáddé;* amhar. *tebs).* Die
Muskeltheile nun bilden in rohem, gut abgelegenem Zustande (etwa in jenem,
wie sich unser Rumpsteak befinden muss, um weich und schmackhaft zu sein)
die pièce de résistance bei den Mahlzeiten der Oromonen. Man tischt das
Brondó-Fleisch auf kleinen Holztellern auf, es wird mit Pfeffer und Salz bestreut, mit der rechten Hand zum Munde geführt mit den Zähnen ergriffen, die linke, mit einem Messer bewaffnete Hand schneidet dann von
unten nach oben stets mit grosser Geschicklichkeit jenes Stück ab, das eben
den Bissen bildet, während die rechte Hand, nachdem das erste Stück genossen ward, neuerdings das Fleischstück mit einem Ende zwischen die Zähne
bringt. Es hat den Anschein, als würde mit jedem geschickt und rasch geführ-
ten Schnitt in Nase oder Lippen geschnitten, doch ist dem niemals so, weil,
wie erwähnt, die Speisenden mit Virtuosität das Fleisch zu schneiden verstehen. Es macht auf Jeden, der dieses Essen rohen Fleisches das erste Mal
beobachtet, einen unangenehmen, ja widerlichen Eindruck, den der Geruch des
Fleisches und der Anblick der gierigen Esser noch erhöht. Das Fleisch ist indess in dem Zustande des Brondó weich, nahrhaft und leicht verdaulich. Allerdings erzeugt es auch die Nationalkrankheit der Oromonen, die *Taenia nera.*
Von dem Brondó-Fleische geniessen nun Galla, die sich auf ihre reine oromonische Abstammung etwas einbilden, das Fleisch des Biceps nicht.[181] Es hat
dies wohl nur in einer Gourmandise seinen Grund, denn die Angaben der Eingebornen über diese Gepflogenheit sind unstichhältig und divergirend. Wild
geniesst der Galla so selten wie der 'Afar und Somâli.

Die Flüsse und Seen des afrikanischen Osthornes bergen eine Fülle köstlicher Fische. Dennoch ist die Fischkost gar nicht im Brauche. Es macht den Eindruck, als würde der Fischfang dem Oromonen Beschwerden bereiten. Fische *(tulâm)* bleiben also die Kost des armen Galla, der Brot- oder Fleischkost nicht erschwingen kann. Man fängt Fische durch Betäubung. Dem Somâli aber verbietet der Volksbrauch geradezu, Fische zu essen. Selbst an der Meeresküste geniesst man Fische selten. Den Somâli des Binnenlandes gilt es sogar als grosse Schmach, Fischfleisch *(kalûn)* zu kosten, und ein Somâli-Wort sagt: «Sprich nicht mit dem Munde, der Fische gegessen hat.» [117] Die 'Afar fischen oft und fast Alle essen das Fleisch der Fische *(kullum)*, aber nur solcher, die ein weisses Fleisch haben; das schwarze wird verschmäht. Man bäckt es in Kameelfett auf Eisenplatten oder trocknet es und geniesst es so mit Butter. Gekochte Fische werden nicht gegessen. Von Meeresthieren essen die Somâl und Danâkil nur den *Strombus tricornis*, *Murex elongatus* und den *Rostellaria fusus*.

Der «Kuh Sohn», wie die Milch von den Oromô Schoas genannt wird, wurde als Basis der Ernährung der 'Afar und Danâkil hingestellt. Bei vielen Stämmen von Ogadên bilde sie das ausschliessliche Getränke, da sie kein Wasser trinken. In der That ist ihr Gebrauch so umfassend, ihre Nährkraft so stark und segensreich, dass man sich wahrhaft wundern muss, dass es die Eingebornen noch zu keiner rationellen und überhaupt zu keiner nennenswerthen Milchwirthschaft gebracht haben. Es hängt dies mit der Eigenthümlichkeit der Nomaden zusammen, keine Vorräthe aufzuspeichern, denn würden sie grössere Mengen der Milch für die Zwecke der Conservirung zu hinterlegen haben, sie würden zweifellos sich zur Käsebereitung aufgeschwungen haben, die ihnen in ihrem wahren Wesen vollständig unbekannt ist, obgleich alle Umstände dafür sprechen, dass sie sehr floriren könnte. Der einzige Schritt in der Behandlung der Milchstoffe ist die Bereitung der Butter (som. *semen*, *subâg*; 'afar. *subâh*). Jedoch auch diese ist ein unvollkommenes Product. So trinken denn die Eingebornen die süsse Milch des Rindes (som. *âno*; 'afar. *hôn*, *murra*; orom. *anên*) und jene des Kameels (som. *karôd*; 'afar. ?) und Ziegenmilch und kennen auch den Rahm (som. *labên*; orom. *itîé*), gebrauchen ihn aber nicht, sondern mischen ihn der übrigen Milch bei. Ist diese auffällig dick, so wird sie zum Buttern auf die Seite gestellt oder sauer gerinnen gelassen (saure Milch: orom. *arctû*), wovon man dann den Topfen lediglich abzuschöpfen braucht. Der Somâli geniesst auch die Buttermilch *(ér)*. Der Topfen (orom. *urgô* oder *orkuo*, auch *badô*, *etô sâa*) [118] ist der grobe Zwarg unserer Küche, den man in Schläuchen und Hörnern verwahrt. Durch das Liegenbleiben und die fortschreitende Gährung erlangt er die Beschaffenheit des Schmierkäses (orom. *arréra*), allein zur weiteren Veredlung und Conservirung des werthvollen Stoffes, namentlich zur Härtung der geronnenen und sauren Milch kommt es nicht, welche eine grössere Aufspeicherung und die Möglichkeit längerer Haltbarkeit der Milchstoffe böte. Ein Stück Parmesankäse, das ich in meiner Waidtasche verwahrte

und wovon ich den Galla zu Bubassa zu kosten gab, konnten und wollten sie
nicht als von der Milch stammend anerkennen, obgleich sie den Käse wohlschmeckend fanden. Kameelmilch zu trinken gilt dem Somâl zwar als stärkend
und gesund, wird aber wenig geübt, weil die Kameelmilch zu fett ist. Man verabreicht sie nur Schwachen oder Kranken, sterilen Frauen u. s. w. Schafe zu
melken ist unbekannt; Ziegenmilch gilt als Kuhmilch und wird mit dieser
vermengt.

Gross ist, wie schon erwähnt wurde, auf der Somâl-Halbinsel der Verbrauch des Fettes. Es gibt nur zwei Arten desselben, nämlich das Butterfett
und das zerdrückte (auch ausgesaugte) rohe Fleischfett; denn die Zerlassung
des Fettes über Feuer (das Schmalz) scheint, so viel ich beobachten konnte, den
Nomaden und Sesshaften unbekannt zu sein, dessen Herstellung bei der grossen
Menge von Buttergewinnung vielleicht gar nicht die Mühe zu lohnen. Merkwürdig ist, dass Butter (som. *burâd, subâg;* 'afar, *subah;* orom. *dada*) in rohem
Zustande zu gebrauchen oder zu verkaufen bei diesen Völkern als Schande
gilt. Auf mich machte es den Eindruck, als würde der Galla dadurch Scham
empfinden, weil er etwas Halbfertiges, halbe Arbeit abgibt oder deren Resultat in Gebrauch nimmt, was bei seinem Streben nach dem Ganzen als ein
Mangel, eine Schmach empfunden wird. Man consumirt daher die Butter in
flüssigem Zustande *(baxá).* Der Somâl und 'Afar hat zwei Arten der Butter
für den Genuss, die arabische (سمن) und die indische (*ghij*) oder das Hausschmalz. Das Fett zum Schmieren des Haupthaares ('afar. *muttik;* orom. *samá)*
wird dem Schwanze der *Ovis steatopyga* entnommen, während der Oromó Körper und Haar mit *dádá* bestreicht, frische Genussbutter aber *addáno* nennt.
Wenn der Somâli Butter bereiten will, so lässt er die Milch über Nacht ruhig
stehen, giesst sie am Morgen in den Butterschlauch und erhält durch heftiges Schütteln und Schwingen des Schlauches nach zwei Stunden aus der Milch
der Kuh, nach sechs Stunden aus jener der Ziege, das rohe Fett. Dies wird
nun zerlassen und mit etwas Mehl und Reis oder Betelblättern, auch mit
Pfeffermünze oder Coriander (som. *gelgelán*) gekocht und gibt dann abgeschäumt die haltbare, angenehm riechende Semen. Mehl und Kräuter sollen
die Butter vor dem Ranzigwerden bewahren. Die *ghij* ist ein Gemenge zerlassener Butter mit flüssigem Thierfett und wird zwar auch im Lande selbst
bereitet, aber zumeist importirt oder in den Küstenstädten an der Benâdir-
Küste und in Arabien fabricirt. Eigene Gefässe (Calebassen) sind dazu bestimmt, die Semen aufzunehmen, die man mittelst Trichtern in dieselben einfüllt. Der Somâli nennt sie *kasiki thongo, gumba, dhitto* und *okót,* und umgibt sie zu dem Zwecke leichteren Transportes mit einem Korbe aus Baumzweigen, die ineinander verflochten sind und deren Theile rippenartig wegstehen. Der Oromó zerlässt die Butter und füllt sie in Gefässe, *kuri,* auch *ditto*
genannt. Die Galla verstehen vorzügliche aromatische und Rauchbutter (durch
das Selchen oder Beimengung riechender Stoffe) zu bereiten; mit der ersteren
wird das Haar der aus dem Kriege heimkehrenden Helden gefettet. Das Fett

(bei Danákil auch flüssiges Kameelfett) wird gewöhnlich in der Art genossen, dass man es in eine Schüssel ausgiesst und Durrafladen in dasselbe
taucht und diese dann verspeist. Gekochter Reis wird einfach mit einer
grossen Quantität von ghij in einer Schüssel vermengt. Semen und ghij und
der einfache burád werden wohl auch einfach getrunken. Ganz ähnlich ist auch
der Gebrauch der dadá. Das Fett des Wachses (orom. sefefi, fula, gaga) ist unbekannt; man wirft das Wachs in der Regel als werthlos weg, weiss es also
einer praktischen Bestimmung nicht zuzuführen, wiewohl man es auch auskocht.
Oel (som. çedd; orom. dadd egersa) ist zu Genusszwecken wenig gebräuchlich.
Obwohl es in den Galla-Ländern ganze Wälder von wilden Olivenbäumen
gibt, veredelt man sie nicht und kennt das Pressen der Früchte nicht. Man
gewinnt das Oel nur aus der Guizotia oleifera (orom. nugi) und aus der Suf-
pflanze. So wie der Galla den Genuss des Hühnerfleisches verschmäht, so thut
er ein Gleiches mit dem der Eier. Der Somáli und 'Afar züchtet das Huhn
nicht. Die Oromó pflegen die Eier gerne, sorgsam in Blättern und Rinde ein-
gewickelt, wegzuschenken.[184])

Brotfrüchte werden in Nordost-Afrika in dreierlei Form genossen: als
Körner, Mehlbrei und fertiges Brot. Die Bereitung des Brotes aus Obst- und
Bohnenarten oder dem Mehle von Pflanzenwurzeln steht natürlich weit hinter
der Verwerthung des Getreides. Da die Oromó-Gebiete die Brotfrucht für das
Somál- und 'Afar-Land zu liefern haben, weil es anbaufähige Strecken in den
von Somál und Dankali besetzten Gebieten nur in geringem Masse gibt, so
sind natürlich diese die Getreide- und Brotländer xɑr' iξɔχήν. Ein grosser Theil
gelblichen Mehles (orom. daku; som. burr) wird nach den Somál- und 'Afar-Gebieten aus Indien eingeführt, in neuester Zeit auch europäisches, aus Oester-
reich und Russland stammendes Mehl; es ist jedoch theuer und wird nur an
der Küste consumirt.

Die Brotfrucht in Körnern zu geniessen ist Sache des Nothleidenden, Bequemen oder mit Arbeit Ueberlasteten. Namentlich der Somáli und 'Afar behilft
sich mit solcher Kost zur Zeit der Dürre. Auch der Reisende, der nicht Zeit
hat, Mehl oder Brot zu geniessen und daher Körner als Reisevorrath ('afar.
sakáj) mitnehmen muss, zerbeisst, um sich zu sättigen, die Körner gerösteter
Durra (orom. kollo). Allein wegen der so unvollkommenen Mahlwerkzeuge und
der aufreibenden Arbeit bei der Mehlgewinnung — man reibt die angefeuch-
teten Körner mit einem Steine auf einer Steinplatte mit der Hand — haben
Oromonen wie Aethiopier den Genuss ganzer Getreidekörner sich angewöhnt,
die man natürlich zuvor kocht oder röstet. Dies geschieht mit dem Sorghum,
Tief, dem Mais und Leinsamen. Offenbar haben die Galla diese Art von Nahrung in Abessinien kennen gelernt, weil sie bei einzelnen gleiche Namen für
die einzelnen Speisen dieser Art gebrauchen wie die Aethiopier. Obenan
stehen unter der Körnerkost, die man als die allerroheste, unzusagendste bezeichnen kann, einfach geröstete Körner (orom. ɑkáwi; äthiop. ቅሉ), dann geröstete und überdies in Wasser gekochte (geschwellte) Körner (orom. mulú;

äthiop. ፕሩርዎ) und dann die leicht zu erweichende Hirseart *Milium maris* (orom. *bokkolô*; abess. ፎስኤር፣ማስዎ). Mais heisst, weil er von der Meeresküste kommt, auch *bar maschéla*, d. i. Durra vom Meere, und wird darum vorgezogen, weil sein grosses Korn (som. *dingo*) leicht erweicht und nahrhaft und schmackhaft ist. Leinsamen (orom. *telba*; som. *tomâ,o*) wird entweder allein oder als Zukost genossen, indem man die Körner mit Mehl in Salz und Wasser erweicht und das Präparat in der Fastenzeit zu sich nimmt.[185]

Es ist erwähnt worden, dass Somál und Danákil Breiesser seien wie die Araber. In gewissem Sinne sind es auch sehr viele Oromonen, namentlich die des Ostens (Ennîa, Arussi), wenngleich sie die Brotfrucht vorwiegend in der Form des fertigen Brotes geniessen. Breiesser par excellence kann man die 'Afar nennen, welche ihren *asel* genannten Mehlbrei jeder anderen Brotfruchtsorte vorziehen. Natürlich sind wegen der nahen Beziehungen zu Arabien alle Arten der arabischen Breikost in Nordost-Afrika im Schwunge. Hieher zählen der steife Brei der *lugma* und *assîda* und die dünne, flüssige *medida*,[186] sämmtlich aus Durra- oder Dagussamehl bereitet. Einige Oromô-Stämme, so die Bottor, lieben die Polenta aus Maismehl oder anderen Mehlsorten ohne oder mit Zuthat von Salz (orom. *ganfô*, *murka*[?] und *nofro*).[187] Zu der Breikost muss ferner auch der sogenannte *dürkotsch* gezählt werden. Diese Speise ist die Nahrung der Reisenden und besteht aus pulverisirten Brotfladen, deren Mehl man stets auf dem Marsche bei sich führt und das man in wenigen Augenblicken mit etwas Wasser zu einem, wenn Fett dazu gethan wurde, nicht unschmackhaften Brei anrühren kann. Es soll vorgekommen sein, dass vom Hungertode bedrohte Pilger aus Abessinien im Somál-Lande dies zu Staub gewordene Mehl mit dem eigenen Urin zum Brei gemacht und so genossen haben.

Mehl (orom. *dúku* oder *dâku*) als solches wird gewöhnlich nur zu der bei den 'Afar beliebten Mehlsuppe ('afar. *saráb*, vom arab. شرب trinken), die vom Brei wohl zu unterscheiden ist, verkocht; sonst dient es zur Bereitung des eigentlichen Brotes (som. *kibis*, vom arab. خبز; 'afar. *folá*; orom. *buddena*, *kâtsche*). Als Uebergang von den Breispeisen zu dem festen Brote können die orientalischen Fladen oder Kuchen aufgefasst werden, wie deren die arabische Küche in den beiden Specialitäten der *kisra* und dem getrockneten *abré* aufzuweisen hat. Sie kommen bei den 'Afar als *habadâ* vor, bei den Oromô als *tavite*, am *metâd* gebackene, bis 1 Kilogramm schwere Scheiben werden auch von den Somál als *kibis* (wenn auf heisser Asche, wie bei den Galla, gebacken *ambaschá* genannt) ausschliesslich vor jeder anderen Brotsorte genossen und sind die beste warme und meist gesuchte frische Mehlspeise der Völker des afrikanischen Osthornes.

Das eigentliche Hartbrot (orom. *buddena*; abess. ፆቢፔት; 'afar. *burkutá*) wird meist aus Sorghummehl, aus Tief- und aus Maismehl (orom. *tabéta* oder *tâfí*) bereitet und sonst fast allen Getreidearten, welche man in Schoa und in den nördlichen Galla-Gebieten cultivirt, und erhält darnach verschiedene Namen (*kamadi*, *gerbú*, *mesenga*, *zangadô*, *kulenja* u. A. m.[188]) Was dem Begriffe des abessinischen Endscherábrotes entspricht, ist in der Regel Brot aus dem

Mehle von Tief, *Sorghum vulgare* oder Dagussa und wird in Scheiben von
50 Centimeter Durchmesser und 4—5 Centimeter Dicke und kreisrunder Form
gebacken. Der Säuerungs- und Knetungsprocess geht naturgemäss vorher.
Es gibt aber auch ungesäuertes Brot bei den Galla, und das Auswalken wird
in der Regel beschränkt, so dass das Brot, selbst ausgekühlt, weich bleibt. In
der Regel wird es warm gegessen. In Schoa allgemein gebraucht ist die
dabbó genannte Sorte Hartbrot, unserem Brote in Form und Grösse fast ganz
gleichend. Dem *dabbó*-Mehle werden riechende Ingredienzien (Gewürze) beigegeben, so dass das Brot gebrochen Duft verbreitet, der dem Europäer allerdings etwas widerlich dünkt. Am besten und wohlschmeckendsten ist das gallanische Brot, wenn es aus Tiefmehl bereitet wird. Nur Arme essen bei den
Oromó Durra- oder Dagussabrot. Das Brot hat, ungesalzen, wie es ist, den
Geschmack unserer Oblaten. Die gewöhnlichste und am häufigsten genossene
Form der Brotfrucht bleibt bei aller Vortrefflichkeit bei den Oromó und auch
bei den Somál und 'Afar der Fladen von 4—5 Millimeter Dicke, den man auch
mit Butter bestreichen oder, zu einem kleinen Ballen oder einer Kugel geformt,
was so sehr beliebt ist, in Butter tauchen, wohl auch in kleine Stücke oder
Streifen reissen und so bequem verzehren kann. Die Oromó nennen diese
Brotsorte kurzweg *buddena*. Kolossale Scheiben für festliche Anlässe nennt
man *gagubá*. Grosse Brotkugeln, die in Butter getaucht wurden, werden auch
getrocknet und so eine Art Brotconserve erzeugt. Wie sehr man das Brot
werthschätzt, besagt die gallanische Variation des Pindarischen τι ἄρος ἄριστον,
welche lautet: *buddena guddi guddi*, «das Brot ist das Beste».

Natürlich gibt es allerlei Nebenverwendung des Mehles, zumal bei den
Oromó. So bäckt man eine Art Bisquit *(kollo-dabbó, tschabita)*, warme Mehl-
speisen nach Art unserer Puddings *(bukó)*, arabisches Leckerwerk (حَلْوَى) und
den beliebten *mulúdsch* der Araber u. A. m. Beim Backen selbst wird ein verschiedenes Verfahren eingeschlagen. Kuchen schwellt man blos zwischen den
konischen Platten des *elé*. Hartbrot bedarf längeren Ausbackens, zu welchem
Zwecke man die Ofenplatten an der Berührungsstelle mit Lehm verschmiert,
damit sich eine intensive Hitze entwickeln könne. Das Mehl wird mit warmem,
aber auch mit kaltem Wasser in eigenen Mischtrögen angemacht und gut ausgähren gelassen. Das gewöhnliche Gewicht der gallanischen Brotlaibe beträgt
ungefähr 1 Kilogramm.[119) Reis (som. und orom. [?] *baris;* 'afar. *rud)* ist ein aus
Indien nach Nordost-Afrika importirter Genussartikel, den sich nur der vergönnen kann, welcher für Nahrung Geld ausgeben kann. Er zählt, mit *ghij* gefettet, bei den 'Afar und Somál unter die Leckerbissen. Die Oromó müssten
den Reis zu theuer bezahlen, um sich von ihm nähren zu können. Seine Stelle
vertreten Bohnen, Pferdebohnen, Hirsearten, Erbsenarten, die man vermahlt
(Bohnenmehl orom. *deket bakela;* abess. *dukiet bakela)* und entweder in Brei-
oder Brotform geniesst. Allen Speisen sollte nach den Begriffen und dem
Geschmacke der Eingebornen Salz (som. *asbóh* oder *osbohsán,* auch *asbaisán*
gesprochen; 'afar. *asbóh, mulchá;* orom. *essu, saghida)* beigegeben werden, wenn

dieses nicht ein gar so theurer Artikel wäre, dass sich ihn nur die reichen, geld-
besitzenden Leute verschaffen können. Wie später ausgeführt werden wird,
dient in Nordost-Afrika Salz in Stücken als Geldmittel. Es kommt aus den
Danâkil-Ländern, dann über Abessinien nach dem Inneren des Landes und ist
je nach der Entfernung von den Productionsstätten sehr hoch oder niedriger
im Preise. Sind die Somâli des Binnenlandes so glücklich, sich Salz zu kaufen,
so gehen sie damit ungemein haushälterisch um. Als Regel gilt, das Salz den
Speisen nicht beizumengen oder dieselben damit zu bestreuen, sondern man
fährt vor der Mahlzeit mit dem Salzstücke zwei- oder dreimal über die Zunge,
und dies muss vollkommen genügen, wenigstens für eine Mahlzeit. Auch Kindern lässt man diese Wohlthat zutheil werden, und es ist ganz interessant, zu
beobachten, wie ihnen die Eltern die Zungen auskneifen und mit Salz bestreichen.

Der Anbau von Gemüse (orom. *rafu*) verlangt viel Mühe. Die Nordost-
Afrikaner entschliessen sich nur hier und da an der Küste des Golfes von
Aden, in Harar und Schoa, dann in den Benâdir-Städten zur Pflege desselben.
Höchstens müht man sich mit dem Aussetzen einiger Erdnüsse (som. und gallan.
duik) ab. Ueberall waren die Aegypter oder Missionäre im Gemüsebau die
Lehrer der Galla, so namentlich bei den Oromó von Harar und Schoa. In Argobba bei Harar unter den Ala-Galla gab es zur Zeit meiner Anwesenheit
Gemüsegärten, die sich den reichsten und schönsten des Nildelta an die Seite
stellen konnten. Allein die Oromó schätzten ihren Ertrag wenig, und man kann
mit Recht behaupten, dass die grosse Masse der Somâl, 'Afar und Galla nur in
seltenen Fällen Gemüse geniesse. Dagegen ist der Genuss des Obstes ('afar.
mirú) ein allgemeiner und überaus wohlthätiger. An der Küste werden importirte Datteln (som. *dómeri;* 'afar. *tamir*, vom arab. ‮تمر‬; orom. *idschi mêti*) aus Mesopotamien in ganzen Stössen (Säcken, *kossara*) auf den Markt gebracht und
verhältnissmässig theuer verkauft, so dass nur den Geldbesitzende sich davon
nähren kann. Bei den Oromó zählen sie zu den seltenen Früchten, weil die
Galla wie ihre Nachbarn, die 'Afar und Somál, die *Phoenix dactylifera* nicht zu
veredeln und essbare Früchte davon nicht zu gewinnen verstehen. Schlechte
Datteln aus Mokkâ sind bei den Somâl unter dem Namen *muschakkar* verrufen.

Ein wahrer Segen für Nordost-Afrika ist die *Musa Ensete* und *Musa para-
disiaca*. Die *Musa Ensete* (kafan. *kotscho;* äthiop. *ensete;* orom. *kobbá;* arab. ‮موض‬)
liefert in ihrer wohlschmeckenden Frucht das tägliche Brot der Frauen und
Kinder, und würde sie im 'Afar- und Somâl-Lande in grösseren Massen gedeihen,
sie müsste dort die Ernährungsverhältnisse der Bewohner völlig umgestalten.[139])
In erster Linie ist es also die Frucht des segenspendenden Baumes, die genossen wird und die leider den Nachtheil hat, nicht haltbar zu sein, obwohl die
Früchte halbreif, ja selbst unreif herabgenommen und immerhin eine Zeit aufbewahrt werden können. In Kabiéna und Kafa und an anderen Punkten, so
auch südlich von Harar ist die Frucht der *Ensete* die einzige Nahrung des
Volkes.[140]) Grossartig aber ist die Verwerthung des Mehles aus der Wurzel

und dem Marke der Blätterstiele der *Musa Ensete*,[192] die allerdings in dieser Rubrik nicht zur Sprache zu kommen brauchte, die wir aber hier erwähnen, weil von dem Ertrage der *Musa* überhaupt die Rede ist.[193] Die Blätterstiele der sechs Jahre alten Pflanzen liefern ein Mark, welches ausgelesen und einem Fermente in einer Erdgrube in der Dauer von sechs Monaten (oftmals, was besser ist, mehreren Jahren) unterworfen wird. Nach Ablauf dieser Zeit wird aus dem faserigen Stoffe ein weissliches Mehl (*batschirö*) durch mechanische Zertheilung desselben gewonnen, zum Teige angemacht und in Laibe von ½ Meter Durchmesser und 5 Centimeter Dicke geformt, dann im *metdd* gebacken, der natürlich für derlei voluminöses Gebäck eigens gestaltet wurde. Die Brote sind schwer, aber doch sehr leicht deren Verdauung, obgleich der feine Faserstoff nicht vollständig verdaut werden kann. Vornehme Leute, welche sich von diesem Brote nähren, sieben wohl auch zuvor das Mehl und fetten die Schnitten desselben, doch geschieht dies bei dem Volke im Allgemeinen nicht.[194] Das Mehl aus der Wurzel der *Ensete* soll nahrhaft sein und den Geschmack unserer Kartoffel haben und wird wie diese mit Fleisch und Fett genossen.

In die Rubrik des Obstes gehört auch der von dem unseren abweichende Genuss des Kaffees. Der 'Afar und Somáli geniesst nicht allein den Absud der Bohnen und Bohnenschalen (som. und 'afar. *bun* [Korn], *gäscher* [Schale]; orom. *kad*), sondern er schmort auch die Bohnen und Hülsen in *ghij* und nennt diese Speise *greffel*. Sie ist ganz besonders in den Hinterländern der Benádir-Küste beliebt,[195] kommt aber auch bei den Oromó südlich von Schoa vor, wo man dem Gemengsel auch Salz beifügt, wie ja der Kaffee von dem Nordost-Afrikaner überhaupt gesalzen genossen wird[196] und nur bei Familienfesten und besonderen Gelegenheiten auf den Tisch kommt. Cecchi rühmt an dieser Speise den chocoladeähnlichen, vortrefflichen Geschmack. Die 'Afar geniessen den Kern der Frucht der *Garcinia mangostana* ('afar. *garsi*), die einen süsslich-saueren, gewürzhaften Geschmack hat, mit Schafschwanzfett.[197]

Von anderen Obstarten, welche die Nordost-Afrikaner, namentlich die Galla geniessen, sind Kürbisfrüchte (orom. *ububbi*; abess. *dubbá*, die *zucca* der Italiener) genannt, die nach dem Zeugnisse Chiarini's häufig in Ledersäcke eingenäht werden, um auf dem Markte frisch zu bleiben, dann getrocknet und auch mit Butter genossen werden;[198] die mehr der Zukost angehörige Zwiebel des *Calladium* (orom. *godare*), die die Stelle des Erdapfels vertritt und nach Borelli's Zeugniss[199] die allgemeine Nahrung der Bewohner von Inarja bildet; die dem beduinischen Somáli wohlschmeckende Frucht der *Ficus religiosa* (som. *berde*);[200] die vom Somáli allerdings nur in den Zeiten der Noth gekochten Blätter von *Cissus carnosus* (som. *harmö*) und die Wurzeln einer nicht näher bekannten, *golalla* genannten Pflanze;[201] die Frucht von *Lotus nabaca* und *Salvadora persica* (gersa) u. A. m. Zuckerrohrsaft (orom. *dagmá*; som. *schungár*; 'afar. *sökar*) ist bei den Galla beliebt, und neben dem Honig gewinnt man den Zuckerstoff nur aus dem Rohre durch Auskochen oder, wie allgemein, durch

Aussaugen. Der Nordost-Afrikaner fröhnt dem Zuckergenusse gerne, obgleich Zuckerstoffe ausser Honig theuer sind. Palmkerne werden bei den Oromó gleichfalls gekocht und genossen,[101] dann Kohlblätter, Türkenweitzkolben u. A. m. Die Somáli an der Küste nähren sich, wie erwähnt, mit Vorliebe von Datteln, die in der Specialität *allanik* und *samarán* aus Mesopotamien in jährlichen Quantitäten von 1½,- 2 Millionen Kilogramm an die Nord-Somál-Küste importirt werden. Aus der Aufzählung dieser Nahrungsmittel gewinnt man leicht die Ueberzeugung von deren secundärer Bedeutung für die Ernährung der Eingebornen.

Wie schon erwähnt, zieht der Nordost-Afrikaner das Gros der für seine Ernährungszwecke benöthigten Zuckerstoffe aus dem Rohre und Honig. Die Honignahrung aber, dies muss hervorgehoben werden, ist eine für 'Afar, Somáli und Oromó höchst wichtige. Die Somál und Danákil betreiben keine Bienenzucht, sondern verlassen sich nur auf das Aufsuchen des Honigs (som. *maleb schine*; 'afar. *malab, baska, gugo*; orom. *dammá*; abess. ꬁ꬐ꬑ) wilder Bienen in Erdlöchern u. s. w., den man zusammt mit dem Wachse verzehrt. Der Somáli der Benádir-Küste geniesst den Honig mit Brot, und zwar meist zur Zeit der Kälte, da er behauptet, dass sein Genuss den Körper erwärme. Indess mischt er ihn auch mit Sesam, bei den Arabern *habhám* genannt, und geniesst ihn auch zum Fleische und mit Fett und Reis. Allein der Oromó, der die Zucht der Biene (*ebitscha*) zwar nicht rationell, wohl aber das Sammeln des Honigs und die Beförderung der Honigbereitung durch Unterstützung der Thiere mit vielem Verständnisse betreibt, hat an dem Honig jenen werthvollen Stoff, der ihm das Nationalgetränke, die Hydromele, liefert. Man stampft die Honigwabe, so wie sie den Bienen im Wipfel der Bäume oder in Felsspalten abgenommen wurde oder dem auf dem Dache der *manna* angebrachten Röhrenstocke entnommen ward, in Kürbiscalebassen, die man dann zusammt mit dem Inhalte verkauft oder verhandelt. Auch in Bambusröhren und irdene Töpfe füllt man Honig ein, dessen Sorten es viele gibt, so den rothen (*bila, kéto*), weissen (*buto* oder *bedda*), feinen weissen (*dannisa*), feinen schwarzen (*ebitschë*), ordinären braunen (*gumare*), röthlichen (*makkanisa* und *tufo*).[102] Der Honig aus den Erdlöchern wird in der Galla-Medicin verwendet. Mit Recht kann behauptet werden, dass die Verwerthung des Honigs eine ausserordentliche und, da man auch die Ausscheidung des Wachses durch Aussieden kennt und übt, eine rationelle ist.

In tropischen Ländern ist der reichliche Gebrauch von Gewürzen nothwendig. Nordost-Afrika erzeugt eine Reihe vorzüglicher Gewürzsorten, die von den Eingebornen auch in reichem Masse gebraucht werden. Der 'Afar und Somáli bedient sich an der Küste des arabischen بَهَار im vollen Umfange und alles dessen, was darunter verstanden wird, zieht aber den *bisbis* und *barberi* genannten rothen Pfeffer (*Capsicum hortense*) vor, den der Galla *mitmitta, barberi guratscha* und *barberi dima* nennt. Die unter den Oromó allgemein beliebte Gewürzart ist aber das *Amomum cardamomum* oder der Koriander (orom. *kurarimá*

[arab. Wurzel], *oggiô*). Diese Pflanze mit nussgrosser, in der Reife röthlicher
Frucht, aromatischem, nach Zimmt und Zwiebel schmeckendem Fleische
stammt aus Kafa und dessen südlichen Nachbarländern und wird auch bei
den Galla gebaut.[306]) Sie wäre nach Massaja's Versicherung wie der Kaffee
eine Quelle des Reichthums für die süd-äthiopischen Länder, wenn sie in umfassenden Mengen in den Handel gelangen könnte. Mit dem Koriander versetzt
man den Kaffee, streut ihn wohl auch auf das Fleisch und in die Brühe.
Namentlich fehlt er nirgends bei der Tafel der Grossen. Der Pfeffer wird zerstossen und mit Oel zu einer Pasta angemacht, die das Aussehen der frischen
Butter hat und als Zukost genossen wird. Von anderen gebräuchlichen Ge-
würzarten ist der Ingwer (orom. *zindschibil*), der abessinische *abisch*, *mekmekó*
(eine Rhabarberart, deren Wurzeln der Butter beim Aussieden beigemengt
werden) *netsch asmüt*, *tokur asmüt*, *dembelül*, der gewöhnliche Quendel (orom.
toschin), Senf (*senáfitsch*) u. A. m. Graf Antonelli brachte Proben von dem wohlschmeckenden *korarimá* nach Italien, und man erzeugte daraus den »Liquore
Menelic« genannten Branntwein, allein mit der Einfuhr süsser Liqueure wird
man wahrscheinlich in Aethiopien früher fortkommen als mit dem Exporte
der *korarimá*, so hat es wenigstens allen Anschein.

Was Getränke anbelangt, so kann lobend hervorgehoben werden, dass
der 'Afar und Somáli die Spirituosen nicht kenne, wenn auch nicht ver-
schmähe. Sein Trank besteht in Milch und Wasser, und alle Versuche, welche
griechische Händler gemacht haben, um aus Palmensaft, Datteln und Bananen
eine Art Schnaps (som. *khamri*, *mú.f*) zu erzeugen, misslangen darum, weil die
Eingebornen zu arm sind, um sich ein kostspieliges Getränke — und ein solches
waren die Producte der erwähnten Experimentäre - - zu verschaffen. Eine
schlechte Weinsorte aus dem Stamme der Dumpalme ('afar. *dúm*) wissen die
'Afar nichtsdestoweniger doch zu bereiten und trinken den rohen Saft des
Palmschaftes oder einen gekochten Extract, der gegohren hat und berauschend
wirkt. Branntwein gedeiht indess unter Milchtrinkern, wie Süd-Afrika lehrt,
ganz vortrefflich, und so ist auch zu befürchten, dass er ebenso auf der Somál-
Halbinsel dereinst viel Unheil anrichten werde. Die geistigen Getränke der
Oromó sind freilich auch schon zu Somál und Danákil gedrungen ('afar. *busák
ya més* == süsser Honigwein), doch haben sie geringe Verbreitung. Der Dankali netzt sich gerne den Gaumen mit *més* (Hydromele der Galla), aber über
ein einfaches Honigwasser ('afar. *malab*) kommt es nicht. Ausdrücke für Trun-
kene und Trunkenheit scheinen der 'Afar- und Somálsprache zu fehlen, während sie die Galla-Sprache in mehreren Variationen besitzt. Neben dem Wasser
(*bisán*) ist der Kaffee ('afar. *qahuwá*; som. *qehwá*; orom. *búna*, vom arab.
قهوة) beliebt, hat aus Arabien Eingang gefunden und wird mässig getrunken.
Der Nomade bereitet den Kaffee aus den Blättern, den Hülsen und den Bohnen. Die türkisch-arabische Bereitungsweise steht bei den Wohlhabenden im
Vordergrunde. Der Arme giesst auf die trockenen Blätter der Kaffeestaude
Wasser zweimal auf, und selbst bei den Galla, die z. B., wie die Itu oder Djimma

u. A., viel Kaffee erzeugen, wird ein doppelter Aufguss gemacht (der zweite Aufguss heisst orom. *tschambo*). Allgemein ist die Versetzung des Kaffees mit Butter (bei den Oromó *búna qálu*)[205] und die Salzung desselben.[206] Naturgemäss kann hierbei von einer narkotisirenden Wirkung des Kaffees nicht die Rede sein: er ist unter diesen Verhältnissen weiter nichts wie ein aromatisches Getränke. Die Oromó, Somâl und 'Afar kauen auch blos die Kaffeebohnen, Blätter und Schalen (der arabische *kisr*, Aufguss vom getrockneten Fruchtfleische der Bohnen). Bei Weitem überwiegt auf der Somâl-Halbinsel bei der Verwendung des Kaffees das schon erwähnte Schmurren der Bohnen mit Fett. In Kafa pflegen Reiche in der Nähe ihrer Behausungen kleine Kaffeewäldchen anzulegen, wo besonders edle Kaffeepflanzen gezogen werden und wo man den täglichen Bedarf an Kaffee frisch abpflückt, denn das Getränke aus frischgepflückten Bohnen soll viel besser und schmackhafter sein, als das aus getrockneten.[207] Servirt wird an fürstlichen Höfen der Kaffee in arabischem Geschirr von Weibern, die in langer Procession den Gästen sich nahen.[208]

Von viel grösserer Bedeutung als der Kaffee ist bei den Oromó das Honig- und das Getreidebier. Das letztere kann man mit unserem Ausdrucke Schnaps nicht bezeichnen, weil es eine andere Bereitungsweise und anderen geistigen Inhalt hat.

Die Hydromele (Honigbier) ist so recht das Nationalgetränke der Galla. Ihre Verbreitung ist eine allgemeine, selbst in den ärmsten Schichten der Bevölkerung vorhandene, ihre Arten sehr zahlreiche. Wie dieses Getränke von den Galla als *dádi* bereitet wird, entspricht es vollkommen dem abessin. **ጠጅ** und ist wohl auch unter dem Namen *tedsch* bei den Galla bekannt und beliebt. Der Oromone stillt den Durst selten mit reinem Wasser, wenn er etwa nicht anders kann, aber er versüsst gerne den Trunk (*dûga*) mit Honig, ohne die Mischung einer Gährung zu unterziehen (*berçi* oder *berç*), zu welcher ja bei den Verrichtungen des täglichen Lebens keine Zeit wäre. Aber bei keiner seiner Mahlzeiten entbehrt er des Gegohrenen, der Hydromele. Auch in halbgegohrenem Zustande trinkt er Honigmischungen (*bulbullé*). Die Bereitung des Tedsch geschieht auf folgende Weise:[209] Ein *gaan* — Krug wird mit Wasser zu ²/₄ Theilen gefüllt und in dieses bis zum Vollwerden des Gefässes Honig mit Wachs, dann eine Quantität von zerstossenen getrockneten Blättern und Beeren des Gischo-, Ebitsche- oder Graua-Strauches und von Wurzeln des Thaddo, lauter aromatischer Arbuste, deren in den Galla-Ländern etwa 7—8 Species gedeihen, hineingethan. Der Gischo gleicht dem Kaffeestrauche, der Thaddo der Myrthe und beide sind von sehr bitterem Geschmacke, so dass sie auch in Extracten und Aufgüssen gegen das Fieber verwendet werden. Je nachdem man ein feineres oder gröberes Product erzeugen will, nimmt man feinen oder groben Honig und mischt wohl desselben auch weniger (nach Massaja auch ⁵/₇ : ¹/₇ und ²/₄ : ¹/₄) bei. Je weniger Wasser und mehr Honig, desto besser das Getränke. Ist die Mischung im Topfe, so wird sie mit einem Stössel fleissig umgerührt, bis sich die beiden Elemente innig vermengt haben. Dann lässt man das Ganze 2—3 Tage gähren, wobei das Wachs an die Oberfläche tritt und abgeschöpft wird. Gar häufig werden erst, nachdem die Wasser- und Honigmischung vorgenommen worden ist, die bitteren Bestandtheile eingeführt und die Masse nochmals 14 Tage wohlverschlossen an kühlem Orte gähren gelassen, wo der Trank sich gut abklärt und dann blos abgegossen oder von den Arbust-Bestandtheilen durch Siebung befreit zu werden braucht, um trinkbar zu sein. Je länger man die Hydromele ruhig stehen lässt, desto weniger süss bleibt sie. Genossen ist der Tedsch ein kühlendes, wohlschmeckendes, berauschendes Getränk, das von unserem Meth durch einen herberen Geschmack und den geistigen Inhalt sich unterscheidet. Die Galla bereiten viele Sorten davon und nennen die leichtere *hamtū*, die frischgegohrene *borū*, die starke *bakunni*. [110]) Die fertige Hydromele wird in Ochsenhörner abgezapft und für den Tischgebrauch bereitgehalten. Bei Mahlzeiten kreisen dann diese riesigen Trinkhörner und der Vorgang erinnert uns an altgermanische Mähler. Die Hydromele, besonders ältere Marken, auch verdorbene Gebräue, werden bei den Galla noch weiter zu allerlei Liqueuren ausgegohren, die aber wenig Umsatz haben.

Die zweite Stelle unter den Getränken nimmt das Bier (orom. *farscho;* abess. *talla*) ein. Es entspricht vollkommen der afrikanischen Merissa oder Bosa, wie sie im Sudân gebraut wird. Man lässt, um dasselbe zu erhalten, Durra oder sonst eine Körnerfrucht zur Gährung bringen, versetzt dieselbe mit Gischo, Honig und Wasser, taucht auch Tief-Fladen hinein, lässt die Mengung abklären und siebt das Ganze durch. Man erhält ein wenig haltbares, hefiges Gebräu, das manchmal recht gut schmeckt und in solcher Qualität *gusch* genannt wird, gewöhnlich aber demjenigen, der daran nicht gewöhnt ist, Ekel verursacht, daher mit Wasser verdünnt getrunken wird oder getrunken werden muss. Das Farscho ist viel alkoholhältiger, unserem Kornbranntwein in gut abgelegenem Zustande nicht unähnlich, aber lässt sich, wie schon erwähnt, nicht halten, weil kein eigentlicher und durchgreifender Gährungsprocess stattgefunden hat, den ja bei unserem Branntwein das Brennen ersetzen muss. Zwei Becher davon sind im Stande, einen Mann zu berauschen. Farscho ist der Trank der Arbeiter und Professionssäufer und spielt die Rolle unserer niederen Spirituosen. In Godschâm versteht man nach Massaja eine schwarze Sorte des Farscho-Bieres zu erzeugen, *tukūr talla* genannt, [111]) aber in den Galla-Landschaften bereitet man, je nach dem Vorhandensein von Getreidefrucht verschiedener Sorten des lichten Farscho. Dampft man die Masse ein, so erhält man einen conservirbaren Extract, von dem man unter Zuthat von Wasser ein schäumendes Getränke gewinnen kann, das gegen Diarrhöe gute Dienste leisten soll [112]) und namentlich einen grossen Nährgehalt besitzt.

Wein wird bekanntlich in Abessinien nicht mehr gebaut, eben so wenig in den Galla-Ländern. Die Galla haben aber einen Ausdruck für den Rebensaft, *dâdi wajni*. Die Missionäre nahmen für den gottesdienstlichen Bedarf Pulver aus Rosinen, wie es bei den Kopten üblich ist, mit und bereiteten daraus den Wein für die Messe. [113]) Von den zahlreichen Mineralquellen des vormals vulcanischen Landes trinken die Eingebornen die Säuerlinge (orom. *hord*), besonders gerne aber die Salpeterwässer (orom. *hambuó*). Der Genuss dieser soll nach den Angaben der Eingebornen Appetit machen, abführen, und man treibt mit Vorliebe das Vieh an diese Wässer.

Unter den Narcoticis steht der Genuss des Kâts (*Catha edulis, Celastrus edulis*) und jener des Tabaks obenan. Der Kât (orom. *dschimma tschât;* som. und 'afar. *kât, tschât*) ist eine in Nordost-Afrika wie in Süd-Arabien einheimische Pflanze. Er gedeiht in vorzüglicher Qualität am Erer und in Djimma Abba Djiffâr und wird in grossen Mengen genossen. Mit der Verbreitung des Islam in den Galla-Ländern ist wohl der Consum, keineswegs aber der Anbau der *Catha edulis* gestiegen. [114]) Missbrauch dieses die Nerven angreifenden Narcoticums habe ich nur unter den echten Harari und solchen Galla-Häuptlingen beobachtet, welche es den grössten ägyptisch-islamitischen Kât-Kauern zuvorthun wollten. Das Gros des Volkes macht mit dem Anbaue der *Catha* lieber gute Kaufgeschäfte.

Das Rauchen des Tabaks (orom. *tambó, timbó* = Tabak; rauchen: *tambó tût* oder *gáju;* 'afar. *imbaku hâb;* som. *buri kik*) ist ein bei den Galla geübter Brauch, wo die Vornehmen allgemein die كربة (aus Horn und Kürbis zusammengestellte flaschenartige Pfeife) rauchen, während der Somâli und Dankali das Kauen des Tabaks vorzieht. Das Rauchen dringt erst ein und ist unter den Somâl so wenig verbreitet, dass ich Häuptlinge und andere hochstehende Somâl fand, die dargebotene Cigarren nicht zu rauchen verstanden und auch mit dem جوز sehr unbeholfen thaten. Es ist dies ganz merkwürdig und spricht für die Unverdorbenheit und geringe Genussucht der an Arabien so nahe wohnenden Völker. Der Tabak wird wohl bei den Somâl und 'Afar nicht angebaut und ist sehr theuer, so dass man allgemein wohl die zum Kauen und namentlich zum Schnupfen (Danákil) benöthigte geringe Quantität sich beschaffen, aber keineswegs grosse Mengen von Rauchtabak bezahlen könnte. Auch das Product der Galla-Gebiete ist blos die *Nicotiana rustica* und gedeiht nur in den nördlichen Galla-Ländern. Die südlichen Galla rauchen nie aus Pfeifen, sondern kauen nur den Tabak. Den Bedarf hiezu führen sie hinter den Ohrmuscheln stets bei sich, wie die Somâl. Sie schnupfen auch wenig. [115]) Dem Schnupftabak mengen sie nach Wakefield's Versicherung nicht Asche, wie die Somal und Danákil, sondern salpetrige Soda bei. [116]) Aufgefallen ist mir, dass die Somâl die Tabakblätter nicht nur kauen, sondern auch wirklich essen, ganz besonders kleine, aus Asche und Tabak geformte Kügelchen gerne verschlucken. Befragt, welchen Zweck dies haben solle, erklärten sie, es reinige. Indess kauen sie häufig Tabakblätter und behaupten, dies befördere die Speichelbildung und banne den Durst, was sich auf Reisen bewähre. Eine besondere Tabakbehandlung beobachtete Schuver bei den Nordwest-Galla. [117]) Diese lassen die Tabakblätter gähren, kochen sie sodann, drücken den Saft aus und formen aus der Masse 1—2 Pfund schwere Brote, auf deren Ober-

fläche sich immer der Abdruck dreier Finger des Arbeiters als Fabriksmarke
befinde. Auch Kuhmist wird, aber selten, dazu gemischt. Dieser Tabak habe
stets einen schimmeligen Geruch und erstickenden Geschmack.

Von anderen Narcoticis ist der Gebrauch von Parfum (som. *udgon*) in Form
von Räucherungen der Wohnräume und Kleider beliebt. Die Somál verbrennen
die *gório addi, alet* oder *mursúd* und *dschirmet* benannten Weihrauchsorten in
dem *daberdd* (Parfumtopfe), auch riechende Hölzer (*unzo*), Benzoë-Holz,
Sandelholz, Rosen- und *Chrysanthemum*-Blätter. Die Oromó räuchern auch
mit Weihrauch (orom. *kumbi*), ziehen aber den auch bei den 'Afar beliebten
Moschus ('afar. *dabád*) vor oder schmieren den Körper mit riechenden Salben
(orom. *inurgá*). Die südlichen Galla (Boràna) treiben mit riechenden Hölzern
(orom. *mandukáto*) nach Bardera Handel. Ob *Canabis indica* in Nordost-
Afrika geraucht werde, wie z. B. in Kawirondo, also nahe an dem Galla-Gebiete, konnte ich nicht in Erfahrung bringen, bezweifle es aber, weil die
Nordost-Afrikaner eine intensive Berauschung durch Narcotica nicht lieben,
wahrscheinlich wohl erkennend, dass ein vom Getränke Berauschter (orom.
matscha) viel leichter wieder nüchtern wird als ein Betäubter, und dass er
auch nicht so leicht erkranke.[114])

Besondere Speisegebräuche beobachten die Bewohner der Somál-Halbinsel nicht. Bemerkt mag werden, dass das Somál-Weib nicht in Gemeinschaft
mit dem Manne das Mahl einnimmt. Islamitischer Einfluss verursacht dies
nicht, denn weder Mann noch Frau beobachten dessen Satzungen strenge.
Vielmehr scheint die Vorliebe der Männer, ausschliesslich in Männergesellschaft zu essen, einen solchen ungewöhnlichen Vorgang herbeigeführt zu haben.
Grosse Banketts sind bei den Galla beliebt. Bei diesen geht es lebhaft zu.
Sclavinnen wischen den trunkenen Gästen nach der Mahlzeit den Mund ab,
und lebhaftes Treiben kennzeichnet eine solche *coena lauta*. Bei den Banketts
Kaiser Menilek II. von Aethiopien, welche des Fürsten Schums unter den
Oromó gerne nachahmen,[115]) herrscht stets nach Traversi's Versicherung:
«una musica infernale». Besondere Trinktage wie bei den Wa-Kwafi[116]) sind
bei den Oromó nicht beobachtet worden. Das Tschotscho-Fressen im Walde
ist schon erwähnt worden.[117]) Erwähnung verdient noch die Beobachtung des
abessinischen *dorgo*-Brauches, auch bei den Oromó, d. i. die Zusendung der
Kost an Fremdlinge.[118]) In Schoa wird häufig die grosse Menge der dem
Fremden zugeschickten Speisen — sie soll nach Antinori's Zeugniss nur betragen: «quanto è necessario alla sua esistenza» — gelobt, aber die ungemein
schlechte Qualität selbst der Speisen aus der kaiserlichen Küche zugleich
getadelt.

Die Mahlzeiten der Eingebornen (orom. *thidna*) sind sowie die Esszeiten
den natürlichen Bedürfnissen vollkommen angepasst. Jung und Alt isst viel,
und wenn nicht Hungersnoth herrscht, welche bei den 'Afar, Oromó und Somál
gleichbedeutend ist mit Dürre (som. *abár*; orom. *béla, dschallála*), auch regelmässig. Die Hauptmahlzeit ('afar. *darár*) wird am frühen Abend, was sehr ratio-

nell ist, eingenommen, bei den Oromó wohl auch bis tief in die Nacht ausgedehnt. Nach dem Erwachen (7—¹/₂9 Uhr) nimmt man gerne nur ein aus Flüssigkeit bestehendes Frühstück (som. *afúr*) und geniesst höchstens in den ersten
Nachmittagsstunden wieder etwas, wenn der Hunger lebhaft geworden ist. Das
Mahl wird stets als solches gewissermassen markirt, d. h. man isst niemals so
nebenher bei der Arbeit, sondern wenn die Zeit des Essens gekommen ist. In
der frühen Abendstunde, wenn das Tagwerk gethan ist, lässt man alle Arbeit
stehen und concentrirt unter stillem Hocken bei dem Feuer oder vor der *manna*
seine Gedanken auf das kommende Mahl. Auf Reisen versieht sich Alles mit
Vorrath. Dies kann nur bei den sesshaften Oromó im eigentlichen Sinne genommen werden oder wenn von Karawanen die Rede ist, weil ja der Nomade
stets reisefertig oder auf dem Marsche ist und daher keine Besonderheit zu
üben braucht. Arme Galla führen für die Nahrungsmittel einen kleinen
Schlauch (*selitscha*) mit sich, worein sie geröstete Erbsen (*akáwi*), Mehl aus ge-
rösteter Gerste (*bessó*), getrocknetes Fleisch in Pulverform (*schiró*) gethan
haben. Diese Conserven werden mit süssem Wasser oder Milch und etwas
Bohnenmehl angemacht. Man nimmt dann noch etwas *burkutta* mit, rothen
Pfeffer und Leinsamen. Reiche Leute lassen sich ungesäuertes Brot in der
Form der italienischen Frittata backen (*kita*) und versehen sich mit mehr
Fleisch.[²³] Fasten üben die 'Afar nach muhammedanischer Vorschrift. Die
Oromó fasten nicht selten mit den Abessiniern. Die Schilderung eines Oromó-
Banketts mit allen seinen technischen Ausdrücken und der Bezeichnung des
gesammten Apparates verdanken wir Guglielmo Massaja.[²⁴] Mit Staunen ver-
nimmt man da, wie die oromonische Welt so anspruchsvoll und verfeinert in
Speise- und Tafelgeschirr ist wie unsere moderne, und wie die Galla mit
Gourmandise zu tafeln verstehen, als hätten sie's an den Ufern der Seine gelernt, und wie sie selbst die Stunden des leckeren Mahles «presso puco come
si costuma a Parigi», wie Massaja sich ausdrückt, vom Sonnenuntergange bis
zum hellen Morgen auszudehnen pflegen.[²⁵]

Am Schlusse dieses Abschnittes ist es noch erforderlich, die Frage der
Anthropophagie der Galla (orom. *bulgú*; som. *bulgi*), die von Smee allerdings
von den noch wenig bekannten Boråna behauptet worden ist,[²⁶] zu berühren.
Auch mir ist von den Ennia erzählt worden, die Oromó seien ehemals Kanni-
balen gewesen. Nachweise konnten wir nicht beibringen, und ich halte die
Sache für unwahrscheinlich, wenn auch nicht für unmöglich, nachdem ich in
jüngster Zeit erfahren habe, dass man auch von Menschenfresserei der Oromó
im Süden von Kafa erzählt. Frassen die Galla Menschenfleisch, so geschah dies
ohne Zweifel bei Opfern oder religiösen Anlässen. Das lehrt uns aber die Erforschung der Psyche der Naturvölker, dass Züge aus dem Cultusleben niemals
ohne schwerwiegende Nothwendigkeit fallen gelassen werden, die ja für die
Oromó nicht vorhanden ist.

Capitel 7: Physiologisches und Hygienisches.

Die Bemerkungen, welche wir in diesem Abschnitte zusammfassen wollen, können nicht Systematisches oder Exactes aus dem Gebiete der Physiologie und Hygiene in streng wissenschaftlich-medicinischem Sinne enthalten, denn das gehört nicht in ein ethnographisches Werk. Allein es gibt sehr viele Züge in dem Leben und Wirken von Naturvölkern, welche den Gebrauch der Organe, die Pflege des Körpers, Krankheiten und deren Behandlung und vieles Andere betreffen, die, ohne gerade streng wissenschaftlich-medicinisch erörtert werden zu müssen oder erörtert werden zu können, den Grad oder den Zustand der materiellen Cultur der Völker beleuchten. Nordost-Afrika ist dazu von Aerzten, die Zeit oder Lust gehabt hätten, sich ihrem Berufe unter den Eingebornen in umfassendem Masse zu widmen und ihre Erfahrungen nachher zu beschreiben, gar selten bereist worden, so dass dem Ethnographen ein ungleichartiges Materiale zu Gebote steht, zumeist blos Notizen ohne viel sachlichen Inhalt, lückenhaft und ungeordnet, gesammelt von Laien oder Männern von nur sehr oberflächlichem, ungeschultem Blicke für die Wahrnehmung physiologischer und hygienischer Dinge.

Wir knüpfen hier gleich an die unter dem Schlagworte «Nahrung» verzeichneten Ausführungen an. Es ist bemerkt worden, dass die Nahrung der Nordost-Afrikaner eine reichliche und ausgiebige sei. Ihre regelmässige Aufnahme im Vereine mit dem mässigen Gebrauche oder gänzlicher Unterlassung des Genusses von Spirituosen und Narcoticis begründet eine feste Gesundheit, die durch die stete Bewegung der Individuen in frischer Luft und zweckmässige leichte Kleidung noch gewinnt. Der Ausfluss dieser Lebensweise ist eine sich von sich selbst ergebende, nicht absichtlich betriebene Abhärtung des Körpers, ein nach vollendeter Entwicklung des Organismus permanentes blühendes Aussehen, das namentlich an den Frauen auffällt, und volle, kräftige Formen des Leibes. Die Abhärtung tritt bei dem Ertragen von Strapazen am besten zu Tage. Die Somâl sind auch bei europäischen Reisenden und Forschern geradezu schon berühmt wegen ihrer Fähigkeit, mit grosser Ausdauer lange Märsche zu ertragen — Dauerläufer, die 30—40 Kilometer einem Reiter zu folgen vermögen, ohne zurückzubleiben, sind allgemein zu finden — und auch bei geistiger Anstrengung nicht so rasch zu ermüden. Ich habe diese Vorzüge namentlich dann zu beobachten gehabt, wenn ich die Eingebornen mit Speise und Trank gut gesättigt hatte. Es zeigte sich, dass sie z. B. ihre physischen Kräfte bis zum Aeussersten anzuspannen vermögen, ohne Ermüdung zu zeigen, dass sie aber dann jäh und rasch zusammenbrechen. Dies ist natürlich auch auf Rechnung einer bedeutenden moralischen Potenz zu setzen, hat aber darin seinen Grund, dass die Somâl Ruhe mit Arbeit gut auszugleichen wissen. Sie nehmen ungerne, ja nie etwas Ernstes in Angriff, bevor sie nicht ausgiebig gegessen und namentlich ausreichend geschlafen haben.

Der Galla fällt durch die Bedächtigkeit seiner physischen Arbeitsleistung auf.
Man merkt ihm an, wie er sorgsam nachdenkt, ob eine zu verrichtende Arbeit
seiner Kraft, dem subjectiven Wohlbefinden und der zur Verfügung stehenden
Zeit entspreche. Einmal beim Werke, ist er beharrlich und ausdauernd. Der
Somáli scheint physische Arbeit mehr mit dem Engagement seines Herzens
und Gemüthes, wobei das Wollen oder Nichtwollen eine Rolle spielt, Vorliebe für Personen, Objecte und Oertlichkeiten, der Galla mit der Aufwendung
der blossen kühlen Verstandeskraft unter einziger Berücksichtigung des
Zweckes zu verrichten. Der 'Afar hinwider ist lethargisch, ein Mann, den
keine Raison bewegen kann, seine Körperkraft anzuspannen oder seinen Witz
sprudeln zu lassen, es sei denn die *dira necessitas*, Hunger und Durst. So ist
denn scheinbar der Somáli in dem Gebrauche seiner Organe der Schnellste und
Behendeste, der Oromó der Ausdauerndste.

Die Fähigkeit, ohne sonderliche Aufreibung der Kräfte zu arbeiten (som.
hóg; orom. *hodját*), verleiht auch die Enthaltung von geschlechtlichen Excessen
aller Art. Hierin stehen die Nomaden als unübertreffliches Muster da. Ihr einziger Wunsch ist, Hunger und Durst zu stillen ohne Uebermass oder Ueber-
fluss. Schön klingt das Wort, womit der Dankali seinem Bruder eine glückliche
Reise wünscht: «Mögest Du finden Butter und Wasser.» [22]) Worin aber die
Repräsentanten aller drei Völker ein opulentes Sättigungsbedürfniss zu besitzen scheinen, das ist der Schlaf (som. *schascho;* orom. *wráf*). Man kann sie
Langschläfer nennen, die überdies unbeschäftigt auch über Tags gerne schlafen.
Die oromonische Frau zwar scheint ausgenommen werden zu müssen, denn die
sah ich und Andere stets frühzeitig vom Lager sich erheben und oft schon vor
Tagesanbruch den Geschäften nachgehen, allein Somáli- und 'Afar-Männer,
sowie Oromó, diese müssen immer geweckt werden und dehnen den Schlaf,
an der Seite ruhend, mit der Hand unter dem Kopfe, die Beine ausgestreckt,
oftmals auch blos hockend mit gegen die Stirne angezogenen Knieen — der beliebten Pose für die Nachmittagsruhe — gerne bis in die späten Morgenstunden
aus, wo immer nur hiezu Gelegenheit sich ergibt. Haben 'Afar, Oromó und
Somáli Nahrung und Schlaf genossen, so fühlen sie sich im Vollbewusstsein
der Gesundheit und Kraft und geben dies nicht nur durch gute Laune, häufig
genug auch durch übermüthiges Treiben zu erkennen. Dankali-Frauen und
Mädchen sieht man da sich gegenseitig mit Muttermilch bespritzen, die man
scherzend den üppigen Brüsten entpresst, die Männer ringen, wobei in la-
sciver Weise die Weichen und Genitalien angefasst werden u. dgl. m.

Krüppel (orom. *goschú*) und körperlich Missgestaltete sieht man sehr
wenige am afrikanischen Osthorne. Fast könnte man glauben, dass der Mensch
hier solche Geschöpfe, welche mit Körpergebrechen zur Welt kommen, und
deren gibt es bei den gesündesten Naturvölkern doch auch viele, durch harte
Behandlung in der Jugend zum Absterben bringe. Eine absichtliche Vernichtung Gebrechlicher oder Krüppelhafter besteht indessen nicht, aber man ist
solchen abgeneigt und empfindet vor ihnen abergläubische Furcht, ähnlich

wie bei uns das Volk sich vor den «Gekennzeichneten» fürchtet. Blindheit ist bei den Galla häufig, doch selten angeboren, wie man mir allgemein versicherte. Man sieht erwachsene Blinde (orom. *dschamá*) durch Schreien an Kreuzwegen im Galla-Lande sich milde Gaben erbetteln. Von Bein- und Armbrüchen herrührende Lahmheit kann man nicht selten beobachten, aber zugleich ein eifriges Bemühen bei den Betroffenen (orom. *nafá*), die eingebüsste Behendigkeit des Leibes durch alle möglichen Anstrengungen zu verdecken. Aber auch unbedeutenden Unregelmässigkeiten in den Gesichtszügen oder im Baue des Körpers und dem Ebenmasse der Organe weiss man Uebles anzudichten. So gilt z. B. zerstreute breite Zähne zu haben bei den Somál als Zeichen hitzigen Temperamentes und ungezügelter Leidenschaften u. A. m.[118]) Frühzeitig erscheinende Zeichen des Alters werden bespöttelt. Diese sind z. B. bei den 'Afar ohnedies nicht leicht kenntlich, weil der Mann zumeist bartlos ist, und wenn Bartwuchs gelitten wird, man ihn nur am Halse duldet, während das Genick und Gesicht stets rasirt ist und eine Glatze (afar. und som. *biddr*; orom. *mólu*) eigentlich Jedermann mit 40 Jahren besitzt.

Der Körper des Eingebornen in Nordost-Afrika bleibt lange frisch und die Individuen rüstig und elastisch. Als Durchschnittsalter können bei den 'Afar und Somál 58 - 60, bei den Galla 50—52 Jahre — diese Werthe natürlich nur nach vielfachen Schätzungen ermittelt, weil die Eingebornen niemals ihr Lebensalter genau anzugeben vermögen — für Männer angegeben werden. Es muss jedoch bemerkt werden, dass das Alter der Galla-Frauen in der Regel sehr hoch ist, weil sie von Jugend an scrupulös gehütet werden — die *durbuma* oder *almenja* (Virginität) gilt dem Galla als ein kostbares Gut, sowie die *gabadnimo (virginitas)* bei den Somál — und namentlich vor geschlechtlichen Vergehen sorgsam bewahrt werden, wenn sie die Reife erlangt haben und noch nicht verheiratet sind, der Oromó-Mann aber in der Regel von dem Erwachen des Geschlechtstriebes an diesem zu fröhnen weiss. Männer erreichen zwar auch oftmals ein sehr hohes Alter, so bei den Arussi und Ennia, wo es in den Ansiedlungen viele hundertjährige Männer gibt. Die Galla südlich von Abessinien sind auch entschieden kurzlebiger als die am Gára Muláta, wie mir das Missionäre bestätigten. Die Fruchtbarkeit hört zwar bei den Frauen mit dem 35. Lebensjahre[119]) auf, nachdem sie im 10.—13. Jahre bereits eingetreten war (der Jüngling wird schon mit 9—10 Jahren mannbar), allein die körperliche Rüstigkeit (orom. *fajúma* oder *nagúma*) scheint von da ab erst recht zu gedeihen, und nichts ist von der Welkheit der Brust und Schlaffheit der Glieder oft bis in hohes Alter zu gewahren. Die Oromó-Frau bildet in somatischer Beziehung überhaupt eine interessante Individualität. Nichts von Negerhaftem oder Orientalischem besitzt der schöne, üppige Leib derselben, der schon im 14. Lebensjahre gewöhnlich vollkommen ausgebildet, mit allen Reizen und in blendender Schönheit sich entfaltet hat. Hoher Wuchs, kräftiger Gliederbau und eine üppige Brust sind Eigenschaften aller Galla-Mädchen. Die Erhaltung und Entwicklung der oromonischen Rasse ist ganz entschieden dem Capitale, das die tüchtige, gesunde Frau repräsentirt, zu danken. Die Fruchtbarkeit der Weiber ist eine grosse, allein es gibt auch viele sterile Frauen sowohl bei den Somâl, als auch bei den Oromó und 'Afar. Die Sterilität (som. *ábar*; orom. *masen*) verursachen wohl mit die islamitischen Bräuche, doch kann bei der scrupulösen Ueberwachung der Mädchen nicht leicht eine andere Ursache dafür gefunden werden. Häufiges Trinken von Fett und Kameelmilch preist der Somâli als Mittel gegen die Sterilität an und manch anderes naives Mittel. Das Los der sterilen Frauen ist bei den genannten Völkern überhaupt ein recht beklagenswerthes, weil Kindersegen, besonders der Besitz von Töchtern, eine Quelle des Reichthums bildet.

Mit dem frühen Auftreten seniler Erscheinungen bei den Nomaden hält nicht gleichen Schritt die Zeugungskraft des Mannes. Diese ist nämlich bei den Somâl und 'Afar eine bis in ziemlich hohes Alter dauernde. Ich lernte Eingeborne kennen, die sich im Alter von 70 Jahren zahlreicher Nachkommenschaft rühmten. Es bedünkt mich, dass diese Erscheinung auf die Enthaltsamkeit der Männer in der Ehe zurückgeführt werden müsse, die mir als eine grosse geschildert wurde, ferner auf das Fehlen der Prostitution und die längere Schonung des Weibes nach der Zeit der Katamenien (som. *dig;* orom. *garára*) und dem Wochenbette.[130]) Bei erlahmender Zeugungskraft machen die 'Afar und Somâl gerne von Aphrodisiacis Gebrauch, deren gewöhnliches ein Präparat aus dem Fleische und den Eiern der *Chelone viridis*, Kaffee, dann die *Catha edulis* u. A. m. ist.[131]) Eine Wohlthat für die Stämme ist das sehr seltene Vorkommen öffentlicher Weiber (som. *dillo*, d. h. «Herumstreicherin»; orom. *billika, gumniti, tambô;* 'afar. *kahabá sanijá*). Diese recrutiren sich nur aus geschiedenen oder verstossenen Frauen und concentriren sich in grösseren Plätzen, eilen wohl zumeist an die Küste, wo sie sich fortbringen zu dürfen hoffen. Im Binnen- oder Flachlande findet man sie nie. Dagegen besteht natürlich in dem grössten Theile des Gebietes, welches wir hier ins Auge fassen, das Halten von Concubinen (som. *adón*, d. i. Sclavin, *ummoleso;* 'afar. *kahabá maretd;* orom. *sonjú, sagetá*) sowohl unter Islamiten, wie unter Nichtmuhammedanern. So wie der Kindesmord ungebräuchlich ist, es sei denn zu Zeiten der grössten Hungersnoth, so kennt man auch die künstliche Herbeiführung des Abortus nicht, obgleich in diesen Ländern vegetabilische Stoffe in Menge zu finden sind, mittelst deren man sie herbeizuführen vermag. Dagegen kommen unter den Oromó sodomitische Laster und Päderastie (orom. *diratti kubáme*, d. h. «ich habe an einem Menschen gesündigt») ebenso häufig vor wie sonst im Oriente, zumal bei den Heerden.

Die Functionen, die das Ende der Verdauung bilden (pissen: som. *kajin, kája;* orom. *fintschanú;* scheussen: orom. *bobdu, hugunú;* Excremente: som. *har;* orom. *salô, boba, udán*), vollziehen die Eingebornen mit Reinlichkeit und Decenz. Unverkennbar sind hierbei, zumal bei Somâl und 'Afar, die islamitischen Einflüsse. Es fällt auf, dass man allgemein nur in hockender Stellung die Nothdurft verrichtet.

Zur Kräftigung des Körpers und Stärkung der Gesundheit gebrauchen die Bewohner der Somâl-Halbinsel eine Reihe bewährter Mittel, als Waschung, Fettung des Körpers, Desinfection durch Räucherung und Massage. Waschungen ('afar. *astandijâ*; orom. *mitsch diku*; som. *majd, rejsaissân*) sind bei den Danâkil und Somâl beliebt, zumal bei den Küstenbewohnern. In aller Frühe sieht man die Somâl-Männer wie -Frauen zur Meeresküste eilen, um gemeinsam und auch mit den Kindern ein Bad zu nehmen (som. *isghoin*; orom. *limatschû*). Auf dem Marsche wird kein wasserführender Chôr unbenützt gelassen, und bei Regen entledigen sich Männer rasch der Kleidung, um das Wasser auf die Haut wirken zu lassen. Man badet bei den Galla besonders gerne auch in dem Thermalwasser der zahlreichen heissen Quellen (orom. *mitschu*). An mancher derselben lagern zu jeder Jahreszeit Curbedürftige und haben in der Nähe ihre Gurgis aufgeschlagen, wie bei Artu (som. «gekochtes Wasser»), bei Dschaldêssa und in Schoa.[332]) Als Seife (orom. *endotti*; som. *sabûn* [?]) dient entweder die amharinische Seife, die aus getrockneten pottaschehaltigen Pflanzen besteht, oder die Frucht der *Saponaria*, die sich dazu vorzüglich eignet.[333]) An der Danâkil-Küste dienen zerfallende Lavamassen als Reinigungsmittel des Körpers. Nach dem Bade putzen sich Somâl und 'Afar wie wir gerne die Fingernägel. Die Oromo-Frauen feilen diese mittelst verschiedener Instrumente bis auf die Wurzel ab.[334])

Bestreichen des Körpers mit Fett ('afar. *gabul*; orom. *samá* [eigentlich die Butter für medicinische Zwecke]; som. *samâd* [?]) dient entschieden der Gesundheit. Man fettet zunächst das Haupthaar (orom. *mâtu divadna*) mit dem Schwanzfette der *Ovis steatopyga*, wie schon erwähnt, ein, und zwar vermengen Somâl und Danâkil dieses Fett mit Kalk und behaupten nicht mit Unrecht, die Masse schütze gegen die Wirkungen scharfer Insolation. Indess hüten glatt geschorene Somâl, die mit kurzem Haarwuchse nur zum Zeichen der Trauer erscheinen, durch einfaches Bestreichen des Kopfes mit Schlamm und häufige Erneuerung der Kothschichte das Haupt vor dem Sonnenstich. Der Kalk in der Pomade der Danâkil gibt den Haarspitzen eine röthliche Farbe, die sehr gesucht ist und auch von dem Modemanne unter den Somâl mit Eifer angestrebt wird. Indessen verursacht das immerwährende Fetten des Haupthaares bei den Eingebornen Kahlheit; aber es wird von allen Stämmen geübt, die barhaupt gehen. Während der kühlen Nacht stockt das Fett im Haare und wird hart, so dass die Galla früh Morgens wie mit einer Unschlittkruste bedeckt erscheinen und wenn die warmen Sonnenstrahlen den Kopf bescheinen, das herabrinnende Fett auf dem Körper mit Wohlgefallen verstreichen. Auf den Körper übt die Fettung eine wohlthätige Wirkung aus. Sie macht ihn geschmeidig, kühlt und erfrischt die Haut, macht die Glieder elastisch, verhindert die Verbreitung ansteckender Krankheiten, des Contagiums überhaupt, mässigt die Hautausdünstung herab und bewahrt so vor dem quälenden Durste.[335]) Die Procedur der Einfettung wird möglichst oft vorgenommen, in der Regel zwei- bis dreimal in der Woche, oft sogar täglich, und wird ausser mit Butter,

Schaffett auch mit Milchrahm besonders von den Galla ausgeführt. Die flache
Hand dient dazu, und die Rückentheile reibt man sich gegenseitig ein. [226]) Die
südlichen Galla fetten den Körper nur sehr mässig ein, so dass das Fett kaum
für das Auge wahrnehmbar wird, noch weniger aber gerochen werden kann. [227])
Die südlichen Somál gebrauchen dagegen bei den Einreibungen Kaffee, der
in zerlassenem Sesamöl geschmort ward. [228])

Bei der Frau des Somáli, 'Afar und Oromó, deren Kleidung eine an dem
Körper mehr anliegende, wenigstens nicht leicht entfernbare ist, tritt an die
Stelle der Fettung die Einräucherung. Diese übt zwar auch der Somáli-Mann,
aber verhältnissmässig selten, während sie ganz besonders in den Küstenplätzen eine ziemlich allgemeine Gewohnheit ist und täglich verrichtet wird.
Man verwendet dazu wohlriechendes Holz, bei den Nord-Somál *hedi* und *ka-
ranli* genannte Pflanzenstoffe, [229]) bei den Süd-Somál ein *felbellah* genanntes
Mittel, [240]) und wie in Abessinien, zumal in Schoa, nehmen auch hier die Frauen
die Räucherplatten und die kleinen *daberád* gerne unter das Gewand und erscheinen damit in Gesellschaft, ohne indess gerne merken zu lassen, dass sie
die Profumation auch auf der Gasse vornehmen.

Die bei den Somál in Uebung stehende Knetung des Körpers (som. *jogsi*,
bei den Arabern *dassah*, auch *takbis* oder *dugmo*) besteht in einem Treten des
Rückens mit dem blossen Fusse. Zu diesem Zwecke legt sich der zu Massi-
rende ausgestreckt oder in der Hocke mit dem Bauche nach abwärts, und eine
Person tritt ihm mit dem unbeschuhten Fusse auf den Rücken, nicht sanft,
sondern wuchtig, nach Art unseres «Trampelns». Diese Leibesübung ist von
vortrefflicher hygienischer Wirkung.

Eine eigene Stellung unter den hygienischen Massregeln der Völker des
afrikanischen Osthornes nimmt die Beschneidung, Infibulation und die Verschneidung ein.

Auf mich machte es stets den Eindruck, dass Somál und 'Afar, denn nur
diese üben bei allen Stämmen die Beschneidung, [241]) (som. *hantscháf goin, guanin*;
'afar. *uskók káli*; orom. *dagná abá, dagná kabatschúf, dagná múra*; ein Beschnit-
tener som. *gudnán*) nicht das Bewusstsein haben, der Vortheil der Circumcision sei ein sanitärer oder irgend einer. Sie halten dieselbe nur als einen von
den Vorfahren überkommenen Brauch aufrecht, und zwar bei Männern wie bei
Frauen, während der grösste Theil der nördlichen Oromó unbeschnitten *(kolefá)*
ist und nur dort, wo der Islám eingedrungen ist, es Beschnittene gibt. Bei den
südlichen Galla bezeichnet die Beschneidung *(jára)*, die in Uebung ist, den
Eintritt der Grossjährigkeit und wird auch erst an reiferen Knaben vollzogen.
Die Knaben werden bei Somál und 'Afar nach muhammedanisch-arabischem
Ritus im Alter von drei Jahren beschnitten, in Schoa und den südlichen Galla-
Ländern wird diese Ceremonie ganz nach Art der abessinischen *ghe̜e̜e̜ta* (so
heisst auch häufig die Beschneidung bei den Oromonen) vorgenommen. Die
Beschneidung der Mädchen besteht in der Verstümmelung der Clitoris und ist
uralt in diesem Theile Afrikas. Sie steht in Verbindung mit der Infibulation, [242])

welche bei den Somál, dem grösseren Theile der 'Afar (namentlich jenen, die
an die Somál grenzen) in Schoa und in Harar, während sie bei den Galla nur
ausnahmsweise, bei reinen Oromó aber nicht vorkommt. Sie wird gewöhnlich
im Alter von acht Jahren, manchmal wohl auch früher an den Mädchen vorgenommen. Die Clitoris wird ganz weggeschnitten, ebenso die Labia minora
bis auf einen kleinen Saum beiderseits an der Vagina. Die Schnittflächen der
Labia werden dann aneinander gefügt und mit zwei oder drei Stichen mittelst
eines Rosshaarfadens zusammengenäht. Der Heilungsprocess, während dessen
man Räucherungen mit Weihrauch und Jujubenblättern vornimmt, dauert
einen Monat. Die Mädchen sind während dieser Zeit an den Füssen gefesselt,
und man sieht sie, gestützt auf einen Stock, in der Nähe der Gurgi herumhum-
peln. Die Vagina bleibt an der zum Anus gekehrten Seite etwa für die Weite
eines kleinen Fingers zur Ausscheidung der Menstruationsstoffe geöffnet. Der
Eingang in die Vagina hat bei einem vernähten Mädchen (gabád) das Aussehen
einer vernarbten Speerwunde.[113] Dass die Infibulation die Keuschheit der
Mädchen nur relativ garantire, davon gibt es Beweise, welche darin bestehen,
dass so manche puella suta die für die Katamenialausscheidung bestimmte
kleine Oeffnung künstlich so weit zu erweitern versteht, dass dem Coitus nichts
im Wege steht. Dies wurde mir von vielen Somál selbst erzählt, die manchmal
mit Misstrauen auf die Procedur herabsehen, obwohl sie im Allgemeinen von
der Nützlichkeit der Infibulation überzeugt zu sein scheinen.[114] Bei den 'Afar
soll die Vernähung sehr zeitlich, sogar schon im dritten Lebensjahre an den
Kindern gemacht werden.[115] Licata erwähnt ein eigenes Lied, welches bei
der durch kundige Frauen verrichteten Infibulation gesungen wird und das da
mit den Worten anhebt: *Ambulaiá mari* (‹Kommt o Volk!›).[116]

Die Defibulation (som. *ambarscha*, d. i. ‹Einschnitt machen›) geschieht erst
unmittelbar vor der Ehe (im 15.—16. Lebensjahre). Wenn die Braut an der
Küste zum Ehebette geführt wird, begleitet sie ein Midgan-Weib und durch-
schneidet, während der Ehemann das Mädchen hält, mit scharfem Messer die
vernähte Stelle, worauf es sich rasch entfernt. Die Hochzeitsgäste singen und
tanzen unter Händeklatschen, Lärmen und Brausen vor der Hütte, denn die
Braut bei der Ceremonie schreien zu hören gilt als unschön. Im Binnenlande
defibulirt der Bräutigam eigenhändig die Braut, die von zweien seiner Freunde
gehalten wird.[117] Im Gebiete der Stadt Harar wird auch die Reinfibulation
der Witwen auf ganz gleiche Weise wie die Infibulation vorgenommen. Sonst
scheint sie weder bei Somál, noch 'Afar irgendwo im Brauche zu sein.

Die Verschneidung von Knaben wird bei den Galla geübt, ist aber nur
ein rein arabischer Brauch, die تطويش und خصٜ der Araber, natürlich für
die Bedürfnisse des arabisch-muhammedanischen Harems. Den Eunuchen
('afar. *hargi, sanga*; som. *towaschi, goán*; orom. *kolású, murátu, selbi* oder *towaschi*),
10—15jährigen Galla-Knaben (Sclaven) werden die Testikel genommen und
die Wunde mit heisser Butter behandelt wie im Sudán. Lange Zeit bestanden Eunuchen-Fabriken für das aus den Galla-Ländern, zumal aus dem Tribut

Menilek II., anlangende Materiale an dem Golfe von Tadschura, wo sie mit
Leichtfertigkeit und unter Entwicklung grausamer Formen von den Söhnen
des ehemaligen Emirs von Zejla, Muhammed Abu Baqr, betrieben worden sind.
Glaubwürdige Eingeborne haben mir erzählt, die Mortalität habe unter den
am Golfe von Tadschura unter Unzulänglichkeit der Medicamente und Un-
geschicklichkeit der Operateure Verschnittenen 70—80 Procent betragen.[116])
      Auch sonst ist Entmannung in Nordost-Afrika in häufiger Uebung. Seit den
Kriegen Muhammed Granj's (erste Hälfte des 16. Jahrhunderts) ist die Emasculation in Schoa als Strafe eingeführt. Die Frau des Entmannten wird als Witwe
betrachtet und gehört dem Bruder des Bestraften. Die Galla haben die Evi-
ration als Strafe für störrische und undankbare Kinder im Gebrauche, dann
für solche Kinder, welche Leidenschaftlichkeit und fremdartiges Wesen an
den Tag legen. Die Zerdrückung eines Hoden vollziehen auch Sidáma zwischen
zwei flachen Steinen und glauben, dies mache stark. Die Zindscheró haben,
ausgenommen die Mitglieder königlicher Familien, nur einen Testikel und
schneiden sich überdies auch die Brustwarzen ab.[117]) Dagegen soll das von der
Sage umwobene Volk der Doko nicht beschnitten sein.
      Ergreift Krankheit (som. *bukán*; krank sein: *bók*, orom. *dukúb*, *láhu*; ʼafar.
lakíma) den Körper, so spielt selbstverständlich der Aberglaube bei den
Heilungsversuchen die grösste Rolle; allein viele Krankheiten erfahren trotz
aller medicinischen Unkenntniss der Eingebornen doch eine sachgemässe, d. i.
richtige Behandlung, und bei dem Umstande, dass in dem Klima Nordost-
Afrikas eine verhältnissmässig sehr rasche Heilung der meisten körperlichen
Uebel erzielt wird, ist eigentlich Naturheilung, unterstützt von ein paar Kunst-
griffen, das gewöhnlich ausschlaggebende Moment bei den meisten Krank-
heitsfällen. Bei meinem Aufenthalte zu Harar habe ich mit Oromo-«Aerzten»
viel verkehrt und einen Einblick in ihr Verfahren gewonnen. Die Basis aller
Krankheitsbekämpfung bleiben für sie wie für die Somál und ʼAfar gewisse
von arabischen Quacksalbern, Chirurgen und wahren Aerzten befolgten Maxi-
men in Verbindung mit einem grossen Apparate von Hocuspocus. Die Nordost-Afrikaner sind ein vom Hause aus sehr gesundes Volk. Erst seit Syphilis,
Blattern und Cholera unter ihnen Einzug gehalten, ward die Volkskraft gebrochen, und eine grosse Menge anderer Krankheiten griff um sich. Indessen gibt
es auch eigentliche Nationalkrankheiten, wie z. B. bei den Galla die Taenia,
Gastralgien, Rheumatismen, Ausschläge, Lepra, Blattern u. A. m., an denen
mehr oder weniger alle Individuen oder doch, wie an Lepra, eine grosse Anzahl derselben leidet oder erkrankt. Auf den ersten Blick gewahrt indess der
Reisende nur wenige Kranke. Erst wenn er sich niedergelassen, wird er —
ein jeder Weisse gilt dem Somáli, Dankali und Oromó als Arzt — aufgesucht
und consultirt und bekommt viel Gebrechliche zu schauen. Leider erschwert
bei den Muhammedanern die Abgeschlossenheit der Frau die Krankenunter-
suchung in hohem Grade. Wir wollen nun im Folgenden das Vorkommen der
wichtigsten Krankheiten der Nordost-Afrikaner durchgehen und die gewöhn-

liche Behandlungsweise der Krankheiten von Seite der Eingebornen besprechen.
Daran wird sich ein Excurs über die gebräuchlichsten Remedien, über Aerzte
und Epidemien anschliessen.[150])

Unter den Krankheiten der Eingebornen, besonders der Küstenge-
biete, sind namentlich häufig Augenkrankheiten (som. *il bukán*; 'afar. *inti lakima*),
unter denen die gewöhnlichste die *Ophthalmia granulosa*, deren Uebertragungs-
gefahr den Eingebornen auch wohlbekannt ist. Die Kranken sind in der
Regel entsetzlich vernachlässigt, bei welchem Urtheile schon berücksichtigt
wird, dass die Krankheit kein besonders propres Aussehen der Individuen
im Gesichte, zumal um die Augen, involvirt. Man gebraucht dagegen Cauteri-
sation, Zinksulphat und allerhand Colyre (som. *inka-kul*). Die Somál curiren
Augenerkrankungen gerne mit einem Extracte der Aloë, *dahr gabár* genannt.
Die Danákil werden zumeist von dem in der Atmosphäre enthaltenen Staube
an verschiedenen Entzündungen krank, und bei ihnen sind Granulationen
der Conjunctiva eben am häufigsten.

Eine grosse Rolle spielen unter den Krankheiten Verkühlungen, Schnupfen,
Katarrhe und Fieber, Hautausschläge (*vitiligo*). Viele Individuen werden, wenn
man so sagen darf, von dem Monsunwechsel überrascht und die angeführten Erkrankungen sind die Folge der Exponirung gegen den Monsun. Der Schnupfen
und Katarrh (orom. *utalló*; som. *duráj*) ist eine bei den Oromonen allgemein
und zu allen Jahreszeiten vorkommende Erkrankung. Die Galla glauben, er
entstehe durch Genuss von Schwämmen oder durch Ausdünstung von Hunds-
urin.[151]) Die Fieberkrankheiten (som. *tär, gando*; orom. *búsa, olatschisa* oder
guba bui oder *oháta*, auch *wowa, lagda*; intermittirendes: *sadakú*; 'afar. ?)
herrschen bei den 'Afar und Somál während der Regenzeit, ganz besonders,
wenn sich die Quabilen eben an Flussthälern aufhalten. Bei Fáf im Ogadén-
Lande, wo zweimal des Jahres Ueberschwemmungen je drei Monate dauern,
herrschen viele Malariafieber. Die Kranken, welche ich zu beobachten Gelegenheit hatte, hatten meist ein Fieber von 37·5—38·8° C. In sumpfigen Gegenden, wie z. B. bei Dschaldéssa, in Aussa und Schoa, findet man oftmalige remit-
tente Fieber mit dysenterischen Anfällen ohne Anschwellung von Milz und
Leber, aber leichten typhoiden Erscheinungen. Solche Fieber sind in den
Galla-Ländern endemisch, wie schon Dr. Paris auf dem Heereszuge Kaiser
Johannes' und Negus Menilek's 1886 zu beobachten Gelegenheit hatte, ebenso
Griesinger. Die Eingebornen erliegen den Fieberkrankheiten in drei Wochen,
nachdem heftiges Delirium vorangegangen ist. Die Galla kennen kein ratio-
nelles Mittel gegen diese Krankheiten; allein Chinin als Präventivmittel vermag davor zu bewahren. Indessen gleichen die beschriebenen Fiebererkran-
kungen vollständig denen der abessinischen Quolla. Die Galla sind so einfältig,
durch Flintenschüsse und Geschrei die Krankheit fernhalten zu wollen, ebenso durch Anfachen grosser Feuerbrände. Letztere Massregel ist vernünftig,
weil man den Dunstkreis des Individuums durch Austrocknung der Luft
besser gestaltet.[152]) Gewöhnliche Fieber erreichen grosse Heftigkeit in jeder

Jahreszeit und haben Paralysis der Unterextremitäten und Abdominaltyphus,
zur Folge, welche der Oromó eben auch mit dem Ausdrucke *búsa* bezeichnet.
Rationelle Heilung kennt man nicht. Ein Fieber tritt gewöhnlich unter Kopf-
schmerz und Schweissentwicklung auf, wogegen man Purgative verabreicht
und Schröpfungen vornimmt. Das Fieber nimmt rasch an Intensität zu, behält
diese während acht Tagen und verbreitet sich epidemisch. Gomma soll einmal die Hälfte seiner Bewohnerschaft an einem solchen perniciösen Fieber
verloren haben.[252]) Die Galla ziehen auch flüssige Butter durch die Nase gegen
die Fieber ein, trinken das warme Blut schwarzer Schafe, hüllen sich in das
Fell des geschlachteten Thieres und trachten dann, drei bis vier Tage zu
schwitzen, worauf das Uebel weichen soll. Ein Absud des schweisstreibenden
Krautes *totschó* (?) wird gleichfalls getrunken und Dunstungen über Töpfen,
die warmen Totschó-Extract enthalten, applicirt. Nach der Meinung der Galla
empfiehlt es sich, während der Cur keine Hydromele zu trinken, sie sei denn
alter Marke und mit Pfeffer versetzt. Helfen diese Mittel nicht, so greift man
zur Zauberei und Beschwörung.[254]) Sehr häufig tritt das gelbe Fieber (orom.
golfá oder *waft;* abessin. *bescheta*) bei den Galla epidemisch auf. Seine Kennzeichen sind nach Massaja Erbrechen und Diarrhöe, die nach Personen und
Oertlichkeiten mannigfach variiren. Die Einen brechen, von der Krankheit
befallen, Andere nicht. Die Ersteren geben stets mehr Hoffnung auf Genesung.
Am achten Tage tritt die Krisis ein. Wenn die beiden erwähnten Symptome
nicht eintreffen, dann ist der Patient aufgegeben und befasst sich am sieben-
ten Tage nur mit Vorbereitungen für Tod und Begräbniss.[255]) Scrophulose ist
in Nordost-Afrika sehr selten.

Brustleiden sind selten. Bei den Somál des Binnenlandes kommt Lungen-
tuberculose vor, ebenso bei den Oromó — meist eine Folge raschen Tempe-
raturwechsels. Ich habe auch einen Fall von *Tuberculosis pulmonum* beobachtet,
welcher durch von Aussen bewirkte Verletzung der Lunge durch ungeschick-
tes Einbrennen von Narben eingetreten war, und die Somál erzählten, es
komme häufig vor, dass eine solche Krankheit nach der genannten Procedur
sich entwickle. Bei den Galla von Harar sind Schwindsüchtige sehr selten.
Allein es kommt vor, dass Schoaner Galla in den Bergen von Harar von der
Tuberculose befallen werden. Asthma (som. *kého*) und Emphysem ist eine
Folge des Athmens in staubiger Luft, die in dem Flachlande (*gobán*) herrscht,
und die auch Augenentzündungen, wie oben erwähnt wurde, verursacht.

Gastrische Störungen von der Diarrhöe (som. *dibád, schubán*, gewöhnlich
phrasenhaft bezeichnet mit: *ninkas dibaduka bahaija,* d. i. «der Mann befindet
sich in der Entladung»; orom. *albáti, kaéra, tanne*) bis zur Dysenterie (orom.
diga albáss = Blutscheussen) sind in allen Formen namentlich bei den Galla
anzutreffen und haben alle specielle Bezeichnungen. So zahlreich Eingeborne
an Diarrhöen leiden, ebenso viele leiden an dem Gegentheile, der Leibes-
verstopfung (som. *alól ingegán*, d. i. «vertrockneter Leib», oder *saho*; orom.
didda, abudda). Kolik heisst bei den Galla *tschiminúf,* was soviel bedeutet wie

«Bauchschmerzen».[16]) Die Gastralgien sind neben dem gelben Fieber und den Blattern nach Massaja's langjährigen Beobachtungen die die Galla-Länder am meisten verheerenden Krankheiten. Die Galla leiden natürlich an schweren Indigestionen, wenn auf Hungertage Zeiten der Ueberfülle folgen. Sie gebrauchen Milchcuren gegen die Gastralgien und rauchen dazu gerne Tabak. Milch in grossen Mengen scheint bei ihnen das Universalmittel gegen alle gastrischen Störungen, namentlich den oft zum Tode führenden Magenkatarrh, zu sein, übrigens auch gegen viele andere Krankheiten. Somäl und 'Afar bekämpfen die Uebel durch Trinken von saurer Milch und Fett. Gelbsucht ist nicht selten die Folge der ungeordneten Lebensweise und Cur.

In Harar hatte ich Gelegenheit, an einer grossen Zahl von Eingebornen mehr oder minder heftige Herzaffectionen zu beobachten. Fast die Hälfte der Bewohnerschaft scheint herzkrank zu sein, und zwar, wie mir scheint, in Folge des Genusses des starken *kát* – Narcoticums. Auch innate Herzfehler kommen oft vor. Die Blattern (som. *fin, forok*; orom. *finnó, gedanod*; 'afar.?; abess. *fandata*) sind eine Geissel Nordost-Afrikas. In den Somäl- und 'Afar-Ländern, sowie in Abessinien und unter den Oromó fordern sie epidemisch auftretend alle Jahre viele Tausende von Opfern. Soweit sich der Gang der Krankheit über die Somäl-Halbinsel überblicken lässt, kann behauptet werden, dass die Variole im Osten viel häufiger und intensiver auftritt als im Westen, wo ihre Spuren z. B. Schuver bei den westlichen Galla fast gar nicht bemerkt hat.[17]) Im Ost-Somäl-Lande herrscht dagegen während des Nordostmonsuns stets eine Blatternepidemie. Die Somäl und Galla überstehen indessen häufig die schwere Krankheit ohne eigentliches Krankenlager. Ich sah Leute, die an den Blattern erkrankt waren und täglich Morgens auf der Reise zu Pferde stiegen, Abends und Nachts in ihre Maro fest eingehüllt am Wachtfeuer lagen und am nächsten Morgen wieder zu Pferde stiegen und so Tag für Tag, bis der Krankheitsprocess überstanden war. Daraus und aus anderen Symptomen ist anzunehmen erlaubt, dass die Variole in Nordost-Afrika in milder Form auftritt, namentlich bei noch nicht erwachsenen Individuen. Kommt es zur Behandlung, was ja in den meisten Fällen geschehen muss, so führen z. B. die Medjertin-Somäl dieselbe in einem heissen Zimmer, trocken aus. Wenn die Pusteln weiss zu werden beginnen, sticht man sie auf, drückt sie aus und bestreut sie mit der Asche eines Gummibaumes. Häufig räuchert man den Kranken vor der Aufstechung der Pusteln mit Kuhmist. Beginnt der Ausschlag abzutrocknen, so wäscht man den Körper mit einem Pflanzenaufguss (*hauir*), der von Indigo stammen soll.[18]) Die nördlichen Somäl, wie die Ejssa u. A. reiben den Kranken, wenn die Pusteln erscheinen, mit Sand und Fett so lange, bis er stirbt oder besser wird. Kinder baden sie wohl auch in frischem Schafblut, wickeln sie in Felle ein und setzen sie der Sonne aus.[19]) Die Oromó hinwieder separiren den an Blattern Erkrankten sofort und delogiren ihn abgesondert von den Ansiedlungen in eigenen Hütten, wo sie ihn freilich dann seinem Schicksale überlassen. Nahrung wird ihm allerdings zu Theil, denn man stellt in angemessener Entfernung von den Hütten täglich Gefässe mit solcher auf, meidet aber vollständig jede Berührung mit den Kranken, bis sie entweder gesund nach Hause zurückkehren oder gestorben sind.[359]) Massaja hat während seiner Thätigkeit unter den Galla die Vaccination mit ausserordentlichem Erfolge gegen die Blattern angewendet[360]) und behauptet, dass die Krankheit lediglich durch die Kaufleute und den Handel mit Kleidung und Proprietäten an den Blattern erkrankt Gewesener von Schoa aus nach den Gebieten von Kafa und weiter gegen Süden verbreitet werde.

Rheumatismen (orom. *njattu;* abess. *gunfán*), die sich bei der Mehrzahl der Individuen als Reissen in den Schenkeln documentiren und die Galla und Somál besonders im Wébi Schabéli-Thale,[361]) aber auch die 'Afar der Küste plagen, dann namentlich eine specifische Krankheit aller Oromó-Thäler im Süden Schoas sind, wo sie in Folge der Feuchtigkeit entstehen,[362]) werden durch Application warmer Umschläge, wohl auch durch das Baden in Thermalwasser, geheilt. Ausschläge der Haut, die unter den Somál zuerst die Extremitäten und dann den Stamm befallen und von dem einfachen *Lichen tropicalis* bis zu pestartigen Beulen in allen Formen vorkommen, werden mit Feuer ausgebrannt, mit Aloë, die in Alkohol gelöst ward, genetzt oder mit Zinksulfat und Lapis behandelt.[363]) An den Unterextremitäten können die Beulen so ausarten, dass sie zum Verluste der Füsse führen. Die Lepra (som. *baras*) haben die Galla, wie schon der oromonische Name anzeigt (*kurtschi* oder *kukubá siddma,* d. i. «Krankheit der Abessinier», ASᎻᎬ·) von Abessinien erhalten. Sie tritt als Elephantiasis seltener, aber häufig als einfache oder tuberculöse Lepra bei Männern auf. Godschám ist das Land der Lepra κατ' ἐξοχήν, denn alle Kranken kommen von dort nach den Galla-Gebieten, wo man sie wie in Abessinien frei und unbehindert wandeln lässt und wo sie auch unter einander sich verheiraten dürfen. Vielleicht florirt die Lepra in Folge der vielen Anstrengungen der Nordost-Afrikaner auf Fussreisen. Geschwüre und Abscesse aller Art (som. *dullah*) entstehen in Folge der Vernachlässigung von Wunden (som. *kán*), die der im scharfen Lawagesteine wandelnde 'Afar und Somáli sich meist an den Schienbeinen zuzieht und die man höchstens durch Brand zu vertreiben sucht, oft auch durch häufige Waschungen und Anwendung von Adstringentien.

Besondere Aufmerksamkeit erweckt in Nordost-Afrika die Verbreitung und Behandlung der schon im 17. Jahrhunderte eingeschleppten Lues (som. *habád;* orom. *fantó;* 'afar. *hába*) und andere venerische Erkrankungen. Sie treten sämmtlich in milden Formen in Nordost-Afrika auf und weichen in den Anfangsstadien bald rationeller Behandlung. Sie sind aber ungemein verbreitet, am meisten in Schoa (70° ₀), und die Syphilis speciell ist von den Arabern in das Land geschleppt worden, aber durch das unsittliche Leben der Galla-Fürsten an den kleinen und grossen Höfen ausserordentlich verbreitet worden. An der Küste erhält sie durch den geschlechtlichen Verkehr der Araber mit den Somál und 'Afar ohne Unterlass neue Opfer. Somál und 'Afar

unterziehen sich gegen das Uebel einer qualvollen Cur: sie reiben den kranken
Leib mit Schwefel, der in *ghij* gekocht ward, ein und setzen ihn in dem Zustande
der brennenden Sonnenhitze aus, bis sich die Kennzeichen der Krankheit verlieren. Man trinkt wohl auch Schaffett dazu.[162]) In den Galla-Ländern zeigt
die Krankheit nach Oertlichkeit, Zeit und Personen, wie Massaja beobachtet
hat,[163]) verschiedene Symptome. In einem Terrain von 100 Meter über dem
Meeresspiegel, schreibt er, kündet sie sich als Hautaffection mit nach ver-
schiedenem Mondstande virulenten oder zurückweichenden Efflorescenzen. In
höherem Terrain, wo die Individuen häufiger Transpiration unterworfen sind,
sind die Indicien unbedeutend, die Krankheit rasch zu bannen. Allein in der
Dagá greift sie in ihrer verheerenden Wirkung rasch edle Organe (Nase,
Mund, Gelenke), aber selten die Geschlechtstheile an. Frauen befällt sie nie
am Munde oder an der Nase, dagegen vernichtet sie die Leibesfrucht. Die
Oromó behandeln die Lues entweder mit Salsabarilla und Schweisscuren, oder
sie nehmen zu hydratischen, natürlich nichts Wesentliches leistenden Proce-
duren, namentlich zum Baden in Thermalwässern und zu Hocuspocus Zuflucht.[164])
Indessen kommt ihnen die Enthaltung vom Trinken der Hydromele, dann ab-
solute Ruhe, der sie sich bei den ersten Indicien der Krankheit mit Vorliebe
hingeben, die bevorzugte nahrhafte Milchkost sehr zu statten. Blennorrhagien
heilen denn auch rasch von selbst. Die Galla meinen, man brauche, wenn man
daran leide, einfach nur viel reines Wasser zu trinken, was seine Berechtigung
hat. Geschwüre touchirt man mit Feuerbrand, schneidet sie auch mit dem
Rasirmesser auf und wendet dann Contrahentien an. Merkwürdigerweise
sollen auf solche Behandlung Ulcerationen heilen, wenigstens niemals cance-
nös werden. Einfache häufige Waschung mit reinem Wasser, Benetzung mit
Jodoform und Calomelan bringen sie rasch zum Schwunde. *Psoriasis palmae
et plantae* soll nie vorkommen. Erscheinungen tertiärer Art curiren die Nordost-Afrikaner nach indo-chinesischer Art durch Räucherung mit Mercur und
Baden in Schwefel- und Salzwässern. Nach 40—50 Tagen soll in der Regel
Erleichterung erfolgen. In vielen Fällen entwickelt man Mercurialdämpfe, und
die Eingebornen setzen sich denselben in kleinen Hütten, den Kopf auswärts
haltend, längere Zeit hindurch aus. Jod und Mercur bewirken bei ihnen keine
so intensiven gastrischen Störungen wie in Europa. Massaja und die Missionäre wandten mit allem Erfolge Mercurial-Inunctionscuren und innere Dar-
reichung des Jods und Mercurs in Pillenform an. Es klingt unglaublich, dass
selbst Fürsten und deren Höfe von Lues corrumpirt sind, weil sie bei den
Europäern so hastig nach Mitteln gegen die Krankheit fahnden. Genesene
hatten an Rheumatismen gemahnende Gliederschmerzen. Gonorrhoea (orom.
tschopto; 'afar. und som. *habi* [?]) wissen die Eingebornen nicht zu behandeln,
sondern warten deren Schwund ab.[165])

Die Bandwurmkrankheit[166]) (som. *sughul;* orom. *hetó, rammo, minni*) ist
namentlich unter den Oromó zu Hause und hat ihren Grund hauptsächlich in
dem Genusse des rohen Fleisches, nach Anderen auch des schlechten, von

Rindern und anderem Vieh verunreinigten Wassers, wie schon erwähnt wurde. Zumeist ist dies die aus der Finne des Rindes sich entwickelnde *Taenia nera* und *Taenia mediocanellata*, deren Abtreibung eine ziemlich schwierige ist. Die Somàl und 'Afar leiden bei Weitem nicht in dem Masse an dem Uebel wie die Oromó. Zum Glücke hat die Natur eine ganze Reihe von Vermifugis, namentlich die *kusso*, richtiger *quassó* (orom. *kedó*), den Oromó-Ländern geschenkt, aber es gibt kaum ein Individuum, das an der Taenia den grössten Theil seines Lebens über nicht litte.[319] Ein eigentliches Leiden würde man das Vorkommen des Bandwurmes im Körper der Eingebornen nicht nennen, denn die Galla z. B. halten daran fest, dass, wer die Taenia besitze, von anderen Krankheiten verschont bleibe, und bitten den Himmel selbst in den Tagen der grössten Beschwerde darum. Die Anschauung von Laien und Aerzten, als entstehe die Taenia in Folge des Genusses rohen Fleisches allein, könnte vor medicinischen Autoritäten nicht Stand halten, weil Bandwurm z. B. auch Araber und Europäer in den Galla-Ländern bekommen, die niemals rohes oder schlecht gekochtes Fleisch gegessen und auch das Wasser nur gekocht oder gut filtrirt genossen.[321] Die Galla obliegen der Abtreibung der Taenia ungefähr alle zwei bis drei Monate und bedienen sich dazu der getrockneten und pulverisirten Kussoblätter und -Blüthen. Man sieht die Patienten in Zurückgezogenheit und Ruhe den Abgang der Taenia erwarten, und die Enthaltung vor jeglicher Arbeit scheint die Vorbedingung einer glücklichen Taeniacur zu sein. Vermifuga sind neben dem *kusso* noch *cukuokuo*, *katscheni*, *matari*, *besanna*, das äthiopische *metsá-metsó* und andere genannte pflanzliche Stoffe (Früchte), doch haben sie ungleiche Wirkung.

Von Kinderkrankheiten sind Masern und Scharlach die gewöhnlichsten. Beide haben leichten Verlauf. Bei den Somàl sollen die Masern jedoch häufig epidemisch auftreten und der Krankheit dann viele Kinder, besonders Knaben, zum Opfer fallen. Dagegen soll Diphtheritis bei Kindern gar nie vorkommen. Häufig ist hereditäre Lues, selbst in den Formen der *Lues hereditaria tarda*. Rhachitis zeigt sich vornehmlich bei Kindern derjenigen Stämme, welche an der Meeresküste wohnen, offenbar als Erbtheil von syphilitischen Eltern und als Folge vernachlässigter Ernährung und Obhut von Säuglingen.

An sonstigen Krankheiten wären natürlich neben fast allen Krankheiten des Orientes, besonders Arabiens und der Tihāma, als unter den Nordost-Afrikanern verbreitet zu nennen Lupus, *Herpes tonsurans*, Hautausschläge aller Art, Lippenkrebs u. A. m. Psychische Erkrankungen sind äusserst selten. Schlangen- und Scorpionbiss, dem z. B. viele Somàl gewöhnlich in zwei Stunden erliegen, ist häufig. Bei den Somàl ist ein Riesenscorpion, *suss* genannt, dessen Biss tödtlich ist, wenn die Wunde nicht sofort gebrannt wird, in den bergigen Galla-Gebieten der Kropf (orom. *nakarsa*), ferner unter den Somàl und Danákil die Hämorrhoidalleiden, zu deren Beseitigung die Eingebornen zunächst eine Art Zerdrückung der Knollen mittelst Druck von Stäben und, wenn das nichts hilft, Exstirpation anwenden.[319] Auch die Hydrophobie (som.

digis; orom. *digisa*) ist den Somâl nicht unbekannt,[213]) obgleich Fälle von derselben unter den Muhammedanern, wie natürlich, sehr selten sind. Borelli beobachtete[214]) auf der Route Antotto—Harar neben der Lepra eine Hautkrankheit, «une sorte de chancre», welche die Gesichtszüge zerstört von den Augen über die Nase bis zum Kinn herab und die namentlich die Zähne entblösst. Die davon Befallenen schreiben den Grund des Uebels dem Bisse des Nachtvogels *(tschimbira alkáuei* zu. Allgemeines Uebelbefinden ohne die Symptome einer speciellen Krankheit nennen die Oromô *mitsch.*

Ausserordentlich selten sind in Nordost-Afrika Nervenkrankheiten, die bei Naturvölkern überhaupt in geringer Heftigkeit auftreten, ebenso selten innere Krankheiten, so jene des Magens, der Leber, der Milz und der Niere. Verhältnissmässig oft kommt Magenerweiterung vor. Viel Interesse beanspruchen Frauenkrankheiten. Bei dem ungemein regen Geschlechtstriebe der Nordost-Afrikaner, der sich bei Frauen bis zur Nymphomanie steigert, bei dem Manne aber nicht übermässig oft befriedigt wird, sind Erkrankungen der weiblichen Sexualorgane nicht häufig. Abortus ist sehr selten, ebenso Sterilität in nichtmuhammedanischen Gebieten. Das Weib gebiert sehr leicht, hält selten ein regelrechtes Wochenbett, sondern geht meist schon am dritten oder vierten Tage nach der Niederkunft seiner gewohnten Beschäftigung nach. Die Entbindungen erfolgen zumeist mitten bei der bürgerlichen Arbeit an dem Orte, wo eben die Frau von den Wehen überrascht wird. Puerperalfieber ist sehr selten. Von Herzkrankheiten werden hie und da wohl mässige Palpitationen und Herzverfettung beobachtet. Alte Galla erkranken in Folge Missbrauches der Hydromele hie und da an *Delirium tremens potatorum* und Lebercirrhose.

Eine merkwürdige Vorstellung haben die Völker des afrikanischen Osthornes von der Rolle, welche die Arznei (som. *dawa, farsámu;* afar. *dawa, dájla;* orom. *koritscha*) zu spielen berufen ist. Man denkt sich dieselbe nämlich zumeist auch als gänzlich ausserhalb des Zusammenhanges mit dem Heilverfahren wirkend, als Medicament, das unter allen Verhältnissen sich wirksam erweisen muss. So gelangten die Eingebornen zu der Meinung, dass z. B. Alles durch Trinken von Flüssigkeit curirt werden müsse, und trinken selbst Colüre, Carbolwasser u. dergl. m. aus; sie essen auch die Salben (orom. *dibe*) u. s. w. Was drastische Wirkung hat, ist bei ihnen beliebt, so gifthältige Stoffe (afar. *summu;* som. *dunkál;* orom. *hadde*), dann Vitriol (ሕብረኢ), das von Kaufleuten durch das ganze Galla-Land gleichsam als Universalmittel gegen alle Leiden verbreitet und sowohl als Pulver auf Wunden gestreut, wie auch in Wasserlösung gegen venerische Erkrankungen getrunken wird.[215]) Schwefel (orom. *warga*) u. A. m. Neben dem Vitriol steht der Pfeffer (orom. *berberi*) als Universalheilmittel in hoher Werthschätzung, offenbar, weil auch er drastische Wirkung hervorruft. Arabische Händler zählen den Galla die Körner als Medicin, je nach der Stärke der Dose, vor. Der Zucker (som. *schungár*) ist ganz besonders bei den Somâl bevorzugt als auflösend und kühlend, besonders bei Gastralgien oder Kopfeingenommenheit. Die Oromô halten viel auf schweisstreibende Mittel (orom. *totschú*) und haben eine grossartige Pharmakopöe derselben aufgestellt, wie ich an anderer Stelle dargethan habe. Pflanzenstoffe aus dem gesammten Reiche der Botanik stehen in derselben obenan.[116]) Was aus bewährten Händen kommt, muss gediegen sein, so namentlich die Mittel, welche Priester oder Europäer verabreichen. Auch abessinische Mittel gelten als Universalheilmittel, so der *gulo* (Ricinussame — Ricinus verstehen die Nordost-Afrikaner sich nicht nutzbar zu machen), *gomen* (Kohlsame), *mekmekü* (Rhabarber), Aloë (*dér*), deren es drei Gattungen gibt, u. A. m. Der Milch als Heilstoffes für alle Leiden ist bereits Erwähnung geschehen. Bei den südlichen Galla sind Vomitive (orom. *balakán* oder *didixa*) sehr beliebt. Sie bestehen aus Tabakknollen, welche in Milch gelöst werden. Nachdem die Lösung fest geschüttelt worden ist, wird sie ausgetrunken, worauf präcise Wirkung erfolgen soll.[117]) Die Somál hinwider verlegen sich bei jeglicher Erkrankung gerne auf Purgative (*mogat* oder *hunge* oder *muntâg*), die aus Potasche, vermengt mit Tabak und Salz, gelöst in Kaffee oder Wasser eingenommen werden.[118])

Chirurgische Eingriffe können bei den nordost-afrikanischen Völkern, bei denen merkwürdigerweise eine ausgebildete Terminologie zur Bezeichnung aller Körpertheile existirt, wie nicht anders nur stümperhaft bleiben. Sie kommen bei der Wundbehandlung in Anwendung, zumal bei der Curirung des Schlangenbisses. Bei den Somál sind die Midgan die prakticirenden Chirurgen, die z. B. Knochenbrüche ganz gut behandeln können. Wunden vernarben in den Galla-Gebieten langsam.[119]) Man unterbindet mit Stricken (som. *gallöl*) den Blutzufluss zur verwundeten Stelle, reinigt diese und greift dann bald zur Ausbrennung der Wunde oder zur Uebergiessung derselben mit heisser Butter. Fracturen aller Art heilen rasch.[120]) Bei den Galla sehr beliebt ist bei Entzündungen der Larynx und der Respirationsorgane die Abreissung des Halszäpfchens mittelst eines Seidenfadens. Zum Vollzuge der Schröpfungen (orom. *köba*) bedienen sich die Galla kleiner Schröpfhörner, mit welchen sie an dem erkrankten Theile die Haut rasch emporheben und dann mit einem Messer den Einschnitt machen.[121]) Bei Sonnenstich entziehen die Galla, wie die Abessinier, dem Erkrankten Blut im Genicke. Chirurgisch kann man auch die Abwehr des Fiebers, eigentlich jedes Unwohlseins nennen. Diese wird in der Weise vollzogen, dass man mit einem glühenden Eisen (orom. *matschás*) oder einem angebrannten (verkohlten) Span auf Brust und Armen an bestimmten Stellen Brandmäler eindrückt oder Brandnarben (afar. *andain*) verursacht, angeblich um dadurch dem Bedrohten (zumeist Fiebernden) die Hitze zu benehmen, in Wahrheit aber, um erst recht Wundfieber zu erzeugen. Mit solchen Brandnarben sind denn auch die Nordost-Afrikaner über und über bedeckt. Man bringt sie z. B. an Handflächen, im Gesichte (afar. *dahár*, *hirhir*) und Fusssohlen an, um Leibschmerzen und Kolik (wozu auch Aderlass am Bauche geschieht) zu bannen. Es ist dies eine Tatuirung aus sanitären Rücksichten und bewährt sich gut. Wie schon einmal angedeutet, machte es auf mich stets den Eindruck, als machte man diese Narben zur Zeit der beginnenden Pubertät aus dem Grunde, um bei dem Manne, denn nur dieser wird gebrannt, nicht auch das Weib, eine Repression der erwachten Manneskraft durch Wundheilungsprocesse zu bewirken. Es bleibt abzuwarten, ob andere Forscher diese Auffassung bestätigen werden. Schusswunden, die mit Wabâjo Gift inficirt sind, schneidet man mit dem Messer aus. Auch ohne antiseptisches Verfahren erzielen die Galla-Chirurgen manchmal glänzende Heilerfolge.

Von sonstiger auffälliger Medicinalverwendung wäre noch zu erwähnen, dass 'Afar und Somâl gerne des Bachschlammes (*dobbo*) sich bedienen, um damit Wunden und kranke Körperstellen überhaupt zu bedecken — eine Art Hydrotherapie, der man so gerne huldigt. Es mag ein antiseptisches Moment hiezu bewegen, weil man namentlich gerne mit Schlamm Wunden verkleistert — Salben sind unbekannt — die sowohl vor weiterer Verunreinigung, als auch ganz besonders vor dem Sonnenbrand dadurch geschützt sind. Am Platze und vielgeübt ist das Auflegen warmen Kuhdrecks auf den Bauch der Kranken bei nachgewiesener Kolik. Abergläubisch ist das Trinken des Blutes, das den Wunden entströmt. Die Somâl thun dies so häufig in der Meinung, dann nicht sterben zu müssen, wenn sie das dem Körper entweichende Blut wieder demselben zuführen. Das Blut schwarzer Thiere hat nach der Anschauung von Galla und Somâl die Gesundheit wiederherstellende Kraft. Die südlichen Galla trinken eine Mixtur von Milch und Blut oder Blut allein, das sie den Kühen am Halse abgezapft.[168]) Straussenmark als Medicament gegen Rheumatismen wenden die Somâl und 'Afar äusserlich an. Bei einer anderen Gebrauchsweise kann man leicht an ein Roborans denken, und vielleicht verwendet man das Mittel mit Recht, weil die Rheumatischen in der Regel in der Ernährung stark zurückgeblieben sind, zumeist in Folge mangelhaften Stoffwechsels bei dem Fehlen aller körperlichen Bewegung. In Vergiftungsfällen, die nur zufällig durch Irrthum vorkommen können, trachtet man die Wirkung des Wabâjo-Giftes durch Salzgenuss in kleinen Dosen zu paralysiren.[169])

Mit dem Anbau oder der sonstigen Pflege von Heilkräutern befasst man sich in Nordost-Afrika nicht. Dem Somâl gab die Natur die Myrrhe, die bei Erkrankungen des Verdauungstractes als Universalmittel gebraucht wird. Die Borâna-Galla vom Stamme der Jûl sollen zwar eine Medicinalpflanze (*dawa*) cultiviren und zu Markte bringen. Der Name derselben bedeutet in dem Somâli und 'Afar «Arznei» überhaupt und so ist vielleicht hierbei auf einen Handel mit Medicamenten zu denken. Auch die Somâl blicken auf ihre Medicinalbäume (*gagabôd*) mit einer Art von Scheu und Verehrung, allein weiter geht man nicht. Braucht man Medicamina, so sucht man sie gewöhnlich erst in Gottes freier Natur.

So wenig man der Cultur der Arzneimittel ein Augenmerk zuwendet, ebenso wenig widmet man sich der Pflege der Kranken. Bessert sich ein Leiden nicht rasch, so ist der Somâli und Dankali z. B. gleich bereit, den Kranken den Löwen und Hyänen auszusetzen. Während meiner Anwesenheit zu Harar hat man die Blatternkranken, um sich deren zu entledigen, einfach über Nacht auf die Gasse gesetzt: sie wurden dann sicher ein Beute der Hyänen. Der Dankali und Somáli näht indessen Erkrankte, wofern sie Aussicht auf baldige Genesung bieten und transportabel sind, auf dem Marsche in Thierhäute ein und befestigt diese auf dem Kameelrücken. Mädchen haben dann die Aufgabe, die mit Kranken beladenen Thiere zu führen. Kann ein Kranker nicht von der Stelle, so wird er zurückgelassen und aus Steinen eine Art Sarkophaggehäuse um ihn gebaut, damit ihn die wilden Thiere nicht beschädigen können. Man legt Nahrung neben den Kranken, wohl auch einen wuchtigen Stock, und der Zurückgelassene stösst Jammerlaute aus, auf die hin eben vorbeiziehende Stammesbrüder ihm zu Hilfe zu eilen pflegen, seine Steinmauern erneuern und ihn mit Nahrung versorgen. Gar oft freilich erstürmen wilde Bestien in der Nacht das Bollwerk und zerreissen den Kranken. Aber nicht selten geschieht es auch, dass der krank Zurückgebliebene nach einigen Tagen wohlgemuth und gesund wieder bei seinen Brüdern eintrifft.

Von Epidemien (som. *udûr dáfa*; orom. *dukubba dabrú*) sind in Nordost-Afrika erstlich die Pestepidemien an der Benadir-Küste vom Jahre 1818 und 1819, dann 1832—1835, welche sich von Mombás aus nach den Somál- und Galla-Gebieten verbreiteten, dann die Choleraepidemie (orom. *kalesa* oder *dekamsa*), die 1865 längs der Küste nach Süden zog, und jene, die 1869 von Brawa aus gegen den Rudolf-See grassirte, die Blatternepidemie vom Jahre 1886, die Schoa heimsuchte, endlich die Cholera vom Jahre 1891 und 1892, welche von Harar aus mit furchtbarer Vehemenz über das ganze afrikanische Osthorn hereinbrach, namentlich zu erwähnen. Die südlichen Galla wollten in dem Extracte einer einheimischen Nuss ein Mittel gegen die Cholera gefunden haben, wie R. Brenner erzählte. An der Benadir-Küste herrschen bei dem Einsetzen des Südwest-Monsuns alljährlich epidemieartige Augenentzündungen. Ein permanenter Epidemieherd, wie solche in Indien bestehen, existirt in Nordost-Afrika nirgends. Die Eingebornen sind natürlich einer Epidemie oder jedweder Seuche gegenüber völlig machtlos und empfinden sie dann erst recht hart, wenn sie mit einer Rinderpest verbunden auftritt. Man setzt sie in der Regel auf Rechnung des Erscheinens fabelhafter Thiere.

Mancherlei Interesse beansprucht in Nordost-Afrika die Stellung des Arztes (som. *hakim*, ganz der arab. ﺣﻜﻴﻢ oder ﻃﺒﻴﺐ; 'afar. *dawa báhela*; orom. *odjésa*, *abba koritscha*, d. i. «Vater der Medicin», *náma koritscha* «Medicinmann»; abess. ʊʰ.ም oder *bala midanit* «Herr der Arzneien»). Er bleibt stets ein mit Zaubergewalt begabter Mann im Glauben des Volkes, sei er nun der Midgan der Somál oder Danákil oder der Zaubermann und Priester der Oromó.[281]) Diese letzteren kennen nach Massaja vornehmlich eine doppelte Gattung der Zauberdoctoren, den *kámsitu*, den eigentlichen Regenmacher oder Serenator, der also nur im Allgemeinen oder indirect durch vermeintliche Spendung guten oder schlechten Wetters auf die Gesundheit der Galla Einfluss nimmt, und den *aritu*, den eigentlichen Krankheitsaustreiber, der die Kranken mit

einem langen Stocke weidlich durchzuprügeln pflegt, um die Krankheit aus-
zutreiben, und sich dafür sehr gut bezahlen lässt. Massaja meint, eingebildete
Kranke würden unter solch barbarischer Behandlung in der Regel rasch auf
die Beine gebracht, wahrhafte Kranke verlören aber wie begreiflich unter den
Hieben des Doctors das Leben. Nicht selten machen die Zauberer glauben,
sie könnten Einem eine Krankheit beibringen, und zwingen ihn zu grossen
Opfern behufs Abwehr derselben. Die Eingebornen sind der Meinung, die
Medicamente des Arztes wirkten am besten, je länger man sie bei sich trage.
Pulver, die ein wirklicher Heilkundiger verabreicht, werden am liebsten in
einem Amuletttäschchen am Halse getragen. Dies charakterisirt am besten das
Vertrauen zu den Aerzten, die sich gerne mit Mystik und Hocuspocus-Appa-
raten umgeben, aber im Grunde doch noch besser sind wie die Regenmacher
der afrikanischen Neger.

Capitel 8: Familienleben.

In dem Familienleben, dessen Phasen und Wechselfällen spiegelt sich
ein gutes Stück materieller Cultur der Völker. Die Hauptmomente desselben
müssen daher hier zusammengefasst werden, und zwar ganz im Rahmen der
sie begleitenden Ceremonien und Bräuche, deren Fülle oder Armuth der materiellen Seite des Familienlebens erst das wahre Relief gibt.

Das Familienleben der Nordost-Afrikaner weist einen Stock originaler
Züge auf, die durch islamitische und äthiopische Anschauungen vielfach beeinflusst und modificirt worden sind. Die Familie im engeren Sinne hat sich
bei 'Afar, Somâl und Oromó vom Stamme noch nicht so weit abgezweigt als
bei anderen Völkern, die patriarchalische Kraft wirkt noch in voller Frische
und Intensität vom Stammeshaupte ausstrahlend, auf die Häupter und Glieder
der Familien ein, und diese hinwieder fühlen sich viel lebhafter als Angehörige des Stammes und halten viel inniger zusammen denn anderwärts auf
dem afrikanischen Continente. Die festigende Macht der Geschichte, Religion
und sonstiger Momente geistiger Cultur übt hierbei, wie später dargethan
werden soll, minimalen Einfluss, und so muss der Grund in mancherlei Wirkungen materieller Cultur gesucht werden, vornehmlich in der warmen Pflege
und in der mit allem Eifer erstrebten Vermehrung des ererbten Besitzes an
materiellen Gütern, die alles Dichten und Trachten der Familienmitglieder in
Anspruch nehmen und beleben. Niemals wird es z. B. vorkommen, dass ein
Somâli bei einem Nachbarstamme oder ausserhalb des Somâl-Landes sein
Fortkommen suchen werde, es sei denn ein Verstossener. Jeder wahrt und
mehrt ängstlich das Seine, und so kommt es auch, dass in Folge der Concen-
tration zur Pflege des Eigenen eine Eifersucht, ja Feindschaft der Stämme
unter einander zu gewahren ist. Das Familienleben der Nomaden ist inniger,
weil die Mitglieder einer nonadischen Familie im Gebrauche und Genusse

materieller Güter viel mehr gegenseitig auf einander angewiesen sind als die Mitglieder eines Hausstandes von Sesshaften.

Wollen wir die einzelnen Phasen des Familienlebens würdigen, so entsteht zunächst die Frage, was man bei den Bewohnern des afrikanischen Osthornes unter Familie (som. *tôl, hâs;* 'afar. *hâri;* orom. *fira, gôsa, worra, manna, sanji*) verstehe. Die Polygamie lässt die Angehörigen einer Familie oft zu grosser Zahl anschwellen. Im Allgemeinen kann die Nachkommenschaft jeder Ehefrau, im weiteren Sinne jeder Frau eines Hausstandes zusammt mit dem Vater und der Mutter selbst als zur Familie im engeren Sinne gehörig betrachtet werden. Bei den Somâl und 'Afar führen die Kinder einer Frau (som. *koha*) den Namen des ältesten Sohnes, bilden sonach Sippen, die gleichberechtigt unter einander sind.[185]) Ein ähnliches Verhältniss besteht bei den Oromó, mit dem Unterschiede, dass die Nachkommenschaft von Sclavinnen bei den heidnischen Galla als nicht zur Familie gehörig angesehen wird, oft abseits wohnt und an anderem Tische genährt wird. Bei den Galla wird an dem Grundsatze der Consanguinität *(firôma)* festgehalten, wenn von Angehörigen einer Familie die Rede ist, die durch die Ehe begründet sein muss, während bei den 'Afar und Somâl lediglich die muselmanische Auffassung platzgreift. Der Somâli hat für den Kreis der entfernteren Verwandten die Bezeichnung *higâl,* der 'Afar jene *maré.* Folgende Tabelle gibt über die Bezeichnungen der Verwandtschaftsgrade bei den drei Völkern Aufschluss:[186])

Somâli:	'Afar:	Oromó:
Vater: *aba.*	*abbâ.*	*abba* (auch Ehrenname alter Männer, wie unser «Väterchen»).
Mutter: *hôjo (âjo,* Stiefm.).	*inâ.*	*hada, inâ* (Ehrenname jeder alten Frau, wie unser «Mütterchen»).
Bruder: *wil-alkâj.*	*inâ bala*(«Mutterssohn»). *sahâl;* älterer Bruder: *nabâ sahâl;* jüngerer Bruder: *hundâ sahâl.*	*obolésa, obolâ; inâ bala* = leiblicher Bruder; *abba balâ* — Halbbruder.
Schwester: *wil-aschâj (wilâl).*	*sâhala, inât balâ.*	*obolêti.*
Oheim (Vaters Bruder): *adêra.*	*hámmi, abba sâhala.*	*wasilla* (auch Gross-Oheim).
Oheim (Mutters Bruder): *apti.*	*abu.*	*gâja (ésuma).*
Grossvater: *awo.*	*abûja.*	*abatijû.*
Grossmutter: *habr, ajâjo, maôj.*	*abûja.*	*akakajô, akkâh.*

Somáli:	'Afar:	Oromó:
Schwiegermutter: *soddoh.*	*ballá, agabujtái iná.*	
Schwiegervater: ⎫	*balla, baheli abba.*	
Schwiegersohn u. ⎬ *sodúg.*	Vetter: *abba saheli, bála.*	*sódda* (auch jeder Schwä-
Schwager: ⎪	Schwiegertochter: *ballá,*	gerschafts- u. Vetter-
Vetter: *seddi, ganin.*	*belli agabujtá.*	schaftsgrad).
	Schwiegersohn: *balla,*	
	balát bahelá.	
Enkel: *sûa waldl.*	*abusûma.*	
Tante (Vaters Schwester):		
eddo.	⎫ *anná, inás sahalá.*	
Tante (Mutters Schwe-	⎬	⎫ *hadadá.*
ster): *habr-jér.*	⎪	⎬
Neffe: *inanki wil-alkáj.*	*kuómmi.*	⎪
Sohn: *arur, wil.*	*bald, auka.*	*ilma obolésa* (auch Enkel).
Tochter: *gabdd* (Plur. *hab-*	*bald, auka.*	*antála* (Anruf jedes er-
lo, gabdo).		wachsenen Weibes).

Der Haus- oder Familienvater (orom. *abba manna, abba worra*) ist zugleich der Herr (orom. *gofta*) und Besitzer des gesammten Eigenthums der Familie, auch Herr über Leben und Tod sämmtlicher Familienangehörigen, die Mutter ('afar. *agábo;* orom. *antaló, niti, naddeni*), die *hada manna* («Mutter des Hauses») und *gifti* («Herrin») zugleich, hat aber keinerlei Eigenthumsrecht an den Kindern (som. *ulmo*) oder dem Vermögen der Familie bei all' ihrer bevorzugten Stellung und ihrem grossen moralischen Einflusse in der Familie gegenüber anderen Frauen der Afrikaner, besonders der Neger. Die Kinder eines Paares sind nach den Begriffen der Nordost-Afrikaner kaum höher aufzufassen als Sachen. Sie sind Eigenthum des Vaters, dem sie zu arbeiten haben, von dem sie sich loskaufen müssen, der sie verkaufen kann und dem sie abgekauft werden müssen. Der Vater ist ihnen gegenüber zu nichts verpflichtet, nicht einmal zur Erhaltung ihres Lebens, wenn sie so weit entwickelt sind, dass sie das physische Leben selbst zu fristen im Stande sind. Nur durch Heirat, und zwar im Falle des Besitzes von Nachkommenschaft, werden sie der Familie entzogen, d. h. von derselben völlig getrennt (als Sachen betrachtet, was vollkommen zutrifft, eigentlich verkauft) also selbstständig in jeder Beziehung und erhalten die Rechte eines Hausvaters, beziehungsweise die Rechte und Verpflichtungen einer Hausmutter. Ihre Arbeitskraft gehört somit dem Vater bis zu dem Momente, wo sie die Familie verlassen und selbst Häupter einer Familie werden. Von dem mit Hilfe ihrer Kraft erworbenen Gute ist der Vater ihnen nichts zu geben verhalten, und er theilt an sie aus, was er will und wann er will. Kein anderes Recht als einzig das Erbrecht, das nur nach dem Tode des Vaters eintritt und auf Seite des ältesten Sohnes ist, verändert das Verhältniss. Die Gattin steht insoferne in einem noch schlimmeren, völlig rechtlosen Verhältnisse zum Hausvater, weil sie nicht einmal ein Erbrecht besitzt. Auch sie bleibt, für Sachen erkauft, eine Sache des Mannes. Unter solchen Umständen bleibt merkwürdig, dass bei der naturgemäss eintretenden Entfremdung der Kinder von den Eltern das patriarchalische Prestige der Väter und Stammeshäupter durchaus nicht leidet, im Gegentheil sehr lebendig ist und lebhaft bethätigt wird.

Dies glauben wir vorausschicken zu müssen, um manchen Brauch, manche Rechtslage in dem Familienleben der Eingebornen dem Verständnisse zuführen zu können. Dem Aeussern nach macht die Familie besonders bei den Galla den Eindruck einer zahlreichen Gesellschaft, selbst bei sterilen Ehepaaren, die durch Adoption von Kindern und Aufnahme von Dienerschaft ihre Arbeitskräfte zu vermehren wissen. Jede Familie bewohnt bei den Galla ein Haus, die Verwandten einer solchen eine Häusergruppe. Bei den Oromó findet man oft eine ganze Ortschaft, die lauter nahe unter einander Verwandte bewohnen. Die Somál wohnen dagegen getrennt von einander. Das Zusammenleben ist friedlich, das Entgegenkommen der Familienmitglieder einander gegenüber freundlich im Gegensatze zu den häufig zänkischen Arabern. Den erwachsenen Söhnen fällt die Aufgabe zu, die Heerden zu überwachen und die Producte von denselben zu sammeln. Die erwachsenen Töchter bestellen bei den Galla das Haus, bei den Somál und 'Afar weiden sie mit den Jünglingen die Heerden. Erst der verheiratete Galla verrichtet Arbeit beim Bodenbau.

Verfolgen wir nach diesen Vorausschickungen nun den Lebenslauf des Individuums, weil sich darin das Familienleben am besten abspiegelt.

Ist eine Frau der Somál oder 'Afar schwanger (som. *dallin;* 'afar. *sonúf;* orom. *djalu*), so wird bei dem Bekanntwerden der Sache unter den Verwandten weiter keine Feier veranstaltet. Der Gatte derselben macht das Ereigniss prahlend unter den Nachbarn bekannt und stellt wohl ein oder das andere Mal für den zu erwartenden Sprössling ein Schaf, bei Reichen ein Kameel oder ein Rind auf die Seite. Die reichen Oromó südlich von Schoa und in Harar dagegen begehen den Beginn der Schwangerschaft ihrer Frauen und Concubinen bei Hoch und Niedrig durch eine eigene Festivität, den *karrie morá.* [1]) Trommelschlag und Sang von einigen Hundert Personen kündigen das frohe Ereigniss an einem der Abende an. Inmitten einer fröhlichen Schaar intervenirt wie bei einer Hochzeit ein *mari* (Brautführer), der die Rolle eines Familienceremoniärs hat, und färbt das Haar der Schwangeren an der Stirne weiss oder grau, damit das Weib als eine Gekennzeichnete überall auffalle, wahrscheinlich aber, dass Jedermann von vorneherein auf den Zustand der Gekennzeichneten bei jeder Gelegenheit Rücksicht nehmen könne. Die gefärbte Stelle wird wohl häufig gleich mittelst einer Scheere ausgeschnitten (*karrie morá*), so dass jede Mühe beim Toilettemachen erspart wird. Von dem Augenblicke an trägt das weibliche Wesen keine Glatze mehr, sondern lässt das Haar am Scheitel frei wachsen. Es ist selbstverständlich, dass die Schwangere fortab von harter Arbeit befreit ist und, sei sie auch

früher eine niedrige Sclavin gewesen, nunmehr nur die leichte Arbeit des
Mittagtisches besorgt. Sowohl die Schwangere als auch deren Gemahl werden
von Verwandten und Nachbarn beschenkt, zumal von den zu dem Karrié
Morá-Feste Geladenen.

Es ist selbstverständlich, dass die Schwangere (som. *ûr;* orom. *ulfa*), die
dem Manne entweder eine Arbeitskraft zur Vermehrung seines Besitzes oder,
wenn sie ein Mädchen gebären sollte, soviel wie baares Geld zu schenken im
Begriffe steht, liebe- und rücksichtsvoll behandelt wird, und dass ihr besonders
bei den Somál auch glänzende Versprechungen gemacht werden. Die
Frauen selbst nehmen wenig Rücksicht auf ihren Zustand und gehen ihrer gewöhnlichen Beschäftigung freudig nach. Das Weib des Nordost-Afrikaners
lehnt überhaupt, so schien es mir immer, Rücksicht gerne ab, ein eigenthümlich berührendes Moment. Ist die schwere Stunde gekommen, so wird die Mithilfe einer Hebamme (orom. *olatti;* 'afar. *ulat inâ*) in Anspruch genommen. Die
Niederkunft ('afar. *dalaja;* som. *dalnin;* orom. *detschu, dalota, dalnan, dalatschu*)
erfolgt in der Hütte oder *manna.* Die Kreissende hockt nach Eintritt der stär-
keren Wehen nieder, und in dieser Stellung erfolgt blos in Gegenwart von
Frauen, welche die Gebärende mit stärkendem Tranke, bestehend aus einem
Absude von Acazienblättern und Acazienrinde, versehen und mit Amuleten
behängen, die Geburt des Kindes. Freundinnen der Wöchnerin übernehmen
dasselbe, waschen, pflegen und nähren es mit Butter und Myrrhen, räuchern,
waschen und desinficiren die Mutter, die das Kind selbst zur Brust nimmt. Der
Vater betritt erst nach beendetem Geburtsacte die Geburtsstätte, wiegt den
Sprössling (orom. *ilma, dala*) auf den Armen, wie es islamitischer Brauch ist ('Afar
und Somál) und gibt ihm noch an demselben Tage einen Namen. Der heidnische
Oromó-Vater, dessen Frau unmittelbar nach der Geburt des Kindes ein an
classische Laute gemahnendes *elelé* = Freudengeschrei ausgestossen hat, verkündet den Familienzuwachs, einen frischen Zweig *(wadéssa)* in den Händen
schwingend, bei den Mannas der Nachbarn umhergehend und seine Freunde
zur Theilnahme an der Freude auffordernd.[159]) Theilnehmende Freundinnen
der Wöchnerin geben bei den Somál und 'Afar durch Anlegen rother Kleider,
Zusendung von Geschenken und anderen Aeusserlichkeiten ihrer Freude über
die Niederkunft Ausdruck und begleiten den Eintritt des Kindes in die Welt
mit lautem Sang und ausgelassener Fröhlichkeit.

Die Namen, welche den Kindern in Nordost-Afrika gegeben werden,
sind interessant und geben davon Zeugniss, wie z. B. die Oromó eng mit der
Natur verwachsen sind. Die Namen der Somál-Kinder sind nach Burton
«generaly derived from their pagan ancestors»;[160]) allein die Musterung einer
Namensliste beweist, dass moderne arabisch-islamitische Namen bei Weitem
überwiegen. Namen wie: Samatar, Madar, Rirâsch, Diddar, Igah, Aljân u. A.
(mascul.), und Aurâla, Asobâ, Samawedâ, Záhabo, Roho, Majrân (femin.) sind
allerdings sämmtlich heidnischen Ursprungs und haben hamitische, nicht semitische Wurzeln, allein sie sind auch verhältnissmässig selten. Es überwiegen

die Muhammede, Ibráhime, 'Alis, Fátimas, Aischas. Freilich muss berücksichtigt werden, dass seit beinahe 40 Jahren der Islâm unter den Somál und 'Afar
grosse Fortschritte gemacht und nach Intensität wie Extensität bedeutend ge-
wonnen hat. Die Oromó geben ihren Kindern oft die Namen ihrer heimatlichen Berge, [180]) sonst aber ganz reizende Namen wie: Negûs-Schumi (»mein
König, Sohn des Schumi«), Workié (»mein Gold«), Berrú (»dein Silber«), Gama
(»Trost«), Wokebié (»mein Stern«). [181]) Häufig findet man auch Namen wie:
Darinu, Gomol, Gudata, Gura, Dschawi (»grosse Schlange«), Kalo, Lomi,
Mamme (mascul.), Sanna, Sasaba, Sobikó, Soré, Roba (»Regen«), Mowa (femin.),
Ipsa (»Licht«), Dungo (»Kuss«) u. v. A. m. Hier kann sofort bemerkt werden,
dass bei den Oromó unter Verwandten der Brauch besteht, den Namen eines
der Mitglieder der Familie anzunehmen, wenn es hervorragende Eigenschaften
besitzt. So nimmt der Vater den Namen des Sohnes an, wenn dieser sich durch
Tapferkeit im Kriege oder sonst ausgezeichnet hat, ja selbst die Namen der
Thiere, wie der Pferde, werden unter Voraussetzung von *abba* (Vater von) angenommen, wenn sich die Thiere hervorragend bethätigt haben, dem Eigenthümer z. B. das Leben retteten u. s. w. [182]) Zwillinge (som. *mattano; *orom. *lakú;*
'afar. *gânga*) werden in Nordost-Afrika sehr selten geboren — ein merkwürdi-
ges Spiel der Natur.

Gross ist bei den Oromó die Verehrung der Erstgebornen. In kleineren
Ansiedlungen nennt man die erstgebornen Knaben *abba bukú* (»Vater des
Scepters«), kurz soviel, wie bei uns die Mütter gerne ihren Erstgebornen den
»Prinzen« nennen. Zwei Drittel alles Eigenthums des Vaters fällt ihnen zu,
während die Nachgebornen alle zusammen mit einem Drittel sich begnügen
müssen. Die jüngeren Brüder ehren ganz besonders den ältesten und gehorchen ihm auch, selbst wenn er schwächer oder minder veranlagt wäre, als
sie. [183]) Auch werden die Erstgebornen bei minder wichtigen Anlässen zuerst
um ihre Meinung befragt.

Das Wochenbett der Frauen dauert bei allen drei Völkern des afrikanischen Osthornes so lange, als die Nabelschnur des Neugebornen zur Vertrock-
nung benöthigt, also 6—8 Tage. Die Somál- und 'Afar-Frau bleibt während
dieser Zeit in der Hütte und enthält sich jedes Verkehres mit der Aussen-
welt. [184]) Die abgefallene Nabelschnur wird bei den Somál sorgfältig aufbewahrt, mit Leder übernäht und gilt als Amulet für Kameelstuten, die dann
Eigenthum des Kindes werden, sammt allen Jungen, die sie werfen. [185]) Dass
sich die Mutter 45 Tage lang nach der Geburt vor fremden Männern verbergen müsse, wie Haggenmacher erkundet haben will, haben ich und Andere
nicht vernommen; wohl aber ist richtig, dass die Wöchnerin, wenn sie nach
6—7 Tagen die Gurgi wieder verlässt, das Neugeborne in Linnen am Rücken
tragend. Männergesellschaft noch eine Zeit hindurch meidet, aber nur so lange,
als ihre Reinigung ein Abseitstreten aus der Gesellschaft überhaupt verlangt.
was aber kaum länger als 3—4 Wochen dauert. Also sanitäre und ästhetische
Gründe sind für das Vermeiden der Männerblicke massgebend.

Die Oromó-Mütter begehen den Abfall der Nabelschnur durch ein kleines Familienfest, an welchem auch Freunde und Freundinnen des Elternpaares theilnehmen. Wenn ein Knabe geboren ward, so findet an dem Tage des Nabelschnurabfalles bei den südlichen Galla auch die Namengebung statt. Die Nabelschnur wird an der Thür der *manna* oder im Hause verwahrt und gilt gleichfalls als Talisman. Der Vater gibt den Namen an und nimmt hierbei den Säugling in die Arme und wiegt ihn freudig auf denselben. Das Gleiche thun auch die geladenen Freunde, wobei auch Lieder gesungen werden zum Lobe des Kleinen und die Hoffnung enthaltend, er werde dereinst die Somâl-Feinde tapfer schlagen.[196] Bei den Somâl haben die Parias (Jebîr und Midgan) die Pflicht, bei der Geburt eines Kindes dem freien Manne, dem sie Dienste leisten, Geschenke darzubringen[197] — ein uralter Brauch, der aus Arabien stammt.

Die Galla und Somâl von Harar lösen gleichfalls die Nabelschnur der Neugebornen erst nach einer Woche vom Tage der Geburt, binden sie an den Hals der Pferde und Kühe, und von den Spendern der Thiere erhält das Kind der Reihe nach die Namen. Das Thier, das die Nabelschnur eines Neugebornen trägt, heisst *landurá*. Segnungen durch die Dorfältesten, welche das Kind salben und ihm einen Namen geben, sind allgemein üblich, und man nennt sie *moggô*. Ein dritter Brauch besteht im Anrufen von Geistern *(samâjo)*, welche eigene Personen, *adagatto* genannt, zu beschwören wissen zum Heile des neuen Weltbürgers, dessen Eltern diese Fürsprache und Segnungen durch ein kleines Opfer erkaufen müssen.[198] Uneheliche Kinder (orom. *gudéda*) sind von vielen der geschilderten Ceremonien ausgeschlossen, aber im Allgemeinen ebenso behandelt wie die ehelichen. Wenn von einem Wochenbette des Mannes bei den Oromó die Rede war, wie es die amerikanischen Mischlinge und auch Naturvölker zu beobachten pflegen, so muss stets daran festgehalten werden, dass es ein solches auch dem Namen nach nicht gibt. Der Ruhe, welcher sich manche Männer nach erfolgter Entbindung ihrer Frauen durch einige Tage hingeben, ist ein Bedürfniss nach Tagen der Freude, Aufregung und Ausschweifungen, das sehr begreiflich ist. Kindertödtung üben nur die Galla am Tana in dem Falle nämlich, wenn das erstgeborne Kind ein Mädchen ist.[199]

In Familien, wo Kinder fehlen, werden durch Adoption (orom. *mogassa balfât, baltsch* — adoptiren) welche aufgenommen. Sie erlangen die vollen Rechte ehelicher Kinder, und das Band der Adoption ist ein so festes, dass z. B. einem adoptirten Sohne bei den Galla die Rechte eines Erstgebornen gewahrt bleiben, selbst wenn das adoptirende Paar nachher noch Leibeserben haben sollte. In Kambât wird die Adoption durch Saugen des Blutes des Adoptirten an der Brust des Adoptivvaters vollzogen.[200] Man adoptirt bei den Galla meist dreijährige Kinder, und zwar aus praktischen Gründen in so zarter Jugend, um sie durch Erziehung ganz nach seinem Sinne bilden zu können. Der Adoptivvater bedarf der Zustimmung der Dorfältesten zu seinem Schritte. Das zu adoptirende Kind wird ohne Ceremonie der Mutter abge-

nommen und in den Wald geführt, wo es in den fremden Besitz in der Art
übergeben wird, dass der Vater sich von demselben feierlich lossagt, indem
er erklärt, es sei fortan todt für ihn. Hierauf wird ein Stier getödtet, mit dem
Blute des Rindes die Stirn des Kindes bestrichen (komissa), auch ein Theil des
Fettes des Rindes auf den Hals des Kindes gelegt, und mit einem Stücke der
Thierhaut werden die Hände des Kindes bedeckt (melitja).[301]) Bei den Somál
und Danákil ist die Adoption verhältnissmässig selten, weil kinderlose Ehe-
frauen, eigentlich kinderlose Hausgenossinnen sehr selten sind. Hier hilft der
Islám mit seinen Rechten über die Noth hinweg.

Die Erziehung der Kinder (som., 'afar., orom. Knabe: wil, bald, gurba;
Mädchen: gabád, auka, intala) ist eine gute, weil die Kinder immer unter den
Augen der Erwachsenen sind, aber keineswegs eine sorgfältige, weil man sich
mit ihnen keine Mühe gibt. Die Somál und 'Afar richten die Jungen im Melken
der Kühe und im Werfen der Speere ab und lehren sie einige Verse aus dem
Qorán und ein paar usuelle arabische Worte, und damit ist Alles abgethan. Die
Mädchen lernen Durra zu reiben und das Herdfeuer zu schüren, zu kochen und
zu backen, bei den Galla auch zu nähen und zu waschen. Ueber die Keuschheit
wird, wie schon erwähnt, sorgsam gewacht, und die Jungfräulichkeit (orom.
dubráma oder durbáma, von dubra = die Jungfrau; 'afar. birki) wie die Sittsam-
keit und Keuschheit (orom. kulkulúma) der Mädchen sind hohe Güter. Welche
Jungfrau die Jungfräulichkeit verlor, keine virgo intacta ('afar. baluwa; orom.
naddeni intuku) ist, kann sich bei den Galla nicht mehr legal verheiraten. Bei
den Nomaden soll die Infibulation die Virginität garantiren. Der Eintritt der
Pubertät wird bei Mädchen nicht besonders gefeiert.

Die Jünglinge schaaren sich bei den Heerden umeinander.[302]) Sie heissen
bei den südlichen Galla keeros (ferro?) im Gegensatze zu abba roratti (reifen
Männern, auch djarssa genannt) und haben eine Stufenleiter durchzumachen,
auf welcher sie zunächst ari (Anfangende?) und dann ghába (gurba?) (Vollen-
dende?) werden und eine Heldenthat aufweisen müssen, um unter die reifen
Männer aufgenommen zu werden. Eine besondere Haartracht kennzeichnet
sie in den einzelnen Stadien.[303]) Diese Einrichtung erinnert lebhaft an jene
bei den Massai, wo der elmorán einem keeros der Oromó zu vergleichen wäre.
Der Eintritt der Grossjährigkeit des Jünglings (orom. adda, d. i. Stirne) wird
bei den südlichen Galla nach Wakefield's Darstellung[304]) durch eine Opferfeier
begangen. Wakefield selbst nennt die Gelegenheit die Beschneidung (jara),
welche nach dieser Bemerkung eben ziemlich spät fallen würde, was indessen
nicht unglaublich ist. Der Jüngling zieht mit Eltern und Verwandten aus und
schlägt sein Quartier in einer eigens erbauten Hütte (goma) auf. Man tödtet
ein Rind, lässt dessen Blut frei ausfliessen, taucht den Finger in dasselbe,
worauf die Männer sich mit dem blutigen Finger an der Stirne, die Frauen
vorne am Halse zeichnen. Alle Betheiligten schmieren sich sodann mit dem
von den Nieren losgelösten Fette und legen Hautstücke an den Hals und
belassen sie an demselben bis zum nächsten Tage. Das Rind wird verspeist

und ein reicher Trunk von Hydromele unter fröhlichem Gesange eingenommen.

Einen grausamen Brauch hat Borelli verzeichnet,[305] indem er erwähnt, er habe einen Mann Altessama Azagé des Râs Govanná kennen gelernt, welchen seine Eltern, als er noch ein Kind war, entmannten, um seine Bosheit zu brechen. Da auch mir von Eingebornen erzählt wurde, die Galla wendeten ehemals diese Strafe bei Kindern an, so bin ich geneigt, an eine Uebung des grausamen Brauches in der Gegenwart zu glauben und ihn zumal bei den Oromó Schoas anzunehmen, die mit Abessiniern sehr vermischt sind, von welchen sie diesen altorientalischen Brauch angenommen haben mögen. Wenn oben gesagt worden ist, die Galla hüteten ängstlich die Jungfräulichkeit ihrer Töchter, so muss andererseits wieder darauf hingewiesen werden, dass die Mädchen in Schoa, sowohl reine Abessinierinnen wie Galla, ungemein frei leben, nach europäischer Auffassung eigentlich höchst anstössig, und dass daselbst die wenigsten die *dubrâma* in die Ehe mitbringen. Ausserdem mag auch hervorgehoben werden, dass die Galla-Frau in der Ehe die strengen Grundsätze der Zurückgezogenheit völlig aufgibt, und dass namentlich in der Nähe grosser Plätze, wie Harars, Antottos, Ankobers, die Galla-Frauen um kleine Geschenke bewogen werden können, die eheliche Treue zu brechen, und das noch in ganz jungen Jahren, nicht etwa weit entfernt von den Tagen der Mädchenschaft oder als *djarti*, d. h. ältere Frauen, die bereits aufgehört haben, fruchtbar zu sein und, nach gallanischer Meinung, nicht mehr befürchten müssen, dass aus ihren galanten Abenteuern Zerwürfnisse in der Ehe entstehen.

Die Ehe und das Zusammenleben mit Frau und Kindern ('afar. *mared, gendho, digib;* orom. *amamûta, fuddâ, gajâ, nakû-kâka, crumsu* = heiraten: som. *mir, gur, gursi* = die Wahl machen) ist eine Nothwendigkeit für den Nordost-Afrikaner, der sich keiner entzieht oder zu entziehen vermag, im Rahmen materieller Cultur ein Bedürfniss. Hagestolze und alte Jungfrauen gibt es nicht. Das Ledigbleiben schliesst alle Möglichkeit aus, sich erhalten zu können, namentlich in vorgerücktem Alter; es schliesst auch die Möglichkeit aus, wohlhabend oder reich zu werden, das Ziel alles Trachtens des Nordost-Afrikaners, und da das Weib einen bedeutenden Geldwerth repräsentirt, so bleibt auch dieser Schatz nirgends unbehoben. Dass es natürlich aus verschiedenartigen Gründen, die mancherlei Lebenslagen mit sich bringen, dennoch unverheiratete Mädchen, besonders bei den Galla, wo auch das weibliche Geschlecht an Zahl überwiegt, gibt, ist selbstverständlich. Doch fällt eine grosse Zahl alter Mädchen nur bei den Somâl auf, bei denen die Heirat von Cousins z. B. etwas Unerhörtes ist.

Das Alter, in welchem Ehen unter den 'Afar und Somâl geschlossen werden, sind 15 Jahre auf Seiten des Mannes und 13 Jahre (bei 'Afar vom 7. Jahre ab, wo die Frau aber noch einige Zeit geschont wird) auf Seiten des Weibes. Der Galla-Mann vermählt sich im Alter von 16—18 Jahren, das Galla-Weib im Alter von 12—16 Jahren. Die Mädchen als Bräute ('afar. *abcnâ;* som. *hubla,*

arosád; orom. *dubba, herumti, kandscho, muschira*) sind bei den Völkern Nordost-
Afrikas eigentlich erst im 15. Lebensjahre (bei den Ejssa- und Gadaburssi-
Somál heiraten sie auch erst in diesem Alter) in wahrer Jugendblüthe und am
schönsten, allein diese Entfaltung zur höchsten Blüthe bewirkt erst in der
Regel das Leben und die Zufriedenheit in der Ehe. Bei den Somál sind entschieden die Frauen dann körperlich am schönsten, wenn sie ein Kind geboren
haben. Dasselbe gilt von den Oromó-Mädchen *(mutschajó, habaschi),* die ja
wegen des schönen Wuchses, der vollen Brust und des Ebenmasses der Glieder und Gesichtszüge in der ganzen orientalischen Welt berühmt sind. Die
Ehe wird bei diesen Völkern mit der Brautwerbung angetreten. Bei den Somál
und 'Afar wirbt der Vater des Bräutigams oder Freunde desselben um die
Hand des Mädchens, bei den Oromó nur eigens dazu bestimmte und ausge-
wählte Freunde des Ehewerbers oder dessen Familie, die sogenannten *marrí*
(»Gevatter« des Brautwerbers), unter denen der *marrí-fá* (»der Erste«, richtig
marrí — »er selbst«) eine Art Chef der Freunde bildet und dem dann auch ein
besonderes Amt am Hochzeitstage selbst zufällt. Wahre Neigung der jungen
Leute zu einander ist in der Regel vorauszusetzen, und sie resultirt aus der
Freiheit, mit welcher sich die Geschlechter unter einander bewegen dürfen, so
dass sich thatsächlich das Herz zum Herzen finden kann. Die Ehen unter
nahen Verwandten sind bei 'Afar und Somál unerhört und verboten, bei den
Galla zwar auch ungebräuchlich, aber in manchen Fällen ist selbst die Schwesterehe erlaubt. Manche, besonders Boråna perhorresciren die Verwandtenehe.
Je weiter der Islâm über den Wébi Schabéli vordringt, desto seltener werden
die Verwandtenehen. Nur wenn eine Frau Witwe geworden ist, so verstosst
bei den Somál der Schwager sogar eine seiner legitimen Frauen, um die Witwe
zu heiraten. Drei Monate im Jahre, der *Rajal Dehe, Rajal Dambe* und *Sabuh* (entsprechend den arabischen �, ﺡ, ﻞ) gelten als für Eheschliessungen Unglück
verheissend, und während derselben wird keine Ehe eingegangen.

Hat bei den Somál und 'Afar der Brautvater die Werbung angenommen
— die Somál geben den Schwiegereltern in spe auch Anzahlungen auf Bräute
— so bietet ihm der Brautwerber zwei Speere, einen Schild, eine Wasser-
flasche, ein Gebetleder und einen Tasbich an, also wesentlich solche Gegenstände, die die Proprietäten des Mannes ausmachen.[306]) Sodann wird der Kaufpreis (som. *gifa;* 'afar. *alkum*) vereinbart. Er variirt bei den westlichen Stämmen
von 10—150 weiblichen, milchspendenden Kameelen, 10—15 Pferden, 200 bis
500 Schafen, bei Armen von 10—20 Ziegen, die unter allen Bedingungen aufge-
bracht werden müssen und sollten sie selbst zusammengestohlen oder gar
den Nachbarn geraubt werden. An Stelle der Thiere werden bei den Midjertin-
Somál z. B. auch Maria Theresia-Thaler gegeben, und zwar 150—1000 (letztere
Summe bei sehr reichen Leuten, wie Sultanen. Arme 'Afar zahlen 8—30 Thaler
für die Frau. Naturgemäss bietet man auch der Braut Geschenke, wie das bei
solchen freudigen Momenten selbstverständlich ist. Sie bestehen zumeist in
Perlenschmuck. Die dem Vater des Mädchens bezahlte Summe muss zurück-

gegeben werden, wenn die junge Frau ihren Mann verlässt oder wegen schlechten Betragens von ihm verstossen wird.[307])

Die Oromó senden zu den Eltern der Braut ihre *marri* (meist fünf Mann), die im Vereine mit dem Brautwerber bei dem Brautvater, in dessen Ermanglung bei der Mutter oder den Brüdern der Braut vorsprechen, Kât, Fleisch, Kaffee und Brot bringen[308]) und an einer kleinen Mahlzeit theilnehmen. Freunde des Brautvaters suchen die Manna auf, wo die Deputation der *marri* sich aufhält, und erfahren von der Absicht der Gekommenen, wobei man ihnen die *wodadscha* (einen kleinen Imbiss) verabreicht. Die Freundinnen der Braut rüsten sich, nachdem der Vater derselben seine Einwilligung gegeben, zu einem Tanze, an welchem die Braut hervorragend theilnimmt und nach Beendigung dessen sie mit einem an Perlenschnüren befestigten Ringe von dem Bräutigam beschenkt wird. Diese Ceremonie gilt als Verlobung und man nennt sie *amarti kegatschúf*, d. i. das Ringanlegen, oder *sabatá marúf*, d. i. das Anlegen der Binde, weil die Perlengewinde nicht selten einer Binde gleichen. Bei den südlichen Galla tritt nach Brenner der Brautwerber in die Manna der Braut und wirft ihr lächelnd seine Messingkette vom Halse in den Schoos, ohne ein Wort zu sagen; wird die Kette angenommen, so ist die Verlobung geschlossen.[309]) Während dieser Acte hat man auch den Kaufpreis der Braut mit dem Schwiegervater vereinbart (6—8, in Schoa auch 15—80 Kühe und darüber, je nach den Mitteln des Brautwerbers und seiner Familie). Ohne Kaufpreis an den Vater werden selten Verlobungen abgeschlossen, es müsste denn der Brautwerber ein ganz armer Teufel sein, der eigentlich erst von der Frau ausgestattet werden muss,[310]) was bei der schon einmal erwähnten, ungemein gleichmässigen Schichtung des Eigenthums bei den Galla äusserst selten der Fall ist. Dass es auch nöthig ist, der Frau eine Entschädigung auszuwerfen für den Fall, dass der Mann ihrer überdrüssig würde und sie verstiesse, kann als von selbst einleuchtend gelten. Erst am folgenden Tage überbringt der Brautwerber mit dem *marri* den Kaufpreis und eine Morgengabe für die Frau, welche aus Schmuck, Matten, Töpfen und Aehnlichem besteht. Dass die Braut allerlei Hausrath, den sie schon als Mädchen für den Ehestand gesammelt, bereit hält, wohl auch Milchkühe und Schlachtthiere von den Eltern bekommt (afar. *y arás*) ist ebenfalls selbstverständlich. Doch bewegt sich diese Mitgift bei Nomaden wie Ansässigen in sehr bescheidenen Grenzen, erreicht wohl bei den Somál ausnahmsweise sogar 100 Kameele, und es gilt als unumstösslicher Grundsatz, dass der Mann die Frau um Geld oder Geldeswerth erwerbe, und dass nur er die materiellen Mittel zur Existenz des Paares und der künftigen Familie liefere.

Verweigerung der Hand des Mädchens kommt selten vor. Ereignet sich aber doch einmal der Fall, dass die Eltern des Mädchens nicht zustimmen wollen, dann flieht bei der formellen Werbung die Braut in die Arme des Bräutigams, wirft sich ihm zu Füssen, und mit der Stirne die Erde berührend, schlägt sie unter Liebesbetheuerungen für ihren Erwählten mit den Armen

auf den Boden. Dies gilt als Protest gegen die Willensäusserung der Eltern.
Lärm und Drohungen erheben sich und die selten riskirte Scene endigt damit,
dass die Aeltesten des Stammes die Ehe als legal eingegangen erklären.

Die Polygamie herrscht unter den Islamiten nach muhammedanischem
Ritus; bei den heidnischen Oromó ist sie uralt, doch hat der Mittelmann nur
vereinzelt mehr als eine Frau, der Grosse deren eine ganze Zahl. Bei den
Somâl und 'Afar, also bei den Nomaden, wird streng daran gehalten, unter
einem Dache auch nur eine Frau zu besitzen, nie deren mehrere in einer Behausung zu vereinigen. Dagegen hält man an verschiedenen Plätzen je eine
Frau bis zur Zahl von vier.

Brautraub (orom. *butti* oder *búta*) ist nur bei den Galla, und das auch fast
nur mehr zum Scheine üblich, da die jungen Leute überall Gelegenheit haben,
einander und die Verhältnisse genau kennen zu lernen. In der Gegend von
Harar wird der Spass, denn sonst ist dort der Brautraub nichts Anderes, in
der Nacht ausgeführt, von aller Welt aber als Stück Ritterthums aus ent-
schwundenen Zeiten belächelt. Bei den Galla von Schoa und den centralen
Oromó haben sich mehrere Formen der Brautentführung bis auf den heutigen
Tag erhalten. Die erste *(amamóta* oder *walfuda)* kann mit Recht als ein Raub
der Braut aufgefasst werden. Mehrere Jünglinge machen sich zu Pferde auf,
um das Mädchen bei irgend einer gewohnten Beschäftigung desselben zu ent-
führen. Derjenige, welcher sich der Braut bemächtigt, und mit ihr auf seinem
Rosse das Weite sucht, heisst Bruder und Beschützer des Mädchens *(mingie)*.
Er bringt die Braut in Sicherheit, tödtet ein Kind, bestreicht den Hals des
Mädchens mit dem Blute des Thieres und gibt hierbei der Geraubten aus
seiner Hand von des Opferthieres Blut zu schlürfen. Die Angehörigen der Geraubten erfahren bald von dem Aufenthalte derselben, eilen mit Waffen und
unter Schimpfworten auf den Räuber herbei, doch der Bräutigam ruft die
Dorfältesten *(akakajú)* zusammen, und diese bestimmen die Summe, welche der
Brauträuber dem Vater des Mädchens zu zahlen habe, damit es seine Gattin
werden könne. Ein reicher angehender Schwiegervater überweist gewöhnlich
die Hälfte dieser Summe dem neuen Paare und gibt damit seine Einwilligung
zu der Eheschliessung kund. Der Mutter des Mädchens gibt der Bräutigam,
wenn er mit der Braut zufrieden ist, ein Geschenk an Vieh und Stoffen. Auch
die Akakajú erhalten für ihre Mühewaltung eine Gabe, wenn Alles in Ordnung
ist. Die zweite Gattung des Brautraubes ist lediglich ein formeller (geheuchel-
ter) Raub *(búta)*, wobei die Eltern mit dem Räuber einverstanden sind, an
Opfer und Hochzeitsmahl mit theilnehmen und die Zahlung, die man gütlich
vereinbart, vom Bräutigam entgegennehmen. Die dritte Form der Brautentführung, die sogenannte *asséna*, greift nur dann Platz, wenn Braut und Bräutigam arme Leute sind. Das Mädchen flieht zum Manne ihrer Wahl, bestreut
zum Zeichen, dass sie ihm angehören wolle, dessen Haupt mit frischem Grase,
und bestreut mit solchem auch dessen Wohnung. Häufig, besonders wenn das
Mädchen arm, der Jüngling reich ist, und des letzteren Familie der Verbin-

dung widerstrebt, eilt die Braut zur Hausthür des Bräutigams, indem sie über die hohe Haushecke setzt, und verharrt hier, obgleich von der Familie des Bräutigams gescholten, so lange, bis sie endlich aufgenommen wird und man die Hochzeit in der angeführten Weise macht. Reiche Galla versehen daher ihre Häuser, wenn die Söhne heiratsfähig werden, mit hohen Hecken, damit arme Mädchen nicht eindringen können. Die Akakajú interveniren auch bei einer derart erzwungenen Ehe. Indessen kommt es vor, dass man in solchen Fällen schon im Alter von 6—8 Jahren, ja selbst jüngere Paare verheiratet, wobei die speculirenden Eltern armer Mädchen eine Rolle spielen als Ansporner ihrer Töchter. Die Kinder wohnen und leben dann in der Regel gleich nach der *asséna* zusammen.[311])

Bei den Somál von Ogadén, den Habr Auál und Midjertín ist eine Art Schaustellung der Braut in einem pompösen Aufputze üblich,[312]) und zwar auch nur zum Scheine und um einen gewissen Glanz entfalten zu können. Die Ceremonie besteht in einem Herumführen der Braut zu Fusse oder Pferde. Dieselbe ist mit Parfums und Oel förmlich übergossen und soll in dem Aufzuge die Lüsternheit des Bräutigams erregen, dem erst nach solcher Scene ein hoher Kaufpreis abzuringen getrachtet wird, und der wohl auch die Hochzeitsgabe an das Mädchen freiwillig steigert, wenn das Götterbild entschwunden ist. Arme präsentiren ihr Kind, das nach allen möglichen Wohlgerüchen duftet, in Gesellschaft von Freundinnen, welche mit Wohlgerüchen gefüllte Daberáds zu der Scene mitbringen, um auch die Atmosphäre recht schwül und berückend zu machen. Die 'Afar befolgen ganz dieselben Bräuche.

Es erfolgt, wenn diese vorbereitenden Schritte geschehen sind, die Einsegnung der Ehe durch einen Qadi oder Hádschi oder sonst einen reputablen Mann, der den Qorán zu lesen versteht. Ist keiner zur Hand, so befestigt der Bräutigam einen Acazienzweig an seiner Gurgi, was so viel bedeuten soll, als es sei die religiöse Weihe des Ehebundes vorbei und die Ueberführung der Braut in des Bräutigams Hütte geht dann ohne Weiteres von Statten. Fehlen thatsächlich Priester, so nimmt unmittelbar vor der Niederkunft seiner Frau der Somáli dieser eine Perlenschnur vom Halse und erfleht mit diesem Geschenke nachträglich vom Qadi die Einsegnung der Ehe. Haggenmacher berichtet[313]) von Probenächten, richtiger von einer Probezeit bei einem Somál-Stamme. Der Bräutigam nehme zuerst während drei Tage die Braut zu sich auf Probe: wenn gerade kein Geistlicher in der Nähe sei, so lebt das Pärchen einige Zeit in wilder Ehe. Gewöhnlich werde dann der Erstgeborne zu einem Qadi abgesandt, um sich einen Heiratsschein für seine Eltern ausstellen zu lassen. Mir und anderen Forschern und Reisenden ist von solcher Probezeit nichts bekannt geworden.[314])

Von den Ceremonien, welche auf die religiöse Einsegnung des Ehebundes folgen, ist bei den 'Afar und Somál die Geisselung der jungen Frau und das Opfer, bei den Oromó der Rakkó und die Prüfung der Reinheit der Braut bemerkenswerth.

Bei den Somál und 'Afar erfolgt nach der religiösen Ceremonie ohne
Weiteres die Ueberführung der Frau (som.: die Ehefrau — *ori;* 'afar. *agabojtd*)
aus ihres Vaters Hütte in das Haus des Gemahls (som.: der Ehegatte = *gursa;*
'afar. *báhala*). Dies geschieht unter Jubelgeschrei und Lobgesang auf das neue
Paar. Das Ehepaar ist zu Pferde, und der Mann hält eine Peitsche in der Hand.
Vor der Hütte, die eigens zu dem Zwecke als Brautgemach häufig erst construirt wird, sitzt das Paar ab, und die Frau führt dem Manne ein Schaf oder
eine Ziege entgegen, welches Thier der Mann, der die Viehpeitsche in die
Linke genommen, mit der Rechten nach muslimischer Art tödtet. Die Frau
taucht die Finger der rechten Hand in das Blut, bestreicht sich darauf mit
dem Blute des Thieres die Stirne und stülpt ein Stück von dessen Haut an ihr
Handgelenk. Sodann betritt sie die blutbesprengte Hütte und hinter ihr her
der Gemahl mit einigen sehr nahen männlichen Verwandten. Hier nun ertheilt
der Mann der Frau mit der Viehpeitsche (som. *dschedál*) drei Schläge unter
Geberden, als wollte er damit den Hang der Frau zum zänkischen Wesen
brechen. Sein Beispiel befolgen die mit ihm in die Hütte eingetretenen Genossen, welchen fortab besondere Freundschaftsrechte und Vertraulichkeiten
der jungen Frau gegenüber zukommen. Stösst die Frau bei dieser Scene Geschrei aus oder wehklagt sie, so verfällt sie dem allgemeinen Gespötte und
wird nachher im Leben sehr häufig an die Wehklage unangenehm erinnert. [313]
Bei den Danákil wird das Fleisch des Opferthieres zweimal nach zwei einander kreuzenden Richtungen vom Dache der Hütte hinabgeworfen. Zwei alte
Frauen zählen bei den 'Afar die Schläge, welche der jungen Frau ertheilt werden. Je grösser deren Zahl, ohne dass die Frau einen Laut von sich gegeben,
desto ehrenvoller für die Dulderin, die der Prügel eine möglichst grosse Tracht
auszuhalten bestrebt sein muss, um damit später, wenn sie Vorwürfe oder
schlechte Behandlung treffen sollte, dem Manne gegenüber prunken zu können. [316] Nach diesen Ceremonien, deren einzelne selbst von den Eingebornen
nicht erklärt werden können, geht die Defibulation des Mädchens vor sich. Am
Morgen nach der Brautnacht nehmen bei den Somál die Ehegatten aus der
Hand eines Kindes, dessen Eltern noch leben, einen Trunk Milch, in dem
Glauben, dass sie zu Zeiten, wo ihnen Nachkommenschaft beschieden sein
werde, Beide wohlgemuth am Leben sein werden. Bei den Midschurtin kehrt
die junge Frau nach siebentägigem Verweilen beim Manne für kurze Zeit in
das Elternhaus zurück. Bei den Oromonen, welche den Islâm noch nicht angenommen haben, steht an Stelle der religiösen Weihe der Ehe durch den
Priester der sogenannte Rakkó-Schwur (*rakkú káka*, bei Cecchi stets nur *rekuó*).
Dies ist eine der bedeutungsvollsten Ceremonien in dem Familienleben der
Galla und ein Weiheact, der selbst jede religiöse Ceremonie an Folgenschwere
übertrifft. Er besteht darin, dass sich die Braut vor dem Betreten der Wohnung
ihres Gatten mit dem Blute eines an der Schwelle der Hütte getödteten Rindes besprengt und ebenso die Hütte wie das Hausgesinde mit dem Blute des
Opferthieres bespritzt wird. Es geschieht dies unter Recitation von Gebeten

und der feierlich von den anwesenden Hochzeitsgästen abgegebenen Erklärung, die Braut sei das Weib des den Rakkó (so wird in Harar auch das Opferthier genannt)[211]) begehenden Mannes. Es folgt hierauf eine Salbung der Braut mit Butter am ganzen Leibe und besonders an den Genitalien, welche der *marri-fá* auszuführen hat und die dem orientalischen Bade der Braut vollkommen entspricht.[213]) Die beiden Acte der Blutbesprengung und Salbung, kurz der Rakkó genannt, stempeln die Ehe zu einem unlöslichen, unveränderbaren Bunde in dem Masse, dass selbst wenn die Frau auch ausserehelich Kinder gebären würde, diese als legitime Sprossen der mit ihr durch den Rakkó verbundenen Ehe angesehen werden, und das selbst nach dem Tode des Ehegemahls, wenn die Frau keine zweite legitime Ehe eingegangen ist. Der Brauch wird so scrupulös respectirt, dass nirgends auf dem weiten Oromó-Gebiete davon abgegangen wurde. Massaja schien der Rakkó ein fremdes Gesetz zu sein;[219]) allein es lässt sich nicht einsehen, woher die Galla dasselbe sollen angenommen haben. Thatsächlich passt es wenig in den Rahmen ihrer sonst nicht gerade strammen und strengen Satzungen.[220])

Mit dem Rakkó innig verbunden scheint bei den Galla die Prüfung der Jungfräulichkeit der Braut zu sein, die bei den Somál und 'Afar in Folge der Infibulation nicht nöthig geworden ist. Es ist bereits erwähnt worden, dass ein Mädchen, welches die *dubráma* verloren hat, sich nicht mehr legal vermählen könne. Um zu constatiren, ob die Braut die Fähigkeit hatte, sich vermählen zu dürfen,[221]) wird ein Doppelpavillon errichtet oder eine Manna bezogen, welche zwei von einander getrennte Gelasse hat. In einem der Gemache nehmen drei Greise und drei Greisinnen Platz, in dem anderen überzeugt sich der Bräutigam von dem Sachverhalte. Tritt er aus dem Brautgemache und erklärt der Zeugenschaft, er sei zufrieden, so wird ein Jubelgesang angestimmt von allen vor dem Gemache versammelten Angehörigen des Volkes, und die Eltern der jungen Frau werden am anderen Morgen beglückwünscht, dass sie die Virginität ihrer Tochter so gut zu wahren wussten. Verlässt aber der Bräutigam das Brautgemach, ohne ein Wort zu den sechs versammelten Zeugen zu sagen, so gilt das als Beweis, dass er die Jungfrauschaft auf Seite seiner Erwählten nicht gefunden habe, und wenn die des entscheidenden Ausspruches harrenden drei Greisinnen die Wahrheit bestätigt haben, gibt es einen Verdruss, der nur sehr schwer auszugleichen ist. Der Gemahl (orom. *dirsa*) ist dann berechtigt, selbst nach dem Rakkó das Weib ihren Eltern zurückzusenden und die bezahlten Summen zurückzuverlangen. Das Weib verliert neben der sie treffenden Missachtung das Recht, eine legale Ehe einzugehen. Um nun einem solchen Scandale auszuweichen, bringen die Eltern eines gefallenen Mädchens, dessen Fehltritt noch nicht allgemein bekannt ist, die grössten Opfer und vereinbaren mit dem Bräutigam, dass er die Wahrheit verschweige und sich mit dem vorgefundenen Stande der Dinge zufrieden erkläre. Naturgemäss bleibt es der ängstlich angestrebte Stolz der Mädchen, die Reinheit zu erhalten; allein, wie schon angedeutet, entschädigen sie sich durch laxes Leben in der

Ehe selbst. Auch der Somáli und Dankali pflegt, wenn er trotz Infibulation
nicht die Ueberzeugung gewann, dass seine Braut rein gewesen sei, eine
Grube vor der Thür seiner Hütte zu graben, und dann ist es Sache der Eltern
der Braut, die Consequenzen einer solchen Handlungsweise durch Geldopfer
und Beschwichtigungen aller Art auszugleichen. Hat der Galla den Verdacht,
dass ihn seine Frau in der Ehe betrüge, so pflanzt er wiederholt eine Lanze
vor der Thür seiner Manna auf, was für die Gattin das Zeichen tiefer Beschä-
mung ist. Nicht selten wird wiederholt die Lanze in solcher Art aufgepflanzt,
worauf es manchmal zu argen Verdriesslichkeiten unter den Ehegatten und
mit den Eltern der Frau kommt.[322])

Es ist erwähnt worden, dass die Oromó die Ehe unter nahen Verwandten
zwar verabscheuen, dass es aber selbst zur Schwesterehe unter ihnen kommen
könne. Die Wahl der Braut richtet sich nach dem Stande derselben, ob sie
nämlich den Luba oder Birmadu — einer Art reinerer Gruppen von Oromó (wie
den Boràna) und ähnlich den Stämmen und Classenunterschieden der heutigen
Juden — oder den Wata, d. i. den minder reinen oder vornehmen Gruppen der
Oromó angehört. Luba und Wata heiraten nur unter einander. Zu diesen zwei
Gruppen treten noch die Tumtu (Schmiede) und die Adagatta (Zauberer), deren
Angehörige wieder nur unter einander Ehen eingehen. Wata, Tumtu und Adagatta stehen aber nur in einer Art Kastenverhältniss tiefer als die Luba.[323])
Die Tumtu theilen dies Schicksal mit allen afrikanischen Schmieden und sind
wohl nur darum aus dem menschlichen Bannkreise ausgeschieden, weil sie
wegen ihres feuergefährlichen Handwerkes abseits zu hausen genöthigt sind.

Das Zusammenleben der Ehegatten ist ein friedliches. Die Frau ist zwar
nicht so eigenthumsberechtigt wie der Mann. Dieser aber respectirt die Frau
als seine Gattin, und deren moralische Stellung ist also eine bei Weitem bessere
als die anderer Afrikanerinnen. So kann das Weib überall an der Seite des Mannes erscheinen, und sein Urtheil und sein Wille findet Beachtung. Als Mutter
hat es eine geachtetere Stellung in der Familie wie der Vater und ist nicht selten Mitwisserin der Streiche erwachsener Kinder, von denen der Vater nichts
erfährt. Hat es vollends durch Familienzuwachs den Reichthum des Hauses
vermehrt, ist seine Stellung eine kaum zu erschütternde. Der Ehemann hat im
letzteren Falle, wenn ihn die Frau mit dem ersten Sohne beschenkt hat, dem
Vater der Gattin die sogenannte *gaberá* zu bezahlen, bestehend in einem Rinde
oder Kalbe. Der Mann selbst führt das Thier im Festschmucke zum Schwiegervater, und es bildet die letzte Forderung, die ein Schwiegervater an seinen
Schwiegersohn zu richten hat. Sollte sie nicht bezahlt worden sein, so darf
der Schwiegervater einmal neben dem Rinde noch so viele Salzstücke vom
Schwiegersöhne verlangen, als diesem die Gattin Söhne geboren hat.[324])

Das friedliche Familienleben erfährt durch Ehebruch (orom. *sonjo, dilla-
nimo;* som. *dillánimo,* d. h. «Hurerei»; 'afar. *harámu,* d. h. «das Thun des Ver-
botenen») manchmal eine Trübung. Schon mit einer Frau ungewöhnliche Zeichen zu tauschen, hält der Somáli für verdächtig. Die Frauen sind anscheinend

züchtig, allein sie geben sich auch ohne Umstände gerne fremden Männern hin. Der Dankali verlangt, wenn er seine Frau mit einem fremden Manne, wenn auch nur im intimen Gespräche, überraschte, das erste Mal 2, jedes folgende Mal 4, 6 u. s. w. Ziegen von dem Nebenbuhler, ohne auch nur die Frau weiter zur Rede zu stellen. Bei den Somâl wird der Ehebrecher (som. *sahib*, d. i. «Liebhaber», oder *aj*) zusammt mit der schuldigen Frau bestraft. Der Mann sühnt die Schuld mit Vieh oder Geld (10 Kameele und 12 Thaler). Die Frau wird aber häufig vom betrogenen Gatten mit der Lanze getödtet, in welchem Falle aber an die Eltern das Hochzeitsgeschenk nochmals bezahlt werden muss. Selten kommt es zur Scheidung, manchmal auch zur Verstossung. Scheidung und Verstossung (som. *fur, furnin;* 'afar.: verb. *gennahôk hab;* orom. *dschibattu niti-hikê,* verb. *worra gultschûf,* d. i. «Haustrennung») sind im Grunde identische Begriffe und beruhen bei der Mehrheit der Nordost-Afrikaner auf muslimischen Bräuchen, namentlich dem طلاق und der خلع. 'Afar-Ehebrecher bezahlen nur eine Ziege als Sühne für das Vergehen; die Frau lässt man häufig ganz unbestraft. Die verstossene 'Afar-Frau kehrt nicht in das väterliche Haus zurück, sondern nur dann für einige Tage, wenn sie sich wieder vermählen will. Auch bei den Somâl wird sie eine *dillo* (von *dil* -- herumstreichen), was gleichbedeutend ist mit «Prostituirte». Massenhaft ziehen mit den Somâl-Karawanen solche Dillos an die Küste, um in Aden die Freudenhäuser zu bevölkern. Ward aber die Scheidung nach den Vorschriften des Qorân ausgesprochen worden, so bleibt die Frau in Ehren, besonders dann, wenn schlechte Behandlung die Ursache der Trennung war. Diese darf indessen entgegen dem Qorân nur der Mann verlangen und aussprechen. Haggenmacher hat berichtet,[311]) die Somâl-Frau dürfe sich selbst bei dreimaliger Verstossung nicht mit einem Anderen vermählen, es sei denn, sie gebe die Hochzeitsgabe zurück. Guillain, ich u. A. haben dagegen beobachtet, dass sowohl die Somâl- wie die 'Afar-Frau drei Monate nach dem dritten Verstossungsschwure wieder die Gattin eines anderen Mannes werden kann. Nur die 'Afar gebieten nach der Verstossung eine Beobachtungszeit von einem Monate, ob die Frau schwanger sei. Wäre dies der Fall, so ist das Kind Eigenthum des verstossenden Mannes, und dieser hat Mutter und Kind zu verpflegen, bis die ersten Stadien der Kindheit des Sprossen überwunden sind. Dann kann die Frau wieder frei über ihre Hand verfügen.[312]) Entrinnt die Ehebrecherin bei den Somâl dem Tode, so wird sie vom Stamme verjagt. Will sie Dillo bleiben, so muss sie verzichten, je wieder eines Mannes legitime Frau zu werden. Als Ceremonie bei der Verstossung unter den Somâl gilt das Bespritzen des Mannes mit Wasser und Bewerfen mit Staub, sowie das Anlegen anderer (neuer) Kleider auf Seite des Mannes und Weibes.

Bei den Oromó gestaltet sich das Verhältniss unter den Ehegatten gewöhnlich freundlicher als bei Somâl und 'Afar. Der Jüngling, der sich vermählen will, muss der Erwählten Zeichen seines Muthes und seiner Tapferkeit (die Genitalien erschlagener Feinde, Trophäen getödteter grosser Thiere) geben. Er ist anscheinend reifer für den Schritt und ernster. Auch der Somáli hat zwar ein solches Reifezeugniss durch Tödtung von Gegnern zu erlangen, allein das Quale seiner That ist häufig ein anderes, wiewohl z. B. bei den Ejssa- und Gadaburssi-Somál ein Mädchen keinem Manne die Hand reichen darf, der nicht wenigstens zwei Feinde erschlagen hätte. So schätzt der Galla den erworbenen Schatz, den die Gemahlin repräsentirt, hoch und schreitet selten zur Trennung. Hat er dennoch Grund zu einer solchen, so jagt er einfach die Frau von Haus und Hof und behält von ihren Kindern nur den Erstgebornen bei sich, wohl wissend, dass, wenn die Verstossene kraft des Rakkó auch in dem Hause ihrer Eltern, wohin sie zurückkehrt, illegitime Kinder gebiert, diese als seine legitime Nachkommenschaft betrachtet werden müssen und im Falle des Ablebens des verstossenden Gatten sogar seinem legitimen Erben zufallen. So scheint das strenge Rakkó-Gesetz den Ehescheidungen bei den Oromó einen kräftigen Hebel entgegengestellt zu haben zum Wohle des Volkes und zu dessen materieller wie moralischer Consolidirung. Der schadhafte Fleck haftet freilich der Institution an, dass eine Frau, welcher der Mann überdrüssig geworden ist, sich in der Regel im Elternhause und ausserhalb desselben der Prostitution *(gursumdja)* hingibt und diese mit Ostentation und mit vielen Männern betreibt, viele Kinder gebiert, zumal sie den während des ehelichen Zusammenlebens geborenen ersten Sohn ihrem Manne zurücklassen muss und auch die jüngeren ehelichen Kinder, wenn sie dieselben bei der Vertreibung nicht mitnehmen wollte oder dieselben nicht mitfolgen wollten, im Stiche lassen muss, ohne Nachkommenschaft aber nicht leben will. Die illegitimen Sprösslinge werden bei dem Tode des Gatten der Frau zusammengesucht, führen dessen Namen, geniessen das Erbrecht und sind, im Falle der Ehemann mit der verstossenen Frau keine Kinder gehabt hätte, selbst bei den Grosseltern gesucht und beliebt.[317]) Die Galla sind wie die Somál auf ihre Frauen sehr eifersüchtig. Schon flüchtige Herausforderung in dieser Hinsicht, ein wiederholtes Vorbeigehen an der Hütte des Nachbars, um die Frau zu sehen oder zu sprechen, zieht dem verdächtigen Manne eine Eifersuchtsbusse zu. Der Concurrent hat in einem solchen Falle dem Ehemanne eine Geldbusse zu zahlen oder Viehstücke zu geben, erlangt aber merkwürdiger Weise darauf den Zutritt in das Haus, wird jedoch vom Ehemanne überwacht und mit Eifersuchtsscenen unablässig verfolgt, die natürlich auch dem Weibe nicht erspart bleiben.

Der Frau obliegt bei dem normalen Gange und Stande des Familienlebens die Besorgung des Hauswesens, bei den Nomaden auch die Theilnahme an dem Weiden der Heerden, bei den sesshaften Oromó ferner das Melken der Kühe innerhalb der Behausung; draussen auf der Haide besorgen dies die Männer und Bursche. Feldarbeit verrichten die Sclaven oder Diener bei den Galla (orom. *lúle garba*; som. *idáu, sabiján*; 'afar. *kadim*), bei den Somál auch die Männer, aber im geringen Masse. Arme oder Verarmte bebauen bei den Galla auch ihr Feld, stets aber nur Verheiratete.[318])

Riss der Tod eine Lücke in die Familie und starb das Weib, so vermählt sich alsbald ohne Weiteres wieder der Mann, bei den Somál gewöhnlich mit einer Schwester der Verstorbenen. Anders steht die Sache, wenn eine Frau Witwe (som. *armali* [aus *war ma li*, d. i. «einen Mann nicht habend»]; 'afar. *ba-hela ak rabd, agabojtá;* orom. *galla móta* [?]) geworden ist. Bei den 'Afar leben die Witwen für sich in ihren Hütten, sind äusserlich an einem Kleidungsstücke oder Zeichen nicht erkennbar und benehmen sich viel freier als die anderen Wei-ber, gehen namentlich gerne Liebesabenteuern nach. Die Nachkommenschaft vom Manne verbleibt in ihrem Hause und auch dann bei ihnen, wenn sie sich wieder vermählen. Wollen sie in den Ehestand treten, so bieten sie ihre Hand um Geld aus, und wer sie gewinnen will, hat eine zu vereinbarende Geldsumme zu bezahlen. Stirbt bei den Somál der Mann, so darf sich die Frau nur an Angehö-rige der Familie ihres ersten Mannes, namentlich an dessen Brüder vermählen und erhält von diesen ein Heiratsgut (die Hälfte des ersten Brautpreises) aus-bezahlt. Auch der Witwe Schwester wird nicht selten vom Schwager ge-heiratet. Bei den Muslimin ist es nicht selten der Fall gewesen, dass der wohlhabende Mann eine seiner vier legitimen Frauen entliess, um die zur Witwe gewordene Schwägerin mit ihren Kindern zu heiraten und an sich zu nehmen. Bei den Oromó darf sich eine Witwe nur mit Zustimmung ihres Schwagers (des Bruders ihres verstorbenen Gemahls, wenn ein solcher exi-stirt) vermählen, wenn der Schwager -- Schwiegermutter und Schwieger-vater [337]) haben keinen Einfluss darauf -- ihre Hand ausschlagen sollte, wozu er das Recht hat. Es überlegt sich das freilich ein Jeder, wenn viele kleine Kinder vorhanden sind, die seine eigene Familie zu sehr belasten würden. [338])

Ist Mann und Frau zum Greise (orom. *dullómtu, djarsa;* 'afar. *dahaná, djaltu;* som. *dug, ndáj*) geworden, so hat dennoch nicht, wie bei anderen afrika-nischen Völkern eine Entlastung von Arbeit und Mühe stattgefunden, sei es nun auf gute Art oder durch Vernichtung der Arbeitsunfähigen. Im Gegen-theile, das Alter wird bis zur äussersten Grenze der Anspannung seiner Kräfte von der eigenen Familie ausgebeutet, wobei die Verehrung des Alters bei allen drei grossen nordost-afrikanischen Stämmen keine grosse ist. Kommt es doch z. B. bei den Somál häufig genug vor, dass man den alten Vater einfach verstösst und ihn der Noth und dem Hungertode preisgibt. Ja, es sollen sich die unerhörten Fälle zugetragen haben, dass man Väter als Sclaven verkaufte oder tödtete und dann sogar den *bál* im Haare trug. Erst der Tod (orom. *dúa, badú;* 'afar. *rába;* som. *mót*[?]) bringt Erlösung. Er erfolgt auf natürliche Weise, denn Selbstmord (som. *iss dil*) ist unerhört, so dass in der 'Afar- und Galla-Sprache gar kein Wort für denselben zu existiren scheint.

Im Lande der 'Afar und Somál werden bei Todesfällen die muhammeda-nischen Bräuche befolgt. Die 'Afar [339]) stimmen die Todtenklage (*wa'd*) in ebenso langgezogenen Molltönen an, wie sie bei uns üblich ist, legen den Leichnam, dem alle Beine gebrochen wurden, auf eine Matte von Avicennia und schaffen ihn aus der Hütte heraus zur letzten Ruhestätte. Wehegeschrei und Klagen begleiten den Zug dahin. Der Leichnam ist mit einem Todten-hemde (*kafán*) angethan und wird mit dem Antlitze gegen Mekka gekehrt in einer mittelmässig tiefen Grube bestattet, verscharrt und das Grab *(qarebi)* mit grossen Lavatrümmern oder Steinen beschwert. War der Verstorbene verheiratet, so wird ein Zeichen zu Häupten in Form eines senkrecht emporragenden Steines errichtet. Die Gräber von Frauen und Kindern entbehren der äusseren Kennzeichnung. Fischern werden Fischknochen auf den Grabhügel gelegt. Arbeiter, die bei der Grablegung beschäftigt waren, werden mit Dattelkost entlohnt. Wer im Felde starb, wird auf einem Hügel beerdigt. Nach dem Begräbnisse (som. *ahán*) zieht man sich von der Gesellschaft zurück. Das ist Alles, was die Danákil aus Anlass von Todesfällen thun. Die Somál pflegen dem Sterbenden Datteln in die Hände zu drücken; kann er sie nicht mehr zum Munde führen, dann gilt er für verloren und man denkt an seine Bestattung. Diese unterliegt dem muhammedanischen Ceremoniell (Todtenbahre: som. *raráb*). Ausserdem schlachtet man eine Anzahl von Thieren (7 bis 30 Kühe) auf dem Grabe *(habál, hidh)*,[332]) das an den Karawanenwegen errichtet ist und mit Steinen schön verziert wird.[333]) Begräbnissplätze nach Art der Friedhöfe *(awál)* kennt nur der Islám. Auf dem Grabhügel werden so viele Steine, senkrecht in die Höhe gerichtet, niedergelegt, als der Verstorbene Menschen aus dem Leben geschafft hat. Ausserdem bedeckt man das Grab mit Utensilien und Proprietäten des Verschiedenen, Körbe *(sab)*, eine *bartschinga* und Kleiderstoff *(wer)*. Die Witwe zerbricht auch am Grabe ihres Gemahls allen Halsschmuck, den sie besitzt, ebenso Armringe u. A. Eine Zeit hindurch, gewöhnlich vier Wochen, werden täglich Schafe und Ziegen am Grabe geschlachtet und Milch, Butter etc. in Gefässen auf dasselbe gestellt und nach einiger Zeit diese Vorräthe am Grabhügel selbst von den Angehörigen des Verstorbenen verspeist. Selbst nach Jahren trägt man auf die Gräber von Männern, wo deren Waffen lange Zeit prangen, eine Schüssel mit Nahrungsstoffen *(durára)*, und damit documentirt man am besten den Glauben an ein Fortleben der Seele nach dem Tode des Leibes. Ich habe auch wiederholt Brandopfer auf den Gräbern der Somál verrichten gesehen, in einigen Fällen auch die Verbrennung wohlriechender Harze beobachtet.

Zu besonderen Todtengebräuchen zählen bei den Somál von den Malóms abgehaltene Lobreden auf Todte[334]) und das Anspucken des weissdrapirten Katafalks unmittelbar vor der Bestattung von Seite der Vorübergehenden. Ein Leichenschmaus ('afar. *daisa*) ist überall üblich, ebenso das Rasiren des Haupthaares. Die Trauer um Verstorbene geht bei den Nomaden kaum über 30—40 Tage hinaus, was ohnedies schon einen grossen Entgang an Arbeitskraft und Ausfall in der materiellen Wirthschaft bedeutet. Die Witwen halten eine Trauerzeit von acht Monaten und verhüllen während dieser ihr Haupt mit weissem Linnen. Die muhammedanische Todtenklage ist bei Weitem nicht so lebhaft als etwa in Arabien oder Aegypten.

Ganz anders wird das Hinscheiden eines Oromonen beklagt. Vor Allem trachtet man dahin, dass die Trauer der Angehörigen möglichst weit bekannt werde. Dies geschieht durch Ausläuten derselben auf den grossen, im Geäste

der Bäume aufgehängten leeren Biergefässen durch monotone Schläge. Die
ganze Narbarschaft eilt auf diese hin in das Trauerhaus, selbst zufällig an-
wesende Fremde und Kaufleute, und nimmt durch Anstimmen der Wehklagen,
Zerreissen der Kleider u. s. w. Antheil an der Trauer. Ja man legt sogar
Märsche von mehreren Tagen zurück, um zur Todtenklage eines Theuren
einzutreffen. Alle Amtshandlungen werden beim Tode vornehmer Personen
unterbrochen, ja selbst Kriege eingestellt, und den Klagenden wird Immunität
zugestanden. Der gewöhnliche und häufigste Ruf ist das Ani badé (Heu me
perditum!), dann aber Ausrufe, die an Reichthum der Empfindung Alles über-
treffen, was man in der Verfassung beim Ableben von theuren Personen nur
vorbringen möchte. [335]) Die Lagerstätte, wo Einer verschied, ist zugleich seine
Todtenbahre (dalá), von der weg man ihn zur Grube trägt.

Die Gräber werden in der Nähe der Behausungen gegraben, etwa
1½ Meter tief, und liegen der Manna näher oder entfernter, je nachdem der Verstorbene näher oder entfernter mit dem Hausvater verwandt war, rechts die der
Männer, links jene der Frauen. Das Grab (orom. awála) [336]) hat eine Stufe, so
dass es zwei Abtheilungen enthält. In der tieferen derselben wird der Leichnam auf die rechte Seite niedergelegt und rings um denselben Alles, was der
Verstorbene an Kostbarkeiten besessen. Selbst das circulirende Geld wird zur
Leiche gelegt, dann Bier- und Hydromelgefässe, Brot, Butter, Salz u. s. w.
Ist damit der tiefere Theil angefüllt, so wird die Grube mit Holzstücken gut
verschlagen und der übrige Raum des Grabes auch über dem Holzverschlusse
mit Erde verstampft. Auf den Grabhügel selbst legt man ein Holz- oder
Steindenkmal. Wohlhabende errichten auch Holzhütten darüber. Trophäen
der Jagd und des Krieges, geraubte Lanzen, Schilde, Genitalien erschlagener Feinde, Stücke von Elephantenhaut, Biergefässe, Holzstäbe, welche
anzeigen sollen, wie viele Kühe der Verstorbene besessen, Sonnenschirme,
Büschel von Frauenhaaren gewahrt man auf den Hügeln als Gräberschmuck.
Dauerhafte Grabdenkmäler werden nicht errichtet. Manche Galla-Stämme
opfern eine Kuh auf dem Grabe Verstorbener (deka), überschütten mit dem
Blute des Thieres den Leichnam und befestigen den Rindskopf auf dem Grabhügel. Auch oft erneuter Blumenschmuck ist beliebt. Die Verwandten des
Verstorbenen unterlassen das Fetten des Haupthaares durch eine Zeit, tragen
dasselbe kraus und wirr, halten ein Todtenmahl (orom. taskar) [337]) und pflanzen
Sycomoren und Kotschobäume auf und in der Nähe der Gräber. Bei den
Oromó vom Omoflusse pflegen Galla zu Pferde eine Grabrede auf den Verstorbenen zu halten, voll aller erdenklichen Lobeserhebungen, und zwar zu
einer Zeit, wo sich die Trauergäste noch nicht zerstreut haben, und das auf
dem Grabhügel selbst.

Der Grabhügel als solcher (som. habál; 'afar. qabre; orom. mirga) bildet
ein vielumklügeltes, vielbeschriebenes Wahrzeichen der nordostafrikanischen
Lande. [338]) Seine Formen sind länglich und rund, weil die Todten oft auch
sitzend beerdigt werden, sein Aussehen häufig kolossal und die Neugier und

den Forschungstrieb erweckend. Was immer über diese Gräber als antike
Culturdenkmäler geschrieben worden ist — und dessen ist bereits ziemlich viel
— die Behauptung lässt sich mit Erfolg verfechten, dass sie nur darum so kolossal und geheimnissvoll aussehen, weil man in ihnen eben die Ueberreste
theurer Verstorbener barg, die man vor dem Ausgraben durch wilde Thiere
durch Aufschüttung einer grossen Menge Steine zu schützen hatte. Je grösser
der Ruhm des Verstorbenen, desto mehr Steine auf dem Grabe, daher um so
imposanter das Aussehen des Hügels. All das muss auf natürliche Weise erklärt werden. Die alten Gräber der Galla sind eben darum hohl, weil der
Holzverschlag der inneren Caverne, scheinbar häufig durch eine Steinplatte
ersetzt, lange Perioden überdauerte. Die alten Gräber in Guragé sind natürlich nicht oromonischen, sondern abessinischen Ursprunges.[339]) Die arabische
Ceremonie des Grabaufschüttens *(halil)* ist bei den Suahili (als *m'bué*), aber
bei Galla, Somál und 'Afar nicht verbreitet.

Der Sterbende vollstreckt bei Somál und 'Afar persönlich die Vertheilung
der Objecte eines eventuell nach ihm verbleibenden Erbes ('afar. *nagará, man-
gar;* som. der Erbe: *nin dahál).* Doch gibt es auch Erbschaftsgesetze[340]) bei den
Somál, übereinstimmend mit denen der 'Afar und Galla, in dem Sinne des
Sohneserbes. Frauen können nichts erben. Dagegen vererbt sich selbst ihre
ureigenste Habe nur an männliche Verwandte. Sie haben allerdings das Recht,
von den männlichen Verwandten ernährt zu werden, wenn sie alt und erwerbs-,
d. i. arbeitsunfähig geworden sind. Die nördlichen Oromó bestellen unter den
männlichen Verwandten einen Testamentsexecutor (orom. *wakil),* offenbar, wie
der Name schon andeutet, eine arabische Einrichtung. Im Allgemeinen gilt
bei ihnen in Bezug auf das Erbe und den Erben *(dulu)* der Grundsatz, dass
die Erbschaft von Bruder zu Bruder und erst in Ermanglung von Brüdern vom
Vater auf den Sohn übergeht. Doch erbt auch in letzterem Falle nur der älteste
Bruder, und die jüngeren müssen sich mit dem begnügen, was ihnen bei Leb-
zeiten des Erblassers geschenkt wurde.[341]) Dieses Verfahren hat ganz das Aussehen eines Wechselerbes in der Art, dass die Nachkommenschaft von Brüdern stets auch vice versa den Oheim beerbt. Das Misslichste und Schwer-
wiegendste ist bei den Erbschaftsbräuchen der Galla dann der Fall, wenn
männliche Nachkommenschaft in der Familie fehlt, die übrigens so sehr ersehnt wird. Ist thatsächlich kein Sohn in einer Familie vorhanden, so geht der
Besitz derselben an den Oheim, eventuell dessen ältesten Sohn über, so dass
z. B. die weiblichen Angehörigen einer Familie oft aus einer reichen, angesehenen und angenehmen Stellung in volle Abhängigkeit und selbst in Dürftig-
keit gerathen. Bei dem Uebergange des Erbes von Bruder zu Bruder wird
auch die Gattin des Verstorbenen Eigenthum des Erben, doch hat sie das
Recht, zu verlangen, dass er sie kaufe, ansonst sie in das Vaterhaus zurückkehren darf. Den für sie ihr zu Handen zu bezahlenden Preis gibt die Witwe
selbst an und gelangt damit in der Regel in den Besitz einiger, gewöhnlich in
Vieh bestehender Habe. Entschliesst sich jedoch die Witwe, in das Elternhaus

zurückzukehren, so hat sie alle Güter und den ältesten Sohn dem Erben-Schwager zu belassen, kann aber die jüngeren Kinder mitnehmen, wenn diese damit einverstanden sind. Wollen aber die jüngeren Kinder der Mutter nicht folgen, so können sie auch verlangen, in das Haus des Oheims aufgenommen zu werden. Dies ist in der Regel in solchen Fällen üblich, weil die Mutter den Kindern ja nichts bieten kann und sie bei derselben darben müssten.

War ein Erblasser bei den Galla der einzige Sohn einer Familie und starb er kinderlos, so sind seine ihn überlebenden Verwandten verpflichtet, einen Sclaven wo immer und zu welchem Preise immer zu kaufen und müssten sie dazu auch den entferntesten Markt aufsuchen. Dieser Sclave wird adoptirt und erhält den Namen und die Vermögensrechte des Verstorbenen, damit so die Familie erhalten bleibe.[342])

Als Auswüchse des Familienlebens haben wir mehrere Bräuche bei den üppigen Galla zu verzeichnen. Vor Allem den *sigbach* oder das Borgen von Frauen, welches in Wallo und anderwärts auch dem Gastfreunde gegenüber geübt wird. Dem Gastfreunde steht nämlich auch die Frau des Gastgebers zur Verfügung,[343]) und es ist merkwürdig, wie diese Form des Ehebruches allgemein belassen wird, während man sonst die bei dem Ehebruche ertappte Frau ohne Umstände zu tödten berechtigt ist. Indessen hat selbst die unnatürliche *sigbach* mancherlei Blüthe getrieben, und es kommt zum Borgen von Frauen unter den Galla-Connationalen für das Opfer eines Ochsen oder Schafes. Auch Männerborg existirt bei solchen reifen Oromó-Mädchen, welche ledig zu bleiben gemusst und dennoch eine Nachkommenschaft wünschen. Solche fordern hervorragende und tapfere Männer auf, mit ihnen den Vätern an Tüchtigkeit gleichende Kinder zu erzeugen. Alles dies beweist eine laxe Auffassung der Ehe, auf die sich doch das Weib durch die rigoroseste Wahrung seiner Jungfräulichkeit moralisch so schön vorbereitet.

Schoaner, überhaupt äthiopische Unsitten haben auch bei den Oromó da und dort, wie z. B. in Djimma, den Brauch hervorgerufen, dass auch Eunuchen Frauen besitzen und Kinder erhalten können. Die oromonische Welt findet an dem Nonsens keinerlei Anstoss, ja die Sache wird nicht einmal belächelt.[344])

Capitel 9: Beschäftigung und Lebenserwerb.

Die Landstriche am afrikanischen Osthorne sind keine «Negerparadiese», wie sie von Forschungsreisenden in den tropischen Gebieten Afrikas vielfach beschrieben worden sind. Die Somál- und 'Afar-Länder sind an Naturproducten arm, die von den Oromó besetzten Gegenden zwar reich, doch nicht in jenem Masse überall ausgebeutet, dass sie den Bewohnern mühelos Ueberschüsse liefernden Ertrag gewähren würden. Die Weltlage des afrikanischen Osthornes ist dazu eine solche, dass das, was diese Landschaften über den Bedarf produciren, erst mit Anspannung aller physischen und psychischen Kraft ihrer Einwohner im Wege des Handels verwerthet werden kann. So ist denn der Nordost-Afrikaner weit ab davon, ohne Arbeit zu gewinnen, ohne Schweiss sich des Daseins zu freuen, blos die Natur für sein materielles Fortkommen sorgen lassen zu können. Der Nomade wie der Ansässige ist in Nordost-Afrika ganz und gar von dem Flecken Erde und von jenem Platze abhängig, wo er einherzieht oder angesiedelt ist. Nichts oder doch nur sehr wenig kann ihm im Grossen und Ganzen zur Fristung seiner materiellen Existenz von Aussen zugeführt werden, jene Mittel natürlich abgerechnet, welche europäische Superiorität nach allen Punkten des Erdballes zu schaffen fähig und bemüht ist. Der Einfluss der geographischen Nachbarschaft auf die Verwerthung aller Kräfte zu dem Zwecke des Lebenserwerbes ist am afrikanischen Osthorne ein minimaler.

Der Beschäftigung nach zerfallen die Somál, 'Afar und Oromó in Nomaden und Ansässige, wie dies schon wiederholt betont worden ist. Der Nordosten des afrikanischen Osthornes gehört den Nomaden, der Südwesten den Ansässigen. Der Südosten wird von Semi-Nomaden bewohnt, die im Allgemeinen bei nassem Wetter westwärts zu ziehen pflegen, bei trockenem dann wieder gegen Osten oscilliren, und die nach des verlässigen Gewährsmannes Wakefield Worten:[345] «lead an pastoral and semi-nomadic life» und «being of pastoral habitants only, and never cultivating any portion of their vast and noble country».[346] Wie den bei Weitem grössten Theil aller afrikanischen Stämme beschäftigt auch diese drei Stämme die Aufzucht des Viehes, vornehmlich des Rindes und Schafes, und an zweiter Stelle erst der Bodenbau. In Bezug auf Entwicklung und Aufwand von Arbeitskraft liegt bei diesen Völkern allerdings der Schwerpunkt in der Bebauung des Bodens; allein die Viehzucht bleibt nicht nur die allgemein und überall fliessende, sondern auch die beliebteste und allen Elementen der Bewohnerschaft zusagendste Quelle für die Beschäftigung und somit auch Erhaltung des physischen Lebens des Einzelnen, wie der Massen.

Was die Arbeitsfähigkeit und die Summe der Arbeitsleistung betrifft, so gebührt den Oromó die Palme. 'Afar und Somál sind eher schwach, bald unterliegend, ohne wahre Ausdauer, z. B. als Bodenbebauer lethargisch und ungeschickt, nicht aber als ob sie etwa dazu unfähig wären, wie das bei dem schönen, geistig so regen Menschenschlage von vorneherein ausgeschlossen ist. Ich möchte sie eher ungeübt nennen, Menschen, die die physische Kraft dort bewähren, wo es auf ein allerdings nicht hastiges und langes Gehen und Marschiren ankommt, dort aber zusammensinken, wo eine intensive und regelmässige Ausbeutung der Muskelkraft des Individuums bei der Arbeit erforderlich ist, welche in bestimmter Zeit und Frist und mit verhältnissmässiger Schnelligkeit, Pünktlichkeit und Promptheit gethan werden muss. Dem 'Afar und Somál erspart die dünne Bevölkerung des Landes den Wettkampf mit der Concurrenz. Was er producirt, consumiren Wenige und langsam; was der Galla schafft, nehmen Viele in Anspruch und verzehren es schnell. Der Oromó

arbeitet mit potenzirter Kraft; dem 'Afar und Somâl genügt die normale Anspannung des Arbeitsvermögens, und er bedarf dazu langer Zeiträume.

Diese Worte glauben wir über die Qualität der Arbeitskraft der Volkselemente des afrikanischen Osthornes vorausschicken zu müssen und fügen
nur noch hinzu, dass an dem Betriebe der Viehzucht alle Individuen eines
Stammes und Volkes betheiligt sind, während dem Ackerbaue bei den Oromó
vorwiegend nur Sclaven und Frohndiener (orom. *argetta*), selten aber freie
Männer und auch keine Frauen obliegen.

Gegenüber der Bedeutung der Viehzucht und des Ackerbaues treten alle
übrigen Erwerbsquellen wie Jagd, Fischerei, Bergbau und die industrielle
Thätigkeit weit in den Hintergrund. Der Jagd widmen sich nur die Parias
unter den Somâl und 'Afar; die Galla pflegen sie nicht einmal und scheinen
wilde Thiere nur in äusserster Noth oder zum Zeitvertreibe zu jagen. Die Verarbeitung der Rohproducte blüht nur an der Küste und in den grossen
Städten des Galla-Landes. Wer Eisen oder Leder bearbeitet, ist ein gemiede-
ner, verhasster Mann.

Die Arbeit und Beschäftigung ist derart eingetheilt, dass bei den Oromó
die Regenzeit eine Zeit der Ruhe und des Friedens ist. Kriege, Geschäfte,
Handel und Wandel ruhen, weil die Wege und Flüsse unpassirbar sind. Die
Bevölkerung widmet sich nur der Feldarbeit.[341]) Jedermann zieht sich mit
Frau und Kind in die Nähe seiner Hütte zurück und widmet sich ausschliess-
lich dem Anbau des Getreides und den damit verbundenen Verrichtungen. Im
Monate September beginnen dann wieder die Werke des übrigen bürgerlichen
Lebens. Bei den Somâl hinwider ist die Regenzeit die Zeit des behaglichen
Genusses und die Zeit der Rast. Aus dem Inneren des Osthornes Afrikas
strömen die Somâl und 'Afar Ende October und im November nach der Küste
(ganz besonders nach der Nord- und Südostküste) zu, und in den Hafenplätzen
derselben sind zwei Drittel der Gesammtbevölkerung vom October bis Ende
April abwechselnd versammelt, um den Austausch der Producte und Lebens-
mittel zu pflegen, überhaupt die Frucht der Arbeit einzuheimsen und die
Lebenserfordernisse einzukaufen. Vom Mai bis October, also in der heissen
Zeit, ziehen sich die Nomaden, selbst jene der Küstengebiete, wieder nach
dem Inneren des Landes zurück (auf das *ugûb*, d. i. nach oben oder in die
Ferne), und die Küste, namentlich das Gobân, ist verödet. Im Gebiete der Mid-
jertín-Somâl endigt Mitte Februar der Nordostmonsun, worauf die gesammte
Bevölkerung bis Ende November die Küstenstriche meidet. Die Weide ist da
am Meeressaume erschöpft, und der Beduine zieht die Kühle der Berge vor.

Widmet man der Geschichte der Beschäftigung der Nordost-Afrikaner
das Augenmerk, so zeigt sich, dass die Galla z. B. ehemals nur Viehzüchter
gewesen sind wie alle anderen Nordost-Afrikaner, und dass sie erst später
Ackerbauer geworden sind, ferner dass die Somâl-Stämme der Girri und Bertirri östlich von Harar erst in unseren Tagen vom nomadischen Hirtenleben
zu dem der ansässigen Ackerbauer überzugehen beginnen, wie überhaupt,

dass unter den Somál der Getreidebau und die Plätze für denselben (som. *dschiemaa, kutti, garia*) in Aufschwung begriffen, obgleich ihrer z. B. an der nordwestlichen Peripherie des gesegneten Ogadén bis heute nur äusserst wenige vorhanden sind. So existiren bei dem Ogadén-Stamme der Melengúr nur drei, bei den Rér Amáden nur zwei, bei den Somál des Ugás Koschi schon eine beträchtliche Zahl von Durra-Anbauplätzen.[348]: Unter den Galla können heute noch in Schoa und Harar zwei scharf getrennte Typen hinsichtlich der Beschäftigung der Individuen unterschieden werden: die Hirten mit patriarchalischen Institutionen und einfacher Regierung und dann die Feldbauer mit ausgebildetem Gouvernement.[349]) Die Afar cultiviren nur im Thale von Aussa Getreide und Baumwolle, und zwar betreiben ihnen Galla-Sclaven die Landwirthschaft.

Im Allgemeinen gilt bei den Völkern Nordost-Afrikas hinsichtlich des Landbesitzes der Grundsatz, dass Demjenigen ein Stück Grundes gehört, der es gerodet und urbar gemacht hat. Die Felder im Galla-Lande, die durch Rodung gewonnen wurden, bestehen aus rothem Humus, dem zersetzter Augit und Amphibolit zu Grunde liegt, und in welchem Durra, Tief, Gerste u. A. vortrefflich gedeihen.[350]) Allerdings muss auf denselben regelmässig ein reichlicher Regen gefallen sein, damit die Feldfrüchte zur Reife kommen. Ist dies nicht der Fall, dann entsteht Misswachs und Hungersnoth, wie z. B. in den Jahren 1881 und 1882, 1890 und 1891. Häufig vernachlässigen die Galla die Bodencultur, so um Harar herum und an den Grenzen des Ennia-Gebietes, wie auch in der Richtung gegen die Rahanwin-Somál hin, weil sie behaupten, dass sie bei einem blühenden Stande der Agricultur von den Arabern der Benádir-Küste oder von Harar aus mit Krieg überzogen würden und ihnen ihr Land geraubt werden möchte. In Schoa wiederum und dessen südlicher Nachbarschaft huldigte man vormals dem Grundsatze, alles Land sei gemeinsames Gut. Der Ackerbau zwang zur Theilung, und die freien Grundstücke führen den Namen *gult* (abess. ꤕ꤮ꤨ).[351]) Am Wébi Schabéli, besonders an dessen rechtem Ufer ist ein grossartiger Feldbau zu finden. Hier arbeiten beide Geschlechter am Felde und bedienen sich der Pflüge, die von Ochsen oder Kameelen gezogen werden. Der Boden hat eine intensive Röthe und liefert vielfältigen Ertrag. Die ganze Barántuma-Sippe der Galla vom Gára Muláta hat sich von jeher mit grossem Eifer dem Landbau und der Viehzucht hingegeben, namentlich als das Volk den Islám angenommen hatte, der nun dort sehr festen Fuss gefasst hat. Die Bodenbauer nennen sich Kottu (orom. = »Pflüger«, von *gút* »ackern«, dasselbe Verbum *god* im Somáli) oder Koxon, auch *harásta*.[352]) In Kafa zählen urbargemachte Landstriche zu werthvollem Gute und es ist des Besitzers derselben gesetzliche Pflicht, sie wohl eingezäunt zu halten. Viel Grund gehört hier dem Staate und wird von eigenen Wächtern gehütet, welche auch das Weideland übernehmen und Entschädigung erhalten.[353]) Das ausgedehnte Gebiet der Arussi- und Itu-Galla ist vortrefflich angebaut. Den grössten Theil desselben bewohnen rührige Feldbauer, und nur im nordöstlichen Theile des Arussi-Landes gegen den Zuwáj-See zu sind noch Nomaden und Halbnomaden anzutreffen. Die Rahanwin-Somâl am unteren Wébi Schabéli, wo der Strom das Land reich bewässert, lassen Grund und Boden von Sclaven bearbeiten, die gut behandelt werden.[354] Sonst gibt es bei den südlichen Somâl nur hie und da kleine Dörfer (garia),[355] wo man Durra cultivirt und Kameele züchtet.[356] Weiter gegen Norden im Somâl-Lande Umschau haltend, findet man nur in Flussthälern und gut gelegenen Kesseln die schon erwähnten Dschiëmaas und Garias, aber nirgends gewahrt man eine in grossem Massstabe gehaltene Agricultur. Am besten kann man sie unter den Dolbohanta, den Hawîja am Wébi Schabéli und bei den Girri in Harar nennen.[357] Der grosse Somâl-Stamm der Midjertîn[358] und die zahlreichen Stämme von Ogadén leisten nichts Nennenswerthes auf dem Gebiete des Ackerbaues, der ein-für allemal, wenigstens in der Gegenwart, nicht zu ihrer Lieblingsbeschäftigung gehört. Die Extreme in dieser Eigenschaft unter den Galla sind indess ausserordentlich gross: während die südlichen Galla nach Fischer's Versicherung[359] lieber Hunger leiden, als den für unwürdig gehaltenen und verhassten Ackerbau zu betreiben, widmet sich demselben der Galla von Harar im Schweisse seines Angesichtes und mit durchschlagendem Erfolge, ja er lässt sich sogar die Bewässerung der Aecker mittels Canälen (orom. dschalisa, ein Canal: dschalisa-fui) angelegen sein. Das 'Afar-Land kann als Brachland par excellence ('afar. barê oder dudúb) angesehen werden. Harar in seiner südlichen und südwestlichen Nachbarschaft dagegen kann als das besteultivirteste und am intensivsten angebaute Land betrachtet werden, obgleich, im Sinne europäischer Landwirthschaft genommen, Bricchetti-Robecchi nur behaupten zu können glaubt: l'agricoltura colà è ancora nascente.[360]

Nur nebenbei kann an dieser Stelle erwähnt werden, dass manche Somâl-Stämme, wie z. B. die Rêr Galén, in früheren Zeiten viele Kräfte ihrer Angehörigen statt mit Bodenbau mit dem einträglichen Karawanen-Conducte nach Schoa und Harar beschäftigten, einem Ernährungszweige, der heute ausschliesslich in den Händen weniger um Zejla und Tadschura angesiedelter Familien liegt, die allerdings nur auf dem von Somâl besetzten Gebiete mit ihren Tragthieren erscheinen dürfen, während der Conduct auf Galla-Gebieten den Oromó vorbehalten bleibt.

Bevor wir zur Schilderung des Feldbaues übergehen, muss noch des Gabbár-Wesens und der Melkanjá, insoferne sie auf oromonische Verhältnisse Bezug haben, gedacht werden. In Schoa und jenen Galla-Gebieten, welche von Kaiser Menilek II. nach und nach unterworfen wurden, wurde das Robott-System (gábbara, gabbír) eingeführt, welches ähnlich der Institution unserer alten Zeiten darin besteht, dass ein Theil der Bevölkerung zur Feldarbeit bei den schoanischen Herren verpflichtet ist.[361] Diese Volksschichte recrutirt sich aus solchen unterworfenen Oromó, denen ein etwas besseres Los als das des Verkaufes und der Abführung ausser Landes zutheil geworden ist. Es unterscheidet sich in nichts von der Leibeigenschaft, und es führen die Opfer desselben den Namen von dem oromonischen *gabbaro* = ordinär, gemein. Ihre Dienste bestehen in unentgeltlicher Feldarbeit und Abgabe eines Tributs *(gebör)* als Ertrags derselben, denn Lohndiener gibt es in Schoa nicht. Die Arbeit wird hervorragenden Familien und dem Herrscher geleistet, und die Gabbár erscheinen mit dem Besitze kleiner Landstreifen, die sie für sich ausbeuten dürfen, für diese Dienste entschädigt. Die Tage, an welchen sie arbeiten müssen, sind bestimmt. Darüber hinaus dürfen sie zur Arbeit nicht verhalten werden.

Diejenigen Grundstücke, welche die Schoaner in den Galla-Ländern eroberten, wurden zum Theile Eigenthum des Herrschers von Schoa, zum kleineren Theile aber in kleinere Complexe geformt, welche man *melkanjenet* und deren Besitzer man Melkanjá nannte. Ueberwacht wird die Bewirthschaftung derselben, welcher eben der Robott der Gabbár zu dienen hat, von einem staatlichen Commissär, dem Musselenië, einer Art Procurator des Negúsa Negest. Auf den Gabbár kann jederzeit, wenn seiner Kraft oder seiner Mittel bedurft wird, ein Druck ausgeübt werden, und so stellt sich dieses Robottverhältniss als ein drückendes und hartes heraus.

Unter den Producten des Ackerbaues steht die Cultur des Getreides (orom. *kamadi, midán, tschálla;* 'afar. *darú, ilú*), der Hülsenfrüchte, der Baumwolle und des Tabaks obenan. Wie schon erwähnt wurde, kommt hauptsächlich der Ackerbau der Oromó in Betracht, dessen Ertrag fast alle Bewohner der Somál- und 'Afar-Länder mit Brotfrüchten versorgt. Der Anbau der Durra oder des Ta'ám (orom. *maschalá* oder *maschild;* som. *hirád* oder *harúd;* 'afar. *ilaú, musinga, darú;* arab. الذرة) ist der allerwichtigste landwirthschaftliche Zweig. Unter den Sorghum-Arten ist am verbreitetsten die weisse Durra (orom. *antschiró;* som. *sarén;* arab. *ta'ám*) und die rothe Durra (orom. *dappó* oder *zengadá;* som. *illarúd*). Beide sind am productivsten in dem Tieflande, und liefern neben dem Brote für die grossen Massen auch ein angenehmes säuerliches Bier. Die Andropogon-Varietät nennen die Galla auch *misinga*. Bei den westlichen Galla hat Schuver allein 26 Arten von Durra beobachtet, und so zahlreich sind die Sorghum-Varietäten auch bei den Galla von Harar und Schoa. Die Cultur der Durra dominirt über die Cultur jeder anderen Getreideart, und es ist eine wahre Freude, die wogenden Sorghum-Felder unmittelbar vor dem Schnitte anzusehen. Gleich Mauern ragen die Schafte mit den sie krönenden Rispen bis zu einer Höhe von 2—3 Metern da, und bei dem Hochstande derselben können sich nicht nur die Eingebornen, sondern selbst Reiter und grosse Viehstücke im Durra-Felde vollständig verbergen. Diese Getreidesorte verlangt der Aussaat folgenden reichlichen Regenfall und ausgiebige, sorgsame Bewachung. Die Galla errichten zu dem Zwecke eigene Warten für Wächter und postiren solche gerne auch in die Wipfel der Bäume, welche man beschneidet, um auf den zu einem ebenen Plan niedergebogenen Aesten frei auf- und abschreiten zu können und einen weitreichenden Ausblick zu haben.[365]) Der Durra-Cultur zunächst steht jene der Dagussa *(Eleusine Tocussa)* und des Tokar- und Nedsch-Tief *(Poa abyssinica;* orom. *taáfi, misiri;* 'afar. *dáfi),* welche das feinere Brot liefern, dann die abessinische Gerste (*gebs*) und Hirse und die Kornarten der *adscha*, die besonders die Arussi cultiviren, und die Weizenarten (orom. *saka*) des abessinischen Sindi (*Triticum vulgare*) und Temesch (orom. *katti*). Südlich von Harar und gegen Kafa zu ist der Hirsebau bei den Galla in grossem Aufschwunge. Manche Getreidesorten, wie Gerste (orom. *garbu, kitschô*), können bis zu einer Meereshöhe von 3000 Metern gepflanzt werden und geben vielfältigen Ertrag. Von Hülsenfrüchten werden Linsen (*messer*) und die abessinischen Bohnenarten des Dengelo, Andaguri, die productive, aber uneingewässert nach dem Genusse Schwindel verursachende *gubdo* und *guraja*, die gewöhnliche *bakela*, die schwarze Erbsenart (*tokur ater*) und die Schimbira-Wicke, die mit Salz gesotten sehr beliebt ist und auch eine Art Brotmehl liefert, u. v. A. gebaut, des Maises (orom. *bahar maschala*, d. i. «Durra vom Meere», oder *bógolo*) gar nicht zu gedenken. Von Oelpflanzen baut man die Nug (*Polymnia abyssinica, Helianthus*) und Sesam, von Farbpflanzen die Orseille (som. *schejma*), die besonders bei den Somâl beliebt ist[363]) und namentlich an der Benadîr-Küste gedeiht. Der Tabak (*Nicotiana rustica;* som. *buri*) wächst im Somâl-Gebiete nur an einzelnen Punkten,[364]) und auch in Harar gedeiht er ungepflegt nur schlecht. Offenbar ist er von Arabien auf das afrikanische Osthorn verpflanzt worden, weil man mit dem Namen *buri (bori)* die Wasserpfeife bezeichnet. Bei den Galla bauen ihn die Arussi, Absô, Soddo, die Guragé, Zindscherô, die Gomma und Dschimma, dann die Galla von Kabiena.[365]) Die südlichen Galla pflanzen nach Wakefield's Zeugniss[366]) gar keinen Tabak. Die Cultur kann eine grossartige werden, wenn der Anbau veredelt werden könnte. Wahrhaft segensreich aber ist die Baumwollencultur bei den Oromó. Im südlichen Schoa, in Mindjär und Gallên, dann in den Galla-Gebieten gegen Senaar zu wird Baumwolle (som. *undbi*; 'afar. *otbi*; orom. *girbi*) ebenso wie bei den Arussi und Borâna, in Gêra in grossem Massstabe gebaut. Bei den Galla von Harar hat dagegen mit dem Aufschwunge des Cotonnad-Handels aus Indien der Baumwollenbau fast ganz aufgehört, wird aber im Erer-Thale noch gepflegt. Das Product ist ein vorzügliches. Auch die Somâl, namentlich jene am Wêbi, wo bei Fâf die Baumwolle wild wächst, und alle Stämme, die nach der Benadîr-Küste mit ihrem Verkehre gravitiren, so die Hawija und Midjertin, pflanzen Baumwolle in beschränktem Masse. Unter den Galla von Schoa ist die Cultur des Leinsamens (*talba*) jedoch nur zu dem Zwecke des Genusses des Samens verbreitet, keineswegs zur Verwerthung des Stengels, dann des Enkerdâd-Unkrautes, dessen Samen sehr berauschend wirkt und sogar tödtet, u. s. w. Bei 'Afar, Somâl und Oromó werden auf den Feldern auch allgemein Kürbisse und Melonen gezogen, um Harar herum auch all' die Producte, welche die Aegypter in dem herrlichen Flecken Argobba am Erer angepflanzt haben.[367])

Der Anbau geschieht, wie schon erwähnt, während der Regenzeiten. In den kalten Regionen der *dagga* wird im Süden von Schoa nur Gerste, in der *wajna daggá* Durra und andere Getreidearten, Bohnen, Lein, Tief und Gerste,

in der *quolla* nur Durra, Dagussa und Tief gebaut, und diese Vertheilung hat
auf das Terrain aller Höhenlagen des afrikanischen Osthornes, wo Feldbau
getrieben wird, Anwendung. Die Art der Ackerbestellung geschieht in dem
grössten Theile der Oromò-Gebiete mittelst primitiver hölzerner Pflüge (orom.
irfi, mid kôtisa, ginti, abess. *mofer*), die aus einem unter 35° abgebogenen, starken
Baumaste bestehen, dessen eines Ende zum Ziehen der Furche zugespitzt wird
und dessen anderes Ende als Handhabe (orom. *sojáma*) dient, während ein
rechteckig geformtes Halsjoch für Rinder (orom. *ordá, wandscho*) an einer
leichten Holzdeichsel oder Baststricken befestigt ist. Gezogen wird der Pflug
von einem Ochsenpaare oder von einem Kameele. Der Säemann (orom. *fakaftu,
abba kôtisa, kotié, gabberié, kútu;* 'afar. *harásta* oder *maharas;* som. ?; som.
ackern — *ber*) und drei bis vier den Pflug begleitende Arbeiter führen in der
Regel noch einen spitzen Stab, mit welchem sie grosse Schollen zerdrücken.
Es ist dies dasselbe Verfahren, wie es in Alt-Aegypten in Uebung war. In
Guragé kennen die Einwohner keinen Pflug, sondern arbeiten nur mit Karst
und Spaten (som. *jamba;* orom. *dóma*), deren Bestandtheile zusammengebunden
die Form eines Siebeners (7) haben; in Harar hinwieder lockern die Galla neben
der Arbeit mit dem Pfluge auf die Weise den Boden, dass sie ihn mit einem
2 Meter langen Holzstocke (orom. *döngora;* som. *miga*), der mit einem Eisenstücke oder Steine am oberen Ende beschwert ist, zunächst anstechen (der
Ackersmann dieser Art heisst *lafa kán baásu* = der die Erde aufbricht) oder
aufreissen und dann mit einem Karst die Schollen zerdrücken oder mit einem
Holzspaten (orom. *hakáfa*) das Erdreich weiter lockern.[368]) Die Arbeit geht in
der Art von Statten, dass je vier Personen sich nebeneinander stellen und in
gleichmässigem Takte zusammen je ein Stück Erde mit den Karsten so lange
aufbrechen, bis das Feld aufgestochen ist. Die gelockerte Erde wird darauf
trocknen gelassen, die Schollen zerschlagen und so lange gewartet, bis ein
Regenguss das Erdreich aufgeweicht hat. Sodann machen sie Furchen und
Löcher und streuen in diese die Saat aus, schütten Furchen und Löcher zu,
ohne sich weiter um ein Eggen zu kümmern. Eine Düngung der Felder kennt
man nicht, obgleich der zahlreich vorhandene Kuhmist (orom. *fando*) dieselbe
in vortrefflicher Weise gestatten würde, bei den Somál und 'Afar selbst Guano
('afar. *kdra;* som. *rebschi schamburo*) dazu verwendet werden könnte. Die Oromonen begnügen sich mit dem Abbrennen der Durrastoppelfelder oder dem
Verbrennen der Durrastrohabfälle auf offenem Felde, was allerdings die Düngung in einem gewissen Grade zu ersetzen vermag. Bei dem Getreidebau der
Somál wird ein Pflug nicht angewendet. Man bestellt den Acker mit der Hand
und Lanze.[369]) Die Frucht, die man im Somál-Lande und bei den 'Afar neben
Durra mit Vorliebe anbaut, ist die weisse Hirse (som. *misingádo;* 'afar. *musinga;*
arab. *ta'ám abjad*). Die 'Afar schützen in Aussa die Durra- und Baumwollen-
felder durch hohe Hecken aus Dornengestrüppe, ebenso ihre Gärten; das
Wasser zur Bewässerung derselben wird dem Hawásch entnommen und praktische Apparate dazu verwendet.

Die heranreifende Saat, deren Anbau sich je nach localen Verhältnissen, aber stets nach dem Eintritt der Regen richtet, ist vielen Gefahren von Seite der körnerfressenden Vögel (namentlich an der Benâdir-Küste), aber auch von Seite der Heuschreckenschwärme, welche alle Vegetation in zehn bis zwölf Stunden zu vernichten im Stande sind, ausgesetzt. Man verscheucht die Vögel von den oben beschriebenen Warten aus nach Möglichkeit. Der Heuschreckenplage kann man sich selten mit Erfolg erwehren. Dasselbe ist der Fall, wenn Dickhäuter, wie Elephanten, die Durrafelder gefährden. Da man diese Feinde nicht zu tödten vermag — sie sind zum Glücke in dicht angebauten und dichtbevölkerten Gegenden selten und brechen nur an den Grenzen der Moggás und aus feuchten Thälern hervor ·   so macht man Verscheuchungsversuche, verlässt sich wohl auch ab und zu auf Beschwörung und verwünschende Zurufe, die selbstverständlich erfolglos bleiben.

Die Ernte der Durra (orom. *nura, hamé;* 'afar. *gilâl;* som. ?) findet in jenen Landstrichen, welche der abessinischen *wajna dagga* entsprechen, zweimal statt, und zwar südlich von Schoa die erste nach den zwei kleinen Regen, *belgé* genannt, also gegen Mai, die zweite nach dem *krempt,* also Ende December. [370]) Die wichtigste Phase derselben ist der Schnitt der Durra. Man vollzieht ihn mittelst Sicheln (som. *mini;* orom. *magid*), die auf Holzstielen befestigt sind, löst von dem Stroh die Durrarispen sofort ab und verwahrt dieselben innerhalb der grossen Koppen, welche aus dem Stroh (orom. *offa, agadâ*) geformt werden und genau das Aussehen grosser Kegel besitzen. So verbleibt das Getreide die Trockenzeit über und wird je nach Bedarf an bestimmten Plätzen gemeinsam von den Insassen einer Ansiedlung mittelst Klopfen mit starken Stäben ausgedroschen (dreschen: orom. *fatâgu, serepsisu*), worauf das Korn in Kellerräumen, die mit Kuhmist gut ausgepicht wurden, bis zur endlichen Verwerthung aufgespeichert wird. [371])

Die Schüttung (Körnerertrag) der von den Galla cultivirten Getreidearten ist eine vielfältige. Antonio Cecchi hat sich Mühe gegeben, [372]) für die Verhältnisse in Schoa und Kabiena Zahlen für dieselbe anzugeben und findet den Ertrag der Körnerfrucht im Soddo-Galla-Gebiete als einen 10—20fachen, in der *wajna dagga* Schoas als 30—50fachen, gewiss hohe Ziffern, denen ich, was die Galla-Länder von Harar betrifft, für den Durraertrag die Zahl 20 ruhig an die Seite setzen darf. Naturgemäss kommt es, will man diese Zahlen ernsthaft festhalten und statistisch oder ökonomisch verwerthen, stets darauf an, Normaljahre oder solche mit sehr guter Ernte für irgend einen grossen Theil der Galla-Gebiete ins Auge zu fassen und allen möglichen localen Verhältnissen hierbei Rechnung zu tragen. Für die Bestimmung der Ertragsmenge des Getreidebaues bei den Somâl und 'Afar fehlt leider der Massstab. Doch lässt sich behaupten, dass die ungünstigen Bodenverhältnisse und die mangelhafte Sorgfalt der Bodenbestellung kaum mehr als einen zehnfachen Ertrag ermöglichen.

Wurzelt die agriculturelle Thätigkeit des Oromó und 'Afar vorwiegend in der Gewinnung von Brotfrüchten, so kann man als die Art des Bodenbaues

bei dem grössten Theile der Somál, namentlich bei jenen, die mit ihrem Verkehre nach der Küste des Golfes von Aden gravitiren, den Gartenbau bezeichnen. Schon zur Zeit, als die alten Aegypter ihre Handelsfahrten nach dem
Lande Punt unternahmen, blühte in Nordost-Afrika die Gewinnung von Gummi
(som. *habág*, *habko*; 'afar. *habuká*; orom. *appé*), Weihrauch (som. *behio*) und
Myrrhen (som. *malmál*; 'afar. *herbéta*), und diese haben die Somál offenbar von
ihren Vorfahren in der *Regio cinnamomifera* übernommen. Auf der dem Gobán
folgenden höheren Terrainschichte, wo Gebirgszüge landeinwärts gerichtet
sind, bis hinab tief nach Ogadén finden sich überall kleine Parcellen des Bodens, die man sehr wohl mit Gärten vergleichen kann, und in welchen der Bau
der vorgenannten Producte systematisch betrieben wird. Als Besitzer derselben geriren sich die Häuptlinge des Landes und vergeben die Nutzniessung
der Parcellen gegen Bezahlung eines Pachtes oder einer Abgabe in Geld oder
Kameelen. Man respectirt diese Grundstücke ausserordentlich und bestraft
Frevler oder Gewaltthätige, die sie schädigen, auf das Strengste.[313]) Der
Gummibaum nimmt den ersten Rang ein. Man gewinnt eine grosse Zahl von
Sorten des sogenannten *Gummi arabicum*, und zwar hauptsächlich im Lande
der Midjertin, Merihán, Dolbohanta, Habr Gerhádji, Toldschaléj und War San-
géli, also auf der eigentlichen Spitze des afrikanischen Osthornes. Die Sorten,
die hier gewonnen werden, sind namentlich vier: die *hankokéb* (*ankákib*) genannte, ein sehr gutes, grosskörniges Product liefernd, die *kúra*-Sorte, von
röthlicher, dunkler Farbe, die *adád*-Sorte, ein weiches schwarzes Harz, und
die *habég-hádi*-Sorte. Andere Namen für die Varietät des arab. ــ (von den
Somál *somerr* ausgesprochen) sind *dschalefán abátsch golilli* (Gummi gutti).
dschierrin maíti, *godhá*, *karún*, *muráje*, *obol elemi* (von *Boswellia papyrifera*) *fulala*,
derdue etc.[314]) Der Qualität nach soll die *adád*-Sorte die erste Stelle, die *ankákib*-Sorte die zweite Stelle einnehmen, alles Arten von *Olibanum* und *Acacia*.

Die Gewinnung des Gummi geschieht auf folgende Weise: Ende Februar
oder Anfangs März begeben sich die Somál nach den Wäldchen und besich-
tigen jeden Baum genau, um an der bestgeeignetsten Stelle in der Mitte des
Stammes einen runden Schnitt anzubringen und etwa 15 Centimeter unterhalb
desselben eine Bastbinde anzulegen. So bleiben die Bäume einen Monat lang,
und nach dieser Zeit wird an derselben Stelle der Schnitt tiefer gemacht, die
Binde fester geknüpft, damit das Harz leichter hervorquellen könne. Ende
Mai ist des Harzes so viel hervorgequollen, dass man mit der Sammlung beginnen kann, obgleich man auch im Juli noch gerne die Bäume nochmals an-
schneidet, worauf sie aber als ganz erschöpft gelten. Die Sammlung geht in
der Art vor sich, dass man die Binden löst, denn an diesen hat sich der grösste
Theil des Harzes angelegt, und was etwa auf den Boden niederrann, zusammen-
kratzt und in einen Korb sorgsam zusammenlegt. Die Ernte dauert bis September, und um diese Zeit sind die Gebirge mit einer dichten Schaar von
Frauen und Kindern belebt, denen die Aufgabe zufällt, die feineren Sorten
aufzulesen (som. *safi* = Auslese, Sortirung), das minderwerthige Product aber

bei den Bäumen an der Wurzel derselben in Häufchen aufzuschütten. Eigene Schaffner halten da die Ordnung aufrecht und besorgen den Totalverkauf, da er jedem einzelnen Sammler Schwierigkeiten bereiten würde. Nach Massgabe der betheiligten Kräfte, die sich zur Zeit der Ernte gewissermassen als im Dienste der Schaffner befindlich betrachten, geschieht dann die Vertheilung des Gewinnes. 2000—3000 Tonnen mögen an Gummi jährlich im Somâl-Lande erbeutet werden.[215])

Weihrauch (som. *beïho, lubán*) wird auf dieselbe Weise gewonnen, nur wird ein Theil der Rinde des Weihrauchbaumes, der an trockenen Orten auf steinigem Grunde am Rande von Schluchten gedeiht, an der gegen Osten gekehrten Seite vom Baume losgelöst, richtiger nach abwärts gebogen. Nach zwei Wochen rinnt das Harz an der Oberfläche des Einschnittes hervor und bildet eine feine Haut, die man zwei- bis dreimal in Intervallen von je einer Woche aufzulockern pflegt, wobei die Ränder der Schnittfläche mit dem *mangáta* (Kneip) vertieft werden, so dass die Harzschichte immer stärker wird. In den kälteren Monaten (Juni bis August) wird dann das Harz (jeder Baum gibt etwa 1 Kilogramm) losgelöst und gesammelt. Das losgelöste Rindenstück wird als Färbemateriale verwendet. Die Menge des Weihrauches, die aus dem Somâl-Lande exportirt wird, beträgt jährlich circa 100—200 Tonnen. Die besten Weihrauchsorten sind der *beddâni jegâr, magolloh* oder *libán maskata, fasús, nagua, moharad, medschigél, maïti*, eine mindere Sorte die *bedui* und *béjo*. Die grössten Weihrauchbauer sind die Habr Toldschalëj und War Sangëli.

Die Myrrhe, welche besonders bei den Marihán und Dolbohanta gewonnen wird, wird dem *diddin*-Baume entzogen, einem starken, hochragenden und mächtig verzweigten Gewächse. Die Myrrhe wird entweder nach vollzogenem Einschnitte oder blos an jenen Stellen des Baumes, wo sie spontan hervorquillt, gesammelt, und zwar zur selben Zeit wie Gummi und Weihrauch. Die Myrrhengewinnung ist keine grosse und erreicht bei Weitem nicht die Bedeutung jener der beiden erstgenannten Harze. Auch bei den Galla des Südens gedeiht nach Wakefield eine Myrrhenspecies, *kaj ja talfata* genannt (die *uuusi* der Somâl), welche das beste Product geben soll. Die Farbstoffe werden aus dem Safte der Aloë (som. *dér, dig* oder *humér; 'afar. ere*), und zwar als *dér skiafarûén, dér maju, dér ojó, dér márodi* und *dér diguén* gewonnen; eine Species gibt auch das schon erwähnte Augenheilmittel (som. *dahr gabái*). Alle Aloëblätter liefern vortreffliche Stricke (som. *askul*.[216]) Sonst liefert der Gartenbau der Somâl noch Malven und Früchte von Palmen (Medho-, Hau- und Dumvarietäten) und anderen Bäumen (*gheror* und *hegó*), ja selbst die Schäler mancher dieser Früchte, die an die Mandeln erinnern, werden conservirt (so die arab. *muludscha*). Selbstverständlich überwiegt bei der Cultur der Dumpalme, die eigentlich keine Pflege erfährt, weil die Bäume wild wachsen und sich um die Beförderung ihres Wachsthums kein Mensch bekümmert, die Verwerthung der Blätter bei den Somâl wie bei den Danákil. Man bindet die Blätter paarweise zusammen (*dadschin, sibb*), und ein Ballen zu 100 Stück heisst *hill*. Der Tamarinde und dem Indigo (som. *ellàn*), der Frucht der *Asclepias gigantea* (som. *buò*), schenken diese Völker wenig oder gar keine Beachtung, obgleich alle vorzüglich gedeihen. Zuletzt erwähnen wir noch die Gewinnung riechender Hölzer, wie des *addi* (falsche Myrrhe), *fallah-fallah* u. A. m.

Ueberblickt man das bisher über die Bodencultur der Nordost-Afrikaner Gesagte, so leuchtet ein, dass man den Bodenbau der Oromó als überwiegenden Ackerbau, den der Somál und 'Afar als Gartenbau bezeichnen könne. Von einem Waldbaue kann bei den Völkern des afrikanischen Osthornes nicht im entferntesten die Rede sein, weil für den Ersatz des verbrauchten Holzes nicht im Geringsten gesorgt wird. Allein die Galla sind nicht nur gute Ackerbauer, sondern die Kaffeecultur und jene der *Musa Ensete* gibt auch von ihrer Befähigung als Gartenbauer beredtes Zeugniss.

Kafa ist die Heimat des werthvollen narkotischen Getränkes. Während nun fast alle Gewächse veredelt eine bessere Frucht geben als im Urzustande, ist dies beim Kaffee (orom. *bunò*; som. *bun*; 'afar. *bún*) nach dem Zeugnisse Massaja's, der sich selbst jahrelang mit dem Anpflanzen des Kaffees im Lande Kafa befasst hat, nicht so, und der Cardinal sagt geradezu:[377] «Il miglior caffè è stato sempre riputato colà (in Kafa) quello, che nasce spontaneamente nei boschi, e che produce senza umana ed artificiale industria.» Kafa ist auch das einzige Land, wo der Kaffee in den Wäldern wild wächst, und es gibt dort keine einzige Familie, die nicht ihr kleines Kaffeegärtchen besässe. Von Kafa aus scheint sich denn auch der Kaffee zunächst nach Nordwesten zu den Legga-Galla, die ihn eifrig cultiviren, dann nach Norden bis über Schoa hinaus und zuletzt durch das Arussi- und Itu-Gebiet nach Harar verbreitet zu haben, wo nicht nur viel, sondern auch ganz ausgezeichnete Sorten desselben unter dem Namen *Ennarea* cultivirt werden. Die edle Frucht des Kaffees hängt im Allgemeinen von verschiedenen Factoren, dem Klima, dem Boden, der kundigen Hand des Pflanzers und Sammlers ab. In Kafa selbst reift er vom September bis Februar; allein man betrachtet jene Bohnen für die besten, welche im September, October oder November selbst vom Baume fallen. Für den Handel freilich müssen die Bohnen abgenommen, getrocknet, ausgeklopft und sortirt werden, was viel Mühe beansprucht. Auch die Hülsen geben nach Massaja's Zeugniss, ordentlich behandelt und frisch in Gebrauch genommen, das gleiche schmackhafte Getränke wie die Bohnen.

Der Umstand, dass sich bei den Oromó das beliebte Kaffeegetränke Jeder in den gemeinsamen Kaffeewäldern in Hülle und Fülle und vorzüglicher Qualität verschaffen kann, bringt es mit sich, dass man den Kaffee in den Stammländern und Hauptproductionsgebieten desselben selten zu Markte bringt. Erst der Handel in Harar brachte z. B. die Ala- und Itu-Galla dahin, die Cultivation im grossen Massstabe zu betreiben, und auch das erst seit etwa 30 Jahren. Kriegsjahre bewirkten häufig, dass man, weil das Ueberproducirte nicht an den Mann gebracht werden konnte, zu gar keiner Ernte schritt und die herabgefallenen Bohnen (orom. *girena*) einfach am Boden verfaulen liess. In Harar geschah die

Cultur zur Zeit der ägyptischen Herrschaft sehr rationell; es war eine Pracht, die Gärten, die zur Zeit der Blüthe des Kaffees wie ein Lilienkranz die Landschaft umsäumten, anzublicken und den herrlichen Duft der Blüthe der Rubiaceen einzuathmen. Vor Beginn der Regenzeit werden gewöhnlich neue Kaffeepflanzungen angelegt, indem man den Samen in den Boden versenkt (1800 bis 2000 Bäumchen per Hektar), wenn die Pflänzchen aufgegangen sind, sachte versetzt und reichlich bewässert. Die Galla entwickeln dabei grosse Geduld, ziehen Wassergräben und schützen die Wurzeln mittelst aufgelegten Laubes. In zwei bis drei Jahren trägt der Baum Früchte in einer von Jahr zu Jahr sich steigernden Quantität. Auf gutem Grunde kann in dem feuchtwarmen Klima ein mittelmässig grosser Baum jährlich 12—13 Kilogramm Bohnen tragen und 8—16 Kilogramm Schalen, ein Garten (2000 auf 1 Hektar) jährlich etwa 850 Kilogramm. In Harar findet die Ernte im Jänner statt. Man sackt die Körner nach vorhergegangener Trocknung in Fellsäcke (duábel) ein und bringt sie — je zwei bilden eine Eselslast — zu Markte. Ein Kaffeebaum wird bis 25 Jahre alt.[378] Der Kaffeebau greift von Harar aus unter den Galla im Süden und Westen der Stadt beständig um sich, und alle Bemühungen der Harariner, demselben bei den Galla aus mercantil-politischen Gründen zu steuern, blieben erfolglos. Bemerkenswerth ist, dass die Aroósa noch keinen Kaffee bauen.

Die Cultur der *Musa Ensete* (orom. *kotscho*, eine häufig vorkommende Sorte heisst *gonagoná*; som. und 'afar. *mus*) ist nicht nur wegen des Mehles, das sie liefert, sondern hauptsächlich auch wegen der Früchte von Wichtigkeit, welche, wie erwähnt, die Volksnahrung, besonders jene der Frauen und Kinder bilden. Man zieht grossartige Bestände des schönen und nützlichen Baumes. Die Wälder, die man als Reisender in den Galla-Gebieten durchzieht, erfüllt kühlendes Dunkel und ein paradiesischer Duft der reifenden Früchte. Die Galla stecken den Samen, *kowa* oder *tri* genannt, aus und pflanzen die Bananengärten gerne in rectangulären Reihen der Bäume, was einen angenehmen Anblick bietet. Uebrigens ist die Bananencultur nicht überall in Galla-Gebieten in gleicher Intensität verbreitet, und es gibt Landstriche genug, wo diese Cultur in grösserem Umfange erst in neuerer Zeit aufgenommen wird, so z. B. in Dschimma. Mich bedünkt, als hinge sie auch von dem oftmaligen Misswachs der Durra ab, der die Eingebornen veranlasst, den nützlichen Baum, bei dem man ein Missrathen der Ernte nicht kennt, zu pflanzen und zu pflegen, wenn eben die Körnerfrucht fehlschlug. Die Bananenculturen haben das Aussehen unserer Weingärten. Die Arbeit in denselben obliegt den Frauen, welche dabei nach Traversi's Worten[379] «lavorano con un gusto squisito», und zwar nicht allein bei der schon beschriebenen Gewinnung des Mehles aus den Blätterstielen der *Musa Ensete*, sondern auch die Herstellung von Hüten aus dem Blattwerk der Banane, Stricken, Körbchen, Materiale zu Bouqueten u. A. m. Am weitesten scheint der *Musa Ensete*-Bau in Guragé gediehen zu sein. Zum Zwecke des Viehfutters hat die Pflanzung des Baumes noch allüberall eine grosse Zukunft. Leider stürzen sich die Galla im Süden von Schoa auf die Producte des

nützlichen Gewächses mit allzu grosser Hast, beginnen mit der Gewinnung
des Mehlextractes aus demselben häufig, bevor der Baum noch die volle Entwicklung erlangt hat, und so findet man die Bäume an vielen Orten selten in
ihrer Schönheit und kraftstrotzenden Pracht.

Als Producte des combinirten Feld- und Gartenbaues kann man den Bau
von Zuckerrohr und Wars (*Eriosema erythrocarpon, Carthamus tinctorius*), von
Melonen und Malven betrachten. Das Zuckerrohr (orom. *dagmá*[?]) kommt in
den Galla-Ländern von Schoa und Harar ausgezeichnet fort; allein man kennt
seine Verwerthung nicht. Es dient lediglich zur Befriedigung der Naschsucht
bei Frauen, Kindern und verwöhnten Männern. Die Aegypter gaben sich in
Harar die Mühe, Zuckerrohr in Grossem zu bauen und seinen Saft auszu-
pressen, aber ohne allen Erfolg. Die Galla gingen auf ihre Intentionen nicht
ein, und der Versuch förderte vielleicht nur die Leidenschaft der Weiber, zu
naschen. Wars könnte namentlich in Harar ein lucrativer Exportartikel werden, wenn sich die Galla mit der Cultur einige Mühe geben wollten. Der Verbrauch des Warsfarbestoffes kommt freilich nur für Arabien und die Euphrat-
länder in Betracht, und der Umstand, dass der Oromó für Export zu
arbeiten hätte, der nicht regelmässig fliessenden Ertrag liefert, bewog wohl
das Volk, die Cultur des Wars zu vernachlässigen. Die Olive (orom. *edjersa*)
ist in den Oromó-Ländern gänzlich unbeachtet. Desgleichen verstehen die
Galla die *Phönix* (orom. *meti*) nicht zu ziehen.[289] In Kafa versuchten die Missionäre Wein zu pflanzen, der ja einst in äthiopischen Landen so bevorzugt war,
allein Bienen und Wespen ruinirten die Frucht vor erlangter Reife, und so
mussten die Versuche aufgegeben werden.[290] Im Somál-Lande wächst der
Weinstock wild (som. *dare*) und hat auch Trauben; doch kümmert sich Niemand um deren Cultur und Veredlung. Im Grossen und Ganzen lässt sich behaupten, dass die Nordost-Afrikaner die reiche und mannigfache Pflanzendecke mit ihren vielfältigen und ausgezeichneten Producten im Interesse ihrer
materiellen Cultur nur in mittelmässigem Grade zu benützen verstehen und
namentlich der Viehzucht nicht besonders nutzbar zu machen wissen. Könnten
sie dies, so müsste der Wiesenbau — und wo gäbe es herrlichere Wiesenmatten (*marga, aráta*) als in den Landschaften am Gára Muláta in Harar, oder
in Schoa und Kafa — eine bessere Pflege erfahren. Allein dieser, wie der
Waldbau liegen ganz darnieder. Die Mutter Natur bewährt ihre Zauberkraft
alljährlich, und der Mensch ist davon so geblendet oder in Ruhe und Sicherheit gewiegt, dass er ihre Gabe in Wald und Flur nicht einmal einsammelt und
die grossartige Spenderin in keinerlei Weise unterstützt, es sei denn auf dem
Felsenhange, wo auch der Natur die Kräfte manchmal versagen.

Es ist erwähnt worden, dass die Beschäftigung mit Viehzucht die wichtigste Ernährungs- und Erwerbsquelle der Völker des afrikanischen Osthornes
sei. Gleichwohl lässt sich nicht behaupten, dass sie auch in allen Theilen rationell betrieben würde, obzwar ihr alle Elemente bei den 'Afar, Somál und Galla
in hohem Masse ergeben sind. Sowohl die Viehvermehrung, als auch die Fütte-

rung und auch die Wartung des Viehes, sowie die Verwerthung der thierischen Producte und der Dejecte liegen häufig in Argem, besser gesagt, bewegen sich in Jahrhunderte alten Bahnen, ohne selbst dann merkliche Fortschritte aufzuweisen, wenn da oder dort europäischer Einfluss auf dieselben sich hat geltend machen können. Die Thiere, welche gezüchtet werden — merkwürdige Exemplare aller Arten von Vieh, die z. B. in Ogadén 4—6 Tage ohne getränkt zu werden aushalten und dabei gedeihen — sind bei den 'Afar und Somâl: Schafe, Ziegen, Rinder, Kameele, Esel, Pferde, Hühner, Katzen, Strausse: bei den Oromó: Rinder, Schafe, Kameele, Pferde, Maulthiere, Zibethkatzen, Hühner, Hauskatzen (bei Somál verhasst, weil sie Milch fressen), Ziegen, Schweine. An die Viehzucht schliesst sich dann noch bei den Galla die Bienenzucht. Seiner Bedeutung nach steht bei den Nomaden in erster Linie das Kameel, dann folgt das Schaf, Pferd und Rind; bei den Sesshaften hinwider nimmt den ersten Rang das Rind ein, und diesen folgt zunächst das Maulthier, das Pferd und der Esel. Bei den 'Afar liegt der Wohlstand der Eingebornen nur in dem Besitze von Vieh, dessen Name (dúje) gleichbedeutend ist mit dem des Geldes. Ja selbst der Oromó fasst unter dem Begriffe laón, ulé oder hori gudda (Grossvieh), ebenso der Somáli unter dem des holo oder holonôl (Vieh) den Inbegriff des Reichthums zusammen. Kein Wunder darum, dass die Nordost-Afrikaner mit Liebe und Hingabe der Viehzucht obliegen und diese auch die ihnen zusagendste Beschäftigung ist. Die Somál z. B. spielen mit den Thieren, als wären sie ihre Kinder, geben ihnen Spott- und Kosenamen (tarén, «weisse Blume», aufárr, «der Verspottete»), rufen sie mit Namen und ertheilen ihnen brachylogische, für Thiere nicht leicht ausführbare Befehle u. dergl. m. Eigene kolossale Viehparke im Somál-Lande bezeichnen Sammelstätten des Viehes (salát ganem).

Das «Schiff der Wüste» (som. aur, gél [m. kôr], kori, Fohlen: kuri dáscha; 'afar. gála, rakúb; orom. gála) bewährt sich als solches auch auf den Lava- und Steinflächen des 'Afar- und Somál-Landes.³⁰⁰) Es gehört zur Varietät des Dromedars. Seine Zucht ist über das ganze Danákil- und Somál-Land bis nach den sumpfigen Marschen am Wébi Schabéli, die seinen gespaltenen Hufen keine Resistenz bieten, verbreitet, ferner bis an den Fuss der Galla-Berge. Die Aroósa haben in ihrer Steppengegend wieder Kameele, ebenso die Burkenedschi, Rándilé und Boràna.³⁵²) Im gebirgigen Terrain kommt es nicht mehr gut fort, so in Harar und weiter südlich (Pánigal), wo man es nur vereinzelt in den breiten, trockenen Thälern züchtet. Die Kameele der Danákil sind nur einer, aber einer kräftigen und sanften Rasse angehörig, eher fein als robust gebaut und werden hauptsächlich der Milch halber gezüchtet. Das Somál-Dromedar ist stärker, plump, von schwarzgrauer Farbe und dient sowohl für Transportzwecke als auch zur Milchwirthschaft. Die Somál züchten es in ungeheuren Massen und besitzen davon einen Viehstand von einigen Millionen. Man sieht Heerden von hunderten, ja tausenden von Stücken, welche von Frauen bewacht werden. Prüft man die Thiere näher, so kann man bei dem Somálkameel

leicht zwei Abarten unterscheiden: eine weisse *(gél áá)*, schwache, in wasser-
losen Gegenden vorkommende, und eine starke, schwärzlich von Farbe *(ajáu)*,
die auch um ein Viertel höher im Preise (ein Somál-Kameel kostet 5—10 Thaler,
ein sehr gutes bis 3o Thaler) steht als die erstere.[384]) Geritten wird das Kameel
nicht. Dagegen geniesst man sehr häufig sein Fleisch. Die Milch ist, frisch genossen, süss und ein beliebtes Nahrungsmittel, abgestanden aber wird sie fett
und übelschmeckend, weshalb man sie selten ansammelt. Sammt Fleisch und
Haut wiegen Somál-Kameele im Durchschnitte 180—200 Kilogramm. Man
füttert sie in der Regel alle vier Stunden an Acazien-Vegetation oder magerer
Weide (*gür ah* = Pflanze mit grünen Körnern). Eine andere Nahrung erhält
es nicht, es sei denn, dass man ihm in den Tagen des Ueberflusses ein paar
Datteln hinwirft. Auf dem Marsche treibt man das Kameel vor Tagesanbruch
auf die Weide und hängt ihm Holzklappern an den Hals, damit es sich nicht
verliere, desgleichen vor dem Bezuge der Nachtruhe der Karawanen. In der
Trockenzeit tränkt man es an den Tränkestellen (som. *lalka*) alle 15 Tage, in
der Regenzeit nur einmal alle 4—5 Wochen. Ein Somál- oder 'Afar-Kameel
trägt eine geringere Last als das Sahara- oder indische oder gar Sudán-Ka-
meel, kaum im Durchschnitte mehr als 400 Kilogramm, während in Indien die
Thiere bis 500 und 550, im Sudán bis 800 Kilogramm belastet werden und
einige Tage ohne Futter aushalten. Tragen die Kameele Lasten, so werden sie
in der Regel alle zehn Tage zur Tränke geführt, durchschnittlich wohl jede
Woche einmal, man lässt sie dann aber in der Regel acht Stunden beladen einherschreiten. Auf solchen Märschen tragen die Kameele wohl selten mehr als
210—250 Kilogramm (eine Kameellast, som. *berhio*),[385]) und legen damit 20 bis
25 Kilometer (ohne Last 40—60) jeden Tag zurück. Der Dankali beladet von
seinen schwachen Kameelen nur den Hengst, aber auch diesen mit kaum mehr
als 130 Kilogramm für einen vier- bis fünfstündigen Marsch. Die Stute wird
nicht zu Tragzwecken, sondern nur zu Zuchtzwecken benützt, und sie ist es,
die den 'Afar mit Milch versorgt. Man melkt die Thiere in der Regel gegen
Abend. Solche, die mit Lasten einherschreiten, werden nicht gemolken (die
eigentlichen Milchkameele melkt man um 8 Uhr Abends), weil sie ja sehr
wenig Milch absondern. Trotz der kärglichen Nahrung sehen die Somál-Kameele viel besser genährt aus als die sudánischen,[386]) wiewohl man sie ab und
zu sogar 14 Tage ohne Wasser lässt. Das Kameel wirft auf dem afrikanischen
Osthorne nach dem Herbstregen und in der kalten Zeit meist nur ein Junges.
Man zieht den Kameelen Nasenringe ein, fesselt sie zu dem Zwecke der Nachtruhe an den Beinen und bindet sie gerne in der Art aneinander, dass man das
nachschreitende an kurzem Halfter ('afar. *lagám*; orom. *karáto*) an den Schweif
des vorangehenden knüpft, wodurch die Thiere genöthigt sind, in gerader
Richtung zu gehen und verhindert werden sollen, während des Marsches nach
Futter zu haschen. Der Kameelsattel (som. und 'afar. *kóra*), richtiger das Gerüste für die Waarenballen, besteht nur aus einigen aneinander gebundenen
Holzsparren und darunter gelegten Matten (som. *hirár* = Matte; *kibét* = Holz-

sparren), welche auf dem Marsche, wie schon erwähnt wurde, das Gerüst für die Hütte des Führers geben.[34]) Unter das Holzgerüste legt man dann unmittelbar auf den Rücken des Thieres die schweren, aus Bast geflochtenen Decken. Es ist selbstverständlich, dass das nützliche Thier mit dem Thun und Lassen des Nomaden, der sich bei den Somál mit Stolz einen *gelschira*, d. i. Kameeltreiber, nennt, innig verwachsen ist, dass dieser an dem Thiere Freude hat, es zu Zeiten der Erkrankung (zumeist an Höckerfäule) liebevoll pflegt und allüberall hin sich von demselben begleiten lässt.

Der Zahl nach übertrifft bei den Nomaden des afrikanischen Osthornes wie bei den Ansässigen alle Hausthierarten das Schaf (som. *adi, wér, tais;* 'afar. *idd;* orom. *holá,* plur. *holóta*) und die Ziege (som. *rio;* 'afar *lách, ráj,* plur. *wadár;* orom. *raj, ré,* plur. *roo, róta*). Das Schaf ist die *Ovis steatopyga,* seltener (bei den Danákil) die *Ovis aries laticaudata,* und wird in ungeheuren Mengen gezüchtet, so dass die Gegend, wo Schafheerden stehen, manchmal wegen der schwarzen Köpfe und des weissen Haares der Thiere wie mit einem Hermelinmantel bedeckt zu sein scheint. Da man die Schafmilch nicht oder nur sehr selten geniesst (Ziegenmilch wird getrunken), so dient das Schaf dem Zwecke der gewöhnlichen Fleischkost. Viel schmackhafteres Fleisch liefert aber die Somál- und 'Afar-Ziege, welche der zarten, blonden sudánischen Varietät angehört. Das Haar beider Thiere hat keine Verwendung; die Haut wird, wenn sie nicht verzehrt wird, um eine Bagatelle verschleudert, wofern man den Bedarf für Kleidung und Hausrath bereits gedeckt hat. Verschneidung der schwächlichen Exemplare ist üblich. Man tränkt Schaf und Ziege wie bei uns selten. Das Wasserschaf (*holá bissán*) zählt natürlich unter die wilden Thiere.

In den Galla-Ländern steht das Schaf und die Ziege in der Werthschätzung selbstverständlich dem Rinde nach, und auf dieses concentrirt sich alle Sorgfalt der Eingebornen. Der Rindviehstand der Somál ist kein sehr grosser, und es hat den Anschein, als besässen die 'Afar mehr Rindvieh als die Somál. Die Rinder züchtenden Somál nennen sich *lotschira* («Kuhtreiber»). Dagegen ist die Zucht des Rindes bei den Oromó, wie berührt, eine sehr ausgebreitete. Das Rind Nordost-Afrikas (som. *dibi, sá, lo* [oftmals *loh* gesprochen]; 'afar. *lá, sagá* [Kuh], *korio* [Ochse]; orom. *sad, sawa,* plur. *sánom, rada, worájo, amési, móra saá*[35]) ist der *Bos Zebu* oder *indicus,* wohl eines der verbreitetsten Thiere der Erde. Nordost-Afrika erzeugt schöne, kräftige in den Galla-Ländern selbst kolossale Exemplare von meist dunkelrothbrauner (wie die Kühe des österreichischen Eger-Landes) oder hellgrauer Farbe. Die grosse Varietät mit langen Hörnern ist zur Mast vortrefflich geeignet. Bei den 'Afar dient sie als Pflugstier (*sangá*). Diese Mastochsen, *motafó* genannt, werden so feist, dass sie sich am Ende der Mast gar nicht mehr bewegen können, so z. B. nach Cecchi's Zeugniss in Limmu und auch anderwärts. Die Aegypter brachten den ägyptischen Büffel nach Harar, wo er an einzelnen sumpfigen Plätzen des Erer-Thales wohl hätte gedeihen können. Sie fanden nämlich die Milch des Galla-Zebu zu sauer und liessen daher Büffel aus dem Delta kommen. Die

Galla staunten über die Grösse der Thiere, allein man liess sie zu Grunde gehen. Bei den Danákil züchtet man gegenwärtig das fette, kleine, keine Milch spendende abessinische Rind und beginnt auch das arabische einzuführen, das stets mager und klein, gehörnt oder hornlos ist, aber nur wenig Milch spendet. Eine grosse Rinderheerde ist der Stolz des Oromó. Während der Somáli oder 'Afar das Rind nur wegen der Milch und des Fleisches aufzieht, spannt es der Galla auch vor den Pflug (in diesem Falle *frida* genannt), aber auch diesem ist daran gelegen, dass es viel Milch spende. Im südlichen Galla-Lande sollen die Ochsen nach Brenner auch geritten werden. Dies ist in der Regenperiode zugleich nach der Kälbung der Fall, wo das nordostafrikanische Rind die doppelte Quantität Milch liefert als in der Trockenzeit. Man melkt die Kühe, die kein anderes Futter als Gras erhalten, des Morgens nach kurzer Weide, wo die Kuh etwa 3 Liter Milch spendet, und Abends, wo man 4 bis 5 Liter Milch erhält. Das Melken geht in der Weise vor sich, dass man dem Thiere ein mit einer Kalbshaut überzogenes Brett vor den Kopf hält. Während die Kuh dieses leckt, lässt sie sich ruhig melken.[389] Geht das Melken nicht rasch genug von statten, so wird nach sudanischer Weise der Kuh und Ziege heftig in die Scheide geblasen. Der Besitz von 1000 Rindern gestattet dem Galla, im Kreise seiner Nachbarn das Fest der Zungenkrönung zu begehen. Es besteht in dem Opfer zweier Rinder, deren Zungen dem Besitzer der grossen Heerde von einem Priester in Form einer Krone um die Stirne gelegt werden, während man ihm Brust und Schulter in Form einer Cravatte mit dem Fette des Getödteten belegt. Ist das geschehen, so brechen die Zuschauer in frenetischen Jubel aus. Ein Bankett beendigt die Ceremonie, welche nach Massaja's Zeugniss ein lächerliches Schauspiel gewährt. Hat ein Mann 2000 Rinder erlangt, wird die Krönung, mittelst drei Zungen, wiederholt.[390] Dass der Oromó den Mist des Rindes zur Düngung der Felder nicht zu verwerthen verstehe, ist bereits gesagt worden. Nichtsdestoweniger sammelt er den *fandó* oder *felti* an und ist stolz auf dessen massenhaftes Vorhandensein in seinem Hause. Der Ausspruch: »Möge Kuhdreck in deinem Hause wachsen« ist ein Segensspruch, der die Wünsche für die Vermehrung aller materiellen Güter irgend eines Mannes enthält. Haben sich grosse Düngerhaufen angesammelt, so verbrennt man sie aus Anlass des ländlichen Buddáfestes. Indess dient der *fandó* bei ärmeren Galla als Brennmateriale *(gubbáta)*, findet als Cement vorzügliche Verwendung beim Hüttenbaue *(tschorkokd)* und auch als Medicin bei gastrischen Störungen, wie schon erwähnt wurde.[391]

Das Pferd (som. *faras*, offenbar vom arab.-pers. فرس [Stute *géno*]; 'afar. *farás* [Stute *badirá*]; orom. *farda* [Stute *dalé*], plur. *fardéni* oder *faradó)*[392] ist, wie schon sein Name anzeigt, wahrscheinlich aus Persien eingeführt worden. Es erfreut sich aufmerksamer Pflege bei den meisten Somál-Stämmen, ist auch bei den Galla von Schoa ab bis an den Rudolf-See und Tana[393] in hoher Werthschätzung und wird ausschliesslich zum Reiten und nirgends als Zugpferd benützt. Die 'Afar haben nur sehr wenige Exemplare von Pfer-

den. Der Stamm der Adâl hat z. B. gar keine, was auf den Mangel an Weiden
zurückzuführen ist. Das 'Afar-Land ist nur das Land der Kameele und Schafe.
Ganz ausgezeichnete Reiter und Besitzer eines vorzüglichen Pferdemateriales
sind die Galla von Gudru[394]) und Râre, die Borâna, die Adda, die Metscha,
die Arussi, Aroósa, die Gadaburssi- und Habr Auâl-Somâl, die Mahmud Gerâd
Ruga, die Rêr Ugâs Elmi u. A. m., dagegen fehlt das Pferd vielen grossen
Stämmen, wie z. B. den Ejssa- und Rahanwin-Somâl. Schon auf den ersten
Blick wird dem Reisenden klar, dass sich die Somâl-Pferde von denen der
Oromó wesentlich unterscheiden, und zwar dem Baue nach. Das Somâl-Pferd
ist klein (im Durchschnitte 1·45 Meter hoch), also ein Ponny von heller Farbe,
fest, ausdauernd, hat ein weibliches Aussehen und erinnerte mich stets an
seinen Bruder in der ungarischen Steppe, das Galla-Pferd hoch, schön und
feurig, dem arabischen aufs Haar gleichend, ungemein ausdauernd und elastisch.
Die Arussi erzählen auch, dass zu ihnen das arabische Pferd zur Zeit Muhammed Granj's verpflanzt worden sei.[395]) Man zäumt die Pferde bei den Somâl
und Galla und putzt sie phantastisch. Sie tragen einen hohen Sattel (orom.
und som. *kúra, komö*) nach Art der arabischen *machlúfah* und *hanieh*, mit Steig-
bügeln nur für die grosse Zehe des Reiters, und sind an langen Leitseilen befestigt (orom. *drí, ezáb, miu lugáma*). Die Oromó reiten indess gerne blos auf einer
Decke aus Leder *(tévâ)*, welche die Stelle des Sattels vertritt, am Jahus selbst
ohne Decke.[396]) Eine Peitsche *(alenga)* aus Ochsenhaut, mit Fransen geziert
(unser Ziemer), ruht in der Hand jedes Reiters und wird graciös geschwungen.[397])
Entgegen der Meinung Guillain's, dass das Somâl-Pferd schlecht gehalten und
behandelt werde, kann ich bestätigen, dass bei den Somâl-Stämmen, so z. B.
den Ogadén, den Habr Auâl, den Somâl von Harar das Pferd gepflegt werde.
Nicht selten geschieht es, dass man das Pferd über und über mit Butter oder
Fett wäscht. Ebenso wird es in Liedern und Gedichten besungen. Dass es
blos nur auf Reisen, auf der Jagd und im Kriege verwendet wird, entspricht
den Verhältnissen bei diesen Völkern, welche keine Wege, sondern nur Kara-
wanenpfade kennen und in dem Kameele und Esel, beziehungsweise Maulthiere vorzügliche Lastthiere besitzen.

Bei den Oromó sind die fleckigen Pferde *(dschifúr)* besonders beliebt und
auch bei den Somâl sehr oft vorkommend. Die meisten Pferde ziehen die Adda-
und Metscha-Galla, und zwar verschneiden sie die männlichen derselben zu
Wallachen. Dass die Thiere selbst in höherem Alter ausserordentlich arbeits-
tauglich bleiben (Pferde, die 15—18 Jahre alt sind, sind noch ausgezeichnete Reitpferde, wie mir wiederholt versichert wurde und wie ich mich selbst
durch Ritte auf solchen überzeugte), beruht in der rationellen Behandlung
und vortrefflichen Fütterung derselben. Hufbeschlag kennt man zwar nicht,
und der Fuss der Galla-Pferde ist daher unschön wegen des ungepflegten
Hufes; allein, die Fütterung, welche z. B. die Aroósa selbst mittelst Milch und
Fett vollziehen, ist eine sehr gute. Dazu die herrliche Weide auf den *tschafe*-
Wiesen und der Vortheil des Durrafutters. Die Aroósa besitzen so feurige

15*

Rosse, dass sie die Thüren der Stallungen mit Eisen überziehen. Damit ein ge-
wissenloser Eigenthümer seinem Rosse kein Unrecht thue, läuten die Aroósa
Glocken bei der Fütterung und Futtersammlung. Ganz besonders ist es nach
Wakefield's Berichten die Stute, der man angelegentlich das Augenmerk zuwendet. Zweimal im Tage werden Früh und am Nachmittage die Pferde geübt.
Bei der Jagd werden ihnen die Ohren zugebunden oder mit Heu zugestopft, und
man zieht so auf die Elephanten- und Rhinocerosjagd aus. Ueberdies verstehen
sich die Galla auf vortreffliche Reitkünste, während die Somál mehr Gaukel-
spiele zu Pferde aufzuführen pflegen, aber vorzügliche Deckung auf dem Pferderücken zu nehmen verstehen. Der südliche Galla besitzt keine Pferde, sondern
nur Esel und reitet sehr selten.[398]) Auch viele Stämme der Hawija-Somál, so
die Muru Säthe kennen die Pferdezucht nicht.[399]) Als ausgemacht kann aber
gelten, dass das Somál- und Galla-Pferd das abessinische an Güte übertrifft,
wenn das auch von der Schönheit desselben nicht behauptet werden kann.[400])
Dies ist von dem Wallachen (Verschnittenen) gemeint, den man bei den Galla
fast ausschliesslich zum Reiten verwendet, während Hengste und Stuten sehr
selten geritten werden. Aus der Dressur der Pferde ist bemerkenswerth, dass
sie alle in Rudeln zusammenzugehen gewohnt sind und es bei dem Einzeln-
ritte schwer wird, sie zu zügeln, zumal sie die Sporen nicht kennen und die
Anwendung solcher sie scheu macht. Burton beobachtete an dem Somál-
Pferde Furcht,[401]) was ich nicht bestätigen kann. Die Somál-Pferde werden
seltener (alle zwei Tage) getränkt, die Galla-Pferde sind an reichliches
Wasser gewöhnt.

Die Zucht des Esels (som. *demir, dabir;* 'afar. *danán, okolô;* orom. *arré, arri,*
plur. *arróta*) liegt bei den Somál und 'Afar sehr darnieder. Die Thiere haben
ein elendes, vernachlässigtes Aussehen und dienen blos als Lastthiere, vornehmlich zum Tragen von Wasserschläuchen. In den Oromó-Ansiedlungen,
wo es reichliches Futter gibt, sind die Esel dagegen wohlgenährt und als Lastthiere für kleines Gepäck geradezu unentbehrlich. Sie sind es, auf die die
Raubthiere die kühnsten Angriffe machen, und man sieht oft Esel mit entsetzlich zerfleischten Beinen oder Rücken unter schweren Lasten einherkeuchen.
Die abessinischen *agassé* (Lastesel) sind ein wahrer Segen für die Berglandschaften und die Eltern der ausgezeichneten gallanischen Maulthiere. Diese
letzteren (som. *baqal, berel;* 'afar. *báqela,* vom arab. بغل; orom. *gangó,* plur. *gan-
góta, bitschiré, gangie*) sind bei Weitem die besten und daher auch die theuersten Reitthiere der gebirgigen oromonischen Länder, sicher im Gange, im
hohen Grade ausdauernd und genügsam. Galla, befragt, warum sie keine
Strassen in ihrem Gebiete anlegten, geben zur Antwort, diese seien dort ganz
überflüssig, wo es so ausgezeichnete Maulthiere wie in den Galla-Ländern
gebe. Geritten werden die Maulesel wie die Pferde.

In muhammedanischen Ländern ist die Zucht des Schweines ganz ausgeschlossen. Als Hausthier findet man das Schwein (orom. *bojé, karkará;* som.
dofái) bei den Galla, wo es gut fortkommt, mit der Verbreitung des Isláms

aber verdrängt wird. Als Hausthiere finden sich bei den Oromó noch Hühner
(orom. *anddkun*), deren Eier die Galla nicht geniessen (selbst das Fleisch derselben wird verschmäht), dann, aber sehr selten bei nördlichen wie südlichen
Somál, Hauskatzen (orom. *adurri*), ferner am Wébi bei den Oromó gleichfalls
selten trotz des Islâms auch Hunde (som. *jéj*; orom. *saré*; 'afar. *kúta*).[402]

Alle Aufmerksamkeit verdient die Zucht des Strausses (som. *garájo*; 'afar.
garijá; orom. *dogón, gutschi*) bei den Nomaden, und der Zibethkatze (orom. *dan-
kâa, orongi*) bei den Oromó. Den Strauss verstehen die Midgan in der Maske
des weiblichen Thieres und auf Lockrufe hin zu schiessen, aber auch einzufan-
gen. Die Thiere werden so abgerichtet, dass sie mit den Heerden der Somál
ziehen und weiden. Man trifft kaum einen grösseren Trupp von Somál an, bei
welchem sich nicht ein Paar zahme Strausse befinden würden. Lagern die Eingebornen in der Nacht, so werden die Strausse an einem Beine angebunden,
damit sie nicht entrinnen können. Die Ogadén-Stämme erblicken in den
Straussheerden geradezu einen Theil ihres Wohlstandes, so schön sind die
Thiere und so werthvolle Federn (som. *barim*) liefern sie. Es muss freilich bemerkt werden, dass die Feder des Somáli-Strausses jener des Thieres aus
Kordofân, Dâr Fûr oder vom Cap nachsteht, weil sie keinen sehr starken Stiel
hat und schütterer ist. Allein ein ausgewachsenes Thier repräsentirt im Inneren
des Somál-Landes immerhin ein Capital von 50 Maria Theresia-Thalern, und
eine gute Feder wird in Aden für 1½ Thaler verkauft.[403] Man rupft die
Thiere zweimal im Jahre.

Die Zibethkatze (*Viverra civetta*) liefert den geschätzten Riechstoff (orom.
tirinj oder *trinje*; amhar. *zobád [zevád]*; kafan. *wangó*). Ihre Zucht ist in Kafa
zu Hause, von wo aus sie auch von den Galla aufgenommen wurde, und wo
sie ein Regale der Fürsten (heute Kaiser Menilek II.) bildet. Man fängt die
Thiere in Netze ein und hält sie dann in kleinen, engen, das Thier zum Einhalten einer Position nöthigenden, freihängenden Holzkäfigen gefangen, und
zwar jedes Thier separat, doch alle in einer Colonie beisammen. Wo sich das
Hintertheil des Thieres befindet, ist eine kleine Oeffnung angebracht, durch
welche die Wächter mittelst eines mit Butter bestrichenen Stäbchens den ab-
gesonderten Riechstoff entfernen, während an der Vorderseite ein Futter-
körbchen hängt.[404] Die Wächter (besonders *Wáta*) lassen Fremde ungerne die
Civetta-Zuchtstätten betreten, aus Furcht, die Thiere stellten dann die Secre-
tion des Riechstoffes ein. Jede Zibethkatze liefert in der Gefangenschaft alle
vier Tage 80–100 Gramm (nach Anderen monatlich zwei Unzen) des wohl-
riechenden Stoffes. Man hat Colonien von Hunderten gefangener Thiere, kann
solche wohl auch am Markte erstehen. Kafa versorgt zum grössten Theile
nach Cecchi's Meinung den orientalischen Parfummarkt mit dem nöthigen
Riechstoffe, der indessen in der europäischen Pharmakopöe und Parfumerie
sehr an Verwendung nachgelassen hat.

Mästung des Viehes im Sinne europäischer bezüglicher Massnahmen
kommt nur bei den Galla vor. Man weidet das Vieh einfach auf den gemein-

samen Weideplätzen. Solche für das Vieh des Königs heissen nach schoanischer Weise *abelám.*

Dies sind im Wesentlichen die wichtigsten Objecte der nordost-afrikanischen Viehzucht, soweit sie ein Bild materieller Cultur der Bewohner Nordost-Afrikas erläutern können. Nicht übergangen werden können hier die Hindernisse, die sich der Viehzucht entgegenstellen. Da ist vor Allem der Tsetse-Fliege (som. *gindi*) zu gedenken, die aber nur in den *balli* des Wébi Schabéli, also den Sümpfen an seiner Mündung und am Juba vorzukommen scheint[105]) und glücklicher Weise das übrige Somál- wie Galla-Land verschont. Sie scheint auch die Pferdezucht bei den südlichen Galla unmöglich zu machen. Von Krankheiten der Thiere ist zunächst die weite Verbreitung der Pleuro-Pneumonie bei dem Vieh der Somál und Galla hervorzuheben. 1889—1890 decimirte sie derart den Viehstand Nordost-Afrikas, dass z. B. die nördlichen Oromó-Gebiete alles Vieh verloren und ein solcher Nothstand fühlbar wurde, dass die Eingebornen im südlichen,[106]) wie nördlichen Galla-Lande sogar ihre Kinder verkauften, um sich ernähren zu können. Es will das was bedeuten, wenn man bedenkt, dass diese Völker (südliche Galla und Somál) der Viehzucht allein ihre Existenz verdanken. Von einer Krankheit der Pferde, *gandi* oder *zalzalya* genannt (wahrscheinlich die Rotzkrankheit) hat bereits Bruce berichtet.[107]) Nach meinen Erkundigungen tritt sie nicht öfter und intensiver auf, als in Europa, doch verstehen sie die Eingebornen nicht zu bekämpfen. Schafräude befällt sehr häufig die Heerden der Somál. Man separirt die Thiere und wäscht sie in einem Infusum von *gegebút*(!).[108]) Bei den südlichen Galla, so berichtet Brenner,[109]) seien Viehseuchen völlig unbekannt, was durch Ferrandi's Feststellungen widerlegt wurde.

Es ist erwähnt worden, dass die Viehzucht eine dem Nordost-Afrikaner sehr zusagende Beschäftigung ist. In der That geht er in ihr auf und hängt ganz von ihr ab. Seine stete Sorge ist auf das Wohlbefinden der Kameele, Rinder, Schafe und Pferde gerichtet. Er tränkt die Heerden, indem er eine grosse Haut auf vier Pflöcken aufhängt und Wasser in dieselbe hineingiesst. Querleisten aus Holz sorgen dafür, dass das Wasser für die Thiere bequem erreichbar bleibt. Für die Nachtruhe haben die Galla gesunde, geräumige Stallungen, für grosse Heerden kolossale, eingezäunte Nächtigungsplätze (*laúni manna*). Auch der 'Afar und Somál bauen schöne Steinwälle, um das Vieh in der Nacht vor dem Angriffe wilder Thiere zu schützen, und verbrennen mit einer gewissen Pietät die Cadaver gefallener Thiere. Ich habe beobachtet, wie die Galla ihre Kühe halsten, wie sie auf dem Ochsenrücken ihre kleinen Kinder sorglos transportirten u. dergl. m., was auf gute Behandlung des Viehes schliessen lässt. Auch das Leben bei den Heerden ist ein fröhliches und erinnert häufig an jenes in den idyllischen Thälern Arkadiens oder Siciliens.[110])

Bei der Besprechung der Genussmittel der Oromó, ist des grossen Consums des Honigs in Form der Hydromele gedacht worden. Der Galla nun befasst sich mit der Aufzucht der Biene (orom. *kanisa*, d. i. «die Beissende» vom Verb *quanin* — beissen, *ebitscha*; som. *schini*; 'afar. *didalajta*), die er in Waldungen in Schwärmen einfängt und in geräumige, aus Bambus geformte, Röhrentrommeln oder Fässchen nicht unähnliche Bienenstöcke (orom. *kagura* oder *kafo* [vom amhar.]; 'afar. *gafó*; som. ?) auf das Dach seiner Manna oder auf Bäume in der Nähe derselben verpflanzt. Dieselben sind gegen den Einfluss der Feuchtigkeit wohlgeschützt, mit Heu umgeben und haben nur zwei Löchelchen zum Ein- und Ausgehen für die Thiere. In der Mitte ist ein Holzschuber, der den Stock in zwei Abtheilungen sondert und dazu dient, bei dem Abnehmen des Honigs die Thierchen sich vom Leibe zu halten. Manche Galla-Behausung ist von Bienenstöcken so überladen, dass sie selbst einem Bienenkorbe gleicht. Bäume sind oft mit 50—60 Bienenkörben belastet, zwischen denen sich Affen vorsichtig tummeln. Die Biene bleibt dabei natürlich mehr oder weniger immer wild und sondert ein köstliches Product ab. Auch der Somáli befleisst sich der Bienenzucht, mehr eigentlich des Honigsammelns, indem er 1 Meter 5 Centimeter lange cylindrische Hölzer, die zur Locke mit Honig überstrichen sind, in den Triften exponirt, an welchen dann die Bienen die Waben anlegen. Am Ende der Regenzeit werden die Bretter, mit den Honigwaben reich besetzt, wieder herabgenommen und der Honig mit dem Wachse consumirt.[111]) Auch der Galla pflegt den Honig mit dem Wachse (orom. *gogo*) zu verspeisen. Grosse Honigtöpfe von 40—50 Kilogramm trifft man bei den Somál öfters an.[112]) Indessen liefern die in hohlen Baumstämmen und in Erdlöchern angesiedelten wilden Bienen, die man zur Zeit der Honiglese ausräuchert, eine grosse Menge feinen Honigs, den man gerne in Kürbisflaschen füllt. Die Standplätze der wilden Bienen zeigt den Somál der *mards* (Honigzeigevogel) an.

Die Jagd (orom. *adámo*, verb. *ariú*; 'afar. *ademó*; som. *erin*, der Jäger: *dabád*, Wild: *ajár*, *behál*) liefert dem Nordost-Afrikaner bei Weitem nicht jenen Ertrag und ist für ihn durchaus nicht von jener Bedeutung, als man es nach dem Wildreichthum mancher Gegend am afrikanischen Osthorne vermuthen sollte. Das Nomadenthum der 'Afar und Somál macht das Wild scheu, der Mangel an guten Schiesswaffen erschwert dessen Erlegung, und die muhammedanischen Schlachtungsgesetze widersetzen sich der Tödtung des Wildes in gewöhnlicher Art durch Wurfgeschosse oder Projectile. So kommt es, dass bei allem Wildreichthum der Somál- und 'Afar-Länder z. B. die Jagd darniederliegt und nur von den Midgan und Jebir und anderen Parias gepflegt wird, während die Oromó nur in den Moggás einen grösseren Wildstand besitzen. Die Landschaften sind eben zu dicht bewohnt, um dem Wilde viel Spielraum zu lassen. Bei den 'Afar und Somál sind die Midgan mitunter ganz ausgezeichnete Schützen, die in der Handhabung des Bogens ganz Erstaunliches leisten.[113]) Dabei haben diese Jäger einen sehr feinen Geruch- und Gehörsinn, der an jenen der besten Windhunde erinnert. Mit weitgeöffneten Nüstern und lauschenden Ohren, mit den Handflächen die Ohrmuscheln erweiternd, spüren sie das Wild auf, setzen ihm mit Windeseile nach oder erlegen es aus einer gut gewählten Deckung

mit vergiftetem Pfeile, um ihm dann, aus dem Verstecke hervorbrechend, wenn
es sterbend umsinkt, den Hals mit dem Messer zu durchschneiden und so den
Vorschriften des Propheten zu genügen. Gerne legt man Masken an, so bei
den Somâl auf der Gazellenjagd. Die Gazellen fliehen den Kameelgeruch und
es wird den Jägern in Masken von Gazellen leicht, wenn sie sich unter Kameel-
reiter mischen, die Thiere aus nächster Nähe zu erlegen. Eine Maske legt auch
der Straussenjäger an, und zwar die eines Straussenweibchens, oder er fängt
die Thiere mittelst der Kürbisfrüchte, welche er ausgehöhlt und mit einem be-
täubenden Mittel im Innern für seine Zwecke präparirt hat. Der Strauss, welcher die Kürbisfrucht gerne frisst, wird betäubt, von den herbeigeeilten Jägern
gefesselt und seiner Federn beraubt, und man kann das Thier, das bald wieder
die Besinnung erlangt, lebend auslassen, um ein nächstes Mal dasselbe Ma-
növer wieder an ihm zu versuchen.[414] Des Strausses bedient man sich auch
bei den Danâkil zur Pürschjagd auf Antilopen, besonders die Bejsa-Antilope,
deren Haut für die Fabrikation von Schilden benöthigt wird, bei welcher Pürsche
auch abgerichtete Esel zur Verwendung kommen. Der Bogenschütze lässt sich
unter dem Bauche des Riesenthieres anbinden und wird so unter die nichts
Arges ahnende Heerde getragen, von wo aus er dann seine vergifteten Pfeile
versendet. Vieles Interesse bietet übrigens die Jagd mittelst des Strausses, die
unter den Ejssa-Somâl von den Parias der Bôni betrieben wird. Die Bôni führen
auch eine roh gearbeitete Bambusflöte mit sich, von deren Klängen sie behaupten, dass sie den Strauss bezaubern.[415] Rentabel erscheint dem Galla nur
die Jagd auf Büffel, welcher z. B. die Legga mit Hilfe kleiner rother Brakier-
hunde obliegen.[416] Die Büffeljagd ist bei den Oromô allgemein, während man
bei allen nordost-afrikanischen Völkern die eigentlichen reissenden Thiere gar
nicht jagt. Diese sind freilich dem Menschen gar nicht gefährlich, es sei denn
zu Zeiten grosser Noth an Thieren für deren Futter, die ja niemals zu verzeichnen ist. Es ist da besonders der Angriff des Leoparden abzuwehren, dessen
man sich nur seines Felles halber zu bemächtigen trachtet und der im Vergleiche zum Löwen dem Menschen viel gefährlicher ist als der stets wohlge-
sättigte und daher friedsame König der Thiere.

Dagegen wird die Jagd auf Elephanten von Somâl und Galla mit allem
Eifer betrieben, und diese bilden wegen ihrer Zähne in der That ein edles
Waidwerk. Der Elephant (som. *mârodi;* orom. *arbâá;* 'afar. *dakâno*) kommt im
Somâl-Lande selbst in der Nähe der Küste in grossen Trupps vor. Die Somâl
setzen ihm zu Pferde nach, bewerfen ihn mit Lanzen, und wenn er verwundet
die fliehenden Reiter verfolgt und die Kräfte ihn zu verlassen beginnen, werden ihm von versteckten Jägern die Sehnen der Hinterläufe durchhauen, bis
er vollständig zu Falle kommt.[417] Die Oromô führen, seit der Export des Elfenbeines einen Aufschwung genommen hat, wahrhaft greuliche Elephantenjagden
auf, bei welchen die Thiere selbst mit dem Feuer bedroht und in einsamen
Waldpartien durch Feuer ausgerottet werden. Nicht selten entsteht darum
Krieg mit den Nachbarn, weil man einander auf alle Weise das Elfenbein

streitig zu machen sucht. In Harar liessen die Aegypter durch Elephantenjäger aus dem Ost-Sudân die Thiere abjagen, und zwar bereits mittelst Feuerwaffen. Sonst pflegen die Galla grosse Festlichkeiten mit Elephantenjagden zu verbinden, und die Erleger derselben ziehen wie Triumphatoren bei den Ihrigen ein.[118]) Bei der Jagd benehmen sich die Eingebornen sehr kühn. Man legt sich in den Hinterhalt, blos mit zwei Lanzen bewaffnet, oder, was häufiger geschieht, man pürscht die einzeln weidenden Thiere bei gutem Winde bis auf 3o Meter an, erspäht dann die Gelegenheit, eine Lanze dem Thiere in die Flanke zu bohren, und zieht sich mit Blitzesschnelle in sein Versteck zurück. Gelingt es, den kräftigen Stoss zu wiederholen — und das muss ein guter Jäger vermögen — so pflegt in der Regel das in den Weichen verwundete Thier, bevor es, weil die Anfälle bei gutem Winde geschahen, das Versteck des Jägers bemerkt, zu verenden. Seltener verfolgt es den Jäger, der dann ein Terrain mit Hindernissen für das Thier aufsucht und meist glücklich zu entrinnen vermag. Freilich werden jährlich viele Elephantenjäger von den Dickhäutern zerstampft, allein ihr Heroismus verdient alle Anerkennung. Mit Elephantenbüchsen (Feuerrohren) versehene Jäger werden der Thiere natürlich sehr leicht habhaft und sind im Stande, binnen einigen Stunden eine ganze Heerde zu erlegen.[119]) Einige Jagdlieder *(gerera)* werden in Gudru bei diesem Waidwerke gesungen.

Wir haben erwähnt, dass sich der Somâl den Genuss der Fische verwehrt. Damit ist auch das Urtheil über die Somâl-Fischerei gefällt. Anders verhält es sich freilich mit dem Fange von Seethieren für industrielle Zwecke, nämlich dem der Seehunde (som. *libah baded*, d. i. «Seelöwe») und der Schildkröten (som. *din baded*), der am Cap Dschard Haffûn eifrig betrieben wird. Die Haut und das Fleisch der Seehunde werden an der Sonne getrocknet, letzteres dann an Ort und Stelle eingesalzen und nach Zanzibar in den Handel gebracht.[120]) Haifische (som. *degi?*), Delphine (som. *kubero*) und Wale (som. *neberi*) werden nur selten gefangen. Die Danâkil sind fleissige Fischer und bedienen sich der Angel ('afar. *mankâb, gildb;* som. *gilib*), als auch der Netze ('afar. *ramás*). Freilich kann bei ihnen der Fischfang die Erwerbsquelle nur derjenigen wenigen Volkselemente sein, die permanent an der Küste wohnen oder in grösseren Städten sich aufhalten. An der Benâdir-Küste verhindert die stets brandende See den Betrieb der Fischerei. Bei den Oromó obliegen dem Fischfange gleichfalls nur die ärmeren Volkselemente, und Fischer (orom. *kdn kartumi kâbu*, d. i. «der Fische fängt») zu sein ist keine Ehre. Man betäubt die Fische mittelst der Frucht eines *âksera* genannten Baumes und brät sie am Feuer oder bäckt sie im Fette. Der Reichthum an anderen Nahrungsstoffen lässt auch hier den Fischfang nicht durchdringen.

Die Gewinnung von mineralischen Producten bei den Völkern des afrikanischen Osthornes ist auf das allergeringste Mass beschränkt, und von einem Bergbaue kann nicht die Rede sein. Im östlichen Somâl-Lande soll es zwar ehemals Bergwerke gegeben haben,[121]) allein heute sind davon kaum mehr als

rohe Spuren zu entdecken, und zwar an Stellen, wo durch Tagbau die Eingebornen Schwefelantimon, das als Augenschminke benützt wird, in verschwindend kleinen Mengen gewinnen. Eisen (orom. *sibilla guratscha;*[115]) som. *bir;*
'afar. *birta*) wird an der Oberfläche der Erde geschürft in Kafa, Inarja bei den
Aimellel-Galla und anderwärts und ist das einzige allgemein im Lande ge-
kannte Metall. Gold (orom. *workié;* som. und 'afar. wie im arab. ـهَب) wird in
kleinen Blättchen und Körnchen aus dem Flusssande und Schilfe des Gibié,
besonders in Kullo und Walagga, dann überhaupt im Westen aufgelesen und
theils in Ringen, theils in cylindrischen Klötzchen und Kügelchen im Gewichte von einem Maria Theresia-Thaler in den Handel gebracht. Es bildet
ein Regale der Fürsten, und die Galla leisten bei demselben ihre Schwüre.
Das Silber (orom. *méti* oder *miédi;* som. *lág;* 'afar. *laqaú*) wird dem Münzen-
schatze entnommen, und fast der gesammte Metallschatz des Silbers bei den.
Galla ist aus der Einschmelzung der Thaler gewonnen worden. Kupfer (orom.
sibilla adi; 'afar. *nahás;* som. *nihás,* vom arab. ـخَعِل), Zink, Zinn ('afar. *tánaka*),
Messing ('afar. *sifir, sasal*) sind von Arabien aus importirt worden und haben
bei den Somál und 'Afar gemeinsame Namen oder werden kurz *nahás* genannt
und mit den Beiwörtern für licht, dunkel, roth u. s. w. determinirt. Messing ist
das verbreitetste Metall neben dem Eisen. An dritter Stelle steht das Kupfer
(orom. *sibilla dima;* som. *mar;* 'afar. *asrádi*). Blei und Quecksilber (som. *biö lág*
= Silberwasser) kommt in geringen Mengen in den Somál-Bergen vor.[112])
Salpeter (orom. *barúd*) wird überall an Flussufern in heissen Gegenden gewonnen und führt als wichtigster Bestandtheil des Schiesspulvers den arabischen
Namen desselben (بارُود). Das Salz (orom. *saghida*) stammt aus den Niederungen
des Assál-Sees und ist bekanntlich ein kostbarer Artikel in den gesammten
Ländern des afrikanischen Osthornes. Man gewinnt es auch bei den Arussi-
Galla an den Ufern der Seengruppe des Zuwáj;[113]) allein dasselbe ist bei
Weitem nicht so gut und rein als wie das von der Küste. Die Somál geniessen
auch aus Europa importirtes Salz, sowohl die am Golfe von Aden, als auch
jene an der Benádir-Küste. Die Eingebornen der tiefen Binnenländer gewinnen
es auch durch Auslaugung der Asche salzhältiger Pflanzen. Die Salzmacher
par excellence bleiben aber für ganz Nordost-Afrika ein- für allemal neben
Tigrinern die Danákil, die sowohl die Amulié am Assál-See und dann in geringeren Mengen in Alulu an Ort und Stelle aus den Salzkrusten, welche das in
jeder Trockenzeit verdunstende Seewasser absondert, schneiden, als auch die
von dieser Manipulation sich ergebenden Abfälle, die nur in geringem Grade
verfrachtet werden können, in Hautsäcken und Dumpalmblätterkörben von
circa 3½ Kilogramm Gewicht, deren jedes Kameel etwa 40 trägt, nach den
Binnenterritorien zu schaffen verstehen. Kaiser Menilek II. von Aethiopien
übt für seine Länder am Assál-See eine Art Servitut aus, doch nicht strenge
und lässt sich bald befriedigen. Die Ejssa-Somál bedrängen die 'Afar nicht selten
bei der Salzgewinnung durch Raubexpeditionen an dem Assál-See und jagen
ihnen manches präparirte Quantum ab. Die Boràna-Galla exportiren viel Soda.

Der gewerblichen und industriellen Thätigkeit der Eingebornen Nordost-Afrikas ist wiederholt im Vorangehenden gedacht worden. Sie ist bei den Nomaden eine unbedeutende und erstreckt sich zumeist nur auf Verarbeitung jener Rohstoffe, welche zur Bekleidung und Bewaffnung dienen und für die Objecte des Hausrathes Verwendung finden. Die Sitze derselben sind die Städte der Küste Zejla, Raheita, Tadschura, Assab, Oboc, Berbera, Bulhâr, Maqdischu, Merka, Bráwa und Mombâs, ferner Harar und die grossen Plätze der zu Schoa zählenden Galla-Gebiete. An der Küste ruht sie fast allgemein in den Händen arabischer Handwerker, im Inneren des Landes aber auch in denen der Eingebornen vom Stamme der Somâl und Oromó. Besonders der Galla hat eine Befähigung für vier Gewerbe: die Drechslerei, Weberei, das Schmiedehandwerk und die Gerberei. Der Handwerker (orom. *tumtu*, d. i. der Lärmmachende, und zwar nicht nur der Schmied, sondern auch z. B. der Weber, *tumtam* som. — schlagen, *tantomo* som. = Faust) gilt als ein Mann von Kunstfertigkeit und Geschmack und geniesst auch Ansehen, mit Ausnahme desjenigen, der mit der Bearbeitung des Eisens und dem Gerben stinkender Thierhäute es zu thun hat. Lehrmeister der Galla in der Industrie waren offenbar die Abessinier.

Schoa und die Galla-Länder erzeugen eine Fülle zur Bearbeitung vorzüglich geeigneter Hölzer, von denen hier nur einige angeführt sein mögen, so das *tet* oder *tedd* genannte, an der Suaheli-Küste unter dem Namen *m'zimbati* bekannte schwere Holz, das nicht fault und von Insecten nicht angegriffen wird,[14]) das minderwerthige Mimosenholz (*gerôr*), das schön rothgefärbte *kusso*-Holz (suahel. *m'vule*), das sich gut poliren lässt, das *tokurinschéd*-Holz, das, langsam ausgetrocknet, zu feinen Arbeiten sich eignet, das *sigéwa* genannte weisse, weiche Holz, das leider atmosphärische Einflüsse nicht verträgt, das *luol*-Holz für Gewehrschäfte und andere Drechslerwaaren, das harte Tifié (suahel. *m'sambarao*) für Wagnerarbeiten, das Olivenholz (*weira*), das vorzügliche *wansa* Holz von *Cordia abessinica*, das zu allen möglichen Zwecken verwendet wird und dunkel wie unser Nussbaumholz ist, das *schola*- und *tededscha*-Holz, ersteres, von zäher Mimose stammend, grob, das letztere weich und sehr dauerhaft, u. v. A. m.[16]) Eine grosse Gleichheit oder doch Aehnlichkeit der Instrumente fällt uns bei den Gewerbetreibenden Nordost-Afrikas auf. Ein Meissel (Spatel), ein Schlaginstrument (oft nur Steinhammer), und eine gekrümmte Säge sind die Typen derselben und diese können natürlich mannigfach variirt erscheinen als Werkzeug zur Lederverzierung, zum Drahtziehen u. dgl. Eisenzirkel und Zange, sowie ein tragbarer Feuerherd mit primitivem Blasebalg und einem Handblasebalg fehlen dem Metallarbeiter nicht.[17])

Der Holzarbeiter, als dessen Prototyp der geschickte Drechsler bei den Galla gelten kann, fällt sich selbst die Bäume mittelst der einfachen Hacke, die der unserigen ähnelt, nur dass das Eisenstück nicht auf den Stiel gestülpt, sondern in denselben eingefügt wird, und verwendet zur Zerkleinerung des Holzes Steinkeile. Mit Messer und Meissel schaffen sie die Bartschinga, Stühle,

Schüsseln, Löffel, Wassergefässe, Haarnadeln u. A. m. Bei den Galla wie bei
den 'Afar und Somâl ist die Fertigkeit im Drechseln des Holzes sehr verbreitet,
und die Jugend vertreibt sich damit bei den Heerden oft die Zeit.

Der Metall- (Eisen-) Arbeiter (som. *tomâl*; orom. *tumtu*; 'afar. *birit jatuka
nâm*) hat auch die Aufgabe, das Erz zu schmelzen. Bei den Galla (die 'Afar und
Somâl verarbeiten nur importirte Metalle) geschieht das in derselben Weise
wie in Schoa. Man baut an den Schürfstellen etwa 2 Meter hohe, konische
Oefen aus gebrannter oder gestampfter Erde mit zwei Oeffnungen an der
Basis, einer grossen zur Aufnahme der Speise an der Spitze. Man legt auf je eine
Schicht Holzkohle die Erzschichte und brennt durch die eine der Basisöffnun-
gen, selten mit Handblasebalg (abess. *wondf*), an, welche bei der Construction
des Ofens von allem Anfange an dem Luftzuge entsprechend angebracht wurde.
Glaubt man den Schmelzprocess sattsam betrieben zu haben, was vier bis
fünf Stunden in der Regel dauert, so wird das Gehäuse zerstört und die Eisen-
klumpen aus der Asche hervorgeholt. Um das Eisen völlig zum Schmelzen zu
bringen, dazu wird in diesen Oefen eine viel zu niedere Temperatur entwickelt.
Es folgt eine Bearbeitung der rohen, mit erdigen Bestandtheilen vermengten
Massen mittelst Basalthämmern, bis man das Metall nach und nach in rechteckige Platten zusammengeschweisst hat, die dann in den Handel oder in die
Werkstätte des Verarbeiters gebracht werden. Jeden Tag wird nur eine
Schmelztour verrichtet.[17] Die Galla-Schmiede fabriziren Waffen, Acker-
geräthe, Werkzeug, Instrumente zum Ausziehen von Dornen und Splittern
(*woranto*), Instrumente zum Zerreiben von Antimon für Toilettezwecke (*medo-
kuscha*), Hebeisen (*didschenu*), Schmuck, besonders Armbänder, die Somâl auch
Nägel für die Kähne und Hämmer u. A. m. Die berühmtesten Waffenfabriks-
plätze sind Bulhâr bei den Somâl und Tadschura bei den 'Afar. Von den Oromô
sind die Metscha-Galla die besten Eisenarbeiter, wie überhaupt die industriell-
sten.[18] Die Schmiede der Hawîja-Somâl dagegen sind ungeschickt und können sich höchstens auf Reparaturen einlassen.[19] Der Somâl-Schmied umgibt
seine Arbeitsstätte gerne mit einem bienenkorbartigen Dorngehege, damit
ihm das Feuer nicht zerwühlt und das Werkzeug nicht vertragen werde. Stahl
verstehen die Nordost-Afrikaner nicht zu bereiten, wohl aber vortrefflich zu
schmieden und zu schleifen ('Afar), wie Klingen beweisen, die ich im k. k.
naturhistorischen Hofmuseum zu Wien ausgestellt habe und die von Tad-
schura-Schmieden herrühren.[20] Birminghamer Artikel bringen auch das
Schmiede- und Metallarbeiter-Handwerk natürlich nach und nach herunter.
Dies gilt von den Grobschmieden, während die Gold- und Silberschmiede bei
den Galla sich noch immer als hervorragende Handwerker behaupten. Sie
haben ihr Metier von den Arabern gelernt und stehen als Ketten-, Ohr-
gehänge- und Bracelettenmacher, woferne sie Gold bearbeiten, im Dienste der
Fürsten, als Silberschmiede aber verarbeiten sie für das grosse Publikum die
Rijalât (Thaler). Gold zu besitzen oder selbst es zu verkaufen, gilt als crimen
laesae majestatis, und wird mit Sclaverei bestraft. Somâl-Schmiede giessen

gerne Silbergegenstände, ganz besonders aber solche aus Zinn. Dazu formen
sie Modelle in Sand oder in Thonklumpen.

Vormals galt die Kunst des Webers (orom. *semanó*, weben: *dóva, tumtu;*
'afar. ? ; abess. *schamanie;* som. *dar-samáis* — ein Schneider) als eine hoch-
geschätzte. Ein *simalló* oder ein *djebeli*, ersteres ein weisses, letzteres ein
grobes Baumwollenstück, von Galla-Webern gefertigt, wurde theuer bezahlt
und erwies sich haltbarer als jedes andere Gewebe. Den Somál- und 'Afar-
Bedarf deckten Weber in den grossen Städten der Benádir-Küste, ferner jene
zu Harar, die ihre Waaren nach der Meeresküste exportirten. Heutzutage hat
der Handel mit indischer Cotonnade die Somál-Weberei lahmgelegt und auch
jener in den Galla-Ländern von Harar das Terrain entzogen. Nur wo indische
Cotonnade im Preise mit einheimischer Arbeit concurrirt, blüht noch die
Weberei bei den Oromó, so in Limmú, Guma, Wallaga, Nonu, Sibú und
Köscha. In Guma werden die besten Baumwollengewebe unter dem Namen
wajá detschafata gefertigt, 3·5 Meter lange Stücke von vorzüglicher Qualität.[439]
Die Webstühle (orom. *haják*) sind einfach, gleichen an Einrichtung den primi-
tiven Landwebestühlen unserer Gebirgslandschaften und können überall im
Freien aufgestellt werden. Wer weben (orom. *dóva*) will, muss sich zuvor die
Baumwolle dazu präpariren. Das Ablesen derselben von der Staude, das
Krämpeln und Spinnen zum Faden ist Sache der Frauen sowohl in Schoa, wie
unter den Galla. Man bedient sich dabei einfacher Aufwickelrädchen (orom.
maftala), kennt aber den Spinnrocken nicht. Das Spinnen geschieht in der
blossen Hand ohne Festigung oder Eindrehung des Fadens an einer Spindel.
Daher sind die Fäden zwar fest, aber grob, die Gewebe (orom. und abess.
maóg) massiv, aber unzerreissbar.

Eine hohe Stellung behauptet in Nordost-Afrika die Gerberei, mit welcher die Färberei verbunden ist. Der Gerber (orom. *itillé kán toltschu*, d. i. «wer
Haut machen kann»; abess. *faki;* som. ? ; 'afar. ?) ist zugleich Kleidermacher,
Sattler (*koritscha seri* der Abessinier) und Schildmacher, also in gewisser Beziehung auch Waffenschmied,[440] und weil die Artikel aus Leder mit Metall
oder Schildpatt (som. *gádare*) verziert werden, schlagen auch alle die bezüglichen Metiers in sein Fach ein. Man gerbt und färbt nur Ziegen-, Schaf- und
Rindsfelle; alle anderen Felle, wie z. B. die haltbaren Maulthier-, Esels- und
Pferdehäute bleiben ganz unverwerthet. Schaffelle für die Frauenkleidung
werden geklopft, geschabt und in Salzwasser gebeizt, mit Pflanzensaft ge-
reinigt und liefern mitunter auch eine Art Pergament (orom. *beraund*), das zur
Aufnahme von Schriftzeichen dient. Eine Reihe von Pflanzenstoffen, von
Medicinalbäumen genommen, wie der Hawir-Baum, dessen Blätter man ver-
wendet, der Assaúl, dessen Wurzeln getrocknet und zerstossen werden, der
Gegebût, dessen Absud auch als Medicament bei Krankheiten des Viches
Aufnahme gefunden hat, dienen in eminenter Weise der Gerberei der Eingebornen, besonders der Somál,[441] ebenso Lakmus. An der Benadir-Küste z. B.
würde sich die Errichtung von Fabriken zur Unterweisung der Eingebornen

in der Ausbeutung und Verwerthung der grossen Fülle von Gerbe- und Färbe-
stoffen Nordost-Afrikas sehr empfehlen. Vergleicht man die Schmiedekunst,
Gerberei und Färberei der Galla und Somál mit jener der sudanischen Völker,
so hält dieselbe wohl keinen Vergleich mit diesen aus. Von Fein- (Weiss-)
Gerberei haben auch die Galla keinen Begriff. Bei den Somál hinwider
gilt blos der Kalk, den sie in eigenen Gruben, die von angeketteten Ver-
urtheilten oder Knechten — Sclaven müsste man sie nennen, wenn es im
Somál-Lande eine Sclaverei gäbe — bewacht werden, ansammeln,[155]) als
Universal-Gerbemittel.

Den genannten Haupthandwerken Nordost-Afrikas kann noch die Töpfe-
rei als ebenbürtig an die Seite gesetzt werden. Sie ist bei den Galla und an der
Süd-Somál-Küste zu Hause und liefert gute Producte, obwohl die Eingebornen die Drehscheibe nicht kennen. In der Gegend von Harar und in Schoa ist
vorzüglicher Töpferthon zu finden. Die Töpfer formen jedes Gefäss mit der
blossen Hand und glätten es mit einem Spatel, dessen plattes Ende sich dazu
vorzüglich eignet, während man sonst nur eine Art Holzhacke bei der Theilung des Thones gebraucht.[136]) Die Stelle der Drehscheibe vertritt bei den
Benádir-Töpfern ein durchlöchertes Brett, auf welches man das Geschirr befestigt. Man trocknet die Erzeugnisse zunächst in der Sonne und brennt sie
dann in der glühenden Asche des Maisstengels.[137]) Berühmt sind in den
Oromó-Ländern die Töpferwaaren von Harar, solide, dickwandige Gefässe von
schwarzer und rother Farbe, die man nach meiner Meinung mit Unrecht den
Schnitzerei-Producten der gallanischen Holzarbeiter vorzieht, obwohl sie, einmal in Gebrauch genommen und namentlich wiederholt erhitzt, sich sehr gut
bewähren. Nomaden, die mit ihrem Hausrathe umherzuziehen genöthigt sind,
müssen des Töpfergeschirres ganz entrathen.

Einen nicht minder hohen Rang nimmt, was die Solidität und Menge der
Producte betrifft, die Flechterei bei den 'Afar und Somál ein. Sie ist am Jung-
frauengolf zu Hause und liefert ganz ausgezeichnete Matten (som. *fidimá, dirmó*
oder *kogél;* 'afar. *göli, senán*) aus den Palmenblättern in weissbrauen und weiss-
rothen Rhomboidenmustern. Eine seltene Collection davon habe ich dem k. k.
naturhistorischen Hofmuseum in Wien übergeben. Dieselbe lehrt, dass nicht
allein der Zuschnitt der Faser, sondern auch die Knüpfung von den 'Afar mit
Meisterschaft gehandhabt wird. Die Somál verfertigen aus Nugilagras ihre
ausgezeichneten Milchgefässe, die Oromó aus dem Baste der Aloë desgleichen.
Die Flechtwerke sind derart eingerichtet, dass das Flechtgefüge mit Talg
oder Fett jeglicher Art, das feste Consistenz annimmt, eingelassen werden
können. Um sie haltbar zu machen, picht man sie mit Gersasaft aus, oft nur
mit zerstampfter Kohle und räuchert sie, wie auch die Matten, offenbar zu dem
Zwecke, um das Materiale (Bast) noch besser auszutrocknen, wenn es in den
charakteristischen Formen Bug- oder Bruchseiten aufweist.[138]) Dergleichen
Flechtwerke sind schlechterdings unverwüstbar. Dasselbe gilt von den
Stricken, Kameeldecken, Dachdecken u. s. w.

Hoch berühmt ist in Nordost-Afrika die Buchbinderei von Harar. Die Abschreiber von heiligen Büchern in Arabien, zumal in Mekka, und die Vertreiber der Buláqer Qorâne in den Gestadeländern des rothen Meeres senden ihre Bücher in die Buchbindereien von Harar, um dem heiligen Inhalte derselben entsprechende Einbände zu erhalten. Proben dieser Einbandfabrication, die ich dem k. k. naturhistorischen Hofmuseum in Wien von Harariner Buchbinderei übergeben, beweisen allerdings, dass der Ruf dieses Gewerbes ein begründeter ist. Allein sie zeigen auch wieder, dass die Buchbinder in Harar nichts weiter als ordentlich heften und als Deckelüberzug glattes Kernleder vom Kalbe verwenden. Die Arbeit geschieht dabei langsam und begründet die Solidität des Industrieartikels.

Im Anschlusse an die verschiedenen gewerblichen Zweige Nordost-Afrikas muss hier noch der Herstellung von Küstenfahrzeugen (som. *sambúk, dau bágalo, beden;* 'afar. *dejmat, húri*) bei den Somál und 'Afar, und der Kähne (*biderú*) bei den Oromó gedacht werden. Offenbar waren die Araber wieder die Lehrmeister der östlichen Hamiten in der Schiffbaukunst, denn die Fahrzeuge derselben haben vollständig den Charakter der arabischen Küstenfahrzeuge. Sie können 10—12 Kilometer in der Stunde zurücklegen, halten sich gerne an die Küste, traversiren aber auch den Golf von Aden von Berbera nach dem «Auge von Jemen», und selbst nach dem persischen Golfe und nach Zanzibar (um das gefürchtete Cap des Dschard Haffún) erstrecken sie, von einem *nawkhadsa* (som. *nákuda*) gelenkt, ihre Fahrten, ohne dass man von grösseren Unglücksfällen etwas erführe, weil die Dau genannten grossen Sambúk der Nord-Somálier und die Beden der Benádir-Bewohner vorzüglich gezimmert und in jeder Beziehung seetüchtig sind, soweit nämlich Seetüchtigkeit und Wetterfestigkeit von einfachen Holzbarken mit 20—30 Tonnen Maximalladung und einer Bemannung von 10—15 Mann erwartet werden kann. Die Biderú der Oromó sind aus einem einzigen Stamme ausgehöhlt und befahren die Wébi, den Godscheb und Abáj, sowie die kleineren Seebecken. Als Schiffsrheder sucht mancher von seinem Stamme vertriebene Somáli sein Fortkommen. Im Grossen und Ganzen ist aber das Volk der 'Afar und Somál der Schifffahrt abgeneigt. [137])

Capitel 10: Sociales Leben.

Entsprechend dem religiös-socialen Einflusse des Islâm im muhammedanischen Theile Nordost-Afrikas, zumal der Präponderanz des Snussianismus, der sich nun auch am rechten Ufer des Wébi Schabéli unter den Arussi geltend macht, und der gewaltigen Einwirkung äthiopischen Wesens, das von Schoa (und früher auch Kafa) aus die westlichen Oromó im Banne hält, ist der Charakter des socialen Lebens der 'Afar, Somál und Galla ein verschiedener. Im Osten des afrikanischen Hornes, etwa bis an den Fuss der äthiopischen

Berge, ist die gesellschaftliche Ordnung den Satzungen der Lehre des Propheten gemäss eingerichtet — eine «Moslem society», wie die Briten richtig
beobachten — und folgt ihnen scheinbar oder aufrichtig in den grossen Zügen
des socialen Lebens menschlicher Individuen; im Westen haben die Erobe-
rungen Menilek II. im letzten Decennium den Einfluss äthiopischer Grundsätze
auf das sociale Leben neu belebt. Vom Osten und Westen aus wird daher der
originale Kern hamitischer Anschauungen über das sociale Leben immer mehr
eingeengt und ist beinahe zu völligem Schwunde gebracht worden. Diesen
Kern herauszuschälen gelingt sehr schwer, und das umso weniger, weil sich
die Völkerkundigen darüber noch nicht geeinigt haben, welche Züge des socialen Lebens dem hamitischen Stamme eigenthümlich sind. Dass es solche
gebe, und wie sie beschaffen seien, hoffen wir bald an einem anderen Orte zu-
sammenfassend und kritisch darthun zu können. Hier wollen wir nur im Rohen
diejenigen Momente anführen und beleuchten, welche für das sociale Leben
der Nordost-Afrikaner charakteristisch sind, ohne Rücksicht darauf, welchen
Ursprunges sie seien oder aus welchem Culturkreise sie stammen. An dieser
Stelle muss sofort betont werden, dass die vieljährigen Bemühungen römisch-
katholischer und protestantischer Missionäre, das religiöse und damit auch
das sociale Leben der Nordost-Afrikaner umzugestalten, völlig fruchtlos gewesen sind, so zwar, dass z. B. von der fünfunddreissigjährigen, äusserst
fleissigen bezüglichen Thätigkeit Massaja's und seiner Missionäre, Mayer's,
Krapf's, Wakefield's u. A., nur schwache Spuren übrig geblieben sind.

Sociales Leben und sociale Beziehungen wurzeln in Nordost-Afrika bei
den drei grossen hamitischen Stämmen in Standesunterschieden. Die Basis für
diese bilden das Classenwesen, dem wieder eine historische Entwicklung, wie
überall in Afrika, zu Grunde liegt (1. Classe: Lúba oder Birmadú; 2. Classe:
Wáta; 3. Classe: Tumtu [Schmiede]; 4. Classe: Adagatta oder Magier.) Ob die
nordost-afrikanischen Hamiten die Classenunterschiede schon aus Asien mit-
gebracht haben, oder ob sich dieselben erst auf dem afrikanischen Osthorne
herausbildeten, ist schwer zu entscheiden. Allem Anscheine nach wurden die
Vorfahren der östlichen Hamiten auf dem gegenwärtigen Schauplatze ihrer
Verbreitung unterworfen und zu Heloten gemacht und sind z. B. in den heutigen Parias (Jebir, Tomál oder Handad und Midgan, Bóni, Wáta u. A. m.), in
der Somál-Sprache *gum* genannt, unter den Somál zu erblicken. Der Umstand
freilich, dass die Jebir vielleicht den südarabischen Duschän, die Tomál in
Wahrheit den arab. صناع und die Midgan wahrscheinlich den jemenischen
Chadim oder Rami entsprechen, würde die Vermuthung bestärken, dass die
Classen- oder Kastenunterschiede bereits aus der asiatischen Heimat mitge-
bracht worden sind.[46]) Unter den Parias gibt es keine Standesunterschiede.
Diese bestehen nur bei den Individuen reiner Rasse. Bei den Oromó scheinen
sich Standesunterschiede aus der Priorität der Eroberung der heute von den
Oromó besetzt gehaltenen Landschaften entwickelt zu haben. Die Lúba oder
Ralá waren offenbar die ersten «padroni del paese», wie die Italiener sich zu-

treffend ausdrücken, und aus diesen haben sich erst alle anderen Standes-
gruppen herausgebildet. Die Wáta sind den Parias der Somál gleich zu achten,
mit Rücksicht auf ihre Geschichte aber sind sie zweifellos die Nachkommen
Unterworfener, sei es nun solcher, die schon von Aethiopiern, oder solcher,
die erst von den Oromó in das Verhältniss der Abhängigkeit gebracht worden sind.

Besieht man die Gesellschaft der nomadischen 'Afar und Somál des
Näheren, so fällt die Gliederung der Stände zunächst auf. Bei den 'Afar, die in
zwei Gruppen, die *adóyan mára* (Weisse, Hörige) und in *asáyan mára* (Rothe,
Adelige), zerfallen, ist der Ständeunterschied nicht so scharf ausgeprägt. Hier
gibt es nur einen Unterschied zwischen dem Häuptling ('afar. *redantu, dardár,
sultán, makawán, nugús, súm,* offenbar vom abess. *schúm*) und den Unterthanen
('afar. *hadúti*). Blos der grössere oder geringere Reichthum an Vieh entscheidet
darüber, wer sich dem Fürsten nähern und wer ihm dauernd nahe bleiben
dürfe. Die Chefs der einzelnen Familien (*áqil,* plur. *aqáil*) haben keinerlei bevorzugte Stellung, woferne sie nicht durch Reichthum an Heerden hervorragen. Anders steht die Sache bei den Somál. Der Häuptling (som. *ugás, bogar,
bogor, garád, sultán*) hat durch Verstandeskraft, Muth, Erfahrung, Familien-
verbindungen, und in Folge dessen auch zumeist durch Reichthum bedeutende
Männer seines Stammes (*haghál* oder *haghél* vom arab. عَاقِل, plur. عُقَّال, oder *sché-
hyo,* auch *schehyadi* [vom arab. *schéch*]) in seiner nächsten Nähe, beräth mit
ihnen wichtige Geschäfte und hört ihren Rath vor wichtigen Entscheidungen
an. Eine alte Sitte schreibt vor, mit den *haghál* Berathungen nur abseits von
grossen Haufen des Volkes, und zwar auf Bergeshöhen oder doch wenigstens
auf Hügeln vorzunehmen. Die *haghál* sind es auch, welche den Fürsten auf
seinen Rundreisen bei den Familien des Stammes begleiten, und welche
ebenso wie der Fürst von den Familien- (*fakiden-*) Mitgliedern, denen der Be-
such gilt, freigehalten werden. Besondere Achtung geniessen bei den Somál
alle verheirateten Männer (som. *oddáj*), allein sie sind von der übrigen männlichen Bevölkerung nicht so abgeschieden, wie die verheirateten Männer bei
den südlichen Galla. Wer durch Reichthum und seiner besseren materiellen
Stellung entsprechende gelegentliche Opfer sich bemerkbar macht, den zählt
der Somáli zu den *saláthin* (سلاطين), oder er nennt ihn einen *sirkal* (plur. *serákil*),
was soviel bedeutet, wie das englische «gentleman». Männer, die sich um das
tägliche Brot abmühen müssen, ganz besonders solche, die den Boden bebauen
oder das Vieh betreuen (Beduinen) werden *dschingal* genannt. Männer, denen
es an Lebensmitteln häufig mangelt, sind *dagdg,* d. i. Bettler (orom. *degá =
arm*): wilde, ungeschlachte Gesellen, also alle Beduinen, fasst man unter der
Bezeichnung *barkelá* («ohne Ohren») zusammen, denn das Ohr ist bei dem
Nordost-Hamiten gleichbedeutend mit Anstand und Ehre. Dem abessinischen
Begriffe des *indjira bullél* («Brotesser, Faulenzer») entsprechende Bevölke-
rungsgruppen kann es in Folge der Mediocrität der Mittel der Meisten gar
nicht geben, und dieser Begriff ist höchstens in spöttelndem Sinne denkbar.

während die übrigen im Vorstehenden entwickelten wirklich eine sociale Bedeutung haben, insoferne, als sich die Volkselemente dauernd und stets sich
erneuernd nach denselben absondern.

Unter den republikanischen Oromó, selbst dort, wo lange Zeit monar-
chische, richtiger tyrannische Staatseinrichtungen im Sinne des Begriffes des
Alterthums bestanden, hat sich eine Art Beamtenadel entwickelt, der mit dem
Beamtenadel europäischer Einrichtungen manches Gemeinsame hat; es entstanden die sogenannten *akakajú*, die *ex-ajú* oder *abba bokú*, «vecchi capi messi
a riposo», wie sie Antonio Cecchi treffend genannt hat.[41]) Wer die höchste
Würde eines Regenten *(abba bokú)* sattsam lange oder häufig bekleidete,
wälzte einmal die Last auf jüngere, rüstigere Schultern und begab sich unter
die *akakajú*, d. i. die Ausgedienten, naturgemäss immer noch im hohen Grade
respectirt und auf seine Familie alle Ehren häufend, die ihm seine frühere
Stellung einbrachte, aber selbst das «otium cum dignitate» geniessend. Dass
hervorragende Männer, denen man wichtige öffentliche Geschäfte anver-
trauen konnte, stets oder häufig der edlen Gruppe der Lúba, zu welchen auch
alle ausgedienten Staatsdignitäre zählen, entnommen wurden, leuchtet ein.
Nachkommen der *akakajú*, Männer von Respect, «grosse Leute» überhaupt,
Vornehme solchen Adels nennt der Oromó *durésa* (*durom* — reich werden),
mögen sie nun ein Vermögen besitzen oder nicht; Männer, die blos reich sind
und in Folge ihres Geldes Einfluss besitzen (die europäischen «Geldbarone»)
nennt der Galla *sorésa*.[42]) Bei den südlichen Oromó entsprechen den *akakajú*
die *thuibs* (d. i. die Tüchtigen, Guten, vom arab. طيب), «state officers» nach
Wakefield's treffender Charakteristik.[43]) Bei den Oromó am Tana und Sábaki
existirt, wie schon berührt, eine stramme, social wie bei den Massai lebhaft
hervorbrechende Scheidung des ledigen Männervolkes von dem verheirateten,
die die volle Bedeutung eines politisch-socialen Standesunterschiedes erreicht,
insoferne, als sich der Verheiratete in einem bevorrechteten Stande befindet,
und die niemals übersehen werden darf.[44]) Die Mitglieder der einzelnen Stan-
desgruppen wahren mit Eifersucht ihr Ansehen und nützen Vorrechte aus, wo
solche vorhanden sind. Selbst der *ari (keeros)* der südlichen Galla blickt zum
ghába (abba woratti) mit Ehrfurcht empor und hütet sich, seinen Unwillen zu
erregen. Dagegen verstehen weder 'Afar noch Somál ihren Fürsten mit Achtung zu begegnen. Man folgt zwar deren Geheiss, aber lau, und weiss sich
häufig unter irgend einem Prätext den Befehlen zu entziehen. Die Fürsten
ihrerseits benehmen sich mit wenig Würde den Unterthanen gegenüber,
kehren aber gewöhnlich dem Fremden gegenüber ihre Autorität mit Nach-
druck und Geschick hervor. In den republikanischen Galla-Ländern treten
hervorragende Häuptlinge nicht selten zu Berathungen gemeinsamer Angelegenheiten zusammen; sie heissen in diesem Falle *lemmi*,[45]) fördern aber
selten etwas Erspriessliches zu Tage, es sei denn die kluge Abwehr einer
feindlichen Incursion. Versammlungen aller Erwachsenen, um Staatsacte zu
vollziehen, finden bei den Oromó häufig statt, und es besteht das liberum veto.

Ruft ein Einziger aus der Versammlung: *kabatte*, d. i. »ich hemme«, so kann ein Beschluss nicht ausgeführt werden, so lange dies Veto besteht. Bei den Somál werden solche Staatsversammlungen, die sich von dem später zu besprechenden einfachen *kalam* wohl unterscheiden, *schirki* genannt, bei den Danákil *fúma*, und man fällt in denselben selbst Urtheile über Stammesangehörige und bestimmt namentlich die Vornahme von Ordalien in denselben.[45] Wenn der äthiopische Herrscher unter den Oromó einen Auftrag vollführen lassen will, so bedient er sich seiner Vögte *(schúm)* hiezu. Nicht selten aber sendet er, namentlich als Begleiter von Reisenden, denen er seine Protection angedeihen lassen will, einen *kalatier* oder Herold umher, der dann dem Bevorzugten gleichsam den Reisemarschall macht und den königlichen Willen überall verkündet.[47] Dieser *kalatier* ist von dem *aferá* (plur. *aferötsch*) wohl zu unterscheiden, denn der letztgenannte ist nichts weiter als ein bewaffneter Geleitsmann oder Gensdarm. Der Schúm ist in vielen Fällen ein Oromó selbst, der sich dazu hergibt, seine Brüder im Namen des Negús im Zaume zu halten und der dann die Rolle eines *ádare* oder Verwalters spielt. Aehnlich war die staatliche Autorität der Aegypter zur Zeit ihrer Herrschaft in Harar unter den Galla zum Ausdrucke gebracht worden. Die alten Lenker der Stämme und Vorstände ihrer republikanischen Regierung, die *abba bukú* (d. i. »Vater des Scepters«, weil sie ein Scepter aus Eisen schwangen), verbargen sich bald nach der Occupation Harars. Dafür näherte sich ein oder der andere *garád* den neuen Herren, bot seine Dienste an und erhielt mit Turban und Purpurkleid *(sábata máre)* die Befugnisse eines Vogtes, dem Alles zu gehorchen hatte. Nunmehr übernahmen seit der äthiopischen Besitzergreifung Harars natürlich solche Vögte gerne die Rolle der abessinischen Schúms, denn die meisten von ihnen wären für ihre im Interesse der früheren Herren und in ihrem eigenen Interesse begangenen Erpressungen von dem Volke wahrscheinlich gesteinigt worden.[48]

Das sociale Leben eines Volkes charakterisirt die Stellung der Frau bei demselben. In dem Capitel »Familienleben« ist vielfach bereits der socialen Stellung der Frau in Nordost-Afrika gedacht worden. Es ist jener physischen Leistungen gedacht worden, die der Frau obliegen, und die in der Besorgung des Haushaltes, der Sammlung des Brennholzes, der Zubereitung der Nahrung, der Besorgung des Wasservorrathes, der Theilnahme am Hüttenbau und der Viehweide (bei den Nomaden), ferner in der Kindererziehung gipfelten, also in der Ueberzahl jener Verrichtungen, die auch sonst den Schultern des afrikanischen Weibes auferlegt sind. Allein mit der Fülle und Bürde dieser Geschäfte ist keine Knechtschaft oder Zurücksetzung des Weibes verbunden, sondern eher das Gegentheil zu verzeichnen. Ganz merkwürdig ist die bevorzugte freie Stellung der Frau bei den Somál und 'Afar, wo die Sclaverei nicht existirt, wenngleich natürlich der Islâm ihr auch hier Raum gönnt. Denn gerade die Sclaverei schädigt das Ansehen des Weibes nicht. Ueberall auf dem afrikanischen Continente, wo Sclaven gehalten werden, wird ja Gesundheit

16*

und Kraft der Frau geschätzt. Bei Somâl und Danákil bewirkt wahrscheinlich
die geistige Fähigkeit, körperliche Schönheit und die Arbeitskraft des Weibes
dessen Werthschätzung. In der That ist bei diesen beiden Völkern und bei den
Galla die Frau die ebenbürtige Genossin des Mannes, Herrin ihres Willens,
ein eigenthumsberechtigtes Glied der Gesellschaft. Wenngleich Moslem, erscheint sie überall an der Seite des Mannes, wohnt mit diesem gemeinsam und
nimmt auf seine Handlungen und Entschliessungen fortdauernden, gewichtigen
Einfluss.[418] Dass das Weib selbst auf den Thron gelangen und sich auf demselben zu behaupten verstehe, beweisen die regierenden Frauen unter den
Oromô. Im Frieden tastet das Leben z. B. des Somâl-Weibes Niemand an,
und sei es auch unter den grimmigsten Feinden. Auch ist das Weib kein Object der Blutrache. Nur im Kriege fahnden die Feinde nach schwangeren
Weibern, um ihnen den Leib aufzuschlitzen und die keimende Frucht mit den
Füssen zu zertreten. Nach europäischen und orientalischen Begriffen und nach
afrikanischer Weise leidet unter dieser persönlichen Freiheit und Emancipation die Moralität des nordost-afrikanischen Weibes. Die Frauen sind zurückhaltend und züchtig, aber doch männersüchtig. Die Somâl-Frau sucht galante
Abenteuer, besonders mit Zugereisten und Fremden überhaupt. Verschenkt
sie ihre Gunst freiwillig, so wird darin nichts Anstössiges erblickt, aber es wäre
strafbar, sie dazu zu verführen oder sie gar dazu zu zwingen. Selbst der ver-
traulichste Umgang der 'Afar-Frau mit Fremden oder Nachbarn wird nicht
übel genommen, wenn der Mann sich zur Bussezahlung versteht.[419] Im Mid-
jertin- und Süd-Somâl-Gebiete geben sich die Frauen vielfach und leicht Ausschweifungen hin.[420] Bei herannahender Gefahr ist die Frau als rettender
Engel geschätzt, denn sie stösst dann einen eigenen gellenden Guturalruf (ki-
ki-ki), den Hilferuf aller Nordost-Afrikaner wiederholt aus, der Hilfe zu bringen pflegt, wenn solche überhaupt erhofft werden kann. Der Einfluss der Frau
in der Familie ist gross, besonders bei den Galla, wo z. B. die Mutter die Mitwisserin von Streichen ihrer Kinder zu sein pflegt, von denen der Vater niemals erfahren dürfte.

Die gegenseitigen Beziehungen der Individuen untereinander und
zu den Nachbarn illustriren das gesellschaftliche Leben der Nordost-Afrikaner sehr lebhaft. Die Farbe derselben ist Rivalität, Feindschaft, Kampf, Tod-
schlag;[421] aber auch Lebensart, Splendidität und Gastfreundschaft zählen zu
den Eigenschaften dieser Völker. Die Gegensätze liegen hart beieinander.
Während man z. B. unter den Ejssa-, Habr Auál- und Ogadén-Somâl alte Leute
findet, die oft hunderte von Menschen getödtet haben,[422] und zwar nicht im
Kriege, sondern auf gelegentlichen Razzias und im bürgerlichen Verkehre,
prunken die Midjertin mit Friedenspalmen, halten das Tragen der Straussenfeder im Haare für unmännlich, verbieten es sogar und nennen ihr Land urd el-
amân, das Land des Friedens. Ganz entschieden pflegt aber im Somâl- und
'Afar-Lande mehr Menschenblut zu fliessen als im Lande der Galla. Der 'Afar,
so scheint es mir, tödtet in zorniger Aufwallung des Herzens sogleich, der

Somál aus nagender Rachsucht um so sicherer, wenn auch spät, der Galla nur wenn er nicht anders kann, wenn es eben die Verhältnisse gebieten.

Beobachtet man den Verkehr der Individuen untereinander, so fällt zunächst auf, dass sie einander stets lebhaft begrüssen und mit aller Wärme sich nach dem gegenseitigen Wohlbefinden erkundigen. So schallt es bei der Begegnung zweier Somál von deren Lippen unausgesetzt *mort, mort* («willkommen!») und *kul libán* («Dank!»). Auf das oft wiederholte *nabád faïda* («wie geht es?»), *ma bariden* («wie geht's?»), *ma t.istosten* («wie geht's euch?») folgten ebenso häufige *aruntis* («gut») und *barinaj* («gut»), *wa nabád* («danke») und im Laufe der Conversation das auf jeden Satz folgende Wort der Zustimmung *nám* («ich verstehe»), ab und zu auch der Ruf der Verwunderung *hu-hu-hú*. Einander begegnende 'Afar leiten das Zwiegespräch mit der Frage *ujére maáli* («wie geht es?») ein und nun folgt ein minutenlanges, gegenseitig gemurmeltes *maáli, maáli, maáli*.

Der Händedruck ist ein kaltes Berühren der Finger, zu dem die Wärme des Gespräches und dessen Inhalt in eigenthümlichem Gegensatze steht. Man hat von allem Möglichen gesprochen, am liebsten von Neuigkeiten, die von der Küste kommen und die sich mit einer Blitzesschnelle über das ganze afrikanische Osthorn verbreiten. Auch europäische Angelegenheiten discutirt man in seiner Manier und nach seinem Horizonte. Guillain belauschte die Midjertin, wie sie den russischen Krieg von 1855 besprachen, und ich vernahm selbst aus dem Munde der Galla von Harar die Nachricht von dem Falle Chartums 1885; sie war daselbst über Senaar und Schoa in wenigen Tagen eingelangt. Ein ähnliches Benehmen legen die Galla an den Tag. Gruss und Kuss, dann Händedruck leitet z. B. in Guragé die Begegnung zweier Individuen ein und[454] ein laut gesprochenes *negán bulté* («mögest Du den Tag gut zubringen»), der Ruf *li-li-li* ist der schallende Ausdruck der Freude, und mit den oft wiederholten Worten *negán gáli* («komme gut zurück») und *negán tái* («lebe wohl») verabschieden sich die Leute in lebhafter Weise von einander. Sie pflegen den Abgehenden auch bis zu bestimmten Zielen (grossen Bäumen), *sedschiérudda* (Bäume des Grusses), zu begleiten.[455]

Einige Beispiele der Denkungsweise — vielleicht von Anomalien in der Denkungsweise — der Nordost-Afrikaner mögen darum hier Platz finden, weil die Eingebornen nach dieser streng ihre Handlungsweise einrichten. Nach der Ansicht der Somál enthalten Kisten unbedingt jedesmal Schätze. Will man diese gewinnen, natürlich nur im Wege des Raubes *(tug*, plur. *togág)*, so muss man auf die wohlverschlossenen Kisten den Angriff richten. Hunde sind den angesiedelten Somál ein Gegenstand der Furcht und Scheu, und zwar nicht allein aus religiösen Gründen. Man muss sie daher vernichten, und wer das thut, ist ein Mann, dem man öffentlichen Dank schuldet. Aber das Leben jedes Thieres erscheint dem Somál andererseits wieder werthvoll, so dass der beduinische Somáli sogar ein Schaf als *diját* oder Sühne nimmt, wenn irgend ein beliebiges Thier getödtet worden ist. Die Moggá der Oromó gilt als ein Gebiet, wo weder Herren, noch Gesetze herrschen. Während z. B. der Abessinier die Nacht und ihre Schatten fürchtet, ist dem 'Afar und Somáli nichts von dieser Furcht eigen. Im Gegentheile, dieser sehnt sich nach nächtlicher Stille und hält diese für geeignet, jegliches Werk zu fördern. Derlei Ideen, von welchen wir noch viele Beispiele anzuführen vermöchten, bewegen den Sinn der Leute aus dem Volke und dictiren die oftmals unverständliche Handlungsweise.

Die Eingebornen der Somál-, 'Afar- und Oromó-Stämme sind zeitlebens in einem beständigen Austausche von Besuchen begriffen und legen zu diesem Zwecke oft weite Wege zurück. Ohne Gast zu sein oder Gäste zu haben ist dem Somáli wie dem Galla fast unmöglich zu leben. Auch ein Fremder kann unter ihnen nicht existiren, wenn er nicht Gast *(marti)* werden will oder Gastfreundschaft bietet. Ist man einmal in die Gemeinschaft z. B. der Somál aufgenommen, so wird man förmlich als Kind des Stammes betrachtet. Der südliche Somáli (Gobrón, Muru Sáthe, Wadán, Dafìt) spuckt in die rechte Hand und reibt sie an die Stirne des Fremden *(deris)*, zum Zeichen, dass dieser ein Einheimischer geworden. [456] Bei den Oromó gibt es eine eigene Procedur, die *médika*, durch welche Fremden in irgend einem Stamme Aufnahme gewährt wird, und zwar so, dass sie daselbst auch aller bürgerlichen Rechte theilhaftig werden in dem gleichen Masse, wie sie die Stammesangehörigen selbst geniessen. [457] Der ankommende Gast (orom. *wanitscha, kessuma*) wird bewirthet und erhält ein Geschenk beim Abschied, das der Intimität der Freundschaft und dem Werthe des Besuches entsprechend gross ist, so bei den Somál. Der Oromó besonders ist splendid und lässt seiner nicht spotten, wenn es gilt, sich gefällig zu zeigen oder der Freundschaft und Geneigtheit Ausdruck zu verleihen. [458] Gilt es eine Aussöhnung bei solcher Gelegenheit zu bewerkstelligen, so werden bei den Somál als Geschenke z. B. Waffen (Schild oder Lanze) angeboten. [459] An der Somál-Küste strandeten ehemals zahlreiche Schiffe und stranden wohl auch am Dschard Haffún heute noch manche. Der Mannschaft, die sich ans Land zu retten vermochte, wurde barbarisch begegnet, und man erzählt sogar vom Menschenfrasse, dem bei solcher Gelegenheit gehuldigt wurde. Nach und nach haben sich aber die Sitten gemildert und Rechte ausgebildet, die heute von den Eingebornen im Falle einer Schiffsstrandung respectirt werden, [460] ja man kann sagen, dass die Sicherheit an der nördlichen und nordöstlichen Somál-Küste heute für jeden Fremden eine zweifellose ist, so dass sich dort selbst jeder Europäer mit Sicherheit bewegen kann, obgleich die Hafenstädte an der Nord-Somál-Küste, z. B. Merája und Alula in immerwährender Fehde mit einander leben. Dabei darf freilich nicht übersehen werden, dass der Somáli des Binnenlandes dem Weissen ohne begreiflichen Grund stets feindlich gesinnt ist und feindlich, nicht blos misstrauisch, entgegen tritt. [461] Ist aber die gegenseitige Zuneigung so weit gediehen, dass der Somáli sich entschliesst, die *fóls*, das Ueberwerfen des Fremdlings mit Getreide, wenn er das Haus betritt, vorzunehmen, dann ist weiter nichts zu besorgen, denn dieser uralte arabische Brauch gibt der Gastfreundschaft die eigentliche Weihe und sichert die Un-

verletzlichkeit des Fremden. Will sich dieser, ohne auf die cordiale Aufnahme
von Seiten der Eingebornen zu rechnen, schützen, so nimmt er zur *tâbannijje*
Zuflucht.

Abbâne (vom orom. *abba* = Vater, Schützer, plur. *abbandín*) sind solche an
der Küste angesiedelte Somâl, welche im Binnenlande weit reichende Verbindungen unter den Häuptlingen und Aeltesten der Stämme haben und daher in
der Lage sind, einem Fremden bei einer Reise in das Innere wirksamen Schutz
angedeihen lassen und freien Durchzug durch das Gebiet eines Stammes verschaffen zu können. Menschenkenntniss und Schlauheit sind die Eigenschaften
solcher Männer, die sich indess für ihre Thätigkeit gut bezahlen lassen, aber
in der Regel auch erfolgreich wirken. Dem fremden Reisenden kommt es in
erster Linie darauf an, dass er einen guten *abbán* habe. Auch in dem Galla-
Gebiete ist das *abbán*-Wesen auf den meistbeschrittenen Wegen von der Küste
nach Harar und Schoa und auch anderwärts ausgebildet. Der *abbán* schlichtet
auch Streitigkeiten, die unterwegs sich ergeben. Ein *rubán* ist nur Wegweiser.

Trotz aller Rivalität und Eifersucht der Stämme auf einander vollzieht
sich der Verkehr der Individuen im bürgerlichen Leben in der Regel ganz
glatt, d. h. man begegnet einander friedlich und im Ganzen entgegenkommend,
wobei, wie schon berührt, festgehalten werden muss, dass ein jeder Fremder
bei den Galla, der nicht Eltern oder Verwandte im Lande hat oder in Gastfreundschaft irgendwo aufgenommen worden ist, unbarmherzig verfolgt wird.
Den Freitag und Sonntag feiert der Galla nach äthiopischem und islami-
schem Brauche durch Enthaltung von der Arbeit,[49] und selbst Feindseligkeiten ruhen an diesen Tagen. Was die Eingebornen jederzeit aufzuregen
vermag, und zwar 'Afar und Somâl wie Galla, ist das Gerücht von der Ermor-
dung eines Stammesangehörigen (*dagár*). Sie halten, wenn ein solches die Luft
durchschwirrt, Zusammenkünfte und Berathungen ab, die vielberüchtigten
kalam (entsprechend den Polavers der afrikanischen Westküste), überbieten
einander dabei an Rednerkünsten und bringen in denselben ihren Willen
Fremden gegenüber zum Ausdrucke. Ein *kalam* (som.) ist natürlich nichts
weiter als ein Colloquium zufällig anwesender Interessenten über einen ungewöhnlichen Vorfall. Hier spielt kein *lammi* oder *danja* (orom.) eine Rolle,
noch ein *haghál* oder eine officielle Persönlichkeit der Fakíde oder des Stammes. Ränke werden in den Kalams gerne geschmiedet, Diebe aufgenommen,
die ein gegebenes Geschenk Einem wieder abjagen sollen, Mörder bestimmt,
die die Blutrache zu üben berufen sind und die bei den Somâl gewöhnlich
Freundschaft zu heucheln haben oder sich verbergen müssen, um ihr Opfer desto
sicherer erreichen zu können, dem wohl nichts übrig bleibt, als das Land zu
verlassen, wenn es das Leben nicht verlieren will, u. s. w.[50] Boten vermitteln
Nachrichten, zumal in den dichtbevölkerten Oromó-Gebieten, und es ist bezeichnend, dass einem da sehr oft in unverständlichem oder schwerverständ-
lichem Arabisch geschriebene Briefe in die Hände gelangen, denn das Arabische ist die Conversationssprache dieser Länder, wenigstens im schriftlichen

Verkehre, doch sind deren, zumal der arabischen Schrift, sehr wenige Individuen in ausreichendem Masse mächtig. Gelingt es einem, bei Häuptlingen oder Fürsten Zutritt zu erlangen, so verwundert man sich über die Grandezza, mit welcher sie sich dem Fremden (Weissen oder Schwarzen) gegenüber zu geben wissen, welch' letzteren sie indess nach Massaja's Worten stets als eine «casta indipendente» betrachten. Ausnahmslos ahmen z. B. die Galla-Grossen die Lebensgewohnheiten der abessinischen Ru'ûs, ja selbst jene des Kaisers Menilek II., nach,[44]) so die Herren von Djimma u. A., und sind in hohem Masse von sich eingenommen.

Bei den nomadischen Bewohnern des Somâl-Landes *(dschabalîja)* drücken die Bewegungen bei dem Abweiden der Futterplätze auch dem socialen Verkehre ein eigenthümliches Gepräge auf. Bezieht eine Familie mit ihren Heerden einen neuen Weideplatz, so geschieht dies mit einem Aufsehen, dass der Fremde an eine wahre Völkerwanderung zu glauben sich veranlasst fühlt. Man gewahrt da oft einen ganzen Landstrich in Aufregung. 150—200 wohlbewaffnete Männer mit ihren Frauen und Kindern treiben 200—300 Rinder, 5000—6000 Kameele, 10.000—12.000 Schafe und Ziegen vor sich. Die Mädchen führen die mit Hüttenbestandtheilen und Stücken des Hausrathes beladenen Kameele am Halfterbande und singen fröhliche Lieder. An den Flanken des ungeheuren Zuges oder hinter demselben folgen die Midgan mit Kind und Kegel, mit langen Stöcken ihre Straussenheerden treibend und da oder dort eine Antilopenheerde anfallend. Wehe dem, der es wagte, dem Zuge entgegenzutreten oder seine Heerden in Unordnung zu bringen. In der Nacht glänzen weithin die Wachtfeuer, bei denen die Jugend ihr lustiges Spiel treibt. Natürlich gibt es, obgleich sich der Zug nur langsam fortbewegt, viele Nachzügler. Um diesen das Eintreffen bei der Haupttruppe zu erleichtern, werden die Kameelzeichen (die Kameele jeder Fakîde haben eigene Marken auf den Schenkeln eingebrannt) in die Rinde alter Bäume oder auf Felswände eingemeisselt (رسم), und zwar in der Richtung, in welcher sich der Hauptzug entfernte, der den Weisungen eines *haghâl* folgt. Viehraub unternehmen während solcher Weideplatzwechsel gewöhnlich Angehörige eines Nachbarstammes. Mehrere Familien vereinigen sich dann zu dessen kräftiger Abwehr, bei welcher die mit dem *bâl* geschmückten Männer in der vordersten Reihe stehen.

Beziehungen socialer Natur beleuchten in Kafa zwei Bräuche interessanter Art.[45]) Der eine betrifft eine Art Speisegesetz. Es ist keinem Kafaner erlaubt, allein, d. i. ohne Gegenwart eines legalen Zeugen, Nahrung einzunehmen. Will jemand etwas zum Munde führen, so ist es nöthig, dass dabei ein Erwachsener, der demselben Volke angehört, intervenire und hiezu behördlich autorisirt sei. Die Ehegatten geben einander legal solche Zeugenschaft ab, ebenso eine Schwester der anderen, Freunde den Freunden, ein Begleiter dem anderen. Ehegatten dürfen nur aus einer und derselben Schüssel essen und aus einem und demselben Glase oder Horne trinken, und zwar haben sie auch gemeinsam nach der Schüssel zu langen und zugleich das Trinkgefäss anzusetzen. Dieser

Brauch wird so ängstlich bewahrt, dass ihn zu verletzen die Scheidung der Ehe nach sich zieht. Auch der Fürst unterliegt diesem Gesetze und speist daher stets in Gegenwart eines eigens zu der Zeugenschaft bestimmten Sclaven, dessen Amt ein Ehrenamt ist. Während der Nacht muss dieser Wächter geweckt werden, und ihm obliegt es auch, dabei zu sein, wenn sein Herr eine Arznei zu sich nimmt. Es leuchtet ein, welche einschneidenden und interessanten Situationen im socialen Leben sich aus der strengen Beobachtung dieses Brauches ergeben. Selbst der Fremde ist an dieses Speisegesetz gebunden, und der Wirth eines solchen würde sich als mit Schmach bedeckt betrachten, wollte der Fremde oder Reisende sich der Befolgung der Vorschrift entschlagen.

Der zweite, in socialer Beziehung nicht minder interessante Brauch betrifft die Annäherung einer Person an eine Hütte. Wer sich einer Hütte nähert — selbst der Eigenthümer bei der Annäherung an sein eigenes Haus ist nicht ausgenommen — hat durch dreimaliges lautes Husten ein Zeichen zu geben. Das erste Mal hustet er in einer Entfernung von 10 Metern, bevor er die Hofumfriedung überschreitet, das zweite Mal in der Distanz von 5 Metern, das dritte Mal an der Hausthür. Auf das zweite Zeichen hin wird der Kommende von einem in der Hütte anwesenden Insassen angerufen, wer er sei, worauf er Antwort geben muss. Sollten alle drei Zeichen überhört worden sein, so bleibt der Ankömmling so lange bei der Thür stehen, bis er von den Insassen der Hütte zum Eintritte eingeladen wird. Ist der Eintretende der Hausvater, so eilt ihm schon auf das erste Zeichen die Hausmutter entgegen, bietet ihm einen Stuhl an und wäscht ihm die Füsse, worauf sie ihn in die Hütte geleitet und daselbst labt. Dieser Brauch hat etwas Sacrosanctes an sich und darf niemals umgangen werden. Massaja erzählt ein Beispiel, wonach ein Mann, der, um seine ungetreue Gattin beim Ehebruch zu überraschen, absichtlich es unterliess, bei der Annäherung an die Hütte die drei Zeichen zu geben, nachher, als er die Scheidung von der Frau vor dem Richter verlangte, sachfällig wurde und man das Verbrechen als nicht begangen ansah, weil der Mann die Frau überraschte, ohne vor dem Betreten des Hauses die vorgeschriebenen Zeichen abgegeben zu haben. Auch dieser Brauch greift in die socialen Beziehungen ein, weil die Kafaner Mannas zwei einander entgegengesetzte Thüren haben und man, wenn die Uebelthäter auf ihrer Hut sind, nicht leicht z. B. ein Sittlichkeitsverbrechen im Hause entdecken und bestrafen lassen kann.

Auffällig bleibt bei den Völkern des afrikanischen Osthornes der Mangel an Ceremonien bei Schliessung von einfachen Freundschaftsbündnissen unter den Individuen, die sonst nach afrikanischer Weise mit einer reichen Fülle solcher versehen sind. Die Verbrüderung durch gegenseitiges Blutsaugen der Freundschaftschliessenden, sonst so verbreitet im Innern Central- und Ost-Afrikas, kommt bei Danákil, Somál und Galla nicht vor, ist wohl auch zweifellos ein Neger- (besonders Bantu-) Brauch. Dagegen streift an gallanische Sitte sehr hart das am Rudolf- und Stephanie-See bei Reschiát gebräuchliche Auf-

legen von Pansenstücken auf den Hals des aufzunehmenden Freundes und die
Verwendung eines Opferthieres (Schafes). Der Pansen ist als *morrá* ein gehei-
ligter Bestandtheil des thierischen Körpers und seine Verwendung ein echt
hamitischer (besonders oromonischer) Zug.[465] Das Begiessen des Opferthieres
mit Milch, wie es die Reschiát üben, ist bei anderen Völkern Afrikas nicht
nachweisbar.

In Gesang, Musik, Tanz und Spiel äussert sich nicht minder das Pulsiren
des socialen Lebens in Nordost-Afrika eben so lebhaft wie in anderen Theilen
des Continentes.

Somál und Danákil haben viel Talent für Musik und Gesang. Originale Nationalinstrumente gibt es ausser der Flöte bei ihnen zwar nicht, denn
sie gebrauchen ausschliesslich die arabischen, allein die meisten männlichen
Individuen unter ihnen haben ein gutes Gehör und schöne, volle Bassstimmen.
Diese lassen sie im Choral erschallen, wenn sie Fremde feiern, bei Hochzeitsgelagen, endlich in Kriegszeiten, zumal am Abend. Musik begleitet den Gesang nur in seltenen Fällen, und dann ist es nur das Tamtam-Schlagen der
Trommel, der Klang der *darbuka* oder das Rasseln mit einer Holzklapper, das
lediglich den Zweck hat, den Taktschlag zu verstärken. Das letztere ist besonders der Fall bei dem *aját*, dem Hochzeitsgesange der südlichen Somál,[466]
oder dem *gerár*, dem Liede vom Kameelrücken, wenn man sich entschliesst,
die Thiere einmal zu reiten. Die Benádir pflegen auch auf grossen Schalmeien
zu blasen,[466] wenn Festesfreude einen hohen Grad erreicht hat. Die Lieder
werden in langgezogenen Tönen unisono vorgetragen und klingen meist feierlich, nicht selten wehmüthig. Neben dieser allgemein geübten Art des Ge-
sanges, die sich in Reiter-, Kriegs-, Abschieds-, Liebesliedern, Spottgesängen
äussert, gibt es bei den Somál eine Art Kunstgesanges, den eigene Sänger
(*gabája*, vom som. *gabáj* = singen) pflegen. Dies sind phantastisch geputzte
Gesellen, die auch Teufels- und Hexenspuk zu treiben verstehen, wenn sich
darnach bei fröhlichen Anlässen, bei denen die im Lande unter den Somál
Herumziehenden erscheinen, eben ein Bedürfniss herausstellt. Sie gleichen
aufs Haar den Griots West-Afrikas, nur dass sie politisch nie eine Rolle zu
spielen vermögen, überhaupt keinerlei wie immer gearteten Einfluss besitzen.
Sie sind gut gelitten, diese schnurrigen Kerle mit stets leerem Magen und
übergrossem Durste, weil sie die Stimmung ganz vortrefflich zu beleben
wissen. Die Producte ihrer Muse — sie sind ja Troubadours im wahren Sinne
des Wortes — werden von der Dorfjugend aufgefangen und cultivirt.

Auch die Oromó besitzen viel Befähigung für Musik und Gesang, zumal
die Fuga-Gialla.[467] Ihre Gesänge sind zwar wenig variirt, allein sie intoniren
vortrefflich, kennen den Wechselgesang und alterniren gewöhnlich zwischen
Tenor und Bass in der Art, dass einem Chore von Tenoristen ein solcher von
Bassisten respondirt. Man singt Volkslieder (das Lied heisst orom. *wedis*), wobei auch Frauen betheiligt sind, Liebeslieder (*wáhi*) und Siegeslieder bei der
Rückkehr aus dem Kampfe.[470] Ich vernahm auch Mädchenchöre unter den

Galla, die bei den glockenhellen Stimmen der Singenden sehr angenehm berührten. Indess üben den Einzelgesang unter den Oromó nach Art der Gabája
ganz allgemein lepröse Sänger aus Schoa (orom. *lalibéla*), in ihrer Kunst unseren Bänkelsängern vergleichbar, die das tägliche Brot ersingen müssen.

Bei all diesen Leistungen kommt doch der Gesang erst zur Geltung und in
sein Recht, wenn es sich um Tanz (som. *saab;* 'afar. *rigidó;* orom. *sirba*) handelt,
denn Gesang ersetzt die Musik und begleitet und regelt die Bewegungen der
Tanzenden. Die 'Afar kennen einen Schwerttanz, den sie mit den blanken Messern in der Hand singend vollführen ('afar. *alkáf*). Diesem ähnlich ist die *guelfa*
der Somál, ein Tanz, den nur Händeklatschen und ein wildes Tanzlied (som.
hés) begleitet und wobei sich die Paare mit vorgebeugtem Leibe einander
nähern — ein wahres und ermüdendes, für den Zuseher freilich monotones
Turnen, dem man sich besonders gerne in mondlichten Nächten zu Ehren Anderer hingibt. [411]) Ein *hés* kann auch von einem Chore mit Vorsängern, die zugleich Vortänzer sind und so lange abwechseln, bis alle Choristen am Vor-
singen betheiligt waren, aber nur von Männern aufgeführt werden. Bei den
'Afar treten solche Vortänzer, richtiger Vorsänger, in den Kreis, den der Chor
formt, um sich den Beifall der zusehenden Frauen und Mädchen — nur Männer
pflegen zu tanzen — zu erringen. [412]) In den Somál-Städten der Benádir-Küste
pflegt man Tänze bei dem Feste des Ausbesserns der Barken (som. *lib*), Reigen
und Chortänze mit buntem Gemische mit abwechslungsvollen Scenen [413]) aufzuführen. Der Oromó tanzt nicht so häufig wie seine östlichen nomadischen
Nachbarn. Sein Tanz (orom. tanzen: *buraku, sirbu*) ist wild und ohne Decenz. [414])

Das Spiel kürzt die Weile, entflammt aber auch die Leidenschaft. Ich
habe beobachtet, dass 'Afar und Somál sich dem Spiele hinzugeben pflegen,
selbst wenn sie von physischer Arbeit schon total ermüdet sind. Das beliebteste Vergnügen ist bei den Somál das Karten- und Damenspiel, dann alle
arabischen Spiele. Als Nationalspiel könnte man unter den Nordost-Afrikanern
am Golfe von Aden das Ballspiel erklären, doch ist dieses auch nur in den
Städten zu Hause, weil der Beduine das Spielvergnügen nicht kennt. Er tanzt,
wenn er sich zerstreuen will. Das bei 'Afar und Somál geübte Ballspiel (som.
godsa; arab. *kubábah*) sieht dem englischen Lawn tenis sehr ähnlich, nur dass es
nicht einzeln oder paarweise, sondern in grossen Gesellschaften mit 25 bis
30 Spielern auf jeder Seite gespielt wird. Man lost, wer anzufangen hat. Der
Beginnende schleudert von der Front aus — die Spieler stellen sich in zwei
schnurgeraden Reihen gegeneinander auf — einen Lederball gegen die Gegner,
die sich bemühen, ihn, bevor er zu Boden fiel, mit der Aussenfläche der Hand
zurückzuschlagen oder aufzufangen. Die grosse Masse der Betheiligten insce-
nirt dabei, wie nicht anders, eine wilde Jagd nach dem Balle, den aufzufangen
oder correct zurückzuwerfen dabei immer schwieriger wird. Wem es gelang,
der schreibt (rechnet) sich ein Point gut. [415]) Ist eine gewisse Zahl von Points
erreicht, so haben die Theilnehmer dem Gewinner die bedungene Spielschuld
zu bezahlen. Einzelne Spieler haben bei diesem Spiele besondere Rollen, wie

die des «Teufels», des «Starken» u. A. m., und sie wahren die Formen des Her-
ganges des Spieles, indem sie an die Flanken der Spielerfronten postirt sind,
wachen wohl auch darüber, dass man den Spielplatz nicht überschreite oder
sonst eine Unregelmässigkeit begehe. Ein bei den Somâl sehr beliebtes Spiel
ist das *gillip*. Ueber eine Spanne lange Hölzer, die trapezförmig zugeschnitten
sind, werden auf die flache Hand gelegt und dann mit einem raschen Umdrehen
oder einem Ruck der Hand nach einem Brette oder einer Sandfläche geschleudert. Fallen sie alle mit der platten (breiten) Seite auf die Fläche, so gilt das
sechs, im entgegengesetzten Falle weniger. Man spielt so lange, bis eine gewisse ausbedungene Summe von Einheiten erreicht ist, worauf die Vertheilung
der Einsatzprämien erfolgt. Beliebt ist bei den Somâl auch das Schach- und
Schuntarahspiel, das letztgenannte natürlich nur für Kinder.[416] Bei den Benâdir-Somâl ist das Eierspiel sehr im Schwunge. Die Spieler bringen Hühnereier
mit und legen sie in bestimmte Grübchen in den Sand. Auf wessen Ei sich zuerst eine Fliege setzt, erhält die eingesetzten Eier aller Mitspieler. Unter den
Spielen, denen sich die Oromó zur Kurzweile hingeben, ist nur das Reifwerfen,
ganz in derselben Art wie bei uns, zu erwähnen, endlich das abessinische
gabata-Spiel, dem die Oromó von Schoa huldigen.

Feste und Festlichkeiten bilden ebenso Erholungspausen und Ruhepunkte
im bürgerlichen Leben der Nordost-Afrikaner wie der Orientalen überhaupt.
Somâl und 'Afar halten sich in dieser Beziehung vollkommen an den islamiti-
schen Kalender. Sie beobachten freilich lau und zögernd die Vorschriften für
den Ramadan und feiern das Beiramfest. Ebenso feiert der Oromó südlich von
Schoa die Feste des abessinischen Kalenders (orom. *ajána*, *báli*), besonders das
Masqal- oder Kreuzauffindungsfest.[417] An demselben werden, während bei
den Abessiniern allüberall Freudenfeuer erglänzen, die Mannas beleuchtet und
Libationen von Hydromel und Farscho gemacht. Der Hausvater verrichtet
Gebete und opfert den guten Geistern und erfleht den Segen von Wâk, dem
grossen Gotte. Tiefer greifen in das sociale Leben Feste von original-gallani-
schem Ursprunge, wie das ländliche Fest des Buttá,[418] das alle acht Jahre gefeiert wird. Es besteht in einer Kette von Festlichkeiten, worunter die An-
sammlung und Verbrennung des Kuhdüngers, Processionen, bei welchen die
Mitglieder eines Hausstandes mit dem Familienschmucke angethan paradiren
und Opfer an Milch und Kaffee, sowie Butter den guten Geistern darbringen,
einen Stier mit der Lanze tödten, dessen Fleisch vertheilen und mit dessen
Blute sie sich das Gesicht färben. Dieses Fest beschliesst die Sammlung ge-
heimnissvoller Kräuter *(ullá)*, und es begleiten dasselbe prunkvolle Mahlzeiten.
Das Buttáfest erinnert lebhaft an das Jubeljahr der Israeliten. Weil an demselben die republikanischen Functionäre der freien Galla gewählt werden («die
gada»), bildet es einen wichtigen Wendepunkt im öffentlichen Leben der Oromó,
die darnach ihre Aera bestimmen. Natürlich spielen noch andere, rein religiöse
Festlichkeiten *(ajána gudda, filsita, sambáta)* bei den Oromó eine wichtige Rolle,
die an anderer Stelle einer Würdigung unterzogen werden sollen.

Nicht minder wie die im Vorstehenden geschilderten Momente bewegt das sociale Leben der Bewohner des afrikanischen Osthornes das Reich der Mode in Kleidung und Schmuck und deren Schwankungen. Die Mode ist, wie überall, auch hier der Ausfluss der Veränderungssucht und Eitelkeit, der Spiegel des wandelbaren Geschmackes und der Laune. Nur soweit sie Objecte des öffentlichen und intensiven Handelsverkehres betrifft, übt die Mode eine Rückwirkung auf das sociale Leben. So schwindet z. B. die Cypraea moneta seit etwa zwei Decennien aus der Mode, und diejenigen, die grössere Kaurimassen besassen, drohten zu verarmen, wenn sie sich nicht so rasch als möglich derselben entäusserten. Zu Beginn der Achtzigerjahre dieses Säculums begann das Zink und Messing ausser Mode zu kommen, ohne alle tieferen wirthschaftlichen Gründe. Sofort machte sich eine Schwankung in den Vermögensverhältnissen der Eingebornen in Folge dessen bemerkbar. Die Krise dauert noch an und es ist noch nicht abzusehen, welche Veränderungen sie weiter mit sich führen wird. Solche Erscheinungen sind nur ernsthaft möglich, wo eine so gleichmässige Schichtung des Eigenthums besteht, basirt auf stabile Erwerbsverhältnisse und den fast immer gleichen Ertrag des Bodens, wie in Nordost-Afrika. Die Zufuhr- und Abfuhrverhältnisse materieller Güter sind im Grossen und Ganzen stets dieselben und so vermag nur eine Katastrophe oder die Mode das Gleichgewicht zu stören.

Eine einschneidende Wirkung im socialen Leben üben aber auch die eigenthümlichen Besitzverhältnisse des Bodens am afrikanischen Osthorne aus. Wir haben bemerkt, dass von urbar gemachtem Grunde Jeder das seinem Eigenthume einverleibt, was er selbst eigenhändig gerodet hat. Wir müssen dabei betonen, dass der Urbarmacher eines Grundstückes doch nur eigentlich das Nutzniessungsrecht erwirbt oder das Vorrecht auf dasselbe, in Ländern, wo der Islâm herrscht und wo nach den Satzungen desselben alles Land dem Fürsten gehört. Bei den 'Afar spitzen sich solche Verhältnisse zu einem strammen Feudalwesen zu, und Scaramucci und Giglioli konnten nach eingehendem Studium solcher Verhältnisse unter den 'Afar die Behauptung aufstellen: «Vera ed unica proprietà trai i Danakil sono il bestiame e la casa coi suoi annessi e connessi».[47] Ja nach den Wahrnehmungen dieser beiden Forscher und jenen des Grafen Antonelli scheint sich aus den sonderbaren Eigenthumsverhältnissen an dem Boden bei den 'Afar ein Zug des Communismus entwickelt zu haben, über den sich Antonelli in decidirter Weise folgendermassen äussern konnte: «Chi è proprietario di qualcosa è in obbligo di dividere ciò che possiede con chi non ha nulla.» Licata berichtet, ein hungriger Dankali gehe einfach zu seinem Häuptlinge und sage: «Ho fame, dammi da mangiare.» Eine radicalere Form des Communismus ist kaum denkbar, und man kann wohl nicht anders als anzunehmen, dass die communistischen Grundsätze nicht allgemein zur Durchführung gelangen können, weil sie sonst auch von anderen Forschern hätten beobachtet werden müssen. Begreiflich erscheint dann wohl die gleichmässige Schichtung des Eigenthums, die so weit

reicht, dass es eigentlich Arme gar nicht gibt, es seien dies anders Krüppel,
die selbst eine Fülle materieller Güter nicht zu benützen im Stande sind,
Schwach- und Leichtsinnige, die einen Besitzstand zu erhalten überhaupt
nicht vermögen.

Krieg und Kriegsnöthe (som. *öl* oder *oldd*, auch *dullau; dûl* angreifen;
lali (lai) kämpfen; *hub-gad* Waffenträger, Soldat; 'afar. *alále* - Krieg; orom.
dûla, worána [Schlacht] - Krieg; *lôla* kämpfen und Kampf) spielen im gesellschaftlichen Leben des Nordost-Afrikaners, wie schon wiederholt hervorgehoben ward, eine gewichtige Rolle. Krieg hat vorwiegend die Gestalt des
Bürgerkrieges im Somál- wie im Galla-Lande, denn er ist gegen die Angehörigen der Bruderstämme gerichtet. Unter den Somál haben die Raubkriege
die Oberhand, unter den Oromó einfache Bürgerkriege, entstanden in Folge
der Eifersucht der herrschenden Tyrannen untereinander. Die 'Afar scheinen
am meisten social consolidirt zu sein, denn Bürgerkriege sind unter ihnen
selten, obgleich das Volk überaus kriegslustig ist, jedesfalls kriegslustiger
als die Somál und Galla. Zu diesen beiden Arten des Krieges treten noch die
Incursionen (abess. *ǧemetscha*) der Aethiopier von Schoa und Harar, welche
sich gegen alle drei Völker gleichmässig erstrecken. Den Somál muss man
sich dazu stets in der Offensive denken, besonders im südlichen Verbreitungsbezirke des Volkes, den Galla in der Defensive. Die Somál sind auf allen
Linien siegreich, die Oromó unterliegen überall. Man kann alle kriegerische
Thätigkeit dahin zusammenfassen, dass man sagt, im Norden des Osthornes
zerfleischen Bürgerkriege die Somál, im Süden werde von den Somál ein Vernichtungskampf gegen die Galla geführt. Den 'Afar erlauben die natürlichen
Grenzen ihres Gebietes nicht, die Waffen gegen die Nachbarn zu tragen, und
an jener Flanke, wo dies möglich wäre, verhindert dies der grosse Somál-
Stamm der Ejssa. Die Signatur der Kriegführung ist zwar ausgesprochene
Grausamkeit; allein die Kriege sind im Allgemeinen wenig blutig und erfordern verhältnissmässig sehr wenige Menschenopfer. Viel grösser sind diese,
insoferne sie im Interesse der Eitelkeit und Raublust unternommen werden,
wenn es gilt, die Erlaubniss zum Fetten des Haares und zum Tragen des *bál*
zu erlangen. Bei den Somál von Harar kämpft man praktisch, wenn man so
sagen darf, d. h. die Fehde muss in drei Tagen ausgetragen sein, worauf dann
drei Tage über Frieden verhandelt wird. Selten kommt es dazu, dass neuerlich
drei Tage für den Kampf beansprucht werden, worauf gewöhnlich definitiv
der Friede erfolgt.

Ins Feld rückt, wer Schild und Lanze tragen kann (orom. *dûla, kán lôlu,
ganna* Soldat). Die Somál bedienen sich mit Vorliebe der Reitpferde, so die Habr
Auál, die martialischen bärtigen Gestalten der Mahmud Geräd, die immer nur
zu Pferde kämpfen, ebenso die Gadaburssi. Habr Auál und Ogadén, die eine
vorzügliche Deckung am Pferderücken einzunehmen verstehen. Auch die Galla
liehen die Verwendung der Cavallerie (orom. *warra farda*; som. *farasléj*) dort,
wo wie z. B. in Gudru die Pferdezucht gedeiht, und gerade sie waren es ja, die

ihr heutiges Land zu Pferde erobert haben sollen. Der Negûsa Neghest bietet zu seinen Eroberungszügen sein stehendes Heer auf, die *warari*, unter welchen die *fannó* das wilde, unbändige Kriegsvolk ausmachen. Die Heerhaufen sind natürlich ohne alle Disciplin und Uebung und die Kriege werden ganz ordnungs- und systemlos geführt. Am allerehesten könnte man noch sagen, dass die Reitertruppen kriegsmässig vorzugehen verstehen, denn sie sind an Evolutionen gewöhnt, obgleich auch bei ihnen der Kampf in nichts weiter als einem wilden Reiten und Lanzenschwingen besteht.[169] Die Somál-Reiter üben sich dazu, indem sie in Schwadronen zu 30—40 Mann ihre Ponies schmücken, mit färbigen Decken bedecken und auf das Commando: «*wa rijádaj*» ein Evolutionsreiten und Voltigiren zu beginnen pflegen. Der Kriegsruf der Nord-Somál ist: *gul dardjsadaj* («Fehde hat sich erhoben»), jener der Benádir-Somál die wiederholt laut ausgestossenen Laute: *ih-ih-ih*.[170] Auch Kriegslieder stimmt man an, die in stiller Nacht vor dem Auszuge der Truppen gesungen werden.[171] Tiefe Basstöne in fremdartiger, unarticulirter Melodie kennzeichnen dieselben bei den Somál. Man marschirt 4—5 Stunden des Tages (som. *gedi* = ein Tagemarsch) und trachtet den Feind zu überrumpeln. In wenigen Tagen muss man auf dem Kriegszuge (’afar. *gum*; som. ?) auf den Feind stossen. Die Reihen stellen sich nahe gegeneinander auf; man wirft zuerst ein paarmal die Lanzen hin und her und schreitet dann zum Handgemenge. Sind beiderseits ein paar Leute gefallen oder verwundet, so wendet sich gewöhnlich ein Theil unter Mitnahme der Verwundeten und Todten zur Flucht, von dem anderen verfolgt. Galt der Zug nur dem Ueberfalle einer Heerde oder dem Einfalle ins Nachbargebiet (som. *alf*), so wird dieser in der Regel in den frühen Morgenstunden ausgeführt, wo die Wächter in tiefen Schlaf versunken sind und das Vieh ruhig wiederkäut. Man zerstreut rasch die Heerde in kleine Rudel und trachtet die Wächter zu tödten. Karawanen werden aus dem Hinterhalte (Hügellandschaften) zumeist zu Pferde überfallen, die Geleitsmannschaft isolirt und getödtet. Sind die südlichen Somál genöthigt, in der Dunkelheit oder zerstreut zu operiren, so ahmen sie das Geschrei der Thiere oder den Sang der Vögel nach, um sich leichter zu erkennen und zu vereinigen.[172] Ist Gelegenheit vorhanden, so avancirt man gerne beim Kampfe, sucht einander aus der Position zu verdrängen und den Kampf in Scharmützel aufzulösen.

Die Krieger der südlichen Somál winden zum Zeichen, dass sie in den Kampf ziehen, eine Binde um die Stirne[173] und nehmen sich dabei recht phantastisch aus. Der Somáli ist stolz auf klaffende Wunden, die er in der Schlacht empfangen hat. Die Verwundeten behandelt er mit Schonung und thut Schwerverwundeten überhaupt nichts zu Leide. Der Anblick fliessenden Blutes gibt bei Somál und ’Afar in der Regel den Anlass zum Einhalten im Gemetzel. Der Grausamkeit gegen schwangere Frauen, die getödtet werden und deren Leibesfrucht man zertritt, ist schon früher gedacht worden. Es ist bei manchen Somál Sitte, sich sogar dann den *bál* ins Haar zu stecken, wenn man in Ermanglung einer anderen Heldenthat einem schwangeren Weibe den Bauch aufgeschlitzt

hat. Als eine Heldenthat gilt es auch, die Hütten des Feindes in Brand zu
stecken, womit übrigens bei 'Afar und Somál in der Regel die Feindseligkeiten
eröffnet werden, wenn man auf eine Niederlassung der Gegner stiess. Der
Dankali bricht in den Jubelruf aus: *Awéh biruóh!* (»Ich habe einen Feind erschlagen!»), wenn der Gegner sterbend vor ihm zusammenbricht und wenn er
siegreich zu den Seinigen zurückkehrt. Das erste Geschäft des Siegers, der
einen Mann getödtet hat, besteht, wenn Zeit dazu ist, darin, ihm die Schamtheile mit dem Messer abzutrennen — ein grausamer Brauch, der übrigens
auch der Bantu-Rasse eigen ist und z. B. bei den Kaffern herrscht. Die 'Afar
werden zur Abschneidung dieser Trophäe von ihrem *urráh* (Anführer oder
General) durch Anruf aufgefordert. Dass es übrigens zu wahrhaft wüthendem
Schlachtgetümmel kommen könne, beweisen im Somál-Lande manche Schädelstätten. Georges Révoil zählte auf dem Schlachtfelde von Agaren bei Merka
822 Skelete — eine bedeutende Zahl, wenn man bedenkt, dass die Somál
keine Feuerwaffen besitzen und jeder Gegner durch einen oder mehrere
Lanzenstiche aus dem Leben geschafft werden musste. Die Mithilfe der Parias
mit ihren Bogen fällt dabei gar nicht in die Wagschale, weil sie in ziemlicher
Entfernung die Pfeile absenden und dann gewöhnlich wenig Schaden anrichten.[485] Hervorgehoben muss werden, dass das hinterlistige Ueberfallen, das
Plündern, Morden und Massakriren in den Kämpfen der Somál und 'Afar im
Vordergrunde steht und in ihrem Charakter begründet ist. Alle Uebungen
und Vorbereitungen zum Kampfe, ja selbst die Spiele der nackten Jugend,
drehen sich um diesen Punkt.[486] Man bedenke, mit welchem Aufwande moralischer und physischer Kraft da gekämpft und gewüthet werden mag, wenn
man erfährt, dass z. B. in einer 1835 gelieferten Schlacht zwischen den Wuéma
und Mudajto bei Azora 3000 Mann fielen.[487]

Betrachtet man die Kriegsverhältnisse bei den Oromó, so muss bei einem
so zahlreichen Volke zunächst zwischen jederzeit vorkommenden kleinen
Plänkeleien und eigentlichem Kriege unterschieden werden. Kam es in den
Scharmützeln nicht zur Verstümmelung von Todten oder Verwundeten, so
haben die Kämpfe keine Bedeutung und werden rasch beigelegt. Anders steht
die Sache, wenn solche vorfielen. Dann bricht die sogenannte *dina*, d. i. der
Kampf auf Leben und Tod, bis zur Ausmerzung des Gegners aus, und mit
Ausnahme von Kindern, Frauen, Kaufleuten und Priestern wird jedermann
niedergemacht, wo immer man ihn antrifft oder begegnen mag, falls er nur
Angehöriger des feindlichen Stammes ist.[488] Wer ein Haus in der Nähe des
feindlichen Gebietes hat, muss es verlassen, denn er ist keine Minute mehr
seines Lebens sicher. Pflegen bei den Somál und 'Afar Kriegserklärungen in
aller Form nicht vorzukommen, so ist dies bei den Galla der Fall, wo man in
einer Rathsversammlung, wo der *abba bukú* den Vorsitz führt, die Gründe der
Feindseligkeit auseinandersetzt, ohne übrigens stets eine Ankündigung des
Beginnes der Feindseligkeiten an die Gegner zu machen. Häufig erfolgt eine
solche durch einfache Notification des Geschehenen. Man sendet auch eine

Deputation von Kriegern beiderseits ab, die in der Moggá zwei Ziegen dem Genius des Krieges opfern und dann, nachdem sie die Schilde auf die Erde gelegt, danach die Lanzen schleudern unter Schwüren (káku), dass man sich am Tage des Kriegsbeginnes eben so tapfer bekämpfen werde.[179] Die Sidáma schaffen in einem solchen Falle sofort ihre Schätze, Frauen und Kinder auf die Inseln am Zuwáj-See und dessen Nachbarschaft, Flussanwohner auf unerreichbare hohe Ufer, und der Kampf beginnt in der Moggá. Der abba buká und der abba dúla sind die Anführer der Schaaren, die sich mit Kriegsgeschrei und regellos auf den Feind stürzen. Man wählt zum Kriegführen gerne die Zeit des Hochstandes der Durra, weil man bei eventuellem Rückzuge oder Geworfenwerden sich leicht in den Durrafeldern verbergen oder aus der Deckung auf den Feind bequem Angriffe machen kann. An dem Gegner werden unerhörte Grausamkeiten verübt, von der Emasculation Lebender, dem Abziehen der Rückenhaut und dem Abhacken der Hände an Lebenden ganz abgesehen. Die Schamtheile der Gegner gelten auch bei den Galla als werthvolle Siegestrophäen, die man den Pferden an den Hals hängt, nach Hause zurückgekehrt aber der Gattin um den Nacken schlingt und an der Wand oder an der Thür getrocknet jahrelang aufbewahrt. Selbst in den Strassen von Harar sah man wiederholt Galla stolziren, die die Schamtheile erlegter Feinde sich an die Stirn gebunden hatten. Stecker erzählt[180] von einem Galla-Heros, der es in dem Abschneiden der bezeichneten Triumphzeichen bis zur Zahl 520 gebracht hatte — eine bedeutende Ziffer, die selbst unsere modernen Schlachtleistungen in den Schatten stellt. Die Guragé rufen im Kampfe die Namen ihrer Stämme aus,[181] wie: Guragé, Watschó, Aimellel u. A. m. Um die Triumphzeichen zu vermehren, schneiden die Galla in der Schlacht auch den getödteten Pferden die Schwänze ab.[182]

Thomas Wakefield hat interessante Details über die Kampfesweise der Borána-Galla in Erfahrung gebracht.[183] Die Krieger stecken vor dem Ausmarsche in den Kampf eine Straussenfeder in das Haar am Hinterkopfe (der bál oder risch ist sonst bei den Oromó ungebräuchlich) oder schlingen eine färbige Binde um das Haupt. Sie ziehen meist zu Pferde aus, sitzen aber häufig ab und kämpfen zu Fuss, nachdem sie die Pferde angebunden. Bleiben sie Sieger, so tödten sie alle Männer, Frauen und Kinder führen sie aber in die Sclaverei ab. Nur die jungen Leute trennen den Gegnern die Geschlechtstheile ab, stecken sie an die linke Hand und nehmen sie mit nach Hause. Alte Männer vergraben jedoch solche Triumphzeichen in des Feindes Land. Die Beute an Vieh wird in eigenen Verhauen (láfa dajnín, d. i. «Ebene der Beute») eingeschlossen. Solche wurden wiederholt auch auf Landkarten verzeichnet und scheinen daher ständige Ansammlungsplätze für die Beute zu sein. Den Löwenantheil an der Beute erhält der abba duláti. Jeder kann nach der Theilung das für ihn ausgeschiedene Viehstück nach Hause treiben. Die zu Sclaven Gemachten werden gut behandelt, die Mädchen aber nicht geheiratet, sondern nur zu Concubinen gemacht, da man die Exogamie perhorrescirt. Die meisten Kriegszüge der Boràna erstrecken sich zu den Ràndile, wo indess ein Concurrenzfeld mit den Somàl besteht, die in neuerer Zeit ihre Kriegszüge bis in die Nähe des Rudolf-Sees erstrecken.[494]) Der Einzug nach dem Kriege erfolgt feierlich. Die siegreichen Krieger senden die Beute voraus und folgen erst dieser nach, von den Frauen mit Lärm und Tanz empfangen. Wird nach den Gefallenen gefragt, so bezeichnet man sie als zurückgeblieben, später folgend. In das heimatliche Dorf zurückgekehrt, werden die Sieger, wenn sie einen Feind getödtet haben, von den Frauen mit einer Mixtur von Fett und Milch gewaschen und ihnen das Gesicht weiss und roth bemalt. Bei den darauffolgenden Todtengesängen werden die Namen der Gefallenen mit leisem Tone gesprochen, worauf die Frauen klagend antworten. Es folgt eine Lobpreisung (gerdra) der überlebenden Helden und die öffentliche Bestattung der Trophäen der jungen Krieger ausserhalb der Niederlassung. So gross ist indess die Begierde der Oromó, die barbarischen Triumphzeichen der Feinde zu erlangen, dass man sie roher Weise selbst lebenden Sclaven abnimmt, nur um damit prunken zu können. Der siegreiche Krieger ist der Held des Tages (lajàn) in der ganzen heimatlichen Gegend. Viele Mitbürger nehmen seinen Namen an oder doch den seines Chefs.[495])

Die Zemetschas der Abessinier in die eroberten Galla-Gebiete sind eine ständige Einrichtung im äthiopischen Reiche. Sie erfolgen regelmässig in Intervallen von einigen Monaten und werden an der Hand ausgebildeter, wenn auch roher Kriegstechnik vollführt.[496]) Ihr Zweck ist der Raub von Vieh und Sclaven, in letzterer Zeit, da die Sclaven jetzt nur schwer Absatz finden, der Raub von Rindvieh. Sie haben in früheren Zeiten wiederholt 17.000—18.000 Stück Rindvieh ergeben. Man unternimmt sie mit Kanonen und Hinterlader-, respective Repetirgewehren und dehnt sie bis über den Wébi und nach Ogadèn aus. Die Galla und Somàl müssen natürlich vollständig unterliegen, ebenso wie die 'Afar, wenn es den Herren von Schoa beliebt, einmal zur Abwechslung eine Incursion von den abessinischen Bergen herab in die Ebene der Adál zu machen. Lange ist natürlich nicht mehr wahr Richard Burton's Wort, der 1855 noch sagen konnte: »A man armed with a revolver would be a terror to the country«.[497]) Die Völker wissen sich zu wappnen, und obgleich sie Feuerwaffen gegenüber eigentlich Wehrlosen gleichzuachten sind, verbessern sie ihre Kriegstaktik zusehends, indem sie immer mehr und mehr aus dem Hinterhalte zu kämpfen anfangen, das Terrain besser zur Deckung ausnützen, einige sogar so weit gegangen sind, ihre Schilde mit Eisenplatten zu überziehen, um sich der Projectile zu erwehren.

Unter den bedeutenderen kriegerischen Vorkommnissen der letzteren Zeit seien auf dem afrikanischen Osthorne kurz nur folgende erwähnt: 1841 der Ausbruch der Kämpfe an der Südgrenze der Benàdir-Somàl und Galla, 1848 der Krieg der Ejssa- und Habr Auál-Somàl um den Besitz von Berbera, 1869 der Kablalà-Feldzug gegen die Dir, Sàb und Wardáj, 1873 der Erláj-Krieg gegen die Kablalà, in welchem 7700 Mann das Leben verloren haben

sollen, 1872—1880 die Feldzüge Râs Govannâs gegen die unabhängigen Oromó-
Staaten, 1882 Kampf Menîleks gegen Godschâm in den diesem tributären Galla-
Ländern, 1886 der Krieg Menîleks II. gegen Harar und die Eroberung dieser
Stadt, 1887 Feldzug Râs Darghié's gegen die Arussi, 1890 der Krieg Râs Ma-
kuennéns gegen die Arussi-Galla und gegen Ogadén. Selbstverständlich fiel
dazwischen eine Menge kleinerer kriegerischer Ereignisse, und es begannen
z. B. die Züge gegen die Oromó im Süden von Schoa viel früher, ebenso gab
es viele kleinere Fehden unter den Somâl. An anderem Orte wird dieser
Theil der Geschichte des afrikanischen Osthornes von mir eingehend behandelt werden, weshalb es hier genügt, darauf zu verweisen.

Der Friedenschluss (som. *hêscha, nabâd,* verb. *heschisi*; 'afar. *wagâr,*
verb. *wagâr;* orom. *nagaâ, ardra,* verb. *arardmu*) erfolgt ziemlich rasch nach Beendigung der Feindseligkeiten. Bei den 'Afar und Somâl ist der Beschluss der
Aeltesten der Fakide oder des Stammes zu einem giltigen Friedenschlusse
nöthig. Die 'Afar berathen die Bedingungen in der *fûma* (Rathsversammlung).[196] Die Gefangenen werden zurückgestellt, wenn solche gemacht worden sind. Bei den Somâl kommt es in der Versammlung oft zu erregten Scenen.
Man zückt die Dolche, allein es verläuft Alles dennoch unblutig, weil die Aeltesten das Volk zu beschwichtigen verstehen. Formelle Friedenschlüsse sind
nicht üblich: man stellt einfach die Feindseligkeiten ein und erklärt dann unter
Amân-Rufen einfach die *hêscha,* die der Gegner meist schon sehnsüchtig erwartet. Nichtsdestoweniger dauert es oft Jahre lang, bis man alle Differenzen
ausgeglichen hat. Sie bestehen in der Bezahlung der Blutschuld, der Ausmitt-
lung der schuldigen Unruhestifter, Rückstellung des geraubten Gutes. Nicht
selten bedient man sich bei den einschlägigen Vereinbarungen der Mäkler, die
bezahlt werden müssen, aber gerne, damit die Entschädigung reichlich aus-
falle, absichtlich die Verhandlungen in die Länge ziehen.[197] Die Oromó befolgen eigene Friedensceremonien.[198] Sie wählen beiderseits eine Ziege aus (*hulâ
wakâjo,* d. i. «Gottesziege»), befestigen dem Thiere ein Vogelnest auf den Hals
und senden es an die Gegner ab. Beide Theile opfern das Thier, das sie sich
gegenseitig zugeführt, und ohne die *morrâ* zu befragen, vergraben sie das
Fleisch derselben, von dem sie einen Theil an Arme verschenkt, an der Stelle,
wo es geschlachtet wurde. Die Friedensbedingungen wurden schon früher festgestellt. Man legt nur noch einen Schild auf den Boden und sticht mit der Lanze
nach demselben unter dem Schwure, so möge der Leib desjenigen zerstochen
werden, der es wagen sollte, den Frieden zu brechen. Auch pflückt man Gras
ab und zerreisst es mit dem Rufe, Gott möge Jeden so vernichten, der den
Frieden stört, wie man das Gras zerstückelt habe. Will man den Krieg auf
legitime Art wieder aufnehmen, so geschieht dies, indem ein Theil vom andern
die Ziege zurückverlangt. Nur bei den Zindscheró werden die Gefangenen
grausam behandelt, indem man sie zerfleischt, ihnen heisses Wasser in den
Mund giesst oder sie verbrennt. Geschenke werden an Feinde selbst bei Frie-
denschlüssen nicht geschickt.

Ein eigenes Streiflicht wirft auf den gesellschaftlichen Verkehr der Nord-ost-Afrikaner die Institution der Sclaverei (orom. *garbûma, garbitschûma;* männlicher Sclave: *garba* oder *garbitscha,* weiblicher Sclave: *garbitti;* som. *adô-nimo,* der Sclave: *abid, bidah, adôn, andôn;* 'afar. männlicher Sclave: *na'âsu* oder *nâhcsu,* vom äthiop. ንሕስ - - klein, weiblicher Sclave: *mahandâ*). Den 'Afar und Somâl ist sie ursprünglich fremd und erst der Islâm hat ihr Eingang verschafft. Darum ist wohl auch, mehr noch aber, weil für Sclavenkraft bei der Ausnützung der weiblichen Arbeitskraft und dem Vorhandensein der Parias wenig Spiel-raum vorhanden ist, der Handel mit Sclaven unter den Somâl und 'Afar nur ein unbedeutender. Man kauft namentlich bei den Benâdir Suahili-Sclaven und beschäftigt sie in den Städten, aber dem beduinischen Somâli und Dankali sind sie nicht von Nöthen. Eine Ausnahme machen bei den 'Afar die Acker-bearbeiter im Aussa-Becken, die sich den Acker von Sclaven bestellen lassen. Diese Sclaven haben aber nur den Charakter von Zwangsarbeitern, werden gut behandelt und finden sich mit ihrem Schicksale in der Regel bald und gut ab. Ich habe beobachtet, dass z. B. bei den Nord-Somâl am Golf von Aden eigentlich nur ein Sclaven-Zwischenhandel besteht, ein Abschub des aus den Galla-Ländern an die Küste beförderten Menschenmateriales nach Arabien, Kleinasien, Persien und Turân. Dasselbe ist bei den 'Afar der Fall.[501]) Sie ver-kaufen das aus Schoa nach der Küste strömende Galla-Materiale an die Araber in Beilûl und Raheita. Schwungvoll war der Handel in früheren Decennien, als Menilek II. den Hauptgewinn aus der Galla-Kriegsbeute in Sclaven bezog und dieselben noch gut verkaufen konnte. Da verdienten die Dankali-Sclaven-frächter und Zwischenhändler leicht ein Sümmchen. Gegenwärtig versiegen die Quellen rapid, und damit wird auch die Sclaverei bei den 'Afar rasch ein Ende finden. Der Benâdir-Somâli kauft wohl auch darum ab und zu Sclaven auf, weil er durch Verheiratung derselben mit Midgan-Frauen auf die Nach-kommenschaft derselben speculirt, die seine Midgan-Menge verstärkt. In sei-nem Hause sind und bleiben Sclaven stets ein theurer Luxus (Knaben von acht bis zehn Jahren kosten 20 Maria Theresia-Thaler, Jünglinge von 18—20 Jah-ren 110—120 Thaler), an dem arabische Hände, die ihn vermitteln, schon ein grosses Stück Geld verdient haben. Man lässt wohl auch die Sclaven nach kurzer Zeit frei, und die Nachkommenschaft dieser Freigelassenen heisst som. *abôsch,* orom. *gubisû.* Dass den Arabern die Geschäfte mit der Menschenwaare bei aller Strenge und Ueberwachung der Küsten dennoch gelingen, wird er-klärlich, wenn man sich vor Augen hält, dass sie häufig an der Somâl-Küste einfach eine Zahl von Frauen heiraten, in Maskât oder Buschir aber angelangt, die Frauen verkaufen. Viele freie Somâli-Weiber traf schon dieses Schick-sal.[502]) Daran muss aber stets festgehalten werden, dass es eine Sclaverei von Somâli zu Somâli nicht gibt und dass auch Kriegsgefangene niemals zu Scla-ven gemacht werden.

Ganz anders steht die Sache bei den Oromô. Hier existirt eine von isla-mitischen Anschauungen gänzlich unbeeinflusste uralte, legitime Sclaverei, *hari* genannt. Sie ist nur bei den nördlichen Galla eingebürgert, denn die südlichen Oromó verkaufen die Ihren niemals als Sclaven, obgleich sie Fremde im Sclavenverhältnisse halten.[502]) Wer sich im Kriege des Nächsten bemächtigen kann oder auf Raubzügen den Nächsten, und sei er auch ein Connationaler, um die Freiheit gebracht hat, führt ihn auf den nächsten Sclavenmarkt, um ihn den fachmännischen Händen der arabischen Professions-Sclavenhändler (orom. *worgidisch*) gegen den landläufigen Preis zu übergeben. Hat einer durch ein Verbrechen die Freiheit verwirkt, so bereitet ihm sein Häuptling dieses Schicksal. Der Sclavenhändler sondert die Waare in eigenen Verhauen wie das Vieh nach Alter, Geschlecht und Werth, verpflegt und kleidet es möglichst schlecht und trachtet es, da es ja doch täglich gefüttert und auf einem gewissen, den Preis beeinflussenden Nähr- oder Fleischwerth erhalten werden muss und damit Geld braucht, so rasch als möglich an den Mann zu bringen. Ich sah zu Bubassa im Süden von Harar, wohin von dem grossen Sclavenmarkte Gulufa der Arussi Mädchen gebracht worden waren, mit welchen junge Habr Auál-Somáli gegen Berbera zogen, wie zehn dieser armen Geschöpfe nur zwei Hemden besassen und wie, als die Waare von Käufern besichtigt wurde, ein Hemd von zwei bis drei der Mädchen nach einander benützt wurde, wenn eben ein oder das andere weibliche Wesen an die Reihe kam, fachmännisch untersucht zu werden, und sich zu dem Zwecke bekleidet präsentiren musste, damit das Fallenlassen des Hemdes eben auch eine Wirkung auf die gustirenden Käufer mache. Der Verkauf der Sclaven geschieht öffentlich auf den Märkten der meisten Landschaften. Die Männer werden mit Eisenketten gefesselt vorgeführt, die Frauen nur mit gebundenen Händen. Der Raub blühender Mädchen z. B. in der Gegend von Tschaha, in Guragé, Urbarugh geschieht in der Nacht. Es hat sich auch eine besondere technische Nomenclatur bei dem Sclavenhandel und in allen die Sclaven betreffenden Angelegenheiten entwickelt, auf deren Einzelnheiten hier nicht eingegangen werden kann. Nur soviel sei erwähnt, dass man mit dem Ausdrucke *mamul* Geschöpfe von 1—1·2 Meter Grösse (unsere »Backfische«) bezeichnet, und zwar beiderlei Geschlechtes, *gurbia* heissen solche im Alter von 12—16 Jahren, *kadáma* von 20—24 Jahren, *kondschó* Sclaven für häusliche Verrichtungen, *wasifa* schöne Mädchen für Concubinatszwecke, *schamschamó* alte Männer, *schorokobbié* alte Frauen.

Am schwungvollsten wird der Sclavenhandel in Djimma betrieben, dann in Kafa (das nach Leon des Avanchers' Meinung jährlich 7000 Sclaven liefern soll) und Guragé, dessen Mädchen so geschätzt sind, in Limmu oder Inarja und anderwärts.[503]) Es kommt bei der Anhäufung des Materiales zu Massenauftrieben von Sclaven. In Guragé werden die Objecte durch einfachen Menschenfang beschafft.[504]) Indess ist es das gewöhnliche Loos geschlagener Feinde, die lebendig in die Hände des Siegers fielen, in die Sclaverei abgeführt zu werden. Bei den Grossen der Galla im Süden von Schoa sind oft 10—20 Hütten voll von Sclaven anzutreffen.[505]) Die Leute sind verheiratet und hausen da mit Weib und Kind, immer natürlich gewärtig des Looses, in die Hand eines Händlers zu kommen, der sie ausser Landes schafft. Bei grossen Haushaltungen, wo sie zu den verschiedenen Verrichtungen nöthig sind, werden sie stabil, und dann ist ihr Schicksal ein besseres. Die westlichen Galla halten keine männlichen Sclaven, wohl aber Sclavinnen. Erklärlich ist dieser Brauch, wenn man bei Schuver liest,[507]) dass sich z. B. bei den Lega-Galla 2000 männliche, vor den Razzias der sudanischen Djelabas geflüchtete Individuen der Dinka-Neger befinden, die man als Träger, Söldner u. s. w. benützt, ohne sie gerade im Sclavenverhältnisse zu halten. In Gudru kosteten Mädchen (1880—1882) 4 Salze bis 14—15 Thaler;[508]) an der Küste des Golfes von Aden, wo sie unter dem Namen *hábaschi* berühmt sind, sind sie selbstverständlich theurer. Am theuersten und gesuchtesten ist männliche Sclavenwaare, die es gelang, zu Eunuchen (orom. *towaschi, korbéssa, tumaméssa*; amhar. ⴀⴀⴔⴢ; som. *towaschi, dufán*; 'afar. *hargi*) zu verschneiden. Der Eunuchen-Fabrikation am Jungfrauen-Golfe, welche des ehemaligen Emirs Abûbaqr von Zejla Söhne so schwunghaft betrieben, ist bereits gedacht worden. Die Galla verschneiden gewöhnlich 10—15jährige Knaben, deren einer etwa den Werth von 20 Maria Theresia-Thalern hat und als Castrat um das Dreifache verkauft wird.[509]) Die Verschnittenen haben auch bei den muhammedanischen Galla und in Schoa als Frauenwächter Verwendung, und es ist bereits erwähnt worden, dass sie legal verheiratet sein und, wie z. B. in Djimma, legitime Kinder besitzen dürfen.

Mit der Sclaverei in Verbindung steht der alte Brauch der Menschenopfer. Derselbe ist den Hamiten nicht eigen, sondern scheint mir eine alte äthiopische Einrichtung zu sein. Sie findet sich auch nirgends bei reinen 'Afar, Somál oder Oromó, sondern ist nur bei den Sidâma zu Hause, so bei den Bewohnern von Haruro (Ara?)[510]) und bei den Zindscheró,[511]) ohne dass wir nähere Daten über die Handhabung derselben besässen. Genauere Angaben machte Borelli über die am Berge Bor-Giudda bei Djiren (allerdings in reinem Oromó-Gebiete) üblichen, die aber Zindscheró ausführen.[512]) Gewisse Familien haben das Privileg, aus ihrem Schoosse die Opfer zu liefern, deren im Jahre 47 hingeschlachtet werden, um vom Himmel Segen zu erlangen. Die Leiber der Unglücklichen, die man mit Stricken gebunden zur Richtstätte führt, werden den wilden Thieren zur Beute im Walde liegen gelassen. Man opfert Greise und Kinder, manchmal aber auch Krieger und Reisende.

Unter den in das sociale Leben tief eingreifenden Massregeln ist ferner die Blutrache ('afar. *hané*; orom. *gúma, kagé*; som. *makti [?]*) zu nennen. In gewöhnlicher Form ist die Blutrache bei Somál und 'Afar selten, d. i. thatsächlich selten — bei den Somál von Harar z. B. ganz unbekannt — wiewohl sie eine alte nationale Institution ist und alle Individuen des Stammes verbindet. Für jeden getödteten Angehörigen des Stammes wird sie ernstlich gefordert, und der ganze Stamm macht sich dieselbe zur Pflicht, wenn ein Individuum desselben erschlagen ward. Man soll z. B. bei den Somál nicht eher ruhen, als bis man die Blutrache geübt hat, und tödtet in seinem Furor nicht selten bekannte harmlose Leute, wofern sie nur dem gegnerischen Stamme angehören. Ich hatte bei meinem Aufenthalte unter den Ejssa-Somâl die Vehemenz der Blutracheleidenschaft wiederholt zu beobachten Gelegenheit. Es kamen damals viele Mordthaten von Seiten der Gadaburssi an den Ejssa vor. So oft sie bekannt wurden, erfasste einen meiner Diener, der vom Stamme der Gadaburssi war und mit den anderen Genossen vom Stamme der Habr Auál und Ejssa in brüderlicher Cordialität lebte, ein panischer Schrecken, von den Ejssa-Dienern ermordet zu werden, obgleich er ihnen, wie gesagt, nicht das Mindeste zu Leide gethan hatte. Man musste ihn mit einem Revolver bewaffnen und in der Nacht an meiner Seite schlafen lassen, denn nur dann fühlte er sich beruhigt. Die Blutschuld kann indess bei Somâl und 'Afar durch Zahlung eines Blutgeldes gesühnt werden, der altarabischen *dijjat* (som. *makti*) an die Angehörigen des Ermordeten. Leben diese nicht mehr, so bezahlt man sie an den *haghâl* oder Schêch der Fakíde. Man wird dazu mit dem Rufe: *makti bahi* («zahle das Blutgeld») aufgefordert, und erst, wenn man sich dazu nicht recht entschliessen kann, wird man am Leben bedroht. Bei den Somâl beträgt die *makti* 100 weibliche Kameele sammt den Jungen auch Kühe oder 300 Schafe für jeden Menschen, sei er erwachsen oder noch ein Kind, wenn er männlichen Geschlechtes war. Für die Tödtung einer schwangeren Frau bezahlt man 100 Kühe, war aber ihre Leibesfrucht weiblichen Geschlechtes, nur 50.[313]) Diese Preise erfahren nach genommener Fühlung mit den Angehörigen der getödteten Individuen und unter Berücksichtigung des Grundes, aus welchem die Tödtung geschah, mancherlei Abänderungen in melius des Tödters. Häufig wird der Mörder, wenn er auch den Blutpreis bereits bezahlte, dennoch ums Leben gebracht, was gegen die Satzungen des Islâm verstösst, aber von den Somâl beobachtet wird. Die 'Afar üben die Blutrache gerne durch Gift.[314]) Die nomadischen Bewohner des afrikanischen Osthornes halten an einer Art Preisliste hinsichtlich der Tödtung von Menschen und Thieren fest, die uns Massaja überliefert hat,[315]) und deren Inhalt folgender ist: Wenn ein Sclave einen Mann getödtet hat, so erlangt er die Freiheit: hat er mehrere getödtet so hat er das Recht, adoptirt zu werden. Erreicht die Zahl der von ihm Getödteten zehn, so wird er eine angesehene Person und geniesst mancherlei Privilegien. Die Erlegung eines Büffels, der als wildes Thier gilt und es thatsächlich in Nordost-Afrika auch ist, wird der Erlegung von zwei Feinden gleichgeachtet. In weiterer Verfolgung dieser Scala ist 1 Leopard — 7 Feinden, 1 Löwe 10 Feinden, 1 Elephant 15 Feinden, 1 Elephant einem weissen Manne, der demnach in den Augen der Somâl und 'Afar 15 Feinde aufwiegt. Bei den Oromó gilt als Grundsatz, dass die Tödtung eines freien Galla durch einen Galla nur mit 1000 Rindern gesühnt werden könne, die einer Galla-Frau aber mit 50.[316]) Natürlich gebietet die wirthschaftliche Lage im Verhältnisse zur Häufigkeit des Vorkommens eines derartigen Todtschlages fast jedem Mörder, etwas von dem hohen Preise abzufeilschen, was fast immer gelingt.

Zum Schlusse muss noch der Handhabung der Justiz als des allen ge-
schäftlichen Verkehr der Eingebornen unter einander regelnden und bei der
Leidenschaftlichkeit der Natursöhne mässigenden Factors gedacht werden.
Sie ist bei den 'Afar und Somál den Weisungen des Qorân angepasst, bei den
Oromó von Schoa dem *fatá neghest* entsprechend und besitzt den entschiedenen
Vortheil des raschen Verfahrens. Bei den Galla richtet der Familienvater, beziehungsweise Häuptling eines Stammes oder einer Fakíde alle Angehörigen
und Adoptirten (auch die von fremden Stämmen Adoptirten) derselben. Fehden zwischen zwei Stämmen entscheiden nur die Waffen. Kaufleute werden als
eigener Stand nur von einem ihrer Oberhäupter, Karawanen nur von ihrem
Führer derselben judicirt. Der fremde Reisende *(imaltú)*, der seine Abgaben
bezahlt hat, bleibt völlig ungeschoren und es kümmert sich Niemand um ihn.
Will er Grundbesitz haben, so wird dieser nur respectirt, wenn ihn ein Galla für
ihn erstanden hat. Die Somál kennen als Strafen nur Tod oder Geldeserlag,
die Oromó den Tod, die *ghindo-* oder *mankór-*Strafe (Einschliessung in Marterhölzer), hier und da nach abessinischer Art auch Verstümmelung und Ver-
bannung. Bei den Muhammedanern sprechen die Qudhát (von dem arab.
قاضى), deren jeder Stamm einen hat, und die Häuptlinge, bei den Oromó die
Depterá das Urtheil. Bei einigen Somál-Stämmen, wie z. B. bei dem grossen
Stamme der Midjertin ist die Todesstrafe ganz ungebräuchlich. Ein Pönal-
codex regelt die judiciellen Acte bei den Somál.[517] Die Somál wenden auch
Gottesurtheile an, denen man sich durch Zahlung von Bussgeldern entziehen
kann.[518] Schädelstätten in der Nähe grösserer Städte der Küste, wo man auch
Sclaven verenden lässt, zeugen von dem Ernste, mit welchem die Eingebornen
über die gesellschaftliche Ordnung und deren stramme Aufrechthaltung unter
allen Verhältnissen zu wachen wissen.[519]

Anmerkungen.

1. Chiarini nennt die 'Afar-Frau «quasi nuda», Memorie della Società geografica Italiana, I, S. 201.

2. Chiarini, Memorie della Società geografica Italiana, I, S. 201.

3. Siehe das Bild bei Révoil, Globus, 1885, S. 310.

4. Siehe die Bilder der Galla-Frauentypen im Bolletino della Società geografica Italiana, 1888, S. 915 und von da ab passim. Es sind dies Aufnahmen von Dr. Traversi.

5. Schuver in Petermann's Mittheilungen, Ergänzungsheft Nr. 72, S. 25.

6. Wakefield, Footprints in Eastern Africa (London 1866), S. 74.

7. Ravenstein, Somal and Galla Land. Aus den Proceedings of the R. G. S., Mai 1884, S. 5.

8. Vgl. Stecker in Petermann's Mittheilungen, 1891, S. 236.

9. Vgl. The African Times, 1892, pag. 54, wo der britische Consul von Zanzibar seinen Landsleuten offenherzig gesteht: «They (the gray shirtings) are not liked by the Somalis (gemeint sind namentlich jene der Benâdir-Küste) and Gallas on account of their smell of size and because their texture is too flimsy.»

10. Ferrandi im Bolletino der Mailänder Società d'esplorazione commerciale in Africa, 1892, S. 92.

11. Vgl. Bricchetti-Robecchi im Bolletino della Società geografica Italiana, 1891, S. 34.

12. Vgl. v. d. Deckens Reisen in Ost-Afrika, II, S. 373.

13. Unklar ist mir geblieben, ob die *dossch* genannten Joppen der Zindscherô Gewebe aus Pflanzenstoff (Rinde, Bast, Nesseln, *suff* = Nessel) oder aus einem anderen Materiale gefertigt sind, wie mir Borelli in Paris persönlich erklärte.

14. Im Bolletino della Società geografica Italiana, 1888, S. 910.

15. Révoil, La vallée du Darror (Paris 1882), S. 2.

16. Vgl. Burton, First footsteps in Eastern Africa (London 1856), S. 248.

17. Ein Bild findet sich bei Révoil, La vallée du Darror, S. 149.

18. Bilder auch bei Massaja, I miei 35 anni di missione nell' alta Etiopia (Roma 1889 ff.), Bd. VI, S. 51, und Bd. VII, S. 9.

19. Wakefield, a. a. O., S. 70; Bolletino della Società geografica Italiana, 1878, S. 128 ff.; 1879, S. 456 ff.

20. Siehe die Bilder in meinen «Beiträgen zur Ethnographie und Anthropologie der Somâl, Galla und Hararî» (Leipzig 1886), Tafel 1—11, und Révoil, La vallée du Darror, S. 2

21. Siehe meine «Beiträge etc.», Tafel 11 (Figur rechts).

22. Bianchi, Alla terra dei Galla (Milano 1884), S. 307.

23. Stecker in Petermann's Mittheilungen, 1891, S. 237.

24. Brenner in Petermann's Mittheilungen, 1868, S. 462.

25. Schuver in Petermann's Mittheilungen, Ergänzungsheft Nr. 72, S. 14.

26. Schuver, a. a. O., S. 29.

27. Bild auch bei Massaja, I miei 35 anni di missione etc., Band V, S. 195.

28. Bei Stecker finde ich Petermann's Mittheilungen, 1891, S. 237, die Bezeichnung *woku*, die offenbar ein Druckfehler ist, weil ich sie niemals gehört und auch nirgends anderswo gefunden habe. Da Fritsche das Stecker'sche Materiale selbst aus czechischen Zeitschriften nach dem Tode des Reisenden schöpfen musste, so mag leicht eine falsche Schreibung *(k* statt *ll)* Eingang gefunden haben.

29. Vgl. Tafel 28 meiner «Beiträge etc.».

30. Vgl. auch Stecker, a. a. O., S. 237.

31. Siehe meine «Beiträge etc.», Tafel 38 und 39.

32. Schuver, a. a. O., S. 32.

33. Cecchi, Da Zeila alle frontiere del Caffa (Roma 1886 ff.), II, S. 17.

34. Bianchi, Alla terra dei Galla, S. 239.

35. Schuver, a. a. O., S. 26.

36. La vallée du Darror, S. 345.

37. Bianchi, a. a. O., S. 272 und Bild.

38. Burton, a. a. O., S. 94, Anm.

39. Vgl. Cecchi, a. a. O., I, S. 105 ff., und die Memorie della Società geografica Italiana, S. 202, Anm.

40. Schuver, a. a. O., S. 24.

41. Borelli, Ethiopie méridionale (Paris 1890), S. 355.

42. Vgl. die Bilder bei Cecchi, Da Zeila etc., I, S. 43, 48, 104, 105, 514, 547.

43. Vgl. auch die Zeichnung bei v. Höhnel, Zum Rudolph-See und Stephanie-See (Wien 1892), S. 625.

44. Borelli, a. a. O., S. 351.

45. Guillain, Voyage en Afrique orientale, II, S. 420.

46. Traversi, Bolletino della Società geografica Italiana, 1887, S. 273.

47. Wakefield, Footprints in Eastern Africa, S. 71 und 74; Ratzel, Völkerkunde, I, S. 436.

48. Ueber Perlen als Handelsartikel bei den Galla siehe Bolletino della Società geografica Italiana, 1880, S. 910 ff.

49. Siehe die Note in den «Mittheilungen der k. k. geograph. Gesellschaft zu Wien», 1892, S. 235.

50. Cecchi, Da Zeila etc., II, S. 219; Schuver, a. a. O., S. 19.

51. Harris, Gesandtschaftsreise nach Schoa, deutsch von Killinger (Stuttgart und Tübingen 1846), I, S. 209.

52. Ferrandi im Bolletino der Mailänder Afrikanischen Gesellschaft, 1892, S. 16.

53. Siehe Abbildungen davon bei Cecchi, Da Zeila etc., I, S. 47 und 73.

54. Wakefield, Footprints in Eastern Africa, S. 74.

55. Siehe Bilder bei Révoil, La vallée du Darror, S. 234; Burton, a. a. O., S. 85.

56. Borelli, Ethiopie méridionale, S. 41.

57. Burton, First footsteps, S. 149, Anm.

58. Wakefield, Footprints in Eastern Africa, S. 71.

59. Vgl. Cecchi, Da Zeila etc., II, S. 285.

60. Bilder bei Cecchi, Da Zeila etc., I, S. 105, 107 und 108.

61. Bianchi, Alla terra dei Galla, S. 239.

62. Wakefield, Footprints in Eastern Africa, S. 71.

63. Bianchi, Alla terra dei Galla, S. 239, spricht von einer besonderen Abfolge der Metalle an dem Unterarmschmuck der Galla-Frauen. Er nennt da die Reihe: «rame, zinco, ottone». Mir ist ein strenges Beobachten dieser Aneihung der Armreifen nicht aufgefallen.

64. Cecchi, Da Zeila etc., I, S. 105.

65. Siehe das Bild in meinen «Beiträgen etc.», Tafel 11.

66. Wakefield, Footprints in Eastern Africa, S. 75.

67. Chiarini gibt in den Memorie della Società geografica Italiana, I, S. 201, diese Kopffrisur als jene der Somâl-Frauen an, was nicht richtig ist.

68. Bilder siehe bei Cecchi, Da Zeila etc., II, S. 154; siehe auch Cecchi, a. a. O., II, S. 17, 371, und das Bolletino della Società geografica Italiana, 1888, S. 908 ff.

69. Borelli, Ethiopie méridionale, S. 312.

70. Harris, a. a. O., I, S. 232 ff.

71. Wohl am besten im «Globus», 1886, S. 146, 165, wo die Originalclichés verwendet wurden.

72. Schuver, a. a. O., S. 24.

73. Siehe die Abbildungen in meinen «Beiträgen etc.», Tafel 4, 6, 18, 19 und 22.

74. James, The unknown horn of Africa (London 1888), S. 171.

75. Révoil, Voyage au cap des aromates (Paris 1883), S. 219.

76. v. d. Decken's Reisen in Ost-Afrika, II, S. 374, und Petermann's Mittheilungen, 1868, S. 462.

77. Vgl. das Bolletino della Società geografica Italiana, 1886, Juliheft; Bolletino della Società Africana d'Italia (Sezione Fiorent.), 1887, S. 135; Licata, Assab (Milano 1885), S. 261, und Harris, Gesandtschaftsreise nach Schoa, deutsch von Killinger, I, S. 238 f.

78. Abbadie, Sur les Oromo (aus den Annales de la Société scientifique de Bruxelles, 4e année, 1880), S. 22 f.

79. Cecchi, Da Zeila etc., II, S. 174, Anm. 1.

80. Devise von Révoil's Werk: «La vallée du Darror, Voyage aux pays Çomalis» (Paris 1882).

81. Vgl. auch, was Ferrandi im Bolletino der Mailänder Afrikanischen Gesellschaft, 1892, S. 6, von den südlichen Somál sagt.

82. Massaja, I miei 35 anni di missione etc. (Roma, Milano 1885 ff.), IX, S. 7.

83. Schürer, a. a. O., S. 21.

84. Bianchi, Alla terra dei Galla, S. 302.

85. Von der besonderen Art der Sehnenknüpfung, auf die Ratzel in seiner sehr sorgfältigen Untersuchung der Bögen aus Aequatorial-Afrika aufmerksam macht (Sitzungsber. der k. sächs. Gesellschaft für Wissenschaften, 1891, S. 293 ff.), habe ich wenig zu beobachten Gelegenheit gehabt und namentlich an den Exemplaren der Bögen, welche ich in der Hand hatte und wovon welche sich in der ethnogr.-anthropolog. Abtheilung der k. k. naturhistor. Hofmuseums zu Wien befinden, keine besonderen Unterschiede wahrgenommen.

86. Siehe das gefangene Bild bei James, The unknown horn of Africa, S. 69.

87. Beschreibung des Baumes bei Burton, First footsteps, S. 198 f., Anm.

88. La vallée du Darror, S. 264; Guillain, Voyage dans l'Afrique orientale, II, S. 453.

89. Eine Analyse des Waháljo-Giftes findet sich in Dr. T. de Rochebrune's Bericht über Révoil's naturwissenschaftliche Ausbeute unter dem Titel: «Faune et flore des pays Çomalis»; Experimente auf die Wirkung hat Burton in seinem Reisewerke: «First footsteps», S. 199 ff., verzeichnet.

90. James, The unknown horn of Africa, S. 325.

91. Martini im Bolletino della Società geografica Italiana, 1878, S. 128 ff.

92. Vgl. auch, was Burton, First footsteps, S. 45, und Cecchi, Da Zeila etc., I, S. 44, von dem Dolchmesser sagen. Letzterer hat auch eine klare Abbildung davon gegeben, nennt aber den Namen des Somál-Messers «billeu», was wohl auf einen Druckfehler zurückzuführen sein wird.

93. Bianchi, Alla terra dei Galla, S. 468; Carleton, Journal of the Anthropol. Institute, 1891, S. 162.

94. Wakefield, Footprints, S. 72.

95. Vgl. auch Cecchi, Da Zeila etc., I, S. 293.

96. Aufgefallen ist mir eine bei Rochet d'Héricourt, I, Band, pag. 79, des Originalreisewerkes einen Danákil-Schild darstellende Abbildung, die ein so abessinisches Gepräge hat, dass ich nicht umhin kann, an eine Mystification zu glauben, der der in ethnographischen Dingen wenig verlässliche französische Forscher zum Opfer gefallen sein muss. Es müsste denn sonst angenommen werden, dass irgend einer der Danákil-Häuptlinge, welche Rochet kennen gelernt hat, diesen Schild von Abessinien oder Schoa aus zum Geschenke erhielt und dem Reisenden, als er das 'Afar-Land zum ersten Male durchzog, als Danákali-Arbeit vorgezeigt hat, und Rochet später seinen Irrthum zu berichtigen vergass. Die Schilder derjenigen 'Afar-Männer nämlich, welche nach vollbrachtem Männermord ihren Schild mit einem weissen Rosshaarbusch zieren, sind ganz einfach und prunklos.

97. Dass man auf den Gräbern wenig Waffen gewahrt, hat darin seinen Grund, dass abergläubische und diebische Hände sie rasch beseitigen.

98. La vallée du Darror, S. 309 und Tableau S. 350.

99. Bolletino della Società Africana d'Italia (Sezione Fiorent.), 1887, S. 147, und Bolletino della Società geografica Italiana, 1887, S. 275; vgl. indess auch v. Höhnel, a. a. O., S. 694.

100. v. d. Decken's Reisewerk, II, S. 373, und Petermann's Mittheilungen, 1868, S. 462; vgl. auch Proceedings of the R. G. S., 1892, S. 522.

101. Bilder oder Beschreibungen von Eingebornen im Waffenschmucke oder von deren Waffen siehe auch bei Révoil, La vallée du Darror, S. 343; Giglioli im Archivio per l'Antropologia e la Etnologia, XIV, Fasc. 1 (1884); James, The unknown horn of Africa, S. 324 ff.; Hunter, A grammer of the Somali Language (Bombay 1880), S. XVIII f.; Massaja, I miei 35 anni di missione etc., I, S. 141; Les colonies françaises, IV (Paris 1890), S. 250; Harris, Gesandtschaftsreise nach Schoa, deutsch von Killinger, I, S. 233 ff.; Faurot, Observations ethnographiques sur les Danakil» in der «Revue d'Ethnographie», 1887, und meine «Beiträge etc.», passim und Tafeln.

102. Vgl. was Capitän Rivera im Bolletino della Società Africana d'Italia (Napoli), 1890, S. 111. von den abessinischen Grenzgebieten sagt.

103. Vgl. Massaja, I miei 35 anni di missione etc., IV, S. 179.

104. Ragazzi im Bolletino der römischen geograph. Gesellschaft, 1888, Jännerheft, und v. Höhnel, Zum Radolph- und Stephanie-See (Wien 1892), S. 656; Baudi di Vesme in Cora's Cosmos, X, S. 289.

105. Vgl. Cecchi, Da Zeila etc., II, S. 399.

106. Massaja, Lectiones grammaticales etc., S. 323, und I miei 35 anni di missione etc., IV, S. 179.

107. Vgl. Massaja, I miei 35 anni di missione etc., V, S. 88.

108. Bianchi, Alla terra dei Galla, S. 393. Grundriss eines Galla-Dorfes.

109. Ueber die Kellä vgl. das Bolletino della Società geografica Italiana, 1888, S. 904, wo sich auch ein gelungenes Bild einer Kellä findet.

110. Wakefield, Footprints, S. 72.

111. Proceedings of the R. G. S. of London 1890, S. 133.

112. Bilder siehe bei Cecchi, Da Zeila etc., I, S. 192; Globus, 1885, S. 374 (nach Révoil); Faurot, Observations etc., S. 11. Auch Scaramucci beschrieb die Häuser von Assab.

113. Bilder und Beschreibung auch bei Révoil, La vallée du Darror, S. 54 und passim, und Harris, Gesandtschaftsreise, I, S. 239.

114. Siehe das Bild Tafel 16 in meinen »Beiträgen etc.».

115. Observations sur les Danakils etc., S. 12.

116. Bulletin der Mailänder Afrikanischen Gesellschaft, 1891, S. 401.

117. Bolletino della Società geografica Italiana, 1887, S. 270.

118. Massaja, I miei 35 anni di missione etc., VIII, S. 209.

119. Footprints etc., S. 15.

120. Da Antotto all' Harar (aus dem Bolletino della Società geografica Italiana, 1888, S. 15).

121. Siehe den Grundriss eines einfachen Galla-Hauses in meinen »Beiträgen etc.», S. 54, und Bilder von Mannas und ganzen Dörfern Tafel 31—33. Vgl. auch Borelli, Ethiopie méridionale, S. 284, wo von Wohnungen in dem ehemaligen Staate des Abba Djifär eine Schilderung gegeben wird.

122. I miei 35 anni di missione etc., V, S. 89.

123. Vgl. di Beschreibung bei Schuver, a. a. O., S. 21.

124. Cecchi, Da Zeila etc., II, S. 295.

125. Cecchi, Da Zeila etc., II, S. 255.

126. Vgl. das Bild mit Text bei Massaja, I miei 35 anni di missione etc., VI, S. 9, das von Chiarini's Hand berührt.

127. Ueber den oromonischen Hausbau handelt Massaja, Lectiones grammaticales, S. 218, Anm. 1; Massaja, I miei 35 anni di missione etc., S. 19 und 92; Cecchi, Da Zeila etc., II, S. 255 ff.

128. Cecchi, Da Zeila etc., II, S. 393; Reinisch, Die 'Afar-Sprache (Wien 1887), III, S. 9.

129. Vgl. Révoil im »Globus», 1886, S. 179.

130. Steeker-Fritzsche in Petermann's Mittheilungen, 1891, S. 232.

131. Révoil, Voyage au cap des aromates (Paris 1880), S. 259. Beachte die Bilder.

132. Guillain, Voyage dans l'Afrique orientale, III, S. 45.

133. Ravenstein's Bearbeitung der Wakefield'schen Materialien, Separatabdruck aus den Proceedings of the R. G. S. zu London, 1884, S. 14.

134. Steeker-Fritzsche in Petermann's Mittheilungen, 1891, S. 232.

135. Vgl. auch was Bianchi, Alla terra dei Galla, S. 270, sagt. Er redet da von: »migliaia di certi apteri parasiti« u. A. m.

136. I miei 35 anni di missione etc., III, S. 91 und 92.

137. Gelungene Abbildungen siehe bei Cecchi, Da Zeila etc., II, S. 50, und bei Révoil, La vallée du Darror, S. 45. Ich habe bei den Somal auch den Namen bartschimo gehört.

138. Massaja, I miei 35 anni di missione, V, S. 90.

139. Da Zeila etc., II, S. 92.

140. Guillain's Reisewerk, II. Band, S. 446.

141. Vgl. die Einrichtung einer Galla-Manna bei Bianchi, Alla terra dei Galla, S. 270.

142. Bezüglich der Benennungen von Gefässen vgl. auch Cecchi, Da Zeila etc., III, S. 393.

143. Vgl. Massaja, I miei 35 anni di missione etc., V, S. 73.

144. Wakefield, Footprints, S. 74.

145. Ein gelungenes Bild dieser wichtigsten aller Karawanengefässe siehe bei James, The unknown horn of Africa, S. 31, nur ist dort eine komische Episode aus dem Thun der Karawanenköche dargestellt und das Ganze überhaupt carrikirt.

146. Siehe Cecchi, Da Zeila etc., I, S. 41, und Révoil, Voyage etc., S. 117.

147. Ferrandi beobachtete dies bei den Eljj der Brava-Küste.

148. Massaja, I miei 35 anni di missioni etc., V, S. 73.

149. Siehe die gelungenen und charakteristischen Bilder bei Massaja, I miei 35 anni di missione etc., I. S. 59, und V, S. 37.

150. Massaja, I miei 35 anni di missione etc., V, S. 114 ff.

151. Cecchi, Da Zeila etc., II, S. 290.

152. Massaja, I miei 35 anni di missione etc., IV, S. 18.

153. Massaja, I miei 35 anni di missione etc., I. S. 59. Ueber Gegenstände des Hausrathes bei den Nordost-Afrikanern, die hier ins Auge gefasst werden, finden sich Darstellungen und Bilder noch bei Massaja in dem vorgenannten Werke, I. S. 59; III, S. 83; V, S. 73 und 131; bei Révoil, La vallée du Darror, S. 341 ff. und 351 ff.; bei Cecchi, Da Zeila etc., I, S. 40 ff.; II, S. 93; bei Révoil im »Globus«, 1886, S. 164; vgl. indess auch das Bolletino della Società geografica Italiana, 1879, S. 302 ff.

154. Bianchi, Alla terra dei Galla, S. 144.

155. Bianchi, a. a. O., S. 243.

156. Massaja, I miei 35 anni di missione etc., III, S. 82, 91.

157. Vgl. Massaja, Lectiones grammaticales, S. 412, Anm. 4.

158. Siehe auch das Bild bei Révoil im »Globus«, 1886, S. 212.

159. Guillain, Voyage dans l'Afrique orientale, III, S. 34.

160. Bianchi, Alla terra dei Galla, S. 209, und Massaja, I miei 35 anni di missione etc., VI, S. 51.

161. Schuver, a. a. O., S. 26.

162. Schuver, a. a. O., S. 15.

163. Harris-Killinger, Gesandtschaftsreise, II, S. 262.

164. Massaja, I miei 35 anni di missione etc., IV, S. 9.

165. Siehe die Bilder bei Révoil im »Globus«, 1885, S. 338.

166. Siehe die Bilder bei Cecchi, Da Zeila etc., II, S. 91 and 605.

167. Massaja, I miei 35 anni di missione etc., VI, S. 131.

168. Vgl. übrigens noch Cecchi, Da Zeila etc., II, S. 327, Anm.

169. Massaja, I miei 35 anni di missione etc., V, S. 162 ff.

170. Massaja, I miei 35 anni di missione etc., VII, S. 36, Anm.

171. Révoil im »Globus«, 1885, S. 338 (Bild).

172. Révoil im »Globus«, 1886, S. 180 und 195 (Bilder).

173. Cecchi, Da Zeila etc., II, S. 341, Anm.

174. Hunter, A grammer of the Somali Language (Bombay 1880), XIX.

175. Brenner in Petermann's Mittheilungen, 1868, S. 464.

176. Abbadie, Sur les Oromo etc., S. 25.

177. Burton, First footsteps, S. 135.

178. Vgl. Harris-Killinger, Gesandtschaftsreise nach Schoa, I, S. 160.

179. Vgl. auch was Schuver, a. a. O., S. 22, von den westlichen Galla sagt. Es ergibt sich daraus eine merkwürdige Uebereinstimmung dieses Galla-Ernährungsmodus auf dem gesammten von Oromo bewohnten Territorium, wenn ich beifüge, dass ich im äussersten Nordosten bei den Konia und Djarsso-Galla dasselbe beobachtet habe. Auch in Djimma herrschen dieselben Anschauungen über die Geflügelkost und den Genuss von Eiern.

180. Vgl. Massaja, I miei 35 anni di missione etc., III, S. 86 f. Bemerkt mag werden, wie verschiedenartig der Name dieser Fleischsorte geschrieben wird. Die Italiener sogar variiren in der Wiedergabe der Aussprache desselben, während doch gerade die italienische Zunge und das italienische Ohr in der Wiedergabe fremder, besonders ostafrikanischer (hamitischer) Sprachlaute sonst das verlässlichste ist. Bianchi z. B. schreibt stets nur »brendò«. Im Aethiopischen kommt es freilich nur auf die Schreibung von Ꭽ und Ꭾ an. Ich habe stets nur »brondò« sprechen gehört und kann die Lesart Massaja's (vgl. auch des Cardinals Lectiones grammaticales etc., S. 423, Zeile 2 von oben) bestätigen.

181. Vgl. Abbadie, Sur les Oromo etc., S. 23. Interessant ist an dieser Stelle, zu vernehmen, wie der Reisende, um die Sympathien des Oromó voll zu gewinnen, selbst niemals das Bicepsfleisch

aus, mit der Ansicht der Eingebornen vermuthlich übereinstimmend, dass sie (die Borâna — Reinen) wohl Recht hätten, das vielleicht als unrein oder unedel betrachtete Fleischstück zu verschmähen.

182. Burton, First footsteps, S. 155.

183. Diese beiden Schreibarten finden sich bei Cecchi, Da Zeila etc., II, S. 251 und 415. *Erkuó* nennt Cecchi «specie di formaggio» und *urgó* «latte rappreso», was im Grunde vollkommen identisch ist. Ich hörte stets nur *urgó* sprechen oder *badó*. Cecchi spricht II, S. 358, von altem Zwarg. In seinem Vocabular, III, S. 317, gibt er auch die Namen *dschintí* und *itídu* an. *Ititu* ist aber offenbar *itité* und bedeutet nicht Käse, sondern Schmetten.

184. Schuver, a. a. O., S. 22, machte bei den Legga dieselbe Wahrnehmung wie ich unter den Nôle- und Ala-Galla in Harar und Massaja in Djimma.

185. Massaja, Lectiones grammaticales etc., S. 383 f., Anm.

186. Ueber arabische Speisen und Speisenbereitung vgl. die ausgezeichnet detaillirte und unter Heranziehung eines umfassenden sachlichen wie sprachlichen Vergleichsmaterials durchgeführte Arbeit von Hermann Almqvist im I. Bande der Actes du VIII⁰ congrès international des orientalistes tenu en 1889 à Stockholm et à Christiania, I a, 1 (Leiden 1891), S. 366 ff. Das Schwergewicht liegt dort natürlich im Sprachlichen; auch bezieht sich das Materiale auf Syrien und Aegypten allein. Es ist jedoch auch ethnographisch eine bedeutende Leistung.

187. Cecchi, Da Zeila etc., II, S. 20 und 135.

188. Cecchi, Da Zeila etc., III, S. 354.

189. Vgl. Massaja, I miei 35 anni di missione etc., IV, S. 43. Ueber die Brotbereitung in Nordost-Afrika ausserdem Harris-Killinger, Gesandtschaftsreise nach Schoa, II, S. 105, wo die schoanische Bereitungsweise des Brotes beschrieben ist, ferner Isenberg, Abessinien und die evangelische Mission (Bonn 1884), I, S. 15 f.

190. Ueber die Anpflanzung u. s. w. handelt Massaja, I miei 35 anni di missione etc., V, S. 80 ff., dann Bianchi, Alla terra dei Galla, S. 259 ff.; vgl. auch Ludolf, Hist. Aeth., I, S. 9.

191. Vgl. Cecchi, Da Zeila etc., II, S. 57.

192. Vgl. Bianchi, Alla terra dei Galla, S. 259 ff.; Massaja, I miei 35 anni di missione etc., V, S. 80, und Traversi im Bolletino della Società geografica Italiana, 1887, S. 278.

193. Ueber das Brot aus der Musa Ensete vgl. auch Barberini im Bolletino della Società geografica Italiana, 1887, S. 278 ff.

194. Interessant ist auch, was Massaja, I miei 35 anni di missione etc., V, S. 81, über die Beschaffenheit der Exeremente von diesem Brote sagt, dann die sehr instructive Abbildung, S. 83.

195. Ferrandi im Bolletino der Mailänder Afrikan. Gesellschaft, 1892, S. 39, und Christopher in den Acten der Bombayer geograph. Gesellschaft, VI. Jahrg., S. 388.

196. Cecchi, Da Zeila etc., II, S. 135.

197. Harris-Killinger, a. a. O., I, S. 191.

198. Massaja, I miei 35 anni di missione etc., VI, S. 107, und Bild.

199. Ethiopie méridionale, S. 282.

200. Révoil, La vallée du Darror, S. 94.

201. Révoil, La vallée du Darror, S. 133.

202. Massaja, I miei 35 anni di missione etc., V, S. 91.

203. Nach Chiarini in Cecchi's Vocabular, Da Zeila etc., III, S. 342 f.

204. Siehe das instructive Bild bei Massaja, I miei 35 anni di missione etc., V, S. 91.

205. Abbadie, Géographie de l'Ethiopie, S. 1.

206. Ueber Kaffeezubereitung bei den Legga Schuver, a. a. O., S. 27.

207. Massaja, I miei 35 anni di missione etc., V, S. 85 f.

208. Traversi im Bolletino della Società geografica Italiana, 1888, S. 915.

209. Ich lege hier meine Wahrnehmungen und Erkundigungen nieder, die mit denen Massaja's (I miei 35 anni di missione etc., III, S. 80 ff.), Borelli's (Ethiopie méridionale, S. 312), Cecchi's (passim im II. Bande seines Reisewerkes), dann Burton's im First footsteps, S. 355, übereinstimmen.

210. Vgl. auch Cecchi, Da Zeila etc., III, S. 286, unter dem Schlagworte «birra» und II, S. 281 f., wo acht Arten der Hydromele als in Gera bevorzugt angeführt werden.

211. Massaja, I miei 35 anni di missione etc., III, S. 83.

212. Massaja, I miei 35 anni di missione etc., III, S. 83.

213. Massaja, I miei 35 anni di missione etc., S. 36 und 39.

214. Vgl. Harris-Killinger, Gesandtschaftsreise in Schoa, II, S. 300 f., Anm., und Burton, First footsteps, S. 77.

215. Wakefield, Footprints, S. 71.

216. Wakefield bei Ravenstein, a. a. O., S. 14.

217. Schuver, a. a. O., S. 19.

218. Wakefield bei Ravenstein, a. a. O., S. 12.

219. Vgl. Massaja, I miei 35 anni di missione etc., III, S. 85 ff.; IX, S. 133 ff.; Cecchi, Da Zeila etc., I, S. 475; II, S. 360 ff. (Galla-Hochzeit in Gera).

220. Fischer, Das Massai-Land (Hamburg 1885), S. 59.

221. Massaja, I miei 35 anni di missione etc., IV, S. 158.

222. Bianchi, Alla terra dei Galla, S. 151, und Massaja, I miei 35 anni di missione etc., IX, S. 14 ff. Hinzugefügt muss hier werden, dass fast alle Reisenden die an Fremde gelieferte Kost «dürgho» nennen. Borelli schreibt «durgho». Ich folge der Schreibweise Cardinal Massaja's, ohne die äthiopische Schreibung des Wortes hier weiter zu erörtern.

223. Vgl. Massaja, I miei 35 anni di missione etc., IV, S. 44; V, S. 22 f.

224. I miei 35 anni di missione etc., III, S. 83 ff.

225. Ueber Speisenbereitung und Ernährung nordostafrikanischer Völker finden sich Daten bei Cecchi, Da Zeila etc., I, S. 7, 426 ff.; Hunter, Somál-Grammatik, S. XXI f.; Haggenmacher, a. a. O., S. 30, und Harris, Gesandtschaftsreise, II, S. 332, Anm.; Bolletino della Società geografica Italiana, 1879, S. 388 ff.; Giglioli im Archivio per l'Antrop. e la Etnolog., XIV, Fasc 1 (1884). Die Bemerkungen Haggenmacher's über die Nahrungsmittel und Getränke der Somál erfordern eine Berichtigung. Haggenmacher sagt nämlich, Fische seien ein Lieblingsgericht der Somál, was ganz unhaltbar ist und nicht einmal von jenen Somál gesagt werden kann, die zwar im Binnenlande des afrikanischen Osthorns geboren, durch beständigen Aufenthalt in den Städten der Küste und Annahme arabischer Lebensgewohnheiten Araber geworden sind. Die Bemerkung scheint vielmehr auf die 'Afar zu passen, die Fische essen, zu deren Lieblingsgerichten aber die Fische auch nicht zählen. Haggenmacher sagt ferner, der Somáli-Mann genösse vom Fleische der Thiere niemals Kopf, Eingeweide und Füsse. Nur von dem Genusse der Eingeweide kann ernstlich die Rede sein, weil Kopf und Füsse kein oder nur sehr wenig Fleisch liefern. Allein Eingeweide werden regelmässig bei jedem geschlachteten Thiere genossen, sowohl von Weib wie Mann, wie ich bestätigen kann. Auch die Nachricht von der Noth der Somál-Frauen ist nicht zutreffend. Ich und andere Forscher haben eine ausreichende Ernährung des Somál-Weibes beobachtet, die bei allen Stämmen herrscht.

226. In dem Organ der Bombayer geograph. Gesellschaft, VI. Jahrg., S. 57 f.

227. Licata, Assab e i Danachili etc., S. 235.

228. Burton, First footsteps, S. 9.

229. Vgl. Massaja, I miei 35 anni di missione etc., III, S. 70.

230. An dieser Stelle mögen die Bezeichnungen der Pudenda bei den Nordost-Afrikanern Platz finden: Penis: 'afar. budde, mulli; orom. danja, schenatça. Scrotum: orom. kuntorri. Testiculi: orom. ankakú danjáti, tschidán; 'afar. kurdi; som. hajnijo. Vulva: orom. rutte serú, samájo. Coitus: som. warmo, wasnin; orom. dubarti barúf, d. h. die Frau erkennen, sála (verb. sálu); 'afar. sanaw, mál. Die bei v. d. Decken, Reisen in Ost-Afrika, I, S. 329, Anm. 9 zu S. 98, beschriebene Digitischa («motus quidam rotatilis ventris, haud facilis comprehensu et necessarius in coitu») ist auch bei den Somál beliebt. Andere Vorgänge aus dem Geschlechtsleben müssen hier unbeschrieben bleiben.

231. Vgl. was Giglioli, a. a. O., S. 21, von den 'Afar sagt.

232. Vgl. auch Cecchi, Da Zeila etc., I, S. 66.

233. Massaja, Lectiones grammaticales etc., S. 301, Anm. 2.

234. Massaja, I miei 35 anni di missione etc., V, S. 131.

235. Vgl. auch was Bianchi, Alla terra dei Galla, S. 346, berichtet.

236. Diesen Dienst thun einander stets nur die gleichen Geschlechter.

237. Wakefield, Footprints, S. 70; v. d. Decken, a. a. O., II, S. 374.

238. Révoil im «Globus», 1886, S. 147. Ueber die Fettung vgl. auch Harris-Killinger, Gesandtschaftsreise nach Schoa, I, S. 106 f.

239. Beschrieben bei Guillain, Voyage, III, S. 173. Hier kann gleich bemerkt werden, dass ich von einer Räucherung der Geschlechtstheile bei den Somál, wie sie im Correspondenzblatte der deutschen anthropolog. Gesellschaft vom 18. October 1873, S. 113, und später auch bei Mantegazza

(Studien über die Geschlechtsverhältnisse des Menschen [Jena 1886], S. 86 f.) erwähnt und beschrieben wird, nichts vernommen habe. Es lag wohl nur einfache Räucherung vor.

240. Révoil im «Globus», 1885, S. 289.

241. Vgl. die Abhandlung von J. S. King (im «Folklore journal», 1888,?) betitelt: «On the practice of the female circumcision and infibulation among the Somal and other nations of North East Africa» — eine Arbeit voll aufklärender Gedanken und Kritik. Indess kommt die Beschneidung auch bei den Mischlingen der Oromó am Rudolf-See vor, so bei den Reschiát (v. Höhnel, Zum Rudolph- und Stephanie-See [Wien 1891], S. 624). Allgemeines publicirte Panceri: «Le operazioni che nell' l'Africa orientale si praticano sugli organi genitali» im Archivio per l'Antropologia e la Etnologia (Florenz 1873), S. 353 ff.

242. Burton wollte in seinen «First footsteps» in East Africa» ein Appendix über die Infibulation schreiben, bemerkt aber dann an der betreffenden Stelle kurz: «It has been found necessary to omit this Appendix», im Lexikon des Harari gibt er jedoch die Bezeichnung für «puella suta» = duffún wahaschi und für «puella aperta» = kufút wahaschi an. Die Unterlassung der Abhandlung geschah natürlich aus Rücksichten für das britische Publicum.

243. J. S. King, On the practice of the female circumcision, Sep., S. 3.

244. Das Lob der Virginität wird gerne gesungen. Siehe Schleicher, Die Somäl-Sprache (Berlin 1892), S. 41 f.

245. Aus Fransoj, Bulletino della Società Africana d'Italia (Sezione Napolit.), V, 1886, S. 211, geschöpft und sehr unglaubwürdig. Der verlässliche Scaramucci und Giglioli, sowie Licata und Reinisch berichten leider nichts darüber. Ich selbst vernahm nie einen Unterschied in der Zeit der Infibulation bei Somál und 'Afar, wohl aber kann ich bestätigen, dass bei den nördlichen Danákil, also jenen, die an die Zula- und Hamfila-Bai grenzen, die Infibulation nicht geübt werde, ebensowenig wie bei den 'Afar des Binnenlandes.

246. Assab e i Danachili, S. 254.

247. Begleitende Bräuche hat King, On the practice etc., Sep., S. 4, verzeichnet.

248. Vgl. Ploss, Geschichtliches und Ethnologisches über Knabenbeschneidung (Leipzig 1885), S. 32 ff.

249. Nach Abbadie und Cecchi; vgl. übrigens Borelli, Ethiopie méridionale, S. 293, dazu Massaja, I miei 35 anni di missione etc., VI, S. 7.

250. Ueber Krankheiten in Nordost-Afrika im Allgemeinen siehe: Les colonies françaises Oboc, S. 255 ff.; Schuver, a. a. O., S. 25; Révoil, La vallée du Darror, S. 329; Rochet's Reisebericht, I, S. 307 ff.; Nerazzini, Osservazioni mediche sulla baia di Assab. Giornale di medicina militare (XXXII, Nr. 1); Licata, Assab etc., S. 187; Giglioli, Notizie sui Danakil, Sep., S. 18; Haggenmacher, a. a. O., S. 19; Borelli, Ethiopie méridionale, S. 248; Cecchi, Da Zeila etc., I, S. 296 ff.; Bolletino della Società geografica Italiana, 1885, S. 744 ff.

251. Massaja, Lectiones grammaticales etc., S. 376.

252. Vgl. Bandi di Vesme im Bolletino della Società geografica Italiana, 1891, S. 555.

253. Cecchi, Da Zeila etc., II, S. 181.

254. Cecchi, Da Zeila etc., II, S. 311 f.

255. Massaja, I miei 35 anni di Missione etc., III, S. 31 f., und Lectiones grammaticales etc. S. 458, Anm. 2. Ob golfá gerade gelbes Fieber sei, liess Massaja 1867 noch dahingestellt und nannte es einen «morbus epidemicus qui participat de febre maligna et de cholera». «Dixi,» führt der Prälat fort, «epidemicus, sed forsitan hunc morbum melius contagiosum dixissem, quia ex quo intrat in aliqua familia, omnes successive attingit, dum familia, quae simul in eadem domo non convixit sana ordinarie evadit. Egometipse expertus sum simplicem contractam transitarium non sufficere ad hunc morbum contrahendum, sed requiri potius respirationem halitus infecti infirmorum, qui semper invenitur in eodem tugurio.» Im Jahre 1886 nannte Massaja die Golfá-Krankheit positiv «la febbre gialla», was sie nach den Symptomen und dem Verlaufe in den Ländern zweifellos auch ist.

256. Andere technische Ausdrücke für die dysenterischen Leiden siehe bei Cecchi, Da Zeila etc., III, S. 307.

257. Schuver, a. a. O., S. 25.

258. Guillain, Voyage, II, S. 423.

259. Burton, First footsteps, S. 180, Anm.

260. Borelli in «L'Afrique explorée et civilisée», 1891, S. 91.

261. Vgl. Massaja, I miei 35 anni di missione etc., III, S. 101 ff.; VI, S. 110, 115, 130, 133; IX, S. 62 f.

262. James, The unknown horn of Africa, S. 150.

263. Vgl. Traversi, Bolletino della Società geografica Italiana, 1888, S. 911 f.

264. Vgl. Cecchi, Da Zeila etc., I, S. 21 und 52.

265. Vgl. auch Burton, First footsteps, S. 180 f., Anm., und Hildebrandt's Angaben in der «Zeitschrift für Ethnologie» und in den Acten der Berliner Gesellschaft für Erdkunde.

266. I miei 35 anni di missione etc., III, S. 69 ff.; IX, S. 62 f.

267. Vgl. auch Borelli, Ethiopie méridionale, S. 330. Interessant ist, was Cecchi über die oromonischen Syphilisenren sagt: Da Zeila etc., I, S. 299.

268. Vgl. was Massaja dagegen anwendete: I miei 35 anni di missione etc., VI, S. 134, und überdies Cecchi, Da Zeila etc., I, S. 298 ff.

269. Vgl. Cecchi, Da Zeila etc., I, S. 295 ff.

270. Ueber ein bei den Danâkil gewonnenes Vermifugum siehe Antonelli im Bolletino della Società geografica Italiana, 1891, S. 335.

271. Vgl. die Auseinandersetzungen von Cecchi, Da Zeila etc., I, S. 296 ff., der sich auf langjährige Beobachtungen der Missionäre beruft.

272. Burton, First footsteps, S. 181.

273. Haggenmacher, a. a. O., S. 19.

274. Ethiopie méridionale, S. 247 f.

275. Massaja, Lectiones grammaticales etc., S. 203

276. Vgl. meine «Beiträge etc.», S. 71 f.

277. Wakefield, Footprins, S. 73.

278. Vgl. was Guillain, Voyage etc., III, S. 173, von den Midjertin sagt.

279. Vgl. Bianchi, Alla terra dei Galla, S. 299. Hier ist die Rede von Vernarbung, denn wie Massaja an vielen Stellen seines Werkes erklärt, heilen Wunden rasch in dem Klima Nordost-Afrikas.

280. Vgl. auch Révoil, La vallée du Darror, S. 254.

281. Der Vorgang ist klar beschrieben bei Massaja, I miei 35 anni di missione etc., V, S. 111.

282. Nach Brenner, Fischer und Wakefield; der Letztere beleuchtet den Punkt am klarsten in «Footprins», S. 73.

283. Ueber die Wirkung des Wabâjo-Giftes vgl. neben dem bereits Gesagten noch die Stelle in den Acten der Bombay Geographical Society, VII, S. 118 f.

284. Vgl. Massaja, Lectiones grammaticales etc., S. 305; Révoil, Voyage etc., S. 132.

285. Vgl. auch Schleicher, Die Somali-Sprache, I, S. 42, Anm. 5. Schleicher's Werk ist die erste klare Bearbeitung der Somâl-Sprache mit zahlreichen, auf eigene Forschungen ruhenden ethnographischen Daten.

286. Vgl. Massaja, Lectiones grammaticales etc., S. 325; Cecchi, Da Zeila etc., II, S. 442, und mein «Harar» (Leipzig 1888), S. 122, Anm.; Reinisch, Die 'Afar-Sprache, III, passim. Die Auffassung der Schwägerschaft und Vetterschaft ist bei den Nordost-Afrikanern durch präcise Bezeichnungen nicht gegeben. Dagegen unterscheiden und bezeichnen z. B. die 'Afar sehr scharf die älteren Brüder und Schwestern von den jüngeren.

287. Vgl. auch Cecchi, Da Zeila etc., II, S. 311.

288. Näheres bei Paulitschke, Beiträge etc., S. 30 und 54.

289. First footsteps in Eastern Africa, S. 114, Anm.

290. Abbadie, Géologie de l'Ethiopie (Paris 1874), S. XV.

291. Massaja, I miei 35 anni di missione etc., III, S. 148.

292. Vgl. auch Cecchi, Da Zeila etc., II, S. 403, Anm.

293. Massaja, Lectiones grammaticales etc., S. 262, Anm. 1.

294. Interessant ist, was Guillain, Voyage, II, S. 434 ff. sagt.

295. Vgl. Haggenmacher, a. a. O., S. 29. Haggenmacher hat gerade diese Partie mit Genauigkeit erkundet, was nur von wenigen Punkten seines Excurses: «Ethnographie und Ethnologie» gesagt werden kann.

296. Nach Brenner in Petermann's Mittheilungen, 1868, S. 458, Anm. 1.

297. Vgl. Bolletino della Società geografica Italiana, 1891, S. 273.

298. Bricchetti-Robecchi im Bolletino della Società geografica Italiana, 1891, S. 42, was mit meinen Informationen über den Landurâ-Brauch vollkommen übereinstimmt.

299. Capitän Dundas in den Proceedings of the R. G. S. of London, 1892, S. 522.

300. Vgl. die ganz kurze Note bei Abbadie, Géographie de l'Ethiopie, S. 224.

301. Die Schilderung dieser Ceremonie in meinen «Beiträgen etc.», S. 55; vgl. auch Cecchi, Da Zeila etc., I, S. 511.

302. Ueber die Bedeutung und den Gebrauch von *abba*: Massaja, Lectiones grammaticales etc., S. 303, und Anm. 1 und 2.

303. Wakefield, Footprins, S. 70.

304. Bei Ravenstein, a. a. O., Proceedings of the R. G. S., 1884, Sep., S. 16.

305. Ethiopie méridionale, S. 103.

306. Vgl. die gediegenen zwei Artikel J. S. King's im «Folklore journal» (London 1888), vol. VI, 1888, April—Juni, S. 119—125, deren Inhalt sich allerdings nur auf Forschungen unter den Ejssa- und Gadaburssi-Somâl bezieht, die aber für alle nördlichen Somâl und die 'Afar des Südostens zutreffen.

307. Guillain, Voyage, II, passim.

308. Vgl. Paulitschke, Beiträge etc., S. 55.

309. v. d. Decken's Reisewerk, II, S. 375.

310. Von einem solchen scheint Stecker zu sprechen (Petermann's Mittheilungen, 1891, S. 236), wo er die Sitten der Galla von Gudru beschreibt. Allein gerade in Gudru haben Massaja und Abbadie lange Zeit sich aufgehalten und das Gegentheil constatirt, wie ich aus mündlichen Aeusserungen Antoine d'Abbadie's erfahren habe.

311. Bolletino della Società geografica Italiana, 1879, S. 457 f.

312. Vgl. Haggenmacher, a. a. O., S. 28 f.; Révoil, La vallée du Darror, S. 332, und die Schriften der Bombay Geographical Society, Band VII, S. 119, und IX, S. 133 f.

313. Haggenmacher, a. a. O., S. 29; Bolletino della Società geografica Italiana, 1879, S. 459.

314. Die von Chiarini (bei Cecchi, Da Zeila etc., II, S. 435 ff.) beschriebenen Verlobungsceremonien und Sponsalien am Hofe von Gêra, wie die langathmigen Ceremonien der Marri, die Vertheilung des Margâ, die Dialoge zwischen dem Marri-fâ und der Brautmutter und die Trinkscene bis zum Beginne des Rakkó-kâka oder des Blutschwures, die eigenthümliche Vornahme desselben, wenn die Braut noch eine Jungfrau ist oder wenn ihr der Mann schon beigewohnt hat, das Rakkó-Mahl u. A. m. sind verfeinerte Sitten mit vielen Abweichungen von der normalen Kette der Ceremonien und, wie erwähnt, nur an fürstlichen Höfen gebräuchlich, wo sich Ueppigkeit und Luxus und mit diesem selbstverständlich ein weitläufiges Ceremoniell zu entwickeln vermochte und in Blüthe blieb, so lange die Staaten unabhängig waren. Heute ist davon ein gut Theil bereits verschwunden.

315. King im «Folklore journal», VI, 1888, S. 123.

316. Borelli, Ethiopie méridionale, S. 267.

317. Vgl. Bolletino della Società geografica Italiana, 1891, S. 41 f.

318. Vgl. über den Rakkó Massaja, I miei 35 anni di missione etc., II, S. 192 f.; III, S. 51 ff.

319. Massaja, I miei 35 anni di missione etc., III, S. 193.

320. Ueber den Rakkó vgl. auch Cecchi, Da Zeila etc., II, S. 440 ff.

321. Darüber auch Massaja, I miei 35 anni di missione etc., III, S. 196 f.

322. Ueber Hochzeit-gebräuche bei den Nordost-Afrikanern siehe noch: Cecchi, Da Zeila etc., I, S. 22; Licata, Assab e i Danachili, S. 268; Hunter, Somâl-Grammatik, S. XXIII; Abbadie, Sur les Oromo, S. 17, und Burton, First footsteps, S. 119; meine «Beiträge etc.», passim; Bricchetti-Robecchi im Bolletino della Società geografica Italiana, 1891, S. 41. In dem zuletzt genannten Aufsatze ist auch einer Ceremonie Erwähnung gethan, welche bei den Galla von Hazar geübt wird, wenn ein Ehepaar überhaupt eine neue Wohnung bezieht. Sie besteht darin, dass man Kaffee mit Butter kocht, worauf die Frau den Kaffeenapf auf den Knieen hält und einen Stock auf den Oberschenkeln, einen zweiten Stab hält der Mann. Die Frau reicht dem Manne von dem Kaffee und dieser wieder geladenen Freunden, welche Segenssprüche sprechen. Darauf bestreichen die Ehegatten mit der im Kaffee gekochten Butter den anwesenden Frauen und Männern Stirne, Hals, Arme und Rücken und singen einen Lobgesang. Ich habe von diesem Brauche auch gehört, ohne dass ich für die Richtigkeit der hier beschriebenen Ceremonien einstehen kann, weil ich mir über das Ganze keine Gewissheit verschaffen konnte.

323. Vgl. Bricchetti-Robecchi im Bolletino della Società geografica Italiana, 1891, S. 41 f.

324. Cecchi, Da Zeila etc., II, S. 411.

325. Haggenmacher's Reise im Somali-Lande, S. 29.

326. Giglioli im Archivio per l'Antropologia e la Etnologia, XIV, 1884, S. 20; Bolletino della Società geografica Italiana, 1879, S. 459 ff.

327. Antonio Cecchi liefert in seinem Werke: «Da Zeila etc.», II, S. 20 ff., ausführliche Daten über drei, beziehungsweise sechs Arten von Eheschliessungen unter den Oromó: den wirklichen Raub *(am.amûta)*, den simulirten Raub *(bûta)* und die Flucht des Mädchens zu einem Bräutigam *(asséna)*, mit zwei Abarten. Es ist leicht einzusehen, dass sämmtliche drei Arten der Ehe eigentlich Auswüchse des normalen Verfahrens sind, eine Frau zu gewinnen. Hinzugefügt muss werden, dass der Raub nach Cecchi's Schilderung eigentlich als ein leichtsinniger Streich der Brautleute sich darstellt, wenn der Bräutigam eben die Qualification eines Ehegatten nicht hat, und dass bei den Oromó, wenigstens nach den Erfahrungen, die Missionäre gemacht haben und die ein genaues Studium aller Berichte über die Sache ergibt, ferner nach meinen eigenen Wahrnehmungen solche Ehen eigentlich nur als ein durch Gewalt-acte und Ungehorsam erzwungenes Zusammenleben junger Leute aufzufassen sind, aber als legale gelten.

328. Burton, First footsteps, S. 179; Cecchi, Da Zeila etc., II, S. 134.

329. Bei Haggenmacher, a. a. O., liest man, es sei für den Somâli «eine Sünde», seine Schwieger-mutter zu sehen. Dies ist unrichtig. Richtig ist nur, dass die Schwiegereltern sich von ihren Kindern zurückziehen, und dass die Schwiegermutter in Nordost-Afrika nicht jene Rolle als Beratherin und Stütze einer Familie spielt wie in Europa. Dass die Schwiegermütter aber unter den Somâl verhasst sind, ganz besonders den Schwiegersöhnen, muss hier ausdrücklich constatirt werden. Uebertrieben ist King's Meinung, der («Folklore journal», VI, 1888, S. 124) sagt: «The mother-in-law . . . dare not — without risk of a broken head — enter the hut while her son-in-law is present». Nicht wenig interessant ist die Bestätigung King's, dass den Somâl das Küssen bekannt sei. Der Kuss heisst nach diesem Gewährsmanne *dunkad*, wird aber niemals gegeben. Keineswegs ist aber wahr, was so allgemein geglaubt wird, dass die Völker Nordost-Afrikas den Kuss als Ausdruck anthropophager Ge-lüste ansehen.

330. Vgl. Abbadie, Sur les Oromo etc., S. 17.

331. Vgl. Scaramucci und Giglioli im Archivio per l'Antropologia e la Etnologia, 1884, S. 18, und Licata, Assab e i Danachili, S. 268; Borelli, Ethiopie méridionale, S. 28.

332. Nach Bricchetti-Robecchi im Bollettino der Römischen geograph. Gesellschaft, 1891, S. 92. Statt *habul* muss es wohl heissen *habâl* = Grab.

333. Siehe die Figuren in meinen Beiträgen etc., S. 35.

334. Vgl. auch Révoil im «Globus», 1885, S. 358, die Gebräuche beim Tode von Somâl der Benâdir-Küste betreffend.

335. Die gebräuchlichen Ausrufe sind verzeichnet bei Massaja, Lectiones grammaticales etc., S. 168 ff., 440 ff. Vgl. indess auch Massaja, I miei 35 anni di missione etc., V, S. 113 ff., dann Cecchi, Da Zeila etc., II, S. 417 und 420 (Bild des Grabes).

336. Massaja erklärt den Namen Awala von *wal, walitti* = «revertor» (Lectiones grammaticales etc., S. 169, Anm.); «quasi ut dicere vellent oromones: de terra sumpti in terram revertimur». Diese Ableitung scheint erzwungen zu sein.

337. Darüber Massaja, I miei 35 anni di missione etc., II, S. 173.

338. Siehe Bilder im Bollettino della Società geografica Italiana, 1891, S. 284; 1892, S. 409; Paulot, Observations, S. 17, 20 f.; Bollettino della Società geografica Italiana, 1887, S. 284; Massaja, I miei 35 anni di missione etc., III, S. 27; Révoil, La vallée du Darror, S. 55; Rochet, I, S. 236 f.; King im Saturday Review (London 1885), Märznummer (?); Harris-Killinger, Gesandtschaftsreise nach Schoa, I, S. 100.

339. Steinbauten und konische Grabsteine fand auch Pigott (Proceedings of the R. G. S. of London, 1890, S. 133) am oberen Tana, «cairns either graves», wie er schreibt. An alte Galla-Gräber ist wohl kaum zu denken. Die Frage der alten Gräber wissenschaftlich zu verwerthen, d. h. daraus Schlüsse auf die Phasen der Archäologie, die Prähistorie des Landes zu ziehen, ist verfrüht, weil das Materiale unzureichend ist. Selbst Schlüsse auf die Richtung der Völkerbewegungen lassen sich dar-aus selten mit Sicherheit thun.

340. Vgl. Haggenmacher, a. a. O., S. 31, wo manches Unklare verzeichnet steht, dann die Acten der Bombay Geographical Society, VII, S. 119.

341. Abbadie, Sur les Oromo, S. 184, übergeht leider rasch interessante Erbbestimmungen, ob-gleich er andererseits selbst Beispiele von Erbtheilung anführt.

342. Vgl. was Massaja, I miei 35 anni di missione etc., VI, S. 126, berichtet.

343. Interessant die Stelle bei Abbadie, Géographie de l'Ethiopie, I, S. 31.

344. Traversi im Bollettino della Società geografica Italiana, 1888, S. 917, und Borelli, Ethiopie méridionale, passim.

18*

345. Wakefield, Footprins, S. 73.

346. Footprins in Eastern Africa, S. 69 und 73, und v. d. Decken's Reisen, II, S. 375.

347. Massaja, I miei 35 anni di missione etc., III, S. 55.

348. Baudi di Vesme im Bolletino della Società geografica Italiana, 1841, S. 557.

349. Massaja, I miei 35 anni di missione etc., III, S. 150.

350. Vgl. Stecker in Petermann's Mittheilungen, 1891, S. 237.

351. Massaja, I miei 35 anni di missione etc., III, S. 149 f.

352. Vgl. Abbadie, Géographie de l'Ethiopie, S. 311. Ich habe dieselbe Wahrnehmung in Harar gemacht und mich von dem hohen Zustande der Landwirthschaft bei der Barántuma-Galla-Sippe überzeugt. Ich muss gleichwohl hier darauf aufmerksam machen, dass die Bezeichnungen: »Kottu«, »Argetta«, »Humbana« (»Humbeni«) auf unseren Landkarten eine arge Verwirrung angerichtet haben, weil man sie als Namen von Stämmen gefasst hat (selbst auf Ravenstein's grosser »Map of Eastern Africa« war das noch der Fall), während sie doch nichts weiter sind als Bezeichnungen für die Beschäftigung der Bevölkerung in der Galla-Sprache, die mit Stammesnamen nicht das Mindeste gemein haben. Mir gaben die Galla z. B. selbst, als ich nach den Wohnsitzen der Argetta forschte, die Antwort: »Argetta sind wir alle Oromó, die den Boden bebauen, Kottu alle Oromó, die den Pflug führen, unser aller Vater aber war Barantu«.

353. Massaja, I miei 35 anni di missione etc., V, S. 88.

354. Vgl. Guillain, Voyage, III, S. 25 ff.

355. Die som. Bezeichnung kutti für einen Durrabauplatz, die man hie und da hört, ist von dem Verbum qúd — aekern (orom. qúa) abzuleiten.

356. Ferrandi im Bolletino der Mailänder Afrikan. Gesellschaft, 1892, S. 15.

357. Ueber die Feldarbeit der Somali vgl. auch Ruspoli und Camden im Bolletino della Società geografica Italiana, 1891, S. 740 ff. und 779. Vielleicht wird von den italienischen Reisenden Manches allzu optimistisch aufgefasst.

358. Ueber das Leben und Treiben der Midjertin in den festen Plätzen wie im Innern vgl. die Acten der Bombay Geographical Society, VII, S. 113 f. Bricchetti-Robecchi und Guillain haben vornehmlich nur über die Küstenbewohner berichtet.

359. In dem angeführten Separatum aus den Schriften der Hamburger geograph. Gesellschaft, S. 4.

360. Bolletino della Società geografica Italiana, 1891, S. 36. Der Aufsatz ist in mancher Beziehung überspannt, aber belehrend.

361. Vgl. Massaja, I miei 35 anni di missione etc., VIII, S. 202 f., und Traversi im Bolletino della Società geografica Italiana, 1889, S. 726 ff., ferner das Bolletino della Società Africana d'Italia (Sede centrale), 1887, S. 275 ff.

362. Vgl. auch Ragazzi im Bolletino della Società geografica Italiana, 1886, Sep., S. 20, und Traversi, ibidem, 1880, S. 20.

363. Révoil, Voyage au cap des aromates, S. 95.

364. Burton, First footsteps, S. 135.

365. Bianchi, Alla terra dei Galla, S. 485.

366. Wakefield, Footprins, S. 72.

367. Vgl. Paulitschke, Harar, S. 239 und passim, dann das Bolletino della Società Africana d'Italia (Sede centrale), 1892, Nr. 3 und 4.

368. Traversi im Bolletino della Società geografica Italiana, 1889, S. 726. Das an dieser Stelle erwähnte Photogramm ist mir leider niemals zu Gesichte gekommen; doch habe ich die gallanischen Ackerwerkzeuge, wie sie die Oromó von Harar verwenden, zusammt mit einem Galla-Pfluge nach Wien geschafft. Sie befinden sich in der anthropolog.-ethnograph. Abtheilung des k. k. naturhistor. Hofmuseums.

369. Vgl. Baudi di Vesme in Cora's Cosmos, X, S. 203.

370. Die von Cecchi, Da Zeila etc., II, S. 36, angeführte Tabelle gilt natürlich nur für das verhältnissmässig kleine Soddo-Galla-Gebiet und dessen nächste Nachbarschaft. Wir müssen hier auf dasjenige hinweisen, was wir über den Eintritt der Regenzeiten gesagt haben, wenn wir die Zeit des Anbaues und der Ernte des Getreides feststellen wollen. Es ist natürlich in dieser Beziehung ein grosser Unterschied zu machen, ob man von Kaffa, Schoa, Harar, den südlichen Galla-Gebieten der Landschaft um Aussa oder jener am Cap Dschard Haffún spricht. Daher ist es wohl allgemein richtig, die Zeit der Ernte wie des Anbaues von Getreide nach dem Eintritte der Regenzeit anzugeben.

371. Ueber den Feldbau der Nordost-Afrikaner existiren in der ethnographischen Literatur noch folgende Specialaufsätze: Bolletino della Società Africana d'Italia (Sede centrale), 1887, S. 275 (»Acker

bau in Schoa»); Schuver, a. a. O., S. 39 und 40 («Ackerbau und Viehzucht bei den westlichen Oromó»);
Hunter, Harar (Officielle indo-britische Colonialacte [Bombay 1884], S. 21) («Getreideproduction der
Galla-Länder von Harar»); Cecchi, Da Zeila etc., II, S. 36 ff. («Tabelle des Galla-Getreideanbaues», vornehmlich das Soddo-Galla-Gebiet betreffend»); derselbe, ibidem, I, S. 447 ff. («L'Agricoltura» betitelt
und genauen Aufschluss über den Betrieb der Landwirthschaft in Schoa, mit Angabe der Getreidearten, Anbau- und Erntezeiten, wie der Ertragsfähigkeit der Feldfrüchte, der Ackerwerkzeuge und
anderer interessanter Momente enthaltend); derselbe, ibidem, II, S. 277 ff. («L'Agricoltura e l'Industria
nel regno di Ghera» betitelte Abhandlung, enthaltend Interessantes über landwirthschaftliche Praxis,
Anbau von Mais u. A. m.); Bolletino della Società Africana d'Italia (Sede centrale), 1888, S. 30,
Capucci's Aufsatz, die Agricultur in Schoa betreffend; Haggenmacher, a. a. O., S. 32 (den Ackerbau
bei den Somál betreffend); Bolletino della Società geografica Italiana, 1879, S. 394 ff., 403 ff.; 1889,
S. 528 f.; Antonelli («Ueber den Ackerbau der Danákil»), Antinori («Ackerbau in Schoa») u. A. m.

372. Da Zeila etc., I, S. 452, und II, S. 36.

373. Vgl. Révoil, Voyage, S. 184.

374. Bricchetti-Robecchi im Bolletino della Società geografica Italiana, 1891, S. 281.

375. Vgl. Révoil, Voyage, S. 255; Guillain, Voyage, II, passim, und Bricchetti-Robecchi im
Bolletino della Società geografica Italiana, 1891, S. 280 f.

376. Vgl. Bricchetti-Robecchi im Bolletino della Società geografica Italiana, 1891, S. 282 ff.

377. I miei 35 anni di missione etc., V, S. 84. Ausserordentlich lehrreich ist indess die ganze
Abhandlung bei Massaja, welche bis S. 87 reicht.

378. Vgl. über den Kaffeebau der Oromó noch: Bolletino della Società Africana d'Italia (Sezione
Fiorent.), 1889, S. 217 ff.; Cecchi, Da Zeila etc., II, S. 500; Paulitschke, Harar, S. 246 ff.; Bianchi,
Alla terra dei Galla, S. 485.

379. Im Bolletino della Società geografica Italiana, 1887, S. 279; vgl. auch Cecchi, Da Zeila etc., II, S. 36 f.

380. Vgl. Massaja, Lectiones grammaticales etc., S. 309; Bolletino della Società geografica Italiana, 1879, S. 403 ff.

381. Massaja, I miei 35 anni di missione etc., V, S. 92.

382. Vgl. Haggenmacher, a. a. O., S. 34.

383. Vgl. v. Höhnel, Zum Rudolph-See und Stephanie-See (Wien 1892), S. 673 f.

384. Vgl. Burton, First footsteps, S. 74.

385. Vgl. über die Behandlung des Kameels auf Reisen Paulitschke, Harar, S. 79 ff.

386. Vgl. auch James, The unknown horn of Africa, S. 105.

387. Burton, First footsteps, S. 91.

388. Vgl. Cecchi, Da Zeila etc., III, S. 393.

389. Siehe das Bild bei Révoil im «Globus», 1886, S. 211, dann S. 209.

390. Siehe das Bild bei Massaja, I miei 35 anni di missione etc., III, S. 151.

391. Vgl. Cecchi, Da Zeila etc., II, S. 133.

392. Lese Cecchi, Da Zeila etc., III, S. 291.

393. Vgl. v. Höhnel, a. a. O., S. 673.

394. Stecker in Petermann's Mittheilungen, 1891, S. 236.

395. Bolletino della Società geografica Italiana, 1887, S. 286.

396. Matteucci, Sudan e Gallas, S. 267.

397. Massaja, I miei 35 anni di missione etc., IV, S. 99.

398. Wakefield, Footprints, S. 73.

399. Wakefield bei Ravenstein in den Proceedings of the R. G. S., 1884, Sep., S. 6.

400. Wenn Harris-Killinger (Gesandtschaftsreise nach Schoa, II, S. 242) den Vorzug der Galla-
Pferde nur in der Drainage erblicken wollen, so scheint mir das nicht ganz zutreffend. Es liegt entschieden der Vorzug und der bessere Kern in der Rasse, die allerdings in den Händen der Galla
das geworden sein mag, was sie heute ist.

401. First footsteps, S. 220. Burton sagt dort, das Somál-Pferd theile die Furchtsamkeit mit
den übrigen Thieren der Somál-Halbinsel — »like all other animals in this part of the world« sind
seine Worte; doch scheint mir, dass Burton die Natur des Somál-Landes dabei vollständig verkannt
hat. In einem Lande, wo Nomaden beständig hin- und herziehen, sieht die Thierwelt ganz anders
aus wie unter ruhigen Ansässigen. Wenn Livingstone sich in Süd-Afrika unter Gazellenheerden durch
Stossen und Rufen den Weg bahnen musste, so deutet das auf ganz andere Verhältnisse in der
Siedlungsweise der Völker in diesem und jenem Theile Afrikas.

402. Vgl. Ferrandi im Bolletino der Mailänder Afrikan. Gesellschaft, 1892, S. 8 und 401.

403. Ueber die Straussenzucht mit Rücksicht auf die Thätigkeit der Italiener in Nordost-Afrika siehe das Bolletino der Mailänder Afrikan. Gesellschaft, 1889, S. 218 ff., 288.

404. Siehe das interessante Bild bei Massaja, I miei 35 anni di missione etc., V, S. 93, dann 95, und Cecchi, Da Zeila etc., II, S. 514 f.

405. Ich schöpfe die Nachricht aus Ferrandi, L'Esplorazione commerciale, 1892, S. 9. Aus einer Note Ferrandi's in ebendemselben Organe, 1892, S. 256, entnehme ich auch eine Schilderung der Askar gindi: «una mosca ... colla testa grossa del volume di una vespa», die mich vollkommen in der Ansicht bestärkt, dass es sich um die *glossina morsitans* handle, und das umsomehr, als Ferrandi selbst bemerkt, die Gindi tödte das Vieh, und darum gebe es in Goscha (einem merkwürdigen kleinen Staatswesen an der Benâdir-Seite des Somâl-Landes) kein Vieh. Vgl. auch The Geogr. Journal, 1893, S. 222.

406. Ferrandi, L'Esplorazione commerciale, 1892, S. 11—15, und Traversi im Bolletino della Società geografica Italiana, 1892, S. 227 ff.

407. Vgl. Abbadie, Géographie de l'Ethiopie, S. 212.

408. Guillain, Voyage, II, S. 450.

409. Petermann's Mittheilungen, 1868, S. 465.

410. Ueber die Viehzucht der Bewohner des afrikanischen Osthorns handeln speciell: Haggenmacher, a. a. O., S. 33 («Viehzucht der Somâl»); Brenner in Petermann's Mittheilungen, 1868, S. 464 f. («Heerden der südlichen Galla»); Massaja, Lectiones grammaticales, S. 307 f. («Etymologie der Thiernamen»); Cecchi, Da Zeila etc., II, S. 283 f. («Allgemeines über Galla-Viehzucht und die Zucht mancher Thiergattungen»); die Acten der Bombay Geographical Society, VII, S. 120 («Leben bei den Heerden der Somâl») u. A. m.

411. Vgl. was Guillain, Voyage (III, S. 25 ff.), bei den Rahanwin- und Midjertin-Somâl beobachtete.

412. Siehe auch Cecchi, Da Zeila etc., II, S. 281.

413. Vgl. die ergötzliche, aber die Kunst der Jäger prächtig erläuternde Geschichte bei Révoil, Globus, 1886, S. 178.

414. Vgl. Révoil, La vallée du Darror, S. 326 und 329.

415. Harris-Killinger, Gesandtschaftsreise nach Schoa, I, S. 160.

416. Schuver, a. a. O., S. 12.

417. Haggenmacher, a. a. O., S. 25, und Burton, First footsteps, S. 229.

418. Vgl. Cecchi, Da Zeila etc., II, S. 329 ff. und 516.

419. Ueber die Schoaner Jagd vgl. Bianchi, Alla terra dei Galla, S. 132 ff. Ueber greuliche Scenen bei Elephantenjagden an den Ufern des Godscheb hat Borelli, Ethiopie méridionale, S. 336, berichtet. Aus dem dort Angeführten geht hervor, dass man veritable Schlachten gegen die Thiere aufführt, keine einfachen Jagden, sich des Elfenbeins zu bemächtigen, sondern wahre Vorübungen für den Krieg, wie sie die alten Perser liebten und wie sie Xenophon so schön beschrieb.

420. Révoil, Voyage au cap des aromates, S. 212, Anm.

421. Haggenmacher, a. a. O., S. 18.

422. Die Oromó bezeichnen mit *sibilla* jedes Metall mit Ausnahme des Goldes, Silbers und Zinnes und nennen *sibilla guratscha* («schwarzes Metall») das Eisen, *sibilla dima* («rothes Metall») Zink, Kupfer und Bronze. Massaja (Lectiones grammaticales etc., S. 381, Anm. 2) vermuthet, nach der Analogie *bisân guratscha* = reines Wasser, bedeute *sibilla guratscha* so viel wie «metallum purum», und bemerkt vom Eisen «color niger attributus ferro lato modo intelligendus est, ... quia illic ferrum fere unicum est metallum ab indigenis cognitum.»

423. Vgl. Révoil, Voyage au cap des aromates, S. 255.

424. Vgl. Abbadie, Géographie de l'Ethiopie, S. 101.

425. Vgl. Cecchi, Da Zeila etc., I, S. 456 ff.

426. Ich danke diese und viele andere werthvolle Informationen über die gewerbliche Thätigkeit in Nordost-Afrika Herrn Ingenieur Alfred Ilg aus Zürich, welcher sich in industrieller Thätigkeit als Chefingenieur Kaiser Menilek II. lange Jahre in Schoa in hervorragender Weise bethätigte und auch die Arbeitskraft der äthiopischen und hamitischen Völker gründlich kennen gelernt hat. Ihm und seinen Landsleuten Appenzeller und Zimmermann wird das Verdienst bleiben, auch unter den Galla einen Umschwung gewerblicher Thätigkeit herbeigeführt zu haben zum Segen des so befähigten und fleissigen Volkes.

427. Ueber die Industrie der Galla von Gêra siehe Cecchi, Da Zeila etc., II, S. 287 ff., über jene der Somâl Haggenmacher, a. a. O., S. 35.

428. Vgl. Cecchi, Da Zeila etc., II, S. 288.

429. Bianchi, Alla terra dei Galla, S. 485.

430. Vgl. Wakefield bei Ravenstein, Proceedings of the R. G. S., 1884, Sep., S. 5.

431. Ueber die Metallarbeiten der Galla vgl. Bianchi, Alla terra dei Galla, S. 239.

432. Vgl. Cecchi, Da Zeila etc., II, S. 561, und Massaja, I miei 35 anni di missione etc., V, S. 57, nebst dem Bilde eines Webers bei Massaja, a. a. O., bei Rochet, I, S. 294, und bei Révoil, Globus, 1885, S. 324 f.

433. Vgl. die Namen der verschiedenen Gewerbsleute in Schoa bei Cecchi, I, S. 292 ff. Die Namen sind durchwegs die abessinischen, es mag aber bemerkt werden, dass Cecchi häufig promiscue Namen aus allen Sprachkreisen anführt, ohne genau zu bezeichnen, welcher Sprache die Bezeichnungen angehören, so dass dies herauszufinden nur dem Kenner der Sprachen gelingt.

434. Es ist bedauerlich, dass es dem Forschungsreisenden (hier z. B. Guillain und mir selbst) ganz unmöglich wird, bei Erhebung von Daten für die Schilderung der materiellen Cultur stets auch im Reiche der Botanik die wissenschaftlichen Namen der Pflanzen festzustellen. So leicht eine Pflanze zu wissenschaftlichen Untersuchungen aus den entlegensten Theilen der Welt nach Europa in verhältnissmässig sehr gutem Zustande geschafft werden kann, ebenso schwer wird es, wenn z. B. blos ein Farbstoff oder eine Wurzel in den Händen der Eingebornen angetroffen wird, die Pflanze, von der sie kommt, mit Sicherheit anzugeben, weil die Bäume selten zur Hand sind und der Eingeborne nur deren Namen natürlich in seiner Sprache anzugeben weiss.

435. Révoil, Voyage au cap des aromates, S. 78.

436. Bilder der Somâl-Töpferei bei Révoil, La vallée du Darror, S. 241, jene der Galla-Töpferei bei Massaja, I miei 35 anni di missione etc., V, S. 73, wo Producte aus Kafa abgebildet sind und solche von Oromó, ohne dass genau unterschieden würde, welche den einzelnen Landschaften angehörten.

437. Vgl. Révoil, Globus, 1886, S. 163.

438. Die Stelle bei Haggenmacher, a. a. O., S. 35, wo von der Räucherung der Somâl-Matten die Rede ist, kann wohl nur in dem Sinne der von mir gegebenen Erklärung, die sich auf specielle Nachfrage und Untersuchung der Sache bei den Eingebornen selbst gründet, verstanden werden. Was trüge denn sonst die schwarze Rauchfarbe zur Haltbarkeit eines Geflechtes bei?

439. Die Beschreibung eines Somâl- oder 'Afar-Fahrzeuges siehe in der «Esplorazione commerciale», 1887, S. 273 ff.

440. Vgl. was Burton, First footsteps, S. 33 f., Anm., ganz besonders über die Stellung der Midgan sagt.

441. Da Zeila etc., II, S. 131.

442. Vgl. über diese Unterschiede Borelli, Ethiopie méridionale, S. 360.

443. Footprints, S. 41. Bei Brenner und v. d. Decken findet sich leider über diese Unterschiede gar nichts oder nur Unbedeutendes.

444. Wohl unterschieden müssen die Chargen der Staatsbeamten bei den Oromó werden von den im Vorstehenden angeführten Standesunterschiedsgraden. Massaja (Lectiones grammaticales etc., S. 265 ff.) unterscheidet Beamtenchargen im monarchischen und im republikanischen Galla-Staate. Dieselben sind:

Im monarchischen Staate:	Im republikanischen Staate:
môti (König);	*abba bukú* (Dictator);
abba kuro (Provincialpräfect, auch General);	*gadá* («officiales publici»);
abba genda (ganda) (Districtpräfect);	*abba dúla* («dux belli»);
abba funjó (Bezirkspräfect);	*kallo* (Magier).
abba dúla («dux militae»);	
abba kella («pater portae»);	
abba mizân («pater stateris», d. i. Handelsminister).	

Ueber diese und andere Chargen und Titulaturen vgl. auch Massaja, Lectiones grammaticales etc., S. 286 und 304, dann das Bolletino della Società Africana d'Italia (Sede centrale), 1887, S. 165, Anm. (Aufsatz von E. Dulio), und Cecchi, Da Zeila etc., II, passim. In Schoa selbst, also auf äthiopischem Gebiete, unterscheidet man social: Krieger, Adelige, Priester, Bauern, Händler und Arbeiter. Auch hier müssen Adelsgrade und Standesunterschiede von Beamtenchargen streng geschieden werden. Ueber letztere vgl. was Massaja in den Lectiones grammaticales etc., S. 254 ff., schreibt.

445. Vgl. Massaja, I miei 35 anni di missione etc., V, S. 196.

446. Vgl. Révoil, La vallée du Darror, S. 28.

447. Borelli, Ethiopie méridionale, S. 96.

448. Es ist hier gleich Gelegenheit geboten, auf die mehr oder minder ausführlichen Schilderungen mancher Seiten des socialen Lebens der Nordost-Afrikaner hinzuweisen, die allerdings einer systematischen und kritischen Darstellung zumeist entbehren. Solche finden sich im Bolletino della Società Africana d'Italia (Sede centrale) zu Neapel, 1886, S. 38 (die sociale Verfassung der Danâkil betreffend); Bombay Geographical Society, IX. Bd., S. 133 ff. («Somâl-Sitten»); v. d. Decken's Reisen in Ost-Afrika, II, S. 326 ff. («Sitten und Gebräuche der Somâl des Südens»); Cecchi, Da Zeila etc., II, S. 92 ff. (eigenes Capitel aus der Feder Chiarini's über Sitten und Gebräuche der Guragé); Licata, Assab, S. 274 ff. («Gesellschaftliches Leben der Danâkil»); Abbadie, Sur les Oromo, S. 19 f. («Ueber die Oromó-Gesellschaft») u. A. m.

449. Vgl. was Burton über die Somâl-Frau in «First footsteps», S. 117, sagt. Ein recht eigenthümlich und fremdartig berührendes Urtheil fällte über die Somâl-Frau Candeo in seinem auf dem ersten ital. geogr. Congresse zu Genua (September 1892) gehaltenen Vortrage. Er sagte, der Somâli habe die grösste Verachtung für die Frau. Einige Stämme zerschnitten den Knaben sogar die Brustwarzen, damit sie nicht etwas hätten, womit sie Frauen glichen. Er behauptete auch: «Laggiù la donna è che una bestia da soma — una macchina per la riproduzione.» Nach den Wahrnehmungen, die ich und andere Forscher gemacht haben, ist dieses Urtheil völlig ungerechtfertigt. Obgleich ich mit eigenen Augen sah, wie einmal Frauen mit der Vichpeitsche gezüchtigt wurden, muss ich doch lebhaft Candeo's Urtheil widersprechen, weil ich sehr häufig Zeuge humaner Behandlung und der Werthschätzung der Frauen gewesen bin. Vgl. auch Bolletino della Società geografica Italiana, 1893, S. 29 und 203.

450. Bolletino della Società Africana d'Italia (Sede centrale), 1886, S. 37.

451. Guillain's Worte (Voyage, II, S. 521) seien hierüber angeführt: «Une rencontre amoureuse (mit Somâl-Frauen) n'a besoin d'aucun prélude plus ou moins sentimental. Les femmes soumal du sud ne se piquent pas plus que celles du nord d'une pudeur farouche.»

452. Bricchetti-Robecchi im Bolletino della Società geografica Italiana, 1891, S. 825.

453. James, The unknown horn of Africa, S. 74, was übrigens mit meinen eigenen Wahrnehmungen vollkommen übereinstimmt.

454. Cecchi, Da Zeila etc., II, S. 303; Massaja, Lectiones grammaticales etc., S. 485 ff., und Schleicher, Die Somali-Sprache, S. 48.

455. Massaja, I miei 35 anni di missione etc., IV, S. 47.

456. Révoil, Globus, 1885, S. 373.

457. Massaja, Lectiones grammaticales etc., S. 256, Anm.

458. Vgl. Massaja, I miei 35 anni di missione etc., III, S. 164.

459. Haggenmacher, a. a. O., S. 12.

460. Vgl. Révoil, Voyage au cap des aromates, S. 172 ff. Ich habe mir Mühe gegeben, über die anthropophagischen Orgien, die an den Mannschaften gestrandeter holländischer Schiffe von den Möljertin begangen worden sein sollen, Klarheit zu erlangen, allerdings nicht an Cap Dschard Haffûn selbst. Allein hervorragende alte Somâl erzählten, das Ganze sei ein Märchen. Viel eher könnte geglaubt werden, dass vielleicht gestrandete Mannschaften in einem unfruchtbaren Landstriche, von der Noth an Nahrungsmitteln aufs Aeusserste getrieben, sich aneinander vergriffen hätten. Es sei unerhört, dass Somâl Menschenfleisch gegessen haben sollen. Die Versicherung der Eingebornen reicht allerdings nicht hin, den Verdacht zu beseitigen. Allein er kann sehr wohl aus den Lebensgewohnheiten des Volkes und seiner Scheu vor dem todten Leibe des Menschen, zumal des Fremdlings, als hinfällig erklärt werden. Ich kann nur annehmen, dass die Somâl sich erst dann entschliessen könnten, Menschenfleisch zu essen, wenn sie dazu durch Hunger genöthigt würden. In den Tagen schrecklicher Hungersnoth geschieht es wohl z. B. auch bei den Oromó, dass sie mit Menschenfleisch, nämlich mit dem Fleische ihrer eigenen Kinder, die sie tödten und braten, sich vorübergehend einmal gesättigt hätten.

461. Vgl. was Révoil, Voyage au cap des aromates, S. 64, sagt.

462. Vgl. darüber Bombay Geographical Society, Jahrg. VI, S. 61.

463. Hierüber und über verschiedenes anderes Einschlägiges siehe Massaja, I miei 35 anni di missione etc., III, S. 57 und 65, und Borelli, Ethiopie méridionale, S. 23 und 385.

464. Lesenswerth ist die Schilderung bei Cecchi, Da Zeila etc., II, S. 132, und Schuver, a. a. O., S. 13 f.

465. Massaja, I miei 35 anni di missione etc., V, S. 72 ff.

466. Vgl. v. Höhnel, Zum Rudolph-See und Stephanie-See, S. 660 und 684.

467. Siehe das Bild bei Révoil, Globus, 1885, S. 339.

468. Révoil's Bild im »Globus», 1886, S. 162.

469. Bianchi, Alla terra dei Galla, S. 304.

470. Die Namen für die Liedergattungen entnehme ich Rochet, Voyage etc., I, S. 401, und schon der Name des Gewährsmannes lässt Zweifel zu, ob sie richtig seien. Massaja erwähnt (I miei 35 anni di missione etc., VI, S. 125) einen *iltu* genannten Galla-Sang, ohne nähere Angaben zu machen.

471. Der Tanz, den Révoil (Voyage au cap des aromates, S. 118) beschreibt, ist nichts weiter wie der gewöhnliche Guéffa-Tanz der Somâl, bei dem sich diese des Refrains »Siddi» bedienten. Auffällig erscheint mir nur, dass Révoil etwas Lascives an dem Tanze findet, »lorsque les femmes sont vis-à-vis aux hommes«, wie er sagt. Ich habe wiederholt solchen Tänzen angewohnt, ohne einen lasciven Charakter wahrgenommen zu haben, selbst wenn die Stimmung eine ausgelassene war, gebe aber zu, dass in Städten, wo z. B. viele Dillos an dem Tanze theilnehmen, wie ich zu Zejla einen zu beobachten Gelegenheit hatte, in der Dunkelheit manche Extravaganz in Bewegungen und Gesten, dann in der Lüftung der Kleidung begangen wird. Das Alles aber gibt dem Tanze als solchem kein obscönes Gepräge. Bekanntlich tanzen auch europäische Tänzer in den vornehmsten Salons lasciv, wenn sie wollen.

472. Rochet, Voyage sur la côte orientale de la mer rouge, I, S. 91.

473. Vgl. Révoil im »Globus», 1885, S. 357.

474. Siehe das Bild bei Bianchi, Alla terra dei Galla, S. 305.

475. Ueber dieses Dankali- und Somâl-Ballspiel vgl. Burton, First footsteps, S. 47, Anm., der dessen Dankali-Ursprung gegen Johnston mit Recht vertheidigt, ferner Borelli, Ethiopie méridionale, S. 26, welcher das Spiel »cosso» (offenbar verderbt aus dem Somâl-Worte *godso*) nennt, und Faurot, Observations ethnographiques, S. 13, der den Kern des Spieles nicht zu erfassen vermochte, ganz einfach darum, weil er offenbar nur kurze Zeit zugesehen hat und in der wilden Jagd der Spieler nach dem Balle es ihm nicht möglich war, wie er sagt: »de s'assurer de la manière exacte dont il se conduit».

476. Vgl. Carleton, The journal of the Anthropol. Institute, 1891, S. 167.

477. Vgl. Abbadie, Sur les Oromo, S. 182, Sep., S. 16. Abbadie bemerkt mit Recht, die Galla feierten zwar die Feste der Abessinier, aber »tout en ignorant leur origine«. Darnach hat da ein ähnliches Verhältniss statt wie in der Liturgie der christlichen Religion, die ja den Festen der heidnischen Zeit sich gleichfalls assimilirte. Die grosse Masse der Gläubigen hat ja selten die Kenntniss von dem Ursprunge der Feste. Dabei bleibt freilich noch zu erwägen, ob die Oromonen die mit den christlichen congruirenden Feste nicht schon aus jener Zeit her bewahrt haben, als sie noch am Südrande des Golfes von Aden sassen und hier offenbar das Christenthum schon in den ersten Jahrhunderten seiner Entstehung und Verbreitung empfangen hatten. Die Sache wird von mir an anderem Orte ihre Behandlung erfahren.

478. Vgl. die detaillirte Schilderung der Buttá-Feier bei Cecchi, Da Zeila etc., II, S. 284 ff.

479. Im Archivio per l'Antropologia e la Etnologia, XIV, Fasc. 1, 1884, S. 25.

480. Ueber di Somâl als Reiter vgl. Cora's Cosmos, X, S. 331.

481. Ferrandi im Bolletino der Mailänder Esplorazione commerciale, 1892, S. 14.

482. Révoil (La vallée du Darror, S. 336) hat die Melodie eines solchen in Musiknoten und voller Composition verzeichnet.

483. Ferrandi, Bolletino der Mailänder Esplorazione commerciale, 1892, S. 15.

484. Révoil im »Globus», 1885, S. 342, nebst Bild.

485. Ueber Somâl- und 'Afar-Kriege vgl. Burton, First footsteps, S. 111, und Licata, Assab, S. 271, dann die Acten der Bombay Geographical Society im VIII. Bde., S. 180 ff.

486. Vgl. Brenner in Petermann's Mittheilungen, 1867, S. 306.

487. Harris-Killinger, Gesandtschaftsreise nach Schoa, I, S. 175.

488. Massaja, I miei 35 anni di missione etc., III, S. 171.

489. Cecchi, Da Zeila etc., II, S. 322.

490. Petermann's Mittheilungen, 1891, S. 236.

491. Bianchi, Alla terra dei Galla, S. 269.

492. Cecchi, Da Zeila etc., II, S. 91. Ueber die Grausamkeit, die Galla im Kriege verüben, vgl. das Bolletino della Società Africana d'Italia (Sezione Fiorent.), 1887, S. 148, und das Bolletino della Società geografica Italiana, 1888, S. 14 ff.

493. Vgl. Ravenstein in den Proceedings of the R. G. S. of London, 1884, Sep., S. 15 f.
494. Vgl. v. Höhnel's Karte seines Forschungsgebietes (Wien 1892), Blatt 2.
495. Interessant sind die Angaben Abbadie's, Géographie de l'Ethiopie, S. 216.
496. Das Ausgezeichnetste in der Beschreibung dieser Zensetschas enthalten die Schilderungen des Grafen Antonelli im Bolletino der Mailänder Esplorazione commerciale, 1890, Fasc. V; Sepeto's Facars: «L'esercito» in des Autors Werk: «Etiopia» (Roma 1890), S. 139 ff., und Luigi Sambon's aus Antonelli geschöpfte Darstellung: «Etiopia militare» (Bolletino della Società Africana d'Italia (Sede centrale), Bd. IX, Fasc. 5 und 6.
497. First footsteps, S. 111.
498. Abbadie im «Journal des debats» vom 29. November 1842 und daraus das «Ausland», 1843, Nr. 94 ff.
499. Haggenmacher, a. a. O., S. 31.
500. Cecchi, Da Zeila etc., II, S. 321 ff.; Massaja, I miei 35 anni di missione etc., IV, S. 63.
501. Vgl. Licata, Assab, S. 271 f.
502. Vgl. Burton, First footsteps, S. 436, Anm.
503. Wakefield, Footprins, S. 73.
504. Vgl. was über die Sclaverei bei Massaja, I miei 35 anni di missione etc., III, S. 202 ff.; V, S. 60; VI, S. 186 ff., berichtet wird; ferner die Memorie della Società geografica Italiana, I, S. 152 («Massenauftrieb der Sclaven»), dann das Bolletino della Società Africana d'Italia (Sede centrale), 1887 S. 164 ff. (Bericht von Dulio) und Harris-Killinger, Gesandtschaftsreise nach Schoa, II, S. 275; Cecchi, Da Zeila etc., I, S. 490 ff.; II, S. 195.
505. Vgl. das Bolletino della Società geografica Italiana, 1887, S. 284.
506. Massaja, I miei 35 anni di missione etc., III, S. 153.
507. Schuver, a. a. O., S. 20 und 25.
508. Stecker-Fritzsche in Petermann's Mittheilungen, 1891, S. 236.
509. Massaja, I miei 35 anni di missione etc., III, S. 202.
510. Vgl. Abbadie, Géographie de l'Ethiopie, S. 95.
511. Harris-Killinger, Gesandtschaftsreise nach Schoa, II, Anhang, S. 172.
512. Vgl. Borelli, Ethiopie méridionale, S. 352 f.
513. Vgl. Bricchetti-Robecchi im Bolletino della Società geografica Italiana, 1891, S. 42, und Burton, First footsteps, S. 872, Anm. 2.
514. Faurot, Observations etc., S. 12 und Anm. 2.
515. I miei 35 anni di missione etc., VIII, S. 132.
516. Krapf, Travels etc. (London 1860), S. 78.
517. Vgl. darüber das Bolletino della Società geografica Italiana, 1891, S. 779.
518. Révoil, La vallée du Darror, S. 110, nebst Bild.
519. Vgl. Petermann's Mittheilungen, 1867, S. 306, ferner noch Cecchi, Da Zeila etc., II, S. 162 f., 271 ff.

II.

Die materielle Cultur des Stammes und Volkes.

Capitel 1: Production und Verbrauch materieller Güter.

An der Production und den Productionsmengen materieller Güter vermag nicht nur die wirthschaftliche Kraft, sondern auch die ethnische Potenz eines Volkes, wenn man so sagen darf, erkannt und beurtheilt zu werden, d. i. der Rang, der einem Volke hinsichtlich der Bethätigung seiner materiellen und geistigen Fähigkeiten unter anderen Völkern zukommt. Die geistige Kraft erprobt sich bei Naturvölkern im hohen Grade fast nur an der Modulation der Materie und tritt bei der Gewinnung, dem Verbrauche und Austausche materieller Güter fast in allen und in den besten Formen zu Tage, ist aber zumeist unentwickelt in einem Zustande der Latenz, die häufig erst Zufall, Berührung mit höher gesitteten Völkern, ökonomische Katastrophen u. A. m. heben. Naturvölker produciren langsam und wenig, daher das Ansehen ihrer Leistungen ein geringes ist und ihre Verhältnisse als ärmlich erscheinen. Ihre Consumtionskraft ist dabei eine hohe, denn Ausfuhr oder Aufspeicherung, d. i. Ersparniss materieller Güter kommen verhältnissmässig selten und in beschränkten Kreisen vor, und es wird nur das nach Aussen abgegeben, was nach vorangegangenem starkem Verbrauche des Gewonnenen gewissermassen spontan übrig blieb. Dieser Umstand erhöht im Lichte höchst mangelhafter statistischer Aufzeichnungen auf Seiten der Europäer — von einer Statistik der materiellen Production der Naturvölker existiren nicht einmal noch die gröbsten Rudimente — den ärmlichen Eindruck, den Naturvölker in wirthschaftlicher Beziehung machen. Ihre Production ist zumeist eine einseitige, entsprechend den unvollkommenen Werkzeugen, die sie dazu besitzen, und dem mangelhaften technischen Verfahren, das sie befolgen. Wandlungen erfahren die von Naturvölkern producirten Mengen materiellen Gutes, ganz besonders solche auf dem Gebiete des Bodenbaues und der Viehzucht, durch die Qualität der Regenzeiten. Die Consumtionsmengen des Gewonnenen bleiben constant, weil die Bedürfnisse der meisten Völker sich wenig ändern, d. h. sich nur in geringem Grade steigern oder vermindern. Blos der stärkere oder schwächere Con-

tact mit der europäischen Handelswelt, der sich im Exporte der materiellen
Güter manifestirt, bewirkt kleine Fluctuationen.

Auf der anderen Seite darf nicht übersehen werden, dass die Production
auf allen Gebieten materieller Cultur auch berührt werde durch die erhöhte
Aufnahmsfähigkeit der Völker für die Producte ihrer höher stehenden Nachbarn und Europas. Diese ist bei dem gegenwärtigen Stande des Weltverkehres
bei den Naturvölkern Afrikas eine überall in raschen Progressionen sich stei-
gernde. Vor einigen Decennien erstreckte sie sich im Allgemeinen nur auf
Schiessbedarf, Metall- und Kurzwaaren, zur Zeit jedoch umfasst sie bereits
auch Nahrungs- und Bekleidungsmittel. Eine Folge davon ist eine grössere oder
kleinere Beschränkung der Eigenproduction der Naturvölker auf diesen Gebieten, weil die Eingebornen es aus begreiflichen Gründen nicht unternehmen
können, ihre Kräfte zu einem Concurrenzkampfe anzustrengen, in der untrüg-
lichen Voraussicht, unterliegen zu müssen.

Würdigt man die Verhältnisse bei den Völkern des afrikanischen Osthornes von den angeführten Gesichtspunkten, so gelangt man zur Ueberzeugung, dass sie bei denselben vollauf zutreffen. Production und Aufnahme
materieller Güter von Aussen, welch letztere lediglich der Consumtion dienen
können und höchst selten die Productionskraft erhöhen oder doch anspornen,
erzeugen das Bild nur geringen Wohlstandes der Eingebornen. Bei den Oromó
ist dieser noch relativ am grössten, die 'Afar dagegen können in Wahrheit ein
armes Volk genannt werden. Die Somâl halten die Mitte zwischen der Armuth
der Danâkil und dem ansehnlichen Wohlstande der Galla. Dort, wo die Somâl
an die Danâkil grenzen, theilen sie deren Schicksal einer nicht gar sehr drücken-
den Mittellosigkeit, wo sie mit den Oromó zusammentreffen, participiren sie
an deren Glücksgütern, so weit sie ein reicherer Boden und eine gütige Natur
eben zu spenden vermag und so weit sie von bedeutenderer Anspannung der
Arbeitskraft unabhängig sind.

Um sich einen richtigen Begriff von der Production, vom Verbrauche und
Austausche materieller Güter auf dem afrikanischen Osthorne zu machen, wäre
es nöthig, zu einer verlässigen Statistik die Zuflucht zu nehmen. Diese existirt
jedoch nicht. Nur an einzelnen Punkten der Küste werden statistische Daten
— zumeist mit Conjecturalstatistik versetzt — gesammelt. Sonst muss man sich
blos mit Schätzungen behelfen, die nur einen unzuverlässigen Massstab für die
Wahrheit und Richtigkeit der erhobenen Verhältnisse abgeben können. Für
den Ethnographen haben aber solche approximative Angaben immer einigen
Werth, weil es ihm nicht darauf ankommen kann, ziffermässig genau die materielle Cultur eines Volkes zu schildern. Aus jenen Quantitäten von materiellen
Gütern, welche auf die Märkte und in die Küstenorte gelangen, kann also der
Ethnograph ein Calcul gewinnen. Sie unterrichten über Beschaffenheit und
Menge desjenigen, was die vereinten Kräfte eines Volkes über das Mass des
Bedürfnisses desselben zu produciren vermochten, illustriren also zunächst ein
ethisches und moralisches Moment. Bei dieser Betrachtung lässt sich in Nord-

ost-Afrika nach Stämmen oder Völkern nicht unterscheiden, weil bei den herrschenden Verkehrsverhältnissen des Landes die Herkunft eines von Eingebornen erzeugten Productes nicht leicht erkannt werden kann. Gleichwohl darf man
aber daran festhalten, dass, was in den Hafenplätzen der Danâkil-Küste, also an
der Küste von der Zula-Bai bis zum Golfe von Tadschura als binnenländisches
Product feilgeboten wird, zum grössten Theile den Landschaften der Galla und
'Afar entstammt, weil der Verkehr von Abessinien gegenwärtig fast ausschliesslich nach Massaua gerichtet ist und nur zum geringsten Theile auch nach dem
Nil geht. Sämmtliche zur Ausfuhr gelangenden Erzeugnisse der Galla-Gebiete
von Schoa und Harar nehmen ihren Weg nach Dschibuti, Tadschura und nach
Zejla, jene der Somâl-Länder am linken Ufer des Wébi Schabéli nach Berbera
und den Häfen der Küste bis Maqdischu, die der Landschaften am rechten
Ufer des Wébi Schabéli und aus den südlichen Galla-Reichen nach der südlichen Benâdir-Küste.[1] Unter den nach der 'Afar-Küste aus den Gebieten der
Danâkil und Galla zuströmenden Erzeugnissen stehen Elfenbein, Zibet,
Goldstaub, Felle und Kaffee obenan. Die Mengen des Erzeugten waren
bis zum Jahre 1891, wo die grosse Pest unter dem Vieh und die Hungersnoth
die Productionsverhältnisse in deterius veränderten, constante und stellen
nach den Marktpreisen von Assab sich folgendermassen dar:[2]

Elfenbein (aus Schoa zugeführt) . . . . für 821.000 Frcs. (i. J. 1886 790.000 Frcs.)
Zibet (aus den Galla-Ländern) . . . . . . « 225.000 «   « « 1886 118.000 «
Gold «   «   «   . . . . . . « 321.000 «   « « 1886 78.000 «
Häute (aus Aussa, Schoa und den
       Galla-Gebieten) . . . . « 157.000 «   « « 1886 110.000 «

    Dazu kommen noch Producte der Perlen- und Seefischerei der
Küste, welche im Jahre 1889 circa 970.817 Francs (im Jahre 1886 838.000 Francs)
im Werthe erreichten.

    Im Jahre 1892 wurde der Sitz der französischen Behörden von Oboc
nach dem Westrande der Tadschura-Bai nach R'as Dschibuti (Dschibuti)
verlegt, wo eine Stadt im raschen Entstehen begriffen ist, die 1892 nach französischen Angaben schon 2000 Einwohner zählte.[3] Die Producte des Hinterlandes dieses Handelsplatzes bestanden in Kaffee, Elfenbein, Zibet und Thier-
häuten. Von letzteren wurden in den letzten Jahren allein per annum 17.000
Ballen zu je 100 Stück (Rinder-, Schaf- und Ziegenfelle) in Dschibuti auf den
Markt gebracht. Im Jahre 1891 exportirte man von diesem Platze 164.000 Kilogramm Kaffee, 33.100 Kilogramm Elfenbein, 17.600 Okettas Zibet und im
Jahre 1890 206.200 Gramm Gold. In kleineren Mengen wurden an Producten
vornehmlich nach den Galla-Ländern von Schoa und Harar Kameele, Maulthiere, Kleinvieh, Cerealien, Mehl, Datteln, Butter, Tabak, Zucker, Stoffe,
Früchte, Holz, Weihrauch und Metall von R'as Dschibuti importirt. Man schätzte
den Werth der Ein- und Ausfuhr auf etwa 5 Millionen Francs jährlich   für
ein erst im Werden begriffenes Emporium gewiss keine geringe Ziffer.

Von Kaffee, dessen Hauptexportplätze Zejla und Berbera sind, langen in Assab drei Qualitäten (Kafa [kleinkörnig], Ennarea [langkörnig] und Zagié) an, und zwar in der Gesammtmenge von etwa 7500 Wakias jährlich, wovon auf den Zagié-Kaffee, dessen Hauptmarkt Edschibbié im Inneren ist, etwa 2500 Wakia entfallen. Zibet wird in Hörnern oder Holzbehältern, Gold in Beutelchen, Kaffee in Doppelsäcken (orom. *tschinét* == 64 Kilogramm oder à 150 Natter — einer Eselslast) zu Markte gebracht. Als Hauptproduct der Danákil-Länder, das nach dem Inneren des afrikanischen Osthornes importirt wird, erscheint noch das Salz in amorphem Zustande, nicht so sehr die zu Amulié geformten Stücke, die zumeist in Arrú in Ost-Tigrié gefertigt werden. Es liegt an den Fundstätten am Assál-See in grossen Mengen da und braucht nur in Säcke gefüllt zu werden. Etwa 1500 Kameele besorgen den Transport der jährlichen Ausbeute an Salz (150 Tonnen) nach Schoa, und zwar ist dies eine Art Servitutleistung, denn Kaiser Menílek II. von Aethiopien betrachtet sich als Souverän des Assál-Sees.[4] Von minderem Belange sind in Assab, Beilûl, Tadschura und Oboc auf den Markt gebrachte Felle von wilden Thieren, von Eingebornen gefertigte Baumwollenwaaren, für Eingeborne bestimmte (National-) Waffen, die in das Binnenland abgehen, Vieh, namentlich Schafe, Wachs, Straussenfedern, Amomum, Rhicinus, Sclaven etc.

Die angeführten Producte und Productionsmengen sind natürlich nur ein Theil dessen, was die 'Afar- und Oromó-Gebiete der Weltwirthschaft zuführen, nur jene Quantitäten des Producirten, die in nordöstlicher Richtung aus den Galla-Ländern an die Küste geschafft werden. Allein aus ihnen mag schon ersehen werden, wie gering die producirte Menge materieller Güter bei den 'Afar ist, von welchem Volke alle Forscher und Reisenden übereinstimmend behaupten, dass es bei der grossen Anspruchslosigkeit der Individuen auch wenig consumire.[5] Wenn nähere Studien über die Danákil-Gebiete in wirthschaftlicher Beziehung werden gemacht worden sein, dürfte man zur Ueberzeugung gelangen, dass das von den 'Afar Producirte auch fast zur Gänze im Lande consumirt werde, dass das Volk der 'Afar also vorderhand mit nur sehr geringen Mengen materieller Güter an dem Austausche von eigenen Producten in der Welt wirthschaftlich betheiligt sei.

Anders liegen die Dinge bei den zahlreichen Stämmen der Somál. Ihr Land repräsentirt in vieler Beziehung ein ergiebiges Productionsgebiet, das mit dem Quale seiner Erzeugnisse sowohl wie mit der Menge des Erzeugten einen ehrenvollen Platz in der Weltwirthschaft behauptet. Der Bedarf an Brotfrucht kann zwar von dem Volke nicht gedeckt werden und wird zum grössten Theile von den Galla oder von Indien und Arabien, zum geringeren Theile auch aus Europa (Triestiner Mehl) bezogen. Auch sind nicht alle Producte, welche Angehörige des Somál-Volkes in den Hafenplätzen der langen Küste zu Markte bringen, auch wirklich von Somál gewonnen worden, denn ein grosser Theil derselben stammt aus den Galla-Ländern von Schoa und Harar und wird nur durch das Somál-Gebiet einerseits nach Zejla und Berbera, andererseits nach Maqdischu, Merka, Brava und Kismajo geschafft und von Somàl, nicht von den Erzeugern selbst in den Handel gebracht, weil es den Galla nicht gestattet ist, durch Landstriche zu ziehen, die von Somàl besetzt sind. Allein es gibt eine Reihe werthvoller Specifica, welche Somàl in bedeutenden Mengen erzeugen und auf den Weltmarkt bringen, und diese geben Zeugniss von der Fähigkeit des Volkes, seine Kräfte anzuspannen und die Gaben der Natur klug zu benützen. Der merkwürdige Umstand kann nicht nachdrücklich genug betont werden, dass das Volk der Somàl dem Nachbarvolke der Galla und Danàkil keinerlei materielle Güter liefert und dass überhaupt ein friedlicher Verkehr welcher Art immer zwischen den beiden Volkselementen gar nicht existirt und selbst der Grenzverkehr am Wèbi Schabéli und Erer nur auf den Austausch des Allernothwendigsten für das tägliche Leben, wie z. B. kleine Rationen von Lebensmitteln u. s. w. beschränkt ist. Den Import der Brotfrüchte aus den Oromó-Landschaften nach jenen der Somàl besorgen internationale Karawanenhändler, wenn man so sagen darf, welche z. B. die Vorräthe an Durra von Harar oder Schoa vorerst nach den Küstenpunkten (Zejla, Berbera, Bulhàr, Barawa) schaffen und von diesen aus im Wege des Kleinhandels weiter verbreiten.

Um eine Uebersicht über die von Somàl für den Weltbedarf producirten Mengen zu erlangen, empfiehlt es sich, zuerst den Güterzufluss nach der Dabir- und Ma'her-Küste, also dem ganzen Saume vom R'às Dschìbuti bis zum R'às Haffûn, und dann jenen nach der Benàdir-Küste ins Auge zu fassen.

Die erste Rolle der Quantität nach spielt hierbei die Aufzucht von Vieh und die Gewinnung animalischer Producte. Es wird mit dem Vieh die ganze arabische Küste, vornehmlich aber Aden versorgt, welch letztere Veste allein[6]) jährlich an 1800 - 2000 Buckelrinder schwerster Qualität (das Stück im Durchschnitte 114·3—152·4 Kilogramm schwer) und 75.000 Schafe und Ziegen (19·05 bis 28·57 Kilogramm per Stück im Durchschnitte) von der Somàl-Küste bezieht. Als die viehreichsten und die meisten lebenden Thiere zum Export bringenden Regionen hat Bricchetti-Robecchi[7]) die Landschaften Waldi Schumeri, Ard el-Suàn, Waldi el-Aanab, Toleit, El-Fedscher, Waldi Aghelet el-Dchemelon, Ard Teime und das Land der Ruga-Somàl bezeichnet. Die besten Pferde, von denen jährlich kaum mehr als etwa 100 Stück ausser Land geschafft werden, wovon circa 60 nach Aden, besitzen die Ruga und die Bewohner der Landschaften El-Haulût und El-Dschebàl. Der Gesammtwerth des exportirten Viehes wird von Bricchetti-Robecchi auf jährliche 510.000 Francs, wovon auf die Schafe und Ziegen 500.000 Francs entfallen, geschätzt. Das Higl-Land (Midjertin-Somàl) allein führt jährlich etwa 15.000—20.000 Stück Kleinvieh aus und dazu etwa 50 Tonnen (1000 Kambo) Butter. An Fettstoffen, namentlich dem Semen und Buràd, mögen etwa 200—250 Tonnen, davon ¹/₂ zu Zejla, ⁴/₇ zu Berbera und ²/₇ in den Ma'her-Häfen auf den Exportmarkt gelangen und zum grössten Theile nach den Städten der Küste des Rothen Meeres, aber auch nach Indien (den Strait settlements) exportirt werden. Aden allein,

ein Hauptconsument aller animalischen Producte der Somâl-Länder, bedarf
jährlich 10.000 Quintal der Somâl-Butter.

Entsprechend der sehr entwickelten Viehzucht bei den Galla und Somâl
gelangen auch aus den Oromó- und Somâl-Ländern beträchtliche Mengen von
rohen Häuten und Fellen (som. *san*) an die Küste zum Verkaufe. Ihre Qualität wie der Preis werden von Kundigen als vorzüglich gepriesen. Aus Schoa,
Harar und Ogadén kommen die meisten roth gefärbten Rinder-, aus den Landschaften der Habr Auál, Dolbohanta und Midjertin und aus den Galla-Gebieten, namentlich dem der Boräna-Galla, die meisten Schaf- und Ziegenfelle
(som. *hardg*), zusammen etwa 400.000 Stück Rindshäute und 1 Million Schaffelle. Die Production hängt freilich von dem Grassiren von Seuchen ab, dürfte
im Durchschnitte wohl auf 100.000 — 150.000 Stück Rindshäute und 350.000
Schaf- und Ziegenfelle jährlich veranschlagt werden können.[*]) Zejla empfängt
davon $^2/_5$, Berbera ebensoviel und die Ma'her-Häfen $^1/_5$. Der Export geschieht
weiter nach Europa, besonders nach Marseille und Salonichi, dann nach England, Amerika, New-York, Boston, Philadelphia und nach Italien. Systematischen Ankauf von Häuten pflegen zu Harar amerikanische Firmen, deren
Agenten namentlich Schaf- und Ziegenfelle an den Marktplätzen der Galla
unmittelbar übernehmen und von Harar aus mit eigenen Fellkarawanen nach
Zejla befördern, das $^3/_4$ aller kleineren Felle ausserhalb Afrikas verfrachtet,
während Berbera in diesem Artikel nur etwa $^1/_4$ der Menge in Umsatz bringt.

An Straussenfedern liefern die Nord-Somâl-Länder jährlich etwa 6000
Pfund ($^4/_5$ Berbera, $^3/_4$ die Ma'her-Plätze und $^1/_5$ Zejla). Die grössten Mengen
werden aus Ogadén bezogen, und zwar in drei Varietäten, und wandern nach
London, New-York und Triest. Der Gesammtwerth dieses Productes mag 4 bis
5 Millionen Francs jährlich betragen, und dieser Umstand belehrt deutlich,
welche Quelle des Wohlstandes die rationell und eifrig betriebene Straussenzucht den Eingebornen eröffnen könnte. Das an der Nord-Somâl-Küste verkaufte Elfenbein (som. *fôl märodi*; arab. *sin*) gelangt aus den Galla-Gebieten
südlich von Schoa und aus dem Lande der Arussi-Galla über Harar und
Dschaldéssa nach Zejla und Berbera. Das eigentliche Somâl-Land producirt
nur sehr geringe Mengen des werthvollen Artikels, den man vornehmlich aus
Ogadén bezieht und der zu drei Viertheilen der Gesammtmenge von Zejla, dann
von Berbera nach Bombay verfrachtet wird. Der Handel damit befindet sich
ganz in den Händen der Banianen. Berbera exportirt jährlich für circa 140.000
Maria Theresia-Thaler, Zejla für 60.000 Maria Theresia-Thaler, die übrigen
Häfen für 20.000 Maria Theresia-Thaler Elfenbein.[*]) Mit diesem Stoffe zusammen werden auch Rhinoceroshörner (som. *çuraf* oder *wijil*) zu Markte gebracht,
die man nach der Türkei exportirt, und die in Berbera einen Umsatz in der
Höhe von 20.000 Maria Theresia-Thalern, in Zejla einen solchen von 7000
Maria Theresia-Thalern erreichen, so dass Elfenbein und Rhinoceroshörner
jährlich an der Nord-Somâl-Küste etwa in dem Werthe von 247.000 Maria
Theresia-Thalern auf den Weltmarkt geworfen werden.[*]) An dem verhält-

nissmässig geringen Ertrage der Jagd ist, wie schon berührt, die Abneigung der Somäl gegen dieselbe und die unvollkommenen Waffen Schuld. Perlenmuschelschalen (som. *alel*) werden in der Gegend zwischen Râs Haffûn und Râs Alula jährlich etwa 20 Tonnen gewonnen, meist kleinförmiger, aber gesunder Stoff, der nach Triest geschafft wird. Schildkrot wird in zwei Qualitäten (*hamsa* und *bissa*), die erstere zwischen Tadschura und Zejla, letztere zwischen Berbera und Râs Haffûn gewonnen.

Von thierischen Producten, die an der Nord-Somâl-Küste in den Handel gebracht werden, sind ausserdem noch das Zibet, dann Wachs und Honig zu nennen. Das Zibet stammt nur aus den Oromó-Gebieten, südlich von Schoa her und liefert Quantitäten in jährlichem Werthe von circa 308.000 Maria Theresia-Thalern. Berbera exportirt davon nach Arabien und Indien Mengen im Werthe von 160.000 Maria Theresia-Thalern, Zejla solche im Werthe von 80.000 Thalern. Wachs wird in dreierlei Qualität in der Menge von jährlichen 2900 Quintal, Honig von Waldbienen in der Menge von jährlichen 1300 Quintal an der Nord-Somâl-Küste zum Exporte gebracht. [11] Von dem Exporte von Häuten und Fellen wilder Thiere (Löwe, Leopard, Guerezaaffe, Zebra, Giraffe, Hyäne) braucht hier, da sie nur in sehr kleinen Quantitäten an der Küste verkauft werden, nicht gesprochen zu werden. Dagegen darf nicht übergangen werden, dass am Dschard Haffûn jährlich Fleisch von etwa 4000 Stücken Seehunden getrocknet oder eingesalzen zum Exporte kommt.

An Bodenproducten (som. *abâk*) liefern die Nord-Somâl-Gebiete ansehnliche Mengen. In erster Reihe steht hier der Gummi (som. *guhijo*; arab. *samâk*). Man unterscheidet zwei Qualitäten im Grossen, den *bérberi*, d. i. solcher, der über Zejla, Bulhâr und Berbera nach Aussen gelangt, und den *ma'heri*, welchen die Hafenplätze östlich von diesem Markte zur Ausfuhr bringen. Im Handel werden dann die Species sorgfältig unterschieden und in fünf Werthclassen (Qualitäten) eingereiht, deren beste der *abâk adaded* und *abâk dschelebân* (von der hochgewachsenen Staude) und der *abâk dscherrih* (von Sträuchern von nicht mehr als 2 Meter Höhe) sind. Der Ma'heri-Gummi riecht gewöhnlich stark nach Weihrauch, weil die Somâl ihn mit diesem Producte zum Export bringen oder wenigstens zugleich mit diesem einsammeln. Indessen erscheinen die Species gewöhnlich gemischt am Markte und werden erst später sortirt. Die jährlich gewonnene Menge dürfte etwa 45.000 Frasilahs (à 14·336 Kilogramm) oder 435.000—652.000 Kilogramm, im Werthe von 225.000 675.000 Francs betragen. Bricchetti-Robecchi schätzt den Export auf jährlich 100.000 Tonnen, ohne dass man dabei mit der Gewinnung sich sonderlich Mühe gäbe. [12] Die gesammte Ernte des Gummi wird von den Banianen nach Aden verladen, hier sortirt, ohne dass die grossen Klumpen (som. *bak-bak*), die in Indien eigene Verwendung finden, entfernt oder zerschlagen würden. 1¹₂ Zwölftel hievon gehen nach London, 2 Zwölftel nach Triest, 1 Zwölftel nach Frankreich, 2¹₂ Zwölftel nach Aegypten ab, 4 Zwölftel nach Bombay, der Rest nach der Türkei und Arabien. Adad-Gummi wird nur in Zejla und Berbera angekauft. [13]

Dem Werthe und der Quantität nach schliesst sich dem Gummi Weihrauch und Myrrhe an. Von dem ersteren (som. *lubán* oder *andschijo*) gibt es
drei geschätzte Sorten (*safúf*, *safi* [Perlen] und *dschundal* [Pulver]) der Varietät
lubán und zwei Sorten (*amshot* und *dúka*) der Varietät *majeti*, die ihren Namen
von dem Platze *majt* führt, an welchem die grösste Menge desselben zu-
sammenströmt. Jährlich mögen davon etwa 25.000—40.000 Frasilahs — 310
Tonnen im Werthe von 250.000—360.000 Francs producirt werden. Von Aden
aus, wohin die Ernte zunächst wandert, expedirt man dann ¹/₃ nach Indien,
¹/₃ nach Arabien, ¹/₄ nach London und Triest. Myrrhe (som. *malmál*) hat zwei
Varietäten: *diffin* und *adi*. Die erstere Gattung wird aus Ogadén eingeführt
und gilt für die edlere. Bulhár und Berbera sind die Plätze, wohin sie die
Karawanen alljährlich in einer Menge von 4000—5000 Frasilahs oder 58.000
bis 72.000 Kilogramm im Werthe von 81.000—94.500 Francs schaffen. ¹/₃ davon gehen nach England, ¹/₁₂ nach Triest, ³/₁₂ nach Aegypten.

An Pflanzenstoffen sind als Somál-Producte *lif* oder *askúl* genannte Bast-
stricke, die an allen Hafenplätzen am Lager gehalten werden, Tamarinde
(2300 Quintal vom ganzen Somál-Lande, Ogadén und die Dschubb-Gebiete mit
eingerechnet), Ambra, die die Häuptlinge ausschliesslich an Banianen verkaufen, Kaffee und Baumwollenstoffe anzuführen. Die letztgenannten verdienen besondere Aufmerksamkeit, weil sie gallanischer oder Somál-Pro-
venienz sein können. In neuester Zeit freilich erscheint auch gallanische
Baumwolle oder solche aus Harar kaum mehr an der Nord-Somál-Küste; dagegen aber strömt die gesammte in den südlichen Galla-Gebieten erzeugte
Baumwollenmenge das Thal des Dschubb herab, weil die indo-amerikanische
Cotonnade, die von Aden und Zanzibar aus verbreitet wird, im Flussgebiete
des Dschubb nur langsam nach Norden dringt, während der schoanische Einfluss den ungestörten commerciellen Verkehr von Harar und Schoa aus nach
dem Süden dieser Gebiete noch nicht sicherzustellen vermochte, ihn geradezu
in Folge der von Harar aus unternommenen Razzias der Schoaner lähmte. Eine
Berechnung hat ergeben, dass das für Baumwollencultur im Somál-Lande ge-
eignete Terrain jährlich etwa 400.000 Quintal Baumwolle geben könnte.¹¹) Die
Quantitäten dieses Stoffes, die die Nord-Somál-Länder (inbegriffen den Ertrag
der Oromó-Gebiete, der die Küste erreicht) liefern, exportirt Berbera im jährlichen Werthe von etwa 185.000 Maria Theresia-Thalern. Das günstige Progno-
stikon, welches der Baumwolle gestellt wird, gilt auch für Tabak und Zuckerrohr, von welchen die Galla- und Somál-Gebiete noch nichts exportirten. Tabak
ist aber z. B. in Gudru so billig, dass eine Eselsladung (90 Rollen) nur einen
Maria Theresia-Thaler kostet,¹⁵) während man anderseits bei den Hawija 9 bis
10 Yards Tabak mit einem Kameele bezahlt.¹⁶)

Das altberühmte Product der Galla-Gebiete, der Kaffee, gelangt an der
Nord-Somál-Küste fast ausschliesslich zum Exporte, denn nur geringe Mengen
gehen vom mittleren und oberen Dschubb, dann vom oberen Wébi in den
Thälern dieser Ströme nach der Benádir-Küste. Die grossartigsten Kaffee-

bezirke bleiben aber Kafa mit seiner Umgebung, das Itu-Gebiet und Harar auf einem Umkreise von etwa drei Stunden Halbmesser. Die unreifen Früchte werden von den Galla und Harari selbst consumirt, während die reifen Bohnen an die Küste wandern. Die grössten Märkte für den Kaffee sind Zejla, Berbera und Oboc. Die Exportmenge von diesen Plätzen mag 200—300 Tonnen im Werthe von 2·3 Millionen Francs erreichen. Im Verhältnisse zu den Quantitäten, die man durch Anpflanzung allüberall im Somâli-Gebiete, am Wébi Schabéli und Erer erreichen könnte, ist diese Menge eine ganz geringe. Brichetti-Robecchi meint, [17]) die Landschaft Ogadén allein könnte jährlich 800.000 Quintal Kaffee liefern. Die Farbpflanze Wars liefert etwa 6000 Pfund Farbstoffes jährlich, der aus Harar nach der Küste gelangt, von wo er nach Maskât und Persien gesendet wird. $^4/_5$ davon gehen über Zejla, $^1/_5$ über Berbera nach aussen.

Von Harar und dessen nächster Nachbarschaft, die einen eigenen Productionsbezirk repräsentiren mag, liegen uns Ergebnisse mehrjähriger Schätzungen der Productionsmengen vor. [18]) Das Hauptproduct dieses Gebietes ist der Kaffee, der jährlich etwa 2000 Säcke (300.000 Kilogramm) im Werthe von 4 Millionen Francs liefert. Von diesem Quantum werden im October täglich an 2000 Kilogramm auf den Markt von Berbera allein gebracht, so dass dieses jährlich einen Kaffeeumsatz von circa 140.000 Kilogramm im Werthe von 1·3 Millionen Francs aufzuweisen vermag. Die anderen Producte des Landes spielen für den Export nur eine untergeordnete Rolle, so das Zibet (Werth der jährlichen Exportmenge 250.000 Maria Theresia-Thaler), Straussenfedern, Felle, Häute (Exportwerth 173.000 Maria Theresia-Thaler) u. s. w.

In Hauín südlich von Berbera wird auch eine kleine Quantität Gold gewonnen, [19]) die zu Berbera im Werthe von etwa 4000 Maria Theresia-Thalern jährlich in banianische Hände fällt.

Zweifellos hat man das Recht, wenngleich eine verlässige Statistik für die in Rede stehenden Gebiete, wie schon betont, gänzlich fehlt, dennoch die Mengen der an den grossen Plätzen der Nord-Somâl-Küste aus dem Innern jährlich verkauften Quanta materieller Güter zu einer Gesammtsumme zu formen, um so das Moviment an materiellen Gütern bei den das Osthorn Afrikas bewohnenden Völkerschaften, wenn auch nur annähernd, zu illustriren. Eine nüchterne Calculation ergibt die Summe von circa 16$^1/_2$ Millionen Francs Werth der Naturproducte des Inneren für Berbera und circa 5 Millionen Francs für Zejla. Importirt wird von Europa, Amerika, Arabien und Indien in Berbera für etwa 6 Millionen Francs jährlich, in Zejla für 4$^1/_2$ Millionen Francs, so dass dem Werthe des Exports mit 21$^1/_2$ Millionen Francs ein solcher von 10$^1/_2$ Millionen Francs für Import von Ausser-Afrika gegenübersteht, der Export — Aden's Import von der Somâli-Küste steigerte sich in den letzten Jahren um 26·45 Procent — also den Import um die Hälfte übertrifft, [20]) Zahlen, die eine beredte Sprache sprechen und die Ertragsfähigkeit des Bodens wie die Bethätigung der Arbeitskraft des ihn bewohnenden Menschen in sonderbarem Lichte erscheinen lassen. Dazu ist auch noch zu bedenken, dass die Einfuhr aus Europa

und Asien nur zum geringen Theile in Nahrungsmitteln, wie Reis (75.200 Kilogramm), Datteln (som. *dömeri*, 30.000—45.000 Kossara à 57 Kilogramm, in den
Varietäten *aluih* und *samarán*), Kaffeeblättern, unreifen Kaffeebohnen (som.
keschér, dscheffel und *kaffif*) und in Tabak (som. *bur, wostani*, 45 Tonnen), Gewürzen u. A. m. besteht, zumeist aber in Cotonnade (som. *dar, in-undbi*), und
zwar in der grossen Masse von 7 Millionen Yards Hindi aus Bombay, 1¹⁄₂ Millionen Yards Merikani, 200.000 Yards aus England, anderen Geweben, dann
Zwirn (som. *iss-kunôr*), Geschirr (som. *wardabah*), Schmuckgegenständen (som.
durgagu), Metallen, Perlen (som. *kúl*), Zündhölzchen (som. *kibritte*), Draht (som.
marsoh) und Bernstein (som. *makdwi*). Unbeachtet darf ferner nicht bleiben,
dass zur Zeit der ägyptischen Occupation des afrikanischen Osthornes für die
Bedürfnisse der Soldaten und ihrer Familien für 2—2¹⁄₂ Millionen Francs Waaren jährlich eingeführt wurden, welcher Waarenumsatz nach der Evacuation
gänzlich aufgehört hat. Alle diese Erwägungen befestigen die Ueberzeugung,
dass die Productivität der Gebiete der Somál, welche ja nur menschliche
Arbeitskraft zur Entfaltung bringen kann, eine ziemlich hohe sei.

Was die Benádir-Küste betrifft, so fehlen leider alle Anhaltspunkte
selbst zu einer oberflächlichen Schätzung des Ertrages, respective der Production und der Productionsmengen derselben. Erst in jüngster Zeit haben
britische Consularfunctionäre von Zanzibar und die Italiener in Opia sich der
Sammlung statistischer Daten beflissen. Vorderhand liegt aber der Calcül für
die Benádir-Küste noch immer auf den Erhebungen Guillain's,[21] von denen
sich freilich behaupten lässt, dass sie bei der grossen Stabilität der Verhältnisse fortdauernde Geltung haben, so dass man ihnen für ethnographische
Zwecke ganz gut folgen kann, obgleich der Kaufmann naturgemäss manche
Abweichung gegen heute constatiren wird.

Die Production der materiellen Güter bei dem grossen Stamme der Midjertin, die die äusserste Spitze des afrikanischen Osthornes bewohnen, gravitirt
hinsichtlich ihres Absatzes nach der Nord-Somál-Küste. Die Production der
Bewohner der Landschaften am rechten Ufer des Wébi Schabêli und am
Dschubb findet in der Schilderung der Verhältnisse in Maqdischu, Merka und
Barava vollständig richtigen Ausdruck, wobei Maqdischu als das bedeutendste
Emporium der genannten Landstriche zu betrachten ist. Die Länder zwischen
Kafa, dem Rudolf-See und der Küste des indischen Oceans scheinen sehr dünn
bevölkert und in Folge dessen mit Ausnahme des Landes der Borána, welche
mit ihrem Gesammt-Verkehre in materiellen Gütern (Häuten, Fellen, Elfenbein, Honig, Straussenfedern, Büffelhörnern u. A. m.) über Bardera nach Barava
gravitiren, mehr oder weniger unproductiv zu sein.

Die Midjertin-Somál produciren jährlich etwa 1000 —1500 Tonnen Gummi
und verkaufen circa 15.000 Stück Kleinvieh nach Aussen. Das Haud-Land
der Mùssa Sultán unter den Midjertin exportirt allein jährlich etwa 500 Säcke
Weihrauch, 10 Sambûk voll Matten, getrocknete Fische u. A. m., kann also als
von einer ziemlich betriebsamen Einwohnerschaft bewohnt betrachtet wer

den.[17]) Was aber die italienische Niederlassung in Opia betrifft, so lässt sich bis heute nicht absehen, ob sie im Stande sein werde, die Producte ihres Hinterlandes, also des Gebietes der Hawija-Somâl, die heute noch mit ihrem gesammten materiellen Verkehre nach Berbera gravitiren, an sich zu ziehen. Der gegenwärtige Export des Platzes beträgt nur ganz unansehnliche Mengen von Vieh und Gummi, den man nach Râs Alula oder Maqdischu zu schaffen pflegt, je nachdem zuerst von einem oder dem anderen dieser Plätze die banianischen Abnehmer in Opia eintreffen. Dagegen sammeln sich in Maqdischu die exportfähigen Vorräthe an Durra aus dem ganzen unteren Wêbi Schabêli-Lande und vom mittleren Dschubb an und werden in der jährlichen Höhe von 20.000 Dschezelas im Januar und Juli nach Zanzibar und Süd-Arabien überführt. Geringer ist der Export an Sesam, der in den Somâl-Gebieten der Benâdir-Küste auch weiter im Innern gebaut wird (150- 200 Dschezelas), Häuten (som. *dscherao*, circa 300 Kurdja [1 Kurdja = 20 Stück]), weil die südlichen Galla das Fleisch des Rindes gerne sammt der Haut verzehren, Elfenbein (1000 Frasilahs der drei Qualitäten *buri* oder *negêt*, *galansia* oder *kalascha* und *meskûb*) und Hippopotamuszähnen nebst Rhinoceroshörnern in verschwindend kleinen Quantitäten, desgleichen Myrrhe von Ogadên, Gemane und Ard el-liwên und Gummi von den Abgâl, Rahanwîn und aus dem Wêbi-Thale in zwei Sorten, der Adadund Fulâj-Sorte. Kleinvieh wird dagegen, und das ist im Hinblicke auf den Verkehr an der Nord-Somâl-Küste bezeichnend, gar keines aus Maqdischu ausgeführt.[18]) Dieser Umstand klärt darüber auf, dass vom unteren Wêbi Schabêli an die Bewohnerschaft dem Ackerbaue zu huldigen beginnt, des Viehes zum Landbaue selbst bedarf und daher keines exportiren kann. Die Somâl und die Oromô dieser Gebiete sind Seminomaden, je weiter man gegen Südwesten dringt, und werden am rechten Ufer des mittleren Juba endlich sesshaft. Den Export an Vieh ersetzt aber die entwickelte Baumwollen-Industrie Maqdischus, die ehemals in grossartiger Blüthe stand, aber durch den amerikanischen Baumwollenstoffhandel ganz lahmgelegt wurde. Zu Beginn der Fünfziger-Jahre dieses Jahrhunderts arbeiteten in Maqdischu etwa 1000 Weber und exportirten jährlich an 360.000—380.000 Stück 3 Meter lange und 0·64 Meter breite Baumwollengewebe, wovon jeder täglich etwa ein Quantum von 6 Meter Länge fertigzustellen verstand. Das Materiale dazu wurde ganz und gar nur aus dem Hinterlande der Stadt (Kêtsch?) genommen, wohin auch ein grosser Theil der fertigen Zeuge abging (Ganane, Liwên, Gelidi). Es darf angesichts dieses Grossindustriebetriebes in den Städten und des Ackerbaus am Lande nicht Wunder nehmen, dass man auch Hilfskräfte in der Eigenschaft von Sclaven heranzog, welche vornehmlich das Arussi-Land lieferte. Heute freilich ist der Handel mit Menschenwaare einmal darum brachgelegt, weil die Küste sorgsam überwacht wird, und dann, weil die Galla vom Stamme der Arussi und aus der Nachbarschaft von Schoa jeglichen Menschenmateriales zur Vertheidigung gegen die den Wêbi Schabêli in seinem Mittellaufe überschreitenden Schoaner bedürfen und daher spontan vom Sclavenhandel abzukommen im Begriffe stehen. Man darf nämlich niemals vergessen, dass der Islâm, der in Maqdischu in gleicher Intensität verbreitet ist wie in Zejla, Berbera oder Tadschura, an der Somâl-Küste dem Sclavenhandel einen grossen Vorschub geleistet hat. Die Bedingungen für denselben waren in ökonomischen Gründen gegeben. Den nomadischen Somâli ist ein Sclave ein Hinderniss in der Bewegung, das noch obendrein gefüttert werden müsste und nur jene Arbeit verrichten könnte, die Mädchen und Frauen vollständig zu leisten im Stande sind. Dem Seminomaden oder Ackerbauer hingegen hilft er mit dem Aufwande rüstiger Manneskraft werthvolle Capitalien beim Bodenbau gewinnen. Dem Exporte Maqdischus steht jener von Merka und Barava weit nach. Merka liefert nach Aussen jährlich nur etwa 700 Frasilahs Elfenbein, 1000 Frasilahs Gummi, 30—50 Frasilahs Myrrhe[14]) u. A. m., Barava dagegen an 10.000 Kurdjas Baumwollengewebe, grosse Quantitäten von Häuten, die während der Viehpestjahre im Somâl-Lande geradezu exorbitante waren, etwas Getreide, Honig, Elfenbein (von der Qualität balkèk und babulaia), Warzenschweinzähne (som. karkaro) u. A. m. Dass aber an der Benâdir-Küste auch eine lebhafte Viehproduction und ein grossartiger Viehexport platzgreifen könnte, darf man wohl aus Georges Révoil's Versicherung schliessen, dem sich in Merka ein Somâli erbot, monatlich 4000 Rinder zu liefern, und das dazu, wie Révoil sich ausdrückt,[15]) «dans des conditions de bon marché incroyables».

Eines Umstandes mag hier noch gedacht werden, der für die Brachlegung der Baumwollenindustrie an der Benâdir-Küste von Interesse ist und dessen Hugo Ferrandi erwähnt.[16]) Es liegt nämlich die Ursache des Rückganges und gegenwärtig fast gänzlichen Aufhörens des Baumwollenbaues im Wêbi Schabélithale in feindseligem Auftreten der Stämme gegeneinander. Die Bîʳmâl von Mescha leiteten nämlich vor fünf oder sechs Jahren das Wasser des Wêbi, das zur Bewässerung des Thalgrundes dient wie anderwärts in Afrika, ab, und die Felder mussten in Folge dessen unbestellt bleiben, blieben es wohl auch darum, weil in Folge des Sclavenausfuhrverbotes und der Sclaverei überhaupt es an Arbeitskräften zu mangeln begann. Dann lässt sich wohl auch behaupten, dass der Ackerbau dem Somâli eine wenig zusagende Beschäftigung ist und er sich von derselben lossagt, wofern dies nur irgendwie durch die Verhältnisse gegeben ist.

Der jährliche Import der in Rede stehenden Gebiete ist leider statistisch noch viel ungenauer erhoben als jener der Nord-Somâl-Küste. Er besteht in Kaffee, Datteln, Tabak, Salz aus Omân und Arabien, Reis (ungeschält som. schelebi, geschält som. beʳid), Bohnen (som. dir), Erbsen (som. selbuka), grünen Cocosnüssen (som. nargil), die an der Benâdir-Küste nicht gedeihen, Eisen (in Maqdischu allein jährlich an 15.000 Frasilahs), Klingen, Waffen, Glas, Seide, Quincaillerie, Baumwollengeweben in grossen Mengen u. s. w. Selbstverständlich ist, dass er an Werth weit hinter dem Exporte zurückbleibt, sicherlich in demselben Percentualverhältnisse, wie dies an der Nord-Somâl-Küste statthat.[17])

Fasst man die vorstehenden Daten von dem Gesichtspunkte des Verbrauches (Eigenconsums) materieller Güter bei den Völkern Nordost-Afrikas auf, so lässt sich behaupten, dass diese verhältnissmässig wenig verbrauchen, wenn man bedenkt, welche Massen von Materialien aus ihrem Gebiete nach Aussen geworfen werden, und wenn man sich vor Augen hält, dass die meisten Individuen eigentlich nicht zum Zwecke von Aufspeicherung von Vorräthen produciren. Zu rationeller Verwerthung der z. B. im Viehstande bei den Galla investirten (richtiger von selbst angewachsenen) Capitalien kommt es gar nie. Männer, welchen wiederholt die Zungenkrönung zutheil wurde, betrachten wohlgefällig ihre zahllosen, täglich sich mehrenden Heerden und unterziehen sich aller Sorge um deren Pflege; an eine Verwerthung des Capitals denken sie nicht oder können nicht an eine solche denken. Zur Zeit der ägyptischen Occupation von Harar lernten wohl die Oromó des Landes Producte des Bodens und der Viehzucht in erhöhtem Quantum erzeugen, weil sie dieselben leicht an den Mann bringen konnten, aber seither ist ihre Thätigkeit auf diesem Gebiete ganz lahm geworden. Nur Kaiser Menilek II. ist in Schoa der Grossproducent und rationeller Vermehrer seiner Habe, zumeist wohl von Europäern berathen und sich der Kraft dieser bei den Transactionen bedienend. Sein Beispiel wird nur von sehr wenigen Unterthanen nachgeahmt.

Die Bedingungen der materiellen Existenz der Oromó, 'Afar und Somål stellen sich nun folgendermassen dar: Das Erz strömt für Alle von der Nordküste herbei (nur die Benádir erhalten von Indien jährlich 15.000 Frasilahs Eisen), ganz besonders für die Galla. Die Bekleidungsmittel für Somål und Danåkil langen gleichfalls auf dem Seewege von Aussen an, dazu ein grosser Theil der Nahrungsmittel. Auch bei den Galla werden in kurzer Zeit die englisch-indischen und amerikanischen Shirtings derart die Oberhand gewonnen haben, dass die einheimische Bekleidungsindustrie ganz aufhören muss. Schmuck und Waffen erzeugen diese Afrikaner aus Bestandtheilen, die aus der Fremde kamen, selbst. Getränke als Genussmittel verfeinerten Lebens und andere ‹kleine Zierden des Lebens› beschaffen sich diese Afrikaner aus Originalmaterialien ihres Landes. Es sind somit bei ihnen die Mittel einer materiellen Cultur in reichem Masse vorhanden. Diese empfängt fortdauernd ihre Impulse von der Küste des Golfes von Aden her, deren Wellenschlag bis zum 4.° nördlicher Breite reicht.

Capitel 2: Austausch materieller Güter, dessen Bahnen und Mittel.

Handel und die lebhafte Bethätigung der Bewohnerschaft an demselben ist ein uralter Zug im Charakter der Völker Nordost-Afrikas, von dem schon die altägyptischen Denkmäler Zeugniss geben. Auch das Mittelalter hindurch, als noch der arabisch-indische Verkehr vor dem Erscheinen der Portugiesen im indischen Ocean blühte, und in der neuesten Zeit, seit Eröffnung des Suez-

canales wird das afrikanische Osthorn von einer der grössten Fahrbahnen der
Erde berührt und alle commerciellen Wege des afrikanischen Nordostens sind
nach dieser grossartigen Verkehrsstrasse gerichtet, die der Bewohnerschaft
das geschichtliche Verhängniss aufzuerlegen scheint, mit dem Handel sich zu
beschäftigen. Die Verkehrsgebiete, mit welchen die Eingebornen des afrikanischen Osthornes in Verbindung traten, war naturgemäss das nahe Arabien
und die Golfe im Nordwesten und Nordosten desselben. Aber auch das ferne
Indien sandte seine Kräfte, und diese schienen dazu ausersehen, den gesammten commerciellen Verkehr der Küstenländer in ihre Hände zu bekommen und
für die Dauer zu behalten, während die Araber sich hauptsächlich auf das Auf-
greifen der Producte an den Quellen verlegten und auf Karawanenwegen dieselben nach der Küste schaffen. Die Betheiligung von Europäern an dem
Handel Nordost-Afrikas datirt aus allerjüngster Zeit und hat sich lange noch
nicht eingebürgert. Von den drei grossen Völkern des afrikanischen Osthornes
sind die Somál die für den Handel am meisten Befähigten, stehen aber dem
Araber und Inder an commerciellem Talente und Betriebsamkeit bei Weitem nach.

Aller commercieller Verkehr in Nordost-Afrika ist Kleinhandel mit
dem Charakteristikon des blossen Waarentausches. Nur in den Küstenstädten
gleicht oder ähnelt er europäischem Commerz. Dabei ist er an der Küste, wie
im Binnenlande an die Abfolge der Regenzeiten gebunden, in den Galla-
Ländern von denselben völlig abhängig. Die Afar und Nord-Somál obliegen
dem Austausche ihrer Producte an der Küste nur während der kühlen Zeit
(October–März), die Galla vor und nach dem Krempt und Belgh. An der
Benádir-Küste erscheinen die Schiffe aus Indien Ende December bis Mitte
Januar und gehen auch über dieselbe hinaus bis Moçambique in dieser Zeit in
den Hafenplätzen vor Anker. Vom rothen Meere und vom persischen Golfe
erscheinen die Kauffahrer Ende Januar an der Afar- und Nord-Somál-Küste
und führen um diese Zeit auch die von den heiligen Städten rückkehrenden
Pilger mit. Bis Ende Februar, also in 4–6 Wochen, sind die wichtigsten
Transactionen im Süden beendigt, die Waaren verladen und die meisten
Schiffe vereinigen sich im Hafen von Zanzibar, um sich darauf nach Norden
zu wenden,[*]) und mit dem Wechsel des Monsuns die Rückfahrt nach Indien
anzutreten. Demgemäss müssen die grössten Waarentransporte schon vor dem
Erscheinen der indischen Frächter, also etwa zu Beginn des Jahres an der
Küste angelangt sein. In der That brechen die Anwohner des Wébi, also die
Ogadén-Somál in der Regel schon zu Beginn November mit den Karawanen,
die Karawanen von Schoa und Harar erst Anfangs December gegen Norden
auf, jene von den Arussi und Boråna um dieselbe Zeit gegen Südosten. Man
kann sagen, dass etwa um die Mitte December am ganzen afrikanischen Osthorne viele Hunderttausende von Kameelen, Maulthieren und Eseln mit
Waaren beladen aus dem Inneren nach der Küste ziehen. Die Karawanen
sind in grosse, oft Tausende lebender Wesen zählende Körper formirt, und

ziehen langsam von Wasserplatz zu Wasserplatz, wobei die Karawanen, je
mehr sie sich der Küste nähern, durch Zustoss von kleineren *djfilas* zu wahrhaft kolossalen Kauffahrteizügen anwachsen, um bei der Rückkehr nach den
Binnenterritorien (zu Beginn des März) in umgekehrter Ordnung durch Abzweigung kleinerer Gruppen immer mehr zusammenzuschmelzen, bis sie sich
an entfernten Zielen auflösen.

Unter den Persönlichkeiten, die sich mit Handel und Handels-
vermittlung befassen, ragen neben den indischen Banianen und Bhenuds,
dann reinen Arabern aus Jemen und Hadramaut ganz besonders die Nachkommen der vor Jahren an die Somál-Küste ausgewanderten Araber hervor, eine
Art Mischlinge, in deren Adern aber mehr Somál- als Araberblut fliesst, ge-
wandte und thätige Leute von grosser Schlauheit. An der Nord-Somál-Küste
sind Banianen und Bhenuds seltener, zumeist nur in der Gegend um Dschard
Haffún und Alula, an der Ostküste jedoch sind sie die ausschliesslichen Kauf-
herren, die es mit der Zeit zuwege gebracht haben, dass hier kein Araber mehr
ein grösseres Geschäft zu entriren wagt, ja dass arabische Kaufleute hier überhaupt gar nicht mehr erscheinen. Sie bringen bei Nordost-Monsun alle absatz-
fähigen Waaren (som. *badedd*) auf ihren eigenen Fahrzeugen direct aus Indien
und Surate, halten in den Hafenplätzen feste Comptoirs (som. *dukán*), Buden,
10—12 in jeder Ortschaft, wohin die Beduinen nach Ankunft der Karawanen
direct sich zu begeben pflegen, dort sogar die Abgaben (som. *aschúr*) an die
Häuptlinge (5⁰, des Waarenwerthes) erlegen, um ihre Waare in sichere Hände
zu legen und um weiter unbehelligt zu bleiben. In der Regel bleiben die beduinischen Somál am Schlusse der Saison auch noch die Schuldner dieser
Händler (som. *massáfer*, *dalláf*, plur. *dalláfi*, Tauschhandel treiben: *idór*), so
viel weiss man ihnen an brauchbarer und unbrauchbarer Waare anzuhängen.
Uebrigens warten die Händler mit ihrem behenden und schwatzhaften Personale in der Regel nicht erst das Eintreffen der Karawanen ab, sondern reisen
ihnen oft viele Tagereisen entgegen, um die an die Küste geschafften Waarenquantitäten kennen zu lernen und dann auf den Waarencurs Einfluss nehmen
zu können und sich ihrerseits wieder die benöthigten Waarenmengen zu
sichern. Von den erwähnten *dukán* aus bereisen indess auch Küsten-Somál
alljährlich einzelne Landstriche des Inneren und hausiren hier gleichsam mit
den Waaren, namentlich um sie solchen Somál zu bringen, welche an die
Küste zu kommen verhindert sind. Auf diese Weise wird der Waarenaustausch
ein umfassender und gründlicher und jede producirte Menge von Erzeugnissen findet ihre Käufer. Die Habr Auál von Berbera stehen in dem Rufe,
mit den entferntesten Stämmen des Inneren Waarentausch vermitteln zu können.[29] Ich selbst habe junge Habr Auál-Händler kennen gelernt, die häufig
von Berbera aus quer durch die Somál- und Galla-Länder nach Wallámo und
Kafa und bis zu den Boräna-Galla Geschäftsreisen gemacht haben, die Oromó-
Sprache fliessend sprachen und solchen grossen Touren und deren Gefahren
sich vollkommen zu accommodiren verstanden, so dass sie die Galla für Ange-

hörige ihres Stammes hielten. In der Regel kaufen[30]) solche Händler Baumwollenstoff, Reis, Datteln, Metalle u. A. für etwa 200 Rupien in Aden an, verfrachten die Waare in einer *bágalou*, begleitet von einem Weibe und einem Diener, nach Berbera und Bulhâr, wo sie bei den Ejssa Mûsa oder Noh leicht Kameele miethen. Die Miethe für ein Lastthier beträgt eine Tobe. Sind mehrere Händler beisammen, so dass eine *qâfila* von 300—500 Kameelen formirt werden kann, so erfolgt der Aufbruch nach dem Inneren, und zwar ohne *abbân* bis zu dem Punkte, wo die Karawane in kleinere Züge sich trennt, worauf jeder Händler dann seinen *abbân* für die eine oder andere Richtung aufnimmt. Nach beendigtem Geschäfte erfolgt ebenso die Rückkehr. Handelsvermittler, die überall zu finden sind, beanspruchen vom Käufer und Verkäufer für ihre Mühe einen *bakschisch* (som. und orom. *mantscha*).

Die Freizügigkeit in Nordost-Afrika hat indess, wie schon einmal angedeutet, in der Feindseligkeit der Stämme und Völker unter einander ihre Grenzen. Bei den 'Afar ist sie wohl am meisten beschränkt und hier das Vorwärtskommen am schwersten, weil das Volk zu beutelustig ist und wegen der Nähe der Küste die Segnungen und Vortheile des Handelsverkehres nicht zu schätzen weiss, wohl auch zu arm ist, um in dieser Beziehung selbst Erfahrungen zu machen und dann besserer Einsicht zu werden. Bei Mullu z. B. treiben nur die Frauen mit den benachbarten Galla Handel, da sie allein Immunität geniessen. Männer würden bei dem Geschäfte getödtet werden. Auch sonst liegt die Abwicklung von Handelsgeschäften bei 'Afar und Somál und selbst bei den Galla in den Händen der als neutral und in gewisser Hinsicht sacrosanct geltenden Frau.[31]) Bei den Oromó geniesst der Händler und Kaufmann (orom. *nagadi, badáda*) ein hohes Ansehen und darf unbehelligt durch die Lande ziehen, wie ehemals der römische Kaufmann bei den alten Germanen. Die Händler recrutiren sich aus Abessiniern, Tigrinern, Godschamern, Schoanern, Arabern und Hararinern und siedeln sich in eigenen Plätzen (orom. *mandura*) an, die oft ausgedehnten Städten gleichen und in denen reges Treiben herrscht. Die Fäden ihrer commerciellen Thätigkeit enden in Massaua, Tadschura, Zejla und Harar, und die meisten beziehen ihre Waaren (orom. *gabid*) von Aden, dem grössten Handelsemporium Nordost-Afrikas. Sie ziehen mit Feuergewehren bewaffnet in starken Karawanen (orom. *dschâma*) durch das 'Afar- und Somál-Land, vermindern ihren Tross in Schoa und bereisen dann während der Trockenzeit meist zwei bis drei gemeinsam die Galla-Gebiete und die Marktplätze in denselben. Ihre Intelligenz und Geschäftstüchtigkeit ist nicht gross. Ein Mann, der bis 1000 zählen kann, gilt schon als grosser Mathematiker.[32]) Dagegen kann man ihnen Menschenkenntniss und Schlauheit nicht absprechen, ebenso wie sie Härte und Egoismus besitzen. Die Kaufleute führen in der Regel Baumwollenstoffe, venezianische Perlen, Messing und Kupfer, europäische Artikel u. A. m. mit, und tauschen Landesproducte (besonders Elfenbein, Gold, Zibet und Sclaven) ein.[33]) An den *kellás* der kleinen Galla-Reiche, im Süden von Schoa, mussten früher die Zölle entrichtet werden, die gegenwärtig Menilek II. und seine Organe gleich bei dem Betreten Schoaner Gebietes an sich ziehen. Die Quartiere der Kaufleute, wo alle Transactionen ausgeführt werden, sind die schon erwähnten isolirten Mandarás, den Kaufleuten nicht selten von den Galla-Fürsten gratis errichtete Plätze, und häufig Stätten üppigen Lebens, der Unzucht, venerischer Krankheiten und anderer Unzukömmlichkeiten mehr, aber auch der Arbeit und des Wohlstandes. Ein Mandará, wie z. B.[34]) der von Dschirén ist in das Lager der Schoaner, Godschamer, dann jener von Gudru und Matamma (Nilseite) eingetheilt und besitzt seine Umzäunungen, Gassen und Wasserplätze. Die letzteren werden strenge gehütet, damit sie nicht durch Ueberschwemmungen leiden oder von wilden Thieren verunreinigt werden. Ein gewisser Fortschritt und Emancipation ist überall in diesen Quartieren zu gewahren, die dem vergrösserten Horizont der Kaufleute entsprechen. Von den Mandarás weg ziehen dann die Händler nach allen Richtungen in kleineren Zügen aus, kehren aber immer wieder nach denselben zurück. Solche Lagerplätze sind überall in Dschimma, Goma, Géra, Guma, Limu, Kafa, Kuontáb, Kullo, Wallámo, Tambaro, Kabiéna, in der weiteren Umgebung von Harar, welcher Platz am Súq selbst seine grossartige Mandará besitzt. Adener Grosshändler, wie Menahim Messa z. B., hatten früher an solchen Plätzen ihre Agenten und pflegten sie mit Waaren zu versorgen. In zahlreichen derselben trifft man auch europäische Elemente und Levantiner Griechen an. Im südlichen Galla-Lande, wo gegenwärtig den Tana aufwärts Organe der «British East African Company» zu ziehen pflegen, müssen den Oromó für das Recht der Niederlassung Gebühren gezahlt werden,[33]) und es ist das commercielle Leben wegen der Einfälle der Somál und Wa-Kamba völlig unausgebildet, stockend, in vielen Gegenden gar nicht vorhanden.

Besondere Aufmerksamkeit verdient in Nordost-Afrika das Leben mit und bei der K a r a w a n e (som. qáfila, das arab. قَافِلَة oder قَفَل; 'afar. arhó, nagád; orom. dschámä). Die Aufstellung und Organisation der Qáfila erfolgt in Nordost-Afrika nach uralten Grundsätzen und mit aller Vorsicht. Da sie ein wandelndes Waarenmagazin repräsentirt, sind viele Kräfte bei derselben beschäftigt, die sich in drei Gruppen zusammenfassen lassen: die Leiter, die Lader (sabbián) und Wächter (beledir oder beled askar) und die Tragthiertreiber. Der Leiter oder Eigenthümer der Karawane (som. makadán; 'afar. nagád manabojta), das Haupt derselben, trägt die Kosten des Unternehmens und ist von dem abbán wohl zu unterscheiden. Dieser ist weiter nichts, als ein Durchzugsvermittler, obgleich natürlich sehr häufig, besonders in kritischen Situationen, das Schicksal der Karawane von seinen Künsten abhängt. Man kann daher die Abbandín mit Recht zur Leitung der Karawane rechnen, und das umsomehr, als sie nicht selten die Berather der eigentlichen Herren der Karawanen bilden. Der Makadán bestimmt die Marschordnung, die Nächtigungsplätze, das Marschtempo, übt das Züchtigungsrecht aus u. s. w. Die Sabbiáne sind lediglich Handlanger und Kräfte für die schweren Ladearbeiten. Sie sind

den ganzen Tag über in Thätigkeit, weil die Tragthiere beständig umgeladen
werden müssen, ein heiteres, zu lustigen Streichen stets aufgelegtes Völkchen,
worunter gewöhnlich viele mit ausserordentlicher Körperkraft begabte Leute.
Ihre Brüder, die Wächter, haben es mit eventueller Abwehr von feindlichen
Angriffen zu thun, doch ist nur einer oder der andere unter ihnen mit einer —
mitunter auch nur ungeladenen — Feuerwaffe versehen. Nicht alle Karawanen
führen Wächter mit. In der Regel versehen die Sabbiáne den Wächterdienst.
Die Tragthiertreiber sind auch die Eigenthümer der ihrer Obhut anvertrauten
Thiere, und ziehen in der Regel auch mit ihren Frauen aus, denen dann die
eigentliche Führung der Kameele und Esel obliegt, während die Männer gewöhnlich nur mittraben und an den Mahlzeiten der Qâfila theilnehmen. Eine
oder mehrere der Frauen besorgen die Bereitung der Nahrung und die
Wasserzufuhr. Die Lader sammeln das nöthige Brennholz, meist schon während des Marsches der Karawane, wenn es gegen Abend geht. In Schoa ist
es Brauch, dass man das Personale einer Qâfila von einem Agenten (*wass*) bezieht, der für die Diener dann zu garantiren hat. Die Galla unterscheiden
nicht zwischen Ladern und Treibern. Es besteht die Einrichtung, dass Somâl-
Mannschaft und Kameele beim Betreten oromonischen Gebietes, wie bei der
Reise nach Harar solches durchzogen werden muss, gewechselt werden, indem man stets nur durch Somâl-Gebiet mit Somâl-Leuten, durch Galla-Gebiet
mit Oromós zu reisen pflegt. Nur auf der Strecke von Zejla bis Schoa verbleiben meist dieselben 'Afar-Leute bis ans Ziel der Reise. Dafür sind aber
auch diese Karawanen den meisten Angriffen von Seite der Somâl und 'Afar
ausgesetzt. Taglohn erhält der Thiertreiber für sich und zwei seiner Thiere
von Zejla oder Berbera aus 2 Rupien. Der Europäer zahlt von Aden nach
Berbera 20, der Schwarze im Sambúk nur 2 Rupien Fahrgeld.

Die Karawane sammelt sich, ist einmal das Engagement der Leute und
die Auswahl der Thiere getroffen, sehr saumselig an einem bestimmten Punkte.
Als solche Sammelpunkte sind grosse Bäume (som. *ghora safar*) im Somâl-
Lande überall bekannt.[36]) Theilnehmer an Karawanen bei den Benâdir sen-
den dem Makadân in das Blut von Opferthieren (Stieren, Schafen) getauchte
Zweige in das Haus,[37]) bei den Nord-Somâl die Schlachtthiere selbst, wenn es
sich um vornehme Theilnehmer handelt. Vor dem Aufbruche verrichtet man
Reisegebete und betet jedesmal die Fatha. Gilt es, eine grosse Zahl von Ka-
meelen aufzutreiben, z. B. für ein grosses Transportunternehmen, wie es zur
Zeit des ägyptischen Dominiums sehr häufig vorkam, so helfen die Somâl und
'Afar einander mit Tragthieren aus, und ein Stamm sendet solche zu dem ande-
ren, um ihm aus der Verlegenheit zu helfen; so z. B. erhielten die 'Afar von
Tadschura wiederholt Kameele von ihren Brüdern bis von Erer her. Ist nach
vieler Mühe endlich die Karawane flott, so macht man in der Regel den ersten
Marsch nur sehr kurz (1—2 Stunden) dauernd, um zu erproben, ob die *qâfila*
regelrecht marschire. Darum sind in der Nähe der Küstenplätze, in geringer
Entfernung von diesen, schon Lagerplätze (som. und arab. *gériet*), so Dobâr,

Tokoscha, Warabót. Man tritt zu diesem Zwecke die Reise gegen Abend oder am Nachmittag an, was schon deshalb nöthig ist, weil sich die Somál und 'Afar gerne lange und lebhaft verabschieden und dazu ganze oder halbe Tage brauchen. Die Karawane marschirt aber sonst 9—10 Stunden (eine Tagereise: som. *uddeha*, plur. *audáh*), d. i. von Sonnenaufgang bis Sonnenuntergang. Jedes Kameel ist während dieser Zeit mit 150—200 Kilogramm beladen. Die Somál zählen die auf den Probemarsch folgende Nacht zu der Tagereise und nennen die Station *awo-du* (d. i. Nacht oder Nachtmarsch). Sie gehen bei dieser Rechnung von der Auffassung aus, dass die Nacht als die Zeit der Ruhe und Kräftesammlung die Basis für die Arbeitsleistung (Marschleistung) am Tage werde und so einen integrirenden Bestandtheil der Tagereise bilde. An den Lagerplätzen werden vor der Nachtruhe die Kameele zur Weide getrieben, der Wasservorrath beschafft, das Nachtgebet gemeinsam gebetet, und dann begibt sich die Gesellschaft zur Nachtruhe, nachdem man den den Lagerplatz umschliessenden Dornverhau eventuell noch ausgebessert hat. Sind Feuerwaffen bei der Karawane, so gibt man den Signalschuss für die Nachtruhe ab. Ist dieser gefallen, so darf sich Niemand mehr von aussen der ruhenden Karawane nähern. Die Wache an dem Lagerfeuer würde ihn ohne Weiteres attaquiren und niedermachen. Der Besitz auch nur eines einzigen Feuerschlundes macht die Karawane zu einer mächtigen und gefürchteten und erhöht ihre Sicherheit um ein Bedeutendes. Ist kein Gewehr oder Revolver bei der Karawane, so liebt man es, unbemerkt zu bleiben, um die Raublust nicht herauszufordern. Es kommt aber selten vor, dass die Wachtfeuer verlöscht werden. Man unterhält sie dann mit aller Anstrengung, und die Wächter erhalten einander unter abenteuerlichen Erzählungen (som. *scheko*) wach.[30]) Es ist sprichwörtlich zur Bezeichnung des lebhaften Handelsverkehres im Somál-Lande, dass eine Karawane an dem Lagerplatze das Feuer der vor ihr daselbst Gelagerten noch in verwendbarem Zustande, also wenigstens glimmende Kohle antreffen solle. Oft zündet man Feuer an und zieht weiter, um den lauernden Feind zu täuschen. Bei Tagesanbruch werden die Kameele zu kurzer Grasung ausgetrieben, die Morgengebete verrichtet, das Frühmahl eingenommen, und es erfolgt dann sofort der Weitermarsch. Das Marschtempo ist ein langsames (ein beladenes Kameel legt im Somál- und 'Afar-Lande in der Stunde $2^{1}/_{2}$—3 Kilometer zurück), weil das Umladen der Thiere zeitraubend ist und die Kameele auch unterwegs zu äsen pflegen. Grösseren Aufenthalt verursacht nur das Passiren von Flüssen oder Bächen an Furthen (orom. *malka*), weil es keine Brücken, sondern nur mangelhafte Fähren oder Flösse (som. *döhl*; orom. *rikitschá, dildillu*), bestehend aus 5—6 mit einander verbundenen Baumstämmen, gibt.[31]) Die gallanischen *rikitscha* sind nicht selten gigantische, aber mangelhaft construirte Bauwerke. Die Bezahlung der Leute erfolgt am Ende der Tour in baarem Gelde, wenn man nicht die bei Fremden übliche Angabe verabfolgte. Der Verabschiedung der Mannschaft geht eine mit Gesang verbundene Feier des *makadán* voraus, bei der man auch wacker zu zechen pflegt. Das

Hongo-Unwesen, wie es zwischen der Zanzibar-Küste und dem Seengebiete florirt, ist zwar auch vorhanden, allein die Missbräuche schlimmer Art fehlen im Somâl-Lande. Durchzugsgebühren (som. *imbagât*) für den Häuptling des Stammes, dessen Gebiet man passirt, sind üblich, haben aber mehr den Character von mässigen Geschenken, Andenken, ja selbst von Almosen, weil eine beladene Karawane überall gerne angebettelt wird. Hat die Karawane einen «schlechten» Abbân, dessen Bekanntschaften nicht weit genug in das Innere des Landes reichen, so ist er verpflichtet, wenn man ihm daraufkommt, was in der Regel bald der Fall ist, bei den einzelnen Stämmen, deren Gebiet durchzogen wird, sich wieder einen Mann seines Vertrauens zu suchen, der die *l'abbanijje* übernimmt, und es ist dann begreiflich, dass man diesem selbst und seinen Bekannten Geschenke zu geben hat, meist Cotonnade oder Geld, für die man orientalischem Brauche gemäss ja wieder ein kleines Gegengeschenk bekommt.

Die Transportspesen betragen auf den frequentesten Karawanenstrassen in Nordost-Afrika etwa zwölf Maria Theresia-Thaler per Kameel auf eine Distanz von 320—370 Kilometer, pro Esel oder Maulthier, das 40—100 Kilogramm trägt, vier bis fünf Thaler und ein Geschenk an den Treiber nebst zwei Piaster für des Letzteren Lebensunterhalt pro Tag.

Eine Reihe besonderer Bräuche hat sich bei den Karawanenzügen herausgebildet. Ein Fremder (Europäer) wird ohne vorhergehenden Contractsabschluss vor einem britischen Functionär an der Küste keine Karawanenreise unternehmen.[*] Es wird mit dieser Förmlichkeit wenigstens die Wirkung erzielt, dass die Eingebornen im Falle einer Beraubung des Fremden wenigstens an der Küste wieder zu erscheinen fürchten, obgleich die britisch-indischen Behörden an der Somâl-Küste sich vor Antritt einer Handels- oder Forschungsreise jedes Fremden die schriftliche Bestätigung geben zu lassen pflegen, dass sie von der Tour abgerathen und keinerlei Garantie für das Leben und das Eigenthum des Fremden übernommen haben. Einzig profitabel erscheint in diesen Ländern nur der Handel mit Waffen, die nach Schoa geliefert werden müssen. Die Karawanen von Fremden dahin sind daher gefürchtet, weil man bei ihnen grosse Waffenvorräthe vermuthet, wenngleich dieser Umstand namentlich den 'Afar manchmal wirklich nicht massgebend ist. Allgemein halten die Somâl z. B. an den Grundsätzen fest,[*] dass ein Stamm eine auf dem Territorium der Nachbarn reisende Karawane nicht überfallen dürfe. Dagegen plündern die Qabâil des betreffenden Stammes, auf dessen Boden eine Karawane sich bewegt, nicht selten dieselbe unter irgend einem Vorwande oder auch ohne jedweden Anlass. Was einem *abbân* gehört, selbst kranke und unbrauchbare Tragthiere, ist die Karawane mitzuführen und zu erhalten verpflichtet.[*] Ist ein rascheres Marschtempo erforderlich oder gerathen, so werden Thiere, die sich Glieder gebrochen oder sonst einen Unfall erlitten haben, getödtet und deren Fleisch verzehrt. Brechen Zwistigkeiten unter den Angehörigen einer *qâfila* aus, so schlichtet sie der *makadân* im Vereine mit dem *abbân*. Der Führer der Karawane übt bei solchen Gelegenheiten

nicht selten sein strenges Züchtigungsrecht aus. Dabei ist es billig und wird
beobachtet, die religiösen Gefühle der Karawanenleute zu schonen. Man trifft
sie daher nicht selten nach vorangegangenen Unregelmässigkeiten und Meu-
tereien, zu einer Zeit, wo eben das Strafgericht beginnen soll, in langen Reihen
zum Gebete versammelt und so lange aus Schlauheit darin verharrend, bis sich
der Ingrimm des *makadán* in irgend einer Weise gelegt hat. Wer mit der Waffe
in der Hand, sei er Freund oder Feind der *qáfila*, plündernd betroffen wird,
darf ohne Weiteres niedergemacht werden, ohne dass für ihn irgend ein oder
von irgend wem Blutgeld verlangt werden darf, oder dass der Tödter desselben
die Blutrache zu fürchten hätte.

Die frequentesten, Jahrtausende alten Karawanenwege (orom. *kará*;
'afar. *arráh, gidda;* som. *dschiddau*) sind nur schmale Stege im Sande oder
Busche von Wasserplatz zu Wasserplatz, im Galla-Lande von einer Ansiedlung
zur anderen, von *mandard* zu *mandard*. Eine Ausnahme davon machen nur die
Wege einzelner Danâkil-Familien (Debeni), deren Karawanen sich stets nur auf
ganz kurzen Strecken bewegen. Es sind dies jene Stämme, die von der Körner-
fechsung von Aussa leben und dahin vom Assál-See das Salz während einiger
Monate zuführen.[42]) Die Durrazufuhr aus den Galla-Gebieten käme sie sehr
hoch zu stehen, weshalb sie Reisen dahin unterlassen. Andererseits halten sie
ihre ganz geringen Bedürfnisse von ausgedehnterem Karawanenverkehre ab.
Die commerciellsten 'Afar sind die Gindôsa und die Badu. Darum wohl werden auch zu den 'Afar selbst wenige Kauffahrten unternommen. Meist passiren
die Karawanen nur ihr Gebiet auf dem Marsche nach Schoa. Diejenigen, welche Aussa berühren, sind ganz in der Hand des Sultans Muhammed Anfari,
der sie, je nach der Höhe des ihm dargebrachten Geschenkes, rasch durchziehen lässt oder längere Zeit aufhält, bis er befriedigt worden ist.[43])

Von Wichtigkeit und Interesse sind jene Wege, welche von der Meeresküste aus nach dem Herzen der Galla- und dem der Somál-Länder führen. Die
Danâkil-Länder sind, wie oben angedeutet, keineswegs ein Productionscentrum
von grösserer Bedeutung und nur ein Durchzugsgebiet für die den Oromó-
Gebieten zustrebenden Karawanen.

Nach dem heutigen Stande unseres Wissens führen Verkehrswege nach
den Galla-Ländern nur von Nordwesten, Norden, Nordosten, Südosten und
Süden. Der Südwesten ist nicht nur von geregeltem, sondern von jeglichem
Verkehre abgeschlossen. Wiewohl die Galla-Gebiete gegen die Nillandschaft
hin in Folge der mahdistischen Bewegung und jener Incursionen, welche die
mahdistischen Heere im Thale des blauen Nil und Atbara gegen Abessinien
unternahmen, abgeschnitten waren, blieb, nachdem der erste Anprall der
Gegner überwunden war, doch nichts weiter übrig, als den Handelsverkehr
mit den Landschaften am Jabus und Mittellauf des blauen Nil wieder aufzunehmen. Hier führt eine sehr wichtige Verkehrsstrasse über Fadási und durch
das Land der Berta nach dem Gebiete der Lega-Galla und weiter über Afilló
und Saka nach Kafa[45]) (Bonga). Dieser Weg ist eine Hauptexportstrasse aus

den westlichen Galla-Gebieten und umfasst zwei Stränge, einen nördlichen
aus dem Lande der Nonu und einen südlichen aus Guma, die sich beide in
Afilló vereinigen. Unter den von Norden nach den Oromó-Landschaften führenden Strassen sind drei die wichtigsten, die berühmte Karawanenstrasse
aus Godschâm, welche über den Abáj nach Gudru führt und über Kobbo Sáka
erreicht, der Weg aus Godschâm nach Schoa, der den grossen Städten Antotto
und Ankober zustrebt, den Adabâj entlang führend, und die Wegegruppe in
das Wollo-Galla-Gebiet, die einerseits aus Amhára, den Beschiló bei Waha
Meda, Ardwada, Koreb und Magdala überschreitend, das Centrum der Wollo-
Galla erreichen, anderseits aus Lasta durch das Jedschu-Land zum Hajk-See und
nach Efrât ziehen. Diese alle sind beschwerliche Wege, von der äthiopischen
Armee zahllose Male beschritten, von abessinischen Händlern regelmässig benützt. Sie führen sämmtlich in ihrer weiteren Fortsetzung nach Tigrié und an
die Küste nach Massaua. Man kann sie mit Recht als jene Communicationswege bezeichnen, welche dem Galla-Gebiete die Metalle und Perlen zuführen.
Wegen der grossen Entfernung bis zum Meere werden sie von Oromó-Händlern
selten benützt. Sie können mit Recht als Abfuhrscanäle des Bedarfes Abessiniens aus den Galla-Gebieten aufgefasst werden. Producte, die auf diesen
Strassen versendet werden, verbleiben in Abessinien und erreichen wohl niemals das Meer.

Die Hauptcommunicationswege der Galla-Länder nach dem Meere führen
durch das 'Afar-Land[46]) und berühren nur eine ganz kurze Strecke von Somál
bewohntes Gebiet, nämlich bei dem Austritte aus Harar. Unter den 'Afar-
Strassen sind drei die wichtigsten Hauptexportwege fast aller Producte aus
den Oromó-Gebieten südlich von Schoa und aus Kafa und den übrigen Sidáma-
Ländern. Sie eilen den drei Küstenpunkten Tadschura, Assab und Beilûl zu.
Die Tadschura-Strasse endigt im Allgemeinen am Golfe von Tadschura, sei
es nun, dass die Karawanen diesem Platze selbst zusteuern, oder sich zu Sagallo, Ambábo oder Rás Dschibuti, dem gegenwärtigen Sitze der französischen Behörden der Colonie von Oboc, auflösen. Selten betreten sie in voller
Marschorganisation das Weichbild von Oboc selbst. Die Karawanen brechen
von Ankober oder Antoto auf, überschreiten den Hawásch bei Bonta und
ziehen von Karâb aus gegen Killelu, Gallamo und an die Küste und vermeiden das Gebiet von Aussa. Von Karâb aus zieht ein überaus wichtiger Strang
über Waróf und Mordali gegen Zejla. In 35 Tagen pflegt die beträchtliche und
schwierige Strecke Tadschura-Ankober von beladenen Karawanen in der
Regel zurückgelegt zu werden. Gilt es, vom Tadschura-Golfe Harar zu erreichen, so ziehen die Karawanen über Ambábo, Sagallo, Alexitâne, Dalibûi,
Saggadéra, Sekajtó, Abû Jûssûf, Saballo nach Las Hadája, Malik, Arro und
Waróf und von hier über Dadâb und Dschaldêssa nach Harar.[47])

Die Strassen, welchen Assab zum Ausgangspunkte dient, müssen alle
Aussa berühren, wo ihnen früher von dem Hauptsultan der 'Afar viele
Schwierigkeiten bereitet wurden, seit Italien sich aber mit Muhammed Hanfari

auseinandergesetzt hat, keine Hindernisse mehr im Wege stehen. Sie berührt die Punkte Margable, Girba Hâdu, Wâd Bûja, Musâli, Isêlo, Imminu Dobi und folgt von Aussa dem Hawâsch in der Richtung von Azaló nach Farri, um Gherfa und Danné und damit die Galla-Gebiete zu erreichen. Selbstverständlich hält der Sultân von Aussa viel darauf, dass Aussa selbst bei Musâli von den Karawanen nicht umgangen werde und so seine Einkünfte eine Schmälerung erfahren. Die italienischen Händler selbst berühren den Punkt ohne Ausnahme, denn sie selbst berichten: quando si abbia il permesso di Muhammed Anfari si viaggia con ogni tranquillità e sicurezza.[46] In neuester Zeit hat sich in Italien im Schoosse der Neapeler afrikanischen Gesellschaft ein Comité gebildet, welches den Karawanenweg von Assab nach Lasta längs des Gualima, den Graf Antonelli eröffnet hat, für regelmässigen Handelsverkehr practicabel machen will,[47] um der Colonie von Assab, die nur zu einem Handelspunkte sich zu eignen scheint, ein ergiebiges Hinterland zu verschaffen. Kleinere Handelswege, welche das Danâkil-Land durchziehen, führen von Assab, Beilûl oder Raheita nach Tigrié, so einer über die Salzebene, Fischó und Assot, ein anderer über Fischó, Atbi-Dera, Hai Kamsal, Dessi, Kuahene, Antâlo, Beita Mariam, Sesset Tsafti, den Aschangi-See. Lat, Tzasa Gadal und den Gualima u. A. m. Der Weg von Beilûl führt über Aussa nach Makallé, jener von Raheita im Thale Dobi, der letztere ein ängstlich von Anfari gehüteter geheimer Zugang zu Abessinien. Von Massaua aus gelangt man in 13 Tagen nach Antâlo (circa 325 Kilometer), in 18 Tagen nach Assaketti (circa 390 Kilometer) am Aschangi-See und in 21 Tagen in das Gebiet der Jedschu-Galla (circa 525 Kilometer). Die Strasse über Dessi ist nur 40 Kilometer lang, besser als jene nach Saba am Allale-bâd. Auf dem letztgenannten Karawanenwege und jenem über Abd-Kulkûl bewegt sich heute der gesammte Handel zwischen den nördlichsten Galla und den 'Afar. Dem neu zu eröffnenden Wege längs des Gualima werden alle Vorzüge einer Karawanenstrasse nachgerühmt. Man kann auf demselben in 9—11 Tagen nach Waldia im Gebiete der Jedschu-Galla und zu den Râja gelangen, wo Fruchtbarkeit und ansehnliche Production herrscht, und in weiteren 11 Tagen nach Aliu Amba in Ifât, wo bereits regelmässig Karawanen aus Guragê, Inarja, Kafa, Guma und überhaupt aus den südlichen Galla-Ländern einzutreffen pflegen. Auch nach Gondar und Godschâm wäre dies der kürzeste Weg von der Meeresküste. Von den grossen schoanischen Marktplätzen Aliu Amba, Ged Gibbié, Kabiêna, Toli ziehen die Karawanen über Tscheno, Mafûd, Menghest, Scharafa, Saramba, Magatié und Rekié in 19 Tagen nach Aussa und in weiteren 7 Tagen nach Assab. Von Rekié geht es regelmässig über Leid, Hala, Kaâb, Toa, Bakersa, Agamto, Mellé, Durgurgura, Kabat Raheita (nicht am Meere), Argitta, Heilugunul nach Tadschura. Von Aliu Amba dauert der Marsch nach Tadschura nicht länger als 27 Tage. Die Abzweigung nach Assab geschieht von Dambakoma ab durch das Gebiet der Modajtô, Tamêla, Massabit und Asâbo längs des Woeimi und nach Tadschura. Dieser Flügel wird in 7 Tagen bewältigt.[48] Ein so wichtiges

Centrum des Danákil-Landes, wie es Aussa ist, hat ausser den genannten Com-
municationsstrassen mit dem Meere noch andere kleinere aufzuweisen, auf
welchen sich commercieller Verkehr vollzieht. Es ist dies zunächst die Strasse
Gubbi-Adalé-Gubbo(Sangarra), welche von Karawanen, wenn es keine Wasser-
noth gibt, in 15—20 Tagen, in der Trockenzeit jedoch in 25 Tagen langsamen
Marsches zurückgelegt werden. Ein einzelner Mensch freilich vermag die
Strecke in 5—6 Tagen zu gehen, und es gibt Eingeborne, die sie sogar in
3 Tagen wiederholt zurückgelegt haben, indem sie nur zu Debi, Dabúk und
Fagir der Ruhe pflegten. Ein zweiter, viel bequemerer Weg, von dem auch
behauptet wird, er werde von dem Sultán von Aussa aus politischen Gründen
den Schoanern verheimlicht oder doch verlegt, ist die Strasse von Gubbi nach
Birrú über Darab, Askoma, Goare und das waldige Adda Unda, von wo ein
Zweig nach Maska zieht, das sumpfige Dak Guba, Dschamba, Daddatú und
Girrifú. Man legt diesen Weg in der Regel in 4—5 Tagen zurück. Der dritte
Weg ist die Strasse von Gubbi nach Maska, zwischen den beiden erstgenann-
ten verlaufend und viele Zweige nach den genannten Hauptwegen entsen-
dend.[54]) Diese gefährlichen Wege waren es, auf welchen die italienischen
Reisenden Giulietti und Bianchi ermordet worden sind.

Unter den Karawanenwegen nach den Oromó-Gebieten von Harar nimmt
die Zejla- und die Berbera-Strasse die erste Stelle ein. Die erstere, jener uralte Pfad, auf dem ganze Armeen mit schwerem Geschütze im Laufe der Jahrhunderte von der See und zur See gewälzt wurden, die aber doch nichts
weiter ist als ein elender Saumweg durch Dornen, Felsen und Gebüsch, verläuft in zwei Strängen nach der Harar-Capitale. Der westliche hat zwei Fäden,
die sich bei dem Wasserplatze Bia kabóba (som. «frisches Wasser») vereinigen,
und deren einer über Tokoscha, der andere über Warabót zieht. In neuester
Zeit brechen die Karawanen auch von Rás Dschibuti, wo sich der Sitz der
französischen Behörden von Oboc befindet, auf, berühren Amboli, Bullo, Bei-
djadji oder Daide und Sermán, bevor sie nach Bia kabóba kommen. Von Bia
kabóba geht der westliche Weg, der bis dahin auch einen Strang vom Golfe
von Tadschura empfängt, über Garablé und Dschaléssa direct auf Harar zu.
Man schätzt die Entfernung von Zejla nach Harar auf circa 50 geographische
Meilen (Dschibuti—Harar 250 Kilometer), und die Karawanen brauchen, da
der Weg stellenweise ausserordentlich beschwerlich ist, 19—22 Tage, reitende
Boten nur 8—9 Tage, um ihn zurückzulegen. Der östliche Weg von Zejla nach
Harar zieht von Chór Abú im Gebiete der Dschibríl Aboqr fast ausschliesslich
durch das Gebiet der Gadaburssi-Somál und verlässt die Küste erst bei dem
Punkte Kulangarit. Er ist ebenfalls beschwerlich und berührt einige sumpfige
Punkte, betritt das Galla-Gebiet bei Agioxi (von hier läuft ein Strang nach
Berbera) oder Dármi und führt dann in westlicher Richtung nach Harar. Der
Marsch auf demselben dauert 2—3 Tage länger als auf jenem über Dschal-
déssa durch das Ejssa-Somál-Gebiet, und er ist wegen des räuberischen Wesens
der Gadaburssi, die selbst keinen Handel treiben und auch keine Tragthiere

besitzen, selten recht gangbar.[50]) Die Berbera-Strasse ist ein äusserst beschwerlicher, viele Tage durch absolut wasserloses Land führender Karawanenweg, der über Kalkoräj, Harar es-saghir, Hargajsa, Farrowejna, Garabassa, Dármi und Worraséja läuft, etwa 300 englische Meilen lang ist und einige Stränge nach dem Inneren des Somál-Landes (Ogadén) entsendet. Karawanen pflegen ihn in 30—32 Tagen, Einzelnreisende in 18—20 Tagen zurückzulegen.[51])

Alle diese Wege, führen sie nun über Harar oder Ankober, finden im weiteren Verlaufe ihre Fortsetzung gegen Süden bis nach Kafa. Harar verbindet eine lange versperrt gewesene, seit 1886 wiedereröffnete Strasse durch das Itu-Galla-Land mit Ankober und Entotto. Sie überschreitet bei Bonta den Hawásch. Von Entotto aus, der gegenwärtigen Residenz des äthiopischen Herrschers, zieht dann der Hauptverkehrsweg über Kabiéna und Modjér in das Thal des Omo und Gibié, über Saká, Tschalla nach Bonga. Aus Schoa führen im Ganzen drei Stränge an den Gibié und Omo: der eine durch das Land der Soddo-Galla über Kabiéna nach Djimma, der zweite über Daletti in das Land der Betschu und Wolito, der dritte über Denti nach Wolito.[52]) Wenige bekannte Wege zweigen von dieser Cardinalstrasse nach Südosten ab, in das Land der Arussi und Boráana. Es existirt auch durch das Arussi-Land eine Verbindung Harars mit Kafa, die aber seit Mitte der Siebzigerjahre nur im Geheimen beschritten wird, seit sich nämlich die ägyptische Macht in Harar festsetzte, der dann die äthiopische gefolgt ist. Im weiteren Verlaufe verzweigen sich diese Wege von Harar aus gegen Südwesten bis nach Walámo und an den Oberlauf des Dschubb. Nach Westen zu gehen Strassen nach dem Lega-Galla-Gebiete, und zwar von Lagamára, Dschedda und Gambo aus.[53]) Ueber Kafa hinaus gegen Süden zu dem Rudolf- und Stephanie-See zu führt anscheinlich kein regelmässig beschrittener Karawanenweg, denn das Boráana-Land gravitirt mit seinem Verkehre nach der Benâdir-Küste im Thale des Dschubb, das Arussi-Land mit dem seinen eben dahin im Thale des Wébi Schabéli. Eine Reise von Schoa nach Kafa pflegen Karawanen wegen des grossen Aufenthaltes auf zahlreichen Märkten in 4—6 Wochen zu machen, so dass eine Reise vom Golfe von Aden auf dem regelmässig begangenen Wege über Ankober und Entotto 7—8 Wochen und noch länger dauert. In Folge der abessinischen Razzias ist Harar von seiner südlichen Nachbarschaft völlig abgesperrt. Nur ein einziger Weg an der Grenzscheide zwischen Galla und Somál längs des Erer-Thales durch das Land der Ennia-Galla bis Ime war 1885 und ist auch heute noch frei. Dagegen führt ein wichtiger Pfad von Harar gegen Südosten gegen Hén in Ogadén. So kommt es, dass an der Nordseite des Galla-Gebietes sich fast aller Handelsverkehr in der Richtung von Südwesten nach Nordosten bewegt und auch schon in alten Zeiten in dieser Richtung bewegt hat. Ursache davon war offenbar die Lagerung der Oromó-Stämme in dem Berglande von Harar und die Nähe der wichtigen Häfen am Golfe von Aden, dann auch der Mangel der Schiffbarkeit auf den Strömen des afrikanischen Osthornes, die alle mit ihrem Laufe nach Südosten weisen, aber zu keiner Zeit einen Verkehr zu Wasser in dieser Richtung erlaubten. Vom Süden her ziehen zwei wichtige Wege nach dem Galla-Lande. Der eine ist die Strasse längs des Tana, die in unseren Tagen von den Sendlingen der British East African Company wieder eifrig benützt wird. Im Jahre 1868 konnte R. Brenner behaupten,[36] längs der ganzen Küstenstrecke vom Dschubb bis zum Sábaki sei es durchaus unmöglich, ohne einen Führer, der eine ausgezeichnete Ortskenntniss besitzen müsse, in das Innere des Landes einzudringen, und es sei gefährlich, auch nur kleine Excursionen ohne einen solchen zu unternehmen. Nun ist dies heute allerdings anders, allein der Handelsverkehr bleibt am Tana doch ein beschränkter, weil vom Februar jedes Jahres angefangen durch acht Monate während des Südwest-Monsuns alle Schifffahrtsbewegung an der Küste aufhört, da die kleineren Fahrzeuge gegen den Wind sich nicht halten können und damit auf den Gesammtverkehr ein Rückschlag erfolgt. Kleinerer Wege gibt es im Thale des Sábaki und Dschubb eine Menge, allein sie finden nach Norden zu keine gehörige Fortsetzung. Der zweite wichtige Handelsweg führt im Thale des Dschubb aufwärts über Bardera und Logh oder Ganjáne in das Innere des Arussi- und Boràna-Landes, der sich dann längs des Wébi Dau (Durka) bis zu Alaféta, dem Häuptling der Boràna-Galla, fortsetzt und noch weiter bis zu den Réndile und nach Tschantschan führt.[51] Die eigentlichen Kopfstationen dieser grossen Verkehrsstrasse sind Barawa und Merka, dann Maqdischu und Kismàjo an der Benàdir-Küste, von wo aus der Weg zunächst das Mündungsgebiet des Wébi Schabéli übersetzt und dann den Unterlauf des Dschubb in der Nähe von Bardera und Logh erreicht, um sich darauf im Boràna-Lande zu verzweigen. Der bedeutendste Strang führt von Kismàjo nach Bunàt, einem Punkte im Boràna-Lande, und berührt die Stationen: Andaràfo, über den Fàra Wàmo, Tápsau Wàma, Derep und El Wàk, die berühmte «Gottes-Quelle» der Galla, von der aus dann Muk Bùna oder Bunàt erreicht wird. Karawanen legen die Strecke in sechs Tagen zu je zehn Marschstunden zurück. In Bunàt residirt der Boràna-Galla-Chef Hugaschambalu.[52] Selbstverständlich ist die frequenteste Strasse jene, die von den Benàdir-Städten aus den Unterlauf des Dschubb abschneidet und von Maqdischu über Géledi, Gelgél, Dàfet, Bur Heba, Moàla Ma'àd und Saraman einerseits in zehn Tagen Logh und anderseits von Barawa aus über Dhamere, Marere, Aanòle, Matha Gòi, Bardera und Gara Livàn, Deregomàle in sechs Tagen erreicht. Brechen die Karawanen von Kismàjo auf, so berühren sie Hindi, Hàf, Dschiwé, Malaéle, Sendschibàr, Làma Dàt, Gejila, Ajma, Inàni, Bardera und Logh. Ob eine practicable Verbindung der Landschaften im Süden von Kafa mit der Küste des indischen Oceans existire, hat man zu bezweifeln allen Grund, weil die Landschaften um Kafa mit ihrem gesammten Commerz nach Nordosten gravitiren. Wakefield hat aber dennoch ein Itineraro durch das Boràna-Land ausgekundschaftet, das von Logh ausgehend und im Allgemeinen der nordwestlichen Richtung folgend in mancherlei Zickzack-

zügen das noch unerforschte Gebiet durchziehen soll und an einem See in
Konso endet. Der ganze Weg soll in der unglaublich langen Zeit von
210 Tagen zurückgelegt werden können.[39]) Die Information Wakefield's
scheint auf Angaben irgend eines bettelnden Wanderers zu beruhen, der sich
eben einmal auf der Route mit aller Musse von den Bergen von Kafa bis zum
indischen Ocean durchgeschlagen hatte; praktischen Werth darf man dem
Wege wohl keineswegs zuschreiben. Dass sich in diesem Theile des afrikanischen Osthornes die Verkehrsverhältnisse geändert haben, beweisen Révoil's
Nachrichten, welcher erkundete, dass von den Arussi-Gialla in der Nähe von
Ganjâne aus vormals regelmässig Karawanen nach Harar abgingen.[40]) Seit
der Verkehr des Südens mit Harar unterbrochen ward, strömten die gesammten exportirbaren Producte aus dem Arussi- und Borâna-Lande nur nach
Süden ab, und darum ward am unteren Dschubb offenbar der Verkehr
nicht nur verstärkt, sondern auch verbessert, denn noch zu Guillain's Zeiten
brauchten Karawanen von Barawa nach Ganjâne 14 Marschtage (ein Läufer
5 Tage),[41]) eine Strecke, die heute in etwas kürzerer Zeit (12 Tage) zurückgelegt wird.

Nach dem Herzen der Somâl-Länder, der Landschaft Ogadén, die lange
Zeit, und zwar mit Unrecht als das Paradies der Somâl bezeichnet wurde,
führen Karawanenwege (som. wadaá) vom Norden und Süden her. Bevor
wir diese betrachten, muss vorausgeschickt werden, dass im Somâl-Lande es
andere Wege für die Trocken- und für die Regenzeit gibt. So kommt es, dass
man zu verschiedenen Jahreszeiten auf verschiedenen Pfaden einherziehen
muss, ein Umstand, der ganz und gar von dem Vorhandensein des Wassers an
den Karawanenhalteplätzen abhängt. Die meist beschrittenen Wege bleiben
freilich die in der Trockenzeit begangenen und diese sind es auch, längs deren
sich die uralten, künstlich angelegten Brunnen vorfinden. Am Mittellaufe des
Wébi Schabéli, im Gebiete der Rér Hammer, treffen die Karawanenwege aus
dem Norden und Süden zusammen. Das Kernland Ogadén ist ein rein geo-
graphisches oder geometrisches Centrum des Somâl-Landes, in der trockenen
Zeit ganz wasserlos, so dass es nur an der westlichen Seite gerne besucht,
sonst aber gemieden wird, weil die Bewohner des mittleren und östlichen
Theiles desselben, räuberische Wilde, dem Handelsverkehre abhold sind.

Von Berbera und Bulhâr führen fünf Strassen nach Ogadén: die Wadaá
Gulúf, Wadaá Ahmed (Hamed), Wadaá Wahed, Wadaá Arnot und Wadaá Ded-
bâne. Die Kopfstationen an der Nord-Somâl-Küste sind Bulhâr, Berbera, wo jährlich 60.000—70 000 beladene Kameele eintreffen, und Las Gori. Der östliche
Weg, der nach Süden führt, ist die Wadaá Arnot,[42]) von Berbera über Burao
nach Gerlogubbi an der Westgrenze des Dolbohanta-Landes verlaufend. Während der Regenzeit zieht man die weiter gegen Westen gelegene Wadaá Hamed
vor, welche vom Gán Libah über Farfanîjeh nach Hahi und an den Tug Fafân
führt, einen Zweig noch weiter westlich als Wadaá Gulúf zu den Rér 'Ali entsendet und sich am Unterlaufe des Tug Fafân mit der Wadaá Arnot ver-

bindet. Die Wadaá Arnot ist die gewöhnlich gewählte Karawanenstrasse nach Ogadén. In 6—8 Wochen treffen die Karawanen von der Meeresküste am Wébi Schabéli ein. In Herer es-saghir (südwestlich von Berbera) nimmt eine der bedeutendsten Somál-Karawanenstrassen ihren Anfang, welche Milmil im Quellgebiete des Tug Fafán zustrebt und von hier über Hén durch das Gebiet der Ugás Köschi, Rér Amáden, Aden-Kér, Timaassa nach Karanle und Ime am Wébi Schabéli führt, nach Ime, dem bedeutendsten Knotenpunkte von Strassen am afrikanischen Osthorne, wo sechs Karawanenwege von allen Weltgegenden zusammentreffen.⁴⁵) Von diesen ist der wichtigste die Strasse von Dedbáne oder «der Weg in der Ebene», längs des Ererlaufes durch das Land der Melengúr nach Harar führend, der Dschiduéni («die breite Strasse») in nordöstlicher Richtung durch das Gebiet der Gelemis, der Habír-Weg in das Land der frommen Ellam-Somál, der Weg längs des Wébi Schabéli, dessen Thale stromaufwärts folgend, und die Strasse in das Gebiet der Arussi-Galla. Ueber Ime, nicht über Harar, ist also die Verbindung des Hafens von Berbera mit dem Lande der Arussi-Galla hergestellt, jedoch nur in Friedenszeiten, welche mit dem Vordringen der Abessinier von Harar aus nach Karanle und der Verwüstung der Grenzemporien gegen die Galla zu Ime und Karanle ihr Ende gefunden haben. Diesen Punkt berührten auch regelmässig die grossen Sclavenkarawanen aus den Nachbarländern von Kafa, als die ägyptische Herrschaft zu Harar währte, indem sie von Kambát oder Guragé aus in weitem Bogen Harar umgingen, auf dem Nordwege auch zu Gulufa oder Bubassa Stationen machten. Wie weit der Karawanenweg von Ime nach dem Arussi-Galla-Gebiete regelmässig beschritten wird zu ermitteln, ist mir trotz aller Mühe in Harar nicht gelungen. Es ist aber daran nicht zu zweifeln, dass er einst eine grosse Bedeutung besass, als noch die Fäden von Berbera bis tief in das Boråna-Gebiet reichten. Der Weg von Ime gegen Harar umfasst zwei Stränge, auf beiden Ufern des Erer je einen, der westliche zieht durch das Ennia-Galla-Land, der östliche, der aus dem Tug Fafán-Gebiete von Warandáb, Milmil und Korati Seitenpfade empfängt, wie oben schon angegeben ward, durch das Melengúr- und Amáden-Land. Farssah soll der von Harar aus vielbesuchte Punkt heissen. Baudi di Vesme bemerkt über den Verkehr dieses «Thores nach Ogadén» und Harars, es herrsche dort heute wieder «un continuo va e vien».⁴⁶) Zur Zeit des ägyptischen Dominiums in Harar waren die Wege verlegt, und nur einzelne kühne Männer, wie P. Sacconi und Sotiros, wagten sich auf kurze Strecken von dieser Seite in das Somál-Land.

Was den südlichen Weg nach dem Centrum des Somál-Landes betrifft, so folgt er, nachdem sich kleinere Bahnen von den Hafenplätzen Maqdischu und Merka zu Galwin und Gelidi vereinigt, am rechten Ufer des Wébi dem Laufe des Stromes nach Norden, über Schidli und Adalu, und verlässt bei Burfuréj den Strom, um gegen Nordwesten durch das Rahanwín-Gebiet zu ziehen, das Flussbett bei Ladjalu wieder zu erreichen und bei Barri das Rér Hammér-Land und das Land der Aulihan zu betreten. In 20 Tagmärschen

wird diese Strecke von Karawanen von der Kopfstation Barri bis Maqdischu
zurückgelegt. Verbindungswege aus dem Thale des Dschubb führen von dem
Lande der Aulihan und Schidli aus nach Ganjâne und Bardera, von Gelidi nach
Ganjâne (in mehreren Strängen), ebenso von Merka und Barawa nach Bardera.
Der Mittelpunkt des von Karawanenstrassen nach allen Richtungen durch-
zogenen Landes der Rahanwin-Somâl ist Bur Hejbi, ungefähr in der Mitte des
Weges zwischen Maqdischu und Logh. Von diesem Punkte aus führt nicht
nur ein Weg an den Wêbi Schabêli, sondern auch gegen Nordwesten nach
dem Herzen des Arussi-Landes, im weiteren Verlaufe angeblich sogar bis nach
Harar und Schoa. Aus dem Gesagten folgt, dass die Karawanenstrasse im
Thale des Wêbi Schabêli einer der wichtigsten Communicationswege des
Somâl-Landes, ja des gesammten afrikanischen Osthornes ist, ohne Zweifel
dereinst der Träger des Verkehres aus dem Gebiete des grossen Oromó-
Stammes der Arussi. Interessant ist ihr beinahe geradliniger Verlauf von
Norden nach Süden am 45.° östlicher Länge von Greenwich.[63])

An der Spitze des afrikanischen Osthornes sind es vornehmlich die Thäler
der Cherân, welchen die Karawanen nach dem Innern zu folgen haben. Für
die Natur der Landschaft ist der Name des Nordrandes des Osthornes bezeichnend, der Nogâl lautet, was soviel wie Quellenaufsauger bedeutet. Von Berbera aus ziehen Karawanen im Thale des Tug Dêr und an der östlichen Seite
desselben bis Bur Dap. Eine Durchquerung der Halbinsel bis zur Neger-Bai
(8° nördlicher Breite) am indischen Ocean wird weder von Norden, noch von
Südosten her von den Somâl beabsichtigt, weil sie wegen der Länge des Marsches durch das Wâdi des Dêr keinen praktischen Zweck hätte. Dagegen
durchziehen Karawanen von Las Gori aus das Dolbohanta-Gebiet längs des
Wâdi Nogâl bis in das Land der Ejssa Mahmud an der Neger-Bai und berühren dabei den sehr wichtigen Knotenpunkt von Strassen Bur Anót, nach
welchem vom Dschard Haffûn und aus Ogadén Wege führen, dann von dem
zweiten wichtigen Karawanenhaltepunkte Mudúg im Midjertin-Lande, welchen
Karawanen aus Gerlogubbi in Ogadén in 8 Tagen, von Obbia in 3 Tagen zu erreichen pflegen. Die Producte des Midjertin-Landes und jenes der Hawija werden entweder längs der Meeresküste bis zur Neger-Bai oder bis Râs Haffûn
von den Karawanen gebracht oder auf einem nordwestlichen Wege bis zu jenem
Punkte im Thale des Wêbi Schabêli geschafft, wo der Strom südöstlich von
Barri einen direct südlichen Lauf nimmt. Von hier aus gelangen sie nach Ogadén und Berbera. Im Lande der Midjertin ist so ziemlich in der Mitte der Ost-
hornspitze Karkar ein Knotenpunkt von Karawanenbahnen, die dahin von
Bender Qâsim, Bender Merâja und Râs Alula, sowie vom Râs Haffûn den Lauf
nehmen.[64]) Der Lauf des Wâdi Daror ist eine natürliche Bahn für Karawanen
und führt nach dem Râs Haffûn. Die schwierigen Schifffahrtsverhältnisse um
das Cap Girdif (Guardafui), wo bei dem Wechsel der Monsune stets Katastrophen erfolgen, während zur Zeit der Dauer derselben ein Landen oder die
Umsegelung für kleinere Fahrzeuge zur Unmöglichkeit wird, nöthigen die Ein-

gebornen zu intensiver Pflege des Karawanenverkehrs, der unter den geschilderten Verhältnissen der einzig sichere ist. Es lässt sich behaupten, dass das Gros der Producte des Somál-Landes von 4° nördlicher Breite ab nach der Nord-Somál-Küste und nicht nach Sansibar verfrachtet wird.

Von der Communication des afrikanischen Osthornes zur See nach den Nachbarländern möge Nachstehendes hier Platz finden. Das Gros der Zu- und Abfuhr materieller Mittel geschieht auf den Barken der Eingebornen, den sogenannten Sambúk. Dies sind Segel- und Ruderfahrzeuge von ziemlicher Seetüchtigkeit, deren Capitäne (som. *nákhuda*) sich manchmal unglaubliche Leistungen zumuthen, diese aber auch häufig genug kühn vollbringen. Viele dieser Sambúk haben alljährlich sogar Reisen vom Osthorne Afrikas nach Indien und zurück gemacht mit einer Bemannung von einem halben Hundert und noch weniger Ruderern. Der gewöhnliche Weg, den sie nehmen, ist der von und nach dem persischen Golf und nach den Hafenplätzen des südlichen rothen Meeres. Die Fahrzeuge halten sich von der Omán-Küste aus stets streng an die Küstencontouren von Hadramaut und Jemen, berühren selten Aden, um Zollplackereien zu entgehen, und übersetzen die Meerenge von Báb el-mandeb, um nach Zejla, Berbera und weiter nach Süden zu gelangen. Manche traversiren auch den Golf von Aden auf der Höhe des letzteren Platzes und legen den 150 Seemeilen langen Weg Aden—Berbera in 3—4 Tagen zurück. Während des Nordost-Monsuns können Zanzibarer Barken die Benádir-Häfen nur mit Schwierigkeit besuchen. Dampfer drängen diese Schifffahrt noch immer nicht zurück.

Die zu Handelszwecken aufgestellten Karawanen haben die Aufgabe, sich nach den wichtigsten Marktplätzen zu begeben. Wie schon oben erwähnt, dienen im Galla-Gebiete die Mandarás nur als Waarendepóts und Ausladeplätze. Die Märkte (som. *súq*, das arab. سوق; 'afar. *adagá;* orom. *gabrá*) werden unter freiem Himmel an solchen Punkten abgehalten, wohin zu kommen und Waaren zu bringen einer grossen Zahl von Eingebornen ein Leichtes ist. Man verständigt sich rasch über solche Plätze, und sie pflegen mit Rücksicht auf die Betheiligten gut gewählt zu sein. Viele von den Marktplätzen sind in Folge der Lage der Ansiedlungen und productiver Bodenflächen uralt und sehr stark besucht. Im Somál- und 'Afar-Lande sind eigentliche Marktplätze selten anzutreffen. Ihre Stelle vertreten die Hafenplätze der Küste, vornehmlich: Hamfila, Ed, Bailúl, Assab, Raheita, Oboc, Tadschura, Sagallo, Dschibuti, Zejla, Bulhár, Berbera, Enterad, Kerem, Ankor, Haïs, Majt, Wakdéria, Bender Jadíd, Bender Gori (Las Gori), Durduri, Kallago, Bender Ghâm, Lamo, Bender Ziádah, Bender Qásim (Bosása), Bender Khôr (Botiala), Bender Merájah, Rás Asir, Bender Felek, Rás Alula, Erh Ahmed, Rás Haffún und die grossen Plätze der Benádir-Küste, Maqdischu, Merka, Barawa, Kismájo, Lamu, Malindi und Mombása. Vom Rás Alula bis Maqdischu gibt es keine regelmässig besuchten Märkte an den Küstenpunkten. Man schafft die Producte an die Makhar-Küste. Von den Küstenpunkten der Midjertin führt jährlich ein

grosses Schiff jene Producte direct nach Indien, welche von Karawanen nicht
verfrachtet werden konnten.[47]) Im Innern des Danâkil-Landes ist Aussa, an
der Grenze gegen das Oromó-Land sind Kobbo, Danê, Koktâra, Karab und
Erer ständige Marktplätze der 'Afar, wo aber natürlich nur nach geschlossener
Durraernte Geschäfte gemacht werden. Im Innern des Somâl-Landes sind es
die Grenzpunkte gegen das Galla-Land, wo grosse Märkte regelmässig abgehalten werden, an der Seite gegen Harar zu zu Farssah, Milmil, Galdoa oder
Galadura, Ime, Karanle, Herer es-saghîr, Worra 'Ali, Fiambîro, Tosanbîru,
Goraribu, Funjánribu, Dschaldéssa. Kaufleute von Harar und selbst europäische Händler, die sich in der Stadt aufhielten, hatten die Gewohnheit, die
in nicht zu grosser Entfernung befindlichen Marktplätze zu besuchen. Die politischen Verhältnisse machten freilich ein Vordringen zu entfernteren Punkten
unmöglich. Immerhin fand ich aber seinerzeit in Harar Leute, welche den
Markt von Ime regelmässig besucht hatten, und Sacconi und Sotiros machten
sich, von Solchen ermuthigt, auf, bis nach Ogadén zu dringen, um sich über
die damals am meisten besuchten Märkte an der Somâl- und Oromó-Grenze
persönlich zu informiren. Im Süd-Somâl-Lande sind die am Wébi Schabéli oder
Dschubb gelegenen Punkte Schidli, Gelidi, Golwin, Bardera und Ganjâne
(Logh) die besuchtesten, in mancher Beziehung die einzigen Marktplätze.

Geradezu grossartig ist aber das Marktwesen in den Galla-Ländern südlich von Schoa und in der Stadt Harar entwickelt. In letztgenannter Metropole
— dem ersten Marktplatze des binnenländischen Ost-Afrika überhaupt —
herrschen arabische Marktbräuche mit somalischen und gallanischen vermischt. Harar ist der Sammelplatz der gesammten Marktproducte der nordöstlichen Galla-Gebiete. Hinter seinem Handel bleibt der aller äthiopischen
Städte und aller Oromó- und Dankali-, sowie aller Somâl-Ansiedlungen der
Küste — Berbera, das ja nur als Frachtplatz so hoch dasteht, in vieler Beziehung mitgerechnet — weit zurück. Da aber gegenwärtig die Strasse von
Schoa nach Harar offen ist, so bildet Harar fortan auch ein Hauptemporium
und den ersten commerciellen Vorort über alle Marktplätze der Galla-Gebiete von Schoa.

Ist das Marktwesen bei den Somâl und 'Afar mehr dem System der
Saison- oder Jahrmärkte (Dauermärkte) angepasst, so ist dasselbe bei den
Oromó ein Wochenmarktwesen, das in der trockenen Zeit in Blüthe steht. Die
Angehörigen jedes grossen oder mehrerer kleinerer Oromó-Stämme besitzen
einen Marktplatz erster Ordnung und mehrere unbedeutendere an einzelnen
Punkten im Lande. Die Kaufleute, die unter den Oromó als eine eigene Kaste
aufgefasst werden, zu welcher vorkommendenfalls von den Eingebornen nicht
adoptirte Fremde gehören, und die nur von Ihresgleichen gerichtet und bestraft werden können,[48]) erscheinen auf den Hauptmarktplätzen und senden
ihre Diener oder andere Organe aus den Mandarás nach den kleineren Oertlichkeiten, wo Handelsgeschäfte gemacht werden. Unter den grossen Marktplätzen ist im Norden der Galla-Länder von Schoa Basso am Abáj in God-

schâm zu nennen, wohl der erste commercielle Platz in ganz Aethiopien, wohin
nicht nur die Oromó am linken Ufer des blauen Nil, sondern auch die Bewohner des Südostens des ehemaligen ägyptischen Sudâns ihre Producte zum
Verkaufe bringen, sodann Liëkâ, wohin auch die Waaren aus Gudru, Rannó,
Bilô, Limmu, Gomma, Guma, Djimma und Gêra zusammenströmen,[69] Litschó,
der erste Mercantilplatz von Schoa, mit einem Diameter des Handelsbe-
zirkes von 70—80 Kilometern, Ankober und Aliu Amba, Dodossié, Worra-
Ittu, Enaori, Antschikurer, Centralpunkte für das Land der Wollo-Galla und
der diesem benachbarten kleineren Oromó-Stämme, an welch' letzterem angeblich für 3 Millionen Francs jährlich Waaren verkauft werden,[70] Roggié
im Gebiete der Galên-Galla mit circa 10.000 Einwohnern, Kabiêna oder Mod-
jêr, zwei grosse Märkte für Sclaven an der Grenze von Guragê, Gibisso, Ghier
und Toli im Gebiete der Soddo-Galla, Goriéno, Kassini ebendaselbst, Anduodi
bei Roggié, ein Hauptmarkt für Sclaven, welche vornehmlich aus Tschahá,
Atschafer, Muhúr, Esgiá und Dimellel aufgetrieben werden, Tolê, ein Markt
für Galla aus Kafa, Inarja, Djimma, Absô, Arussi, Metscha, Batschó, Guragê
u. s. w.,[71] Sâka, Afillô, Kolô, Bonga, bedeutende Kaffeemärkte, dann solche
für Zibet und Elfenbein,[72] Logh und Bardera, die bedeutendsten Handelspunkte für das Gebiet der südlichen Oromó des Binnenlandes, Lamu, Malindi
und Mombâs für die Oromó der Küstenstrecke am indischen Ocean. An einigen dieser Plätze, wie z. B. am Gibié, kommen an Markttagen 10.000—15.000
Interessenten (Käufer und Verkäufer) zusammen. An den Marktplätzen im
Süden von Schoa und in diesem Lande selbst werden die Wochenmärkte zumeist an Samstagen, aber auch Donnerstag oder Dienstag abgehalten.

Im Lega-Galla-Gebiete werden an fünf Punkten die commerciellen Transactionen besorgt, deren vornehmster Gumbabi zu sein scheint. Von dem Treiben auf demselben hat Schuver ein anmuthendes Bild entworfen.[73] Die Marktzeit pflegt spät anzufangen (gegen 10 Uhr Vormittags) und hört zeitlich auf,
damit die Leute zusammenkommen und mit dem Gekauften wieder an ihrem
Wohnorte noch am gleichen Tage eintreffen können. In der Umgebung von
Harar beginnen an einzelnen Punkten die Marktgeschäfte erst am Nachmittag.
Die Händler gruppiren sich merkwürdiger Weise nach Geschlechtern, welcher Modus schon implicite eine Gruppirung nach Waaren umfasst, weil
Frauen und Männer verschiedene Gegenstände zu Markte bringen. Die Waare
muss vom Ersteher sofort geborgen werden, denn es gibt keine gedeckten
Räume auf den oromonischen Marktplätzen, und nur die Mandarás enthalten
Schupfen und Zelte. Ebenso muss jegliche Waarenquantität alsogleich bezahlt
werden, denn das Sicht- oder Creditwesen ist nur an der Küste entwickelt, wo
sich Thun und Lassen des Händlers controliren lässt. Das schliesst nicht aus,
dass Lieferer von Waaren, z. B. bei den Somâl, bei den Händlern Schulden
machen, d. h. dass man ihnen Geld oder Geldeswerth für bestellte Güter im
Vorhinein anvertraut. Doch ist es bei den Kaufleuten des afrikanischen Osthornes Grundsatz, sofortige Baarzahlung zu geben und zu empfangen, eventuell

Waarentausch aus der Hand in die Hand zu üben. In dieser Beziehung können
die Banianen als musterhafte Kaufleute bezeichnet werden, die ihre Präponderanz und dominirende Stellung nur dem Umstande danken, dass sie mit
grosser Zähigkeit ihre Kunden die Zahlungsverpflichtungen einzuhalten ge-
wöhnen, stets viel flüssiges (rollendes) Geld bei sich führen und dieses mit nur
geringem Gewinne, keineswegs wucherisch, an solvente Gläubiger auszuleihen
verstehen. Es gibt natürlich auch Ausnahmen unter dem praktischen und thäti-
gen Mittelschlage dieser Händlerclasse Nordost-Afrikas, allein die Banianen
haben es dahin gebracht, den alten arabischen, viel leichtsinnigeren und fahr-
lässigen Kaufherrn an der Benâdir-Küste vollständig aus dem Felde zu schlagen, an der Nord-Somâl-Küste aber von ihnen und ihrem Capitale abhängig
zu machen, so zwar, dass die Araber daselbst das Schicksal ihrer Brüder von
der Benâdir-Küste ereilen wird.

Wir wenden uns nun dem Geld-, Mass- und Gewichtswesen Nordost-
Afrikas zu, um dann noch zum Schlusse dieses Abschnittes von einzelnen
Handelsbräuchen zu sprechen.

Den Geldverkehr vermittelt in Nordost-Afrika gemünztes europäisches
Geld (som. lâg; 'afar. laqaô, dujé, mâl; orom. gotti, hûri = »pecunia«) und
Tauschstücke ('afar. adagâ) verschiedener Art, die Geldeswerth vertreten. Beider Curs richtet sich nach der Entfernung von der Küste des Golfes von Aden
und seltener nach der Menge des an einem Platze befindlichen Geldes, weil
namentlich die Zahl der Stücke des gemünzten Geldes eine verhältnissmässig
so geringe ist, dass sie im Curse keinen Ausdruck finden kann. Gemünztes
Geld findet sich nur an den Küstenplätzen in Schoa und entlang der frequentesten Karawanenstrassen. Abseits von den letzteren ist es nicht nur sehr
selten, sondern nicht einmal bekannt, geschweige denn, dass es angenommen
würde. An den grossen Strassen, die vom 'Afar-Lande und von Zejla nach
dem Süden der Galla-Länder von Schoa, ganz besonders zu den Sidâma laufen,
ist gemünztes Geld nur bis Tschalla in Gêra und bis Kabiêna bei Guragê —
in Djimma ist der Maria Theresia-Thaler noch im Umlaufe — bekannt und
wird dort an Zahlungsstatt öffentlich nicht mehr genommen.[14]) Am Omo in
Zindscherò sind die Maria Theresia-Thaler schon ganz unbekannt. An der
Harar-Strasse geht es über die Stadt Harar und deren nächste Umgebung
nicht weiter heraus nach Süden, als etwa 70 Kilometer, und im Somâl-Lande
findet sein Umlauf am Wêbi die Grenze.[15]) Von der Benâdir-Küste dringt
gemünztes Geld nur auf ganz kurze Strecken, selten mehr als 50 Kilometer,
in das Land, und das nur von den grossen Hafenplätzen aus, wo ein reger
Karawanenverkehr herrscht. In den kleinen Niederlassungen ist es nirgends
anzubringen, an vielen Punkten sogar unbekannt. Allgemein ist der Brauch,
das zur Anfertigung des Schmuckes benöthigte Silber dem Münzvorrathe zu
entnehmen, und zu diesem Behufe werden von Münzen besonders in Schoa
jährlich ziemlich bedeutende Mengen zum industriellen Betriebe einge-
schmolzen.

Unter den am afrikanischen Osthorne cursirenden Münzen steht der österreichische Maria Theresia-Thaler vom Jahre 1780 (som. *scharók, qirsch assudd, dallér, rijál, qirsch frathinsija, thálari;* 'afar. *qársi,* vom arab. قِرْش, *laqaú;* orom. *qarsa*), der Rijál abû théra («Vater des Vogels») der Aegypter = 4 Francs 60 Centimes bis 5 Francs 50 Centimes obenan. An der Somál-Küste wird er gerne blank genommen, und es muss dem Irrthume entgegengetreten werden, als müssten die Stücke eine schwarze Farbe haben, um angenommen zu werden,[16] oder es müsse den blanken Münzen künstlich durch Schwärzung mittelst Schiesspulvers ein ehrwürdiges Aussehen gegeben werden. Eine Zahl von Kennzeichen für den Eingebornen müssen die echten Münzen allerdings besitzen, denn die Gestadeländer des rothen Meeres sind mit Thaler-Falsificaten geradezu überschwemmt, deren Ausgabe schon bei den Wechslern von Suez beginnt. Zunächst sehen die Eingebornen, und zwar Galla wie Somál und 'Afar, darauf, dass die Münzen vollgewichtig und wirklich aus Silber seien. Die letztere Eigenschaft erproben sie gewöhnlich durch Anschlagen der Münzen an die Zähne oder durch Anschlagen der Stücke an die metallenen Fingerringe; die erstere erkennen sie an dem Vorhandensein der acht Punkte in dem Kronenreife des Bildes der Kaiserin (*rás*), an dem deutlichen Ausdrucke der Punkte an der Schulteragraffe (orom. *aubert*), an dem Vorhandensein und deutlicher Beschaffenheit der Buchstaben S. F. unter dem Bildnisse (orom. *eghér*). Die Münze darf ferner weder platt (orom. *mulé*), noch von mechanischer Verletzung gestreift (orom. *ûg*) oder gar zerbrochen oder sonst am Rande beschädigt sein (orom. *sabara*). Die acht Punkte in dem Kronenreife und die neun Punkte an der Brustagraffe des Bildnisses sollen nicht gross (orom. *sictie*), nicht klein (orom. *wondie*) sein. Strenge wird auch z. B. bei den Galla darauf gesehen, dass die Kaiserin auf den Münzen keine zu kleine Nase habe, welchen Defect häufig etwas abgenützte Münzen zeigen.[17] Die diese Eigenschaften nicht besitzenden Münzen sind es, die man der Industrie zuführt, und eigene arabische Speculanten sammeln sie unter bedeutender Reduction am Preise, um sie an der Küste gegen vollwerthige einzutauschen. Man theilt den Thaler bei den Somál rechnungsmässig in 80 *bogsás,* bei jenen der Benádir-Küste, weil dort eine cursirende kleine Münze fehlt, manchmal durch mechanische Theilung mittelst eines Messers in Stücke zu ¹⁄₂ *(nuss-qirsch* oder *scharók),* ¹⁄₄ *(rubbú qirsch),* ¹⁄₈ *(summún qirsch* oder *summúni),* welche Werthe dem oromischen *aláд* (¹⁄₂ Thaler), *drim* (¹⁄₄ Thaler) und *tmugn* (¹⁄₈ Thaler) entsprechen, dem Harariner *baska* (¹⁄₂₀ Thaler) und *para* (¹⁄₄₀ Thaler), welch letztere ja nur Rechnungswerthe sind, vergleichbar sind, da es bei den Oromó an kleinen Tauscheinheiten nicht mangelt, wie später gezeigt werden soll. 16 Thaler (orom. *nater*) haben das Gewicht des arab. رِطْل. 48 Thaler sind gleich 1 Kilogramm 348 Gramm. Von Italien aus wurden an Stelle des Maria Theresia-Thalers dem Gewichte und der Grösse nach ganz gleiche Münzen mit dem Bilde König Humbert's für Nordost-Afrika geprägt, von den Eingebornen aber nicht bevorzugt, so dass man sie bald einziehen musste.

Neben dem Maria Theresia-Thaler werden an der Nord-Somál-Küste noch die indischen Rupien (som. *rubijje*) mit ihren Theilen, den Annas und Pies, in Circulation gebracht und von Aden aus mit allem Nachdrucke an die Eingebornen an Zahlungsstatt gegeben. An der Benâdir-Küste circuliren Bruchtheile der Rupie nicht. Wo Briten herrschen, haben sie natürlich Curs; allein im Inneren des Landes werden sie zurückgewiesen, und selbst an den grossen Handelsplätzen, wie in Schoa und Harar, ist es schwer, sie an den Mann zu bringen. Dagegen nehmen die Nord-Somál und 'Afar ägyptische Piaster (som. *halach;* 'afar. *asrâdi;* orom. *sdé*) — 27 Centimes, 16—17¹ , — 1 Thaler, mit Vorliebe an, ebenso die *mejjedij*, die Benâdir-Küstenbewohner dagegen den spanischen Colonnadethaler (den مدرى des Orients, in Harar: *bumed for* genannt, bei den Arabern neben dem Maria Theresia-Thaler am beliebtesten), den mexicanischen Thaler und das *bese* genannte Kleingeld von Zanzibar. 1 Maria Theresia-Thaler gilt im Mittel 2 Rupien und 8 Bese oder 136 Bese — 17¹ , Piaster. Jedes andere Geld, auch das ehemalige Harariner, das echte, wie das aus Patronenhülsen geprägte und das Geld Kaiser Menilek II. wird nur ausnahmsweise und sehr ungerne genommen, meist jedoch als «falsch» zurückgewiesen.

Die das Geld vertretenden Wertheinheiten bestehen aus mannigfachen Stoffen, wie Salz, Metall, Fellen, Baumwolle, Glas, Tabak, Wachs, Kaffeebohnen und Korarima. Auch Vieh und Sclaven gelten ab und zu als Tauscheinheiten bei den Oromó. Die im 'Afar-Lande und in Aethiopien aus fossilem Salze hergestellten Salzgeldstücke, die amharinischen Amulié oder Amulé ('afar. *akâr, ankabú;* tigrin. *galeb;* orom. *amulé, sogida*) sind prismatische Stücke von 22 Centimeter Länge und 3 Centimeter und 5 Millimeter (am Grunde) Breite, von der Form unserer Handwetzsteine, sind mit Bast umwickelt und wiegen 750 Gramm bis 1¹/₂ Kilogramm. Man transportirt die Salze in Bündeln, rund herum in Blättern eingeschlagen, manchmal an Stangen zu 20—30 Stück gebunden. Man halbirt und viertheilt sie gerne ihrer Länge nach. ¹/₂ Amulié heisst auf orom. *gamisa* oder *gemâtsch,* auch *amulé walaka,* ¹/₄: *kurmana.* Theilung der Amulié in 6 Stücke kommt selten vor, aber sogar in 11 Stücke zerkleinert man sie. ¹/₁₁ Salz heisst orom. *luofi tschikilié.* Sie sind das beliebteste Kleingeld des gallanischen Handelsverkehres. Je nach der Entfernung der Hauptfabricationsplätze, der Ausfuhr, der Menge des vorhandenen Salzes, dem regelmässigen Eintreffen der Nachschübe haben sie verschiedenen Werth. Unter normalen Verhältnissen lässt sich folgende Relation zwischen Salzstücken und Maria Theresia-Thalern und folgende Uebersicht des Werthes nach den Entfernungen in den Galla-Gebieten aufstellen:⁵⁶)

Ein Maria Theresia-Thaler gilt gewöhnlich: in Ankober 30—32 (oftmals nur 9—10), in Litsché 10¹/₂, in Basso 16—18, in Toli bei Kabiéna 6—7, in Kabiéna 4—6, in Tschalla 6, in Roggié 9—9¹/₂, in Guragé 8 Amulié. In den Galla-Gebieten am 6° 20' nördlicher Breite gilt ein Thaler, wenn es möglich ist, ihn überhaupt an den Mann zu bringen. 4—5 Salze. An Ort und Stelle der

Herstellung der Amulié, z. B. in Arru (östlich von Tigrié), werden oft 90—100 um 1 Maria Theresia-Thaler gekauft. Da die Salze in Folge der Feuchtigkeit der Luft und beim Transporte einem grossen Schwunde unterworfen sind, verwahrt man sie stets in der Nähe der Feuerstellen.

Von Metallen circuliren als Geldstücke in Nordost-Afrika unter den Galla die *màrtschua* oder *larawatta* genannten, 6—12 Centimeter langen Eisenstücke mit zurückgebogenen Enden, in der Mitte etwas dicker als an den Enden, zu Lanzenspitzen vorzüglich geeignet und namentlich bei den Arussi und bei den Sidáma verbreitet, wovon etwa 130 Stücke für 1 Thaler in Schoa erstanden werden, ferner Kupfer-, Zinn- und Zinkstücke,[19] Drahtgewinde, Kalbfelle, die, 6—7 Salze werth, als grosse Geldeinheiten dienen (eine Sclavin bei den Sidáma ist werth 10 Felle — 60—70 Salzen — 6—8 Thalern), schwarze, bedruckte und unbedruckte Baumwollenzeuge und Tücher (orom. *tschiti;* som. *malúm*),[20] starkes rothes Baumwollengarn (Strickgarn [orom. *schàmela*]), ganze Schamás (orom. *bambadscha*), Schnüre mit Glasperlen (orom. *bursoköf, madda guratscha*), besonders jenen von der beliebten *geneta-Sorte. Vegetabilische Stoffe, wie Tabak, Korarima und Kaffee werden in Paketen oder Stücken, Wachs in kleinen Gewichtstheilen als Geldeinheiten und Scheidemünzen gebraucht.[21]

Von dem gemünzten Gelde der Emire von Harar (har. *mohalàk*), welches die Aufschrift trug: ضربية الهرر, galt als Einheit die *áschrafi* und hatte zu verschiedenen Zeiten verschiedenen Werth;[22] zuletzt sank sie sogar auf den Werth eines ägyptischen Piaster tarif hinab, und zur Zeit des ägyptischen Dominiums schwand sie ganz aus dem Verkehre, so dass es mir zu Harar Mühe kostete, Stücke davon selbst bei Liebhabern aufzutreiben. Im Verhältnisse zu dem soliden Maria Theresia-Thaler verschmähte man das blätterdünne Geld, und es kann behauptet werden, dass es auch in ferner Zukunft ganz unmöglich sein werde, den Maria Theresia-Thaler in Nordost-Afrika aus seiner Position zu verdrängen. Das Hartgeld verwahren die Eingebornen in Kistchen aus Holz, bei grossen Quantitäten nach arabischem Brauche im Inneren der Hütten und Häuser in Rollen (Stössen) zu 20 und 50 Stück übereinander geschlichtet. Die Somál z. B. sind an diese Aufbewahrungs- und Transportweise des Geldes so gewöhnt, dass nach ihrer Meinung Holzkisten, falls sie einiges Gewicht haben, stets Hartgeld enthalten müssen. Von einer Fructification baaren Geldes kann bei den Somál und Oromó keine Rede sein; sie lassen selbst grosse Beträge ganz brach in ihren Behausungen liegen.[23]

Was die am afrikanischen Osthorne gebräuchlichen Masse (som.?; 'afar. *muddi*; orom. *saféra*) betrifft, so sind sie arabischer (semitischer) Herkunft und von arabischen Händlern eingeführt worden. Das äthiopische Reich hat selbst zu Zeiten seiner Blüthe anscheinend keine Originalmasse hervorgebracht. In ganz Nordost-Afrika ist es indess Usus, dass jeder Verkäufer nach jenen Massen und Gewichten messe und wiege, die in seinem Heimatlande gebräuchlich sind. Die annähernd den arabischen Einheiten gleichenden Masse und Gewichte belegt man dann mit den arabischen Benennungen. Als Längenmass steht die Spanne vom Daumen bis zur Spitze des Mittelfingers (orom. *senzer;* som. *tûka*), der Unterarm (som. *bâh;* 'afar. *hasûl*) und die Elle (som. *dudûn;* orom. *dugdûma*) == 0·49 Meter in Verwendung. Selbstverständlich ist auch der reine arabische *drâ, schibr* und *fitr,* die *dsirâh* und die *qabdhe,* der *qadam* und der *qirâth,* der *feddân* und die *malaga,* die *chatwe* u. A. m. häufig gebraucht oder doch gekannt. 8 Somâli-Drâhs == 9 *drâ* von Harar. 8 Somâli-Drâhs nennt man auch *marru* und diese ist fast gleich 5 englischen Yards (som. *war*). Ein solches Stück Zeug, das gewissermassen auch als Masseinheit dient, kostet 4 Francs 50 Centimes. Die Galla legen dem Längen- und Flächenmasse gleichfalls die Elle und deren Multiplum zu Grunde, rechnen aber auch gerne im Grossen nach dem schoanischen Kodēl (3 Armlängen), Schil (4 Armlängen), Deg-deg (12 Armlängen) und Bofet (28 Armlängen).[*] Der abessinische Tale. d. i. die Dauer einer Tagesarbeit, welche ein pflügender Ochse vollendet, oder amharische Tzemd und die Bololke sind auch bei den Oromó im Gebrauche. Der gallanische *kend* == 0·5 Meter gilt als Masseinheit für Tuch und Zeug. Die südlichen Galla bezeichnen eine Quantität von 5 Ellen Tuch nach Wakefield's Zeugniss[**]) mit dem Namen *doti.* Im Uebrigen gilt die an den Gestaden des rothen Meeres typische Tabelle der Masse (1 Gabbi oder Schammá == 2 Koranná; 1 Koranná == 2 Gherbâb; 1 Gherbâb = 5 Kend; 1 Kend == 2 Senzer; 1 Senzer == 3 Tât). Als Kleinmasse gebraucht man den Stambul (667 Millimeter), den ägyptischen Lezri (670 Millimeter) und den Jindi (627 Millimeter).[***] Bemerkenswerth ist, dass das Elfenbein bei den Galla nicht gewogen wird. Man misst es nach Kend, d. i. nach der Länge des Unterarmes.

Unter den Hohlmassen bildet die gebräuchlichste Einheit der arabische اردبّ (== 176·3 Liter) mit den Unterabtheilungen der *waibe* und *rubha.* In Schoa misst man das Getreide nach *erbuò, badén (dsollâ), kunna* und *leffia.* 6 *erbuò* == 7 *kunna.* Die *kunna* — 2 Liter bildet in Schoa und bei vielen Galla das Einheitsmass für Korn, Mehl u. s. w. Die Benâdir-Somâl messen die Durra nach *kilas.* 1 Kila == 1·110 Liter — 2 *men* - 2 Kilogramm 262 Gramm Gewicht; 15 Kila == 1 *tobla,* 30 Kila == 1 *msigo,* 100 Kila == 1 *dschezéla* (an anderen Stellen nur 60 Kila == 1 Dschezéla). In Maqdischu ist nach Guillain 1 Tobla == 15 Kila, in Zanzibar die Kila 2¹⁄₂ Kibâba, nochmals so gross als in Maqdischu. Die War Sangéli-Somâl messen Reis und Durra nach der *faléa* oder *gurdi* wie alle anderen Somâl. 1 Gurdi == 1 Rethol Gewicht. Das gebräuchlichste kleine Mass unter den Somâli-Hohlmassen ist der *madal* - 1 Liter 70 Centiliter. Fett misst man nach der *rhudda* - 14 Rethol oder der *gedda* == 24 Rethol (1 Gedda zerfällt in 4 *ud* Gewicht), Gummi nach *gônis* == 1 *handar.* Gallanische Getreidemasse sind noch der *gondo, tschingò, hubbò* und die *safaita,* welch letzterer Massbehälter stets aus Horn ist, so dass man damit auch den Honig bequem messen kann. Manchmal ersetzt diese Form die einfache Kürbisflasche *(bukkè).* In der Stadt Harar und deren Umgebung misst man das Durra-Korn nach der *karavâna* (- 9 Kilogramm Gewicht), welche ungefähr 10 Liter fasst. Der abessinische Messié (1¹⁄₂ Liter) gilt als Kleinmass für Hydromele und Farscho bei

den Galla, bei den Somál und 'Afar auch die *schola* für Flüssigkeiten und der
kail für Trockenes der Uferländer des rothen Meeres.

Wie bei den Massen, so sind auch beim Gewichtssystem (som. *misán;*
'afar. *natri;* orom. *madali*) arabische Grundzüge häufig genug zu erkennen.
Allein man kann von einem wahren Wirrsal sprechen, das bei den Somál besonders in den Gewichtseinheiten herrscht. Es steht damit viel schlimmer wie
mit den Massen: denn beim Gebrauche der Längen- und Hohlmasse sind die
Eingebornen, wie erwähnt, gewöhnt und lassen sich's gefallen, dass Jeder
messe, wie in seiner Heimat gemessen wird. Allein beim Gewichte wägt nicht
nur jeder Händler, wie in seiner Heimat gewogen wird, sondern er kann auch
in jeder Stadt und jedem Orte, in welchem er Geschäfte macht und zu wägen
in die Lage kommt, nach einer anderen Basis wägen, d. h. seinen Operationen
eine verschiedene Gewichtseinheit, und zwar bei jeder Waare, zu Grunde
legen. Dazu kommt der überaus schlechte Zustand der Waagen (som. und 'afar.
midán), zumal in Schoa und in den Galla-Gebieten, wo die Händler häufig Einem
wahrhaftig anhängen, was immer sie wollen.[1]) In den Galla-Ländern jenseits
des Hawásch wird nur das Kupfer gewogen, alles Andere nach dem Augen-
masse und nach der Elle gemessen. An der Nordküste und jener der Benádir
haben Engländer und Franzosen der grossen Willkür in etwas zu steuern vermocht. Der Gedanke lässt sich nicht unterdrücken, dass man von europäischer,
indischer und arabischer Seite aber gerade die Unordnung gerne bevorzugte,
weil der geistig Ueberlegene dabei in der Regel seine gute Rechnung fand.

Die Basis jeglichen Gewichtes bildet heutzutage in Nordost-Afrika das
Gewicht des Maria Theresia-Thalers, die *waqíjja* (arab. وقية) = 12 Dirhem =
1½ رطل = 571½, = 576 englische Gran = 28·074 Gramm. Vor dem Ende des 18. Jahrhunderts, bevor der Maria Theresia-Thaler an der Ostküste Afrikas bekannt
und allgemein angenommen ward — er dankt die Beliebtheit einzig und allein
dem Umstande, dass er damals die einzige wirklich solide und auch äusserlich im-
ponirende Münze war, nach welcher die schlauen Orientalen sofort hastig griffen,
und keineswegs etwa einer damals übergrossen Ausdehnung des österreichischen Handels im Orient — musste eine andere Gewichtseinheit, wahrscheinlich die ägyptische Qamha, Habbe oder der Dirhem seine Stelle im Gewichts-
systeme eingenommen haben. Das «Pfund» des Nord-Somáli und 'Afar ist der
Rathl oder Rothl (som. *rothol;* 'afar. *ráteli*) — 16 Waqijja = 448 Gramm, der
«Centner» oder das Grossgewicht die *frasleh* oder *frásila* 32 Rathl — 14 Kilogramm 336 Gramm — dem Gewichte von 500 Thalern. Der Somáli der Benádir-
Küste rechnet nach Rathl und Nater, wobei 1 Nater – 12—18 Waqijja, 1 Rathl
– 445 Gramm, 3 Rathl 1 Men, 12 Men 1 Frasleh, 7 Frasleh = 1 *kiss.* Der
Galla nennt den Rathl *mitschirrá* und rechnet gleichfalls nach demselben, wobei
er ihn in 20 Drim theilt. Das Pfund gibt bei den Somáli ein Multiplum für die
Rechnung im Grossen, den Handar (20 Rathl – 5 Frasleh). 3 Handar sind wieder
1 Bohar, der somit 15 Frasleh repräsentirt und etwa 135—136 Kilogramm wiegt.
160·7 Kilogramm – 1 Dschezéla, dem Grossmasse für Getreide.[2]) Aus folgender

Tabelle mag eine kleine Uebersicht über die grossen Differenzen im Gewichte an den einzelnen Punkten der Küste Nordost-Afrikas gewähren:[20])

1 Rathl in Zejla oder Berbera   21 .   .   .   .   .   . Waqijja (od. M.Th.-1 hlr.)

1   »   » Bender Qàsim   .   26 .   .   .   .   »   »

1   »   » Harar   .   .   .   27, 28 u. 29 (784—846 Gr.)   »   »

                                                   (1880, 1881 und 1882 ff.)

1   »   » Hais .   .   .   .   32 .   .   .   . Waqijja (od. M.Th.-Thlr.)

1   »   » Lasgori   .   44 .   .   .   .   »   »

1   »   » Massaua   .   .   12—18   .   .   .   »   »

1   »   » ganz Abessinien   12 .   .   .   .   »   »

1   »   bei den Midjertîn   .   16 .   .   .   »   »

1   »   » den Benádir .   16 .   .   .   »   »

1 Frasleh in Zejla oder Berbera   .   .   32   Rathl

1   »   » Harar oder Bender Qásim   20   35 »

1   »   » Merája .   .   .   20   »

1   »   » Hais   16   »

1   »   » Lasgori   8   »

1   »   » Arabien (Hadramaût) .   .   40   »

1   »   » Aden .   .   .   32   »

1   »   » Massaua   .   .   .   18   20

1   »   bei den Midjertîn   .   .   15   »

1   »   an der Benádir-Küste .   35   »

In diese Tabelle konnten die in den Oromó-Gebieten südlich von Schoa und im südlichen Galla-Lande geltenden Werthe des Rathl, des Nater und der Frasleh nicht einbezogen werden, weil über deren Verwendung keine sicheren Daten existiren. Soviel lässt sich sagen, dass gewöhnlich das Zejlaner oder Berberaner Gewicht im Nord-Galla-Lande von den Kaufleuten, im Süd-Galla-Lande das Zanzibarer von den Karawanen in natura mitgeführt wird, oder dass man es nach der Einheit des Rathl sich an Ort und Stelle zusammensetzt. Der Nater wird in 2 ia-nater-ckül, 1 ia-nater-ekül in 2 nater-rub eingetheilt. Auch der Nater hat natürlich an verschiedenen Orten verschiedenes Gewicht und differirt auch bei der Wägung verschiedener Waaren. 1 Nater Gold hat z. B. in Schoa nur 27 Gramm Gewicht des Thalers zur Grundlage. 1 Nater ist in den Landen der Oromó in der Regel gleich 1 Frasilah 18 Thalern. 300.000 Nater werden gewöhnlich 100.000 Kilogramm gleichgeachtet. 150 Nater wiegt eine Kameellast Kaffee. Beim Kaffeehandel wiederum gilt 1 Rathl 17 Thaler, sonst vorwiegend 18 Thaler, so beim Verkaufe des Kupfers. Die Waqijja wird ferner in die kleine und eine Gross-Waqijja unterschieden. Die erstere dient beim Wägen des Zibets, die letztere gleich 40 Rathl à 12 Thaler ist die Einheit beim Messen des Elfenbeins, wenn dasselbe wegen der unbedeutenden Länge der Stücke gewogen werden muss. Den meisten Schwankungen unterliegt der Rathl, denn er wiegt 400—448 Gramm, eine kolossale

Differenz bei theueren Stoffen. Datteln wiegt man nach *kossaras:* 4 Kossara
— 1 *hamil* oder 57 Kilogramm.

Bei der Abwicklung der Geschäfte, die sich auf offenem Markte inmitten
zahlreicher Zuschauer und Concurrenten vollzicht, wird es nothwendig, dass
sich Käufer und Verkäufer einer Zeichensprache bedienen.*) Zu diesem
Zwecke reichen einander beide Theile die Hände unter dem Saume des Kleides oder einer Baumwollen- oder Lederzeugbedeckung überhaupt, oft unter
der Turbanbinde, und nun beginnt ein international verstandenes Anbieten des
Preises und der Waarenquantitäten durch Einkerbung mittelst des Daumens an
den Fingern des Partners oder die Betastung der Hand mit einzelnen Fingern.
Umfasst der Anbietende des Partners Zeigefinger, so kann dies 1, 10 oder 100
bedeuten, reicht er ihm zwei Finger vereint, so bedeutet das 2, 20 oder 200,
reicht er ihm 3 oder 4 Finger in gleicher Art, so bedeutet das 3, 30 oder 300,
beziehungsweise 4, 40 oder 400. Streckt er die ganze Hand, die Finger eng
beisammen entgegen, so bietet er 5, 50 oder 500. Der kleine Finger allein bedeutet 6, 60 oder 600, der Ringfinger 7, 70 oder 700, der Mittelfinger 8, 80
oder 800, der Zeigefinger 9, 90 oder 900, der Daumen 1000. Kerbt der Käufer
mit seinem Daumen in die Hälfte des Zeigefingers des Verkäufers, so bedeutet
dies, dass er nur die Hälfte von dem geforderten Preise biete, kerbt er bei $\frac{1}{4}$
der Fingerlänge ein, so will er damit sagen, dass er $\frac{1}{4}$ von dem verlangten
Preise zugeben wolle, streicht er den Finger von der Wurzel zur Spitze, so
heisst das $\frac{1}{1}$. Klopft der Käufer mit dem Daumen und Zeigefinger auf den
Nagel des Zeigefingers des Verkäufers, so bietet er damit um $\frac{1}{8}$ mehr, fasst
er mit den genannten beiden Fingern die Spitze des Zeigefingers des Gegners,
so will er $\frac{1}{8}$ Reduction des Preises. Auf diese Art können sich beide Theile
sehr rasch und ohne ein Wort zu sprechen über den Preis einer Waarenquantität einigen, die natürlich am Platze bei derlei Geschäften die usuelle ist;
denn ob ein Quantum 5, 50 oder 500 Thaler werth sei, d. h. ob man eine dieser
Mengen im Auge habe, darüber bedarf es keines Einvernehmens, ebensowenig wie über die Geldsorte, in welcher zu zahlen sein werde. Soviel vertrauen einander nämlich 'Afar wie Somâl und Galla, dann Araber und Banianen
— diese gebrauchen die Zeichensprache fast ausschliesslich — dass man dann
nachher nicht über Münze und Quantität zu streiten brauche, wenn der Kauf
abgeschlossen ist. Nicht selten geschieht es freilich, dass ein Neider, der als
Unbetheiligter zusah, doch hinter die Abmachung kommt und dann den Preis
laut ausruft, damit sich Andere bei Anboten darnach zu richten wissen, und der
gewissermassen für das allgemeine Marktanbot den öffentlichen Curs gewalt-
sam macht. Er fordert damit den Unmuth heraus, sichert sich aber auch die
Dankbarkeit mancher Unbeholfenen oder Zaghaften. Diese Zeichensprache
ist bei dem Umstande, dass an den Märkten Nordost-Afrikas nicht viele Idiome
gesprochen werden, geradezu eine Nothwendigkeit, erspart dem Beduinen
fraudulose Vermittlung, vermeidet künstliche Erhöhung der Preise, sowie jede
Art von Waarenwucher und Zeitverlust.

Capitel 3: Werth des Eigenthums und der Arbeitskraft.

Ungeachtet der schon erwähnten ungemein gleichmässigen Schichtung des Eigenthums unter der Mehrheit der Bewohner des afrikanischen Osthornes, die in der dünngesäeten Bevölkerung, den reichen Gaben der Natur und der verhältnissmässig leichten Erwerbung des Lebensunterhaltes der Individuen ihren Grund hat, gibt es doch überall Besitzende und Besitzlose, wenngleich die letzteren hier in geringerer Zahl als anderwärts auf dem Continente anzutreffen sind. Es reicht zwar schon eine nur kleine Quantität materieller Güter hin, den Natursohn Nordost-Afrikas zum Besitzenden zu machen, und er kann ein solcher werden, wenn er bei dem Vorhandensein reicher Hilfsquellen und der Gelegenheit des Erwerbes seine physischen Kräfte nur mässig anspannt, allein sie macht ihn unabhängig und bewahrt ihn vor eigentlicher Armuth, wenn auch nicht immer vor zeitweiliger Verarmung. Von diesem Gesichtspunkte erscheint der Werth des Eigenthums und der Arbeitskraft am afrikanischen Osthorne niedrig. Man kann daher den Geldwerth materieller Güter und den Werth der Fähigkeit, seine physische Arbeitskraft im Kampfe um das Dasein zu bethätigen, bei den Nordost-Afrikanern nur dann richtig beurtheilen, wenn man sie mit den aequiparirenden Verhältnissen in Europa vergleicht.

Wollen wir Arme und Reiche in Nordost-Afrika charakterisiren, so müssen wir daran festhalten, dass, wer grössere, nach vielen Hunderten von Viehstücken zählende Heerden besitzt, bei 'Afar und Somál als reich angesehen wird, weil dieses Capital ihm und seiner Familie eine ganz sorgenlose Existenz gewährt. Dabei darf nicht vergessen werden, dass fast jede Somál- oder 'Afar-Familie 200—300 Ziegen oder Schafe, 10—40 Kameele und 10—20 Kühe besitzt.[91]) Arm ist daher bei den beiden genannten Völkern nur der Krüppel und der Verstossene, weshalb körperliche Gebrechlichkeit in Folge eines organischen Fehlers, deren halber selbst Brüder den Betroffenen aus abergläubischer Scheu zu verlassen pflegen, gleichbedeutend ist mit Armuth, desgleichen Hilflosigkeit in Folge von Gliederverlust, die verhindert, das Leben in der Familie und beim Stamme in allen seinen Zügen und nach allen seinen Anforderungen zu führen. Dasselbe Verhältniss hat auch bei den Galla statt, wo es wahrhaft Arme, die nichts besitzen würden, wenige gibt. Adelige, Beamte, Häuptlinge und alle Angehörigen alter und edler Familien, die grosse Masse der Freien, besitzen Felder, eine grössere oder kleinere Menge Vieh und eine entsprechende Zahl von Sclaven. Selbst alle ehemaligen Sclaven besitzen Grundstücke, Rinder, sie zu bestellen, Maulthiere und Kleinvieh. Der eigentliche Sclave kann auch nicht arm genannt werden, weil er an dem Wohlstande seines Herrn participirt. Die Classe der Armen setzt sich also bei den Oromó aus dauernd kranken und physisch alten und darum arbeitsunfähi-

21*

gen Sclaven zusammen, welche die Herren von Haus und Hof gejagt, und aus
gänzlich herabgekommenen Kaufleuten.[92]) Zu Zeiten einer Hungersnoth vermehren diese Bedauernswerthen Besitzer mediocrer Güter, die nichts zu ernten
vermocht, die aber lieber Hungers sterben würden, als dass sie die paar Viehstücke verkauften, welche ihnen und ihrer kleinen Familie in normalen Zeiten
den Unterhalt bieten. Solche Elemente werden dann zu Bettlern und spielen
dieselbe Rolle wie die reitenden Bettler Abessiniens. Der Gabár ist ein wohl-
genährter, an kein besseres Loos als das des Frohndienstes gewöhnter Bauer,
ganz ähnlich dem Fellachen Aegyptens.

Der nach den Anschauungen des Nordost-Afrikaners und nach europäischen Begriffen reiche Mann gibt sich weder in der Lebensweise, noch sonst
im Auftreten den Anschein eines solchen. Er ist so einfach gekleidet wie sein
»armer« Nachbar und prahlt niemals mit seinen Schätzen. Bei den Galla fällt
dies namentlich auf, wo man im Volke wenig Luxus kennt, wo mehrfach mit
der Zungenkrönung Bedachte z. B. auf den gleichen simplen Ochsen- und
Schafhäuten lagern, wie alle anderen Oromó.[93]) Der Grund der Bescheiden-
heit ist wohl in natürlicher Anspruchslosigkeit der Individuen zu suchen,
gipfelt aber meist in dem Mangel an barem Gelde und der grossen Schwierigkeit, sich solches zu beschaffen. Ebensowenig als die Nordost-Afrikaner eine
Sparsamkeit kennen, ebensowenig kennen sie eine rationelle Verwerthung des
Capitals oder eine Vorsorge für das Alter. Wer zu arbeiten berufen ist, arbeitet im gleichen Tempo bis ans Ende seiner Tage; ist er krank und müsste
er darben, so helfen ihm die Brüder, dass er im Genusse wie in der Arbeit
bald wieder mit ihnen leidlich Schritt halten kann. Aus der Gleichmässigkeit
des Besitzes, der Gleichartigkeit der Naturanlage fast aller Individuen, dem
gleichen leidenschaftslosen, nie überhasteten Betriebe der Arbeit entwickelt
sich eine eigene Lebensphilosophie. Das Leben des Oromó fliesst dahin, wie
ein ruhiger Bach; keines der vielen aus dem reichlichen Vorhandensein materieller Mittel resultirenden Momente vermag seinen Lauf zu beschleunigen,
vermag ihn aufzuhalten. Der Somál und 'Afar ist neidlos; er erbittet oder ersehnt kein Plus von dem, womit er zufrieden war oder zufrieden ist. Die Freude
an mässigem Besitze, wenn man sich ihr im Gefühle und Genusse der Gesundheit hingeben kann, beseligt den Natursohn des afrikanischen Osthornes. Er
denkt nie darüber nach, was er haben könnte, ebenso wie er nicht mit Argus-
augen betrachtet, was ein Anderer hat. Ein fatalistischer Zug, so allgemein im
Orient, erfüllt auch den heidnischen Nordost-Afrikaner ganz und gar, wenn
materielle Güter ausschliesslich am Spiele stehen.

Von einem grösseren regelmässigen Einkommen oder Erwerbe in des
Wortes ureigentlicher Bedeutung kann bei den Angehörigen der drei nordost-
afrikanischen Völker eigentlich nicht die Rede sein. Mit wenigen Ausnahmen
haben z. B. bei den Oromó alle Individuen so viel, als sie brauchen, dahin kann
das Urtheil über diese beiden Momente zusammengefasst werden. Dagegen
fällt bei den Somál und 'Afar auf, dass die Fürsten für ihren Rang zu wenig

besitzen, und mit Rücksicht auf ihre Verhältnisse arm genannt werden können.
Der Fürst der Ejssa-Somâl klagte mir 1885 zu Dschaldéssa, er habe kein Geld,
Alles sei so theuer, seine Unterthanen spendeten ihm wenig Tribut an Vieh
u. dergl. m.; er müsse sich daher entschuldigen, dass er das Geschenk unserer
Karawane von 50 Maria Theresia-Thalern nur mit einem Rinde erwidern
könne. Er sei nicht im Stande, mehr zum Opfer zu bringen, es müsste denn
sein, dass er uns einen Theil der ihm geschenkten Thaler zurückgäbe. Gelangen wohlhabendere Leute einmal in den Besitz von Capitalien, richtiger gesagt,
sammeln sich solche, wie bei den Oromó, von selbst bei Einigen an, so ist die
Fructification oder Verwerthung derselben wie gesagt Null; dagegen ist der
factische Werth der Rinder-, Schaf- und Ziegenheerden einzelner Familien
unter den 'Afar, Somâl und Galla ein ziemlich bedeutender. Ich habe Somâl-
Familien und eine kleine Galla-Tribe bei Bubassa südlich von Harar kennen
gelernt, welche jede Rinderheerden im Werthe von 1½—2 Millionen Francs
besassen, diesen Besitz ungemein schonten, so dass er sich rasch vermehrt
haben mag.

Dem mobilen Besitze gegenüber ist der Werth der Immobilien kein
grosser. Grund und Boden ist bei den Somâl und 'Afar nur nothdürftig bestellt
und selbst bei den Galla bei dem gegenwärtigen Stande der Bodenausnützung
auch schwer besser bestellbar. Da er äusserst selten seinen Eigenthümer
wechselt und Ackerland niemals feilgeboten wird, die Menge des neu urbar-
gemachten Grundes z. B. in Harar und Schoa sehr langsam wächst, in letzter
Zeit vielmehr in Folge der Expansivbestrebungen Schoas in den Galla-Ländern
Ackergrund eher verfiel und unbenützbar ward, so ist es schwierig den Werth
des Eigenthums, wenn es in Feldern und Wiesen besteht, zu bestimmen. Im
Durchschnitte mag ein eingezäuntes Durrafeld auf ebenem Grunde und auf
der Sonnseite in den Galla-Ländern wohl zehnmal so billig sein als ein Grund-
stück mittelmässiger Güte in Europa. Kaffeegärten in Harar und Gummiwäld-
chen bei den Somâl haben den halben Werth unserer besser gelegenen Obst-
gärten von gleicher Fläche und annähernd derselben Pflanzen-, beziehungsweise
Baumzahl. Für die Bestimmung der einschlägigen Werthverhältnisse bei den
Somâl gibt der Umstand einen Anhaltspunkt, dass man z. B. bei den Midjertin
und Dolbohanta, wo Sonderbesitzrechte an den Gummi- und Weihrauchpflan-
zungen bestehen, die Ernten verpachtet[29]) und aus dem Pachtschillinge den
Werth der Ertrag liefernden Flächen ermitteln kann. Darnach erreichen er-
tragsfähige Flächen im Nord-Somâl-Gebiete kaum den fünften Theil des Werthes unseres mittelmässigen Terrains. Waldungen sind Gemeingut aller Stammesangehörigen. Sie liefern den benöthigten Holzvorrath für Baulichkeiten.
Eine weitere wirthschaftliche Bedeutung kommt ihnen nicht zu. Der Werth
eines Familienhauses bei den Oromó mag im Durchschnitte sammt dem Mobilar 40—50 Maria Theresia-Thaler, der einer Viehhürde 10—20 Maria Theresia-Thaler betragen. Selbstredend modificiren örtliche Verhältnisse vielfach
diese Mittelwerthe. Eine complete Somâl-Giurgi erstand ein arabischer Händler

für mich in Zejla zusammt mit dem Fundus instructus um den Preis von 7 Maria Theresia-Thalern.

Das Eigenthum der sesshaften wie der nomadischen Bevölkerung in Nordost-Afrika besteht in Bodenproducten, Vieh, Sclaven, Kleidung, Waaren und Proprietäten des Mannes und des Weibes. Um ein Urtheil über den Werth des Eigenthums, soferne es aus diesen Kategorien besteht, zu erlangen, ist es nöthig, die Marktpreise der bezüglichen Artikel kennen zu lernen. Vorausgesetzt muss stets die Zeit normaler Entwicklung der Landwirthschaft wie der Viehzucht und der Bestand geregelten Verkehres werden. Gerade die letzten Jahre jedoch brachten ganz anormale Verhältnisse für die Somál- und Galla-Gebiete.

Leopold Traversi, der sich seit Jänner 1892 in Süd-Schoa, nahe der Residenz des äthiopischen Königs Menilek II., aufhielt, sendete einen Bericht an die geographische Gesellschaft in Rom,[*]) worin er von den Verheerungen der Hungersnoth in den Galla-Ländern und Schoa die grauenhaftesten Bilder entwirft. Der Rinderpest der Jahre 1890 und 1891 folgte ein Nothstand, wie er seit Menschengedenken dort nicht beobachtet worden ist. Anführer kriegerischer Expeditionen gegen die Nachbarn, wie sie in Schoa nach den Galla-Ländern üblich sind, kehrten in letzter Zeit zumeist unverrichteter Dinge zurück, und die Mannschaft musste, um nicht dem Hungertode zu verfallen, die Lastthiere und Reitpferde verzehren. Ein Paar Hühner kostete so viel wie vormals ein Rind. Ein ganzes Heer Menilek's ward in Folge der Hungersnoth derartig decimirt, dass es, wie Dr. Traversi sich ausdrückt, «una processione di scheletri» längs des von den Abtheilungen eingeschlagenen Weges gab, so bei Makale in Schoa und zwischen Borumieda und der Hauptstadt Entotto. In Addis-Abeba in nächster Nähe der italienischen Station zählte Traversi auf einem Flecke 14 menschliche Skelete, die von Hyänen durchwühlt wurden. Ganze Gegenden sind besonders in den Galla-Gebieten völlig entvölkert, so die vormals blühende Provinz Tschertschér in den Galla-Gebieten von Harar. Hier wurde dem Menschenfrasse offen gehuldigt, als die Noth den höchsten Grad erreichte. Mütter brieten die Leiber ihrer Kinder, um sie heisshungrig zu verschlingen, und selbst Ehegatten mordeten einander, um dem Hungertode zu entrinnen. Die getreidereiche Schoaner Quolla glich einer Wüste, und die tropische Vegetation vernichtete wieder jedes Stückchen urbar gemachten Bodens und liess an vielen Punkten nicht einmal Anzeichen zurück, dass die Gegenden ehemals von Menschen bewohnt waren. Unter den Resten ausgestorbener Galla-Familien räumten dazu die überhandnehmenden wilden Thiere auf. Auch in den Gebieten der Afar und Somál hatte der Nothstand begonnen, und namentlich bei den Erstgenannten nährten sich manche Stämme an der abessinischen Grenze nur mehr von Wurzeln und Kräutern. Die abergläubischen Schoaner schrieben die Hungersnoth dem Erscheinen eines sagenhaften Thieres (Aboschemmani) zu. Da die Durraernte des letzten Jahres misslang, war nach Dr. Traversi's Meinung der Höhepunkt der Hungersnoth zu Beginn 1892 noch lange nicht erreicht. Wie weit die Hungersnoth nach Süden in die Galla-Gebiete sich fühlbar gemacht hat, ist mit Sicherheit noch nicht abzusehen.

In ähnlicher Weise pflegt Krankheit die Verhältnisse, zumal den Handelsverkehr zu lähmen. Die Choleraepidemie zu Harar, an der Nord-Somâl-Küste und in Jemen im Jahre 1891/92 unterbrach alle Verbindungen Schoas und der Galla-Länder mit der Küste. Unter den Galla in der Nähe von Harar starben ganze Dörfer aus, in Zejla fast sämmtliche Bewohner zweier Quartiere. Auf den Werth des mobilen Eigenthums übten solche Ausnahmsverhältnisse die Wirkung, dass nicht einmal das Producirte hinreichte, um zu Zeiten den ledigen Hunger der Eingebornen zu stillen, und der Preis der Lebensmittel z. B. um das Hundert- und Hundertzwanzigfache stieg, ohne dass man die davon benöthigten Quantitäten auch zu diesem Preise sich zu beschaffen im Stande war.

Die Bodenproducte sind vielfach identisch mit den Lebensmitteln, darum hier die Angaben über beide in mancher Beziehung zusammengefasst werden müssen. Nachfolgende tabellarische Uebersicht gewährt Einblick in die Werthverhältnisse derselben.[96])

Nord-Somâl und 'Afar.

Durrakorn, 9 Manuds oder Frasleh von Aden kosten . .	2—4	M. Th.-Thlr.
Reis, 6 Manuds von Aden	3—5	«
Datteln, 1 Hamil kostet	13—20	«
Zucker, 1 Frasleh (= 12.7 Kilogramm) von Aden . . .	12—16	»
Tabak, 1 « von Aden	1½—2½	»
Butter, 1 «	3—4	»
Kaffee, 1 «	3—6	«

Süd-Somâl.

Durra, 100 Kila kosten circa	. . 1	M. Th.-Thlr.
Bohnen, 50—110 Kila kosten circa	. 1	»
Sesam, 20—30 Kila kosten circa	. . 1	«
Honig, 1 Frasleh kostet	1½—1	»
Cocosnüsse, 1000 Stück kosten	2—3	«
Datteln, 1 Frasleh (120 Rathl 3 Frasleh Gummi) kostet	4½—6	»
Salz aus Oman, 100 Kila kosten	1	»
Tabak, 1 Frasleh kostet	4—5	»
Kaffee, 1 « «	2—3	«
Gummi, 1 « «	1¼—2	»
Weihrauch, 1 « «	1—1½	»
Myrrhe, 1 « «	2½—4	»

Oromó.

Durra oder Tief in Litsché kosten 5 Kunna. .	. . 1	M. Th.-Thlr.
Kaffee in Litsché kostet 1 Kilogramm . .	. . 0.2	Francs

Durra oder anderes Getreide in Ankober kostet per 4 Kunna 3—4 M. Th.-Thlr.

Kaffee kostet in Ankober per Quintal . . . . 3 «

Durra in Roggié kosten 4 Kunna . . . . 1 Salz

Bohnen « « « 5 « . . . . 1 «

Butter « « kostet 1 Kilogramm . . . . 1 «

Durra oder anderes Getreide in Goma kosten 5 Kunna . . . 1 «

Bohnen in Goma kosten 5 Kunna . . . . 1 «

Kaffee « « kostet 1 Kilogramm . . . . 0·15 Francs

Durra bei den Galla von Schoa kosten 5 Kunna . . . . . . 1 Salz

Kaffee aus Kafa ebendaselbst 1 Kilogramm . . . . 0·20 Francs

« in Harar kostet 1 Frasilah . . . . 3—6 M. Th.-Thlr.

Durra in Harar kosten 10 Kilogramm . . . . 2½ Piaster

Einen viel sichereren Massstab für die Beurtheilung des Werthes des Eigenthums vermag eine Betrachtung der Preise des Viehes zu bieten, des eigentlichen Reichthums Nordost-Afrikas bei Sesshaften wie bei Nomaden. Folgende Tabelle gibt Aufschluss über die Durchschnittspreise des auf den Markt gebrachten Viehes am afrikanischen Osthorne:[37])

Thiergattung	'Afar und Nord-Somâl	Süd-Somâl	West-, Nord-Oromó und Harar	Sud-Oromó
1 Rind . . .	3—8 M.Th.-Thlr	4—7 M. Th.-Thlr.	West-Oromo 40Salze, Nord-Oromó 1½ M. Th.-Thaler	5—10 M.Th.-Thlr.
1 Schaf . . .	1¼—2 «	1/3—1 «	2—3 Salze	1 «
1 Ziege . . .	3/4—1¼ «	3/4—2 «	1—1½ M. Th.-Thlr.	¾—1 «
1 Pferd . . .	20—40 «	100—150 (an der Küste schlechte 20—30 M. Th.-Thlr.), Stuten das Doppelte	Nord-Galla 8—50 M. Th.-Thlr. (oft 12 Kühen), West-Galla 10—60 Salze	20—25 «
1 Kameel . .	10—15 «	2—3 M. Th.-Thlr. im Inneren, 10—15 M. Th.-Thlr. in den Hafenplätzen	2—3 M. Th.-Thlr.	8—13 «
1 Esel . . .	1—2 «	8—10 M. Th.-Thlr.	2—3 «	4 «
1 Maulthier .	20—30 «	8—10 «	5—7 «	8—10 «

Am billigsten war das Vieh bei den Bottor-Galla: hier kostete ein Rind 1½ Thaler, ein Schaf nur 3 Salze.

Die Preise von Werthgegenständen aus dem Thier- und Pflanzenreiche, deren hier zur Beleuchtung des materiellen Lebens der Eingebornen einige angeführt werden mögen, sind folgende:[38])

Nord-Somâl-Küste (Zejla—Berbera).

Häute vom Rinde (sán), 1 Frasleh (32 Rathl) . . . . 3—4 M. Th.-Thlr.

Ziegenhäute (haráq), 1 Koraga (20 Stück) . . . . . . 4—8 «

Schafhäute, 1 Koraga . . . . 2—4 «

Straussenfedern 1 Pfund	weisse	. . . 100—150 M. Th.-Thlr.	
	schwarze	. . . . 10—40	«
	graue	. . . . 5—20	«
Elfenbein, 1 Frasleh	. . . .	. . 70—90	«
Gummi, 1 Frasleh (32 Rathl)	.	2—4^1,	«
Weihrauch, 1 Frasleh	. .	1,—2^1,	«
Myrrhe, 1 Frasleh	. . . .	4—5	«
Wars, 1 Harar-Rathl	. .	. ^{1},	«

Süd-Somâl-Küste (Maqdischu).

Rindshäute, 1 Kurdja	. . . . . .	7^1, 9	M. Th.-Thlr.
Straussenfedern,	1 Frasleh	. . 50	«
Rhinoceroshörner,	1 « . .	13—16	«
Zähne vom Warzenschweine, 1	-	. . 3^1,	«
Elfenbein,	1 «	. 115—120	«
Hippopotamuszähne,	1 «	8 12	«
Gummi,	1 «	1—1^1,	«
1 Ballen Hindi (100 Drä\	. . .	. 2^1,	«

Oromó-Gebiete (Goma und Limmu) als Centrum im Nordwesten.

Felle, 1 Koraga	. . . .	. 3 4 M. Th.-Thlr.
Rhinoceroshörner, das Stück	. . . .	. . . . 1^1, «
Wachs, 1 Quintal	. . . .	. . 4 «
Honig, ^{1}, Liter	. . . . .	. . . . 1 Salz
Elfenbein, 1 Frasleh	. .	. . 60 80 M. Th.-Thlr.
Tabak, 5 Rathl	. . . .	. . 0.65 Francs
Ensetemehl für acht Tage pro Person		. ^{1}, Salz
8 Hühner	. . . .	. 1 «
Zibet, 1 Rathl	. . . .	. 4^1, M. Th.-Thlr.
1 schwarzes Gewand	. . . . .	7—8 Salze
1 weisses	« . .	. 10 «

Für 1 Maria Theresia-Thaler bekommt man in normalen Zeiten an der Benâdir-Küste 1 Frasleh (20 Rathl) Gummi oder 2 Frasleh Reis, oder 2 Frasleh Datteln, oder 20 Ellen Merikani — 30 Ellen Hindi oder 2^1, Rindshäute. 1 Kilogramm Moschus in Originalverpackung hat in Schoa einen Werth von 350 Francs. Ein Elfenbeinzahn, 266 Centimeter lang, von 49 Centimeter Umfang, 55 Kilogramm Gewicht mit 49 Centimeter langer Höhlung kostet in Schoa etwa 1800 Francs: ein Zahn von 216 Centimeter Länge, 48 Centimeter Umfang, 40 Kilogramm Gewicht und 45 Centimeter langer Höhlung hat einen Werth von 1400 Francs: zwei kleinere Zähne zusammen von je 9 Kilogramm Gewicht werden in Schoa mit circa 650 Francs bezahlt, wie Ingenieur A. Ilg kaufmännisch genau calculirte. In Wallámo kostet ein Zahn mittlerer Grösse

circa 60 Francs, in Schoa schon 660 Francs, in Aden 1140 Francs, wie Borelli berichtete.[77])

Besondere Beachtung verdienen die Preise der Menschenwaare, die auch in vieler Beziehung den Werth der Arbeitskraft darstellen. Es ist erwähnt worden, dass der Somâli und 'Afar die Sclaverei nicht kenne, dass jedoch bei den Oromó die Sclaverei eine feststehende Institution sei, indem bekämpfte Galla legal in die Sclaverei verkauft werden dürfen. Der Sclavenhandel bei den Oromó nahm nun seit den Kriegen Schoas gegen die Galla einen grossartigen Aufschwung, geht aber bedeutend zurück, seit von Europa strengere Massregeln gegen denselben ergriffen wurden, d. i. seit es schwieriger ist, das in Schoa aus den Galla-Ländern aufgehäufte Sclavenmateriale zu verkaufen. Die Preise der Sclaven stellten sich im letzten Decennium in Nordost-Afrika folgendermassen:[100])

In Roggié (Galén-Galla) kostet ein Knabe oder ein Mädchen von 1 Meter Grösse . . . . 7—8 M. Th.-Thlr.
in Roggié (Galén-Galla) kostet ein Knabe oder ein Mädchen von 1·25 Meter Grösse 10   15   «
in Roggié (Galén-Galla) kostet ein Jüngling von 10—16 J. 15—20   «
«   «   «   «   « Mann   « 20—24 « 12—15   «
«   «   «   «   eine schöne Jungfrau . . 20—40   «
«   «   «   «   ein Haussclave od.-Sclavin 17—18   «
·   «   «   «   « alter Mann . . . . 7—8   «
«   «   «   «   eine alte Frau . . . . 4—5   «

In Kabiéna (Soddo-Galla) kostet ein Knabe von 1 Meter Grösse 20 Nater Messing, ein Mädchen von 1 Meter Grösse 13—15 Nater Messing, ein 12- bis 16jähriger Bursche 26—28 Nater Messing, eine Jungfrau 25 Nater Messing, eine Kaddáma 20—30 Nater, eine junge Frau 40 Nater Messing. In Anduodi bei Roggié bezahlte man einen Greis mit 16—18 Thalern, eine Greisin mit 12—14 Thalern, einen Jüngling mit 20—25 Thalern, ein Mädchen mit 20—30 Thalern, ein ausnehmend schönes Mädchen mit 40—80 Thalern. In Dodosié in Schoa sind die Preise bei einigen Kategorien um 100°₀ höher; man bezahlt dort für einen noch rüstigen Greis 20 Thaler. In Gudru werden Mädchen zu 15—30 Thalern verkauft, Frauen zu 35 Thalern (800 Salzen), manchmal nur zu 300 Salzen. In Djirén war bisher das Menschenmaterial bei Weitem am billigsten. Ein Weib mit 40 Jahren kostete dort nur 1 Thaler oder 4 Salze, ein schönes Mädchen von 20—25 Jahren 30 Thaler, Kinder überhaupt nur 5—6 Thaler. Bei den südlichen Galla sind dagegen die Sclaven oromonischen Blutes sehr theuer; ein Sclave kostet hier 150—200 Thaler. Bei den Süd-Somâl werden nur Suahili als Sclaven gehandelt, und zwar bezahlt man für den Mann 30 Thaler, für ein Weib 25 Thaler, für ein Kind 15—20 Thaler. In Bender Felek an der Nord-Somâl-Küste kostete die Menschenwaare, und zwar Knaben von 8—10 Jahren 20 Thaler, von 18—20 Jahren, also in dem arbeitsfähigsten Alter, schon 110—120 Thaler. Die von Schoa an die 'Afar-Küste bei Tadschura ('Abd er-rassûl) um 10 Thaler geschafften Sclaven (Kinder) wurden in den Achtzigerjahren dieses Säculums nach Hodejda um 100—120 Thaler verkauft, und man schätzte deren Zahl jährlich auf 6000. In Sawâkin war aber z. B. in den Vierzigerjahren das Sclavenmateriale noch sehr billig; hier zahlte man 40 Thaler für kräftige Männer, im Mittel aber 25 Thaler pro Kopf, worauf die Steuer von 1·75—2 Thalern per Sclaven noch daraufgeschlagen ward, welche Aegypten erhob und die ein nettes Sümmchen jährlich eingetragen hat.

Diese Daten erweisen, dass man das im Sclavenmateriale investirte Eigenthum dann, d. h. auf jener Altersstufe des Unglücklichen am theuersten schätzt, wo er, wenn er ein Mann ist, die meiste Arbeitskraft entwickeln kann, wenn er aber eine Frau ist, die Aussicht bietet, durch Nachkommenschaft den Hausstand zu vermehren. Auf Luxussclaven wird demnach wenig gesehen — das entgegengesetzte Princip, wie es heute im muhammedanischen Oriente gilt.

Für den Eingebornen manchmal geradezu unerschwinglich ist in Nordost-Afrika der Besitz europäischer Gegenstände. So kosten z. B. schon in Schoa 3 Remington-Gewehre 1 Sclavin, ein Feuergewehr 30 Thaler, ein Trinkglas 5—8 Salze u. s. w. In Kafa kostete zur Zeit der Anwesenheit Massaja's daselbst ein Blatt Papier ein Salzstück, 10 Blatt 1 Maria Theresia-Thaler, und es war sehr schwer zu bekommen, da es die arabischen Händler nur für eigenen Bedarf führten.[101]) Auch mancherlei Gegenstände, die im Lande, z. B. bei den Somâl, leicht beschafft werden könnten, sind auffällig theuer. So wird ein Zebrafell von den Eingebornen mit 13 neuen Schilden bezahlt, weil es selbst den Midgan schwer wird, die gewaltigen, aber flüchtigen und kräftigen Thiere zu erlegen.

Die nach der Küste gebrachten Stoffe aus dem Innern der Galla-, sowie der Somâl-Länder werden zu Zeiten, besonders bei directem Abgange nach Europa sehr gut verkauft. So werden z. B. Felle, Wachs schon in den Hafenplätzen noch vor dem Abgange nach Indien, Amerika und Europa theuer bezahlt. 100 Kilogramm Weihrauch z. B. kosten 100 Francs, Gummi 20 Procent weniger, Myrrhe 1 Kilogramm 3 Francs, Harariner Kaffee bezahlt man in England und Amerika 100 Kilogramm mit 240—250 Francs, Elfenbein an der Küste die Frasleh zu 120—140 Thaler, so dass man mit Recht behaupten kann, die Producte Nordost-Afrikas, die aus dem Innern des afrikanischen Osthornes an die Küste geschafft werden, erzielten hier 100 Procent, im Oriente oder Indien 200 Procent, in Europa und Amerika 400—600 Procent Gewinn, und umgekehrt würden europäische Producte, auf welche der Eingeborne reflectirt, wie Cotonnade, Glasperlen, Metalle u. A. m. zu denselben Preisen im Binnenlande Nordost-Afrikas in grossen Quantitäten abgesetzt.

Mehrfach ist schon erwähnt worden, der Nordost-Afrikaner vermöge seinen Lebensunterhalt zu gewinnen, ohne seine Kräfte sonderlich anspannen zu müssen. Bei jedem Geschäfte, das er verrichtet, consumirt er bedeutend mehr physische als geistige Kraft, und die erstere ist es daher auch, die er sucht

und schätzt. An Arbeitsverrichtungen sind beide Geschlechter gleichmässig
betheiligt. Familienglieder und Sclaven haben für den Eingebornen nur dann
eigentlichen Werth, wenn sie zu physischer Arbeit durchaus tauglich sind.
Diese haben sie, namentlich erwachsene Kinder, so lange sie unvermählt sind,
im Interesse und zum Vortheile der Familie des Hausvaters ausschliesslich zu
bethätigen. Die Arbeitskraft und der Geldwerth, den sie repräsentirt, kommt
daher stets der eigenen Familie und somit dem Stamme und Volke zu Gute.
Sie hat einen egoistischen Anstrich. Bietet man sie z. B. dem Dienste Anderer
an, so ist sie oft gar nicht anzubringen. Es bereitet selbst in den grösseren
Hafenstädten der Somál- und 'Afar-Küste erhebliche Schwierigkeiten, auch
nur ein Dutzend Arbeiter anzuwerben, noch schwieriger ist es aber, dieselben
längere Zeit selbst gegen Bezahlung beisammen zu halten. Die Oromó dagegen leihen einander zu Compagniearbeiten gerne unentgeltliche Unterstützung. Thierische und menschliche Arbeitskraft ist in Nordost-Afrika fast
gleichwerthig, die erstere in vielen Fällen, wie natürlich, geschätzter und
theurer, weil der Bedarf an geistiger ein sehr geringer ist. Ein Somáli ver-
dingt sein Kameel, er selbst kann sich aber nicht einmal entschliessen, das
Thier zu beaufsichtigen oder zu bedienen. In der Entwicklung der Arbeitskraft stehen die Küstenbewohner am afrikanischen Osthorne den Bewohnern
der Binnenräume entschieden nach, was gewiss befremdet, wenn man den
regen Verkehr an der Küste in Betracht zieht, welcher die Arbeitskraft und
den Thätigkeitssinn geradezu herausfordert. Der höchsten Trägheit huldigen
die Männer der Ogadén-Stämme, die oft tagelang im Schatten der Bäume oder
im Grase regungslos zu liegen pflegen, ein Mangel an Regsamkeit, der dem
Oromó ganz unbekannt ist. Arbeit suchen die Leute nicht für sich, sondern
nur für ihre Thiere. Dagegen verharren beide Geschlechter in Nordost-Afrika
bis ins höchste Alter bei der gewohnten Arbeit, und nur Untauglichkeit zu
derselben, welche eine Folge des Verlustes eines der wichtigsten Sinne oder
Glieder ist, kann Unthätigkeit motiviren. Man duldet sie nicht lange, und
mancher junge Somáli gewinnt den *bál*, nachdem er irgend einen Greis in den
Reihen der Nachbarn niedergestossen.

Der Zwangsarbeit der *gabár* in den Oromó-Gebieten von Schoa ist
bereits gedacht worden. Das Gabár-Unwesen ist eine äthiopische Einrichtung,
die weder bei den reinen Galla, noch bei den Somál und 'Afar existirt. Die
äthiopische (Schoaner) Sitte, am Samstag und Sonntag der Woche jegliche
Arbeit ruhen zu lassen, bürgert sich auch bei den Galla in Schoa und Harar all-
mälig ein. An der Nord-Somál-Küste werden von den Engländern gefangene
oder bestrafte Somál besonders in Berbera zur Zwangsarbeit verhalten, bekommen aber dafür als Lohn 2 Rupien per Tag als Entgelt. Dieser Umstand
beleuchtet sattsam die Noth an Arbeitskräften an der Nord-Somál-Küste. Dagegen verlangt ein Kameeltreiber für zwei Kameele und ein Treiber auf die
Zeit von drei Monaten etwa 100 Maria Theresia-Thaler, wobei er schon die
Verpflegung der Thiere und seine eigene mit in Rechnung gebracht hat. Ge-

lingt es nicht, bei dem Geschäfte seine eigenen Verköstigung durchzusetzen, so erhält der Somáli vielleicht noch eine *bessa* («paar Heller»). Ein Haupt-Abbán verdient in Berbera etwa 15 Rupien im Monate. Diese Daten beweisen, dass die Arbeitskraft, woferne sie am Taglohne participirt oder Kameelmiethe betrifft, gut bezahlt wird. Geistige Thätigkeit, wie derselben der Geschäfte vermittelnde Abbán obliegen muss, ist nothdürftig bezahlt, ein Beweis, wie sehr physische Arbeitsleistungen gewürdigt werden. Aehnlich liegen die Dinge im 'Afar-Lande, wie aus den Preisen des Taglohns und der Kameel-miethe nach Schoa ersehen werden kann.

In den Ländern der Oromó ist der geringe Werth der Arbeitskraft aus den angeführten Sclavenpreisen zu ersehen. Ein freier Mann würde für physische Arbeitsleistung, im Falle er sich zu solcher entschlösse, höchstens ein Ge-schenk oder eine Remuneration annehmen. Galla-Diener in Schoa erhalten alle vier Monate eine Tuchhose, alle sechs Monate eine Schamá belessié, alle Jahre einen Burnus aus schwarzer Wolle. Ein Diener erhält daselbst ohne Kost jährlich nur etwa 4 Maria Theresia-Thaler, wie Jules Borelli, wie ich glaube, verlässig calculirt hat. Handwerker verdienen daselbst höchstens 3—4 Salze (1½—2 Francs) und erhalten ausserdem vom Arbeitsgeber eine Gratification von 2—3 Maria Theresia-Thalern jährlich. Der Werth der Arbeitskraft sinkt hier auf ein Minimum; die Leute arbeiten eigentlich nur, um die Kost zu ver-dienen, mit anderen Worten, um nicht zu Grunde gehen zu müssen.

Das Bild von dem Werthe des Eigenthums und der Arbeitskraft wäre unvollkommen, wollte man dabei nicht auch Steuern und Abgaben in Rech-nung bringen, welche von demselben entrichtet werden müssen. Das alte äthio-pische ቀረጥ, das «tributum mercatorum» (som. *aschúr*; 'afar. *méri*, vom arab. غبرة, *gibre*), beträgt in den Häfen der Somál-Küste 5%, in Harar 10% ad valo-rem. An einzelnen Punkten im Inneren des Somál-Landes zahlt man an die Häuptlinge den *imbagát*, 1 Tobe = 12 Drâ Cotonnade. Oft hat dieser Zoll oder Tribut die Natur des reinen Geschenkes und wird auch bettelnd verlangt, kann indess auch auf höchst unangenehme Weise erpresst werden. Die Somál der Südküste, z. B. die Midjertin, geben dem Häuptlinge an Steuer ¹⁄₁₀ von dem Ertrage der Kameelheerden. Die Häuptlinge verlangen aber auch Export-taxen oder Zölle von Gummi, Weihrauch, Myrrhe und Fett, meist ¹⁄₄ Maria Theresia-Thaler pro *bohar*. Aller aufgelesener Bernstein gehört ausserdem dem Fürsten. Der Importzoll beträgt 5% ad valorem der Waare. ¹⁸⁾ In den Galla-Gebieten entrichten die Eingebornen ihren Häuptlingen Steuern in natura, so Zibet in Bambusröhren, Töpfe mit Honig, Schilde mit Silberplattirung u. s. w., deren Geldwerth sich schwer bestimmen lässt. In den Galla-Gebieten von Schoa zahlt man einen Maria Theresia-Thaler für jedes Paar Ochsen, das einen Acker bepflügt, einen Thaler auch, wenn man den Acker ohne Zugthiere be-stellt. Dies entspricht dem äthiopischen ገብር, welches das gesammte Volk zu entrichten hatte.

Anmerkungen.

1 Ueber Production, Productionsmengen u. A. der nordostafrikanischen Völker im Allgemeinen vgl. Révoil, Voyage au cap des aromates, S. 271 ff.; Bardey A., Notes sur le commerce du Somal, du Harrar et des pays des Gallas im Bulletin de la Société de Géographie commerciale de Paris, 1886, S. 415 ff.; Bolletino della Società geographica Italiana, 1891, S. 280 ff. (Bricchetti-Robecchi über die Midjertin). Einschlägiges bringt auch das Bolletino della Società Africana d'Italia (Sezione centrale), 1886, S. 43 (den Handel Abessiniens betreffend); ferner die Acten der Bombay Geographical Society, VII, S. 131 ff.; Guillain, Voyage etc., II, S. 459 ff.; Alamanni, La colonia Eritrea (Torino 1891), S. 342 ff. (Assab und die Somál-Küste betreffend); Cecchi, Il commercio di Aden (Rom 1891); Conte Pennazi im Bolletino della Società Africana d'Italia, 1889, S. 267 ff.; John v. Müller in der «Kölnischen Zeitung» vom 13. Juli 1883, Nr. 162. Die in der vorstehenden Literatur enthaltenen Daten sind vornehmlich für Kaufleute bestimmt und von kaufmännischen Gesichtspunkten gesammelt und geordnet.

2. Vgl. Alamanni, La colonia eritrea, S. 338 ff. Enthält häufig sanguinische Bemerkungen zu den Daten.

3. Vgl. die Daten, welche ein anscheinend officieller Reisender im «Temps» vom 5. April 1892 geliefert hat, dazu die Daten des französischen Colonialministeriums.

4. Vgl. Borelli, Ethiopie méridionale, S. 42.

5. Bezüglich des Elfenbeines mag noch bemerkt werden, dass die Galla die grösste Menge desselben am Abala-See gewinnen und dasselbe natürlich auf dem kürzesten Wege über Schoa und Harar nach Oboc, Assab und Zejla zum Exporte bringen. Das Elfenbein der Arussi- und Borána-Galla strömt insgesammt nach Zanzibar, und so kommt es, dass in dieser Capitale ein jährlicher Elfenbeinumsatz im Werthe von 3—4 Millionen Francs (vgl. Bricchetti-Robecchi im Bolletino della Società geografica Italiana, 1891, S. 813) gemacht werden kann, wobei stets festgehalten werden muss, dass in Zanzibar das ganze Elfenbein zu Markte kommt oder doch daselbst verhandelt wird, welches zwischen dem Cap Dschard Haffún und der Delagoa-Bai die Küste des indischen Oceans erreicht. Der Elfenbeinhandel von Harar (Export per Zejla) ist gering.

6. Wir folgen hier den Angaben des Praktikers Alfred Bardey, der die Güterbewegung an der Nord-Somál-Küste viele Jahre hindurch aus eigener Anschauung kennen gelernt und beobachtet hat und in seinem Urtheile massvoll genannt werden muss. Vgl. dessen Notes sur le commerce du Somal etc., S. 422 ff. Baron v. Müller's Daten (a. a. O.) sind entschieden zu sanguinisch.

7. Bei Alamanni, a. a. O., S. 408.

8. Vgl. übrigens die differirenden Angaben bei Bardey, a. a. O., S. 423, und bei Alamanni, a. a. O., S. 409. Der Unterschied beträgt 100.000 Stück und muss kolossal genannt werden, beinahe so gross, dass man die Daten beider Gewährsmänner ernstlich kaum in Betracht ziehen kann. Bei Alamanni kommt der Umstand dazu, dass man nicht weiss, ob er nicht etwa bei Nennung der hohen Zahl auch die Verhältnisse an der Benádir-Küste im Auge hatte, was indess unwahrscheinlich ist.

9. Vgl. Bardey's (a. a. O., S. 425) und Alamanni's (a. a. O., S. 410) stark differirende Daten über den Export des Elfenbeines von Zejla. Ich glaube, nachdem ich die Vorräthe mancher Elfenbeinhändler Zejlas persönlich in Augenschein genommen, wieder eher Bardey zustimmen zu sollen, bemerke aber, dass sich wahrscheinlich die Verhältnisse seit 1885 geändert haben mögen, besonders seit der Rückgabe Zejlas an die Türkei, beziehungsweise an die türkischen Verrechnungsämter.

10. Ueber den ehemaligen Elfenbeinhandel von Harar vgl. Burton, First footsteps, S. 340.

11. Ueber den Somâl-Honig vgl. Burton, First footsteps, S. 391.

12. Bei Alamanni, a. a. O., S. 412.

13. Specielles über die Quantitäten der Sorten bei Alamanni, a. a. O., S. 427.

14. Siehe Alamanni, a. a. O., S. 415.

15. Stecker in Petermann's Mittheilungen, 1891, S. 230.

16. Ravenstein, Somal- and Gallaland, Proceedings of the R. G. S., 1884, S. 6.

17. Bei Alamanni, a. a. O., S. 413.

18. Ich folge hier Alamanni, in der richtigen Vermuthung, dass er neuere, von italienischen Residenten aus Harar stammende Daten, a. a. O., S. 439 ff., verwerthet habe.

19. Betreffs der quantitativen und qualitativen Analysen des Goldes aus dem afrikanischen Osthorne hat Alamanni, a. a. O., S. 342, Angaben über den Feingehalt des Goldes veröffentlicht, leider ohne Angabe, wo die Analyse und von wem sie gemacht worden sei.

20. Nach Alamanni, a. a. O., S. 444, womit übrigens die Angabe Hunter's in seiner Somâl-Grammatik, S. XII, wenig übereinstimmt.

21. Im II. und III. Bande seiner «Voyage etc.», passim.

22. Vgl. Bolletino della Società geografica Italiana, 1891, S. 275.

23. Guillain, Voyage etc., III, passim.

24. Guillain, Voyage etc., III, S. 175 ff.

25. Révoil, Voyage au cap des aromates, S. 98.

26. Bolletino der Mailänder Afrikanischen Gesellschaft, 1891, S. 194 f.

27. Ueber Import und Export Tadschuras, Zejlas und Berberas vgl. Hunter's Report on the province of Harrar (Bombay 1884), S. 25. Die Angaben umfassen den Zeitraum von 1879—1884, also noch die Zeiten des ägyptischen Dominiums. Der Export Zejlas betrug im Durchschnitte jährlich während dieses Zeitraumes circa 0·64 Millionen Rupien, jener Tadschuras circa 0·32 Millionen Rupien and jener Berberas circa 0·86 Millionen Rupien. Diese Zahlen stimmen mit der schon oben berührten Angabe Hunter's wohl überein, welche besagt, der Export der Somâl-Küste sei 1879—1880 auf 140.000 Pfund Sterling geschätzt worden, ebenso mit einer für ein Triennium in Zejla 1877—1880 angestellten Schätzung, die für den Waarenexport dieses Platzes die Zahl von 150.000 Pfund Sterling ergab. Hervorgehoben muss an dieser Stelle werden, dass nur die Aufzeichnungen bei den Zollämtern in Aden, Zejla und Berbera ein einigermassen verlässiges statistisches Material liefern, das freilich für wissenschaftlich-ethnographische Zwecke eben auch nicht zureichend ist. Nach dem heutigen Stande der Forschung ist es ganz ausgeschlossen, über die Productionsverhältnisse materieller Güter am afrikanischen Osthorne befriedigendes statistisches Material zu gewinnen.

28. Vgl. Guillain, Voyage etc., III, S. 360 ff.

29. Interessant ist, was Baudi di Vesme im Bolletino della Società geografica Italiana, 1891, S. 555, von weitgereisten Somâl berichtet.

30. Hunter, Grammar etc., S. XX, und Menges in der «Deutschen Kolonialzeitung», 1887, S. 351 ff.; Haggenmacher, a. a. O., S. 35 ff.

31. Vgl. Cecchi, Da Zeila etc., I, S. 124, und die Memorie della Società geografica Italiana, S. 203.

32. Siehe Bianchi, Alla terra dei Galla, S. 465.

33. Ueber die Mengen von venetianischen Glaskorallen, die an der Somâl-Küste verhandelt werden, siehe den informirenden Aufsatz in der Mailänder Esplorazione commerciale, 1887, S. 87 ff. Eingehendere verlässige Daten wären dabei zu wünschen gewesen.

34. Bolletino della Società geografica Italiana, 1888, S. 904 ff.

35. Pigott in den Proceedings of the R. G. S., 1890, S. 131.

36. Vgl. Baudi di Vesme in Cora's Cosmos, X, S. 330.

37. Vgl. Révoil im «Globus», 1886, S. 194.

38. Haggenmacher, a. a. O., S. 38.

39. Baudi di Vesme im Bolletino della Società geografica Italiana, 1891, S. 554.

40. Vgl. Ferrandi in der Esplorazione commerciale, 1892, S. 36 f.

41. Vgl. die Ausführungen Haggenmacher's, a. a. O., S. 38 ff.

42. Ueber die Abbâne zu Berbera vgl. auch Burton, First footsteps, S. 419.

43. Den Salzhandel der Danâkil betreffend siehe Bolletino della Società Africana d'Italia (Sede centrale), 1887, S. 130 ff. und 173 ff.

44. L. Cicognani im Bolletino der Neapeler Afrikanischen Gesellschaft, 1887, S. 173.

45. Vgl. Mattenci P., Sudan e Gallas (Milano 1879), S. 265, und Schuver, a. a. O., passim.

46. Cicognani im Bolletino della Società Africana d'Italia (Sede centrale), 1887, S. 174 ff., und Alamanni, a. a. O., S. 55 ff. Naturgemäss schlagen hier alle Berichte der Reisenden ein, welche ihre Touren nach Schoa beschrieben und Itinerarien darüber veröffentlichten.

47. Vgl. Les colonies françaises, VI, S. 255 ff.

48. Cicognani, a. a. O., S. 175.

49. Bolletino della Società Africana d'Italia (Sede centrale), 1892, S. 38 ff., und Prospecte dieser Gesellschaft, welche darin zur Theilnahme einlud.

50. Vgl. Alamanni, a. a. O., S. 57 f.

51. Bolletino della Società Africana d'Italia (Sede centrale), 1890, S. 12 ff.

52. Vgl. über diese Strasse die genauen Angaben A. Bardey's in dem Compte rendu der Pariser geograph. Gesellschaft, 1885, S. 352 ff.

53. Vgl. die Karten, welche ich nach den Itineraraufnahmen der englischen Officiere in Petermann's Mittheilungen, 1886, Tafel 5, und 1887, Tafel 17, veröffentlicht habe, und meine Aufnahme der Karawanenstrasse von Zejla nach Harar in meinem Werke: «Harar». Die Karawanen müssen sich jenseits der grossen Prärie streng an die Wasserplätze halten, weshalb die Trace typisch und unveränderlich bleibt, während im Somâl-Lande hie und da die Pfade ein wenig im Laufe variiren.

54. Traversi im Bolletino della Società geografica Italiana, 1888, S. 902.

55. Vgl. Cecchi, Da Zeila etc., II, S. 557.

56. Petermann's Mittheilungen, 1868, S. 457.

57. Darüber Ferrandi im Organe der Mailänder Afrikanischen Gesellschaft, 1892, S. 5.

58. Wakefield bei Ravenstein, Somal- and Galla-Land, Proceedings of the R. G. S., 1884, Sep., S. 14, und Dundas im Geographical Magazine, 1893, S. 209 ff.

59. Vgl. Wakefield bei Ravenstein, a. a. O., S. 18 sub Nr. 12.

60. Révoil im «Globus», 1886, S. 179.

61. Guillain, Voyage etc., III, S. 177.

62. Vgl. James, The unknown horn of Africa, S. 327 ff.; Bolletino della Società Africana d'Italia (Sede centrale), 1891, S. 184 ff.

63. Wakefield bei Ravenstein, a. a. O., S. 8.

64. Siehe das Bolletino della Società geografica Italiana, 1891, S. 556.

65. Ueber die älteren Verkehrslinien nach Ogaden vgl. noch Burton, First footsteps, S. 441 ff., und das Bolletino der Neapeler Afrikanischen Gesellschaft, 1891, S. 184.

66. Siehe das Itinéraire chez les Comalis Medjourtines par Georges Révoil in Révoil's Voyage au cap des aromates und im Werke: «La vallée du Darror».

67. Révoil, La vallée du Darror, S. 20.

68. Massaja, I miei 35 anni di missione etc., III, S. 208.

69. Vgl. Carerj's Artikel: «Piano d'un azienda commerciale nell' Etiopia occidentale e meridionale» im Bolletino der Società Africana d'Italia (Sede centrale), 1891, S. 115 ff. Der Secretär der italienischen afrikanischen Gesellschaft plaidirt darin für eine Handelsexpedition, bestehend aus drei Europäern, die sich auf den Märkten von Lickâ, Basso und in Kafa festzusetzen hätten, von 60 bis 80 bewaffneten Somâl begleitet werden und einen Dienertross mit sich führen sollten. Tragthiere in hinreichenden Mengen sollten die Linien Basso—Massaua, Lickâ—Assab und Kafa—Zejla bestreichen. Dazu sollten in Massaua, Assab, Zejla und Aden Speditionsorgane für das Unternehmen installirt werden. Von Basso sollte Gallabat and Abessinien, von Lickâ Fassogl, Dabbo und Godschâm, sowie die Länder am weissen Nil, von Kafa und Harar das übrige Galla-Land commerciell exploitirt werden. Es hat den Anschein, als würde durch die Entsendung einer Expedition von Assab längs des Gualima nach Lasta eine Etappe dieses gross angelegten Planes verwirklicht werden.

70. Alamanni, a. a. O., S. 795 ff. Es muss bemerkt werden, dass die Zahlen Alamanni's überall, wo sie ohne specielle Angabe von Quellen geboten werden, entschieden zu hoch gegriffen sind. Der Sanguinismus des Italieners ist begreiflich, da er seine Landsleute zu Handelsunternehmungen in den Galla-Gebieten und in Aethiopien überhaupt aufmuntern will. Wenn er bemerkt «calcolasi», «credono» etc., so können wohl auch die mitgetheilten Zahlen auf privaten Informationen von Händlern beruhen, die ihre Erfahrungen niemals veröffentlichten, die aber mit ihrem Beobachtungsmateriale viele Capitel der Ethnographie Nordost-Afrikas bereichern könnten.

71. Vgl. Bianchi, Alla terra dei Galla, S. 323.

72. Massaja, I miei 35 anni di missione etc., V, S. 59.

73. Schuver, a. a. O., S. 17 ff. Das hier entworfene Bild passt vollkommen auch auf andere Marktplätze der Oromó. Ueber das Treiben beim Marktverkehre in Kafa vgl. indess auch Massaja, I miei 35 anni di missione etc., II, S. 659 ff.; V, S. 34 und 93; Cecchi, Da Zeila etc., II, S. 513 ff., 516 f., 559 f., mein »Harar«, S. 259 ff., und das Bolletino della Società geografica Italiana, XVI, S. 445 ff.

74. Cecchi, Da Zeila etc., II, S. 298, und Bianchi, Alla terra dei Galla, S. 485.

75. James, The unknown horn of Africa, S. 181, erwähnt, bis Jidli (Dschidli) am Wébi Schabéli seien Thaler und Rupien bekannt gewesen. Dieses Dschidli muss von dem unter 2½° nördlicher Breite am Unterlaufe desselben Stromes gelegenen Schidle wohl unterschieden werden. In der That wird gemünztes Geld weder in Ogadén, noch am unteren Wébi Schabéli angenommen.

76. Noch bei Cecchi, Da Zeila etc., I, S. 305, steht dieser Irrthum verzeichnet. Ich habe mich im Süden von Harar überzeugt, dass die Galla viel lieber die blanken Stücke nahmen als die abgenutzten schwarzen, wie das ja selbstverständlich ist.

77. Vgl. Cecchi im Bolletino della Società geografica Italiana, 1879, S. 447, und Da Zeila etc., I, S. 304 ff.; Massaja, I miei 35 anni di missione etc., III, S. 23.

78. Vgl. auch Cecchi, Da Zeila etc., I, S. 305; II, S. 41 f., 58, 298; Alamanni, a. a. O., S. 828.

79. Traversi im Bolletino della Società geografica Italiana, 1888, S. 909.

80. Vgl. Massaja, I miei 35 anni di missione etc., III, S. 23.

81. Vgl. auch das Bolletino della Società Africana d'Italia (Sezione Fiorent.), 1886, S. 111 ff.

82. Vgl. Burton, First footsteps, S. 335 und Anm.

83. An dieser Stelle kann ein von Georges Révoil, La vallée du Darror, S. 375, Anm., und Voyage au cap des aromates, S. 275, Anm. 1, verbreiteter Irrthum berichtigt werden. Révoil sagt vom Maria Theresia-Thaler: «Cette monnaie frappée exclusivement à Trieste, par une maison qui a un monopole de fabrication etc.» Dies ist ganz unrichtig, denn nur im k. k. Hauptmünzamte zu Wien werden die Thaler vom Jahre 1788 unter dem Namen Levantiner von Staatswegen geprägt. Der Irrthum entstand offenbar dadurch, dass Révoil gehört haben mag, Triester Handelshäuser befassten sich mit der Lieferung von Maria Theresia-Thalern für den anglo-britischen Markt, was auf Wahrheit beruht. Doch ist nie ein Maria Theresia-Thaler in Triest oder gar von einem Privaten geprägt worden.

84. Ueber Masse und Gewichte in Schoa vgl. Bolletino della Società geografica Italiana, 1879, S. 447—450.

85. Wakefield, Footprints, S. 24.

86. Vgl. Alamanni, a. a. O., S. 825 f.

87. Interessant ist, was Bianchi, Alla terra dei Galla, S. 483, darüber berichtet.

88. Es ist nicht leicht für den Forscher, wenn er sich über den wahren Werth der Somáli- und Galla-Gewichte ein Urtheil verschaffen will, eines Normalgewichtstückes habhaft zu werden. Ich gab mir lange Zeit hindurch in Zejla, Harar, Berbera und Dschaldéssaa Mühe, richtige Gewichte aus Stein, denn nur solche gibt es, in die Hände zu bekommen, und verglich daher grosse Mengen von Gewichten, die im Gebrauche standen, und mit Vorliebe neue oder noch wenig abgenützte Exemplare. Ich kam zu keinem praktischen Resultate, d. i. nirgends fand ich übereinstimmende Gewichte, und selbst solche waren es nicht, die die Eingebornen für meine Zwecke eigens ausgesucht hatten. Das Beste war, blanke Thaler, je fünf oder zehn Stück, zu wägen und sammt dem Beutelchen, in dem sie verwahrt wurden, als Gewicht zu benützen. Vgl. auch die «Deutsche Kolonialzeitung», 1892, S. 144 f.

89. Vgl. Révoil, La vallée du Darror, S. 379; Bardey, a. a. O., S. 416 f.; Alamanni, a. a. O., S. 827.

90. Vgl. Alamanni, a. a. O., S. 689 ff.

91. Vgl. was Borelli, Ethiopie méridionale, S. 32, von den Ejssa sagt, die aber als armer Stamm gelten.

92. Darüber Massaja, I miei 35 anni di missione etc., IV, S. 145 f. Der Cardinal sagt wörtlich von den Oromó: «Fra i Galla son pochi i veramente poveri, che nulla posseggano.»

93. Vgl. Bianchi, Alla terra dei Galla, S. 485.

94. Vgl. Guillain, Voyage etc., II, S. 437.

95. Bolletino della Società geografica Italiana, 1892, S. 227 ff.

96. Vgl. Guillain, Voyage etc., II, S. 457 ff.; III, S. 306 ff.; Ferné e Romagnoli, Un lembo d'Africa (Bologna 1886), S. 36 ff. (auf Informationen von kundigen Leuten beruhende Daten); Alamanni, a. a. O., S. 702 ff.; Bardey, a. a. O., S. 418 ff.; Cecchi, Da Zeila etc., II, S. 58 ff., 558 ff., passim; Bolletino della Società geografica Italiana, 1879, S. 449 ff.; Matteuci, Sudan e Gallas, S. 266.

97. Es ist selbstverständlich, dass die in der Tabelle angeführten Preise für das Stück Vieh nur Durchschnittspreise sind, die nach Oertlichkeit und Nachfrage vielfach wechseln. In den Städten

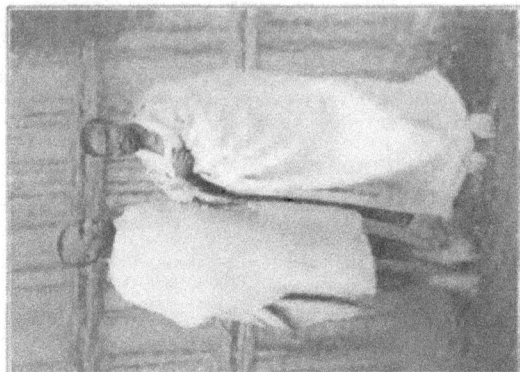

Fig. 13. Galla.

Fig. 12. Somáli-Mädchen.

Fig. 11. Kafaner.

Fig. 18.

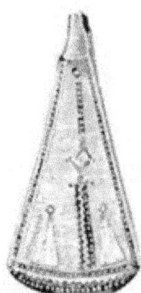

Fig. 19.

Fig. 20.

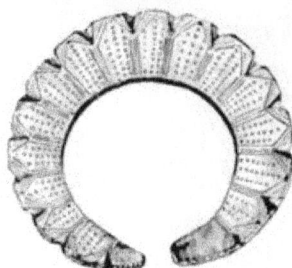

Fig. 21.

Fig. 23.

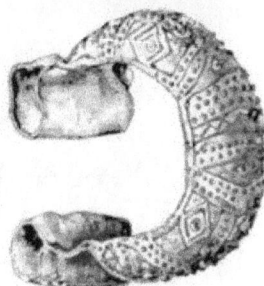

Fig. 22.

Fig. 24.

Fig. 25.

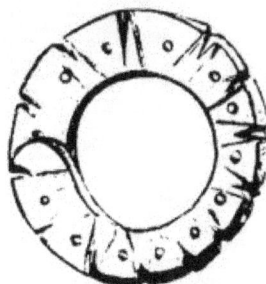

Fig. 26.

Fig. 27.

Fig. 28.

Fig. 18 und 23. Ohrgehänge der Danākil ('afar. *aiti*). Fig. 19. Halsgehänge der Somāl.
Fig. 25. Brustschmuck der Somāl (som. *balādsch*). Fig. 21 und 26. Armspangen der Danākil
('afar. *garana*). Fig. 20 und 22. Arm- und Fussspangen der Danākil ('afar. *girda*).
Fig. 24, 27 und 28. Ohrgehänge der Somāl.

Fig. 29. Somâli-Krieger.

Fig. 31. Galla-Krieger.

Fig. 30. Galla-Krieger.

Fig. 32. Galla-Reiter.

Fig. 33 Mit Feuerrohren bewaffnete Somal.

Fig. 34. Dankali-Krieger.

Fig. 35. Danákil-Krieger.

Fig. 36. Dankali-Jüngling.

Fig. 37. Galla-Knabe mit Trinkhorn.

Fig. 38. Galla-Ansiedlung.

Fig. 39. Galla-Gehölte

Fig. 40. Galla-Hütte.

Fig. 41. Galla-Hütte.

Fig. 42. Somál-Hütten

Fig. 43. Gefässe der Galla und Kafuner.
1. Wasser- und Hydromelgefässe (orom. *tschungo*). 2. Wasserschöpfgefäss (orom. *fullie*).
3. Gefässe zur Aufbewahrung von Rauchbutter (orom. *sabaró*).

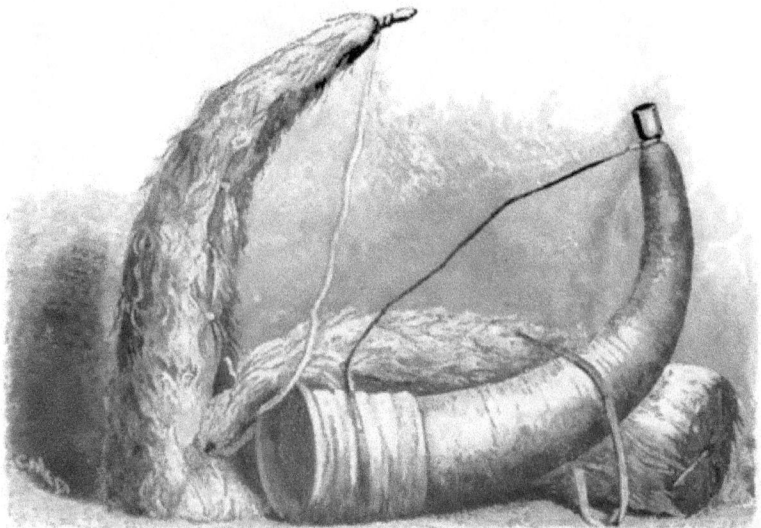

Fig. 44. Hydromelhörner der Galla.

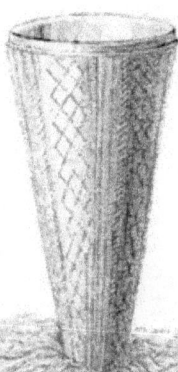

Fig. 45.　　　　　　　　　　　　　　　　　　Fig. 50.

Fig. 46.

Fig. 51.

Fig. 48.　　　　　　Fig. 49.　　　　　　Fig. 47.

Fig. 52.　　　　　　　　　　Fig. 53.　　　　　　　　　　Fig. 54.

Fig. 45, 47 und 54. Fettgefässe der Galla (orom. *tschotscho*).　Fig. 46, 48, 49 und 51. Milch-
und Wassergefässe der Somäl.　Fig. 50. Buttergefäss der Somäl sammt Traggestelle.
Fig. 52. Lederkrug der Galla (orom. *orkot*).　Fig. 53. Gefäss der Galla (orom. *gabe*).

Fig. 55. Gefässe und Behälter der Galla.

1, Bierkrug. 2. Flasche mit vergoldeten Silberverzierungen. 3. Kochgefäss. 4. Trinkgefäss.
5. Krug für Hydromele. 6. Wasserkrug. 7. Brotbehälter. 8. Thongefäss mit Strohdeckel.
9. Brotkorb.

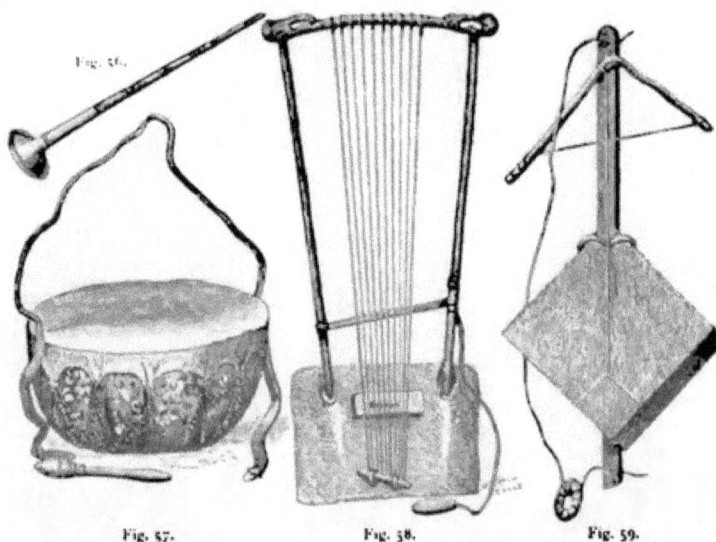

Fig. 56. Pfeife der Galla.   Fig. 57. Pauke mit Schlägel (Galla und Schoa).
Fig. 58. Kerâr der Guragë.   Fig. 59. Masengô der Galla und Amhariner.

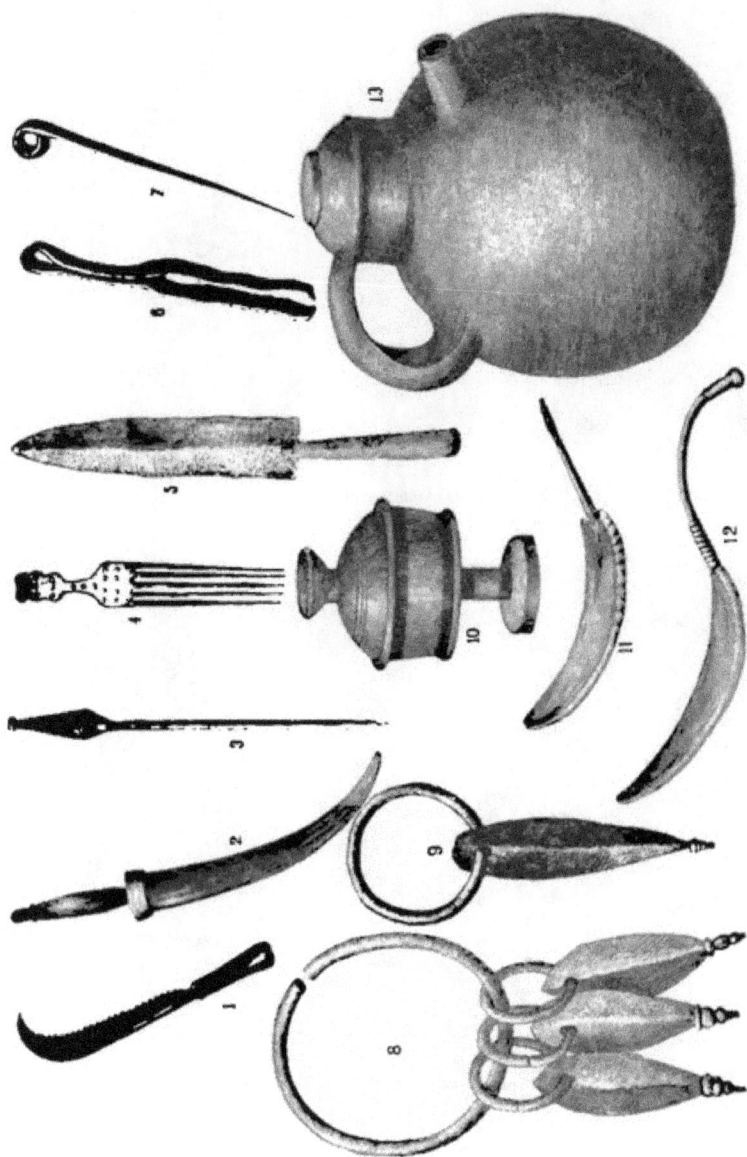

Fig. 60. Schmuck und Hausrath der Galla und Kafaner.

1. Sichel der Galla (orom. *mandschsh*). 2. Schweizmesser (orom. *billa*). 3. und 4. Haarnadel und Kamm der Galla (orom. *middja*). 5., 6. und 7. Werkzeug zum Putzen der Fingernägel. 8. und 9. Ohr- und Halsgehänge der Galla (orom. *amartigurai*). 10. Holzgefäss für Salz, Butter oder Kaffee (orom. *kari*). 11. und 12. Hornlöffel (orom. *fallänai*). 13. Kaffeekanne (orom. *gwena*).

Fig. 61. Somal-Geräthschaften.

Fig. 62. Durrastampfen in Nordost-Afrika (Galla).

Fig. 63. Getreidemahlen in Nordost-Afrika (Galla).

Fig. 64. Brotbacken in Nordost-Afrika (Galla).

Fig. 65. Wasserträgerin in Nordost-Afrika.

Fig. 66. Rauchende Schoaner.

Fig. 67. Vorbereitungen zur Mahlzeit in Nordost-Afrika.

Fig. 68. Musicirender Galla.

Fig. 69. Galla mit Wassergefäss.

Fig. 70 Galla-Mahlzeit (Brondó)

Fig. 72. Somal bei den Heerden.

Fig. 71. Häusliche Verrichtungen in Nordost-Afrika

Fig. 73. Feldarbeiter bei den Galla.

Fig. 74. Pflügender Galla.

Fig. 75. Weber in Nordost-Afrika.

Fig. 76. Eisenarbeiter in Nordost-Afrika.

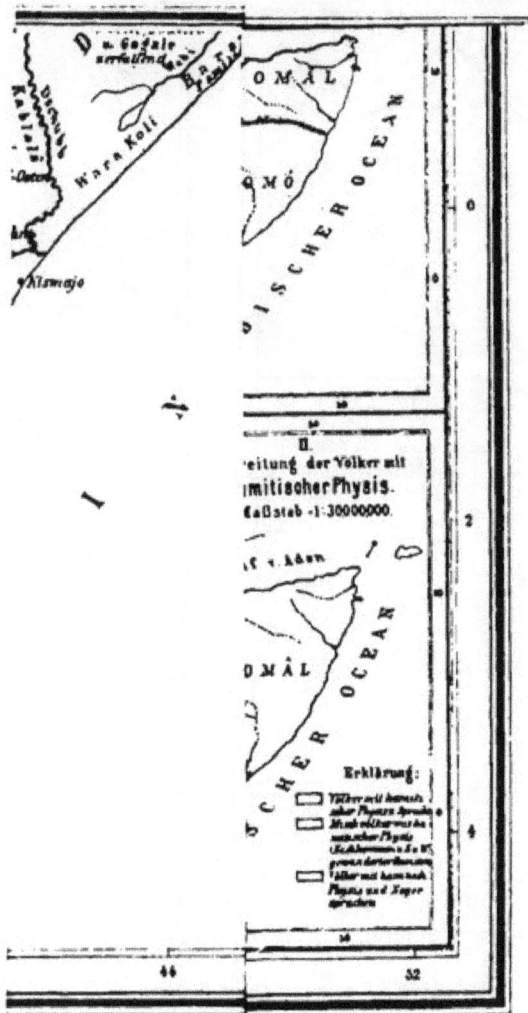

OMÂL

OMÓ

Wara Koli

Kismajo

Dschub

Kablali

u. Gedale

INDISCHER OCEAN

II.

...eitung der Völker mit
...mitischer Physis.
Maßstab 1:30000000.

G. v. Aden

OMÂL

Erklärung:

INDISCHER OCEAN

0

2

4

44

52

D. u. Godale
zerfallend

Kablalī

Wara Kolī

Dacata

Duton

OMÅL

OMÓ

v. Kismajo

ISCHER OCEAN

II.
...eitung der Völker mit
...mitischer Physis.
Maßstab 1:30000000

f. v. Aden

OMÅL

SCHER OCEAN

Erklärung:

Völker mit hamit...
...cher Physis u. ...prache
Misch oder ... bis
...amischer Physis
(Nachkommen a. ...
...prao. der arisch...
Völker mit hamit...
Physis und ...spr...
sprachen

44   52

Kartogr. Anst. v. Th. Bannwarth Wien

www.ingramcontent.com/pod-product-compliance
Lightning Source LLC
Chambersburg PA
CBHW030907270326
41929CB00008B/605